ERRATA

Seite IX, 12. Zeile von unten: Gewärtigens und Behaltens

Seite 6, 2. Zeile von unten (Anm. 1): (Schröter) Bd. 2

Seite 132, Zeile 5: quidditativam

Seite 133, Zeile 14: distinguuntur

Seite 134, 9. Zeile von unten: distinctio rationis ratiocinatae

Seite 135, Zeile 5: distinctio rationis ratiocinatae

Seite 192, 4. Zeile von unten: Grundlegung zur Metaphysik der Sitten

Seite 228, Zeile 19: Sichverstehen

Seite 314, Zeile 4: kümmern

Seite 352, 6. Zeile von unten: Di-/mension

Seite 365, Zeile 6: das Rechnen mit der Zeit

MARTIN HEIDEGGER

GESAMTAUSGABE

II. ABTEILUNG: VORLESUNGEN 1923–1944

BAND 24
DIE GRUNDPROBLEME DER PHÄNOMENOLOGIE

VITTORIO KLOSTERMANN
FRANKFURT AM MAIN

MARTIN HEIDEGGER

DIE GRUNDPROBLEME DER PHÄNOMENOLOGIE

VITTORIO KLOSTERMANN
FRANKFURT AM MAIN

Marburger Vorlesung Sommersemester 1927
herausgegeben von Friedrich-Wilhelm von Herrmann

© Vittorio Klostermann · Frankfurt am Main · 1975
Satz und Druck: Limburger Vereinsdruckerei GmbH
Alle Rechte vorbehalten · Printed in Germany

INHALT

EINLEITUNG

ERSTER TEIL

Phänomenologisch-kritische Diskussion einiger traditioneller Thesen über das Sein

Erstes Kapitel

EINLEITUNG

§ 1. *Exposition und allgemeine Gliederung des Themas*

Die Vorlesung[1] macht sich zur Aufgabe, die *Grundprobleme der Phänomenologie* zu stellen, auszuarbeiten und streckenweise einer Lösung näherzubringen. Aus dem, was die Phänomenologie zum Thema macht und wie sie ihren Gegenstand erforscht, muß sich ihr Begriff entwickeln lassen. Die Absicht der Betrachtung geht auf den *Sachgehalt* und die *innere Systematik* der Grundprobleme. Ziel ist die Aufklärung derselben aus ihrem Grunde.

Damit ist zugleich negativ gesagt: Wir wollen nicht historisch kennenlernen, was es mit der modernen Richtung in der Philosophie, genannt Phänomenologie, für eine Bewandtnis hat. Wir handeln nicht von der Phänomenologie, sondern von dem, wovon sie selbst handelt. Dies wiederum wollen wir nicht lediglich zur Kenntnis nehmen, um dann berichten zu können: Phänomenologie handelt von dem und jenem, sondern die Vorlesung handelt selbst davon, und Sie sollen mithandeln bzw. mithandeln lernen. Es geht nicht darum, Philosophie zu kennen, sondern philosophieren zu können. Eine Einführung in die Grundprobleme möchte dazu hinleiten.

Und diese Grundprobleme selbst? Sollen wir auf gut Glauben hinnehmen, daß das, was zur Erörterung kommt, in der Tat den Bestand der Grundprobleme ausmacht? Wie gelangen wir zu diesen Grundproblemen? Nicht direkt, sondern auf dem Umwege einer *Erörterung bestimmter Einzelprobleme.* Aus diesen schälen wir die Grundprobleme heraus und bestimmen ihren systematischen Zusammenhang. Aus diesem Verständnis

---

[1] Neue Ausarbeitung des 3. Abschnitts des I. Teiles von »Sein und Zeit«.

der Grundprobleme soll sich ergeben, inwiefern durch sie die Philosophie als Wissenschaft notwendig gefordert ist.

Die Vorlesung gliedert sich demnach in *drei Teile.* Wir kennzeichnen sie roh zunächst durch die folgende Gliederung:

1. Konkrete phänomenologische Fragen als Hinleitung zu den Grundproblemen

2. Die Grundprobleme der Phänomenologie in ihrer Systematik und Begründung

3. Die wissenschaftliche Behandlungsart dieser Probleme und die Idee der Phänomenologie

Der *Weg* der Betrachtung führt von gewissen Einzelproblemen zu den Grundproblemen. So entsteht die Frage: Wie gewinnen wir den *Ausgang* der Betrachtung, wie wählen und umgrenzen wir die Einzelprobleme? Bleibt das dem Zufall und der Willkür überlassen? Damit diese Einzelprobleme nicht als beliebig aufgerafft erscheinen, soll eine einleitende Betrachtung zu ihnen führen.

Am einfachsten und sichersten lassen sich, möchte man meinen, die konkreten phänomenologischen Einzelprobleme aus dem Begriff der Phänomenologie herleiten. Phänomenologie ist ihrem Wesen nach das und das, also fällt in ihren Aufgabenkreis dies und jenes. Indessen, der Begriff der Phänomenologie soll allererst gewonnen werden. Dieser Weg ist demnach ungangbar. Aber zur Umgrenzung der konkreten Probleme bedürfen wir schließlich nicht eines eindeutigen und allseitig begründeten Begriffs der Phänomenologie. Statt seiner könnte eine Orientierung an dem genügen, was man heute unter dem Namen ›Phänomenologie‹ kennt. Freilich gibt es innerhalb der phänomenologischen Forschung wieder verschiedene Bestimmungen ihres Wesens und ihrer Aufgaben. Aber selbst wenn man diese Unterschiede in der Bestimmung des Wesens der Phänomenologie zur Einstimmigkeit bringen könnte, bliebe es fraglich, ob der so gewonnene, gleichsam durchschnittliche Begriff der Phänomenologie uns eine Orientierung über die auszuwählenden konkreten Probleme verschaffen könnte.

Denn es müßte zuvor feststehen, daß die phänomenologische Forschung heute das Zentrum der philosophischen Problematik gewonnen und aus deren Möglichkeiten ihr eigenes Wesen bestimmt hat. Das ist aber, wie wir sehen werden, nicht der Fall — und so wenig ist es der Fall, daß es eine der Hauptabsichten der Vorlesung ist zu zeigen, daß die phänomenologische Forschung, in ihrer Grundtendenz begriffen, nichts anderes darstellen kann als das ausdrücklichere und radikalere Verständnis der Idee der wissenschaftlichen Philosophie, wie sie in ihrer Verwirklichung seit der Antike bis zu Hegel in immer neuen und in sich einheitlich zusammenhängenden Bemühungen angestrebt wurde.

Bislang wird, auch innerhalb der Phänomenologie, diese selbst verstanden als eine philosophische Vorwissenschaft, die den eigentlichen philosophischen Disziplinen der Logik, Ethik, Ästhetik und Religionsphilosophie den Boden bereitet. In dieser Bestimmung der Phänomenologie als Vorwissenschaft übernimmt man aber den traditionellen Bestand der philosophischen Disziplinen, ohne zu fragen, ob nicht gerade durch die Phänomenologie selbst dieser Bestand der überlieferten philosophischen Disziplinen in Frage gestellt und erschüttert wird, — ob nicht in der Phänomenologie die Möglichkeit liegt, die Veräußerlichung der Philosophie in diese Disziplinen rückgängig zu machen und ihre eigene große Tradition aus ihren wesentlichen Antworten in ihren Grundtendenzen neu anzueignen und zum Leben zu bringen. Wir behaupten: Die Phänomenologie ist nicht eine philosophische Wissenschaft unter anderen, auch nicht die Vorwissenschaft für die übrigen, sondern der Ausdruck ›Phänomenologie‹ ist der Titel für die *Methode* der *wissenschaftlichen Philosophie überhaupt*.

Die Aufklärung der Idee der Phänomenologie ist gleichbedeutend mit der Exposition des Begriffs der wissenschaftlichen Philosophie. Damit haben wir freilich noch keine inhaltliche Bestimmung dessen gewonnen, was Phänomenologie bedeutet, noch weniger sehen wir daraus, wie diese Methode sich vollzieht. Wohl aber ist angedeutet, daß und warum wir uns der Orientierung an irgendeiner phänomenologischen Richtung der Gegenwart entschlagen müssen.

Wir deduzieren die konkreten phänomenologischen Probleme nicht aus einem dogmatisch vorgelegten Begriff der Phänomenologie, vielmehr lassen wir uns zu ihnen hinführen durch eine allgemeinere und vorläufige Erörterung des Begriffs der wissenschaftlichen Philosophie überhaupt. Diese Erörterung vollziehen wir in einer stillschweigenden Anmessung an die Grundtendenzen der abendländischen Philosophie von der Antike bis zu Hegel.

In der Frühzeit der Antike bedeutet φιλοσοφία soviel wie Wissenschaft überhaupt. Später lösen sich einzelne Philosophien, d. h. einzelne Wissenschaften, so etwa Medizin und Mathematik, aus der Philosophie los. Die Bezeichnung φιλοσοφία verbleibt jetzt einer Wissenschaft, die allen anderen besonderen Wissenschaften zugrundeliegt und sie umgreift. Die Philosophie wird die Wissenschaft schlechthin. Sie findet sich mehr und mehr als erste und höchste Wissenschaft oder, wie man zur Zeit des deutschen Idealismus sagte, als absolute Wissenschaft. Ist sie das, dann liegt in dem Ausdruck ›wissenschaftliche Philosophie‹ ein Pleonasmus. Er besagt: wissenschaftliche absolute Wissenschaft. Es genügt zu sagen: Philosophie. Darin liegt: Wissenschaft schlechthin. Warum geben wir nun gleichwohl dem Ausdruck ›Philosophie‹ das Beiwort ›wissenschaftlich‹? Eine Wissenschaft, und gar die absolute Wissenschaft, ist doch ihrem Sinne nach wissenschaftlich. Wir sagen zunächst ›wissenschaftliche Philosophie‹, weil Auffassungen von der Philosophie herrschen, die ihren Charakter als Wissenschaft schlechthin nicht nur gefährden, sondern negieren. Diese Auffassungen von Philosophie sind nicht erst von heute, sondern laufen, seit es Philosophie als Wissenschaft gibt, neben der Entwicklung der wissenschaftlichen Philosophie her. Im Sinne dieser Auffassung der Philosophie soll diese nicht nur und nicht in erster Linie eine theoretische Wissenschaft sein, sondern praktisch die Auffassung der Dinge und ihres Zusammenhanges und die Stellungnahme zu ihnen lenken und die Deutung des Daseins und seines Sinnes regeln und leiten. Philosophie ist Welt- und Lebensweisheit oder, wie man mit einem heute geläufigen Ausdruck sagt, Philosophie soll eine Weltanschauung geben. So läßt sich die wissenschaftliche Philosophie gegen die Weltanschauungsphilosophie unterscheiden.

Wir versuchen, diesen Unterschied eindringlicher zu besprechen und zu entscheiden, ob er zu Recht besteht oder ob der Unterschied in eines dieser Glieder aufgehoben werden muß. Auf diesem Wege soll sich für uns der Begriff der Philosophie verdeutlichen und uns instand setzen, die Auswahl der zu behandelnden Einzelprobleme des ersten Teiles zu rechtfertigen. Dabei ist zu bedenken, daß diese Erörterungen über den Begriff der Philosophie nur vorläufig sein können, vorläufig nicht nur in Absicht auf das Ganze der Vorlesung, sondern vorläufig überhaupt. Denn der Begriff der Philosophie ist das eigenste und höchste Resultat ihrer selbst. Ebenso kann die Frage, ob Philosophie überhaupt möglich ist oder nicht, nur durch die Philosophie entschieden werden.

§ 2. *Der Begriff der Philosophie*
Philosophie und Weltanschauung

Bei der Erörterung des Unterschieds von wissenschaftlicher Philosophie und Weltanschauungsphilosophie gehen wir passend vom letztgenannten Begriff aus, und zwar zunächst vom Wortbegriff ›Weltanschauung‹. Dieses Wort ist keine Übersetzung etwa aus dem Griechischen oder Lateinischen. Einen Ausdruck wie κοσμοθεωρία gibt es nicht, sondern das Wort ist eine spezifisch deutsche Prägung, und zwar wurde es innerhalb der Philosophie geprägt. Es taucht zuerst in Kants »Kritik der Urteilskraft« in seiner natürlichen Bedeutung auf: Weltanschauung im Sinne von Betrachtung der sinnlich gege-

benen Welt oder, wie Kant sagt, des mundus sensibilis, Welt-
anschauung als schlichte Auffassung der Natur im weitesten
Sinne. So gebrauchen das Wort dann Goethe und Alexander
von Humboldt. Dieser Gebrauch stirbt in den dreißiger Jahren
des vorigen Jahrhunderts ab unter dem Einfluß einer neuen
Bedeutung, die dem Ausdruck ›Weltanschauung‹ durch die
Romantiker, in erster Linie durch Schelling, gegeben wurde.
Schelling sagt in der »Einleitung zu dem Entwurf eines
Systems der Naturphilosophie« (1799): »Die Intelligenz ist
auf doppelte Art, entweder blind und bewußtlos, oder frei und
mit Bewußtsein produktiv; bewußtlos produktiv in der Weltanschauung, mit Bewußtsein in dem Erschaffen einer ideellen
Welt«.[1] Hier ist Weltanschauung nicht ohne weiteres dem
sinnlichen Betrachten zugewiesen, sondern der Intelligenz,
wenngleich der bewußtlosen. Ferner ist das Moment der Pro-
duktivität, d. h. des selbständigen Bildens der Anschauung betont. So nähert sich das Wort der Bedeutung, die wir heute
kennen, einer selbstvollzogenen, produktiven und dann auch
bewußten Weise, das All des Seienden aufzufassen und zu
deuten. Schelling spricht von einem Schematismus der Weltanschauung, d. h. von einer schematisierten Form für die verschiedenen möglichen faktisch auftretenden und gebildeten
Weltanschauungen. Die so verstandene Anschauung der Welt
braucht dabei nicht in theoretischer Absicht und mit den Mitteln theoretischer Wissenschaft vollzogen zu werden. Hegel
spricht in seiner »Phänomenologie des Geistes« von einer
»moralischen Weltanschauung«.[2] Görres gebraucht die Wendung »poetische Weltanschauung«. Ranke spricht von der
»religiösen und christlichen Weltanschauung«. Bald ist die
Rede von demokratischer, bald von pessimistischer Weltanschauung oder auch von der mittelalterlichen Weltanschauung.
Schleiermacher sagt: »Unser Wissen um Gott ist erst vollendet

[1] Schelling, W W (Schröter) Bd. 3, p. 271 f.
[2] Hegel, W W (Glockner) Bd. 2, p. 461 ff.

mit der Weltanschauung.« Bismarck schreibt einmal an seine Braut: »Es gibt doch wunderliche Weltanschauungen bei sehr klugen Leuten«. Aus den aufgezählten Formen und Möglichkeiten der Weltanschauung wird deutlich, daß darunter nicht nur die Auffassung des Zusammenhangs der Dinge der Natur, sondern zugleich die Deutung des Sinnes und Zweckes des menschlichen Daseins und damit der Geschichte verstanden wird. Weltanschauung begreift immer in sich Lebensanschauung. Die Weltanschauung erwächst einer Gesamtbesinnung auf Welt und menschliches Dasein, und das wiederum in verschiedener Weise, ausdrücklich und bewußt bei den einzelnen oder durch Übernahme einer herrschenden Weltanschauung. Man wächst in einer solchen auf und lebt sich in sie hinein. Die Weltanschauung ist bestimmt durch die Umgebung: Volk, Rasse, Stand, Entwicklungsstufe der Kultur. Jede so eigens gebildete Weltanschauung erwächst einer natürlichen Weltanschauung, einem Umkreis von Auffassungen der Welt und Bestimmungen des menschlichen Daseins, die jeweils mit jedem Dasein mehr oder minder ausdrücklich gegeben sind. Wir müssen von der natürlichen Weltanschauung die eigens gebildete oder die Bildungsweltanschauung unterscheiden.

Die Weltanschauung ist nicht Sache eines theoretischen Wissens, weder hinsichtlich ihres Ursprungs noch bezüglich ihres Gebrauchs. Sie wird nicht einfach wie ein Wissensgut im Gedächtnis behalten, sondern sie ist Sache einer zusammenhaltenden Überzeugung, die mehr oder minder ausdrücklich und direkt Handel und Wandel bestimmt. Die Weltanschauung ist ihrem Sinne nach auf das jeweilige heutige Dasein bezogen. Sie ist in dieser Bezogenheit auf das Dasein Wegweisung für dieses und Kraft für es in seiner unmittelbaren Bedrängnis. Ob die Weltanschauung durch Aberglauben und Vorurteile bestimmt ist oder ob sie sich rein auf wissenschaftliche Erkenntnis und Erfahrung stützt oder gar, was die Regel ist, ob sie aus Aberglauben und Wissen, aus Vorurteil und Besinnung sich mischt, das gilt gleichviel, ändert an ihrem Wesen nichts.

Dieser Hinweis auf charakteristische Merkmale dessen, was wir mit dem Ausdruck ›Weltanschauung‹ meinen, mag hier genügen. Eine strenge Sachdefinition müßte auf einem anderen Wege, wie wir noch sehen werden, gewonnen werden. Jaspers sagt in seiner »Psychologie der Weltanschauungen«: »wenn wir von Weltanschauungen sprechen, so meinen wir Ideen, das Letzte und das Totale des Menschen, sowohl subjektiv als Erlebnis und Kraft und Gesinnung, wie objektiv als gegenständlich gestaltete Welt.«[3] Für unsere Absicht der Unterscheidung von Weltanschauungsphilosophie und wissenschaftlicher Philosophie gilt es vor allem zu sehen: Die Weltanschauung erwächst ihrem Sinne nach aus dem jeweiligen faktischen Dasein des Menschen gemäß seinen faktischen Möglichkeiten der Besinnung und Stellungnahme und erwächst so *für* dieses faktische Dasein. Die Weltanschauung ist etwas, was aus, mit und für das faktische Dasein jeweils geschichtlich existiert. Eine philosophische Weltanschauung ist eine solche, die eigens und ausdrücklich oder jedenfalls vorwiegend durch die Philosophie ausgebildet und vermittelt werden soll, d. h. durch theoretische Spekulation mit Ausschaltung der künstlerischen und religiösen Deutung der Welt und des Daseins. Diese Weltanschauung ist nicht ein Nebenprodukt der Philosophie, sondern ihre Ausbildung das eigentliche Ziel und Wesen der Philosophie selbst. Philosophie ist ihrem Begriffe nach Weltanschauungsphilosophie. Daß die Philosophie auf das Universale der Welt und das Letzte des Daseins, das Woher, das Wohin und das Wozu von Welt und Leben abzielt in der Weise der theoretischen Welterkenntnis, unterscheidet sie sowohl von den Einzelwissenschaften, die immer nur einen bestimmten Bezirk der Welt und des Daseins betrachten, als auch von den künstlerischen und religiösen Verhaltungen, die nicht primär im theoretischen Verhalten gründen. Daß die Philosophie die Bildung einer Weltanschauung zum Ziele hat, scheint außer Frage

[3] K. Jaspers, Psychologie der Weltanschauungen. Berlin 1925[3], p. 1 f.

zu stehen. Diese Aufgabe muß das Wesen der Philosophie und ihren Begriff bestimmen. Philosophie ist Weltanschauungsphilosophie, scheint es, so wesenhaft, daß man auch diesen Ausdruck als einen überlasteten zurückweisen möchte. Außerdem noch eine wissenschaftliche Philosophie anstreben zu wollen, ist Mißverstand. Denn die philosophische Weltanschauung, sagt man, soll natürlich wissenschaftlich sein. Darunter versteht man: Sie soll erstens die Resultate der verschiedenen Wissenschaften beachten und für den Aufbau des Weltbildes und die Deutung des Daseins verwenden, sie soll zweitens wissenschaftlich insofern sein, als sie die Bildung der Weltanschauung streng nach den Regeln des wissenschaftlichen Denkens vollzieht. Diese Auffassung der Philosophie als Weltanschauungsbildung auf theoretischem Wege ist so selbstverständlich, daß sie gemeinhin und weithin den Begriff der Philosophie bestimmt und demnach auch im vulgären Bewußtsein vorschreibt, was man von der Philosophie zu erwarten habe und was man von ihr erwarten soll. Umgekehrt, wenn die Philosophie der Beantwortung der weltanschaulichen Fragen nicht genügt, gilt sie im vulgären Bewußtsein als etwas Nichtiges. Ansprüche an die Philosophie und Stellungnahme zu ihr regeln sich aus dieser Vorstellung von ihr als wissenschaftlicher Weltanschauungsbildung. Ob der Philosophie die Ausführung dieser Aufgabe gelingt oder mißlingt, man verweist auf ihre Geschichte und sieht in dieser den unzweideutigen Beleg dafür, daß sie erkenntnismäßig von den letzten Fragen handelt: von der Natur, von der Seele, d. h. der Freiheit und Geschichte des Menschen, von Gott.

Wenn Philosophie wissenschaftliche Weltanschauungsbildung ist, dann fällt die Unterscheidung ›wissenschaftliche Philosophie‹ und ›Weltanschauungsphilosophie‹ dahin. Beide in einem machen ihr Wesen aus, so daß letztlich die Weltanschauungsaufgabe das eigentliche Gewicht bekommt. Das *scheint* auch die Meinung Kants zu sein, der den Wissenschaftscharakter der Philosophie auf eine neue Basis gebracht hat. Wir brau-

chen nur an die von ihm in der Einleitung in die »Logik« vollzogene Scheidung zwischen *Philosophie nach dem Schulbegriff*
und *Philosophie nach dem Weltbegriff* zu erinnern.[4] Wir wenden uns damit einer gern und oft angeführten Scheidung von
Kant zu, die scheinbar als Beleg dienen kann für den Unterschied von wissenschaftlicher Philosophie und Weltanschauungsphilosophie, genauer als Beleg dafür, daß auch Kant, für
den gerade die Wissenschaftlichkeit der Philosophie im Zentrum des Interesses stand, die Philosophie selbst als Weltanschauungsphilosophie faßt.

Philosophie nach dem *Schulbegriff* oder, wie Kant auch
sagt, Philosophie in der scholastischen Bedeutung, ist nach ihm
die Lehre von der Geschicklichkeit der Vernunft, zu der zwei
Stücke gehören: »erstlich ein zureichender Vorrat von Ver-
nunfterkenntnissen aus Begriffen, fürs andere: ein systema-
tischer Zusammenhang dieser Erkenntnisse, oder eine Verbindung derselben in der Idee eines Ganzen.« Kant denkt hier
daran, daß zur Philosophie in der scholastischen Bedeutung
einmal der Zusammenhang der formalen Grundsätze des Denkens und der Vernunft überhaupt und zum anderen die Erörterung und Bestimmung derjenigen Begriffe gehört, die der
Erfassung der Welt, d. h. für Kant der Natur, als notwendige
Voraussetzung zugrunde liegen. Philosophie nach dem Schulbegriff ist das Ganze der formalen und materialen Grundbegriffe und Grundsätze der Vernunfterkenntnis.

Den *Weltbegriff* der Philosophie oder, wie Kant auch sagt,
die Philosophie in der weltbürgerlichen Bedeutung, bestimmt
Kant so: »Was aber Philosophie nach dem Weltbegriffe (in
sensu cosmico) betrifft, so kann man sie auch eine Wissenschaft
von der höchsten Maxime des Gebrauchs unserer Vernunft
nennen, sofern man unter Maxime das innere Prinzip der Wahl
unter verschiedenen Zwecken versteht.« Die Philosophie
nach dem Weltbegriff handelt von dem, wozu aller Vernunft-

---

[4] Kant, W W (Cassirer) Bd. 8, p. 342 ff.

gebrauch, auch der der Philosophie selbst, ist, was er ist. »Denn
Philosophie in der letzteren Bedeutung ist ja die Wissenschaft
der Beziehung alles Erkenntnis- und Vernunftgebrauchs auf
den Endzweck der menschlichen Vernunft, dem, als dem obersten, alle anderen Zwecke subordiniert sind und sich in ihm
zur Einheit vereinigen müssen. Das Feld der Philosophie in
dieser weltbürgerlichen Bedeutung läßt sich auf folgende Fragen bringen: 1) Was kann ich wissen? 2) Was soll ich tun?
3) Was darf ich hoffen? 4) Was ist der Mensch?«[5] Im Grunde,
sagt Kant, konzentrieren sich die drei ersten Fragen in der
vierten: Was ist der Mensch? Denn aus der Aufklärung dessen, was der Mensch sei, ergibt sich die Bestimmung der letzten Zwecke der menschlichen Vernunft. Auf diese muß auch
die Philosophie im Sinne des Schulbegriffs bezogen sein.

Deckt sich nun diese Kantische Scheidung von Philosophie
in der scholastischen Bedeutung und Philosophie in der weltbürgerlichen Bedeutung mit der Unterscheidung von wissenschaftlicher Philosophie und Weltanschauungsphilosophie? Ja
und nein. Ja, insofern Kant überhaupt innerhalb des Begriffs
der Philosophie unterscheidet und aufgrund dieser Unterscheidung die End- und Grenzfragen des menschlichen Daseins in
das Zentrum rückt. Nein, insofern die Philosophie nach dem
Weltbegriff nicht die Aufgabe hat, eine Weltanschauung im
gekennzeichneten Sinne auszubilden. Was Kant im letzten
Grunde, ohne daß er das explizit zu sagen vermag, vorschwebt, auch als Aufgabe der Philosophie in der weltbürgerlichen Bedeutung, ist nichts anderes als die apriorische und
insofern ontologische Umgrenzung der Bestimmtheiten, die
zum Wesen des menschlichen Daseins gehören und die auch
den Begriff einer Weltanschauung überhaupt bestimmen.[6] Als
fundamentalste apriorische Bestimmung des Wesens des
menschlichen Daseins kennt Kant den Satz: Der Mensch ist

---

[5] Ebd.; vgl. Kant, Kr. d. r. V. B 833.
[6] Vgl. Kant, Kr. d. r. V. B 844.

ein Seiendes, das als Zweck seiner selbst existiert.[7] Auch die Philosophie nach dem Weltbegriff hat es im Sinne Kants mit Wesensbestimmungen zu tun. Sie sucht nicht eine bestimmte faktische Deutung der gerade faktisch erkannten Welt und des gerade faktisch gelebten Lebens, sondern das zu umgrenzen, was zur Welt überhaupt, zum Dasein überhaupt und damit zu einer Weltanschauung überhaupt gehört. Die Philosophie nach dem Weltbegriff hat für Kant genau denselben methodischen Charakter wie die Philosophie nach dem Schulbegriff, nur daß Kant aus Gründen, die wir hier nicht näher erörtern, den Zusammenhang beider nicht sieht, genauer: Er sieht den Boden nicht, um beide Begriffe auf einem gemeinsamen ursprünglichen Grunde zu begründen. Darüber werden wir später handeln. Jetzt ist nur deutlich, daß man sich, wenn man die Philosophie als wissenschaftliche Weltanschauungsbildung faßt, nicht auf Kant berufen darf. Kant kennt im Grunde nur Philosophie als Wissenschaft.

Die Weltanschauung erwächst, wie wir sahen, je aus einem faktischen Dasein gemäß seinen faktischen Möglichkeiten und ist, was sie ist, je für dieses bestimmte Dasein, womit in keiner Weise ein Relativismus der Weltanschauungen behauptet ist. Was eine so gebildete Weltanschauung sagt, läßt sich auf Sätze und Regeln bringen, die ihrem Sinne nach auf eine bestimmte real seiende Welt, auf das bestimmte faktisch existierende Dasein bezogen sind. Alle Welt- und Lebensanschauung ist setzend, d. h. auf Seiendes seiend bezogen. Sie setzt Seiendes, sie ist positiv. Weltanschauung gehört zu jedem Dasein und ist wie dieses je faktisch geschichtlich bestimmt. Zur Weltanschauung gehört diese mehrfache Positivität, daß sie je in einem so und so seienden Dasein verwurzelt ist, als solche sich auf die seiende Welt bezieht und das faktisch existierende Dasein deutet. Weil zum Wesen der Weltanschauung und damit der Weltanschauungsbildung überhaupt diese Positivi-

[7] Vgl. a.a.O. B 868.

tät gehört, d. h. die Bezogenheit auf Seiendes, seiende Welt, seiendes Dasein, deshalb kann Weltanschauungsbildung gerade nicht Aufgabe der Philosophie sein, was nicht aus-, sondern einschließt, daß Philosophie selbst eine ausgezeichnete Urform der Weltanschauung ist. Philosophie kann und muß vielleicht unter vielem anderen zeigen, daß zum Wesen des Daseins so etwas wie Weltanschauung gehört. Philosophie kann und muß umgrenzen, was die Struktur einer Weltanschauung überhaupt ausmacht. Sie kann aber nie eine bestimmte Weltanschauung als diese und jene ausbilden und setzen. Philosophie ist ihrem Wesen nach nicht Weltanschauungsbildung, hat aber vielleicht gerade deshalb einen elementaren und prinzipiellen Bezug zu aller, auch der nicht theoretischen, sondern faktisch geschichtlichen Weltanschauungsbildung.

Die These, daß Weltanschauungsbildung nicht zur Aufgabe der Philosophie gehört, besteht freilich nur zu Recht unter der Voraussetzung, daß die Philosophie sich nicht auf Seiendes als dieses und jenes, es setzend, positiv bezieht. Läßt sich diese Voraussetzung, Philosophie bezieht sich nicht positiv auf Seiendes wie die Wissenschaften, rechtfertigen? Womit soll die Philosophie sich denn beschäftigen, wenn nicht mit Seiendem, mit dem, was ist, sowie mit dem Seienden im Ganzen? Was nicht ist, ist doch das Nichts. Soll etwa die Philosophie als absolute Wissenschaft das Nichts zum Thema haben? Was kann es geben außer Natur, Geschichte, Gott, Raum, Zahl? Von all dem Genannten sagen wir, wenn auch in einem verschiedenen Sinne, es *ist*. Wir nennen es Seiendes. Darauf bezogen, sei es theoretisch oder praktisch, verhalten wir uns zu Seiendem. Außer diesem Seienden *ist nichts*. Vielleicht *ist* kein anderes Seiendes außer dem aufgezählten, aber vielleicht *gibt es* doch noch etwas, was zwar nicht *ist*, was es aber gleichwohl in einem noch zu bestimmenden Sinne *gibt*. Mehr noch. Am Ende gibt es etwas, was es geben *muß*, damit wir uns Seiendes als Seiendes zugänglich machen und uns zu ihm verhalten können, etwas, das zwar nicht ist, das es aber geben muß, damit wir überhaupt so etwas wie Seiendes erfahren und verstehen. Seiendes vermögen wir als solches, als Seiendes, nur zu fassen, wenn wir dergleichen wie *Sein* verstehen. Verstünden wir nicht, wenngleich zunächst roh und unbegrifflich, was Wirklichkeit besagt, dann bliebe uns Wirkliches verborgen. Verstünden wir nicht, was Realität bedeutet, dann bliebe Reales unzugänglich. Verstünden wir nicht, was Leben und Lebendigkeit besagt, dann vermöchten wir uns nicht zu Lebendigem zu verhalten. Verstünden wir nicht, was Existenz und Existenzialität besagt, dann vermöchten wir selbst nicht als Dasein zu existieren. Verstünden wir nicht, was Bestand und Beständigkeit bedeutet, dann blieben uns bestehende geometrische Beziehungen oder Zahlverhältnisse verschlossen. Wir müssen Wirklichkeit, Realität, Lebendigkeit, Existenzialität, Beständigkeit verstehen, um uns positiv zu bestimmtem Wirklichen, Realen, Lebendigen, Existierenden, Bestehenden verhalten zu können. Wir müssen Sein verstehen, damit wir an eine seiende Welt ausgeliefert sein können, um in ihr zu existieren und unser eigenes seiendes Dasein selbst sein zu können. Wir müssen Wirklichkeit verstehen können *vor* aller Erfahrung von Wirklichem. Dieses Verstehen von Wirklichkeit bzw. Sein im weitesten Sinne *gegenüber* der Erfahrung von Seiendem ist in einem bestimmten Sinne *früher* als das letztgenannte. Das vorgängige Verstehen von Sein vor aller faktischen Erfahrung von Seiendem besagt freilich nicht, daß wir zuvor einen expliziten Begriff vom Sein haben müßten, um Seiendes theoretisch oder praktisch zu erfahren. Wir müssen Sein verstehen, Sein, das selbst kein Seiendes mehr genannt werden darf, Sein, das nicht unter anderem Seienden als Seiendes vorkommt, das es aber gleichwohl geben muß und auch gibt im Verstehen von Sein, im Seinsverständnis.

§ 3. Philosophie als Wissenschaft vom Sein

Wir behaupten nun: *Das Sein ist das echte und einzige Thema der Philosophie*. Das ist keine Erfindung von uns, sondern diese Themenstellung wird mit dem Anfang der Philosophie in der Antike lebendig und wirkt sich in der grandiosesten Form in der Hegelschen Logik aus. Jetzt behaupten wir lediglich, das Sein sei das echte und einzige Thema der Philosophie. Das besagt negativ: Philosophie ist nicht *Wissenschaft vom* Seienden, sondern vom *Sein* oder, wie der griechische Ausdruck lautet, *Ontologie*. Wir fassen diesen Ausdruck in der größtmöglichen Weite und nicht in der Bedeutung, die er im engeren Sinne, etwa in der Scholastik oder auch in der neuzeitlichen Philosophie bei Descartes und Leibniz hat.

Die Grundprobleme der Phänomenologie erörtern besagt dann nichts anderes, als diese Behauptung von Grund aus begründen: daß Philosophie Wissenschaft vom Sein sei und wie sie es sei, – besagt, die Möglichkeit und Notwendigkeit der absoluten Wissenschaft vom Sein erweisen und ihren Charakter auf dem Wege des Untersuchens selbst zu demonstrieren. Philosophie ist die theoretisch-begriffliche Interpretation des Seins, seiner Struktur und seiner Möglichkeiten. Sie ist ontologisch. Weltanschauung dagegen ist setzendes Erkennen von Seiendem und setzende Stellungnahme zu Seiendem, nicht ontologisch, sondern ontisch. Die Weltanschauungsbildung fällt außerhalb des Aufgabenkreises der Philosophie, nicht weil die Philosophie in einem unvollkommenen Zustand ist und noch nicht zureicht, um auf die Weltanschauungsfragen eine einstimmige und universal überzeugende Antwort zu geben, sondern Weltanschauungsbildung fällt außerhalb des Aufgabenkreises der Philosophie, weil diese grundsätzlich nicht auf Seiendes bezogen ist. Nicht aus einem Mangel begibt sich die Philosophie der Weltanschauungsbildung als Aufgabe, sondern aufgrund eines Vorzugs, daß sie von dem handelt, was jede Setzung von Seiendem, auch die weltanschauliche, wesensmäßig schon *voraussetzen* muß. Der Unterschied zwischen wissenschaftlicher Philosophie und Weltanschauungsphilosophie ist hinfällig, nicht weil – wie es früher schien – die wissenschaftliche Philosophie die Weltanschauungsbildung als obersten Zweck hat und daher in die Weltanschauungsphilosophie aufgehoben werden müßte, sondern weil der Begriff einer Weltanschauungsphilosophie überhaupt ein Unbegriff ist. Denn er sagt, Philosophie als Wissenschaft vom Sein soll bestimmte Stellungnahmen und bestimmte Setzungen von Seiendem vollziehen. Der Begriff einer Weltanschauungsphilosophie ist, wenn man auch nur ungefähr den Begriff der Philosophie und ihrer Geschichte versteht, ein hölzernes Eisen. Wenn das eine Glied des Unterschiedes zwischen wissenschaftlicher Philosophie und Weltanschauungsphilosophie ein Unbegriff ist, dann muß auch das andere unangemessen bestimmt sein. Hat man eingesehen, daß Weltanschauungsphilosophie grundsätzlich unmöglich ist, wenn sie Philosophie sein soll, dann bedarf es zur Kennzeichnung der Philosophie nicht erst des unterscheidenden Beiwortes ›wissenschaftliche‹ Philosophie. Daß sie das ist, liegt in ihrem Begriffe. Daß sich im Grunde alle großen Philosophien seit der Antike mehr oder minder ausdrücklich als Ontologie verstehen und als solche sich selbst gesucht haben, läßt sich historisch zeigen. Ebenso läßt sich aber auch zeigen, daß diese Versuche immer wieder scheiterten und warum sie scheitern mußten. Ich habe in den Vorlesungen der beiden vorigen Semester über die antike Philosophie und die Geschichte der Philosophie von Thomas von Aquino bis Kant diesen historischen Nachweis geführt. Wir nehmen jetzt auf diesen historischen Beweis des Wesens der Philosophie, der seinen eigenen Charakter hat, nicht Bezug. Vielmehr versuchen wir, im Ganzen der Vorlesung die Philosophie aus sich selbst zu begründen, sofern sie ein Werk der Freiheit des Menschen ist. Die Philosophie muß sich aus sich selbst als universale Ontologie rechtfertigen.

Vorerst aber bleibt der Satz: Philosophie ist Wissenschaft vom Sein, eine pure Behauptung. Dementsprechend ist die Ausschaltung der Weltanschauungsbildung aus dem Aufgabenkreis der Philosophie noch nicht gerechtfertigt. Wir haben diese Unterscheidung zwischen wissenschaftlicher Philosophie und Weltanschauungsphilosophie beigezogen, um den Begriff der Philosophie vorläufig zu verdeutlichen und gegen den vulgären abzugrenzen. Verdeutlichung und Abgrenzung geschahen wiederum in der Absicht, die Auswahl der zunächst zu behandelnden konkreten phänomenologischen Probleme zu begründen und der Wahl den Anschein völliger Willkür zu nehmen.

Philosophie ist die Wissenschaft vom Sein. Wir verstehen künftig unter Philosophie wissenschaftliche Philosophie und nichts anderes. Demgemäß haben alle nichtphilosophischen Wissenschaften Seiendes zum Thema, und zwar dergestalt, daß es ihnen als Seiendes jeweils vorgegeben ist. Es wird im voraus von ihnen gesetzt, es ist für sie ein positum. Alle Sätze der nichtphilosophischen Wissenschaften, auch die der Mathematik, sind positive Sätze. Wir nennen daher alle nichtphilosophischen Wissenschaften im Unterschied von der Philosophie positive Wissenschaften. Positive Wissenschaften handeln vom Seienden, d. h. je von bestimmten Gebieten, z. B. der Natur. Innerhalb dieses Gebietes wiederum schneidet die wissenschaftliche Fragestellung bestimmte Bezirke heraus: Natur als physisch-materielle leblose und Natur als lebendige Natur. Den Bezirk des Lebendigen gliedert sie in einzelne Felder: Pflanzenwelt, Tierwelt. Ein anderes Gebiet des Seienden ist das Seiende als Geschichte, dessen Bezirke die Kunst-, Staats-, Wissenschafts- und Religionsgeschichte sind. Wiederum ein anderes Gebiet des Seienden ist der reine Raum der Geometrie, der aus dem umweltlichen vortheoretisch entdeckten Raum herausgeschnitten wird. Das Seiende dieser Gebiete ist uns bekannt, wenngleich wir zunächst und zumeist nicht imstande sind, sie scharf und eindeutig gegeneinander abzugrenzen. Wohl aber vermögen wir, zur vorläufigen Kennzeichnung, die praktisch positivwissenschaftlich genügt, jederzeit Seiendes zu nennen, das als Fall in das Gebiet fällt. Wir können uns immer ein bestimmtes Seiendes aus einem bestimmten Gebiet als Beispiel gleichsam zuspielen. Die eigentliche Aufteilung der Gebiete vollzieht sich geschichtlich nicht nach einem vorgesetzten Plan eines Wissenschaftssystems, sondern gemäß der jeweiligen grundsätzlichen Fragestellung der positiven Wissenschaften.

Seiendes vermögen wir uns jederzeit und leicht aus irgendeinem Gebiet vorzugeben und vorzustellen. Wir vermögen, wie wir zu sagen pflegen, uns dabei etwas zu denken. Wie steht es nun mit dem Gegenstand der Philosophie? Kann man sich so etwas vorstellen wie Sein? Faßt einen beim Versuch dazu nicht der Schwindel? In der Tat, wir sind zunächst ratlos und greifen ins Leere. Seiendes – das ist etwas, Tisch, Stuhl, Baum, Himmel, Körper, Worte, Handlung. Seiendes wohl – aber Sein? Dergleichen nimmt sich aus wie das Nichts, – und kein Geringerer als Hegel hat gesagt: Sein und Nichts sind dasselbe. Philosophie als Wissenschaft vom Sein die Wissenschaft vom Nichts? Wir müssen uns beim Ausgang unserer Betrachtung ohne jede Vorspiegelung und Beschönigung eingestehen: Unter Sein kann ich mir zunächst nichts denken. Andererseits steht ebensosehr fest: Wir denken das Sein ständig. Sooft wir ungezählte Male jeden Tag sagen, ob in wirklicher Verlautbarung oder stillschweigend: das und das *ist* so und so, jenes *ist nicht* so, das *war, wird sein*. In jedem Gebrauch eines Verbum haben wir schon Sein gedacht und immer irgendwie verstanden. Wir verstehen unmittelbar: heute ist Samstag, die Sonne ist aufgegangen. Wir verstehen das ›ist‹, das wir redend gebrauchen, und begreifen es nicht. Der Sinn dieses ›ist‹ bleibt uns verschlossen. Dieses Verstehen des ›ist‹ und damit des Seins überhaupt versteht sich so sehr von selbst, daß sich ein bis heute unbestrittenes Dogma in der Philosophie breit machen konnte: Sein ist der einfachste und selbstverständlichste Begriff; er ist einer Bestimmung weder fähig noch bedürftig. Man beruft sich auf den gesunden Menschenverstand. Aber allemal, wenn der gesunde Menschenverstand zur letzten Instanz der Philosophie gemacht wird, muß diese mißtrauisch werden. Hegel sagt in »Über das Wesen der philosophischen Kritik überhaupt«: »Die Philosophie ist ihrer Natur nach etwas Esoterisches, für sich weder für den Pöbel gemacht noch einer Zubereitung für den Pöbel fähig; sie ist nur dadurch Philosophie, daß sie dem Verstande und damit noch mehr dem gesunden Menschenverstande, worunter man die lokale und temporäre Beschränktheit eines Geschlechts der Menschen versteht, gerade entgegengesetzt ist; im Verhältnis zu diesem ist an und für sich die Welt der Philosophie eine verkehrte Welt.«[1] Die Ansprüche und Maßstäbe des gesunden Menschenverstandes dürfen keine Geltung beanspruchen und keine Instanz darstellen bezüglich dessen, was Philosophie ist und was sie nicht ist.

Wenn Sein der verwickeltste und dunkelste Begriff wäre? Wenn das Sein auf den Begriff zu bringen die dringlichste und immer wieder neu zu ergreifende Aufgabe der Philosophie wäre? Heute, wo man so barbarisch und veitstänzerisch philosophiert, wie vielleicht in keiner Periode der abendländischen Geistesgeschichte, und heute, wo man gleichwohl auf allen Gassen eine Auferstehung der Metaphysik hinausschreit, hat man völlig vergessen, was Aristoteles in einer seiner wichtigsten Untersuchungen der »Metaphysik« sagt: Καὶ δὴ καὶ τὸ πάλαι τε καὶ νῦν καὶ ἀεὶ ζητούμενον καὶ ἀεὶ ἀπορούμενον, τί τὸ ὄν, τοῦτό ἐστι τίς ἡ οὐσία.[2] »Das von altersher und jetzt und künftighin und ständig Gesuchte und das, woran die Frage immer wieder scheitert, ist das Problem, was ist das Sein.« Wenn Philosophie die Wissenschaft vom Sein ist, dann ergibt sich als Anfangs-, End- und Grundfrage der Philosophie: Was bedeutet Sein? Von wo aus ist dergleichen wie Sein überhaupt zu verstehen? Wie ist Seinsverständnis überhaupt möglich?

[1] Hegel, WW (Glockner) Bd. 1, p. 185 f.
[2] Arist., Met. Z 1, 1028 b 2 ff.

§ 4. Die vier Thesen über das Sein
und die Grundprobleme der Phänomenologie

Bevor wir diese Fundamentalfragen aufrollen, gilt es, uns zunächst überhaupt einmal mit Erörterungen über das Sein vertraut zu machen. Zu diesem Zweck behandeln wir im ersten Teil der Vorlesung als konkrete phänomenologische Einzelprobleme einige charakteristische Thesen über das Sein, die im Verlauf der abendländischen Geschichte der Philosophie seit der Antike ausgesprochen worden sind. Dabei interessieren uns nicht die geschichtlichen Zusammenhänge der philosophischen Untersuchungen, innerhalb deren diese Thesen über das Sein auftreten, sondern ihr spezifisch sachlicher Gehalt. Dieser soll kritisch diskutiert werden, so daß wir von da zu den oben genannten Grundproblemen der Wissenschaft vom Sein überleiten. Die Erörterung dieser Thesen soll uns zugleich vertraut machen mit der phänomenologischen Behandlungsart von Problemen, die sich auf das Sein beziehen. Als solche Thesen wählen wir vier:

1. Die These Kants: Sein ist kein reales Prädikat.

2. Die These der auf Aristoteles zurückgehenden mittelalterlichen Ontologie (Scholastik): Zur Seinsverfassung eines Seienden gehören das Was-sein (essentia) und das Vorhandensein (existentia).

3. Die These der neuzeitlichen Ontologie: Die Grundweisen des Seins sind das Sein der Natur (res extensa) und das Sein des Geistes (res cogitans).

4. Die These der Logik im weitesten Sinne: Alles Seiende läßt sich unbeschadet seiner jeweiligen Seinsweise ansprechen durch das ›ist‹; das Sein der Kopula.

Diese Thesen scheinen zunächst willkürlich aufgerafft. Näher besehen hängen sie auf das innigste unter sich zusammen. Die Betrachtung des in diesen Thesen Genannten führt zu der Einsicht, daß diese Thesen nicht zureichend – auch nur als Probleme – aufgeworfen werden können, solange nicht die *Fundamentalfrage* aller Wissenschaft vom Sein gestellt und beantwortet ist: *die Frage nach dem Sinn von Sein überhaupt.* Diese Frage soll der zweite Teil der Vorlesung behandeln. Die Diskussion der Grundfrage nach dem Sinn von Sein überhaupt und der aus ihr entspringenden Probleme ist das, was den Gesamtbestand der Grundprobleme der Phänomenologie in ihrer Systematik und Begründung ausmacht. Den Umkreis dieser Probleme können wir vorerst nur roh kennzeichnen.

Auf welchem Wege läßt sich zum Sinn des Seins überhaupt vordringen? Ist die Frage nach dem Sinn des Seins und die Aufgabe einer Erläuterung dieses Begriffes nicht eine Scheinfrage, wenn man — wie üblich — dogmatisch der Meinung ist, Sein sei der allgemeinste und einfachste Begriff? Woher soll er bestimmt und wohin soll er aufgelöst werden?

Dergleichen wie Sein gibt sich uns im Seinsverständnis, im Verstehen von Sein, das jedem Verhalten zu Seiendem zugrunde liegt. Verhaltungen zu Seiendem eignen ihrerseits einem bestimmten Seienden, das wir selbst sind, dem menschlichen Dasein. Zu diesem gehört das jede Verhaltung zu Seiendem allererst ermöglichende Verstehen von Sein. Das Verstehen von Sein hat selbst die Seinsart des menschlichen Daseins. Je ursprünglicher und angemessener wir dieses Seiende hinsichtlich seiner Seinsstruktur, d. h. ontologisch bestimmen, um so sicherer werden wir instand gesetzt werden, das zum Dasein gehörende Seinsverständnis in seiner Struktur zu begreifen, um so eindeutiger läßt sich dann die Frage stellen: Was ist es, was dieses Verstehen von Sein überhaupt möglich macht? Von wo aus, das heißt: aus welchem vorgegebenen Horizont her verstehen wir dergleichen wie Sein?

Die Analyse des Seinsverständnisses hinsichtlich seines spezifischen Verstehens und des in ihm Verstandenen bzw. seiner Verstehbarkeit setzt eine daraufhin geordnete Analytik des Daseins voraus. Diese hat die Aufgabe, die Grundverfassung des menschlichen Daseins herauszustellen und den Sinn des

Seins des Daseins zu charakterisieren. Als ursprüngliche Verfassung des Seins des Daseins enthüllt sich der ontologischen Analytik des Daseins die *Zeitlichkeit*. Die Interpretation der Zeitlichkeit führt zu einem radikaleren Verständnis und Begreifen der Zeit, als das in der bisherigen Philosophie möglich war. Der uns bekannte und traditionell in der Philosophie abgehandelte Begriff der Zeit ist nur ein Ableger der Zeitlichkeit als des ursprünglichen Sinnes des Daseins. Wenn die Zeitlichkeit den Seinssinn des menschlichen Daseins konstituiert, zur Seinsverfassung des Daseins aber Seinsverständnis gehört, dann muß auch dieses Seinsverständnis nur auf dem Grunde der Zeitlichkeit möglich werden. Hieraus erwächst die Aussicht auf eine mögliche Bewährung der These: Der Horizont, aus dem her dergleichen wie Sein überhaupt verständlich wird, ist die Zeit. Wir interpretieren das Sein aus der Zeit (tempus). Die Interpretation ist eine temporale. Die Grundproblematik der Ontologie als der Bestimmung des Sinnes des Seins aus der Zeit ist die der *Temporalität*.

Wir sagten: Ontologie ist die Wissenschaft vom Sein. Sein aber ist immer Sein eines Seienden. Sein ist wesensmäßig vom Seienden unterschieden. Wie ist dieser Unterschied von Sein und Seiendem zu fassen? Wie ist seine Möglichkeit zu begründen? Wenn Sein selbst nicht ein Seiendes ist, wie gehört es dann selbst zum Seienden, da doch das Seiende und nur es *ist?* Was besagt es: Sein *gehört* zum Seienden? Die rechte Beantwortung dieser Fragen ist die Grundvoraussetzung, um die Probleme der Ontologie als der Wissenschaft vom Sein ins Werk zu setzen. Wir müssen den Unterschied zwischen Sein und Seiendem eindeutig vollziehen können, um dergleichen wie Sein zum Thema der Untersuchung zu machen. Diese Unterscheidung ist keine beliebige, sondern diejenige, durch die allererst das Thema der Ontologie und damit der Philosophie selbst gewonnen wird. Sie ist eine die Ontologie allererst konstituierende. Wir bezeichnen sie als die *ontologische Differenz*, d. h. als die Scheidung zwischen Sein und Seiendem.

Erst im Vollzug dieses Unterscheidens, griechisch ϰϱίνειν, nicht eines Seienden von einem anderen Seienden, sondern des Seins vom Seienden, kommen wir in das Feld der philosophischen Problematik. Nur durch dieses kritische Verhalten halten wir uns selbst innerhalb des Feldes der Philosophie. Daher ist die Ontologie oder die Philosophie überhaupt im Unterschied von den Wissenschaften von Seiendem die kritische Wissenschaft oder auch die Wissenschaft von der verkehrten Welt. Mit dieser Unterscheidung des Seins vom Seienden und der thematischen Abhebung des Seins gehen wir grundsätzlich aus dem Gebiet des Seienden heraus. Wir übersteigen, wir transzendieren es. Wir können die Wissenschaft vom Sein als kritische Wissenschaft auch die *transzendentale Wissenschaft* nennen. Dabei übernehmen wir nicht ohne weiteres den Begriff des Transzendentalen bei Kant, wohl aber seinen ursprünglichen Sinn und die eigentliche, Kant vielleicht noch verborgene Tendenz. Wir übersteigen das Seiende, um zum Sein zu gelangen. Bei diesem Überstieg versteigen wir uns nicht wiederum zu einem Seienden, das etwa hinter dem bekannten Seienden läge als irgendeine Hinterwelt. Die transzendentale Wissenschaft vom Sein hat nichts zu tun mit der vulgären Metaphysik, die von irgendeinem Seienden hinter den bekannten Seienden handelt, sondern der wissenschaftliche Begriff der Metaphysik ist identisch mit dem Begriff der Philosophie überhaupt: kritisch transzendentale Wissenschaft vom Sein, d. h. Ontologie. Man sieht leicht, die ontologische Differenz ist nur zu klären und für die ontologische Untersuchung eindeutig zu vollziehen, wenn der Sinn von Sein überhaupt ausdrücklich ans Licht gebracht ist, d. h. gezeigt wird, wie die Zeitlichkeit die Unterscheidbarkeit von Sein und Seiendem ermöglicht. Aufgrund dieser Betrachtung wird erst die Kantische These: Sein ist kein reales Prädikat, auf ihren ursprünglichen Sinn gebracht und hinreichend begründet.

Jedes Seiende ist *etwas*, d. h. es hat sein *Was* und hat als dieses eine bestimmte mögliche *Art zu sein*. Im ersten Teil der

Vorlesung zeigen wir gelegentlich der Besprechung der zweiten These, daß die antike sowohl wie die mittelalterliche Ontologie diesen Satz, daß zu jedem Seienden das Was und eine Seinsart, essentia und existentia, gehören, dogmatisch als selbstverständlich ausgesprochen hat. Für uns erhebt sich die Frage: Läßt sich aus dem Sinn des Seins selbst, d. h. temporal begründen, warum jedes Seiende ein Was, ein τί, und eine mögliche Weise zu sein haben muß und haben kann? Gehören diese Bestimmtheiten, Was-sein und Weise-zu-sein, hinreichend weit gefaßt, zum Sein selbst? ›Ist‹ das Sein seinem Wesen nach artikuliert durch diese Bestimmungen? Damit stehen wir vor dem *Problem der Grundartikulation des Seins,* d. h. vor der Frage nach der notwendigen *Zusammengehörigkeit* von *Was-sein* und *Weise-zu-sein* und der *Zugehörigkeit beider in ihrer Einheit zur Idee des Seins überhaupt.*

Jedes Seiende hat eine Weise-zu-sein. Die Frage ist, ob diese Weise-zu-sein in allem Seienden denselben Charakter hat – wie die antike Ontologie meinte und im Grunde auch die Folgezeit noch bis heute behaupten muß – oder ob einzelne Seinsweisen unter sich unterschieden sind. Welches sind die Grundweisen des Seins? Gibt es eine Mannigfaltigkeit? Wie ist die Vielfältigkeit der Seinsweisen möglich und aus dem Sinn des Seins überhaupt verständlich? Wie kann trotz der Vielfältigkeit der Seinsweisen von einem einheitlichen Begriff des Seins überhaupt gesprochen werden? Diese Fragen lassen sich zusammenfassen in das *Problem der möglichen Modifikationen des Seins und der Einheit seiner Vielfältigkeit.*

Jedes Seiende, zu dem wir uns verhalten, läßt sich, unangesehen seiner spezifischen Seinsart, ansprechen und besprechen mit dem ›es ist‹ so und so. Das Sein eines Seienden begegnet uns im Verstehen von Sein. Das Verstehen ist es, das dergleichen wie Sein allererst aufschließt oder, wie wir sagen, erschließt. Sein ›gibt es‹ nur in der spezifischen Erschlossenheit, die das Verstehen von Sein charakterisiert. Die Erschlossenheit von etwas aber nennen wir die Wahrheit. Es ist der eigentliche Begriff der Wahrheit, wie er schon in der Antike aufdämmert. Sein gibt es nur, wenn Erschlossenheit ist, d. h. wenn Wahrheit ist. Wahrheit aber ist nur, wenn ein Seiendes existiert, das aufschließt, das erschließt, so zwar, daß zur Seinsart dieses Seienden das Erschließen selbst gehört. Ein solches Seiendes sind wir selbst. Das Dasein existiert selbst in der Wahrheit. Zum Dasein gehört wesenhaft eine aufgeschlossene Welt und in eins damit die Aufgeschlossenheit seiner selbst. Das Dasein ist dem Wesen seiner Existenz nach ›in‹ der Wahrheit, und nur weil es das ist, hat es die Möglichkeit, ›in‹ der Unwahrheit zu sein. Sein gibt es nur, wenn Wahrheit, d. h. wenn Dasein existiert. Und nur deshalb ist die Ansprechbarkeit des Seienden nicht nur möglich, sondern in gewissen Grenzen jeweils – vorausgesetzt, daß Dasein existiert – notwendig. Diese Probleme des Zusammenhangs von Sein und Wahrheit fassen wir zusammen in das *Problem des Wahrheitscharakters des Seins* (veritas transcendentalis).

Damit haben wir vier Gruppen von Problemen gekennzeichnet, die den Gehalt des zweiten Teiles der Vorlesung ausmachen: das Problem der ontologischen Differenz, das Problem der Grundartikulation des Seins, das Problem der möglichen Modifikationen des Seins in seine Seinsweisen, das Problem des Wahrheitscharakters des Seins. Diesen vier Grundproblemen entsprechen die im ersten Teil vorbereitend behandelten vier Thesen, genauer, es zeigt sich aus der Erörterung der Grundprobleme im zweiten Teil rückläufig, daß die Probleme, mit denen wir uns vorläufig im ersten Teil am Leitfaden der genannten Thesen beschäftigen, nicht zufällig sind, sondern der inneren Systematik des Seinsproblems überhaupt entwachsen.

§ 5. Der methodische Charakter der Ontologie
Die drei Grundstücke der phänomenologischen Methode

Die konkrete Durchführung der ontologischen Untersuchungen im ersten und zweiten Teil eröffnet uns zugleich einen Blick auf die Art und Weise, wie diese phänomenologischen Untersuchungen vor sich gehen. Das treibt zur Frage nach dem methodischen Charakter der Ontologie. So gelangen wir zum dritten Teil der Vorlesung: Die wissenschaftliche Methode der Ontologie und die Idee der Phänomenologie.

Die Methode der Ontologie, d. h. der Philosophie überhaupt, ist insofern ausgezeichnet, als sie mit keiner Methode irgendeiner anderen Wissenschaft, die alle als positive Wissenschaften vom Seienden handeln, etwas gemein hat. Andererseits zeigt gerade die Analyse des Wahrheitscharakters des Seins, daß auch das Sein gleichsam in einem Seienden, nämlich dem Dasein, gründet. Sein gibt es nur, wenn Seinsverständnis, d. h. Dasein existiert. Dieses Seiende beansprucht demnach in der Problematik der Ontologie einen ausgezeichneten Vorrang. Er bekundet sich in allen Diskussionen der ontologischen Grundprobleme, vor allem in der Fundamentalfrage nach dem Sinn des Seins überhaupt. Deren Ausarbeitung und Beantwortung fordert eine allgemeine Analytik des Daseins. Die Ontologie hat zur Fundamentaldisziplin die Daseins-Analytik. Darin liegt zugleich: Die Ontologie läßt sich selbst nicht rein ontologisch begründen. Ihre eigene Ermöglichung wird auf ein Seiendes, d. h. Ontisches zurückverwiesen: das Dasein. Ontologie hat ein ontisches Fundament, das auch in der bisherigen Geschichte der Philosophie immer wieder durchscheint und sich z. B. darin ausdrückt, daß schon Aristoteles sagte: Die erste Wissenschaft, die Wissenschaft vom Sein, ist Theologie. Die Möglichkeiten und Schicksale der Philosophie sind als Werk der Freiheit des Daseins des Menschen dessen Existenz, d. h. der Zeitlichkeit und damit der Geschichtlichkeit verhaftet, und zwar in einem ursprünglicheren Sinne als jede andere

Wissenschaft. So ist die *erste Aufgabe* innerhalb der Aufklärung des Wissenschaftscharakters der Ontologie der *Nachweis ihres ontischen Fundamentes* und die Charakteristik dieser Fundierung.

Das *Zweite* ist die Kennzeichnung der in der Ontologie als der Wissenschaft vom Sein sich vollziehenden Erkenntnisweise, das besagt die *Herausarbeitung der methodischen Strukturen des ontologisch-transzendentalen Unterscheidens.* Schon früh in der Antike sah man, daß das Sein und seine Bestimmtheiten dem Seienden in gewisser Weise zugrundeliegen, ihm vorangehen, ein πρότερον, ein Früheres sind. Die terminologische Bezeichnung für diesen Charakter der Vorgängigkeit des Seins vor dem Seienden ist der Ausdruck apriori, *Apriorität*, das Früher. Das Sein ist als Apriori früher als das Seiende. Bis heute ist der Sinn dieses Apriori, d. h. der Sinn des Früher und seine Möglichkeit nicht aufgeklärt. Es ist nicht einmal danach gefragt, warum die Seinsbestimmungen und das Sein selbst diesen Charakter des Früher haben müssen und wie ein solches Früher möglich ist. Das Früher ist eine Zeitbestimmung, aber eine solche, die nicht in der Zeitordnung der Zeit liegt, die wir mit der Uhr messen, sondern ein Früher, das in die ›verkehrte Welt‹ gehört. Daher wird dieses Früher, das das Sein charakterisiert, vom vulgären Verstande als das Später gefaßt. Die Interpretation des Seins aus der Zeitlichkeit allein kann einsichtig machen, warum und wie mit dem Sein dieser Charakter des Früher, die Apriorität, zusammengeht. Der apriorische Charakter des Seins und aller Seinsstrukturen fordert demgemäß eine bestimmte Zugangsart und Erfassungsweise des Seins: *die apriorische Erkenntnis.*

Die Grundstücke, die zur apriorischen Erkenntnis gehören, machen das aus, was wir *Phänomenologie* nennen. Phänomenologie ist der Titel für die Methode der Ontologie, d. h. der wissenschaftlichen Philosophie. Phänomenologie ist, wenn sie sich recht versteht, der Begriff einer Methode. Es ist daher von vornherein ausgeschlossen, daß sie irgendwelche bestimmten inhaltlichen Thesen über Seiendes ausspricht und einen sogenannten Standpunkt vertritt.

Welche Vorstellungen über Phänomenologie heute umlaufen, zum Teil durch Veranlassung der Phänomenologie selbst, darauf wollen wir hier nicht eingehen. Wir berühren nur ein Beispiel. Man hat gesagt, meine philosophische Arbeit sei katholische Phänomenologie. Vermutlich deshalb, weil ich der Überzeugung bin, daß auch Denker wie Thomas von Aquino oder Duns Scotus etwas von der Philosophie verstanden haben, vielleicht mehr als die Modernen. Der Begriff einer katholischen Phänomenologie ist jedoch noch widersinniger als der Begriff einer protestantischen Mathematik. Die Philosophie als Wissenschaft vom Sein unterscheidet sich in ihrer Methodik grundsätzlich von jeder anderen Wissenschaft. Der methodische Unterschied etwa zwischen Mathematik und klassischer Philologie ist nicht so groß wie der Unterschied zwischen Mathematik und Philosophie bzw. Philologie und Philosophie. Die Unterschiedsgröße zwischen positiven Wissenschaften, zu denen Mathematik und Philologie gehören, und Philosophie läßt sich überhaupt nicht quantitativ abschätzen. In der Ontologie soll auf dem Wege der phänomenologischen Methode das Sein erfaßt und begriffen werden, wobei wir bemerken, daß Phänomenologie zwar heute lebendig geworden ist, aber daß das, was sie sucht und will, schon von Anfang an in der abendländischen Philosophie lebendig war.

Das Sein soll erfaßt und zum Thema gemacht werden. Sein ist jeweils Sein von Seiendem und wird demnach zunächst nur im Ausgang von einem Seienden zugänglich. Dabei muß sich der erfassende phänomenologische Blick zwar auf Seiendes mit richten, aber so, daß dabei das Sein dieses Seienden zur Abhebung und zur möglichen Thematisierung kommt. Das Erfassen des Seins, d. h. die ontologische Untersuchung geht zwar zunächst und notwendig je auf Seiendes zu, wird aber dann von dem Seienden *in bestimmter Weise weg- und zurückgeführt auf dessen Sein.* Das Grundstück der phänomenologischen Methode im Sinne der Rückführung des untersuchenden Blicks vom naiv erfaßten Seienden zum Sein bezeichnen wir als *phänomenologische Reduktion.* Damit knüpfen wir dem Wortlaut, nicht aber der Sache nach an einen zentralen Terminus der Phänomenologie Husserls an. *Für Husserl* ist die phänomenologische Reduktion, die er zum erstenmal ausdrücklich in den »Ideen zu einer reinen Phänomenologie und phänomenologischen Philosophie« (1913) herausgearbeitet hat, die Methode der Rückführung des phänomenologischen Blickes von der natürlichen Einstellung des in die Welt der Dinge und Personen hineinlebenden Menschen auf das transzendentale Bewußtseinsleben und dessen noetisch-noematische Erlebnisse, in denen sich die Objekte als Bewußtseinskorrelate konstituieren. *Für uns* bedeutet die phänomenologische Reduktion die Rückführung des phänomenologischen Blickes von der wie immer bestimmten Erfassung des Seienden auf das Verstehen des Seins (Entwerfen auf die Weise seiner Unverborgenheit) dieses Seienden. Wie jede wissenschaftliche Methode wächst und wandelt sich auch die phänomenologische Methode aufgrund des mit ihrer Hilfe gerade vollzogenen Vordringens zu den Sachen. Wissenschaftliche Methode ist nie eine Technik. Sobald sie das wird, ist sie von ihrem eigenen Wesen abgefallen.

Die phänomenologische Reduktion als die Rückführung des Blickes vom Seienden zum Sein ist aber nicht das einzige, ja nicht einmal das zentrale Grundstück der phänomenologischen Methode. Denn diese Zurückführung des Blickes vom Seienden auf das Sein bedarf zugleich des positiven Sichhinbringens zum Sein selbst. Die pure Abwendung ist nur ein negativ methodisches Verhalten, das nicht nur der Ergänzung durch ein positives bedarf, sondern ausdrücklich der Hinführung zum Sein, d. h. der Leitung. Das Sein wird nicht so zugänglich wie Seiendes, wir finden es nicht einfach vor, sondern es muß, wie zu zeigen sein wird, jeweils in einem freien Entwurf in den Blick gebracht werden. Dieses Entwerfen des vorgegebenen Seienden auf sein Sein und dessen Strukturen bezeichnen wir als *phänomenologische Konstruktion.*

Aber auch mit ihr ist die Methode der Phänomenologie nicht erschöpft. Wir hörten, jedes Entwerfen von Sein vollzieht sich im reduktiven Rückgang vom Seienden her. Vom Seienden nimmt die Seinsbetrachtung ihren Ausgang. Dieser ist offensichtlich jeweils bestimmt durch die faktische Erfahrung des Seienden und den Umkreis der Erfahrungsmöglichkeiten, die jeweils einem faktischen Dasein, d. h. der geschichtlichen Lage einer philosophischen Forschung, eignen. Nicht ist zu jeder Zeit und für jeden alles Seiende und bestimmte Gebiete desselben in gleicher Weise zugänglich, und selbst wenn das Seiende im Umkreis der Erfahrung zugänglich ist, bleibt noch die Frage, ob es in der naiven und vulgären Erfahrung schon in seiner spezifischen Seinsart angemessen verstanden ist. Weil das Dasein seiner eigenen Existenz nach geschichtlich ist, sind die Zugangsmöglichkeiten und die Auslegungsweisen des Seienden selbst in verschiedenen geschichtlichen Lagen verschieden, variabel. Der Blick auf die Geschichte der Philosophie zeigt, daß sehr bald mannigfache Gebiete des Seienden entdeckt wurden: Natur, Raum, Seele, daß sie aber gleichwohl nicht in ihrem spezifischen Sein begriffen werden konnten. Schon in der Antike stellte sich ein Durchschnittsbegriff von Sein heraus, der zur Interpretation alles Seienden der verschiedenen Seinsgebiete und seiner Seinsweisen verwendet wurde, ohne daß das spezifische Sein selbst ausdrücklich in seiner Struktur zum Problem gemacht wurde und umgrenzt werden konnte. So sah Plato sehr wohl, daß die Seele und ihr Logos ein anderes Seiendes ist als das sinnlich Seiende. Aber er war nicht imstande, die spezifische Seinsart dieses Seienden abzugrenzen gegen die Seinsart irgendeines anderen Seienden bzw. Nichtseienden, sondern für ihn sowohl wie für Aristoteles und die Folgezeit bis zu Hegel und erst recht für die Nachkommen bewegen sich alle ontologischen Untersuchungen in einem Durchschnittsbegriff von Sein überhaupt. Auch die ontologische Untersuchung, die wir jetzt vollziehen, ist durch ihre geschichtliche Lage bestimmt und in eins damit durch gewisse Möglichkeiten des Zugangs zum Seienden und durch die Überlieferung der vorangegangenen Philosophie. Der Bestand von philosophischen Grundbegriffen aus der philosophischen Tradition ist heute noch so wirksam, daß diese Auswirkung der Tradition kaum überschätzt werden kann. Daher kommt es, daß alle philosophische Erörterung, auch die radikalste, neu anfangende, von überkommenen Begriffen und damit von überkommenen Horizonten und Hinsichten durchsetzt ist, von denen nicht ohne weiteres feststeht, daß sie dem Seinsgebiet und der Seinsverfassung ursprünglich und echt entsprungen sind, das zu begreifen sie beanspruchen. Daher gehört notwendig zur begrifflichen Interpretation des Seins und seiner Strukturen, d. h. zur reduktiven Konstruktion des Seins eine *Destruktion*, d. h. ein kritischer Abbau der überkommenen und zunächst notwendig zu verwendenden Begriffe auf die Quellen, aus denen sie geschöpft sind. Erst durch die Destruktion kann sich die Ontologie phänomenologisch der Echtheit ihrer Begriffe voll versichern.

Diese drei Grundstücke der phänomenologischen Methode: Reduktion, Konstruktion, Destruktion, gehören inhaltlich zusammen und müssen in ihrer Zusammengehörigkeit begründet werden. Konstruktion der Philosophie ist notwendig Destruktion, d. h. ein im historischen Rückgang auf die Tradition vollzogener Abbau des Überlieferten, was keine Negation und Verurteilung der Tradition zur Nichtigkeit, sondern umgekehrt gerade positive Aneignung ihrer bedeutet. Weil zur Konstruktion die Destruktion gehört, ist philosophische Erkenntnis ihrem Wesen nach zugleich in einem bestimmten Sinne historische Erkenntnis. Zum Begriff der Philosophie als Wissenschaft, zum Begriff der phänomenologischen Forschung gehört ›Geschichte der Philosophie‹, wie man sagt. Die Geschichte der Philosophie ist nicht ein beliebiges Anhängsel im philosophischen Lehrbetrieb, um Gelegenheit zu geben, irgendein bequemes und leichtes Thema für das Staatsexamen sich zuzueignen oder sich einmal umzusehen, wie es früher gewesen ist, sondern historisch-philosophische Erkenntnis ist in sich eines, wobei die spezifische Art des historischen Erkennens in der Philosophie gemäß ihrem Gegenstande sich von jeder anderen wissenschaftlichen historischen Erkenntnis unterscheidet.

Die so charakterisierte Methode der Ontologie ermöglicht eine Kennzeichnung der Idee der Phänomenologie als des wissenschaftlichen Verfahrens der Philosophie. In eins damit gewinnen wir die Möglichkeit, den Begriff der Philosophie konkreter zu umgrenzen. So führt die Betrachtung des dritten Teiles wieder an den Ausgang der Vorlesung zurück.

§ 6. Der Aufriß der Vorlesung

Der Gedankengang der Vorlesung gliedert sich sonach in drei Teile.

Erster Teil: Phänomenologisch-kritische Diskussion einiger traditioneller Thesen über das Sein.

Zweiter Teil: Die fundamentalontologische Frage nach dem Sinn von Sein überhaupt. Die Grundstrukturen und Grundweisen des Seins.

Dritter Teil: Die wissenschaftliche Methode der Ontologie und die Idee der Phänomenologie.

Der erste Teil zerfällt in *vier Kapitel:*

1. Die These Kants: Sein ist kein reales Prädikat.

2. Die auf Aristoteles zurückgehende These der mittelalterlichen Ontologie: Zum Sein eines Seienden gehören das Wassein (essentia) und das Vorhandensein (existentia).

3. Die These der neuzeitlichen Ontologie: Die Grundweisen des Seins sind das Sein der Natur (res extensa) und das Sein des Geistes (res cogitans).

4. Die These der Logik: Alles Seiende läßt sich unbeschadet seiner jeweiligen Seinsweise ansprechen und besprechen durch das ›ist‹. Das Sein der Copula.

Der zweite Teil gliedert sich entsprechend *vierfach:*
1. Das Problem der ontologischen Differenz (des Unterschieds von Sein und Seiendem).
2. Das Problem der Grundartikulation des Seins (essentia, existentia).
3. Das Problem der möglichen Modifikationen des Seins und der Einheit seiner Vielfältigkeit.
4. Der Wahrheitscharakter des Seins.

Auch der dritte Teil gliedert sich in *vier Kapitel:*
1. Das ontische Fundament der Ontologie und die Analytik des Daseins als Fundamentalontologie.
2. Die Apriorität des Seins und die Möglichkeit und Struktur der apriorischen Erkenntnis.
3. Die Grundstücke der phänomenologischen Methode: Reduktion, Konstruktion, Destruktion.
4. Die phänomenologische Ontologie und der Begriff der Philosophie.

PHÄNOMENOLOGISCH-KRITISCHE DISKUSSION EINIGER
TRADITIONELLER THESEN ÜBER DAS SEIN

ERSTES KAPITEL

Die These Kants: Sein ist kein reales Prädikat

§ 7. Der Gehalt der Kantischen These

Kant erörtert seine These, Sein ist kein reales Prädikat, an
zwei Stellen. Einmal in einer kleinen Schrift »Der einzig mögliche Beweisgrund zu einer Demonstration des Daseins Gottes« (1763). Die Schrift gehört in die sogenannte vorkritische
Zeit Kants, d. h. in die Zeit vor der »Kritik der reinen Vernunft« (1781). Sie zerfällt in drei Abteilungen. Unsere These
wird in der ersten Abteilung abgehandelt, die die grundsätzlichen Fragen erörtert und sich in vier Betrachtungen gliedert.
Erstens: »Vom Dasein überhaupt«; zweitens: »Von der inneren Möglichkeit, insofern sie ein Dasein voraussetzt«; drittens:
»Von dem schlechterdings notwendigen Dasein«; viertens:
»Beweisgrund zu einer Demonstration des Daseins Gottes«.
    Sodann erörtert Kant die These in seiner »Kritik der reinen
Vernunft« (1781, zweite Auflage 1787), und zwar in der
»Transzendentalen Logik«. Wir zitieren fortan nach der zweiten Auflage (B). Die »transzendentale Logik« oder, wie wir
auch sagen können, die Ontologie der Natur, zerfällt in zwei
Abteilungen: die »transzendentale Analytik« und die »transzendentale Dialektik«. Innerhalb dieser im zweiten Buch, dritten Hauptstück, vierten Abschnitt (B 620 ff.) geht Kant
erneut auf die These ein, die er im »Beweisgrund« erörtert.
Der Abschnitt ist überschrieben: »Von der Unmöglichkeit
eines ontologischen Beweises vom Dasein Gottes«.

An beiden Stellen, im »Beweisgrund« und in der »Kritik«, wird die These in demselben Sinne abgehandelt. Zum Zwecke der Darstellung, die wir absichtlich ausführlich halten, nehmen wir auf beide Schriften Bezug. Dabei zitieren wir verkürzt »Beweisgrund« und »Kritik«, ersteren nach der Ausgabe von Ernst Cassirer. Bevor wir den Gehalt der Kantischen These auseinanderlegen, kennzeichnen wir kurz den sachlichen Zusammenhang, innerhalb dessen sie an beiden Stellen erörtert wird.

Zuvor aber ist eine allgemeine terminologische Bemerkung erforderlich. Kant spricht, wie der Titel des »Beweisgrundes« zeigt, vom Beweis des *Daseins Gottes*. Ebenso spricht er vom *Dasein der Dinge* außer uns, vom *Dasein der Natur*. Dieser Begriff des Daseins bei Kant entspricht dem scholastischen Terminus existentia. Kant gebraucht daher auch oft statt ›Dasein‹ den Ausdruck ›Existenz‹, ›Wirklichkeit‹. Unser terminologischer Gebrauch ist dagegen ein anderer, der, wie sich zeigen wird, sachlich begründet ist. Was Kant Dasein bzw. Existenz und was die Scholastik existentia nennt, bezeichnen wir terminologisch mit dem Ausdruck ›*Vorhandensein*‹ oder ›*Vorhandenheit*‹. Es ist der Titel für die Seinsweise der Naturdinge im weitesten Sinne. Die Wahl dieses Ausdrucks selbst muß sich im Verlauf der Vorlesung aus dem spezifischen Sinn dieser Seinsweise rechtfertigen, die diesen Ausdruck Vorhandenes, Vorhandenheit fordert. Husserl schließt sich in seiner Terminologie Kant an, verwendet also den Begriff des Daseins im Sinne des Vorhandenseins. Das Wort ›Dasein‹ dagegen bezeichnet für uns nicht wie für Kant die Seinsweise der Naturdinge, es bezeichnet überhaupt keine Seinsweise, sondern ein bestimmtes Seiendes, das wir selbst sind, das *menschliche Dasein*. Wir sind jeweils ein Dasein. Dieses Seiende, das Dasein, hat wie jedes eine spezifische Seinsweise. Die Seinsweise des Daseins bestimmen wir terminologisch als *Existenz*, wobei zu bemerken ist, daß Existenz oder die Rede: das Dasein existiert, nicht die einzige Bestimmung der Seinsart unser selbst ist. Wir werden eine dreifache kennenlernen, die allerdings in einem spezifischen Sinne in der Existenz verwurzelt ist. Für Kant und die Scholastik ist Existenz die Seinsweise der Naturdinge, für uns dagegen die Seinsweise des Daseins. Demnach kann man beispielsweise sagen: Ein Körper existiert nie, sondern ist vorhanden. Umgekehrt, Dasein, wir selbst, sind nie vorhanden, sondern Dasein existiert. Dasein aber und Körper sind als existierend bzw. vorhanden jeweils seiend. Demgemäß ist nicht alles Seiende ein Vorhandenes, aber auch nicht alles Nichtvorhandene ist auch schon Nichtseiendes, sondern kann existieren oder, wie wir noch sehen werden, bestehen oder von anderer Seinsart sein.

Von dem Kantischen Begriff des Daseins bzw. der Existenz gleich Vorhandensein als Seinsweise der Dinge und von unserer Terminologie von Vorhandenheit ist scharf zu unterscheiden der Kantische bzw. scholastische Begriff der *Realität*. Dieser Ausdruck bedeutet, sowohl bei Kant wie in der Scholastik, der er sich anschließt, nicht das, was man heute gemeinhin unter dem Begriff der Realität versteht, wenn man z. B. von der Realität der Außenwelt spricht. Im heutigen Sprachgebrauch bedeutet Realität soviel wie Wirklichkeit, Existenz oder Dasein im Sinne von Vorhandensein. Der Kantische Begriff der Realität ist ein ganz anderer, wie wir sehen werden. Von seinem Verständnis hängt das Verständnis der These ab: Sein ist kein reales Prädikat.

Bevor wir in die Interpretation dieser These eintreten, gilt es, kurz den sachlichen Zusammenhang zu kennzeichnen, in dem sie auftaucht. Dieser Zusammenhang springt schon mit dem Titel der erstgenannten Schrift in die Augen und ebenso durch die Überschrift des betreffenden Abschnittes der »Kritik der reinen Vernunft«. Es handelt sich um den Beweis des Daseins, der Existenz, der Wirklichkeit und, wie wir sagen: der Vorhandenheit Gottes. Wir stehen vor der auffallenden Tatsache, daß Kant den allgemeinsten Begriff des Seins überhaupt dort erörtert, wo er von der Erkennbarkeit eines ganz be-

stimmten, ausgezeichneten Seienden handelt, von Gott. Aber
wer die Geschichte der Philosophie (Ontologie) kennt, dem ist
die Tatsache so wenig befremdend, daß sie gerade deutlich
macht, wie unmittelbar Kant in der großen Tradition der
antiken und scholastischen Ontologie steht. Gott ist das höchste Seiende, summum ens, das vollkommenste Seiende, ens
perfectissimum. Was am vollkommensten *ist*, das eignet sich
offenbar am meisten als das exemplarische Seiende, an dem die
Idee des Seins abgelesen werden kann. Gott ist nicht nur das
ontologische Grundbeispiel für das Sein eines Seienden, sondern zugleich der Urgrund alles Seienden. Das Sein des nicht-
göttlichen, geschaffenen Seienden muß aus dem Sein des höchsten Seienden verstanden werden. Daher ist es kein Zufall,
daß die Wissenschaft vom Sein in einem vorzüglichen Sinne
am Seienden qua Gott orientiert ist. Das geht so weit, daß
schon Aristoteles die πρώτη φιλοσοφία, die erste Philosophie, θεολογία nannte.[1] Dabei ist zu beachten, daß dieser
Begriff der Theologie nichts zu tun hat mit dem heutigen Begriff der christlichen Theologie als einer positiven Wissenschaft.
Er hat lediglich mit ihm das Wort gemeinsam. Diese Orientierung der Ontologie an der Gottesidee wurde für die nachkommende Geschichte der Ontologie und ihr Geschick von
ausschlaggebender Bedeutung. Über die Rechtmäßigkeit dieser
Orientierung haben wir hier zunächst nicht zu handeln. Genug,
die Tatsache, daß Kant den Begriff des Seins bzw. des Daseins
im Zusammenhang der Möglichkeit der Gotteserkenntnis
erörtert, hat nichts Auffallendes. Genauer handelt es sich für
Kant um das Problem der Möglichkeit des von ihm erstmals
so bezeichneten ontologischen Gottesbeweises. Es zeigt sich hier
das Merkwürdige, auf das wir immer wieder in der Philosophie vor Kant und auch in der nachkantischen Philosophie, am
extremsten bei Hegel, stoßen, daß das Problem des Seins überhaupt auf das engste verknüpft ist mit dem Problem Gottes,
der Bestimmung seines Wesens und dem Nachweis seiner

[1] Arist., Met. E 1, 1026 a 19; K 7, 1064 b 3.

Existenz. Worin dieser merkwürdige Zusammenhang, der doch zunächst gar nicht selbstverständlich ist, begründet ist, können wir hier nicht erörtern; denn das würde erfordern, die Grundlagen der antiken Philosophie und Metaphysik zu erörtern. Die Tatsache besteht, auch bei Kant, und sie ist der Beweis, zunächst ganz äußerlich, daß Kants Fragestellung noch ganz in den Bahnen der traditionellen Metaphysik verläuft. Kant handelt an den genannten Stellen von der Möglichkeit des ontologischen Gottesbeweises. Dieser hat das Eigentümliche, daß er versucht, aus dem *Begriff* Gottes dessen Dasein, d. h. Existenz zu erschließen. Die philosophische Wissenschaft, die nach der Meinung Kants rein aus Begriffen dogmatisch über Seiendes etwas auszumachen versucht, ist die Ontologie oder, traditionell gesprochen, die Metaphysik. Deshalb nennt Kant diesen Beweis aus dem Begriff Gottes den ontologischen Beweis, wobei ontologisch soviel besagt wie dogmatisch, metaphysisch. Kant selbst leugnet nicht die Möglichkeit der Metaphysik, sondern sucht gerade eine wissenschaftliche Metaphysik, eine wissenschaftliche Ontologie, deren Idee er als System der Transzendentalphilosophie bestimmt.

Der ontologische Gottesbeweis ist schon alt. Man leitet ihn gewöhnlich auf Anselm von Canterbury (1033–1109) zurück. Anselm hat seinen Beweis in der kleinen Abhandlung »Proslogium seu alloquium de Dei existentia« vorgelegt. Im Kapitel drei ist der eigentliche Kern des Beweises dargestellt: »Proslogium de Dei existentia«. Man nennt diesen Beweis in der Literatur öfter auch den scholastischen Gottesbeweis. Dieser Terminus ist insofern unzutreffend, als die mittelalterliche Scholastik gerade vielfach die Schlüssigkeit und Triftigkeit dieses Gottesbeweises angefochten hat. Nicht erst Kant, sondern vor allem Thomas von Aquino hat die Schlüssigkeit dieses Beweises bestritten, während Bonaventura und Duns Scotus den Beweis zulassen. Aber die Kantische Widerlegung der Möglichkeit des ontologischen Gottesbeweises ist eine viel radikalere und grundsätzlichere als die, die Thomas gibt.

Das Charakteristische dieses Beweises liegt darin, aus dem Begriff Gottes seine Existenz zu erschließen. Zum Begriff, zur Idee Gottes gehört die Bestimmung, daß er das vollkommenste Seiende, ens perfectissimum, ist. Das vollkommenste Seiende ist dasjenige, dem keine mögliche positive Bestimmtheit fehlen kann und dem jede positive Bestimmtheit in einer unendlich vollkommenen Weise zukommt. Das vollkommenste Seiende, als welches wir Gott begrifflich denken, kann keine positive Bestimmtheit nicht haben. Jeder Mangel ist dem Begriff dieses Seienden entsprechend von ihm ausgeschlossen. Zur Vollkommenheit des vollkommensten *Seienden* gehört offenbar auch oder gar allem zuvor, daß es *ist*, seine Existenz. Gott ist nicht das, *was* er seinem Wesen nach als das Vollkommenste ist, ohne daß er existiert. Aus dem Begriff Gottes ergibt sich: Gott existiert. Der Beweis sagt: Wenn Gott nach seinem Wesen, d. h. nach seinem Begriff gedacht wird, muß seine Existenz mitgedacht werden. Die Frage legt sich ohne weiteres nahe: Folgt daraus, daß wir Gott existierend *denken* müssen, seine Existenz? Auf die Herkunft dieses Beweises, der über Anselm zurück zu Boethius und Dionysius Areopagita, d. h. in den Neuplatonismus, zurückreicht, auch auf die verschiedenen Abwandlungen und Stellungnahmen in der Geschichte der Philosophie ist hier nicht einzugehen. Nur beiläufig wollen wir die des Thomas von Aquino charakterisieren, weil sie geeignet ist, dagegen die Kantische Widerlegung in aller Schärfe abzuheben.

Thomas von Aquino erörtert und kritisiert die Möglichkeit des ontologischen Gottesbeweises, den er noch nicht so nennt, an vier Stellen: erstens im »Kommentar zu den Sentenzen des Petrus Lombardus«, Sentenzen I, dist. 3, qu. 1, art. 2 ad 4; zweitens »Summa theologica« I, qu. 2, art. 1; drittens »Summa contra gentiles« I, cap. 10–11; viertens »De veritate« qu. 10, art. 12. Letztere ist die durchsichtigste Erörterung. An dieser Stelle wirft Thomas die Frage auf: utrum deum esse sit per se notum menti humanae, sicut prima principia demonstrationis, quae non possunt cogitari non esse; »Ob Gott durch sich selbst und an sich selbst dem menschlichen Verstande bekannt sei wie die ersten Grundsätze des Beweises [Satz der Identität, Satz vom Widerspruch], welche nicht als nichtseiend gedacht werden können«. Thomas fragt: Wissen wir mit Hilfe des Begriffes von Gott, demgemäß er nicht nicht existieren kann, um seine Existenz? Unter Abschnitt 10 heißt es: Ad hoc autem quod sit per se notum, oportet quod nobis sit cognita ratio subjecti in qua concluditur praedicatum. Auch in der Thomistischen Erörterung kommt so etwas wie Prädikat vor, ebenso wie in der Kantischen These: Sein ist kein reales Prädikat. »Damit etwas an sich bekannt sei, aus sich selbst verständlich, ist nichts anderes gefordert, als daß das Prädikat, das von dem betreffenden Seienden ausgesagt wird, ist: de ratione subjecti, vom Begriff des Subjektes.« Ratio heißt soviel wie essentia oder natura oder, wie wir noch sehen werden, Realität. Dann nämlich kann das Subjekt nicht gedacht werden ohne das, was sich im Prädikat zeigt. Damit wir aber eine solche Erkenntnis haben, die Kant später eine analytische Erkenntnis genannt hat, d. h. aus dem Wesen einer Sache ihre Bestimmungen unmittelbar entnehmen können, ist es notwendig, daß uns die ratio subjecti, d. h. der Begriff der Sache, bekannt sei. Für den Gottesbeweis besagt das: Es muß uns der Begriff Gottes, d. h. das volle Wesen einsichtig sein. Sed quia quidditas Dei non est nobis nota, ideo quoad nos Deum esse non est per se notum, sed indiget demonstratione. Ideo nobis necessarium est, ad hoc cognoscendum, demonstrationes habere ex effectibus sumptas: Da uns aber die quidditas, das, was Gott ist, seine Washeit, sein Wesen, nicht bekannt ist, d. h. da mit Rücksicht auf uns Gott nicht in seinem Wesen durchsichtig ist, sondern des Erweises aus der Erfahrung des von ihm Geschaffenen bedarf, deshalb fehlt für den Beweis der Existenz Gottes aus seinem Begriff die hinreichende Begründung des Ausgangs des Beweises, nämlich des Begriffes.

Nach Thomas ist der ontologische Gottesbeweis deshalb unmöglich, weil wir nicht imstande sind, von uns aus selbst den reinen Begriff Gottes zu exponieren, um daraus die Notwendigkeit seiner Existenz zu erweisen. Wir werden sehen, daß Kant den ontologischen Gottesbeweis an einer anderen Stelle kritisch anfaßt, den eigentlichen Nerv des Beweises angreift und damit den Beweis erst eigentlich aus den Angeln hebt.

Um diese Angriffsstelle der Kantischen Kritik im ontologischen Gottesbeweis deutlicher zu sehen, wollen wir diesen Beweis auf die formale Gestalt eines Schlusses bringen.

Obersatz: Gott ist seinem Begriffe nach das vollkommenste Seiende.

Untersatz: Zum Begriff des vollkommensten Seienden gehört die Existenz.

Schlußsatz: Also existiert Gott.

Kant bestreitet nun weder, daß Gott seinem Begriffe nach das vollkommenste Seiende ist, noch bestreitet er die Existenz Gottes. Auf die Form des Syllogismus gesehen besagt das: Kant läßt den Obersatz und den Schlußsatz des Beweises bestehen. Wenn er den Beweis gleichwohl angreift, kann der Angriff nur den Untersatz treffen, der besagt: Zum Begriff des vollkommensten Seienden gehört die Existenz, das Dasein. Kants These, deren phänomenologische Interpretation wir zum Thema machen, ist nichts anderes als die grundsätzliche Leugnung der Möglichkeit der im Untersatz des ontologischen Gottesbeweises fixierten Aussage. Kants These: Sein bzw. Dasein ist kein reales Prädikat, behauptet nicht nur: Zum Begriff des vollkommensten Seienden könne das Dasein nicht gehören, bzw. wir können es als angehörig nicht erkennen (Thomas), sondern diese These geht weiter. Sie sagt grundsätzlich: Dergleichen wie Dasein und Existenz gehören überhaupt nicht zur Bestimmtheit eines Begriffes.

Es gilt zunächst zu zeigen, wie Kant seine These begründet. Auf diesem Wege wird von selbst deutlich, wie er den Begriff

von Existenz und Dasein – in unserem Sinne von Vorhandenheit – aufklärt.

Die Erste Abteilung des »Beweisgrundes« zerfällt in vier
Betrachtungen, deren erste »Vom Dasein überhaupt« handelt.
Sie bespricht drei Thesen bzw. Fragen: Erstens »Das Dasein
ist gar kein Prädikat oder Determination von irgendeinem
Dinge«; zweitens »Das Dasein ist die absolute Position eines
Dinges und unterscheidet sich dadurch auch von jeglichem Prädikat, welches als ein solches jederzeit bloß beziehungsweise
auf ein ander Ding gesetzt wird«; drittens »Kann ich wohl
sagen, daß im Dasein mehr als in der bloßen Möglichkeit sei?«

Der erste Satz »Dasein ist gar kein Prädikat oder Determination von irgend einem Dinge« ist die negative Charakteristik des Wesens des Daseins. Der zweite Satz bestimmt den
ontologischen Sinn des Daseins positiv: Dasein gleich absolute
Position. Die an dritter Stelle genannte Frage nimmt Stellung
zu einer zeitgenössischen Erläuterung des Begriffes des Daseins,
wie sie von Wolff bzw. seiner Schule gegeben wurde, wonach
Dasein, d. h. Existenz bedeutet complementum possibilitatis,
die Wirklichkeit eines Dinges bzw. sein Dasein, seine Existenz,
ist die Ergänzung seiner Möglichkeit.

Die gedrängtere Behandlung derselben These findet sich in
der »Kritik der reinen Vernunft«.[2] Der erste Satz aus dem
»Beweisgrund« deckt sich mit dem Satz der »Kritik«, den wir
als Formulierung der ersten These wählten und der vollständig
lautet: »Sein ist offenbar kein reales Prädikat, d. i. ein Begriff
von irgend etwas, was zu dem Begriffe eines Dinges hinzukommen könne.« Diesem Satz folgt der weitere, der das Wesen
von Sein bzw. Dasein positiv bestimmt und sich gleichfalls mit
dem zweiten Satz des »Beweisgrundes« deckt: Sein »ist bloß
die Position eines Dinges oder gewisser Bestimmungen an sich
selbst.« Zwischen Sein überhaupt und Dasein wird zunächst
nicht unterschieden.

[2] Kant, Kr. d. r. V. (Ausgabe R. Schmidt; F. Meiner) B 626 ff.

Was besagt zunächst die *negative These:* Sein ist kein reales
Prädikat, oder, wie Kant auch sagt, ist überhaupt kein Prädikat von einem Dinge? Sein ist kein *reales* Prädikat bedeutet,
es ist kein Prädikat von einer *res*. Es ist überhaupt nicht Prädikat, sondern bloße Position. Können wir sagen, Existenz,
Dasein, sei überhaupt kein Prädikat? Prädikat besagt das in
einer Aussage (Urteil) Ausgesagte. Dasein, Existenz, wird doch
ausgesagt, wenn ich sage: Gott existiert, oder in unserer Terminologie: Der Berg ist vorhanden. Hier wird doch Vorhandensein und Existieren *ausgesagt*. Das scheint so, und Kant
selbst betont: »Dieser Satz [Dasein ist gar kein Prädikat von
irgendeinem Dinge] scheint seltsam und widersinnig, allein er
ist ungezweifelt gewiß.«[3]

Wie steht es mit der Frage, ob Existenz ausgesagt ist oder
nicht, Prädikat ist oder nicht? Wie bestimmt Kant das Wesen
der Prädikation? Der formale Begriff der Aussage ist nach
Kant das Verbinden von etwas mit etwas. Die Grundhandlung
des Verstandes ist nach ihm das ›ich verbinde‹. Diese Charakteristik des Wesens der Aussage ist eine rein formale Bestimmung oder, wie Kant auch sagt, eine formallogische Charakteristik, in der davon abgesehen wird, *was* es ist, das mit einem
anderen verbunden wird. Jedes Prädikat ist je etwas Bestimmtes, Materiales. Die formale Logik thematisiert nur die Form
der Prädikation überhaupt, Beziehung, Verbindung, Trennung. Es wird in ihr, wie wir sagen, von der Sachhaltigkeit
des Prädikats abgesehen, ebenso wie von der des Subjekts. Es
ist eine logische Charakteristik der Aussage hinsichtlich ihrer
leersten Form, d. h. formal als Beziehung von etwas zu etwas
bzw. Verbindung beider.

Wenn wir uns so an dem formallogischen Begriff der Prädikation, des Prädikats, orientieren, können wir noch nicht
entscheiden, ob Existenz und Dasein ein Prädikat sei. Denn
Existenz, Dasein, hat einen bestimmten Gehalt, sagt etwas.

[3] Kant, Beweisgrund, WW (Cassirer) Bd. 2, p. 76.

Daher muß genauer gefragt werden: Ist Existenz bzw. Dasein ein reales Prädikat oder, wie Kant verkürzt sagt, eine *Bestimmung*? Die Bestimmung, sagt er, ist ein Prädikat, welches *über* den Begriff des Subjekts hinaus hinzukommt und ihn vergrößert. Die Bestimmung, das Prädikat, muß im Begriff nicht schon enthalten sein. Bestimmung ist ein die Sache, res, in ihrem Gehalt vergrößerndes reales Prädikat. Dieser Begriff vom Realen und von der Realität muß von Anfang an festgehalten werden, wenn wir die These Kants, Dasein ist kein reales Prädikat, d. h. keine Bestimmung des Sachgehaltes eines Dinges, richtig verstehen wollen. Der Begriff der Realität und des Realen hat bei Kant nicht die Bedeutung, die man heute meist meint, wenn man von der Realität der Außenwelt oder vom erkenntnistheoretischen Realismus spricht. Realität besagt nicht soviel wie Wirklichkeit bzw. Dasein oder Existenz oder Vorhandenheit. Sie ist mit Dasein nicht identisch, wohl aber gebraucht Kant den Begriff ›objektive Realität‹ identisch mit Dasein.

Die Kantische Bedeutung des Ausdrucks ›Realität‹ ist die dem wörtlichen Sinn dieses Terminus angemessene. Kant übersetzt einmal Realität sehr treffend mit Sachheit, Sachbestimmtheit.[4] Real ist, was zur res gehört. Wenn Kant von der omnitudo realitatis, von der Allheit der Realitäten, spricht, so meint er nicht die Allheit des wirklich Vorhandenen, sondern umgekehrt gerade die Allheit der möglichen Sachbestimmtheit, die Allheit der Sachgehalte, der Wesenheiten, der möglichen Dinge. Realitas ist demnach gleichbedeutend mit dem Ausdruck des Leibniz: possibilitas, Möglichkeit. Die Realitäten sind die Washalte der möglichen Dinge überhaupt, abgesehen davon, ob sie wirklich, in unserem modernen Sinn ›real‹ sind oder nicht. Der Begriff der Realität ist gleichbedeutend mit dem Begriff der Platonischen ἰδέα als dasjenige von einem Seienden, das erfaßt ist, wenn ich frage: τί ἐστι, *was* ist das Seiende? Dann

---

[4] Kr. d. r. V. B 182.

gibt mir die Antwort der Wasgehalt des Dinges, den die Scholastik mit res bezeichnet. Unmittelbar geht die Kantische Terminologie auf den Sprachgebrauch von Baumgarten, einem
Schüler Wolffs, zurück. Kant hat vielfach seine Vorlesungen
im Anschluß an das Kompendium der Metaphysik, d. h. der
Ontologie, von Baumgarten gehalten und von da aus entsprechend die Terminologie aufgenommen.

Wir dürfen bei der Diskussion der Kantischen These und
auch sonst, wenn man sich mit Kant beschäftigt, eine terminologische Erörterung und damit gewisse Umständlichkeit nicht
scheuen. Denn gerade bei Kant sind die Begriffe deutlich umgrenzt und bestimmt, in einer Schärfe, wie sie wohl vor ihm
wie nach ihm keine Philosophie erreicht hat, womit nicht
gesagt ist, daß der Sachgehalt der Begriffe und das damit Gemeinte in jeder Hinsicht radikal der Interpretation entspricht.
Gerade mit Rücksicht auf den Ausdruck Realität ist es hoffnungslos, die Kantische These und seine Position zu verstehen,
wenn man nicht den terminologischen Sinn dieses Ausdrucks,
der auf die Scholastik und die Antike zurückgeht, sich klargemacht hat. Die unmittelbare Quelle für den Terminus ist
Baumgarten, der nicht nur durch Leibniz und Descartes
bestimmt war, sondern direkt auf die Scholastik zurückgeht.
Mit Rücksicht auf andere Probleme, die in dieser Vorlesung
thematisch werden, soll dieser Zusammenhang Kants mit
Baumgarten behandelt werden.

Baumgarten sagt in den Abschnitten, in denen er das ens,
das Seiende überhaupt, umgrenzt: Quod aut ponitur esse A, aut
ponitur non esse A, determinatur[5], »was gesetzt wird als A
seiend oder gesetzt wird als nicht-A seiend, wird bestimmt«. Das
so gesetzte A ist eine determinatio. Kant spricht von der Bestimmung, die zum Was eines Dinges, zur res, hinzukommt. Bestimmung, determinatio, meint das eine res Bestimmende, ein reales
Prädikat. Daher sagt Baumgarten: Quae determinando ponun-

---

[5] Baumgarten, Metaphysica (1743), § 34.

tur in aliquo, (notae et praedicata) sunt determinationes[6], »was in der Weise des Bestimmens in irgendeinem Ding gesetzt wird (Merkmale und Prädikate), sind Bestimmungen«. Wenn Kant den Ausdruck gebraucht: Dasein ist keine Bestimmung, so ist dieser Ausdruck kein beliebiger, sondern terminologisch umgrenzt, determinatio. Diese Bestimmungen, diese determinationes, können zwiefach sein. Altera positiva, et affirmativa, quae si vere sit, est realitas, altera negativa, quae si vere sit, est negatio[7], »Das Bestimmende, was positiv setzend bzw. affirmativ, bejahend setzt, ist, wenn diese Bejahung rechtmäßig ist, eine Realität, die andere verneinende Bestimmung ist, wenn sie rechtmäßig ist, eine Negation.« Realität ist demnach die rechtmäßige, zur Sache, res, selbst, zu ihrem Begriffe gehörige sachhaltige, reale Bestimmung, determinatio. Der Gegensatz zu Realität ist Negation.

Kant schließt sich diesen Begriffsbestimmungen nicht nur in seiner vorkritischen Zeit an, sondern auch noch in seiner »Kritik der reinen Vernunft«. So spricht er vom Begriff eines Dinges und setzt in Klammern »eines Realen«, was nicht besagt: eines Wirklichen.[8] Denn Realität meint das bejahend gesetzte sachhaltige Prädikat. Jedes Prädikat ist im Grunde ein reales Prädikat. Daher lautet Kants These: Sein ist kein reales Prädikat, d. h. Sein überhaupt ist kein Prädikat von irgendeinem Dinge. Kant leitet die Tafel der Kategorien, zu denen Realität, aber auch Dasein, Existenz, gehören, aus der Tafel der Urteile ab. Die Urteile sind formal gesehen Verbindungen von Subjekt und Prädikat. Alles Verbinden oder Vereinigen vollzieht sich jeweils im Hinblick auf eine mögliche Einheit. Bei jedem Vereinigen schwebt, wenn auch nicht thematisch erfaßt, die Idee einer Einheit vor. Die verschiedenen möglichen Formen der im Urteilen, d. h. im Vereinigen vorschwebenden Einheit, diese möglichen Hinblicke oder Hinblicksgehalte für das urtei-

---

[6] a.a.O., § 36.
[7] Ebd.
[8] Kr. d. r. V. B 286.

lende Verbinden sind die Kategorien. Das ist der logische
Begriff der Kategorie bei Kant, der aus einer rein phänomenologischen Analyse entsprungen ist, wenn man nur dem nachgeht, was Kant meint. Die Kategorie ist nicht so etwas wie
eine Form, mit der man irgendeinen vorgegebenen Stoff kne-
tet. Die Kategorien sind das, was im Hinblick eines Vereini-
gens steht als die Idee der Einheit, die möglichen Formen der
Einheit des Verbindens. Wenn mir die Tafel der Urteile gegeben ist, d. h. die Gesamtheit der möglichen Formen des Ver-
einigens, dann kann ich aus dieser Tafel die in jeder Urteils-
form je vorausgesetzte Idee der Einheit ablesen, d. h. ich kann
aus ihr die Tafel der Kategorien deduzieren. Dabei macht
Kant die Voraussetzung, daß die Tafel der Urteile an sich
gewiß ist und zu Recht besteht, was allerdings fraglich ist. Die
Kategorien sind Formen der Einheit der möglichen Vereini-
gungen im Urteilen. Zu diesen Einheitsformen gehören sowohl
Realität als auch Existenz, Dasein. Wir können deutlich die
Verschiedenheit dieser beiden Kategorien, Realität und Dasein, daraus entnehmen, daß sie ganz verschiedenen Klassen
von Kategorien zugehören. Realität gehört zu den Kategorien
der Qualität. Existenz dagegen, Dasein oder Wirklichkeit,
gehört zu den Kategorien der Modalität. Realität ist eine
Kategorie der Qualität. Mit Qualität bezeichnet Kant den
Charakter der Urteilssetzung, der anzeigt, ob einem Subjekt
ein Prädikat beigelegt, ob es von ihm bejaht oder ihm entgegengesetzt, d. h. verneint wird. Realität ist demnach die
Form der Einheit des bejahenden, affirmativen, setzenden,
positiven Urteils. Das ist genau die Definition, die Baumgarten von der Realität gibt. Existenz dagegen, Dasein, Wirklichkeit, gehört in die Klasse der Kategorien der Modalität.
Die Modalität sagt, wie sich das erkennende Subjekt zu dem
im Urteil Geurteilten stellt. Der Gegenbegriff zu Dasein,
Existenz, Wirklichkeit, ist nicht wie der zu Realität die Negation, sondern Möglichkeit bzw. Notwendigkeit. Dasein entspricht als Kategorie dem assertorischen, einfachhin behaup-

tenden, sei es positiven oder negativen Urteil. Der Ausdruck
Realität fungiert in der festgelegten Bedeutung von Sachgehalt
auch in dem Terminus, den die traditionelle Ontologie oft von
Gott gebraucht: ens realissimum, oder wie Kant immer sagt:
allerrealstes Wesen. Dieser Ausdruck besagt nicht ein Wirkliches vom höchsten Grade der Wirklichkeit, sondern das
Wesen des größtmöglichen Sachgehaltes, das Wesen, dem keine
positive Realität, Sachbestimmung, fehlt, oder in der Formulierung des Anselm von Canterbury: aliquid quo maius cogitari non potest.[9]

Von diesem Begriff der Realität muß der Kantische Begriff
der *objektiven Realität* unterschieden werden, der gleichbedeutend ist mit Wirklichkeit. Objektive Realität heißt diejenige Sachheit, die an dem in ihr gedachten Gegenstand, ihrem
Objekt, sich erfüllt, d. h. diejenige Sachheit, die sich am erfahrenen Seienden als wirklichem, als daseiendem, ausweist. Kant
sagt bezüglich der objektiven Realität und der Realität überhaupt: »Was Realität betrifft, so verbietet es sich wohl von
selbst, eine solche in concreto zu denken, ohne die Erfahrung
zu Hilfe zu nehmen, weil sie nur auf Empfindung als Materie
der Erfahrung gehen kann, und nicht die Form des Verhältnisses betrifft, mit der man allenfalls in Erdichtungen spielen
könnte.«[10] Kant scheidet hier objektive Realität als Wirklichkeit von der Möglichkeit. Wenn ich mir ein mögliches Ding
ausdenke, erdichte, so bewege ich mich dabei in den reinen
sachhaltigen Verhältnissen dieser vorgestellten Sache, ohne sie
als wirklich, vorhanden, zu denken. Dieser Gebrauch von
Realität findet sich dann auch rückwärts bei Descartes. Descartes sagt z. B., der error, der Irrtum, überhaupt jedes Un-
wertige, malum, non esse quid reale, ist nichts Reales.[11] Das
heißt nicht, es gibt wirklich keinen Irrtum, sondern der Irrtum

[9] Anselm v. Canterbury, Proslogion, cap. III.
[10] Kr. d. r. V. B 270.
[11] Descartes, Meditationes de prima philosophia. Lat.-deut. Ausgabe
(F. Meiner). 1959. IV. Meditation, p. 100.

ist sehr wohl wirklich, aber er und alles Böse und Schlechte ist keine res in dem Sinne, daß es ein eigenständiger Sachgehalt für sich wäre. Er wird immer nur gewonnen und *ist* nur durch Negation eines eigenständigen Sachgehaltes, durch die Negation des Guten. Ebenso, wenn Descartes im Gottesbeweis der dritten Meditation von realitas objectiva und realitas actualis spricht, so versteht er auch hier realitas in dem genannten Sinne von Sachheit, scholastisch gleich quidditas. Die realitas objectiva ist nicht identisch mit der Kantischen objektiven Realität, sondern gerade das Gegenteil. Realitas objectiva heißt bei Descartes gemäß der Scholastik das objizierte, das mir nur im reinen Vorstellen entgegengehaltene Was, das Wesen eines Dinges. Realitas objectiva ist gleich Möglichkeit, possibilitas. Dagegen entspricht dem Kantischen Begriff der objektiven Realität bzw. Wirklichkeit der cartesische und scholastische Begriff der realitas actualis: dasjenige Was, das verwirklicht ist (actu). Dieser merkwürdige Unterschied zwischen dem cartesischen Begriff der realitas objectiva als gleichsam subjektiv vorgestellter Möglichkeit und dem Kantischen Begriff der objektiven Realität, dem an sich Seienden, hängt damit zusammen, daß der Begriff des Objektiven in dieser Zeit sich gerade in sein Gegenteil umgekehrt hat. Das Objektive, d. h. das nur mir Entgegengehaltene, ist Kantisch und modern gesprochen das Subjektive. Dasjenige, was Kant das Subjektive nennt, ist für die Scholastik dem wörtlichen Sinn des Ausdrucks ›Subjekt‹ entsprechend das Zugrundeliegende, ὑποκείμενον, das Objektive.

Kant sagt, das Dasein ist keine Realität. Das bedeutet, es ist keine sachhaltige Bestimmung des Begriffs eines Dinges, oder wie er kurz sagt: kein Prädikat vom Ding selbst.[12] »Hundert wirkliche Taler enthalten nicht das mindeste mehr, als hundert mögliche.«[13] Hundert mögliche Taler und hundert

---

[12] Beweisgrund, p. 76.
[13] Kr. d. r. V. B 627.

wirkliche Taler unterscheiden sich nicht in ihrer Realität. Es kommt alles in Verwirrung, wenn man hier den Kantischen Begriff ›Realität‹ nicht festhält und umdeutet in den modernen im Sinne von Wirklichkeit. Dann möchte man sagen, hundert mögliche Taler und hundert wirkliche Taler sind doch unbezweifelbar verschieden hinsichtlich ihrer Realität; denn die wirklichen sind eben wirklich und die möglichen haben keine Realität in der nichtkantischen Bedeutung. Kant sagt dagegen in seinem Sprachgebrauch: Hundert mögliche Taler und hundert wirkliche Taler unterscheiden sich nicht in ihrer *Realität*. Der Wasgehalt des Begriffs ›hundert mögliche Taler‹ deckt sich mit dem des Begriffs ›hundert wirkliche Taler‹. Im Begriff ›hundert wirkliche Taler‹ sind nicht mehr Taler gedacht, keine höhere Realität, sondern ebensoviel. Was möglich ist, das ist seinem Wasgehalt nach auch dasselbe wirklich, der Wasgehalt, die Realität beider, muß sogar dieselbe sein. »Wenn ich also ein Ding, durch welche und wie viele Prädikate ich will, (selbst in der durchgängigen Bestimmung) denke, so kommt dadurch, daß ich noch hinzusetze, dieses Ding *ist* [existiert], nicht das mindeste zu dem Dinge [d. h. zur res] hinzu. Denn sonst würde nicht eben dasselbe, sondern mehr existieren, als ich im Begriffe gedacht hatte, und ich könnte nicht sagen, daß gerade der Gegenstand meines Begriffes existiere.«[14]

Andererseits besteht doch die Tatsache, daß dies ›existiert‹ – ein Ding existiert – im gemeinen Redegebrauch als Prädikat vorkommt.[15] Der Ausdruck ›ist‹ im weitesten Sinne liegt sogar in jeder Prädikation, auch dann, wenn ich das, worüber ich urteile und prädiziere, nicht als existierend setze, wenn ich nur sage: Der Körper ist seinem Wesen nach ausgedehnt, – mag ein Körper existieren oder nicht. Hier gebrauche ich auch ein ›ist‹, das ›ist‹ im Sinne der Kopula, das von dem ›ist‹ unterschieden ist, wenn ich sage: Gott ist, d. h. Gott

[14] a.a.O. B 628.
[15] Beweisgrund, p. 76.

existiert. Sein als Kopula, als Verbindungsbegriff, und Sein im Sinne der Existenz, Dasein, ist demnach zu unterscheiden.

Wie erläutert Kant diesen Unterschied? Wenn Sein bzw. Dasein kein reales Prädikat ist, *wie* läßt sich *Sein positiv bestimmen,* und wie unterscheidet sich vom Begriff des Seins überhaupt der Begriff des Daseins, der Vorhandenheit? Kant sagt: »Der Begriff der Position oder Setzung ist völlig einfach und mit dem vom Sein überhaupt einerlei. Nun kann etwas als bloß beziehungsweise gesetzt oder besser bloß die Beziehung (respectus logicus) von etwas als einem Merkmal zu einem Dinge gedacht werden und dann ist das Sein, d. i. die Position dieser Beziehung [A ist B], nichts als der Verbindungsbegriff in einem Urteile. Wird nicht bloß diese Beziehung [d. h. wird Sein und ›ist‹ nicht bloß im Sinne der Kopula, A ist B, gebraucht], sondern die Sache an und vor sich selbst gesetzt betrachtet, so ist dieses Sein so viel als Dasein [d. h. Vorhandensein].«[16] Dasein »unterscheidet sich dadurch auch von jeglichem Prädikate, welches als ein solches jederzeit bloß beziehungsweise auf ein ander Ding gesetzt wird«.[17] Sein überhaupt ist mit Setzung überhaupt (Position) einerlei. In diesem Sinne spricht Kant von den bloßen Positionen (Realitäten) eines Dinges, die seinen Begriff, d. h. seine Möglichkeit ausmachen und die unter sich nicht widersprechend sein dürfen, sofern das Prinzip des Widerspruchs (Widerspruchslosigkeit) Kriterium der logischen Möglichkeiten ist.[18] Jedes Prädikat ist seinem Begriffe nach jederzeit bloß beziehungsweise gesetzt. Wenn ich dagegen sage: Etwas ist da, existiert, so nehme ich in dieser Setzung nicht beziehungsweise Bezug auf irgendein anderes Ding oder eine andere Dingbestimmtheit, auf ein anderes Reales, sondern hier setze ich relationslos die Sache an und für sich selbst, d. h. ich setze hier ohne Relation, nicht relativ, absolut. In der Aussage: A

---

[16] a.a.O., p. 77.
[17] Ebd.
[18] Kr. d. r. V. B 630.

existiert, A ist vorhanden, liegt eine absolute Setzung. Mit
Sein im Sinne von ›bloßer Position‹ (etwas sein) darf nicht
Sein qua Dasein zusammengeworfen werden. Während Kant
im »Beweisgrund« (p. 77) das Dasein als absolute Position
kennzeichnet, sagt er in der »Kritik«: »Es ist bloß die Position eines Dinges, oder gewisser Bestimmungen an sich selbst.
Im logischen Gebrauche ist es lediglich die Kopula eines
Urteils.«[19] Dasein ist nicht ›bloße Position‹; wenn Kant sagt,
es sei *bloß* die Position, so gilt diese Einschränkung mit Rücksicht darauf, daß es kein reales Prädikat ist. ›Bloß‹ hat in
diesem Zusammenhang die Bedeutung von ›nicht beziehungsweise‹. Sein ist weder in der Bedeutung der ›bloßen Position‹
noch in der der ›absoluten Position‹ ein reales Prädikat. Was
Sein als Position bedeutet, klärt Kant an den genannten Stellen nur bezüglich des Seins qua Daseins. Er erläutert den Begriff der absoluten Position gemäß dem Zusammenhang des
Problems mit dem Beweis des Daseins Gottes.

Die vorläufige Interpretation von Sein als ›bloßer Position‹
und von Dasein als ›absoluter Position‹ ist festzuhalten. Beim
Zitat aus Baumgarten kam auch der Ausdruck ponitur, Setzung, vor. Denn auch das Reale, d. h. das bloße Was eines
Dinges, ist im puren Vorstellen desselben in gewisser Weise
an ihm selbst gesetzt. Aber diese Setzung ist bloß die Setzung
des Möglichen, die ›bloße Position‹. Kant sagt einmal: »da die
Möglichkeit bloß eine Position des Dinges in Beziehung auf
den Verstand ... war, so ist die Wirklichkeit [Existenz, Da-
sein] zugleich eine Verknüpfung desselben [des Dinges] mit
der Wahrnehmung.«[20] Wirklichkeit, Dasein, ist absolute Position; Möglichkeit dagegen bloße Position. »Der Satz: Gott ist
allmächtig, enthält zwei Begriffe, die ihre Objekte haben: Gott
und Allmacht; das Wörtchen: ›ist‹, ist nicht noch ein Prädikat
obenein, sondern nur das, was das Prädikat *beziehungsweise*

---

[19] a.a.O. B 626.
[20] a.a.O. B 287 Anm.; vgl. auch Beweisgrund, p. 79.

aufs Subjekt setzt.«[21] Bei dieser Setzung von ›ist‹, der bloßen Position, wird über Existenz nichts ausgesagt. Kant sagt: »Daher auch dieses Sein [der Kopula] ganz richtig selbst bei denen Beziehungen gebraucht wird, die Undinge gegeneinander haben«[22], wenn ich z. B. sage: der Kreis ist viereckig. »Nehme ich nun das Subjekt (Gott) mit allen seinen Prädikaten, (worunter auch die Allmacht gehört) zusammen, und sage: Gott ist, oder es ist ein Gott, so setze ich kein neues Prädikat zum Begriffe von Gott, sondern nur das Subjekt an sich selbst mit allen seinen Prädikaten, und zwar [jetzt wird die absolute Position genauer erörtert] den Gegenstand [darunter meint Kant das wirkliche Seiende] in Beziehung auf meinen Begriff.«[23] Der Gegenstand, d. h. das dem Begriff entsprechende Wirkliche, Existierende, kommt in der Aussage, Gott existiert, zu meinem Begriff synthetisch hinzu, ohne daß durch dieses Sein, die Existenz außerhalb meines Begriffes, dieser selbst im mindesten vermehrt würde. Daraus ergibt sich: In der Existenz-Aussage, Gott existiert, A ist vorhanden, liegt auch und gerade eine Synthesis, d. h. Setzung (Position) einer Beziehung, nur hat sie einen wesentlich anderen Charakter als die Synthesis der Prädikation: A ist B. Die Synthesis der Existenz-Aussage betrifft nicht reale Bestimmtheiten des Dinges und deren Verhältnisse, sondern das, was gesetzt wird in der Existenz-Aussage und was hinzugesetzt wird zur bloßen Vorstellung, zum Begriff, ist »ein Bezug des wirklichen Dinges zu mir selbst«. Die Beziehung, die gesetzt wird, ist die des ganzen Begriffsgehaltes, der vollen Realität des Begriffes, zu seinem Gegenstand. Die im Begriff gemeinte Sache wird an und für sich selbst schlechthin gesetzt. Die prädikative Synthesis bewegt sich innerhalb der Sachverhältnisse. Die Existenz-Synthesis betrifft das Ganze dieser Sachverhältnisse in Beziehung auf ihren Gegenstand. Dieser wird schlechthin gesetzt.

[21] Kr. d. r. V. B 626/27.
[22] Beweisgrund, p. 78.
[23] Kr. d. r. V. B 627.

Bei der Existenzsetzung müssen wir aus dem Begriff heraus-
gehen. Die Beziehung des Begriffes auf den Gegenstand, d. h.
auf das Wirkliche, ist dasjenige, was synthetisch zum Begriffe
hinzugesetzt wird.

Bei der Setzung eines wirklichen, existierenden Dinges kann
ich nach Kant doppelt fragen. *Was* ist gesetzt, und *wie* es
gesetzt ist.[24] Auf die Frage, was ist gesetzt, lautet die Antwort: nicht mehr und nichts anderes als bei der Setzung eines
möglichen Dinges, ja gerade derselbe Wasgehalt, wie das Beispiel der Taler zeigt. Ich kann aber auch fragen, *wie* es gesetzt
sei. Dann ist zu sagen: Durch die Wirklichkeit ist allerdings
mehr gesetzt.[25] Kant faßt den Unterschied kurz zusammen:
»In einem Existierenden wird nichts mehr gesetzt als in einem
bloß Möglichen; (denn alsdenn ist die Rede von den Prädikaten desselben), allein durch etwas Existierendes wird mehr
gesetzt als durch ein bloß Mögliches; denn dieses [Existieren-
des] gehet auch auf absolute Position der Sache selbst.«[26]
Damit ist der Begriff des Daseins im Sinne der absoluten
Position nach Kant geklärt bzw. angezeigt, von wo aus dergleichen wie Dasein bzw. Sein überhaupt aufklärbar ist. Die
in der absoluten Position gesetzte Beziehung ist der Bezug des
existierenden Gegenstandes selbst zu seinem Begriff. Wenn
aber nach Kant »im gemeinen Redegebrauch« Dasein als Prädikat vorkommt, also die Tatsache besteht, die gegen die These
Kants spricht, daß Dasein kein Prädikat sei, so ist es nicht
sowohl ein Prädikat von dem Ding selbst, sagt Kant, als vielmehr von dem Gedanken, den man zunächst vom Dinge hat.
»Z. E. dem Seeeinhorn kommt die Existenz zu.« Das heißt
nach Kant: »die Vorstellung des Seeeinhorns ist ein Erfah-
rungsbegriff, d. i. die Vorstellung eines existierenden Dings.«[27]
Gott existiert, müßte genauer gesagt heißen: »Etwas Existie-

---

[24] Beweisgrund, p. 79.
[25] Ebd.
[26] a.a.O., p. 80.
[27] a.a.O., p. 76/77.

rendes ist Gott«[28], mit welcher Umformung des Satzes er
andeuten will, daß Existenz nicht im Prädikat, sondern im
Subjekt des Satzes gedacht ist.

Die Anwendung dieser Erläuterung seiner These auf die
Möglichkeit des ontologischen Gottesbeweises ergibt sich von
selbst. Weil Dasein überhaupt nicht ein reales Prädikat ist,
also wesensmäßig nicht zum Begriff eines Dinges gehören
kann, kann ich aufgrund des Denkens des puren Begriffsgehaltes nie des Daseins des im Begriff Gedachten versichert sein,
es sei denn, daß ich schon im Begriff des Dinges seine Wirklichkeit mit- und voraussetze; dann aber, sagt Kant, ist dieser
angebliche Beweis nichts als eine elende Tautologie.[29]

Kant greift im ontologischen Gottesbeweis den Untersatz
an: Zum Begriff Gottes gehört die Existenz. Er greift diesen
Satz grundsätzlich an, indem er sagt, Existenz, Dasein, gehört
überhaupt nicht zum Begriff eines Dinges. Was Kant gerade
anzweifelt, daß die Existenz reales Prädikat sei, ist nach Thomas selbstverständlich gewiß. Nur findet Thomas eine andere
Schwierigkeit: Wir sind nicht imstande, diese Zugehörigkeit
des Prädikats der Existenz zum Wesen Gottes neben anderen
Bestimmungen so durchsichtig zu erkennen, daß wir daraus
einen Beweis entnehmen könnten für das wirkliche Dasein des
Gedachten. Die Thomistische Widerlegung ist eine Widerlegung mit Rücksicht auf die Unfähigkeit und Endlichkeit unseres Verstandes, die Kantische Widerlegung ist eine grundsätzliche mit Bezug auf das, was der Beweis in seinem Untersatz
(und das ist die Angel jedes Syllogismus) beansprucht.

Das Problem des Gottesbeweises interessiert uns hier nicht,
sondern die Kantische Erläuterung des Seins- bzw. Daseins-
begriffes: Sein gleich Position, Dasein gleich absolute Position.
Wir fragen noch gar nicht, ob diese Interpretation des Sinnes
von Sein und Dasein haltbar sei, sondern lediglich: Befrie-

[28] a.a.O., p. 79.
[29] Kr. d. r. V. B 625.

digt die von Kant gegebene Erläuterung des Begriffes des Daseins? Kant betont einmal selbst: »So einfach ist dieser Begriff
[Dasein, Sein], daß man nichts zu seiner Auswickelung sagen
kann, als nur die Behutsamkeit anzumerken, daß er nicht mit
den Verhältnissen, die die Dinge zu ihren Merkmalen haben,
verwechselt werde.«[30] Das kann offenbar nur heißen: Der
Begriff von Sein und Dasein ist zwar vor Verwechselung zu
schützen, negativ abgrenzbar, positiv aber nur direkt in einem
schlichten Verstehen zugänglich. Für uns erhebt sich die Frage:
Läßt sich dieses Verstehen von Sein und Dasein zunächst in der
Richtung der Kantischen Erörterung, Sein gleich Position, noch
weiter treiben, können wir einen höheren Grad von Klarheit
erreichen innerhalb des Kantischen Ansatzes selbst? Läßt sich
zeigen, daß die Kantische Erläuterung gar nicht die Klarheit
hat, die sie beansprucht? Führt vielleicht die These: Sein gleich
Position, Dasein gleich absolute Position, ins Dunkel?

§ 8. Phänomenologische Analyse der von Kant gegebenen Erläuterung des Seins- bzw. Daseinsbegriffes

a) Sein (Dasein, Existenz, Vorhandensein), absolute Position und Wahrnehmung

Wir haben uns den Gehalt der Kantischen These klargemacht,
die lautet: Sein bzw. Dasein ist kein reales Prädikat. Im Mittel-
punkt der Erläuterung dieser These stand die Umgrenzung
des Begriffes Realität. Die Bestimmung dieses Begriffs ist um
so notwendiger, als der heutige philosophische Begriff dieses
Terminus ein anderer ist als der Kantische, der seinerseits über-
einstimmt mit der ganzen vorangegangenen Tradition. Danach
besagt Realität für Kant soviel wie Sachheit. Real ist dasjenige, was zu einer res, zu einer Sache, zu ihrem Sachgehalt

---

[30] Beweisgrund, p. 77/78.

gehört. Zur Sache ›Haus‹ gehören: Grundmauer, Dach, Tür,
Größe, Ausdehnung, Farbigkeit derselben, d. h. reale Prädikate oder Determinationen, reale Bestimmungen der Sache
›Haus‹, abgesehen davon, ob es wirklich vorhanden ist oder
nicht. Nun sagt Kant: Wirklichkeit eines Wirklichen, Existenz
eines Existierenden, ist kein reales Prädikat. Hundert Taler
unterscheiden sich nicht ihrem Wasgehalt nach, mögen es hundert mögliche oder hundert wirkliche Taler sein. Die Wirklichkeit berührt nicht das *Was*, die Realität, sondern das *Wie* des
Seins, hier ob möglich oder wirklich. Gleichwohl sagen wir
aber: das Haus existiert, oder in unserer Terminologie: es ist
vorhanden. Wir sprechen diesem Ding so etwas wie Existenz
zu. Es erhebt sich die Frage: Was für eine Bestimmung ist denn
Existenz und Wirklichkeit? Kant sagt negativ: Wirklichkeit
ist keine reale Bestimmung. Wie wir später sehen werden, ist
der Sinn dieses negativen Satzes: Wirklichkeit, Existenz, ist
selbst nichts Wirkliches, nichts Existierendes, Sein ist selbst
kein Seiendes.

Wie aber bestimmt Kant *positiv* den Sinn von Dasein, Existenz, Vorhandenheit? Er setzt Dasein gleich mit absoluter
Position, identifiziert Sein mit Position überhaupt. Kant hat
selbst diese Untersuchung nur angestellt zu Zwecken der Aufklärung des Existenzbegriffes in Absicht auf die Möglichkeit
des ontologischen Gottesbeweises. Wenn er sagt, Dasein ist
kein reales Prädikat, so leugnet er damit den möglichen Sinn
des Untersatzes des ontologischen Gottesbeweises: Zum Wesen
Gottes, d. h. zu seiner Realität, gehört die Existenz. Sofern
dieser Untersatz in seiner grundsätzlichen Möglichkeit erschüttert ist, ist damit der ganze Beweis als unmöglich erwiesen.
Uns interessiert hier nicht die Frage der Gottesbeweise, sondern das Problem der Interpretation des Seins. Wir fragen:
Wie ist genauer diese Kantische Interpretation, Sein gleich
Position, Dasein gleich absolute Position, zu verstehen? Besteht
sie zu Recht? Was verlangt die nähere Begründung dieser Interpretation selbst? Wir versuchen eine phänomenologische Ana-

lyse der von Kant gegebenen Erläuterung des Seins- bzw. Daseinsbegriffs.

Unserem Versuch, in der Interpretation des Seinsbegriffes noch weiter vorzudringen und demgemäß die Kantische Erklärung selbst noch zu klären, scheint eine methodische Maxime entgegenzustehen, die Kant selbst gerade seiner Erläuterung des Seinsbegriffs vorausgeschickt hat. Kant will gegenüber der übertriebenen Methodensucht, die alles und am Ende nichts beweist, die »Behutsamkeit« in der Aufklärung und Auflösung der Begriffe zum methodischen Prinzip machen und nicht von Anfang an »mit einer formalen Erklärung« entscheiden, »worin der ausführlich bestimmte Begriff desselben [von Existenz, Dasein] bestehe«[1], sondern er will sich zuvor desjenigen versichern, »was man mit Gewißheit bejahend oder verneinend von dem Gegenstande der Erklärung sagen kann«[2], »denn was die schmeichelhafte Vorstellung anlangt, die man sich macht, daß man durch größere Scharfsinnigkeit es besser als andere treffen werde, so versteht man wohl, daß jederzeit alle so geredet haben, die uns aus einem fremden Irrtum in den ihrigen haben ziehen wollen.«[3] Aber Kant entbindet sich gleichwohl nicht der Aufgabe, den Existenzbegriff aufzuklären. Er sagt allerdings mit einer für ihn charakteristischen vornehmen Umständlichkeit: »Ich besorge, durch zu weitläufige Erörterung einer so einfachen Idee [wie der des Seins] unvernehmlich zu werden. Ich könnte auch noch befürchten, die Zärtlichkeit derer, die vornehmlich über Trockenheit klagen, zu beleidigen. Allein ohne diesen Tadel vor etwas Geringes zu halten, muß ich mir diesmal hiezu Erlaubnis ausbitten. Denn ob ich schon an der überfeinen Weisheit dererjenigen, welche sichere und brauchbare Begriffe in ihrer logischen Schmelzküche so lange übertreiben, abziehen und verfeinern, bis sie in Dämpfen und flüchtigen Salzen verrauchen, so wenig Ge-

---

[1] Beweisgrund, p. 75.
[2] Ebd.
[3] Ebd.

schmack als jemand anders finde, so ist der Gegenstand der Betrachtung, den ich vor mir habe, doch von der Art, daß man entweder gänzlich es aufgeben muß, eine demonstrativische Gewißheit davon jemals zu erlangen oder es sich muß gefallen lassen, seine Begriffe bis in diese Atome aufzulösen.«[4] Kant weist ausdrücklich darauf hin, daß unsere gesamte Erkenntnis letztlich auf unauflösbare Begriffe führt. »Wenn man einsieht, daß unsere gesamte Erkenntnis sich doch zuletzt in unauflöslichen Begriffen endige, so begreift man auch, daß es einige geben werde, die beinahe unauflöslich sind, d. i. wo die Merkmale nur sehr wenig klärer und einfacher sind, als die Sache selbst. Dieses ist der Fall bei unserer Erklärung von der Existenz. Ich gestehe gerne, daß durch dieselbe der Begriff des Erklärten nur in einem sehr kleinen Grade deutlich werde. Allein die Natur des Gegenstandes in Beziehung auf die Vermögen unseres Verstandes verstattet auch keinen höhern Grad.«[5] Nach diesem Geständnis Kants sieht es so aus, als sei die Aufklärung von Sein und Dasein in der Tat nicht weiter zu treiben als bis zu der Charakteristik: Sein gleich Position, Dasein gleich absolute Position. Wir versuchen daher auch zunächst nicht, es besser zu treffen als Kant. Wir bleiben vielmehr bei der Kantischen Erläuterung stehen, bei dem, was er getroffen, und fragen lediglich, ob sie selbst in sich, abgesehen von jedem anderen Maßstab, in der Tat »keinen höhern Grad« der Deutlichkeit verstattet.

Ist diese Erläuterung, Sein gleich Position, in jeder Hinsicht sonnenklar? Steht durch das Gesagte: Sein gleich Position, alles im Licht oder im Dunkel? Verschwimmt nicht alles in einer Unbestimmtheit? Was besagt Position? Was kann dieser Ausdruck bedeuten? Wir versuchen zunächst, aus Kant selbst eine Verdeutlichung dieser Begriffserläuterung zu gewinnen, und fragen dann, ob die so zur Klärung beigezogenen Phänomene selbst durchsichtig sind und ob die Erläuterung

[4] a.a.O., p. 79.
[5] a.a.O., p. 78.

selbst hinsichtlich ihres methodischen Charakters bestimmt und in ihrem Recht und in ihrer Notwendigkeit begründet ist.

Wir sahen, bei der Erfahrung von Existierendem liegt auch eine Synthesis vor, wenngleich nicht die Synthesis der Prädikation, d. h. des Zusatzes eines Prädikates zu einem Subjekt. In der Aussage: A ist B, ist B ein reales Prädikat, zu A hinzugebracht. In der Rede dagegen: A existiert, wird das A, und zwar mit der Gesamtheit seiner realen Bestimmungen, B, C, D usw., absolut gesetzt. Zu A kommt diese Setzung hinzu, aber nicht wie im vorigen Beispiel B zu A hinzugesetzt wird. Was ist diese hinzukommende Position? Offenbar selbst eine Beziehung, jedoch nicht ein Sach- und Realverhältnis innerhalb der realen Bestimmungen der Sache, des A, sondern der Bezug der ganzen Sache (A) zu meinem Gedanken vom Ding. Durch diesen Bezug kommt dieses so Gesetzte zu meinem Ich-Zustand in Beziehung. Da das zunächst nur gedachte A in diesem Denkbezug des bloßen Denkens auch schon zu mir im Bezug steht, wird offenbar dieser bloße Denkbezug, das Nur-Vorstellen von A, durch das Hinzukommen der absoluten Setzung ein anderer. In der absoluten Position wird der Gegenstand des Begriffs, d. h. das ihm entsprechende wirkliche Seiende, als Wirkliches zum nur gedachten Begriff in Beziehung gesetzt.

Existenz, Dasein, drückt sonach ein Verhältnis des Objekts zum Erkenntnisvermögen aus. Kant sagt zu Beginn der Erläuterung der »Postulate des empirischen Denkens überhaupt«: »Die Kategorien der Modalität [Möglichkeit, Wirklichkeit, Notwendigkeit] haben das Besondere an sich: daß sie den Begriff, dem sie als Prädikate beigefügt werden, als Bestimmung des Objekts nicht im mindesten vermehren, sondern nur das Verhältnis [des Objekts] zum Erkenntnisvermögen ausdrücken.«[6] Reale Prädikate dagegen drücken die der Sache immanenten Sachverhältnisse aus. Möglichkeit drückt das Verhältnis des Objekts mit allen seinen Bestimmungen, d. h. der ganzen Realität, zum Verstand, zum bloßen Denken aus.

[6] Kr. d. r. V. B 266.

Wirklichkeit, d. h. Existenz, Dasein, drückt das Verhältnis
zum empirischen Verstandesgebrauch oder, wie Kant auch
sagt, zur empirischen Urteilskraft aus. Notwendigkeit drückt
das Verhältnis des Objekts zur Vernunft in ihrer Anwendung
auf Erfahrung aus.

Wir beschränken uns darauf, das durch die Wirklichkeit
ausgedrückte Verhältnis des Objekts zum empirischen Verstandesgebrauch näher zu bestimmen. Das Dasein, d. h. Wirklichkeit, Existenz, hat nach Kant »nur mit der Frage [zu tun]:
ob ein solches Ding [wie wir es seiner Möglichkeit nach lediglich denken können] uns gegeben sei, so, daß die Wahrnehmung desselben vor dem Begriffe allenfalls vorhergehen
könne.«[7] »Die Wahrnehmung aber, die den Stoff zum Begriffe
hergibt, ist der einzige Charakter der Wirklichkeit.«[8] »Wo
also Wahrnehmung und deren Anhang nach empirischen Gesetzen hinreicht, dahin reicht auch unsere Erkenntnis vom Dasein der Dinge.«[9] Die Wahrnehmung ist es, die in sich die
Reichweite auf das Dasein, die Wirklichkeit, die Existenz der
Dinge, in unserer Terminologie auf das Vorhandensein der
Dinge, in sich trägt. So enthüllt sich der *spezifische Charakter
der absoluten Position,* wie Kant ihn umgrenzt, als *Wahrnehmung.* Die nur uneigentlich so zu nennenden Prädikate, Wirklichkeit, Möglichkeit, Notwendigkeit, sind nicht real-synthe-
tisch, sie sind, wie Kant sagt, »nur Subjektives«. Sie »fügen
zu dem Begriffe eines Dinges, (Realen)... die Erkenntniskraft hinzu.«[10] Das Prädikat der Wirklichkeit fügt dem Begriffe eines Dinges die Wahrnehmung zu. Kant sagt also kurz:
Wirklichkeit, Existenz, Dasein gleich absolute Position gleich
Wahrnehmung.

Was soll das aber heißen: Dem Ding wird bei der Erfassung
als existierend die Erkenntniskraft, Wahrnehmung, hinzuge-

[7] a.a.O., B 272/273.
[8] a.a.O., B 273.
[9] Ebd.
[10] a.a.O., B 286.

setzt? Ich denke mir z. B. lediglich ein Fenster mit allen seinen
Bestimmungen. Ich stelle mir dergleichen vor. In der bloßen
Vorstellung vergegenwärtige ich mir ein Fenster. Zu dem so
Vorgestellten setze ich nicht weitere reale Prädikate – Farbigkeit des Rahmens, Härte des Glases – hinzu, sondern etwas
Subjektives, etwas aus dem Subjekt Genommenes, die Erkenntniskraft, die Wahrnehmung. Diese hinzugesetzte Wahrnehmung bzw. die Hinzusetzung der Wahrnehmung soll das Dasein des Fensters ausmachen? Kant sagt wörtlich: »Die Wahrnehmung ... ist der einzige Charakter der Wirklichkeit.«[11]
Wie soll ich ein Gedachtes, das Ding ›Fenster‹, mit einer
Wahrnehmung ausstatten? Was besagt die Hinzusetzung einer
›subjektiven Erkenntniskraft‹ zu einem Objekt? Wie soll
dadurch das Dasein des Objekts zum Ausdruck kommen? Was
ist denn das: ein mit einer Wahrnehmung behaftetes Fenster,
ein mit einer ›absoluten Position‹ versehenes Haus? Gibt es
denn dergleichen Gebilde? Kann sich auch die stärkste Phan-
tasie eine solche Mißgeburt ausdenken: ein mit einer Wahrnehmung behaftetes Fenster?

Aber vielleicht meint Kant mit dieser groben Rede von der
Hinzusetzung meiner Erkenntniskraft, der Wahrnehmung,
zum Ding etwas anderes, wenngleich seine Interpretation von
Dasein, Existenz, ausdrücklich darüber nicht weiter Aufschluß
gibt. Was meint er im Grunde und was kann er allein meinen?
Offenbar nur das eine: die dem Subjekt als seine Verhaltungsweise zugehörige Wahrnehmung wird zum Ding hinzugesetzt,
besagt: Das Subjekt bringt sich wahrnehmend zum Ding in
einen dieses Ding »an und vor sich selbst« vernehmenden und
hinnehmenden Bezug. Das Ding wird in das Verhältnis der
Erkenntnis gesetzt. In dieser Wahrnehmung gibt sich das Existierende, das Vorhandene, an ihm selbst. Das Reale weist sich
als Wirkliches aus.

---

[11] a.a.O., B 273.

Ist aber durch den Rückgang auf die Wahrnehmung, die ein
Existierendes vernimmt, der Begriff der Existenz aufgeklärt?
Wie darf Kant überhaupt sagen, und er sagt es ständig, Dasein
gleich absolute Position gleich Wahrnehmung, Wahrnehmung
und absolute Position seien der einzige Charakter von Wirklichkeit?

b) Wahrnehmen, Wahrgenommenes, Wahrgenommenheit
Unterschied von Wahrgenommenheit und Vorhandenheit
des Vorhandenen

Dergleichen wie Existenz ist doch keine Wahrnehmung. Wahrnehmung ist selbst etwas, was ist, ein Seiendes, eine vom seienden Ich vollzogene Verhaltung, etwas Wirkliches im wirklichen Subjekt. Dieses Wirkliche im Subjekt, die Wahrnehmung, ist doch nicht die Wirklichkeit, und dieses Wirkliche des
Subjekts ist vollends nicht die Wirklichkeit des Objekts. Wahrnehmung als *Wahrnehmen* kann nicht gleichgesetzt werden
mit Existenz. Die Wahrnehmung ist nicht die Existenz, sondern dasjenige, was Existierendes, Vorhandenes, wahrnimmt
und auf das Wahrgenommene sich bezieht. Dieses in der Wahrnehmung Wahrgenommene pflegen wir auch kurz als Wahrnehmung zu bezeichnen. Vielleicht versteht Kant den Ausdruck Wahrnehmung in der Identifizierung von Wirklichkeit
und Wahrnehmung im Sinne von *Wahrgenommenem*, so wie
man sagt: Die Wahrnehmung, die ich da machen mußte, war
schmerzlich. Dabei meine ich nicht, das Wahrnehmen, der Akt
des Sehens, verursachte mir Schmerzen, sondern das, was
ich erfuhr, das Wahrgenommene, bedrückte mich. Wir nehmen
hier Wahrnehmung in der Bedeutung nicht des wahrnehmenden Aktes, sondern in der des Wahrgenommenen und fragen:
Kann Wahrnehmung in dieser Bedeutung der Existenz, der
Wirklichkeit, gleichgesetzt werden? Läßt sich Existenz dem
wahrgenommenen Existierenden gleichsetzen? In diesem Falle
wäre sie selbst ein Seiendes, ein Reales. Daß sie das nicht ist,

sagt der unbestrittene negative Gehalt der Kantischen These. Nach dieser ist es ausgeschlossen, daß die Wirklichkeit dem wahrgenommenen Wirklichen gleich ist.

Hieraus folgt: Existenz ist nicht gleich Wahrnehmung, weder im Sinne von Wahrnehmen noch im Sinne des Wahrgenommenen. Was bleibt dann noch an der Kantischen Gleichsetzung von Wahrnehmung und Wirklichkeit (Existenz)?

Wir wollen Kant noch einen Schritt entgegenkommen und ihn zu seinen Gunsten auslegen. Wir sagen: Existenz läßt sich nicht gleichsetzen dem wahrgenommenen Existierenden, wohl aber vielleicht dem *Wahrgenommensein* des Wahrgenommenen, der *Wahrgenommenheit*. Nicht das daseiende, vorhandene Fenster als dieses Seiende ist das Dasein, das Vorhandensein, wohl aber ist das Vorhandensein des Fensters ausgedrückt im Moment des Wahrgenommenseins, gemäß dem das Ding als Wahrgenommenes, als Entdecktes uns begegnet und so aufgrund des Wahrnehmens uns als vorhanden zugänglich ist. Wahrnehmung hieße dann in der Kantischen Rede soviel wie Wahrgenommenheit, Entdecktheit im Wahrnehmen. Kant selbst sagt darüber nichts, sowenig als er eine eindeutige Auskunft darüber gibt, ob er Wahrnehmung im Sinne von Wahrnehmen als Akt oder im Sinne von Wahrgenommenem als Gegenstand des Aktes versteht. So ergibt sich zunächst unbestreitbar das eine: Kants Erörterung des Begriffs Dasein, Existenz, Wirklichkeit als Wahrnehmung ist in jedem Falle undeutlich und insofern eines höheren Grades an Deutlichkeit entgegen seiner Meinung fähig, wenn anders entschieden werden kann und entschieden werden muß, ob Wahrnehmung hier verstanden werden soll als Wahrnehmen oder als Wahrgenommenes oder als Wahrgenommenheit des Wahrgenommenen, oder ob gar alle drei Bedeutungen in ihrer Einheit gemeint sind, und was diese dann besagt.

Dieselbe Undeutlichkeit, die bezüglich des Begriffs ›Wahrnehmung‹ besteht, finden wir auch in der allgemeiner gefaßten Interpretation, die Kant vom Sein und Dasein gibt, wenn er das Sein der Position und Dasein der absoluten Position gleichsetzt. Kant sagt in dem angeführten Satze des »Beweisgrundes«: »Der Begriff der Position oder Setzung ist ... mit dem vom Sein überhaupt einerlei.«[12] Wir fragen: Bedeutet Position, Setzung, soviel wie *Setzen* als Verhaltung des Subjekts, oder ist mit Position das *Gesetzte*, das Objekt, oder gar die *Gesetztheit* des gesetzten Objektes gemeint? Kant läßt das im Dunkeln.

Lassen wir einmal diesen, bei so fundamentalen Begriffen wie Dasein und Existenz unzuträglichen Mangel an Deutlichkeit hingehen. Nehmen wir einmal die für Kant günstigste Interpretation von Wahrnehmung bzw. Position an und identifizieren Dasein, Existenz, mit Wahrgenommenheit bzw. absoluter Gesetztheit und dementsprechend Sein überhaupt mit Gesetztheit überhaupt. Wir fragen dann: Ist etwas existierend durch das Wahrgenommensein? Macht Wahrgenommenheit eines Seienden, eines Existierenden, dessen Existenz aus? Sind Existenz, Wirklichkeit und Wahrgenommenheit einerlei? Das Fenster bekommt doch nicht dadurch Existenz, daß ich es wahrnehme, sondern umgekehrt, ich kann es nur wahrnehmen, *wenn* es existiert und *weil* es existiert. Wahrgenommenheit setzt in jedem Falle Wahrnehmbarkeit voraus, und Wahrnehmbarkeit ihrerseits verlangt schon die *Existenz* des wahrnehmbaren bzw. wahrgenommenen Seienden. Die Wahrnehmung oder die absolute Position ist allenfalls die *Zugangsart* zum Existierenden, zum Vorhandenen, die Weise seiner Entdeckung; die Entdecktheit jedoch ist nicht die Vorhandenheit des Vorhandenen, die Existenz des Existierenden. Diese eignet dem Vorhandenen, dem Existierenden, ohne daß es entdeckt ist. Nur deshalb ist es entdeckbar. Ebenso ist Position im Sinne der Gesetztheit nicht das Sein des Seienden und mit ihm einerlei, sondern allenfalls das *Wie der Erfaßtheit* eines Gesetzten.

---

[12] Beweisgrund, p. 77.

So ergibt die vorläufige Analyse der Kantischen Interpretation von Dasein und Existenz ein Doppeltes. Diese Interpretation ist erstens nicht nur undeutlich und somit höherer Deutlichkeit bedürftig; sie ist sogar zweitens auch bei der günstigsten Deutung, Sein gleich Wahrgenommenheit, fragwürdig.

Soll es bei dieser negativen kritischen Feststellung bleiben?
Eine nur negative Bekrittelung wäre ein unwürdiges Unter-
nehmen gegenüber Kant und zugleich ein unfruchtbares Ge-
schäft mit Rücksicht auf das Ziel, dem wir zustreben. Wir wollen zu einer positiven Aufklärung der Begriffe Dasein, Existenz und Sein überhaupt kommen, so zwar, daß wir Kant
nicht einfach unsere eigene, also eine fremde Meinung ent-
gegensetzen. Vielmehr wollen wir Kants eigenen Ansatz, die
Interpretation von Sein und Existenz, in seiner eigenen Blickrichtung weiter verfolgen. Am Ende bewegt sich Kant sehr
wohl in der rechten Richtung bei seinem Versuch, Dasein und
Existenz aufzuklären. Nur sieht er den Horizont, aus dem her
und innerhalb dessen er die Aufklärung durchführen will,
nicht hinreichend deutlich, und das deshalb nicht, weil er sich
dieses Horizontes nicht zuvor entsprechend versichert und ihn
für seine Erläuterung ausdrücklich bereitgestellt hat. Was hieraus folgt, erörtern wir im folgenden Paragraphen.

§ 9. Nachweis der Notwendigkeit einer grundsätzlicheren Fassung des Problemgehaltes der These und seiner radikaleren Begründung

a) Die Unzulänglichkeit der Psychologie als positiver Wissenschaft für die ontologische Aufklärung der Wahrnehmung

Wir fragen: Ist es Zufall und nur eine Laune Kants, daß er
beim Versuch einer Aufklärung von Sein, Dasein, Wirklichkeit, Existenz, auf dergleichen wie Setzung und Wahrnehmung

zurückgreift? Wohin richtet er bei diesem Rückgriff den Blick? Von woher schöpft er die Aufklärung gebenden Merkmale des Begriffes Dasein, Existenz? Woher stammt dergleichen wie Position? Was ist darin notwendig mitgedacht als das, was so etwas wie Position ermöglicht? Hat Kant diese Bedingungen der Möglichkeit von Position überhaupt selbst hinreichend umgrenzt und damit das Wesen von Position geklärt und das hierdurch Aufgeklärte, Sein, Wirklichkeit, selbst ins Licht gestellt?

Wir sahen, Wahrgenommenheit, Entdecktheit des Vorhandenen, ist nicht dasselbe wie Vorhandenheit des Vorhandenen. Aber in jedem Entdecken von Vorhandenem wird dieses als Vorhandenes, d. h. in seiner Vorhandenheit entdeckt. Sonach steht in der Wahrgenommenheit bzw. Entdecktheit eines Vorhandenen irgendwie miterschlossen, mit aufgeschlossen, Vorhandenheit. Sein ist zwar nicht identisch mit Gesetztheit, aber diese ist das Wie, in dem sich die Setzung von Seiendem des Seins dieses gesetzten Seienden versichert. Vielleicht ist von Wahrgenommenheit und Gesetztheit aus bei hinreichender Analyse das darin entdeckte Sein bzw. die Wirklichkeit und deren Sinn aufzuklären. Gelingt es daher, das Entdecken von Vorhandenem, die Wahrnehmung, die absolute Setzung, zureichend nach allen wesentlichen Strukturen aufzuklären, dann muß es auch möglich sein, auf diesem Wege zum mindesten auf dergleichen wie Existenz, Dasein, Vorhandenheit zu stoßen. Die Frage erhebt sich: Wie soll eine hinreichende Bestimmung von den Phänomenen der Wahrnehmung und Position gewonnen werden, die Kant zur Aufklärung von Wirklichkeit und Existenz heranzieht? Wir haben gezeigt, daß die Begriffe, mit deren Hilfe Kant die Begriffe Sein, Dasein aufzuklären sucht, selbst der Aufklärung bedürftig sind, einmal, weil die Begriffe Wahrnehmung und Position vieldeutig sind, sofern unentschieden ist, in welcher Bedeutung Kant sie bzw. die damit gemeinte Sache versteht, und zum anderen, weil auch

bei der günstigsten Interpretation fragwürdig ist, ob überhaupt Sein als Position, Dasein als Wahrnehmung interpretiert
werden kann. Diese Phänomene, Wahrnehmung und Position,
bedürfen selbst der Aufklärung, und es fragt sich, wie sie zu
bewerkstelligen ist. Offenbar im Rückgang auf das, was Wahrnehmung, Setzung, dergleichen Erkenntniskräfte möglich
macht, — was der Wahrnehmung, Setzung zugrundeliegt, —
was sie als Verhaltungen des Seienden, dem sie zugehören,
bestimmt.

Alles Denken, Setzen ist nach Kant ein Ich-denke. Das Ich
und seine Zustände, seine Verhaltungen, das Psychische, wie
man allgemein sagt, bedürfen einer vorgängigen Aufklärung.
Der Grund der Mangelhaftigkeit der Kantischen Begriffserläuterung bezüglich Existenz, Dasein, liegt scheinbar offen
zutage: Kant arbeitet noch mit einer sehr rohen Psychologie.
Hätte er — so möchte man vielleicht meinen — die Möglichkeit gehabt, die heute besteht, so etwas wie Wahrnehmung
exakt zu untersuchen und statt in leerem Scharfsinn und in
dualistischen Begriffskonstruktionen sich zu bewegen, sich auf
den Boden der Tatsachen zu stellen, dann wäre ihm auch ein
anderer Einblick in das Wesen von Dasein und Existenz
erwachsen.

Wie aber steht es mit diesem Ruf nach der auf dem Boden
der Tatsachen stehenden wissenschaftlichen Psychologie als
Fundament des Kantischen Problems und das heißt jeden
philosophischen Problems? Wir müssen kurz erörtern, ob die
Psychologie überhaupt grundsätzlich, nicht etwa nur in dieser oder jener Richtung ihrer Arbeit, imstande ist, den Boden
für das Kantische Problem bereitzustellen und die Mittel für
seine Lösung zu beschaffen.

Psychologie stellt sich, was sie mit Recht als ihren Vorzug
für sich in Anspruch nimmt, auf den Boden der Tatsachen. Als
exakte induktive Tatsachenforschung hat sie ihr Leitbild in
der mathematischen Physik und Chemie. Sie ist eine positive

Wissenschaft von einem bestimmten Seienden, eine Wissenschaft, die auch in ihrer geschichtlichen Entwicklung, besonders im neunzehnten Jahrhundert, sich die mathematische Physik zum Vorbild der Wissenschaftlichkeit genommen hat. Die heutige Psychologie sagt in allen ihren fast nur in der Terminologie abweichenden Richtungen, sei es Gestaltpsychologie oder Entwicklungspsychologie oder Denkpsychologie oder Eidetik: Wir sind heute über den Naturalismus des vorigen Jahrhunderts und der vorigen Jahrzehnte hinaus, das Leben ist für uns der Gegenstand der Psychologie, nicht mehr nur Empfindungen, Tasteindrücke und Gedächtnisleistungen; das Leben in seiner vollen Wirklichkeit erforschen wir, und wenn wir es erforschen, so wecken wir selbst bei uns Lebendigkeit; unsere Wissenschaft vom Leben ist zugleich die eigentliche Philosophie, weil sie das Leben selbst dadurch bildet und Lebens- und Weltanschauung ist; diese Erforschung des Lebens siedelt sich im Gebiet der Tatsachen an, sie baut von unten auf und bewegt sich nicht in dem luftigen Raum der üblichen Philosophie. – Gegen eine positive Wissenschaft von den Lebenserscheinungen, gegen eine biologische Anthropologie ist nicht nur nichts einzuwenden, sondern sie hat wie jede positive Wissenschaft ihr eigenes Recht und ihre eigene Bedeutung. Daß die heutige Psychologie in dieser anthropologischen Orientierung, die sich in allen ihren Richtungen seit einigen Jahren ausbildet, sich mehr oder minder ausdrücklich und programmatisch überdies noch eine philosophische Bedeutung zulegt, weil sie glaubt, für die Ausbildung einer lebendigen Lebensanschauung und für die sogenannte Lebensnähe der Wissenschaft zu wirken, und die biologische Anthropologie deshalb philosophische Anthropologie nennt, ist eine belanglose Nebenerscheinung, die sich öfter gerade bei den positiven, vor allem den Naturwissenschaften, einstellt. Wir brauchen uns nur an Häckel zu erinnern oder an die Versuche der Gegenwart, etwa mit Hilfe der physikalischen Theorie, die man Relativitätstheorie nennt, eine Weltanschauung oder einen philosophischen Standpunkt zu begründen und zu verkünden.

Für uns sind mit Rücksicht auf die Psychologie als solche, ganz abgesehen von jeder Richtung, zwei Fragen wichtig. Erstens: Wenn die heutige Psychologie sagt: Wir sind jetzt über den Naturalismus der vorigen Jahrzehnte hinausgekommen, dann wäre es ein Mißverständnis, wollte man glauben, daß die Psychologie sich selbst über den Naturalismus hinausgebracht hätte. Wo die Psychologie heute in allen ihren Richtungen mit der Betonung des anthropologischen Problems grundsätzlich steht, da stand schon vor mehr als drei Jahrzehnten absolut eindeutig Dilthey, nur daß zu seiner Zeit gerade die vermeintliche wissenschaftliche Psychologie, die Vorgängerin der heutigen, ihn auf das heftigste als unwissenschaftlich bekämpfte und ablehnte. Zum letzteren vergleiche man die Kritik von Ebbinghaus an Dilthey. Die Psychologie hat sich nicht durch sich selbst aufgrund ihrer Resultate dahin gebracht, wo sie heute steht, sondern durch eine mehr oder minder bewußt vollzogene grundsätzliche Umstellung auf das Ganze der Lebenserscheinungen. Dieser Umstellung konnte sie sich länger nicht entziehen, weil diese seit Jahrzehnten von Dilthey und der Phänomenologie gefordert war. Die Umstellung ist notwendig, wenn die Psychologie nicht Philosophie werden, sondern zu sich selbst kommen soll als positive Wissenschaft. Diese neuen Fragestellungen der heutigen Psychologie, die von nicht zu überschätzender Bedeutung sind, müssen naturgemäß innerhalb der positiven psychologischen Wissenschaft vom Leben zu neuen Resultaten führen gegenüber den alten Fragestellungen. Denn die Natur, sowohl die physische als die psychische, antwortet im Experiment immer nur auf das, wonach man sie befragt. Das Resultat der positiven Forschung kann immer nur die grundsätzliche Fragestellung, in der sie sich bewegt, bestätigen. Sie kann aber die grundsätzliche Fragestellung selbst und die in ihr liegende Weise der Thematisie-

rung des Seienden nicht begründen oder gar ihren Sinn aus-
mitteln.

Damit stoßen wir auf die zweite grundsätzliche Frage
bezüglich der Psychologie. Wenn die Psychologie heute ihre
Forschungsarbeit auf das Feld ausweitet, das in seiner Ganzheit schon Aristoteles ihr zugewiesen hat, auf das Ganze der
Lebenserscheinungen, so ist diese Gebietserweiterung nur die
Vervollständigung des Gebietes, das der Psychologie zukommt,
d. h. es ist nur ein bisheriger Mangel beseitigt. Die Psychologie
bleibt auch so, was sie ist, sie wird erst eigentlich das, was sie
sein kann: eine Wissenschaft von einem bestimmten Bezirk
des Seienden, des Lebens. Sie bleibt positive Wissenschaft. Als
solche aber bedarf sie wie jede positive Wissenschaft einer vorgängigen Umgrenzung der Seinsverfassung des Seienden, das
sie zum Thema macht. Die Seinsverfassung ihres Gebietes, die
die Psychologie wie jede andere positive Wissenschaft, Physik,
Chemie, Biologie im engeren Sinne, aber auch Philologie,
Kunstgeschichte unausgesprochen voraussetzt, ist selbst ihrem
Sinne nach der positiven Wissenschaft unzugänglich, wenn
anders das Sein kein Seiendes ist und dementsprechend eine
grundsätzlich andere Erfassungsart fordert. Alle positive Setzung von Seiendem schließt eine apriorische Erkenntnis und
ein apriorisches Verständnis des Seins dieses Seienden in sich,
wenngleich die positive Erfahrung von Seiendem von diesem
Verständnis nichts weiß und das darin Verstandene nicht auf
den Begriff zu bringen vermag. Die Seinsverfassung von Seiendem ist nur einer total anderen Wissenschaft, der Philosophie
als Wissenschaft vom Sein, zugänglich. Alle positiven Wissenschaften vom Seienden können nur vom Seienden, d. h. von
ihrem thematischen Gegenstand, wie Plato einmal sagt, träumen, d. h. die positive Wissenschaft vom Seienden ist für das,
was das Seiende zu dem macht, was es als Seiendes ist, für
das Sein, nicht wach. Aber gleichwohl ist das Sein für sie in
gewisser Weise, d. h. traumhaft, mitgegeben. Plato berührt

diesen Unterschied zwischen den Wissenschaften, die träumen, und zwar nicht zufällig, sondern notwendig, und der Philosophie mit Rücksicht auf das Verhältnis der Geometrie zur Philosophie.

Die Geometrie ist eine Wissenschaft, die ihrer Erkenntnismethode entsprechend mit der Philosophie sich zu decken scheint. Denn sie ist keine Erfahrungswissenschaft im Sinne von Physik oder Botanik, sondern apriorische Erkenntnis. Es ist daher kein Zufall, daß die neuzeitliche Philosophie danach strebte, ihre Probleme more geometrico, nach mathematischer Methode, sowohl zu stellen als zu lösen. Kant selbst betont, daß eine positive Wissenschaft nur so weit Wissenschaft sei, als sie Mathematik enthält. Gleichwohl sagt Plato: Obzwar die Geometrie apriorische Erkenntnis ist, unterscheidet sie sich noch grundsätzlich von der Philosophie, die auch apriorisches Erkennen und das Apriori zum Thema hat. Die Geometrie hat ein bestimmtes Seiendes von bestimmtem Wasgehalt, den reinen Raum, zum Gegenstand, der zwar nicht vorhanden ist, wie ein physisches materielles Ding, der auch nicht ist wie ein Lebendiges, das Leben, sondern der ist in der Weise des Bestehens. Plato sagt im »Staat«[1]: αἱ δὲ λοιπαί, ἃς τοῦ ὄντος τι ἔφαμεν ἐπιλαμβάνεσθαι, γεωμετρίας τε καὶ τὰς ταύτῃ ἑπομένας, ὁρῶμεν ὡς ὀνειρώττουσι μὲν περὶ τὸ ὄν, ὕπαρ δὲ ἀδύνατον αὐταῖς ἰδεῖν, ἕως ἂν ὑποθέσεσι χρώμεναι ταύτας ἀκινήτους ἐῶσι, μὴ δυνάμεναι λόγον διδόναι αὐτῶν. Die übrigen τέχναι, Weisen des Umgangs mit dem Seienden, von denen wir sagten, daß sie je ein Stück des Seienden als solchen thematisch erfassen, d. h. die Wissenschaften vom Seienden, Geometrie und diejenigen Wissenschaften, die ihr folgend von ihr Gebrauch machen, träumen vom Seienden, sie sind aber außerstande, das Seiende als etwas im Wachen Gesichtetes zu sehen, ἰδεῖν, ἰδέα, d. h. das Sein dieses Seienden zu erfassen. Sie sind dazu außerstande, solange sie von Voraussetzungen über das Seiende, von seiner

---

[1] Platon (Burnet), Politeia Z, 533 b 6 ff.

Seinsverfassung, Gebrauch machen und diese Voraussetzungen ἀκινήτους, unbewegt lassen, d. h. sie nicht im philosophischen Erkennen, in der *Dialektik* durchlaufen. Hierzu aber sind sie grundsätzlich außerstande, da sie nicht vermögen aufzuweisen, was das Seiende an ihm selbst ist. Sie vermögen nicht Rechenschaft davon zu geben, was das Seiende als Seiendes ist. Der Begriff des Seins und der Seinsverfassung des Seienden ist ihnen verschlossen. Plato macht einen Unterschied in der Art und Weise, wie für positive Wissenschaften, wie wir heute sagen, und wie für die Philosophie das Seiende, das ὄν, zugänglich ist. Das ὄν ist für positive Wissenschaften im Träumen zugänglich. Die Griechen haben dafür einen kurzen Ausdruck: ὄναρ. Nicht aber ist für sie das ὄν zugänglich als etwas im Wachen Gesichtetes, ὕπαρ. Unter die Wissenschaften, die von ihrem Gegenstand auch nur träumen, rechnet Plato auch die Geometrie. Also liegt dem, wovon die Geometrie apriorisch handelt, noch ein weiteres Apriori zugrunde, für das sie selbst nicht wach ist, nicht nur zufällig, sondern ihrem Wissenschaftscharakter entsprechend nicht wach sein kann, sowenig als etwa die Arithmetik den Satz des Widerspruchs, von dem sie ständig Gebrauch macht, in seinem eigentlichen Wesen verstehen und aufklären kann. Ich kann den Satz des Widerspruchs nicht arithmetisch oder sonstwie erläutern. Wenn sogar apriorische Wissenschaften wie die Geometrie, die nie und nimmer von empirischen Tatsachen handeln, noch etwas voraussetzen, was ihnen unzugänglich ist, die Seinsverfassung ihres thematischen Gebietes, dann gilt das erst recht für alle Tatsachenwissenschaften, mithin auch für die Psychologie als Wissenschaft vom Leben, oder wie man jetzt vielfach in Anlehnung an Dilthey sagt: die Anthropologie, die Wissenschaft vom lebenden Menschen. Jede Psychologie träumt nur vom Menschen und menschlichen Dasein, weil sie notwendig Voraussetzungen machen muß über die Seinsverfassung des menschlichen Daseins und dessen Weise zu sein, die wir als Existenz benennen. Diese

ontologischen Voraussetzungen bleiben der Psychologie als
ontischer Wissenschaft in alle Ewigkeit verschlossen. Die Psychologie muß sie sich von der Philosophie als Ontologie geben
lassen. Die positiven Wissenschaften aber – das ist das Merkwürdige – kommen in diesen Träumen gerade zu ihren Resultaten. Sie brauchen nicht philosophisch wach zu werden, und
wenn sie es werden, werden sie selbst nie zur Philosophie. Die
Geschichte aller positiven Wissenschaften zeigt, daß sie nur
momentweise aus den Träumen erwachen und die Augen auf-
schlagen nach dem Sein *des* Seienden, *das* sie erforschen. Wir
stehen heute in einer solchen Situation. Die Grundbegriffe der
positiven Wissenschaften geraten in Bewegung. Man verlangt
nach ihrer Revision im Rückgang auf die ursprünglichen Quellen, denen sie entspringen. Genauer gesprochen, wir waren
eben in einer solchen. Wer heute genauer hinhört und über
den äußerlichen Lärm und die Geschäftigkeit des wissenschaftlichen Betriebes die eigentlichen Bewegungen der Wissenschaften spürt, muß sehen, daß sie schon wieder träumen,
was natürlich kein Vorwurf gegenüber der Wissenschaft sein
soll – etwa von der hohen Warte der Philosophie, sondern daß
sie schon wieder zu ihrem ihnen angemessenen und geläufigen
Zustand zurückkehren. Es ist zu unbequem, auf einem Pulver-
faß zu sitzen und zu wissen, daß die Grundbegriffe abgegriffene Meinungen sind. Man hat es schon satt, nach den Grundbegriffen zu fragen, man will seine Ruhe haben. Philosophie
als Wissenschaft von der ›verkehrten Welt‹ ist für den vulgären
Verstand unheimlich. Daher richtet man sich den Begriff der
Philosophie nicht nach ihrer Idee ein, sondern nach den gelten-
den Bedürfnissen und den Verstandesmöglichkeiten des, wie
Kant sagt, gemeinen Verstandes, dem nichts so sehr imponiert
wie Tatsachen.

Diese Überlegungen über das Verhältnis der positiven Wissenschaften zur Philosophie im Anschluß an das Platonische
Wort sollen deutlich machen: Hätte Kant auch eine exakte

Psychologie der Wahrnehmung und der Erkenntnis gehabt, sie hätte die Aufgabe einer Klärung der Begriffe von Dasein und Existenz nicht im mindesten gefördert. Nicht weil die Psychologie seiner Zeit nicht exakt und empirisch genug war, kam Kants Aufklärung der fraglichen Begriffe nicht von der Stelle, sondern weil sie nicht hinreichend apriorisch fundiert waren, – weil die Ontologie des Daseins des Menschen fehlte. Dem noch genauer zu besprechenden Mangel der Kantischen Interpretation von Dasein und Existenz als Wahrnehmung und Position kann die Psychologie nie abhelfen, weil ihr selbst geholfen werden muß. Anthropologie im Sinne der Psychologie als einer positiven Wissenschaft zur Grundlage der Philosophie, z. B. der Logik zu machen, ist grundsätzlich noch widersinniger, als wenn jemand versuchen wollte, mit Hilfe von Chemie und Physik der körperlichen Dinge die Geometrie zu begründen. Von dieser Wissenschaft, mag sie in einem Stande ihrer Entwicklung sein wie immer, können wir keine Hilfe erwarten für die Aufklärung eines philosophischen Problems. Es bedarf kaum der Bemerkung, daß das über die Psychologie Gesagte nicht heißen kann, sie sei keine Wissenschaft. Im Gegenteil, die grundsätzliche Bestimmung des Wissenschaftscharakters der Psychologie als einer positiven, d. h. nichtphilosophischen Wissenschaft spricht nicht gegen die Psychologie, sondern für sie, um sie aus der landläufigen Verwirrung herauszuziehen.

Wenn Kant das Dasein, Existenz, Vorhandenheit, als Wahrnehmung interpretiert, dann ist dieses Phänomen ›Wahrnehmung‹ selbst nicht durch Psychologie zur Klarheit zu bringen. Die Psychologie muß vielmehr schon wissen, was Wahrnehmung überhaupt ist, wenn sie nicht blind und herumtappend die tatsächlichen Wahrnehmungsvorgänge und ihre Genesis untersuchen will.

b) Die Seinsverfassung der Wahrnehmung
Intentionalität und Transzendenz

Aus dem, was Kant an den Phänomenen ›Wahrnehmung‹ und ›Position‹ ungeklärt und was er in der aufgewiesenen Vieldeutigkeit verschwimmen läßt, versuchen wir jetzt zu entnehmen, welcher Untersuchung welcher Zusammenhänge es vorgängig bedarf, um der Aufgabe einer Interpretation von Dasein, Existenz, Vorhandenheit, Wirklichkeit, Sein überhaupt den festen Boden, den deutlichen Horizont und den sicheren Zugang zu verschaffen.

Kants These, Sein ist kein reales Prädikat, läßt sich in ihrem negativen Gehalt nicht antasten. Kant will im Grunde damit sagen: Sein ist nichts Seiendes. Dagegen erwies sich Kants positive Interpretation: Dasein als absolute Position (Wahrnehmung), Sein als Position überhaupt, sowohl als undeutlich wie vieldeutig und zugleich bei der gemäßen Fassung als fragwürdig. Wir fragen jetzt: Was läßt Kant eigentlich unbestimmt, wenn er Wahrnehmung, Position in der genannten Vieldeutigkeit gebraucht? Was liegt im Dunkeln, wenn das Wahrnehmen, das Wahrgenommene und die Wahrgenommenheit des Wahrgenommenen nicht unterschieden, aber gleichwohl als einheitlich zur Wahrnehmung gehörig bestimmt sind? Nichts Geringeres als die *Seinsverfassung der Wahrnehmung überhaupt*, d. h. ihr ontologisches Wesen, und ebenso die *Seinsverfassung der Setzung*. Der vieldeutige bzw. undeutliche Gebrauch des Terminus ›Wahrnehmung‹, ›Setzung‹ bei Kant ist der Index dafür, daß er das ontologische Wesen von Setzung und Wahrnehmung überhaupt unbestimmt läßt. Darin liegt aber weiter: Am Ende sind überhaupt die Verhaltungen des Ich, des Daseins in unserer Terminologie, ontologisch ungeklärt. Die angemessene explizite Ontologie des Daseins, des Seienden, das wir selbst sind, liegt im Argen. Aber nicht nur das, es ist auch nicht erkannt, daß ihre zureichende Ausarbeitung die Voraussetzung dafür ist, um das Problem zu stellen, dessen Lösung sich Kant mit der Erläuterung des Seinsbegriffs zur Aufgabe macht.

Auf den grundsätzlichen Begriff einer Ontologie des Daseins wollen wir zunächst nicht eingehen. Er wird uns im zweiten und dritten Teil der Vorlesung beschäftigen. Auf die Erörterung ihrer Funktion als Fundament der philosophischen Forschung überhaupt wollen wir ebensowenig eingehen, noch weniger ist es möglich, hier die Ontologie des Daseins auch nur in den Hauptzügen auszuführen und darzustellen. Einen Versuch dazu habe ich in der eben erschienenen ersten Hälfte meiner Abhandlung »Sein und Zeit« vorgelegt. Wir versuchen jetzt umgekehrt, durch eine weitergehende Analyse des Kantischen Problems und der Kantischen Lösung in den Bezirk der Ontologie des Daseins als des Fundamentes der Ontologie überhaupt hineinzuführen.

Kant interpretiert Existenz – wir sagen jetzt in unserer Terminologie, weil wir den Titel ›Dasein‹ für das menschliche Seiende in Anspruch nehmen, Vorhandenheit – als Wahrnehmung. Die dreifache Bedeutung: Wahrnehmen, Wahrgenommenes, Wahrgenommenheit des Wahrgenommenen ist festzuhalten. Aber ist damit, daß wir die Vieldeutigkeit des Ausdrucks ›Wahrnehmung‹ eigens anmerken und die verschiedenen Bedeutungen festhalten, etwas für die Aufklärung des Existenzbegriffes gewonnen? Sind wir durch die Auseinanderhaltung der drei Bedeutungen des Wortes ›Wahrnehmung‹ im Verständnis des mit diesem Ausdruck gemeinten Phänomens weiter gekommen? Durch die Aufzählung dessen, was ein Wort in seiner Vieldeutigkeit bedeuten kann, gewinnt man doch keine Erkenntnis der Sache. Gewiß nicht. Aber diese Bedeutungsunterschiede des Terminus ›Wahrnehmung‹ haben am Ende ihren Grund in der von ihnen bedeuteten Sache, im Phänomen der Wahrnehmung selbst. Nicht nur die Bedeutungsunterschiede als ausdrücklich gewußte, sondern gerade auch der ungenaue Gebrauch des vieldeutigen Wortes geht vielleicht auf das Eigentümliche der bedeuteten Sache zurück. Vermutlich ist diese Vieldeutigkeit des Ausdrucks ›Wahrnehmung‹ nicht zufällig, sondern bekundet gerade, daß das darin gemeinte Phänomen selbst schon für das vulgäre Erfahren und Verstehen den Anhalt dafür hergibt, es bald zu fassen als Wahrnehmen, wahrnehmendes Verhalten, bald als Wahrgenommenes im Sinne dessen, wozu sich das wahrnehmende Verhalten verhält, bald als Wahrgenommenheit im Sinne des Wahrgenommenseins des im wahrnehmenden Verhalten Wahrgenommenen. Es könnte doch sein, daß das mit Wahrnehmung gemeinte Phänomen deshalb den Grund und Anhalt für die Vieldeutigkeit hergibt, weil es an ihm selbst seiner eigenen Struktur nach nicht einfach, sondern vieldeutig ist. Vermutlich gehört das in drei Bedeutungen jeweils gesondert Gemeinte ursprünglich zur einheitlichen Struktur dessen, was wir als Wahrnehmung zu verstehen haben. Vielleicht ist in den einzelnen Bedeutungen und dem von ihnen geleiteten Erfassen der genannten Sache diese in je verschiedener Hinsicht anvisiert.

Das ist in der Tat so. Was wir kurz Wahrnehmung nennen, ist expliziter gesagt: wahrnehmendes *Sichausrichten auf* Wahrgenommenes, so zwar, daß das Wahrgenommene als Wahrgenommenes in seiner Wahrgenommenheit selbst verstanden ist. Diese Feststellung scheint keine sonderliche Weisheit zu sein. Wahrnehmung ist Wahrnehmen, zu dem ein Wahrgenommenes in seiner Wahrgenommenheit gehört. Ist das nicht eine leere Tautologie? Ein Tisch ist ein Tisch. Die Feststellung, obzwar vorläufig, ist mehr als eine Tautologie. Wir sagen mit ihr: Wahrnehmung und Wahrgenommenes in seiner Wahrgenommenheit gehören zusammen. Wir sagen mit der Rede vom wahrnehmenden Sichrichten-auf, daß die Zusammengehörigkeit der drei Momente der Wahrnehmung Charaktere dieses Sichrichtens-auf sind. Dieses Sichrichten-auf macht gleichsam das Gerüst des ganzen Phänomens ›Wahrnehmung‹ aus.

Allein, daß das Wahrnehmen sich auf ein Wahrgenommenes richtet oder, allgemein formal gesprochen, sich darauf bezieht, ist doch zu selbstverständlich, als daß solches noch besonders vermerkt werden müßte. Dasselbe sagt doch Kant auch, wenn er davon spricht, daß das Ding, das Wahrgenommene, zur Erkenntniskraft, dem Wahrnehmen, in Beziehung trete, wenn er von einer subjektiven Synthesis spricht. Überdies, diese ausdrücklich vermerkte Beziehung des Wahrnehmens zum Wahrgenommenen kommt auch anderen Verhaltungsweisen zu: dem bloßen Vorstellen, das sich auf das Vorgestellte bezieht, dem Denken, das ein Gedachtes denkt, dem Urteil, das ein Geurteiltes bestimmt, dem Lieben, das sich auf ein Geliebtes bezieht. Das sind, möchte man meinen, unübertreffbare Trivialitäten, die auszusprechen man sich scheuen sollte. Gleichwohl versagen wir uns nicht, ausdrücklich diese Feststellung zu fixieren: Die Verhaltungen verhalten sich zu etwas, sie sind auf dieses Wozu gerichtet, formal gesprochen: bezogen. Was sollen wir aber mit dieser Feststellung der Beziehung der Verhaltungen auf das, wozu sie sich verhalten, anfangen? Ist das überhaupt noch Philosophie? Ob das Philosophie ist oder nicht, lassen wir offen. Wir geben sogar zu, es ist nicht oder noch nicht Philosophie. Auch kümmert uns nicht, was wir mit der Feststellung der vermeintlichen Trivialitäten anfangen, ob wir damit in die Geheimnisse der Welt und des Daseins eindringen oder nicht. Uns kümmert einzig das eine, daß uns diese triviale Feststellung und das in ihr Gemeinte nicht entgleitet, – daß wir es uns vielleicht noch näher bringen. Vielleicht schlägt dann die vermeintliche Trivialität in völlige Rätselhaftigkeit um. Vielleicht wird diese Belanglosigkeit zu einem der aufregendsten Probleme für den, der philosophieren kann, d. h. für den, der verstehen gelernt hat, daß das Selbstverständliche das wahre und einzige Thema der Philosophie ist.

Die Verhaltungen haben die Struktur des Sichrichtens-auf, des Ausgerichtetseins-auf. Die Phänomenologie bezeichnet diese Struktur im Anschluß an einen Terminus der Scholastik als *Intentionalität*. Die Scholastik spricht von der intentio des Willens, der voluntas, d. h. sie spricht von ihr nur bezüglich des Willens. Sie ist weit davon entfernt, auch nur den übrigen Verhaltungen des Subjekts die intentio zuzuweisen, oder gar den Sinn dieser Struktur grundsätzlich zu begreifen. Es ist daher ein historischer sowohl wie ein sachhaltiger Irrtum, wenn man, wie das heute meist geschieht, sagt, die Lehre von der Intentionalität sei eine Lehre der Scholastik. Aber selbst wenn das zuträfe, wäre das kein Grund, sie abzulehnen, sondern nur zu fragen, ob sie in sich haltbar ist. Doch die Scholastik kennt die Lehre von der Intentionalität nicht. Wohl hat dagegen Franz Brentano in seiner »Psychologie vom empirischen Standpunkt« (1874) unter starker Beeinflussung der Scholastik, vor allem des Thomas und Suarez, die Intentionalität schärfer betont und gesagt, daß mit Rücksicht auf diese Struktur, d. h. die Weise des Sichrichtens auf etwas, die Gesamtheit der psychischen Erlebnisse klassifiziert werden könne und müsse. Der Titel »Psychologie vom empirischen Standpunkt« meint etwas ganz anderes als der heutige Ausdruck »empirische Psychologie«. Von Brentano ist Husserl bestimmt, der zum ersten Mal in den »Logischen Untersuchungen« das Wesen der Intentionalität geklärt hat und diese Klärung in den »Ideen« weiterführt. Dennoch muß gesagt werden: Dieses rätselhafte Phänomen der Intentionalität ist längst nicht philosophisch hinreichend begriffen. Die Forschung konzentriert sich gerade darauf, dieses Phänomen deutlicher zu sehen.

In Erinnerung an das, was wir über die Wahrnehmung selbst sagten, läßt sich der Begriff der Intentionalität zunächst so verdeutlichen: Jede Verhaltung ist ein Verhalten-zu, die Wahrnehmung ein Wahrnehmen-von. Dieses Verhalten-zu bezeichnen wir im engeren Sinne als das intendere oder die intentio. Jedes Verhalten-zu und jedes Gerichtetsein-auf hat sein spezifisches *Wozu des Verhaltens* und *Worauf des Gerichtetseins*. Dieses zu der intentio gehörige Wozu des Verhaltens und Worauf des Gerichtetseins bezeichnen wir als intentum. Die Intentionalität umfaßt beide Momente, die *intentio* und das *intentum*, in ihrer bis jetzt noch dunklen Einheit. Beide Momente sind bei jeder Verhaltung verschieden, die Verschiedenheit der intentio bzw. des intentum konstituiert gerade die Verschiedenheit der Verhaltungsweisen. Sie sind im Hinblick auf ihre je eigene Intentionalität verschieden.

Es gilt nun, dieser Struktur der Verhaltungen des Daseins mit besonderer Berücksichtigung der Wahrnehmung nachzugehen und zu fragen, wie diese Struktur der Intentionalität selbst aussieht, vor allem aber, *wie sie ontologisch in der Grundverfassung des Daseins gründet*. Zunächst kommt es darauf an, die Intentionalität als Struktur der Verhaltungen des Daseins uns noch näher zu bringen, d. h. vor naheliegenden und ständig sich andrängenden Mißdeutungen zu bewahren. Wir denken dabei nicht so sehr an die Mißdeutungen, mit denen die zeitgenössische Philosophie die Intentionalität überhäuft, Mißdeutungen, die alle aus vorgefaßten erkenntnistheoretischen oder metaphysischen Standpunkten entspringen. Wir lassen bestimmte Erkenntnistheorien, überhaupt bestimmte philosophische Theorien ganz beiseite. Wir müssen den Versuch machen, das Phänomen der Intentionalität schlicht und vorurteilslos zu sehen. Allein, wenn wir uns auch den Vorurteilen entziehen, die aus philosophischen Theorien entspringen, so sind wir doch noch nicht gegen alle Mißdeutungen gefeit. Im Gegenteil, die gefährlichsten und hartnäckigsten Vorurteile bezüglich des Verständnisses der Intentionalität sind nicht die expliziten in Form von philosophischen Theorien, sondern die impliziten, die der natürlichen Auffassung und Deutung der Dinge durch die alltägliche Verständigkeit des Daseins entspringen. Diese sind gerade am wenigsten merklich und am schwersten zurückzuweisen. Worin diese vulgären Vorurteile ihren Grund haben, inwiefern sie innerhalb des alltäglichen Daseins ihr eigenes Recht besitzen, fragen wir jetzt nicht. Wir versuchen zunächst, eine Mißdeutung der Intentionalität kenntlich zu machen, die gerade im naiven, natürlichen Sehen der Dinge gründet. Wir orientieren uns dabei wieder am intentionalen Charakter der Wahrnehmung.

Die Wahrnehmung hat intentionalen Charakter, sagt zunächst: Das Wahrnehmen, dessen intentio, bezieht sich auf Wahrgenommenes, intentum. Ich nehme das Fenster dort wahr. Wir sprechen kurz von der Beziehung der Wahrnehmung auf das Objekt. Wie wird man natürlicherweise diese Beziehung charakterisieren? Objekt der Wahrnehmung ist das Fenster dort. Die Beziehung der Wahrnehmung des Fensters drückt offenbar die Beziehung aus, in der das dort vorhandene Fenster zu mir als dem hier vorhandenen Menschen, dem Subjekt, steht. Mit dieser jetzt vorhandenen Wahrnehmung des Fensters ist sonach eine vorhandene Beziehung zwischen zwei Seienden geschaffen, dem vorhandenen Objekt und dem vorhandenen Subjekt. Die Beziehung der Wahrnehmung ist eine vorhandene Beziehung zwischen zwei Vorhandenen. Nehme ich das eine Beziehungsglied weg, etwa das Subjekt, dann ist auch die Beziehung selbst nicht mehr vorhanden. Wenn ich das andere Beziehungsglied, das Objekt, das vorhandene Fenster, verschwinden lasse bzw. mir verschwunden denke, dann verschwindet damit offenbar auch die Beziehung zwischen mir und dem vorhandenen Objekt, ja überhaupt die Möglichkeit der Beziehung. Denn die Beziehung hat jetzt gleichsam keinen Stützpunkt mehr in dem vorhandenen Objekt. Die intentionale Beziehung kann, so scheint es, nur vorhanden sein als Beziehung, wenn beide Beziehungsglieder vorhanden sind, und die Beziehung besteht nur solange, als diese Beziehungsglieder selbst vorhanden sind. Anders gewendet: Das psychische Subjekt bedarf, damit eine mögliche Beziehung zwischen ihm und einem anderen besteht, des Vorhandenseins eines physischen Objekts. Gäbe es keine physischen Dinge, müßte das psychische Subjekt ohne diese intentionale Beziehung für sich isoliert vorhanden sein. Die intentionale Beziehung kommt dem Subjekt von Gnaden des Vorhandenseins des Objekts zu, und umgekehrt. Das scheint alles selbstverständlich.

Dennoch wird in dieser Charakteristik der Intentionalität als einer vorhandenen Beziehung zwischen zwei Vorhandenen, einem psychischen Subjekt und einem physischen Objekt, das Wesen sowohl wie die Seinsart der Intentionalität von Grund aus verfehlt. Die Verfehlung liegt darin, daß die Interpretation die intentionale Beziehung für etwas hält, was jeweils erst zum Subjekt aufgrund des Auftauchens des Vorhandenseins eines Objekts hinzukommt. Darin liegt die Meinung beschlossen: An sich als isoliertes psychisches Subjekt ist dieses ohne Intentionalität. Demgegenüber gilt es zu sehen, daß die intentionale Beziehung nicht erst durch das Hinzukommen eines Objektes zu einem Subjekt entsteht, so etwa wie ein Abstand zwischen zwei vorhandenen Körpern erst entsteht und vorhanden ist, wenn zu einem vorhandenen ein anderer hinzukommt. Die intentionale Beziehung auf das Objekt fällt dem Subjekt nicht erst zu mit und durch das Vorhandensein des Objekts, sondern das Subjekt ist in sich intentional strukturiert. Als Subjekt ist es ausgerichtet auf ... Nehmen wir an, es wird jemand von einer Halluzination befallen. Halluzinierend sieht er jetzt hier in diesem Saal, daß sich darin Elephanten bewegen. Er nimmt diese Objekte wahr, obzwar sie nicht vorhanden sind. Er nimmt sie wahr, er ist auf sie wahrnehmend gerichtet. Wir haben hier ein Gerichtetsein auf Objekte, ohne daß diese vorhanden sind. Sie sind, so sagen wir, die anderen, für ihn nur vermeintlicherweise als vorhandene gegeben. Aber diese Objekte können im Halluzinierenden nur vermeintlich gegeben sein, weil sein Wahrnehmen in der Weise der Halluzination als solches so ist, daß in diesem Wahrnehmen etwas begegnen kann, – weil das Wahrnehmen in sich selbst ein Verhalten-zu, ein Verhältnis zum Objekt ist, mag es wirklich sein oder nur vermeintlich vorhanden. Nur weil das halluzinierende Wahrnehmen als Wahrnehmung in sich selbst den Charakter des Gerichtetseins-auf hat, kann der Halluzinierende vermeintlicherweise etwas meinen. *Vermeintlich* etwas erfassen kann ich nur, wenn ich als Erfassender überhaupt *meine*. Dann kann das Meinen allein die Modifikation der Vermeintlichkeit annehmen. Die intentionale Beziehung entsteht nicht erst durch das wirkliche Vorhandensein der Objekte, sondern liegt im Wahrnehmen selbst, mag es täuschungsfrei sein oder sich täuschen. Das Wahrnehmen muß Wahrnehmung-von etwas sein, damit ich mich *über* etwas täuschen kann.

So wird deutlich: Die Rede von der Beziehung des Wahrnehmens auf ein Objekt ist zweideutig. Sie kann besagen: Das Wahrnehmen als etwas Psychisches im vorhandenen Subjekt steht mit einem vorhandenen Objekt in einer Beziehung, die selbst aufgrund dieser beiden Vorhandenen vorhanden ist. Diese Beziehung steht und fällt demnach mit dem Vorhandensein der Beziehungsglieder. Oder aber die Rede ›Beziehung der Wahrnehmung auf ein Objekt‹ bedeutet: Das Wahrnehmen ist in sich selbst, seiner Struktur nach, durch diese Beziehung konstituiert, mag das, wozu es sich verhält, als Objekt vorhanden sein oder nicht. Die zweite Bedeutung der Rede von der Beziehung der Wahrnehmung auf ein Objekt trifft schon eher das Eigentümliche der Intentionalität. Der Ausdruck ›Beziehung der Wahrnehmung‹ meint nicht eine Beziehung, in die die Wahrnehmung als der eine Beziehungspunkt erst tritt, die der an sich beziehungsfreien Wahrnehmung zufällt, sondern eine Beziehung, die das Wahrnehmen als solches selbst ist. Diese Beziehung, die wir mit Intentionalität meinen, ist der *apriorische Verhältnischarakter* dessen, was wir mit Sichverhalten bezeichnen.

Die Intentionalität ist als Struktur der Verhaltungen selbst eine Struktur des sich verhaltenden Subjekts. Sie ist in der Seinsweise des sichverhaltenden Subjekts als der *Verhältnischarakter* dieses Verhältnis. Sie gehört zum Wesen der Verhaltungen, so daß die Rede von der intentionalen Verhaltung schon ein Pleonasmus ist und etwa gleichkommt dem, daß ich sage: ein räumliches Dreieck. Umgekehrt, solange die Inten-

tionalität als solche nicht gesehen wird, solange werden die
Verhaltungen verworren gedacht, wie wenn ich ein Dreieck
mir lediglich vorstelle ohne die entsprechende, ihm zugrundeliegende und es ermöglichende Raumidee.

Damit haben wir eine dem gemeinen Verstande vertraute
Mißdeutung der Intentionalität abgewehrt, zugleich aber eine
neue Mißdeutung nahegelegt, der fast durchgängig die nicht-
phänomenologische Philosophie zum Opfer fällt. Wir wollen
auch diese *zweite Mißdeutung* besprechen, ohne auf bestimmte
Theorien näher einzugehen.

Das Ergebnis der bisherigen Klärung war: Die Intentionalität ist nicht eine objektive vorhandene Beziehung zwischen
zwei Vorhandenen, sondern als der Verhältnischarakter des
Verhaltens eine Bestimmung des Subjekts. Die Verhaltungen
sind solche des Ich. Man pflegt sie auch die Erlebnisse des Subjekts zu nennen. Die Erlebnisse sind intentional und gehören
demnach zum Ich, oder wie man gelehrt sagt, sie sind dem
Subjekt immanent, sie gehören in die subjektive Sphäre. Das
Subjekt aber und seine Erlebnisse sind dasjenige, was für das
Subjekt, das Ich selbst, zunächst allein und unbezweifelbar
gewiß gegeben ist, nach einer allgemeinen methodischen Überzeugung der neueren Philosophie seit Descartes. Es erhebt sich
die Frage: Wie kann dieses Ich mit seinen intentionalen Erlebnissen aus seiner Erlebnissphäre heraus und eine Beziehung
zur vorhandenen Welt aufnehmen? Wie kann das Ich seine
eigene Sphäre und die darin beschlossenen intentionalen Erlebnisse transzendieren, und worin besteht diese Transzendenz?
Genauer ist zu fragen: Was leistet die intentionale Struktur
der Erlebnisse für die philosophische Aufklärung der Transzendenz? Denn die Intentionalität bezeichnet eine Beziehung
des Subjekts zum Objekt. Wir hörten aber, die Intentionalität
ist eine Struktur der Erlebnisse und gehört damit in die subjektive Sphäre. So scheint auch das intentionale Sichrichten-
auf innerhalb der Subjektssphäre zu verbleiben und für sich
genommen nichts zur Aufklärung der Transzendenz zu lei-

sten. Wie kommen wir von den intentionalen Erlebnissen drinnen, im Subjekt, hinaus zu den Dingen als Objekten? An sich,
sagt man, beziehen sich die intentionalen Erlebnisse als zur
subjektiven Sphäre gehörig nur auf das dieser Sphäre Immanente. Die Wahrnehmungen als etwas Psychisches richten sich
auf Empfindungen, Vorstellungsbilder, Gedächtnisresiduen und
Bestimmungen, die das gleichfalls dem Subjekt immanente
Denken dem zunächst subjektiv Gegebenen hinzufügt. Damit
muß vor allem das vermeintlich zentrale philosophische Problem gestellt werden: Wie beziehen sich die Erlebnisse und
das, worauf sie sich als intentionale richten, das Subjektive
der Empfindungen, Vorstellungen, auf das Objektive?

Auch diese Fragestellung scheint plausibel und notwendig,
da wir doch selbst sagten: Die Erlebnisse, die den Charakter
der Intentionalität haben sollen, gehören zur subjektiven
Sphäre. Die weitere Frage scheint unausbleiblich: Wie beziehen sich die zur subjektiven Sphäre gehörenden intentionalen
Erlebnisse auf die transzendenten Objekte? So plausibel diese
Fragestellung erscheint, und so verbreitet sie sein mag, sogar
noch innerhalb der Phänomenologie und der ihr nahestehen-
den Richtungen des neuen erkenntnistheoretischen Realismus,
etwa der Auffassung von N. Hartmann, so elementar verkennt diese Interpretation der Intentionalität dieses Phänomen. Sie verkennt es, weil ihr die Theorie das erste ist vor
der Erfüllung der Forderung, die Augen aufzumachen und die
Phänomene gegen alle festgewurzelte Theorie und zum Trotz
gegen sie so zu nehmen, wie sie sich geben, d. h. die Theorie
nach den Phänomenen zu richten, und nicht umgekehrt, die
Phänomene durch eine vorgefaßte Theorie zu vergewaltigen.

Wo liegt der Herd der jetzt zu klärenden zweiten Mißdeutung der Intentionalität? Dieses Mal nicht wie bei der erstgenannten im Charakter der intentio, sondern des intentum,
dessen, worauf sich die Verhaltung, in unserem Falle die Wahrnehmung, richtet. Man sagt: Die Intentionalität ist ein Charakter der Erlebnisse. Diese gehören zur Sphäre des Subjektes.

Was ist natürlicher und logischer, als jetzt zu schließen: Folglich muß auch das, worauf sich die immanenten Erlebnisse richten, selbst subjektiv sein. Aber so natürlich und logisch dieser Schluß und so kritisch und vorsichtig diese Charakteristik der intentionalen Erlebnisse und dessen, worauf sie sich richten, aussehen mag, es ist doch eine Theorie, in der man die Augen vor den Phänomenen schließt und sie selbst nicht Rede stehen läßt.

Nehmen wir eine natürliche Wahrnehmung ohne alle Theorie, ohne alle vorgefaßte Meinung über das Verhältnis von Subjekt zu Objekt und dergleichen, und befragen wir diese konkrete Wahrnehmung, in der wir leben, etwa die Wahrnehmung des Fensters. Worauf bezieht sie sich entsprechend dem eigenen Richtungssinn ihrer intentio? Worauf ist das Wahrnehmen gemäß seinem eigenen Auffassungssinn, von dem es geleitet ist, gerichtet? Im alltäglichen Verhalten, etwa im Herumgehen in diesem Saal, innerhalb der Umwelt mich umschauend, nehme ich Wand und Fenster wahr. Worauf bin ich in dieser Wahrnehmung gerichtet? Auf Empfindungen? Oder, wenn ich dem Wahrgenommenen ausweiche, weiche ich Vorstellungsbildern aus und hüte ich mich, durch diese Vorstellungsbilder und Empfindungen hinauszuspringen in den Hof des Universitätsgebäudes?

All das ist pure Theorie zu sagen, ich sei zunächst auf Empfindungen gerichtet. Die Wahrnehmung ist ihrem Richtungssinn nach auf das vorhandene Seiende selbst gerichtet. Sie meint dieses gerade als das Vorhandene und weiß ganz und gar nicht um Empfindungen, die sie auffaßt. Das gilt auch, wenn ich mich in einer Wahrnehmungstäuschung bewege. Wenn ich mich täuschend im Dunkeln einen Baum für einen Menschen halte, darf man nicht sagen, diese Wahrnehmung ist auf einen Baum gerichtet, hält ihn aber für einen Menschen; der Mensch ist aber eine bloße Vorstellung, also bin ich in dieser Täuschung auf eine Vorstellung gerichtet. Im Gegenteil, es ist gerade der Sinn der Täuschung, daß ich, den Baum für einen

Menschen nehmend, das, was ich wahrnehme und wahrzunehmen glaube, auffasse als ein Vorhandenes. In dieser Wahrnehmungstäuschung ist mir der Mensch selbst gegeben und
nicht etwa eine Vorstellung des Menschen.

Das, worauf die Wahrnehmung ihrem Sinne nach gerichtet
ist, ist das Wahrgenommene selbst. Dieses ist gemeint. Was
liegt in dieser durch Theorien nicht verblendeten Aufweisung?
Nichts Geringeres, als daß die Fragestellung, wie die subjektiven intentionalen Erlebnisse ihrerseits sich auf ein objektiv
Vorhandenes beziehen können, von Grund aus verkehrt ist.
Ich kann und darf nicht fragen: Wie kommt das innere intentionale Erlebnis zu einem Draußen? Ich kann und darf nicht
so fragen, weil die intentionale Verhaltung selbst als solche
sich zum Vorhandenen verhält. Ich brauche nicht erst zu fragen, wie das immanente intentionale Erlebnis transzendente
Geltung bekommt, sondern es gilt zu sehen, daß die Intentionalität es gerade ist und nichts anderes, worin die *Transzendenz* besteht. Damit sind die Intentionalität und die Transzendenz noch nicht hinreichend aufgeklärt, wohl aber ist die
Fragestellung gewonnen, die dem eigenen Sachgehalt des Be-
fragten entspricht, weil sie aus ihm geschöpft ist. Die übliche
Auffassung der Intentionalität verkennt das, worauf – im
Falle der Wahrnehmung – das Wahrnehmen sich richtet. In
eins damit verkennt sie auch die Struktur des Sichrichtens-auf,
die intentio. Die Mißdeutung liegt in einer *verkehrten Subjektivierung* der Intentionalität. Man setzt ein Ich, ein Subjekt an und läßt dessen sogenannter Sphäre intentionale Erlebnisse zugehören. Das Ich ist hier etwas mit einer Sphäre, in die
seine intentionalen Erlebnisse gleichsam eingekapselt sind.
Nunmehr zeigt sich für uns, daß die intentionalen Verhaltungen selbst das Transzendieren ausmachen. Daraus folgt, daß
die Intentionalität nicht aufgrund eines beliebigen Begriffes
vom Subjekt und Ich und von subjektiver Sphäre mißdeutet
und zum Anlaß genommen werden darf für ein verkehrtes
Problem der Transzendenz, sondern daß man umgekehrt auf-

grund des unvoreingenommen gesehenen Charakters der
Intentionalität und ihrer Transzendenz allererst das Subjekt
in seinem Wesen bestimmt. Weil die übliche Trennung eines
Subjekts mit seiner immanenten und eines Objekts mit einer
transzendenten Sphäre, – weil überhaupt der Unterschied
eines Innen und Außen konstruktiv ist und zu weiteren Kon-
struktionen ständig Anlaß gibt, sprechen wir künftig nicht
mehr von einem Subjekt, von einer subjektiven Sphäre, sondern wir verstehen das Seiende, dem die intentionalen Verhaltungen zugehören, als *Dasein,* und zwar so, daß wir mit
Hilfe des recht verstandenen *intentionalen Verhaltens* gerade
das Sein des Daseins, *eine seiner Grundverfassungen,* angemessen zu charakterisieren versuchen. Die Verhaltungen des Daseins sind intentional, besagt, die Seinsart unser selbst, des
Daseins, ist seinem Wesen nach so, daß dieses Seiende, sofern
es ist, je schon bei einem Vorhandenen sich aufhält. Die Idee
eines Subjekts, das nur in seiner Sphäre intentionale Erlebnisse hat und noch nicht draußen ist, sondern in seiner Kapsel
eingeschlossen, ist ein Unbegriff, der die ontologische Grundstruktur des Seienden, das wir selbst sind, verkennt. Wenn wir,
wie früher bemerkt, die Seinsart des Daseins kurz als Existenz
benennen, ist zu sagen: Das Dasein existiert und ist nie vorhanden wie ein Ding. Ein unterscheidender Charakter zwischen Existierendem und Vorhandenem liegt gerade in der
Intentionalität. Dasein existiert, heißt unter anderem, es ist
so, daß es seiend zu Vorhandenem sich verhält, zu Vorhandenem nicht als einem Subjektiven. Ein Fenster, ein Stuhl, überhaupt irgendein Vorhandenes im weitesten Sinne, existiert nie,
weil es sich nicht zu Vorhandenem in der Weise des intentionalen Sichrichtens darauf verhalten kann. Vorhandenes ist
lediglich unter anderem auch vorhanden.

Damit ist nur ein erster Anlauf dazu genommen, das Phänomen der Intentionalität vor den gröbsten Mißverständnis-
sen zu schützen und ungefähr in den Blick zu bringen. Das
ist die Voraussetzung dafür, die Intentionalität eigens zum

Problem zu machen, wie wir das im zweiten Teil der Vorlesung versuchen werden.

Zunächst haben wir in der Absicht, das Phänomen der Wahrnehmung grundsätzlich zu klären, bezüglich der Intentionalität zwei natürliche und hartnäckige Mißdeutungen zurückgewiesen. Wir fassen beide Fehlinterpretationen kurz zusammen. Erstens ist gegen die *verkehrte Objektivierung* der Intentionalität zu sagen: Die Intentionalität ist nicht eine vorhandene Beziehung zwischen Vorhandenem, Subjekt und Objekt, sondern eine Struktur, die den *Verhältnischarakter* des Verhaltens des Daseins als solchen ausmacht. Zweitens ist der verkehrten *Subjektivierung* entgegenzuhalten: Die intentionale Struktur der Verhaltungen ist nicht etwas, was dem sogenannten Subjekt immanent ist und allererst der Transzendenz bedürfte, sondern die intentionale Verfassung der Verhaltungen des Daseins ist gerade die *ontologische Bedingung der Möglichkeit jeglicher Transzendenz*. Transzendenz, Transzendieren, gehört zum Wesen des Seienden, das (auf ihr als Grund) als intentionales existiert, d. h. das in der Weise des Sichaufhaltens bei Vorhandenem existiert. Die Intentionalität ist die ratio cognoscendi der Transzendenz. Diese ist die ratio essendi der Intentionalität in ihren verschiedenen Weisen.

Aus diesen beiden Bestimmungen ergibt sich: Die Intentionalität ist weder etwas Objektives, vorhanden wie ein Objekt, noch ist sie subjektiv im Sinne von etwas, das innerhalb eines sogenannten Subjekts, dessen Seinsart völlig unbestimmt bleibt, vorkommt. Intentionalität ist weder objektiv noch subjektiv im üblichen Sinne, wohl aber beides zumal in einem viel ursprünglicheren Sinne, sofern die Intentionalität, zur Existenz des Daseins gehörig, ermöglicht, daß dieses Seiende, das Dasein, existierend zu Vorhandenem sich verhält. Mit der zureichenden Auslegung der Intentionalität wird der traditionelle Begriff des Subjekts und der Subjektivität fragwürdig, nicht nur das, was die Psychologie unter Subjekt versteht, sondern auch das, was sie selbst als positive Wissenschaft

unausgesprochen über Idee und Verfassung des Subjekts voraussetzen muß und was die Philosophie selbst bisher ontologisch äußerst unvollkommen bestimmte und im Dunkeln ließ.
Auch der philosophische traditionelle Begriff des Subjekts ist
mit Rücksicht auf die Grundverfassung der Intentionalität
unzureichend bestimmt. Man kann nicht von einem Subjekt-
begriff aus etwas über Intentionalität entscheiden, weil diese
die wesenhafte, wenn auch nicht ursprünglichste Struktur des
Subjekts selbst ist.

Angesichts der genannten Mißdeutungen ist es nicht selbstverständlich, was mit der trivialen Rede: Wahrnehmung
bezieht sich auf ein Wahrgenommenes, gemeint ist. Wenn man
heute unter dem Einfluß der Phänomenologie viel von Intentionalität spricht oder ein anderes Wort dafür einführt, so ist
damit noch nicht erwiesen, daß man die so bezeichneten Phänomene phänomenologisch gesehen hat. Daß die Verhaltungen: Vorstellen, Urteilen, Denken, Wollen, intentional strukturiert sind, ist nicht ein Satz, den man sich merken und wissen
kann, um daraus etwa Schlüsse zu ziehen, sondern ist die Anweisung, das damit Gemeinte, die Struktur der Verhaltungen,
sich zu vergegenwärtigen und ständig neu an den Phänomenen sich der Rechtmäßigkeit dieser Aussage zu versichern.

Die Mißdeutungen sind nicht zufällig. Sie sind auch nicht
ausschließlich und primär in einer Oberflächlichkeit des Denkens und der philosophischen Auseinandersetzung begründet,
sondern sie haben ihren Grund in der natürlichen Auffassung
der Dinge selbst, wie sie im Dasein seinem Wesen nach liegen.
Danach hat das Dasein die Tendenz, alles Seiende, mag dieses
Vorhandenes sein im Sinne der Natur, oder mag es solches
sein von der Seinsart des Subjekts, zunächst im Sinne eines
Vorhandenen aufzufassen und im Sinne der Vorhandenheit
zu verstehen. Das ist die Grundtendenz der antiken Ontologie, die bis heute noch nicht überwunden ist, weil sie mit zum
Seinsverständnis und der Art des Seinsverstehens des Daseins
gehört. Sofern in dieser Auffassung alles Gegebenen als eines

Vorhandenen die Intentionalität als Beziehung innerhalb der
vorhandenen Dinge nicht aufzufinden ist, muß man sie scheinbar dem Subjekt zuweisen; wenn sie nichts Objektives ist,
dann ist sie etwas Subjektives. Das Subjekt faßt man wieder
in derselben Unbestimmtheit seines Seins als Vorhandenes auf,
wie sich das bei Descartes im cogito sum zeigt. So bleibt die
Intentionalität, mag man sie objektiv oder subjektiv fassen,
etwas, was irgendwie vorhanden ist. Dagegen ist gerade mit
Hilfe der Intentionalität und ihrer Eigentümlichkeit, daß sie
weder etwas Objektives noch Subjektives ist, stutzig zu werden
und zu fragen: Muß nicht aufgrund dieses weder objektiven
noch subjektiven Phänomens das Seiende, dem sie offensichtlich zugehört, anders gefaßt werden als bisher?

Wenn Kant von einer Beziehung des Dinges auf die
Erkenntniskraft spricht, so zeigt sich jetzt, daß diese Rede und
die ihr entspringenden Fragestellungen voll von Verworren-
heit sind. Das Ding bezieht sich nicht auf eine Erkenntniskraft
drinnen im Subjekt, sondern die Erkenntniskraft selbst und
damit dieses Subjekt sind ihrer Seinsverfassung nach intentional strukturiert. Die Erkenntniskraft ist nicht das eine End-
glied der Beziehung zwischen einem Ding draußen und dem
Subjekt drinnen, sondern ihr Wesen ist das Sichbeziehen selbst,
so zwar, daß das sich so beziehende intentionale Dasein als
Existierendes sich je schon bei den Dingen unmittelbar aufhält. Für das Dasein gibt es kein Draußen, weshalb es auch
widersinnig ist, von einem Innen zu reden.

Wenn wir die vieldeutige Rede Kants von der Wahrnehmung modifizieren und ihr Eigenständigkeit zu verschaffen
suchen durch die Unterscheidung von Wahrnehmungsinten-
tion und Wahrgenommenem, so korrigieren wir nicht einfach
Wortbedeutungen und Terminologien, sondern gehen zurück
auf das ontologische Wesen dessen, was mit Wahrnehmung
gemeint ist. Weil die Wahrnehmung intentionale Struktur hat,
kann nicht nur, sondern *muß* beim Nichtsehen dieser notwendig die genannte Vieldeutigkeit entspringen. Kant selbst muß

unter dem Zwange der Sachen, sofern er überhaupt von Wahrnehmung handelt, von der intentionalen Struktur derselben
Gebrauch machen, ohne daß er sie eigens als solche erkennt.
Er spricht einmal davon, daß die Wahrnehmung irgendwo
hinreicht und daß da, wo sie hinreicht, Wirkliches, Vorhandenes antreffbar sei.[2] Wahrnehmung kann aber nur irgendwelche Reichweite haben, wenn sie ihrem eigenen Wesen entsprechend überhaupt reicht, ausgreift nach, d. h. sich richtet
auf. Vorstellungen beziehen sich wesensmäßig auf ein Vorgestelltes, weisen auf ein solches hin, aber nicht so, daß ihnen
diese Verweisungsstruktur erst verschafft werden müßte, sondern sie haben sie von Hause aus *als* Vor-stellungen. Ob sie
je mit Recht das geben, was zu geben sie beanspruchen, ist eine
zweite Frage, die zu erörtern aber sinnlos ist, wenn das Wesen
des Anspruchs im Dunkeln bleibt.

c) Intentionalität und Seinsverständnis
Entdecktheit (Wahrgenommenheit) des Seienden und
Erschlossenheit des Seins

Wir wollen die Richtung der Kantischen Interpretation von
Wirklichkeit, Vorhandenheit festhalten und nur den Horizont,
aus dem und in dem er die Aufklärung vollzieht, deutlicher
und angemessener charakterisieren. Was haben wir bisher mit
der vorläufigen Aufklärung der intentionalen Struktur der
Wahrnehmung gewonnen? Auf die Struktur der Position
überhaupt kommen wir bei der Erörterung der vierten These
zurück. Wir geben Kant zu, daß er Vorhandenheit weder dem
Wahrnehmen, der intentio, noch gar dem Wahrgenommenen,
dem intentum, gleichsetzen will, wenn er auch diesen Unterschied nicht anführt. Es bleibt sonach nur die Möglichkeit, die
Kantische Gleichsetzung von Wirklichkeit und Wahrnehmung
in dem Sinne zu interpretieren, daß die Wahrnehmung hier
Wahrgenommenheit besage. Zwar erwies sich als fraglich, ob

[2] Kant, Kr. d. r. V. B 273.

die Wirklichkeit eines Wirklichen (Vorhandenheit eines Vorhandenen) mit seiner Wahrgenommenheit identifiziert werden dürfe. Andererseits aber gaben wir uns selbst zu bedenken, daß in der Wahrgenommenheit (Wahrgenommensein) des Wahrgenommenen und somit entdeckten Wirklichen offenbar dessen Wirklichkeit mitenthüllt sein müsse und im gewissen Sinne in der Wahrgenommenheit eines wahrgenommenen Vorhandenen das Vorhandensein desselben beschlossen liege, – daß durch die Analyse der Wahrgenommenheit des Wahrgenommenen auf irgendeinem Wege sich zur Vorhandenheit des Vorhandenen vordringen lassen müsse. Damit ist aber schon gesagt, daß Wahrgenommenheit nicht mit Vorhandenheit gleichzusetzen ist, sondern jene nur eine notwendige, obzwar nicht hinreichende Bedingung des Zugangs zu dieser ist. Dieser Zusammenhang erfordert es, eine Charakteristik der Wahrgenommenheit als solcher zu versuchen.

Wir fragen deshalb: Wie verhält sich dieser Charakter der Wahrgenommenheit eines Wahrgenommenen zu dem, was wir bisher über die intentionale Verfassung überhaupt sagten? Wahrgenommenheit ist solche des Wahrgenommenen. Wie gehört sie diesem zu? Können wir durch die Analyse der Wahrgenommenheit des Wirklichen zum Sinn der Wirklichkeit dieses Wirklichen vordringen? Auf die Intentionalität der Wahrnehmung orientiert müssen wir sagen: Die zu einem Wahrgenommenen gehörige Wahrgenommenheit fällt offenbar in das *intentum*, d. h. in das, worauf die Wahrnehmung sich richtet. Wir müssen zunächst dem weiter nachgehen, was das *intentum* der Wahrnehmung ist. Wir sagten bereits, es liege im intentionalen Richtungssinn des Wahrnehmens, das Wahrgenommene als an sich selbst Vorhandenes zu meinen. Der intentionale Richtungssinn des Wahrnehmens selbst, mag es sich täuschen oder nicht, zielt auf Vorhandenes als Vorhandenes. Wahrnehmend bin ich auf das Fenster dort als dieses bestimmte Gebrauchsding gerichtet. Mit diesem Seienden, Vorhandenen im weitesten Sinne, hat es eine bestimmte *Be-*

wandtnis. Es dient zur Beleuchtung und zugleich dem Schutz des Saales. Aus dem, wozu es dient, seiner Dienlichkeit, ist seine Beschaffenheit vorgezeichnet, d. h. alles das, was zu seiner bestimmten Realität im Kantischen Sinne, zu seiner Sachheit gehört. Wir können in der alltäglichen Weise, naiv, dieses Vorhandene wahrnehmend beschreiben, vorwissenschaftliche, aber auch positivwissenschaftliche Aussagen über dieses Objekt machen. Das Fenster ist offen, schließt nicht dicht, sitzt gut in der Wand; der Rahmen ist von der und der Farbe, hat die und die Ausdehnung. Was wir so an diesem Vorhandenen vorfinden, sind einmal Bestimmungen, die ihm als Gebrauchsding, wie wir auch sagen als *Zeug,* zugehören, ferner auch Bestimmungen wie Härte, Schwere, Ausgedehntheit, die dem Fenster nicht qua Fenster, sondern als purem materiellen Ding eignen. Wir können die im natürlichen Umgang mit solchen Dingen wie Fenster zunächst entgegenspringenden *Zeugcharaktere,* die seinen Gebrauchscharakter ausmachen, verdekken und das Fenster nur als vorhandenes Ding betrachten. In beiden Fällen aber, ob wir das Fenster als Gebrauchsding, als Zeug, oder als pures Naturding betrachten und beschreiben, verstehen wir schon in gewisser Weise, was Zeug und was Ding besagt. Wir verstehen im natürlichen Umgang mit dem Zeug, dem Werkzeug, Meßzeug, Fahrzeug, so etwas wie *Zeughaftigkeit,* und wir verstehen im Vorfinden von materiellen Dingen so etwas wie *Dinglichkeit.* Wir suchen aber nach der Wahrgenommenheit des Wahrgenommenen. Unter all diesen Dingbestimmungen, die den Zeugcharakter des Wahrgenommenen ausmachen, aber auch unter den Bestimmungen, die zum allgemeinen Dingcharakter des Vorhandenen gehören, finden wir nicht seine Wahrgenommenheit, die es doch hat. Wir sagen doch: Das Vorhandene *ist* das Wahrgenommene. Also ist auch die Wahrgenommenheit kein ›reales Prädikat‹. Wie gehört diese dem Vorhandenen zu? Das Vorhandene erleidet doch nicht dadurch, daß ich es wahrnehme, irgendeine Veränderung. Es erfährt keinen Zuwachs und keine Verminderung dessen, was es als dieses Vorhandene ist. Es wird doch nicht beschädigt und unbrauchbar durch das Wahrnehmen. Im Gegenteil, im Sinne des wahrnehmenden Erfassens selbst liegt es gerade, das Wahrgenommene so zu entdecken, daß es sich an sich selbst zeigt. So ist die Wahrgenommenheit nichts Objektives am Objekt. Aber vielleicht, wird man schließen, etwas Subjektives, nicht zum Wahrgenommenen, dem intentum gehörig, sondern zum Wahrnehmen, der intentio?

Allein, wir sind schon bei der Analyse der Intentionalität stutzig geworden über das Recht dieser üblichen Unterscheidung zwischen Subjekt und Objekt, subjektiv und objektiv. Das Wahrnehmen als intentionales fällt sowenig in eine subjektive Sphäre, als es diese gerade transzendiert, will man schon von einer solchen sprechen. Die Wahrgenommenheit gehört vielleicht zum intentionalen Verhalten des Daseins, d. h. sie ist nichts Subjektives und auch nichts Objektives, wenngleich wir immer wieder festhalten müssen: Das wahrgenommene Seiende, das Vorhandene, ist wahrgenommen, hat den Charakter der Wahrgenommenheit. Ein merkwürdiges und rätselhaftes Gebilde ist diese Wahrgenommenheit, zum Objekt, zum Wahrgenommenen, in gewissem Sinne gehörig und doch nichts Objektives, zum Dasein und seiner intentionalen Existenz gehörig und doch nichts Subjektives. Immer wieder gilt es, die methodische Maxime der Phänomenologie einzuschärfen, die Rätselhaftigkeit der Phänomene nicht vorzeitig zu fliehen oder durch den Gewaltstreich einer wilden Theorie zu beseitigen, vielmehr die Rätselhaftigkeit zu steigern. Nur so wird sie greifbar und begrifflich faßbar, d. h. verständlich und so konkret, daß aus der rätselhaften Sache selbst die Anweisungen für die Auflösung des Phänomens entgegenspringen. Bezüglich der Wahrgenommenheit, aber auch, wie sich noch zeigen wird, bezüglich entsprechend anderer Charaktere, stellt sich das Problem: Wie kann etwas in gewisser Weise zum Vorhandenen gehören, ohne ein Vorhandenes zu sein, und zugleich als dieses zum Dasein gehören, ohne etwas Subjektives zu bedeuten? Dieses Problem werden wir jetzt noch nicht lösen, sondern lediglich verschärfen, um im zweiten Teil zu zeigen, daß die Aufklärung für die Möglichkeit eines solchen rätselhaften Phänomens im Wesen der Zeit liegt.

Deutlich ist das eine: Wahrgenommenheit eines Vorhandenen ist nicht an diesem selbst vorhanden, sondern zum Dasein gehörig, was nicht besagt, zum Subjekt und seiner immanenten Sphäre gehörig. Wahrgenommenheit gehört zum wahrnehmenden intentionalen Verhalten. Dieses ermöglicht, daß das Vorhandene an ihm selbst begegnet. Das Wahrnehmen entdeckt Vorhandenes und läßt es in der Weise eines bestimmten *Entdeckens* begegnen. Die Wahrnehmung nimmt dem Vorhandenen seine Verdecktheit und gibt es frei, damit es sich an sich selbst zeigen kann. Das ist der Sinn jedes natürlichen Sichumsehens und jedes natürlichen Sichorientierens über etwas, und zwar deshalb, weil im Wahrnehmen selbst, seinem intentionalen Sinne entsprechend, dieser Modus des Aufdeckens liegt.

Mit dem Hinweis darauf, daß die Wahrnehmung sich auf ein Wahrgenommenes bezieht, ist sie noch nicht hinreichend abgegrenzt gegenüber dem bloßen Vorstellen, dem Vergegenwärtigen. Auch dieses bezieht sich auf etwas, auf ein Seiendes, in einer bestimmten Art und kann sich sogar wie die Wahrnehmung auf ein Vorhandenes beziehen. So kann ich mir den Bahnhof in Marburg jetzt vergegenwärtigen. Dabei beziehe ich mich nicht auf eine Vorstellung und meine kein Vorgestelltes, sondern den Bahnhof als einen dort vorhandenen. Gleichwohl ist in dieser puren Vergegenwärtigung dieses Vorhandene in anderer Weise aufgefaßt und gegeben als in der unmittelbaren Wahrnehmung. Diese wesentlichen Unterschiede der Intentionalität und des intentum interessieren uns hier nicht.

Das Wahrnehmen ist *freigebendes Begegnenlassen* von Vorhandenem. Das Transzendieren ist ein Entdecken. Das Dasein existiert als entdeckendes. Die Entdecktheit des Vorhandenen ist das, was dessen Freigabe als eines Begegnenden ermöglicht. Die *Wahrgenommenheit,* d. h. die spezifische Freigabe eines Seienden im Wahrnehmen, ist ein *Modus der Entdecktheit überhaupt.* Entdecktheit ist auch die Bestimmung der Freigabe von etwas im Herstellen oder im Urteil über . . .

Wir fragen: Was gehört zu einem Entdecken von Seiendem, in unserem Falle zum wahrnehmenden Entdecken von Vorhandenem? Der Modus des Entdeckens und der Modus der Entdecktheit von Vorhandenem müssen offenbar bestimmt sein durch das von ihnen zu entdeckende Seiende und dessen Weise zu sein. Ich kann geometrische Beziehungen nicht wahrnehmen im Sinne der natürlichen, sinnlichen Wahrnehmung. Aber wie soll der Modus des Entdeckens durch das zu entdeckende Seiende und seine Seinsart gleichsam normiert und vorgezeichnet werden, wenn nicht so, daß das Seiende selbst zuvor entdeckt ist, damit sich der Modus des Erfassens nach ihm richten kann? Andererseits soll dieses Entdecken sich wiederum dem zu entdeckenden Seienden anmessen. Der Modus der möglichen Entdeckbarkeit des Vorhandenen im Wahrnehmen muß im Wahrnehmen selbst schon vorgezeichnet sein, d. h. das wahrnehmende Entdecken von Vorhandenem muß im vorhinein schon so etwas wie Vorhandenheit verstehen. In der intentio des Wahrnehmens muß dergleichen wie *Verständnis von Vorhandenheit* vorgängig schon liegen. Ist das lediglich eine apriorische Forderung, die wir stellen müssen, da anders das wahrnehmende Entdecken von Vorhandenem sonst unverständlich bliebe, oder läßt sich zeigen, daß *in der Intentionalität der Wahrnehmung,* d. h. im wahrnehmenden Entdecken, dergleichen wie *Verstehen von Vorhandenheit liegt?* Das läßt sich nicht nur zeigen, wir haben es schon gezeigt, vorsichtiger, wir haben von diesem zur Intentionalität der Wahrnehmung gehörigen Verständnis von Vorhandenheit bereits Gebrauch gemacht, ohne diese Struktur bisher ausdrücklich gekennzeichnet zu haben.

Bei der ersten Charakteristik des intentum, dessen, worauf
die Wahrnehmung sich richtet, galt es gegenüber den subjek-
tivistischen Mißdeutungen, daß das Wahrnehmen zunächst
sich nur auf Subjektives, d. h. Empfindungen richtet, zu zeigen,
daß die Wahrnehmung auf Vorhandenes selbst gerichtet ist.
Bei dieser Gelegenheit sagten wir, wir brauchen, um das zu
sehen, nur die in der Wahrnehmung selbst liegende Erfas-
sungstendenz oder ihren Richtungssinn zu befragen. Seinem
Richtungssinn nach intendiert das Wahrnehmen Vorhandenes
in seiner Vorhandenheit. Es gehört zum Richtungssinn, d. h.
die intentio ist ausgerichtet auf das Entdecken von Vorhandenem in seiner Vorhandenheit. In ihr selbst liegt schon ein
Verständnis von Vorhandenheit, wenn auch nur ein vorbegriffliches. In diesem Verstehen ist das, was Vorhandenheit
besagt, enthüllt, aufgeschlossen, wir sagen erschlossen. Wir
sprechen von der im Verständnis von Vorhandenheit gegebenen *Erschlossenheit*. Dieses Verstehen von Vorhandenheit liegt
als vorbegriffliches vorgängig in der intentio des wahrnehmenden Entdeckens als solcher. Dieses ›vorgängig‹ meint nicht,
ich müßte, um Vorhandenes wahrzunehmen, zu entdecken,
zuvor eigens mir den Sinn von Vorhandenheit klarmachen.
Das vorgängige Verstehen von Vorhandenheit ist nicht vorgängig in der Ordnung der Uhrzeit, die wir messen. Die Vorgängigkeit des zum wahrnehmenden Entdecken gehörigen Verstehens von Vorhandenheit sagt vielmehr umgekehrt: Dieses
Verstehen von Vorhandenheit, Wirklichkeit im Kantischen
Sinne, ist so vorgängig, d. h. zum Wesen des wahrnehmenden
Verhaltens gehörig, daß ich es gar nicht erst zuvor eigens vollziehen muß, sondern es liegt, wie wir sehen werden, in der
Grundverfassung des Daseins selbst, daß es existierend auch
schon die Seinsart des Vorhandenen, zu dem es sich existierend
verhält, versteht, ganz abgesehen davon, wie weit dieses Vorhandene entdeckt und ob es zureichend und angemessen entdeckt
ist oder nicht. Zur Intentionalität der Wahrnehmung gehören

nicht nur intentio und intentum, sondern weiterhin *das Verständnis der Seinsart des im intentum Intendierten*.

Wie dieses vorgängige vorbegriffliche Verstehen von Vorhandenheit (Wirklichkeit) im Entdecken von Vorhandenem liegt, – was dieses Liegen besagt und wie es möglich ist, wird uns später beschäftigen. Jetzt kommt es nur darauf an, überhaupt zu sehen, daß das entdeckende Verhalten zum Vorhandenen sich in einem Verstehen von Vorhandenheit hält und daß zu diesem Verhalten, d. h. zur Existenz des Daseins, die *Erschlossenheit von Vorhandenheit* gehört. Diese ist die Bedingung der Möglichkeit der *Entdeckbarkeit von Vorhandenem*. Die Entdeckbarkeit, d. h. die Wahrnehmbarkeit von Vorhandenem, setzt Erschlossenheit von Vorhandenheit voraus. Die *Wahrgenommenheit gründet* hinsichtlich ihrer Möglichkeit *im Verstehen von Vorhandenheit*. Erst wenn wir die Wahrgenommenheit des Wahrgenommenen so auf ihre Fundamente zurückbringen, d. h. dieses zur vollen Intentionalität der Wahrnehmung wesensmäßig gehörige Verstehen von Vorhandenheit selbst analysieren, setzen wir uns instand, den Sinn der so verstandenen Vorhandenheit, Kantisch gesprochen den Sinn von Dasein und Existenz, aufzuklären.

Dieses Seinsverständnis ist es offenbar, worauf Kant, ohne daß er es deutlich sieht, rekurriert, wenn er sagt, Dasein, Wirklichkeit, sei gleich Wahrnehmung. Ohne daß wir schon die Antwort geben auf die Frage, wie Wirklichkeit zu interpretieren sei, müssen wir uns gegenwärtig halten, daß gegenüber der Kantischen Interpretation: Wirklichkeit gleich Wahrnehmung, sich eine Fülle von Strukturen und Strukturmomenten dessen darbietet, worauf Kant im Grunde rekurriert. Zunächst stoßen wir auf die Intentionalität. Zu dieser gehören nicht nur intentio und intentum, sondern ebenso ursprünglich ein Modus der Entdecktheit des in der intentio entdeckten intentum. Zu dem Seienden, das in der Wahrnehmung wahrgenommen ist, gehört aber nicht nur, daß es entdeckt ist, die Entdecktheit des Seienden, sondern auch, daß die Seinsart des entdeckten Seien-

den verstanden, d. h. erschlossen ist. Wir scheiden deshalb
nicht nur terminologisch, sondern auch aus sachlichen Gründen
zwischen der *Entdecktheit eines Seienden* und der *Erschlossenheit seines Seins.* Seiendes kann nur entdeckt werden, sei es auf
dem Wege der Wahrnehmung oder sonst einer Zugangsart,
wenn das Sein des Seienden schon erschlossen ist, – wenn ich
es verstehe. Nur dann kann ich fragen, ob es wirklich ist oder
nicht, und kann mich auf irgendeinem Weg daranmachen, die
Wirklichkeit des Seienden festzustellen. Es muß nun gelingen,
den Zusammenhang zwischen der Entdecktheit des Seienden
und der Erschlossenheit seines Seins genauer aufzuweisen und
zu zeigen, wie die Erschlossenheit (Enthülltheit) des Seins fundiert, d. h. den Grund, das Fundament gibt für die Möglichkeit der Entdecktheit des Seienden. Anders gewendet, es muß
gelingen, den Unterschied von Entdecktheit und Erschlossenheit begrifflich zu fassen und als möglichen und notwendigen,
aber ebenso auch die mögliche Einheit beider zu begreifen.
Darin liegt zugleich die Möglichkeit, den Unterschied zwischen
dem in der Entdecktheit entdeckten Seienden und dem in der
Erschlossenheit erschlossenen Sein zu fassen, d. h. die Unterscheidung zwischen Sein und Seiendem, die ontologische Differenz zu fixieren. Wir kommen im Verfolg des Kantischen
Problems auf die Frage nach der *ontologischen Differenz.* Erst
auf dem Wege der Lösung dieses ontologischen Grundproblems
kann es gelingen, die Kantische These ›Sein ist kein reales
Prädikat‹ nicht nur positiv zu begründen, sondern zugleich
positiv zu ergänzen durch eine radikale Interpretation des
Seins überhaupt als Vorhandenheit (Wirklichkeit, Dasein,
Existenz).

Wir sehen jetzt, daß offenbar die Möglichkeit, den ontologischen Unterschied herauszustellen, mit der Notwendigkeit
zusammenhängt, die Intentionalität, d. h. die Zugangsart zum
Seienden zu untersuchen, wobei nicht gesagt ist, daß die Zugangsart zu jedem Seienden die Wahrnehmung im Kantischen
Sinne darstellt.

Kant treibt die Erläuterung von Wirklichkeit, Existenz, nicht ins Zentrum, wenn er Wirklichkeit der Wahrnehmung gleichsetzt. Er bleibt am äußersten Rande des Problemfeldes stehen und so, daß dieser Rand sogar noch für ihn in Undeutlichkeit verschwindet. Dennoch ist die Wegrichtung, die er einschlägt, durch den Rückgang auf das Subjekt im weitesten Sinne die einzig mögliche und rechte. Es ist die Richtung der Interpretation von Sein, Wirklichkeit, Dasein, Existenz, die nicht erst die neuere Philosophie seit Descartes eingeschlagen hat durch ihre ausdrückliche Orientierung der philosophischen Problematik auf das Subjekt. Die Richtung auf das Subjekt bzw. auf das, was im Grunde damit gemeint ist, unser Dasein, nimmt auch schon die noch gar nicht subjektivistisch im neuzeitlichen Sinne orientierte ontologische Fragestellung der Antike, die des Plato und Aristoteles. Das besagt aber nicht, man dürfe die philosophische Grundtendenz des Plato und Aristoteles etwa im Sinne Kants interpretieren, wie das die Marburger Schule vor Jahren getan hat. Die Griechen gehen beim Versuch, das Sein aufzuklären, in dieselbe Richtung wie Kant, wenn sie auf den λόγος zurückgehen. Der λόγος hat das Eigentümliche, offenbarzumachen, etwas zu entdecken bzw. zu erschließen, was die Griechen sowenig wie die neuzeitliche Philosophie schieden. Der λόγος ist als Grundverhaltung der ψυχή ein ἀληθεύειν, das Offenbarmachen, das der ψυχή im weitesten Sinne oder dem νοῦς eigentümlich ist, welche Termini man schlecht versteht, wenn man sie gedankenlos mit Seele und Geist übersetzt und an entsprechenden Begriffen orientiert. Die ψυχή spricht bei sich selbst, sagt Plato, über das Sein, sie spricht bei sich selbst das Sein, das Anderssein, die Selbigkeit, Bewegung, Ruhe und dergleichen durch, d. h. sie versteht bei sich selbst schon dergleichen wie Sein, Wirklichkeit, Existenz usw. Der λόγος ψυχῆς ist der Horizont, in den jedes Verfahren, dergleichen wie Sein und Wirklichkeit aufzuklären, sich hineinbegibt. Alle Philosophie, wie immer sie das ›Subjekt‹ auffaßt und ins Zentrum der philosophischen Untersuchung stellt, rekurriert bei der Aufklärung der ontologischen Grundphänomene auf Seele, Geist, Bewußtsein, Subjekt, Ich. Die antike sowohl wie die mittelalterliche Ontologie sind nicht, wie die gewöhnliche Unkenntnis meint, eine rein objektive Ontologie mit Ausschaltung des Bewußtseins, sondern das Eigentümliche ist gerade, daß das Bewußtsein und Ich im selben Sinne seiend wie das Objektive als seiend genommen wird. Das bekundet sich darin, daß die antike Philosophie ihre Ontologie auf den λόγος orientiert und man mit einem gewissen Recht sagen konnte, die antike Ontologie sei eine Logik des Seins. Das ist insofern richtig, als der Logos das Phänomen ist, das aufklären soll, was Sein bedeutet. Die ›Logik‹ des Seins besagt aber nicht, daß die ontologischen Probleme auf die logischen im Sinne der Schullogik zurückgeführt würden. Der Rückgang auf das Ich, auf die Seele, auf das Bewußtsein, auf den Geist und auf das Dasein ist aus bestimmten sachlichen Gründen notwendig.

Wir können die Einstimmigkeit dieser Wegrichtung bei den philosophischen Interpretationen von Sein und Wirklichkeit noch durch eine andere Formulierung des Problems ausdrücken. Sein, Wirklichkeit, Existenz, gehören zu den allgemeinsten Begriffen, die das Ich gleichsam mitbringt. Daher nannte man und nennt diese Begriffe ›eingeborene Ideen‹, ideae innatae. Sie liegen von Hause aus im menschlichen Dasein. Dieses bringt aufgrund seiner Seinsverfassung ein Sehen, ἰδεῖν, ein Verstehen von Sein, Wirklichkeit, Existenz mit. Leibniz sagt an vielen Stellen, wenn auch noch viel roher und vieldeutiger als Kant, daß wir nur in der Reflexion auf uns selbst erfassen, was Sein, Substanz, Identität, Dauer, Veränderung, Ursache, Wirkung seien. Die Lehre vom Eingeborensein der Ideen durchherrscht mehr oder minder deutlich die ganze Philosophie. Sie ist jedoch mehr ein Ausweg und eine Beseitigung des Problems als eine Lösung. Man zieht sich zu einfach auf ein Seiendes und eine Eigenschaft desselben, die Eingeborenheit, zurück, die man selbst nicht weiter aufklärt.

Eingeborenheit darf hier nicht, so unklar sie gefaßt wird, im physiologisch-biologischen Sinne verstanden werden, sondern mit ihr soll gesagt werden, daß Sein und Existenz *früher* verstanden werden als Seiendes. Das bedeutet aber nicht, daß Sein, Existenz und Wirklichkeit dasjenige sei, was das einzelne Individuum in seiner biologischen Entwicklung zuerst erfaßt, – daß die Kinder zuerst verstünden, was Existenz ist, sondern dieser mehrdeutige Ausdruck ›Eingeborenheit‹ deutet nur das Früher, Vorausgehende, das Apriori an, das man seit Descartes bis zu Hegel mit dem Subjektiven identifiziert. Aus dieser Sackgasse ist das Problem der Aufklärung von Sein nur herauszuziehen bzw. erst eigentlich als Problem zu stellen, wenn man fragt: Was bedeutet diese Eingeborenheit, wie ist sie aufgrund der Seinsverfassung des Daseins möglich, – wie ist sie zu umgrenzen? Die Eingeborenheit ist kein physiologisch-biologisches Faktum, sondern ihr Sinn liegt in der Richtung, daß Sein, Existenz, früher ist als Seiendes. Sie muß im philosophisch-ontologischen Sinne begriffen werden. Man darf daher auch nicht meinen, daß diese Begriffe und Grundsätze deshalb angeboren seien, weil alle Menschen die Geltung dieser Sätze anerkennen. Die Übereinstimmung der Menschen über die Geltung des Satzes vom Widerspruch ist lediglich ein *Zeichen* der Angeborenheit, nicht aber der Grund. Der Rückgang auf die allgemeine Übereinstimmung und Zustimmung ist noch keine philosophische Begründung der logischen oder ontologischen Axiome. Wir werden bei der phänomenologischen Betrachtung der zweiten These: Zu jedem Seienden gehört ein Was und eine Weise-zu-sein, sehen, daß sich dort derselbe Horizont öffnet, d. h. der Versuch, aus dem Rückgang auf das Dasein des Menschen die Seinsbegriffe aufzuklären. Allerdings wird sich auch zeigen, daß dieser Rückgang gerade bezüglich dieses Problems in der antiken und mittelalterlichen Ontologie nicht so ausdrücklich formuliert ist wie bei Kant. Faktisch aber liegt er dennoch vor.

Es ist in mehrfacher Weise deutlich geworden: Die kritische
Diskussion der Kantischen These führt auf die Notwendigkeit
einer expliziten Ontologie des Daseins. Denn nur aufgrund
der Herausstellung der ontologischen Grundverfassung des
Daseins setzen wir uns instand, dasjenige Phänomen zureichend
zu verstehen, das der Idee des Seins zugeordnet ist, das Verstehen von Sein, das allem Verhalten zu Seiendem zugrunde
liegt und es führt. Nur wenn wir die ontologische Grundverfassung des Daseins verstehen, können wir uns klar machen,
wie in ihm Verständnis von Sein möglich ist. Es ist aber auch
deutlich geworden, daß die Ontologie des Daseins das latente
Ziel und die ständige mehr oder minder deutliche Forderung
der gesamten Entwicklung der abendländischen Philosophie
darstellt. Das läßt sich aber nur sehen und nachweisen, wenn
diese Forderung selbst ausdrücklich gestellt und in den Grundzügen erfüllt ist. Die Diskussion der Kantischen These führte
im besonderen auf ein ontologisches Grundproblem, auf die
Frage nach dem Unterschied von Sein und Seiendem, auf das
Problem der ontologischen Differenz. Bei der Erörterung der
Kantischen These haben wir bei jedem Schritt Probleme
berührt, ohne sie als solche eigens anzumerken. So wäre es, um
die Kantische These vollständig zu diskutieren, notwendig
gewesen, nicht nur die Gleichsetzung von Dasein, Wirklichkeit, mit absoluter Position, sondern auch die Gleichsetzung
von Sein überhaupt mit Position überhaupt entsprechend zu
analysieren, d. h. zu zeigen, daß auch Position, Setzung, eine
intentionale Struktur hat. Darauf werden wir im Zusammenhang der Besprechung der vierten These zurückkommen, wo
wir das Sein im Sinne des ›ist‹ der Kopula behandeln, das
Kant als respectus logicus, d. h. als die Setzung von Sein überhaupt interpretiert. Das Sein, das Kant mit Position überhaupt einerlei nimmt, versteht er als das ›ist‹, das als die
Verbindung von Subjekt und Prädikat im Satz gesetzt wird.
Zu seiner Analysierung ist die Aufweisung der Struktur des
Setzungscharakters des Satzes erforderlich.

Die vorläufige Klärung der Intentionalität führte uns ferner auf den Unterschied in der Seinsverfassung des objektiv Seienden und der des Subjektiven bzw. des Daseins, das existiert. Offenbar ist diese Unterscheidung des Seienden, das wir selbst sind, und des Seienden, das wir nicht sind, formal Fichtisch gesprochen des Ich und des Nicht-Ich, keine zufällige, sondern eine solche, die sich schon dem vulgären Bewußtsein irgendwie aufdrängen muß und um die sich die Philosophie seit ihren Anfängen bemüht. Wir werden sie in der dritten These erörtern, so daß der Zusammenhang der ersten These mit der vierten und dritten schon deutlich wird.

Bei der Klärung des Gehaltes der Kantischen These gingen wir von dem Begriff der Realität, Sachheit, aus, von dem Existenz als nichtrealer Charakter unterschieden werden soll. Gleichwohl ist zu bedenken, daß auch Realität so wenig etwas Reales ist, wie Existenz etwas Existierendes ist, was sich bei Kant dadurch ausdrückt, daß für ihn Realität ebenso wie Existenz eine Kategorie ist. Realität ist eine ontologische Bestimmtheit, die jedem Seienden, mag es wirklich oder nur möglich sein, zukommt, sofern jedes Seiende *etwas* ist, einen Sachgehalt hat. Es gilt nicht nur, die Existenz als etwas Nichtreales von den realen Bestimmungen einer Sache auszuschließen, sondern ebensosehr den ontologischen Sinn von Realität überhaupt zu bestimmen und zu fragen, wie der Zusammenhang zwischen Realität und Existenz aufzufassen sei und wie seine Möglichkeit aufgewiesen werden kann. Das ist ein Problem, das in der Kantischen These gleichsam verborgen liegt. Es ist nichts anderes als der Inhalt der zweiten These, zu deren Besprechung wir nunmehr übergehen. Im Blick ist zu behalten, daß die vier Thesen unter sich zusammenhängen. Der Sachgehalt des einen Problems schließt den der übrigen in sich. Die vier Thesen formulieren nur von außen und noch verdeckt die systematische Einheit der ontologischen Grundprobleme, zu der wir uns durch die vorbereitende Diskussion der Thesen vortasten.

ZWEITES KAPITEL

Die auf Aristoteles zurückgehende These der mittelalterlichen Ontologie: Zur Seinsverfassung eines Seienden gehören das Wassein (essentia) und das Vorhandensein (existentia)

§ 10. *Der Gehalt der These und ihre traditionelle Diskussion*

a) Vorzeichnung des traditionellen Problemzusammenhanges für die Unterscheidung von essentia und existentia

Die Erörterung der ersten These, Sein ist kein reales Prädikat, hatte zum Ziel, den Sinn von Sein, Existenz, zu klären und die hierauf bezogene Interpretation Kants hinsichtlich ihrer Aufgabe radikaler zu bestimmen. Es wurde betont, daß Existenz von Realität sich unterscheidet. Realität selbst wurde dabei nicht zum Problem gemacht, ebensowenig ihre mögliche Beziehung zu Existenz oder gar der Unterschied beider. Da Realität im Kantischen Sinne nichts anderes besagt als essentia, schließt die Erörterung der zweiten These über essentia und existentia all die Fragen in sich, die in der vorangegangenen Philosophie bezüglich ihres Verhältnisses gestellt wurden und die bei Kant nicht weiter behandelt werden, sondern bei ihm als selbstverständliche traditionelle Meinung zugrundeliegen. Im Verlauf der Diskussion der zweiten These wird noch deutlicher werden, wie stark das Kantische Problem in der antiken und mittelalterlichen Tradition verwurzelt ist. Wenn auch die zweite These mit der Kantischen sehr eng zusammenhängt, so ist die Erörterung der zweiten These gleichwohl nicht die Wiederholung des Kantischen Problems, sofern jetzt unter dem Titel *essentia* die *Realität* selbst *zum ontologischen Problem* wird. Demzufolge verschärft sich das Problem: Wie gehört Realität und wie Existenz zu einem Seienden? Wie kann Rea-

les Existenz haben? Wie ist der ontologische Zusammenhang
von Realität und Existenz zu bestimmen? Wir kommen jetzt
nicht nur zu grundsätzlich neuen Problemen, sondern in eins
damit verschärft sich das Kantische Problem.

Wir können das neue Problem auch mit Rücksicht auf die
ontologische Differenz charakterisieren. In dieser handelt es
sich um den Unterschied von Seiendem und Sein. Die ontologische Differenz sagt: Seiendes ist zwar je durch eine bestimmte
Seinsverfassung charakterisiert. Dieses Sein selbst ist nichts
Seiendes. Dabei liegt im Dunkeln, was zum Sein eines Seienden gehört. Bisher faßten wir den Ausdruck Sein in Anlehnung an Kant als Existenz, Dasein, Wirklichkeit, d. h. als die
Weise, in der ein Wirkliches, Existierendes *ist*. Nun aber soll
sich zeigen, daß die Seinsverfassung eines Seienden nicht durch
die jeweilige Weise zu sein erschöpft ist, wenn wir darunter
Wirklichkeit, Vorhandenheit, Existenz verstehen. Es soll vielmehr deutlich gemacht werden, daß zu jedem Seienden, wie
immer es sein mag, gehört, daß es dies und das ist. Zur Seinsverfassung eines Seienden gehört der Charakter des Was, der
Sachcharakter, oder wie Kant sagt, die Sachheit, die Realität.
Realität ist ebensowenig etwas Seiendes, Reales, wie Existenz
und Sein etwas Existierendes und Seiendes ist. So fällt der
Unterschied zwischen realitas bzw. essentia und existentia
nicht zusammen mit der ontologischen Differenz, sondern er
gehört auf die Seite des einen Gliedes der ontologischen Differenz, d. h. *weder realitas noch existentia* ist ein *Seiendes*,
sondern sie machen beide gerade die Seinsstruktur aus. Der
Unterschied zwischen realitas und existentia *artikuliert* das Sein
in seiner wesenhaften Verfassung näher.

So sehen wir schon, daß die ontologische Differenz in sich
nicht so einfach ist, wie die schlichte Formulierung aussieht,
sondern daß das Differente, worauf die Ontologie zielt, das
Sein selbst, mehr und mehr eine reichere Struktur in sich enthüllt. Die zweite These soll auf das Problem hinführen, das
wir im zweiten Teil unter dem Titel der Grundartikulation

des Seins erörtern, d. h. die Bestimmtheit eines jeden Seienden hinsichtlich seines Seins durch essentia und mögliche Existenz.

Die *traditionelle Diskussion* der zweiten These, daß zu jedem Seienden essentia und existentia bzw. mögliche Existenz gehören, entbehrt eines festen Grundes und eines sicheren Leitfadens. Das Faktum dieses Unterschiedes zwischen essentia und existentia ist seit Aristoteles bekannt und als etwas Selbstverständliches aufgenommen. Fraglich ist in der Tradition, wie dieser Unterschied zwischen beiden zu bestimmen sei. In der Antike ist auch diese Frage noch nicht gestellt. Das Problem des Unterschiedes und des Zusammenhanges, der distinctio und der compositio, zwischen dem Sachcharakter eines Seienden und der Weise seines Seins, essentia und existentia, wird erst im Mittelalter brennend, aber nicht auf dem Hintergrund der Grundfrage der ontologischen Differenz, die als solche nie gesehen wurde, sondern wieder innerhalb desselben Problemzusammenhanges, auf den wir schon gelegentlich der Charakteristik der Kantischen These stießen. Zwar handelt es sich jetzt nicht so sehr um die Frage der Erkennbarkeit und Beweisbarkeit der Existenz Gottes, sondern um das noch ursprünglichere Problem der Unterschiedenheit des Begriffes von Gott als einem unendlichen Seienden, ens infinitum, gegenüber dem Seienden, das nicht Gott ist, dem ens finitum. Wir hörten bei der Charakteristik der Kantischen These, zum Wesen Gottes, zur essentia dei, gehöre die Existenz. Das ist ein Satz, den auch Kant nicht bestreitet. Was er bestreitet, ist lediglich, daß die Menschen imstande seien, ein solches Seiendes, zu dessen Wesen die Existenz gehört, absolut zu setzen, d. h. unmittelbar wahrzunehmen, im weitesten Sinne anzuschauen. Gott ist ein Seiendes, das seinem Wesen nach nie nicht sein kann. Das endliche Seiende aber kann auch nicht sein. Das besagt, zu dem, was es ist, zu seiner realitas, gehört nicht notwendig die Existenz. Falls nun ein solches mögliches Seiendes (ens finitum) bzw. seine Realität verwirklicht ist, – falls dieses Mögliche existiert, sind offenbar, äußerlich genommen, die

Möglichkeit und die Wirklichkeit in dem Seienden zusammen-
gekommen. Das Mögliche hat sich verwirklicht, die essentia ist
wirklich, existiert. So entsteht die Frage: Wie ist das Verhältnis des Sachcharakters eines Wirklichseienden zu seiner Wirklichkeit aufzufassen? Jetzt handelt es sich nicht nur um das
Kantische Problem, um Wirklichkeit überhaupt, sondern um
die Frage, *wie sich die Wirklichkeit eines Seienden zu seiner
Realität verhält.* Wir sehen, daß auch dieses ontologische Problem, das uns im zweiten Teil auf das Grundproblem der
Artikulation des Seins zurückleitet, in der Tradition am Got-
tesproblem, an dem Begriff Gottes als des ens perfectissimum,
orientiert ist. Es bestätigt sich erneut die alte Gleichsetzung
des Aristoteles, daß die πρώτη φιλοσοφία, die erste Wissenschaft, Wissenschaft vom Sein, gleich der θεολογία ist. Diesen Zusammenhang müssen wir uns jetzt noch mehr verdeutlichen, um den Gehalt der zweiten These in der rechten Weise
zu fassen und imstande zu sein, aus der traditionellen Diskussion dieser These im Mittelalter das philosophisch Entscheidende herauszuholen. Wir müssen uns schon bei der Aufklärung des Gehaltes der These auf das Wesentliche beschränken
und nur eine durchschnittliche Charakteristik des Problems
geben. Wir können nicht den historischen Verlauf der Diskussion dieser These des Verhältnisses und Unterschiedes von
essentia und existentia in der Scholastik ausführlich darstellen
(Thomas, die ältere Thomistenschule, Duns Scotus, Suarez,
die spanischen Scholastiker im Zeitalter der Gegenreformation), sondern wir versuchen, durch die Charakteristik der
Hauptlehrmeinungen, d. h. der Auffassungen des *Thomas von
Aquino,* des *Duns Scotus* und des *Suarez,* eine Vorstellung von
dem zu geben, wie die Scholastik diese Probleme behandelte
und wie zugleich in dieser Problembehandlung selbst, in ihrem
Ansatz, die Auswirkung der antiken Philosophie sich offenbart.

Suarez gehört zur sogenannten Spätscholastik, die im Zeitalter der Gegenreformation in Spanien im Jesuitenorden wie-

der auflebte. Thomas war Dominikaner O. Pr., Duns Scotus
Franziskaner OFM. Suarez ist der Denker, der am stärksten
die neuzeitliche Philosophie beeinflußt hat. Descartes ist direkt
von ihm abhängig, gebraucht fast durchgängig seine Terminologie. Suarez ist es, der die mittelalterliche Philosophie, vor
allem die Ontologie, zum erstenmal systematisiert hat. Davor
behandelte das Mittelalter, auch Thomas und Duns Scotus, die
Antike nur in Kommentaren, die fortlaufend die Texte behandeln. Das Grundbuch der Antike, die »Metaphysik« des
Aristoteles, ist kein zusammenhängendes Werk, hat keinen
systematischen Aufbau. Suarez hat das gesehen und suchte,
diesem Mangel, als den er das ansah, dadurch abhelfen zu
können, daß er zum erstenmal die ontologischen Probleme in
eine systematische Form brachte, die eine Einteilung der Metaphysik in den folgenden Jahrhunderten bis zu Hegel
bestimmte. Man unterschied danach metaphysica generalis,
allgemeine Ontologie, und metaphysica specialis, und zwar
cosmologia rationalis, Ontologie der Natur, psychologia rationalis, Ontologie des Geistes, und theologia rationalis, Ontologie Gottes. Diese Gruppierung der zentralen philosophischen
Disziplinen kehrt in Kants »Kritik der reinen Vernunft« wieder. Die »transzendentale Logik« entspricht in ihrem Fundament der allgemeinen Ontologie. Was Kant in der »transzendentalen Dialektik« behandelt, die Probleme der rationalen
Psychologie, Kosmologie und Theologie, entspricht dem, was
die neuere Philosophie an Fragen kannte. Suarez, der seine
Philosophie in den »Disputationes metaphysicae« (1597) vorgelegt hat, war nicht nur von großem Einfluß auf die weitere
Entwicklung der Theologie innerhalb des Katholizismus, sondern wirkte mit seinem Ordensgenossen Fonseca stark auf die
Ausbildung der protestantischen Scholastik im 16. und 17.
Jahrhundert. Gründlichkeit und philosophisches Niveau bei-
der ist weitaus höher als das, was Melanchthon z. B. in seinen
Kommentaren über Aristoteles erreicht.

Dieses Problem des Verhältnisses von essentia und existentia hat vor allem theologische Bedeutung, die uns im engeren Sinne nicht interessiert. Es betrifft die Probleme der Christologie und wird deshalb bis heute noch in den Theologenschulen, vor allem in den philosophischen Auffassungen der einzelnen Orden, diskutiert. Der Streit ist bis heute nicht erledigt. Da aber vor allem Thomas als der maßgebende Scholastiker gilt und auch kirchlich bevorzugt ist, haben die Jesuiten, die in ihrer Lehrmeinung sich an Suarez halten, der wohl das Problem am schärfsten und richtigsten gesehen hat, zugleich ein Interesse daran, ihre Meinung mit der des Thomas zusammenzubringen. Noch 1914 haben sie direkt vom Papst eine Entscheidung gefordert, ob es notwendig sei, sich in jeder Hinsicht in dieser Frage nach Thomas zu richten. Diese Frage wurde negativ entschieden in einer Entscheidung nicht ex cathedra, sondern in einer solchen, die Orientierung in theologischer und philosophischer Erkenntnis geben soll. Diese Fragen interessieren uns hier nicht direkt, sondern rückwärts für das Verständnis der antiken Philosophie und vorwärts für die Probleme, die Kant sich in der »Kritik der reinen Vernunft« und Hegel in seiner »Logik« stellen. Die Geschichte des Problems ist sehr verwickelt und bis heute noch nicht durchsichtig.

Zunächst geht das Problem auf die arabische Philosophie zurück, vor allem auf Avicenna und dessen Kommentar zu Aristoteles. Der arabische Aristotelismus aber ist wesentlich beeinflußt durch den Neuplatonismus und durch eine Schrift, die im Mittelalter eine große Rolle spielte, »Liber de causis«, das Buch der Ursachen. Diese Schrift galt lange Zeit als eine Aristotelische, ist es aber nicht. Die Unterscheidung findet sich dann auch bei Plotin, Proklos, Jamblichos und ist von da übergegangen zu Dionysius Pseudoareopagita. Sie alle wurden für die mittelalterliche Philosophie von besonderer Bedeutung.

Das Problem muß in dem philosophischen Zusammenhang der Unterscheidung des Begriffes des unendlich Seienden vom endlichen verstanden werden. Diese Unterscheidung steht bei

Suarez noch in einem weiteren Zusammenhang. Der erste Teil
der »Disputationes metaphysicae«, die 54 Disputationen umfassen, disputatio I–XXVII, handelt vom communis conceptus entis ejusque proprietatibus, vom Sein überhaupt und
seinen Eigenschaften. Der erste Teil der Metaphysik handelt
vom Sein überhaupt, wobei gleichgültig ist, welches Seiende
dabei mitgedacht ist. Der zweite Teil, disp. XXVIII–LIII,
handelt vom Sein des bestimmten Seienden. Innerhalb des Alls
des Seienden fixiert Suarez die Grundunterscheidung zwischen
ens infinitum, deus, und ens finitum, creatura. Die letzte Dis-
putation LIV handelt vom ens rationis, wie man heute gern
sagt: vom idealen Sein. Suarez ist der erste, der, wenn auch
nur schüchtern, versucht, gegenüber der üblichen Meinung der
Scholastik zu zeigen, daß auch das ens rationis Gegenstand der
Metaphysik ist. Wenngleich die Untersuchung des Seins überhaupt eine wesentliche Aufgabe der Metaphysik darstellt, so
ist doch deus als das primum und principuum ens zugleich id,
quod et est totius metaphysicae primarium objectum, et primum significatum et analogatum totius significationis et habi-
tudinis entis (Opera omnia. Paris 1856–61. Bd. 26,disp . XXXI,
prooem.): Gott ist als das erste und vorzüglichste Seiende auch
der erstlinige Gegenstand der ganzen Metaphysik, d. h. der
ganzen Ontologie, und das primum significatum, was am ersten
bedeutet wird, d. h. was die Bedeutung aller Bedeutungen ausmacht; das primum analogatum, d. h. dasjenige, worauf jede
Aussage über Seiendes und jedes Verständnis von Sein zurückgeführt wird. Die alte Überzeugung lautet: Da alles Seiende,
das wirklich ist, von Gott kommt, muß auch das Verständnis des
Seins des Seienden letztlich darauf zurückgeleitet werden. Die
prima divisio entis ist die zwischen ens infinitum und ens finitum. Suarez bespricht in der disputatio XXVIII eine Reihe von
Formulierungen dieses Unterschiedes, die alle schon in der
vorangegangenen Philosophie aufgetaucht und auch terminologisch ausdrücklich fixiert sind. Man kann das Seiende statt in
Unendliches und Endliches auch in ens a se und ens ab alio

teilen: das Seiende, das von sich selbst her ist, und solches, das von einem anderen her ist. Suarez führt diese Unterscheidung auf Augustinus zurück, im Grunde ist sie eine neuplatonische. Man spricht daher auch von der Aseität Gottes. Diesem Unterschied entspricht der weitere: ens necessarium et ens contingens, das notwendig Seiende und das nur bedingterweise Seiende. Wieder eine andere Formulierung des Unterschiedes lautet: ens per essentiam und ens per participationem, Seiendes, das aufgrund seines Wesens existiert, und Seiendes, das nur durch Teilhabe am eigentlich Seienden existiert. Hier zeigt sich ein Widerschein der alten Platonischen μέθεξις. Ein weiterer Unterschied ist der zwischen ens increatum und ens creatum, dem ungeschaffenen Seienden und dem geschaffenen, geschöpflichen. Ein letzter Unterschied lautet: das ens als actus purus und als ens potentiale, das Seiende als reine Wirklichkeit und das Seiende, das mit der Möglichkeit behaftet ist. Denn auch das, was wirklich ist, aber nicht Gott selbst ist, steht jederzeit in der Möglichkeit, nicht zu sein. Es ist auch als Wirkliches noch Mögliches, nämlich in der Möglichkeit, nicht zu sein, bzw. anderes zu sein, als es ist, während Gott seinem Wesen nach nie nicht sein kann. Suarez entscheidet sich für die erste Gliederung des Alls des Seienden in ens infinitum und ens finitum als die fundamentalste, wobei er den übrigen ihr Recht zuspricht. Diese Unterscheidung gebraucht auch Descartes in seinen Meditationen. Wir werden sehen, daß für ein weiterdringendes philosophisches Verständnis dieser Unterscheidung, ganz abgesehen von der theologischen Orientierung, also auch davon, ob Gott wirklich existiert oder nicht, die Scheidung in ens increatum und creatum entscheidend ist.

Wir werden von diesem Unterschied her, der unausgesprochen überall vorliegt, auch da, wo er nicht genannt ist, das scholastische Problem verstehen und zugleich die Schwierigkeiten, aber auch die Unmöglichkeit, auf diesem Weg vorwärts zu kommen. Das ens infinitum ist necessarium, es kann nicht nicht sein, es ist per essentiam, zu seinem Wesen gehört die

Wirklichkeit, es ist actus purus, reine Wirklichkeit ohne jede Möglichkeit. Seine essentia ist seine existentia. In diesem Seienden fallen Existenz und Wesenheit zusammen. Das Wesen Gottes ist seine Existenz. Weil in diesem Seienden essentia und existentia zusammenfallen, kann offenbar hier das Problem des Unterschiedes zwischen beiden nicht auftauchen, während es bezüglich des ens finitum notwendig sich aufdrängen muß. Denn das ens per participationem empfängt erst seine Wirklichkeit. Dem Möglichen, dem, was etwas sein kann, d. h. seinem Was nach ist, dem Wesen, fällt die Wirklichkeit erst zu.

Nachdem Suarez das ens infinitum, seinen Begriff und seine Erkennbarkeit, im zweiten Teil seiner Disputationes besprochen hat, geht er in der disputatio XXXI ff. zur ontologischen Untersuchung des ens finitum über. Die erste Aufgabe ist die Umgrenzung der communis ratio entis finiti seu creati, des allgemeinen Begriffes des endlichen oder geschaffenen Seienden. Das allgemeine Wesen des geschaffenen Seienden erörtert er in der disputatio XXXI. Sie hat den charakteristischen Titel: De essentia entis finiti ut tale est, et de illius esse, eorumque distinctione, »Über das Wesen des endlichen Seienden als solchen und über sein Sein und ihren Unterschied«. Suarez gebraucht esse, ebenso wie Thomas, sehr oft im Sinne von existentia.

b) Vorläufige Umgrenzung von esse (ens), essentia und existentia im Horizont des antiken und scholastischen Verständnisses

Es gilt, die *Begriffe* zu *umgrenzen*, die in der Erörterung der These ständig gebraucht werden: *essentia* und *existentia*, und zwar nur so weit, als das Verständnis der Antike bzw. der Scholastik reicht. Für die Begriffserklärung von essentia und existentia wählen wir nicht den rein historischen Weg, sondern orientieren uns darüber bei *Thomas*, der die Tradition aufnimmt und bestimmend weitergibt. Thomas handelt über die essentia in einer kleinen, aber wichtigen Jugendschrift, die betitelt ist: De ente et essentia, oder auch: De entis quidditate.

Bevor wir den Begriff der essentia erörtern, schicken wir eine kurze Orientierung über die Begriffe esse und ens voraus. Diese bilden die Voraussetzung für die ganze nachkommende Philosophie.

Der Begriff des *ens*, wie die Scholastik sagt, *conceptus entis*, muß in doppelter Weise gefaßt werden, als conceptus formalis entis und als conceptus objectivus entis. Zum *conceptus formalis* ist folgendes zu bemerken. Forma, μορφή, ist dasjenige, was Etwas zu einem Wirklichen macht. Forma, formalis, formale bedeutet nicht formal im Sinne von formalistisch, leer, nicht sachhaltig, sondern conceptus formalis ist der wirkliche Begriff, d. h. das Begreifen im Sinne des actus concipiendi oder conceptio. Wenn Hegel vom Begriff in seiner »Logik« handelt, so versteht er entgegen dem zu seiner Zeit üblichen Sprachgebrauch den Terminus ›Begriff‹ im Sinne der Scholastik als conceptus formalis. Begriff heißt bei Hegel: das Begreifen und das Begriffene in einem, weil für ihn Denken und Sein identisch sind, d. h. zusammengehören. Conceptus formalis entis ist das Begreifen von Seiendem, allgemeiner und vorsichtiger: das Erfassen von Seiendem. Es ist das, was *wir* unter anderem als Seinsverständnis bezeichnen und nun genauer untersuchen werden. Wir sagen Seinsverständnis, weil zu diesem Verstehen von Sein nicht notwendig der explizite Begriff gehört.

Was aber heißt *conceptus objectivus* entis? Vom conceptus formalis entis, dem Seinsverständnis, dem Begreifen von Sein, ist der conceptus objectivus entis zu unterscheiden. Das objectivum ist dasjenige, was im Erfassen und im Greifen als das Greifbare, genauer als das be-griffene objectum, entgegengeworfen ist, entgegenliegt, als das im Begreifen Begriffene als solches, der Begriffsgehalt, oder wie man auch sagt, die Bedeutung. Der Ausdruck conceptus objectivus ist in der Scholastik oft gleichgesetzt dem Terminus ratio, ratio entis, wieder dem Griechischen entsprechend. Conceptus, concipere eignet dem λόγος οὐσίας, dem Begriff des Seins, der ratio oder auch intentio intellecta. Intentio müßte hier genauer gefaßt werden als intentum intellectum, das in der begreifenden Intention Intendierte.

Das Objekt der allgemeinen Ontologie ist nach Suarez im Anschluß an Thomas der conceptus objectivus entis, der objektive Begriff vom Seienden, d. h. das Allgemeine am Seienden als solchem, die Bedeutung von Sein überhaupt hinsichtlich seiner vollständigen Abstraktion, d. h. abgesehen von jeder Bezogenheit auf irgendein bestimmtes Seiendes. Dieser Begriff des Seins ist nach Auffassung der Scholastik und der Philosophie überhaupt die ratio abstractissima et simplicissima, das Leerste und Einfachste, d. h. das Unbestimmteste und das Einfache, das Unmittelbare. Hegel definiert das Sein: Sein ist das unbestimmte Unmittelbare. Dem entspricht die ratio entis als abstractissima et simplicissima. Von diesem Allgemeinsten und Leersten ist keine Definition möglich, definiri non potest. Denn jede Definition muß das zu Definierende in eine höhere Bestimmung einordnen. Tisch ist ein Gebrauchsgegenstand, Gebrauchsgegenstand ist ein Vorhandenes, Vorhandenes ist ein Seiendes, zu Seiendem gehört Sein. Über das Sein hinaus komme ich nicht, ich setze es bei jeder Bestimmung von Seiendem schon voraus, es ist keine Gattung, es kann nicht definiert werden. Suarez sagt aber, es ist nur möglich declarare per descriptionem aliquam,[1] das Sein aufzuklären durch eine gewisse Beschreibung.

Wenn man vom Sprachgebrauch ausgeht: ens bedeutet Seiendes. Es ist der sprachlichen Form nach das Partizipium von sum, existo, ich bin. Es bedeutet demnach ens quod sit aliquid actu existens[1a]: *daß einem Etwas Vorhandenheit, Wirk-*

---

[1] Suarez, Disputationes metaphysicae. Opera omnia, Bd. 25, disp. II, sect. IV, 1.
[1a] disp. II, sect. IV, 4.

lichkeit zukommt. In dieser Bedeutung ist der Ausdruck sumptum participaliter, im Sinne des *Partizipiums* genommen. Ens, Seiendes, kann auch *nominaliter* verstanden werden, vi nominis, als nomen. Ens besagt dann nicht so sehr, daß etwas existiert, es ist damit nicht etwas gemeint, was Existenz hat, sondern id, quod sit habens essentiam realem est[1b], das, was eine bestimmte Realität habend existiert, das Existierende selbst, das Seiende, die *res*. Zu jedem ens gehört, daß es res ist. Kant sagt Realität, Sachheit. Wir fassen die doppelte Bedeutung des Ausdrucks ens, Seiend, zusammen. Als *Partizip* sagt er aus, daß das Seiende durch eine *Weise des Seins* bestimmt ist. Die partizipiale Bedeutung urgiert das Moment der *existentia*. Dagegen betont die *nominale Bedeutung* das Moment der res bzw. der *essentia*.

Ens und res, Seiendes und Sache, bedeuten Verschiedenes und sind doch konvertibel. Jedes Seiende ist ens und res, d. h. es hat Sein, und es hat Sein als das und das. Die res wird genauer gefaßt als essentia realis oder kurz essentia: das sachhaltige Wesen, Washeit, Sachheit (realitas).

Wie charakterisiert Thomas die zu jedem Seienden gehörige Sachheit (realitas)? Das wird aus den verschiedenen Bezeichnungen deutlich, die er für die Sachheit zusammenstellt und die alle auf entsprechende griechische ontologische Grundbegriffe zurückgehen.

Wir müssen den Begriff der *Realität* oder, wie die Scholastik meist sagt, der *essentia* genauer fassen. Die Sachheit wird in der Scholastik einmal als *quidditas* bezeichnet, eine Bildung von quid: quia est id, per quod respondemus ad quaestionem, *quid* sit res.[2] Die quidditas ist dasjenige, worauf wir bei einem Seienden zurückgehen, wenn wir die bezüglich seiner gestellte Frage beantworten: *was* ist es?, τί ἐστιν. Dieses Was, das das τί ἐστιν bestimmt, faßt Aristoteles genauer als das τὸ τί ἦν εἶναι.

[1b] Ebd.
[2] disp. II, sect. IV, 6.

Die Scholastik übersetzt: quod quid erat esse, das, was jegliches Ding seiner Sachheit nach schon war, bevor es sich verwirklichte. Irgendein Ding, Fenster, Tisch *war* schon das, was es ist, bevor es wirklich ist, und es *muß schon gewesen sein*, um sich zu verwirklichen. Es mußte *gewesen sein* hinsichtlich seiner Sachheit, denn nur sofern es denkbar ist als mögliches zu Verwirklichendes, konnte es verwirklicht werden. Das, was jegliches Seiende, jegliches Wirkliche schon gewesen ist, wird im Deutschen als das *Wesen* bezeichnet. Es liegt in diesem Wesen, τὸ τί ἦν, in dem *war*, das Moment der Vergangenheit, des Früher. Auf die quidditas greifen wir zurück, wenn wir umgrenzen wollen, was ein Seiendes primo, in erster Linie ist, oder wenn wir ausmachen, was das Seiende eigentlich ist, illud quod primo concipitur de re.[3] Dieses Zuerst darf nicht genommen werden in ordine originis, in der Ordnung des Entstehens unserer Erkenntnis, unserer Kenntnisnahme. (sic enim potius solemus conceptionem rei inchoare ab his quae sunt extra essentiam rei), sed ordine nobilitatis potius et primitatis objecti,[4] in der Ordnung des Kennenlernens einer Sache pflegen wir vielmehr mit solchen Bestimmungen des Dinges zu beginnen, die außerhalb seiner Wesenheit liegen, zufälligen Eigenschaften, die uns zunächst in die Augen fallen. Dieses Zuerst ist mit dem primo nicht gemeint, sondern es ist das primo in ratione nobilitatis, das Erstlinige an der res, das, was das Ding seiner Sachheit nach ist, als was wir es in seiner Sachheit umgrenzen, und dieses Umgrenzende ist der ὁρισμός, lateinisch definitio. Deshalb wird die Realität nicht nur als quidditas, sondern auch als *definitio* verstanden. Diese Washeit, die in der Definition umgrenzbar wird, ist dasjenige, was jeglichem Ding seine Bestimmtheit und sichere Unterscheidbarkeit gegen anderes verleiht, was seine Abgrenzbarkeit, seine Gestalt ausmacht. Die bestimmte Umgrenzung, die certitudo (per-

[3] Ebd.
[4] Ebd.

fectio), wird als *forma*, μορφή, genauer bestimmt. Forma ist
in dieser Bedeutung dasjenige, was die Gestalt eines Seienden
ausmacht. Es entspricht dem, wie das Ding aussieht, griechisch
εἶδος, das, als was es gesichtet wird. Die dritte Bedeutung
von Sachheit, forma, griechisch μορφή, geht zurück auf
εἶδος. Das, was die eigentliche Bestimmtheit des Seienden
ausmacht, ist zugleich das Wurzelhafte an ihm, das Radikale,
von dem alle Eigenschaften und Tätigkeiten des Dinges bestimmt und vorgezeichnet sind. Daher bezeichnet man dieses
Wurzelhafte am Seienden, sein Wesen, auch als *natura*, der
Aristotelische Gebrauch von φύσις. Auch heute sprechen wir
noch von der ›Natur der Sache‹.

So ist schließlich auch der weitere Titel für die Sachheit zu
verstehen, den man meist gebraucht: essentia. Es ist dasjenige
am esse, am Sein eines ens, eines Seienden, was, wenn es in
seiner Wirklichkeit erfaßt ist, eigentlich mit ihm gedacht wird,
griechisch οὐσία in der einen Bedeutung.

Wir werden sehen, daß diese verschiedenen Namen für die
Sachheit: quidditas (Washeit), quod quid erat esse (Wesen), definitio (Umgrenzung), forma (Gestalt, Aussehen), natura (Ursprung), für das, was Kant Realität nennt, was auch die Scholastik meist als essentia realis bezeichnet, nicht zufällig und
darin begründet sind, nur andere Namen für dieselbe Sache
einzuführen, sondern daß ihnen allen verschiedene Hinblicke,
unter die die Sachheit gestellt werden kann, bestimmte Grund-
auffassungen der Interpretation des Wesens, der Sachheit und
damit des Seins eines Seienden überhaupt entsprechen. Zugleich
wird an den entsprechenden griechischen Termini sichtbar, daß
diese Interpretation der Sachheit auf die Fragestellung der
griechischen Ontologie zurückgeht. Diese wird gerade von hier
aus in ihrer grundsätzlichen Orientierung faßbar.

Zunächst galt es nur, mit Hilfe dieser Bezeichnungen deutlicher zu sehen, was *das eine Glied* des in der These verhan-
delten Unterschieds zwischen essentia und existentia besagt.

Jetzt müssen wir *das andere Glied der Unterscheidung*, die existentia, vorläufig umgrenzen. Es ist auffallend, daß der Begriff *existentia* längst nicht so eindeutig gefaßt und terminologisch umgrenzt wird wie der von essentia, obzwar gerade von esse aus essentia und quidditas verständlich werden. Das esse, existere, ist im Grunde das Ursprünglichere. Die Undurchsichtigkeit des Existenz- und Seinsbegriffes ist kein Zufall, weil dieser Begriff zum Teil für selbstverständlich gehalten wird. Bei aller Unvollkommenheit der Interpretation desselben in der Antike und Scholastik, weiterhin in der Neuzeit bis zu Kant, müssen wir gerade bei der phänomenologischen Interpretation der zweiten These versuchen herauszustellen, in welcher Richtung die vorkantische Interpretation des Sinnes von Sein sich bewegt. Aber die Schwierigkeit, den fraglichen Begriff eindeutig zu fassen, ist eine viel größere als bei dem Begriff der essentia. In keinem Falle dürfen wir jetzt den Kantischen Begriff von Existenz gleich absoluter Position einfach in die Erörterung einsetzen. Wir müssen bei unserer Charakteristik des Begriffes existentia in der Scholastik bzw. der Antike die Kantische Interpretation ganz beiseite lassen. Es wird sich später zeigen, daß die Kantische Interpretation nicht so weit von der Antike entfernt ist, wie es auf den ersten Blick scheinen möchte.

Zunächst geben wir nur allgemein und vorläufig die communis opinio der Scholastik über den Begriff der Existenz. Die antike Philosophie hat im Grunde darüber nichts ausgemacht. Meist wird für existentia, existere, überhaupt der Terminus esse gebraucht. So sagt vor allem Thomas: esse [d. h. existere] est actualitas omnis formae, vel naturae[5], Sein ist actualitas, wörtlich übersetzt ›Wirklichkeit‹ jedes Wesens und jeder Natur, jeder Form und jeder Natur. Was das genauer heißt, braucht uns vorerst nicht zu interessieren. Sein ist actualitas. Etwas existiert, wenn es ist actu, ἔργῳ, aufgrund eines agere,

---

[5] Thomas v. A., Su. theol. I, qu. III, art. IV.

eines Wirkens (ἐνεργεῖν). Existenz (existere) in diesem weitesten Sinne, nicht in dem Gebrauch, wie *wir* es fassen als die
Seinsart des Daseins, sondern im Sinne von Vorhandensein,
Kantisch Dasein, Wirklichkeit, besagt *Gewirktheit* bzw. die in
der Gewirktheit liegende *Wirklichkeit* (actualitas, ἐνέργεια,
ἐντελέχεια). Diesen Ausdruck gebraucht auch Kant für Existenz. Unser deutscher Ausdruck Wirklichkeit ist die Übersetzung von actualitas. Das Phänomen der actualitas, unter
dem wir uns zunächst wenig denken können, ist die griechische ἐνέργεια. Durch die actualitas, sagt die Scholastik, res
extra causas constituitur, durch die Wirklichkeit wird eine
Sache, d. h. ein bloß Mögliches, ein bestimmtes Was, außerhalb der Ursachen gesetzt und gestellt. Das will besagen: Durch
die Aktualität wird das Gewirkte eigenständig, es steht für
sich, abgelöst von der Verursachung und den Ursachen. So ist
das Seiende als das Wirkliche das für sich bestehende, abge-
löste Resultat, das ἔργον, das Gewirkte. Sofern durch diese
Verwirklichung etwas außerhalb seiner Ursachen eigenständig
gestellt und als dieses *wirklich* ist, steht es aber auch zugleich
als dieses Wirkliche außerhalb des Nichts. Der Ausdruck Existenz als existentia wird von der Scholastik als rei extra causas
et nihilum sistentia interpretiert, als die Gestelltheit der Sache
außerhalb der sie verwirklichenden Ur-Sachen und des Nichts.
Wir werden später sehen, wie diese Gestelltheit im Sinne der
actualitas mit der Gesetztheit im Sinne der absoluten Position
Kants zusammengeht.

Während die essentia oder die quidditas, die Washeit, Antwort gibt auf die Frage *quid* sit res, ita actualitas respondit
quaestioni *an* sit, so antwortet die Existenz auf die Frage, ob
etwas sei. Wir können die These auch so formulieren: Jedes
Seiende ist als Seiendes befragbar in der Doppelfrage: *was es
sei* und *ob es sei*. Jedes Seiende ist von der Was- und von der
Ob-Frage betreffbar. Warum das so ist, wissen wir zunächst
nicht. In der philosophischen Tradition nimmt man es als

selbstverständlich. Das sieht jeder ein. Aufgrund der actualitas, Existenz, ist die res wirklich. Rückläufig gesehen, d. h. von der Wirklichkeit aus ist sie das für eine Verwirklichung Zugängliche, das Mögliche. Erst rückläufig entspringt von der Idee der Wirklichkeit aus die Charakteristik der Washeit, der realitas, die bei Leibniz eine große Rolle spielt: die Bestimmung der essentia als des possibile. Bei Leibniz wird das, was Kant als realitas bezeichnet, vorwiegend als possibilitas, griechisch δυνάμει ὄν, begriffen. Diese Bezeichnung ist bei ihm offensichtlich durch einen direkten Rückgang auf Aristoteles nahegelegt.

Damit haben wir die Bestandstücke der zweiten These, essentia und existentia, im rohen verdeutlicht. Zu einem Seienden gehört ein Was (essentia) und ein mögliches Wie (existentia, Vorhandensein). Wir sagen: ein mögliches, weil es nicht im Was eines jeglichen Seienden liegt, daß es existiert.

c) Der Unterschied von essentia und existentia in der Scholastik (Thomas von Aquino, Duns Scotus, Suarez)

Die Scholastik fixiert bezüglich des *Verhältnisses von essentia* und *existentia* zwei Thesen, die die These, welche wir zum Thema haben, genauer erläutern. Die erste These lautet: In ente a se essentia et existentia sunt metaphysicae unum idemque sive esse actu est de essentia entis a se. In dem aus sich selbst Seienden sind Wesenheit und Dasein [Kantisch gesprochen] metaphysisch [d. h. ontologisch] ein und dasselbe, oder Wirklichsein gehört zum Wesen, stammt aus dem Wesen eines an sich und aus sich selbst Seienden her. Daher wird, wie früher betont, das ens a se direkt actus purus, reine Wirklichkeit genannt, d. h. mit Ausschluß jeder Möglichkeit. Gott hat keine Möglichkeiten in dem Sinne, als wäre er etwas Bestimmtes noch nicht, was er erst werden könnte.

Die zweite These lautet: In omni ente ab alio inter essentiam et existentiam est distinctio et compositio metaphysica seu esse actu non est de essentia entis ab alio, in jedem Seienden, das ist von einem anderen, d. h. in jedem geschaffenen Seienden, besteht eine ontologische Unterscheidung und Zusammensetzung zwischen Washeit und Weise-zu-sein, oder Wirklichsein gehört nicht zum Wesen des geschaffenen Seienden.

Wir müssen nun diese *distinctio* bzw. diese *compositio*, die zwischen *essentia* und *existentia* beim *ens finitum* besteht, genauer bestimmen und sehen, wie die distinctio gefaßt wird, um von hier aus den Sinn von Wesenheit und Dasein deutlicher in den Blick zu bekommen und die Probleme zu sehen, die sich hier aufdrängen. Man muß beachten – was wir bei der Darstellung Kants schon streiften –, daß auch das Mögliche, die res, die quidditas, ein gewisses Sein hat: das Möglichsein wird von Wirklichsein unterschieden. Wenn Realität und possibile zusammenfallen, ist es merkwürdig, daß bei Kant Realität und Möglichkeit zu verschiedenen Klassen der Kategorien gehören, zur Qualität und zur Modalität. Auch realitas ist eine bestimmte Seinsart des Realen, so wie Wirklichkeit die des Wirklichen ist.

Wie ist die Seinsart, wie die Scholastik sagt, die entitas der res, die Realität zu verstehen? In welcher Weise modifiziert sich die Realität, das Möglichsein, bei der Verwirklichung zur Wirklichkeit, d. h. wenn die Wirklichkeit hinzukommt? Was ist diese hinzukommende Wirklichkeit, aufgrund deren das Mögliche wirklich wird? Ist sie selbst eine res, so daß im wirklichen Seienden zwischen essentia und existentia ein realer Unterschied, eine distinctio realis, besteht? Oder ist dieser Unterschied anders zu fassen? Wie aber ist er zu fassen? Daß zwischen Möglichsein und Wirklichsein ein Unterschied besteht, wird nicht bestritten; dieses ist etwas anderes als jenes. Die Frage konzentriert sich darauf, ob im verwirklichten Möglichen, in der essentia actu existens, ein Unterschied besteht und welcher. Es handelt sich jetzt um den Unterschied von essentia und existentia beim ens finitum, beim ens creatum.

Beim ens increatum gibt es wesenhaft keinen Unterschied; dort sind sie unum idemque.

Wir unterscheiden bezüglich des Problems des Unterschieds zwischen Wesenheit und Dasein bzw. Wirklichkeit *drei verschiedene Auffassungen* innerhalb der Scholastik, erstens die *Thomistische*, zweitens die *Scotistische*, drittens die des *Suarez*. Wir sagen absichtlich: die Thomistische. Wir meinen damit zugleich die von der alten Schule des Thomas von Aquino, aber auch heute noch zum Teil vertretene Auffassung der distinctio zwischen essentia und existentia als einer distinctio realis. Wie Thomas selbst in dieser Frage dachte, ist bis heute nicht eindeutig und übereinstimmend festgelegt. Alles spricht jedoch dafür, daß er dazu neigt, den Unterschied als einen realen zu fassen.

Wir können diese drei Auffassungen kurz charakterisieren. Thomas und seine Schule fassen den Unterschied zwischen essentia und existentia, diese distinctio, als eine distinctio *realis*. Nach Scotus ist die distinctio eine solche der Modalität, distinctio *modalis* ex natura rei, oder wie die Scotisten auch sagen, distinctio *formalis*. Unter diesem Titel ist die Scotistische distinctio berühmt geworden. Suarez und seine Vorgänger fassen den Unterschied zwischen Wesenheit und Dasein als distinctio *rationis*.

Wenn man diese scholastischen Auffassungen nur oberflächlich nimmt und scholastisch im üblichen Sinne, d. h. als spitzfindige Kontroversen ausgibt, dann muß man auf das Verständnis von zentralen Problemen der Philosophie überhaupt, die ihnen zugrundeliegen, verzichten. Daß die Scholastik diese Fragen nur unvollkommen ansetzte und diskutierte, ist kein Grund, sich von dem Problem selbst zu dispensieren. Ihre Fragestellung ist immer noch höher einzuschätzen als die unüberbietbare Unkenntnis dieser Probleme in der heutigen Philosophie, die sich nicht metaphysisch genug gebärden kann. Wir müssen versuchen, zum zentralen Sachgehalt des scholastischen Problems vorzudringen, und uns nicht stören lassen durch die in der Tat oft umständlichen und mühseligen Kontroversen der einzelnen Schulrichtungen. Wir beschränken uns in der Darstellung dieser Lehrmeinungen und Kontroversen auf das Wesentliche. Es wird dann deutlich, wie wenig die Probleme der antiken Ontologie selbst geklärt sind, auf deren Ansatz die scholastische Diskussion letztlich zurückgeht und mit dem auch die neuzeitliche Philosophie als Selbstverständlichkeit arbeitet. Wir verzichten darauf, die einzelnen Argumentationen darzustellen und zu besprechen. Die eindringliche Kenntnis dieses Problems und seiner Verwurzelung in der Scholastik ist Voraussetzung für das Verständnis der mittelalterlichen und protestantischen Theologie. Die mystische Theologie des Mittelalters, z. B. die des Meister Eckhart, ist auch nicht im rohen zugänglich, wenn man nicht die Lehre von der essentia und existentia begriffen hat.

Es ist das Charakteristische der *mittelalterlichen Mystik*, daß sie versucht, das ontologisch als das eigentliche Wesen angesetzte Seiende, Gott, in seiner Wesenheit selbst zu fassen. Dabei kommt die Mystik zu einer eigentümlichen Spekulation, eigentümlich deshalb, weil sie die Idee des Wesens überhaupt, d. h. eine ontologische Bestimmung des Seienden, die essentia entis, zu einem Seienden umbildet und den ontologischen Grund eines Seienden, seine Möglichkeit, sein Wesen, zum eigentlich Wirklichen macht. Dieser merkwürdige Umschlag der Wesenheit zu einem Seienden selbst ist die Voraussetzung für die Möglichkeit dessen, was man mystische Spekulation nennt. Daher spricht Meister Eckhart meist von dem ›überwesentlichen Wesen‹, d. h. ihn interessiert nicht eigentlich Gott — Gott ist für ihn noch ein vorläufiger Gegenstand —, sondern die Gottheit. Wenn Meister Eckhart ›Gott‹ sagt, meint er Gottheit, nicht deus, sondern die deitas, nicht das ens, sondern die essentia, nicht die Natur, sondern was über die Natur, d. h. das Wesen ist, das Wesen, dem man noch gleichsam jede Existenzbestimmung absprechen, jede additio existentiae fernhalten muß. Daher sagt er auch: »Spräche man von Gott er ist, das wäre hinzugelegt.«[6] Das ist die deutsche Übersetzung von: es wäre eine additio entis, wie Thomas sagt. »So ist Gott im selben Sinne nicht und ist nicht dem Begriffe aller Kreaturen.«[7] So ist Gott für sich selbst sein Nicht, d. h. er ist als das allgemeinste Wesen, als die reinste noch unbestimmte Möglichkeit alles Möglichen, das reine Nichts. Er ist das Nichts gegenüber dem Begriffe aller Kreatur, gegenüber allem bestimmten Möglichen und Verwirklichten. Auch hier finden wir wieder eine merkwürdige Parallele zu der Hegelschen Bestimmung des Seins und der Identifizierung mit dem Nichts. Die Mystik des Mittelalters, genauer gesprochen die mystische Theologie ist nicht mystisch in unserem Sinne und im schlechten Sinne, sondern in einem ganz eminenten Sinne begrifflich.

α) Die Thomistische Lehre von der distinctio realis
      zwischen essentia und existentia in ente creato

Das Problem des Verhältnisses von Wesenheit und Dasein wird von der Thomistischen Schule so entschieden, daß gesagt wird: In einem wirklichen Seienden ist das Was dieses Seienden eine andere res, etwas anderes für sich gegenüber der Wirklichkeit, d. h. wir haben in einem wirklichen Seienden die Zusammensetzung, compositio, *zweier Realitäten*, der essentia und der existentia. Daher ist der Unterschied zwischen Wesenheit und Dasein eine distinctio *realis*. cum omne quod est praeter essentiam rei, dicatur accidens; esse quod pertinet ad quaestionem *an est*, est accidens;[8] da alles an einem Seienden, was [im Kantischen Sinne gesprochen] kein reales Prädikat ist, etwas genannt wird, was dem Seienden, dem Was, zufällt, hinzukommt, so ist die Wirklichkeit oder die Existenz, die

---

[6] Meister Eckhart, Predigten, Traktate. Hg. Fr. Pfeiffer. Leipzig 1857, p. 659. Z. 17/18.
[7] a.a.O., p. 506, Z. 30/31.
[8] Thomas v. A., Quaest. Quodlib. II, quaest. II, art. III.

sich auf die Frage bezieht, *ob* eine res mit der Gesamtheit ihrer Realitäten existiert, ein accidens. Die Wirklichkeit ist etwas, was zum Was eines Seienden hinzukommt. Accidens dicitur large omne quod non est pars essentiae; et sic est esse [d. h. existere] in rebus creatis[9], die Existenz ist kein Teil der Realität, sondern kommt hinzu. Quidquid est in aliquo, quod est praeter essentiam ejus, oportet esse causatum, alles, was außerhalb des Sachgehaltes einer Sache ist, alles, was nicht reales Prädikat einer res ist, muß verursacht sein, und zwar: vel a principiis essentiae ... vel ab aliquo exteriori,[10] entweder aus den Gründen des Wesens selbst oder von einem anderen. Aus Wesensgründen gehört die Existenz zur res bei Gott. Sein Wesen ist seine Existenz. Beim Geschaffenen aber liegt die Verursachung seiner Wirklichkeit nicht in ihm selbst. Si igitur ipsum esse [existere] rei sit aliud ab ejus essentia, necesse est quod esse illius rei vel sit causatum ab aliquo exteriori, vel a principiis essentialibus ejusdem rei, wenn also das Seiende, das Existierende, etwas anderes ist gegenüber der Washeit, muß es notwendig verursacht sein. Impossibile est autem, quod esse sit causatum tantum ex principiis essentialibus rei; quia nulla res sufficit, quod sit sibi causa essendi, si habeat esse causatum. Oportet ergo quod illud cujus esse est aliud ab essentia sua, habeat esse causatum ab alio[11], es ist aber unmöglich, daß das Existieren verursacht wäre lediglich aus den Wesensgründen einer Sache [Thomas spricht hier nur von den geschaffenen Wesenheiten], da keine Sache ihrem Sachgehalt nach zureicht zu dem, daß sie die Ursache ihrer Existenz ist. Hier findet sich ein Anklang an ein Prinzip, das Leibniz als den Satz vom zureichenden Grunde formulierte, causa sufficiens entis, ein Satz, der seiner traditionellen Fundierung gemäß auf dieses Problem des Verhältnisses von essentia und existentia zurückgeht.

---

[9] Quaest. Quodlib. XII, quaest. V, art. V.
[10] Su. theol. I, quaest. III, art. IV.
[11] Ebd.

Das existere ist ein anderes als die Wesenheit, es hat sein Sein aufgrund des Verursachtseins durch ein anderes. Omne quod est directe in praedicamento substantiae, compositum est saltem ex esse et quod est[12], jedes ens ist daher als ens creatum ein compositum ex esse et quod est, aus dem Existieren und aus dem Wassein. Dieses compositum ist, was es ist, compositio realis, d. h. entsprechend: die distinctio zwischen essentia und existentia ist eine distinctio realis. Das esse oder existere wird auch im Unterschied von dem quod est oder esse quod als esse quo oder ens quo gefaßt. Die Wirklichkeit eines Wirklichen ist etwas anderes derart, daß sie selbst eine *eigene res* ausmacht.

Die Thomistische These sagt, wenn wir sie mit der Kantischen vergleichen, zwar einstimmig mit Kant, Existenz, Dasein, Wirklichkeit ist kein reales Prädikat, sie gehört nicht zur res einer Sache, ist aber gleichwohl eine res, die zu der essentia hinzukommt, während Kant durch seine Interpretation vermeiden will, die Wirklichkeit, die Existenz selbst, als eine res zu fassen, indem er sie als die *Beziehung* zur Erkenntniskraft, also Wahrnehmung als Position, interpretiert.

Die bedeutendsten Schüler von Thomas, die den Unterschied von essentia und existentia als distinctio realis zur Zeit der Spätscholastik lehrten, sind erstens Aegidius Romanus, gestorben 1316. Er ist aufgrund eines Kommentars zu den Sentenzen des Petrus Lombardus bekannt und zu schätzen. Er gehört dem Orden der Augustiner an, aus dem später Luther hervorgegangen ist. Sodann Johannes Capreolus, gestorben 1444. Man nennt ihn meist den princeps Thomistarum, den Fürsten der Thomisten. Bei Aegidius Romanus kommt schon deutlich das Motiv zum Ausdruck, weshalb die Thomisten so hartnäckig den realen Unterschied zwischen Wesenheit und Dasein verteidigen. Es ist nichts anderes als die Auffassung, daß ohne Festhaltung des Unterschiedes als eines realen es unmöglich sei,

---

[12] Thomas v. A., De veritate, quaest. XXVII, art. I.

überhaupt von einem Geschaffensein der Dinge zu sprechen. Dieser Unterschied ist die Bedingung der Möglichkeit dafür, daß etwas geschaffen werden kann, d. h. daß etwas als Mögliches in die Wirklichkeit übergeführt werden kann bzw. umgekehrt als solches Endliches auch wieder aufhören kann zu sein. Die Thomistischen Vertreter dieser Lehrmeinung vermuten in den entgegengesetzten Auffassungen eine These, die, weil sie leugnet, daß der Unterschied ein realer sei, zugleich die Möglichkeit der Schöpfung leugnen muß und damit eigentlich das Grundprinzip dieser ganzen Metaphysik.

β) Die Scotistische Lehre von der distinctio modalis (formalis)
zwischen essentia und existentia in ente creato

Die zweite Lehrmeinung, die des Duns Scotus, hat eine distinctio modalis bzw. formalis zum Inhalt. esse creatum distinguitur ex natura rei ab essentia cujus est esse, die Wirklichkeit eines Geschaffenen wird ex natura rei, aus dem Wesen der Sache selbst, nämlich als einer geschaffenen, von deren Wesenheit unterschieden. non est autem propria entitas, nicht aber ist die so unterschiedene Existenz ein eigenes Seiendes, omnino realiter distincta ab entitate essentiae, nicht ein eigenes Seiendes, das schlechthin realiter unterschieden wäre von der Wesenheit. Das esse creatum, das existere, ist vielmehr modus ejus, ihr *Modus*. Diese Scotistische distinctio formalis ist in der Tat etwas spitzfindig. Duns Scotus charakterisiert sie mehrfach. Dico autem aliquid esse in alio ex natura rei, quod non est in eo per actum intellectus negiciantis, nec per actum voluntatis comparantis, et universaliter, quod est in alio non per actum alicujus potentiae comparantis[13], ich sage, etwas ist in einem anderen ex natura rei, aus der Natur der Sache, quod non est in eo, was in ihm nicht ist aufgrund eines actus intellectus percipientis, einer erfassenden Tätigkeit des Verstandes, auch nicht aufgrund eines vergleichenden Verhaltens. Etwas

---

[13] Duns Scotus, Reportata Parisiensia I, dist. XLV, quaest. II, schol. I.

ist in einem anderen ex natura rei, was überhaupt nicht zurückgeht auf irgendein vergleichendes und bestimmendes, erfassendes Verhalten, sondern es liegt in der Sache selbst. Dico esse
formaliter in aliquo, in quo manet secundum suam rationem
formalem, et quiditativam, ich sage, es ist in einem anderen
formaliter, seiner Form nach, worin es aufgrund seiner quidditas bleibt.[14] Mit Rücksicht auf unser Beispiel besagt das: Existenz, Wirklichkeit, gehört wirklich zum geschaffenen Wirklichen, also Kantisch gesprochen, die Existenz ist nicht etwas
aufgrund einer Beziehung der res zum Begriff, zum auffassen-
den Verstand, sondern nach Scotus gehört die Existenz wirklich zum Wirklichen, gleichwohl aber ist sie keine res. Wo
etwas Vorhandenes ist, da ist Vorhandenheit; sie liegt in demselben und kann von ihm als ihm zugehörig unterschieden
werden, jedoch so, daß dieser Unterschied und dieses Unterscheiden nicht imstande ist, dabei einen eigenen, etwa für sich
seienden Sachgehalt, eine eigene res mit eigener Realität abzu-
geben.

γ) Die Lehre des Suarez von der distinctio sola rationis
     zwischen essentia und existentia in ente creato

Die dritte Auffassung ist die des Suarez von der distinctio
rationis. Der Unterschied zwischen Wesenheit und Dasein im
geschaffenen Seienden ist lediglich ein *begrifflicher*. Die Erörterungen des Suarez gehen zunächst darauf zu zeigen, daß
seine eigene Auffassung sachlich mit der des Scotus überein-
komme, genauer, daß es gar nicht notwendig sei, diesen Unterschied einer distinctio modalis, wie Scotus es tut, einzuführen,
sondern daß diese nichts anderes sei als das, was er als distinctio rationis bezeichne.

Suarez sagt: Tertia opinio affirmat essentiam et existentiam
creaturae . . . non distingui realiter, aut ex natura rei tanquam
duo extrema realia, sed distingui tantum ratione.[15] Er grenzt

[14] Ebd.
[15] Suarez, Disputationes metaphysicae, disp. XXXI, sect. I, 12.

damit seine Auffassung von den beiden genannten Lehrmeinungen ab. Seine Auffassung fixiert die Vergleichspunkte des
fraglichen Unterschiedes deutlicher: comparatio fiat inter actualem existentiam, quam vocant esse in actu exercito, et actualem
essentiam existentem.[16] Er betont, daß das Problem bezüglich
des Unterschieds zwischen Wesenheit und Dasein in der Frage
besteht, ob sich das verwirklichte Was, d. h. das Was eines
Wirklichen, und wie es sich von seiner Wirklichkeit unterscheide. Es handelt sich nicht um das Problem, wie sich die
reine Möglichkeit, die essentia als reines Mögliches und dann
Verwirklichtes von der Wirklichkeit unterscheidet, sondern die
Frage ist: Läßt sich am Wirklichen selbst noch Wirklichkeit
und Sachgehalt des Wirklichen real unterscheiden? Suarez
sagt: essentia et existentia non distinguuunter *in re* ipsa, licet
essentia, abstracte et praecise concepta, ut est in potentia
[possibile], distinguatur ab existentia actuali, tanquam non
ens ab ente,[17] am Wirklichen selbst kann ich realiter Wesenheit
und Wirklichkeit nicht unterscheiden, wenngleich ich abstrak-
terweise die Wesenheit als reine Möglichkeit denken und
dann den Unterschied zwischen einem Nichtseienden, Nicht-
existierenden, und einem Existierenden fixieren kann. Er sagt
weiter: Et hanc sententiam sic explicatam existimo esse omnino veram,[18] ich bin der Meinung, daß diese Auffassung
schlechthin die wahre ist. Ejusque fundamentum breviter est,
quia non potest res aliqua intrinsece ac formaliter constitui in
ratione entis realis et actualis, per aliud distinctum ab ipsa,
quia, hoc ipso quod distinguitur unum ab alio, tanquam ens ab
ente, utrumque habet quod sit ens, ut condistinctum ab alio,
et consequenter non per illud formaliter et intrinsece[19]: Das
Fundament dieser dritten Auffassung ist einzig das: es kann
etwas wie Existenz, Wirklichkeit, was intrinsece et formaliter,

---

[16] disp. XXXI, sect. I, 13.
[17] Ebd.
[18] Ebd.
[19] Ebd.

was innerlichst und dem Wesen nach etwas konstituiert wie das Wirkliche, von diesem so Konstituierten nicht unterschieden sein als ein eigenes Seiendes. Denn wäre die Existenz, Wirklichkeit, selbst eine res, Kantisch gesprochen ein reales Prädikat, dann hätten beide res, beide Sachen, die Wesenheit und die Existenz, ein Sein. Es entstünde die Frage, wie beide in einer *seienden Einheit* zusammengenommen werden können. Es ist unmöglich, Existenz als etwas Existierendes zu fassen.

Um dieses Problem, das in den drei Lehrmeinungen nach verschiedenen Richtungen diskutiert wird, zugänglich zu machen, erwähnen wir kurz die Auffassung der Scholastik von der distinctio überhaupt. Die Scholastik unterscheidet, wenn wir von der Scotistischen Meinung absehen, eine distinctio realis und eine distinctio rationis. Distinctio realis habetur inter partes alicujus actu (indivisi) entis quarum entitas in se seu independenter a mentis abstractione, una non est altera, eine *reale Unterscheidung* liegt dann vor, wenn von den Unterschiedenen, ihrem Wasgehalt nach, das eine nicht das andere ist, und zwar an sich, abgesehen von jeglicher Auffassung durch das Denken.

Die *distinctio rationis* ist jene qua mens unam eandemque entitatem diversis conceptibus repraesentat, diejenige Unterscheidung, wodurch der Verstand nicht zwei verschiedene res, sondern ein und dieselbe Sache durch verschiedene Begriffe sich vorstellig macht. Die distinctio rationis unterscheidet die Scholastik wiederum a) in eine *distinctio rationis pura* oder auch *ratiocinantis* und b) in eine *distinctio rationis ratiocinata*. Erstere ist diejenige Unterscheidung, die man am Unterschied von homo und animal rationale, Mensch und vernünftiges Lebewesen, exemplifizieren kann. Damit unterscheide ich zwar etwas, aber was ich unterscheide, ist ein und dieselbe res. Nur in der Weise des Auffassens besteht ein Unterschied; einmal ist das Gemeinte, homo, unausdrücklich gedacht, implicite, im anderen Falle explicite, die Wesensmomente herausgehoben. In beiden Fällen dieser distinctio rationis pura ist die res realiter ein und dieselbe. Diese distinctio hat ihren Ursprung und ihre Motive lediglich im ratiocinari selbst, d. h. im begrifflichen Unterscheiden. Es ist eine Unterscheidung, die nur von mir aus vollzogen wird. – Von dieser distinctio rationis ist die distinctio rationis ratiocinata oder distinctio rationis cum fundamento in re zu unterscheiden. Dies ist der geläufige Ausdruck. Sie betrifft nicht einfach den Modus des Auffassens und den Grad seiner Deutlichkeit, sondern liegt dann vor, quandocumque et quocumque modo ratio diversae considerationis ad rem relatam oritur, wenn die Unterscheidung entspringt als nicht gewissermaßen vom aktiven handelnden Erfassen motiviert, sondern ratiocinata, von dem, was im ratiocinari selbst objicitur, entgegengeworfen wird, also ratiocinata. Das Wesentliche ist: Es liegt für die zweite distinctio rationis ein sachhaltiges Motiv in der unterschiedenen Sache selbst. Dadurch bekommt die zweite distinctio rationis, die nicht nur vom erfassenden Intellekt, sondern von der erfaßten Sache selbst motiviert ist, eine Zwischenstellung zwischen der rein logischen distinctio, wie man auch die distinctio pura nennt, und der distinctio realis. Deshalb fällt sie mit der distinctio modalis oder formalis des Duns Scotus zusammen, und deshalb kann Suarez mit Recht sagen, sachlich stimme er mit Scotus überein, nur halte er die Einführung dieses weiteren Unterschiedes für überflüssig. Daß die Scotisten ihre distinctio modalis hartnäckig vertreten haben, hat theologische Gründe.

Das Problem der Unterscheidung zwischen essentia und existentia, das uns vorerst im Rahmen der scholastischen Auffassung beschäftigt, soll seinem sachlichen Gehalt nach und bezüglich seiner Verwurzelung in der antiken Philosophie deutlicher werden. Wir müssen aber dazu die Lehrmeinung des Suarez noch etwas eingehender verfolgen, um den wirklichen Fragepunkt zu treffen. Denn seine und seiner Vorgänger Auffassung ist am geeignetsten, daran die phänomenologische Exposition des Problems zu vollziehen. Suarez begründet seine These nicht nur in der erwähnten Weise, daß er sagt, es sei unmög-

lich, Existenz als etwas Existierendes zu fassen, weil dann
erneut die Frage entstehe, wie diese beiden Seienden selbst
wiederum eine seiende Einheit ausmachen sollen, sondern auch
durch Berufung auf Aristoteles. Er muß, um diese Berufung
rechtsgültig zu machen, die Aristotelische Auffassung erweitern. Suarez sagt: Probari igitur potest conclusio sic exposita
ex Aristotele, qui ubique ait: ens adjunctum rebus nihil eis
addere; nam idem est ens homo, quod homo; hoc autem, cum
eadem proportione, verum est de re in potentia et in actu; ens
ergo actu, quod est proprie ens, idemque quod existens, nihil
addit rei seu essentiae actuali . . .[20]. Aristoteles sage, daß der
Ausdruck ›Sein‹, wenn er irgendeiner Sache angefügt werde,
ihr nichts hinzufüge, sondern daß es dasselbe sei, ob ich sage
Mensch, homo, oder ens homo, seiender Mensch. Die Stelle bei
Aristoteles lautet: ταὐτὸ γὰρ εἷς ἄνθρωπος καὶ ὢν ἄνθρωπος καὶ
ἄνθρωπος, καὶ οὐχ ἕτερόν τι δηλοῖ[21]: Es ist nämlich dasselbe zu
sagen ein Mensch oder seiender Mensch. Aristoteles will hier
nur sagen: Auch schon dann, wenn ich eine res denke, ein
bloßes Was, muß ich es in irgendeinem Sinne als seiend denken; denn auch Möglichkeit und Gedachtheit ist Möglich*sein*
und Gedacht*sein*. Das Sein ist auch, wenn ich Mensch sage, in
diesem irgendwie als seiend gedachten Seienden mitgedacht.
Suarez überträgt nun diese Aristotelische Hinweisung, daß in
jedem Gedachten, mag es als wirklich oder als möglich gedacht
werden, Sein mitgedacht wird, auf die Existenz. Er sagt: Dasselbe (daß nämlich Sein nichts zur res hinzufüge) gilt auch gerade vom proprie ens, vom eigentlichen Sein, d. h. vom Existieren. Die Existenz fügt nichts hinzu. Das ist genau die Kantische
These. existentia nihil addit rei seu essentiae actuali. Die Existenz fügt zum wirklichen Was nichts hinzu.

Um das einsichtig zu machen, muß Suarez auf die Charakteristik der Seinsart des Möglichen überhaupt eingehen, d. h.
auf die Seinsart der Sache, der essentia priusquam a deo pro-

---

[20] disp. XXXI, sect. VI, 1.
[21] Arist., Met. Γ 2, 1003 b 26 f.

ducatur,[22] bevor sie von Gott selbst geschaffen ist. Suarez sagt, die Wesenheiten oder die Möglichkeiten der Dinge vor ihrer Verwirklichung haben kein eigenes Sein. Sie sind keine Realitäten, sed omnino nihil[23], vielmehr schlechthin nichts. Was in diesem Sinne wie die reinen Möglichkeiten hinsichtlich seines Seins nichts ist, zu dem kann auch nichts bei der Verwirklichung hinzugefügt werden. Das Wesen der Verwirklichung besteht vielmehr gerade darin, daß die essentia allererst ein Sein bekommt, oder genauer gesprochen, ins Sein kommt, so zwar, daß man hinterher gleichsam, von der verwirklichten Sache aus, ihre Möglichkeit als auch im gewissen Sinne seiend auffassen kann. Suarez nennt diese reine Möglichkeit die potentia objectiva und läßt diese Möglichkeit nur sein in ordine ad alterius potentiam[24], in bezug auf ein anderes Seiendes, das die Möglichkeit hat, dergleichen zu denken. Dieses Mögliche aber, wie es etwa Gott denkt, non dicere statum aut modum positivum entis, bedeutet nicht eine eigene positive Seinsweise des Seienden, vielmehr muß dieses Mögliche gerade negativ gefaßt werden als etwas, was nondum actu prodierit, was noch nicht eigentlich ist.[25] Wenn dieses Mögliche bei der Erschaffung in die Wirklichkeit übergeht, dann ist dieser Übergang nicht so zu verstehen, daß das Mögliche eine Seinsweise aufgibt, sondern daß es allererst ein Sein erhält. Jetzt ist die essentia nicht nur, non tantum in illa, in jener Potenz, nämlich von Gott gedacht zu werden, sondern sie ist jetzt erst eigentlich wirklich, ab illa, et in seipsa, das Seiende ist jetzt erst von Gott geschaffen und als dieses Geschaffene zugleich in sich selbst eigenständig.[26]

Die Schwierigkeit des Problems, den Unterschied überhaupt verständlich zu machen, hängt davon ab, wie überhaupt die

---

[22] Suarez, disp. XXXI, sect. II.
[23] disp. XXXI, sect. II, 1.
[24] disp. XXXI, sect. III, 4.
[25] Ebd.
[26] Ebd.

Verwirklichung als Übergang eines Möglichen zu seiner Wirklichkeit gedacht ist. Noch schärfer gefaßt, das Problem der Unterscheidung von essentia und existentia in ente creato hängt davon ab, ob man überhaupt die Interpretation des Seins im Sinne der Existenz auf Verwirklichung, auf Schaffen und Herstellen hin orientiert. Vielleicht ist, wenn man die Frage nach der Existenz und die Frage nach der Wesenheit auf die Verwirklichung im Sinne des Schaffens und Herstellens hin orientiert, in der Tat dieser Fragezusammenhang, wie er in den drei Lehrmeinungen sich vordrängt, nicht zu umgehen. Die grundsätzliche Frage ist aber, ob man überhaupt das Problem der Wirklichkeit und der Existenz so orientieren muß, wie es die Scholastik bzw. die Antike tut.

Bevor wir diese Frage beantworten, müssen wir uns deutlich machen, *daß* die Frage nach dem Sinn von Existenz und Wirklichkeit in der vorkantischen Philosophie auf das Phänomen der Verwirklichung, der *Herstellung* orientiert ist, und *warum*. Abschließend stellen wir die dritte und erste Lehrmeinung noch einmal gegenüber. Die distinctio rationis des Suarez besagt, daß Wirklichkeit nicht zur realitas, zur Sachheit des Geschaffenen, sofern diese Sachheit für sich gedacht wird, gehört, daß andererseits aber das Wirkliche nicht ohne Wirklichkeit gedacht werden kann, ohne daß darum gesagt ist, daß die Wirklichkeit selbst ein Wirkliches sei. Suarez hält beide Thesen für vereinbar, daß einmal die Wirklichkeit nicht realiter zum Möglichen, d. h. zur essentia gehört, daß andererseits aber doch die Wirklichkeit an sich im Wirklichen beschlossen liegt und nicht nur eine Beziehung des Wirklichen auf ein Subjekt ist. Die erste Lehrmeinung dagegen hält eine Einstimmigkeit dieser beiden Sätze für unmöglich. Nur wenn die Existenz *nicht* zur essentia gehört, ist so etwas wie eine Erschaffung, Schöpfung überhaupt möglich. Denn in dieser kommt die Existenz zum Wirklichen hinzu und kann jederzeit von ihm genommen werden. Man sieht leicht, daß in dieser Kontroverse, vor allem bei näherer Betrachtung, sich ständig der eigentliche Fragepunkt verschiebt, sofern nämlich einmal die essentia als die reine Möglichkeit, das reine gedachte Wesen, verstanden wird, zum anderen aber als das verwirklichte Wesen in der Wirklichkeit selbst. Die erste und dritte Lehrmeinung unterscheiden sich auch durch ihre methodischen Ausgangspunkte. Die erste geht rein deduktiv vor. Sie sucht ihre These aus der Idee des Geschaffenen zu beweisen. Wenn geschaffenes Seiendes als Geschaffenes möglich sein soll, muß zur Möglichkeit die Wirklichkeit hinzukommen können, d. h. beide müssen realiter verschieden sein. Aus dem Prinzip heraus ›Erschaffung der Welt muß möglich sein‹ wird die Notwendigkeit des realen Unterschiedes zwischen essentia und existentia gefolgert. Die dritte Lehrmeinung geht nicht von der Notwendigkeit einer möglichen Schöpfung aus, sondern versucht, am gegebenen Wirklichen selbst das Problem des Verhältnisses von Was und der Weise des Seins zu lösen. Sie versucht es, ohne dabei wirklich ins Klare zu kommen. Das gegebene Wirkliche gilt als primäre Instanz. Im Blick auf diese läßt sich die Wirklichkeit in keiner Weise selbst als etwas Wirkliches und mit der essentia wirklich als ens Verbundenes aufzeigen.

Am Wirklichen ist die Wirklichkeit nicht als eine eigene res ablesbar, sondern sie kann nur eigens gedacht werden. Sie muß als etwas gedacht werden, was zum Wirklichen seinem Wesen nach gehört — zum verwirklichten, aber nicht zum gedachten Wesen als solchem. Soviel ergibt sich aber: Suarez stimmt in gewisser Weise mit Kant überein, wenn er sagt, Dasein, Wirklichkeit, sei kein reales Prädikat. Er unterscheidet sich aber von Kant in der positiven Interpretation, sofern er die Wirklichkeit als etwas zum Wirklichen selbst Gehöriges, wenngleich nicht Reales auffaßt, während Kant die Wirklichkeit als eine Beziehung des Dinges zur Erkenntniskraft interpretiert.

§ 11. Phänomenologische Klärung
des der zweiten These zugrundeliegenden Problems

Die Kennzeichnung der Diskussion über den Unterschied von
Wesenheit und Dasein machte deutlich, daß hier über den
Unterschied von etwas gestritten wird, ohne daß die Unterschiedenen selbst hinreichend aufgeklärt sind, – ohne daß
auch nur der Versuch gemacht wird, zuvor darüber, was im
Unterschied steht, eine hinreichende Aufklärung zu geben oder
gar über den Weg und die Erfordernisse zu einer solchen ins
reine zu kommen. Allerdings darf man sich das nicht naiv
vorstellen, als wäre dieses Unterlassen einer ursprünglichen
Interpretation von Wesenheit und Dasein lediglich ein Versehen oder eine Bequemlichkeit. Vielmehr werden diese Begriffe einmal für die selbstverständlichen gehalten. Man hält
an der unerschütterlichen Überzeugung fest, daß das Seiende
als von Gott geschaffen verstanden werden müsse. Durch diese
ontische Erklärung ist eine ontologische Fragestellung von
vornherein zur Unmöglichkeit verurteilt. Vor allem aber, man
hat keine Möglichkeit, diese Begriffe zu interpretieren. Es fehlt
der Horizont der Fragestellung, es fehlt die Möglichkeit, um
mit Kant zu sprechen, den Geburtsbrief dieser Begriffe festzustellen und als einen echten nachzuweisen. Die in der traditionellen Diskussion verwendeten Begriffe müssen einer vulgären Interpretation entspringen, die sich zunächst und ständig hierzu anbietet. Woher entspringen die Begriffe Existenz
und Wassein, so fragen wir jetzt in einer sachlich-historischen
Orientierung, d. h. woher nehmen die Begriffe, so wie sie in
der genannten Diskussion der zweiten These gebraucht werden, ihre Bedeutung her? Wir müssen versuchen, dem *Ursprung*
dieser *Begriffe* von *essentia* und *existentia* auf die Spur zu
kommen. Wir fragen, welches ihr Geburtsbrief und ob er ein
echter ist, oder ob die Genealogie dieser ontologischen Grundbegriffe anders verläuft, so daß im Grunde auch ihr Unterschied und ihr Zusammenhang einen anderen Grund hat. Ge-

lingt es, die Genealogie dieser Grundbegriffe aufzudecken bzw. allererst die Wegrichtung zu finden, in der wir zu ihrer Abstammung vor- bzw. zurückdringen können, dann muß auch die These, daß zu jedem Seienden ein Was und ein mögliches Wie des Seins gehöre, ihre erhöhte Klärung und zureichende Begründung erhalten.

a) Die Frage nach dem Ursprung von essentia und existentia

Wir vergessen vorläufig die Kontroversen über Wesenheit und Dasein und ihre distinctio. Wir versuchen, dem Ursprung der Begriffe essentia und existentia nachzugehen bzw. die Aufgabe einer solchen Interpretation aus dem Ursprung zu umgrenzen und zu verstehen. Wir wollen nicht vergessen, daß auch heute die Interpretation dieser Begriffe bzw. der ihnen zugrundeliegenden Phänomene nicht weiter gebracht ist als im Mittelalter und in der Antike trotz der Anstöße, die Kant gegeben hat. Letztere sind bislang nur negativ aufgefangen worden. Zwar gab es und gibt es seit einem halben Jahrhundert einen Neukantianismus, der, was besonders die Arbeit der Marburger Schule betrifft, sein besonderes Verdienst hat. Jetzt versucht man, die Erneuerung Kants, da sie altmodisch zu werden beginnt, durch eine solche von Hegel zu ersetzen. Diese Erneuerungen brüsten sich meist sogar damit, daß sie die Verehrung und Schätzung der Vergangenheit wachhalten und pflegen wollen. Im Grunde aber sind solche Erneuerungen die stärkste Mißachtung, die das Vergangene erleiden kann, sofern es zum Werkzeug und Diener einer Mode herabgewürdigt wird. Die Grundvoraussetzung, die Vergangenheit ernst nehmen zu können, liegt in dem Willen, sich die Arbeit nicht leichter zu machen als diejenigen es taten, die erneuert werden sollen. Das besagt, wir müssen zuvor in den sachlichen Gehalt der von ihnen ergriffenen Probleme vordringen, nicht, um dabei stehen zu bleiben und ihn mit modernem Zierat auszuschmücken, sondern um die so ergriffenen Probleme von der

Stelle zu bringen. Wir wollen weder Aristoteles noch die Ontologie des Mittelalters noch Kant oder Hegel erneuern, sondern nur uns selbst, d. h. uns freimachen von den Phraseologien und Bequemlichkeiten der Gegenwart, die von einer luftigen Mode in die andere taumelt.

Wir vergessen aber auch die Kantische Lösung des Problems und fragen jetzt: Warum wird Existenz als Verwirklichung und Wirklichkeit gefaßt? Warum geht die Interpretation der Existenz auf das agere, auf das agens, auf das ἐνεργεῖν, auf das ἐργάζεσθαι zurück? Scheinbar kommen wir sachlich auf das Problem der ersten These zurück. Aber nur scheinbar, denn jetzt umgreift das Problem auch die Frage nach dem Ursprung der Realität, d. h. nach dem Ursprung der ontologischen Struktur dessen, was Kant bei Erläuterung seiner These gar nicht weiter zum Problem macht. Wenn er sagt, Existenz ist kein reales Prädikat, so setzt er voraus, daß das, was Realität sei, in Klarheit steht. Wir fragen aber jetzt zugleich nach dem ontologischen Ursprung des Begriffs der essentia, Kantisch der Realität, und weiterhin nicht nur nach dem Ursprung dieser beiden Begriffe, sondern nach dem Ursprung ihres möglichen Zusammenhanges.

Die folgenden Erörterungen unterscheiden sich von den früheren im Rahmen der Kantischen These dadurch, daß wir im Verfolg des Ursprungs des Existenz-Begriffes auf einen anderen Horizont der Auslegung von Existenz gleich Wirklichkeit stoßen als bei Kant, genauer, auf eine *andere Blickrichtung innerhalb desselben Horizontes*, der im Mittelalter und in der Antike noch weniger eindeutig fixiert und ausgearbeitet war als bei Kant und seinen Nachfolgern. Den Ursprung von essentia und existentia aufzeigen heißt jetzt, den Horizont des Verstehens und der Auslegung des in diesen Begriffen Genannten ans Licht stellen. Erst später werden wir zu fragen haben, inwieweit die Horizonte der antiken und Kantischen Auslegung der Seinsbegriffe im Grunde sich decken und warum gerade sie die ontologische Fragestellung beherrschen und auch noch heute beherrschen. Zuvor müssen wir diesen Horizont vor allem der antiken und mittelalterlichen Ontologie zu fassen suchen.

Schon die Worterklärung von existentia machte deutlich, daß *actualitas* auf ein *Handeln* irgendeines unbestimmten Subjektes zurückweist, oder wenn wir von unserer Terminologie ausgehen, daß das Vorhandene seinem Sinne nach irgendwie auf etwas bezogen ist, dem es gleichsam *vor die Hand kommt*, für das es ein Handliches ist. Auch die scheinbar objektive Interpretation des Seins als actualitas weist im Grunde auf das Subjekt zurück, aber nicht, wie bei Kant, auf das erfassende Subjekt im Sinne der Beziehung der res zu den Erkenntniskräften, sondern im Sinne einer Beziehung zu unserem Dasein als einem handelnden, genauer gesprochen als einem schaffenden, *herstellenden*. Die Frage ist, ob dieser Horizont der Interpretation von Existenz als actualitas nur aus dem Wortbegriff hergeleitet ist, – daß wir einfach aus der Bezeichnung für Existenz ›actualitas‹ auf ein agere schließen, oder ob sich aus dem *Sinn* von Wirklichkeit, so wie er in der Antike und Scholastik gefaßt wird, deutlich machen läßt, daß sie *im Rückgang auf das herstellende Verhalten des Daseins* verstanden wird. Ist das der Fall, dann muß sich auch zeigen lassen, daß der Begriff der Realität und der essentia, und daß mithin alle Begriffe, die wir für die essentia aufgezählt haben (quidditas, natura, definitio, forma) aus diesem Horizont des herstellenden Verhaltens verständlich gemacht werden müssen. Die weitere Frage ist dann: Wie gehen beide überlieferte Interpretationen von Existenz und Wirklichkeit, die Kantische, die auf das erfassende, wahrnehmende Verhalten rekurriert, und die antik-mittelalterliche, die auf das herstellende Verhalten zurückgeht, zusammen? Warum sind beide sachlich notwendig, und woher kommt es, daß beide bisher in dieser Einseitigkeit und Einzigkeit das ontologische Problem der Frage nach dem Sein überhaupt maßgebend beherrschen konnten?

Wir fragen: Was schwebte dem Verständnis und der Interpretation des Seienden bei der Ausbildung der Begriffe essentia und existentia vor? Wie mußte Seiendes hinsichtlich seines
Seins verstanden werden, damit der ontologischen Interpretation diese Begriffe entwachsen konnten? Wir fragen zuerst nach
dem Ursprung des Existenz-Begriffes.

Wir sagten zunächst ganz roh: *existentia* wird gefaßt als
actualitas, Wirklichkeit, also im Hinblick auf actus, agere.
Wirklichkeit ist zunächst für jedermann verständlich, ohne daß
ein Begriff zur Verfügung stünde. Wir wollen uns kurz orientieren, wie dieses natürliche Verständnis in der mittelalterlichen Philosophie aussieht, das sich im gewissen Sinne mit der
natürlichen Erklärung von Existenz deckt.

Wir sahen, daß die Vertreter der dritten Lehrmeinung versuchen, den Blick auf das Gegebene zu richten und die Wirklichkeit am Wirklichen zu finden und zu bestimmen. Diese
Interpretationen sind nur sehr spärlich und roh. In der Antike
sind es nur ganz verstreute, gelegentliche Bemerkungen (Aristoteles, Metaphysik Buch IX). Auch das Mittelalter zeigt keine
neuen Ansätze. Suarez versucht eine ausführliche Umgrenzung
des Begriffes, allerdings ganz im Rahmen der überlieferten
Ontologie. Wir wollen von seiner Erörterung des Existenz-
begriffes ausgehen und uns dabei stillschweigend die Kantische
Interpretation gegenwärtig halten.

Res existens, ut existens, non collocatur in aliquo praedicamento,[1] eine wirkliche Sache als wirkliche wird nicht unter-
gebracht in irgendeinem sachhaltigen Prädikat. Das ist auch
die Kantische These. quia series praedicamentorum abstrahunt
ab actuali existentia; nam in praedicamento solum collocantur
res secundum ea praedicata, quae necessario seu essentialiter
eis conveniunt,[2] weil die Reihe der sachhaltigen Grundprädi-
kate davon absieht, ob das Seiende, von dem sie ausgesagt
werden, wirklich ist oder nicht. existentia rei absolute non est

---

[1] Suarez, Disputationes metaphysicae, disp. XXXI, sect. VII, 4.
[2] Ebd.

respectus, sed absolutum quid³, die Wirklichkeit einer Sache
ist nicht eine Beziehung zu etwas anderem, sondern ist etwas
Schlechthinniges an sich selbst. Damit ist gesagt: Die Wirklichkeit gehört zum Wirklichen und macht es gerade wirklich,
ohne selbst ein Wirkliches zu sein. Das ist das ständige Rätsel.
Zwar vollzieht sich im Sinne der christlichen Auffassung die
Verwirklichung des Seienden durch Gott, aber das verwirklichte Seiende ist gleichwohl als Verwirklichtes für sich absolut
bestehend, etwas für sich Seiendes. Wir erfahren aber auf diesem Wege nichts über die Wirklichkeit als solche, sondern nur
über die Verwirklichung des Wirklichen. Die actualitas ist eine
Bestimmung des actum eines agens. Aegidius Romanus sagt
in seinem »Sentenzen-Kommentar«: Nam agens non facit
quod potentia sit potentia ... Nec facit agens ut actus sit
actus, quia cum hoc competat actui sec. se; quod actus esset
actus non indiget aliqua factione. Hoc ergo facit agens, ut
actus sit in potentia et potentia sit sub actu.⁴ Esse nihil est
aliud quam quaedam actualitas impressa omnibus entibus ab
ipso Deo vel a primo ente. Nulla enim essentia creaturae est
tantae actualitatis, quod possit actu existere, nisi ei imprima-
tur actualitas quaedam a primo ente.⁵ Hier zeigt sich eine
naive Vorstellung, wonach die Wirklichkeit etwas ist, was den
Sachen gleichsam aufgedrückt wird. – Selbst die Verteidiger
der distinctio realis wehren sich dagegen, die existentia als ein
ens zu fassen. Capreolus sagt⁶: esse actualis existentiae non
est res proprie loquendo ... non est proprie ens, secundum quod
ens significat actum essendi, cum non sit quod existit ...Dicitur
tamen [existentiae] entis, vel rei. Die Wirklichkeit ist nicht eine
Sache im strengen Sinne der Rede, sie ist nicht eigentlich ein
Seiendes, sie selbst ist nicht etwas, was existiert, sie ist nicht
ein Seiendes, sondern etwas am Seienden (quid entis), etwas,

³ disp. XXXI, sect. VI, 18.
⁴ Aegidius Romanus, Sent. II, dist. III, qu. I, art. I.
⁵ Zitiert nach: Capreolus, I Sent., dist. VIII, qu. I, art. I (Quinta conclusio).
⁶ Capreolus, I Sent., dist. VIII, qu. I, art. II (Solutiones, IV).

was zum Seienden gehört. Deutlicher heißt es an folgender Stelle: esse creaturae ... non subsistit; et ideo, nec illi debetur proprie esse, nec fieri, nec creari, ac per hoc nec dicitur proprie creatura, sed quid concreatum ... Nec valet si dicatur: esse creatum est extra nihil; igitur est proprie ens. Quia extra nihil non solum est quod est; immo etiam dispositiones entis, quae non dicuntur proprie et formaliter entia, sed entis; et in hoc differunt a penitus nihilo.[7] Das Wirklichsein des Geschaffenen ist nicht selbst wirklich, es bedarf selbst nicht eines Werdens und eines Geschaffenwerdens. Deshalb darf auch nicht gesagt werden, die Wirklichkeit sei etwas Geschaffenes. Sie ist vielmehr quid concreatum, mit dem Schaffen eines Geschaffenen *mitge*schaffen. Zwar gehört die Wirklichkeit zum Wirklichen, aber sie ist selbst nichts Wirkliches, sondern sie ist quid entis und als solche concreatum quid oder aber auch eine dispositio entis, ein Zustand des Seienden.

Zusammenfassend können wir sagen: Die Wirklichkeit ist keine res, aber deshalb nicht nichts. Sie wird nicht, wie bei Kant, aus dem Bezug zum erfahrenden Subjekt, wohl aber aus der Beziehung zum Erschaffenden gedeutet. Hier gerät die Interpretation in eine Sackgasse, in der sie nie von der Stelle kommt.

Was entnehmen wir aus dieser Charakteristik der Wirklichkeit mit Rücksicht auf die Frage nach der Auslegungsrichtung? Wenn wir diese Interpretation mit der Kantischen vergleichen, so sehen wir, daß Kant auf die Beziehung zur Erkenntniskraft (Wahrnehmung) zurückgeht und mit Rücksicht auf das Erkennen und Erfassen die Wirklichkeit zu interpretieren sucht. In der Scholastik dagegen wird das Wirkliche mit Rücksicht auf die Verwirklichung interpretiert, d. h. nicht in der Richtung, wie schon Vorhandenes als Wirkliches erfaßt wird, sondern in der Richtung, wie Vorhandenes als nachher mögliches Erfaßbares, überhaupt als Vorhandenes, vor die Hände

---

[7] a. a. O., dist. VIII, qu. I, art. II (Solutiones, I).

kommt und überhaupt erst *handl*ich wird. So zeigt sich, wenngleich noch unbestimmt, auch hier eine Beziehung auf das ›Subjekt‹, auf das Dasein: das Vorhandene vor der Hand haben als Her-gestelltes einer Her-stellung, als Wirkliches einer Verwirklichung. Das entspricht der Bedeutung von actualitas und ἐνέργεια, d. h. der Tradition des Begriffes. In der neueren Zeit ist es üblich, den Begriff der Wirklichkeit und des Wirklichen anders zu interpretieren. Man faßt ihn im Sinne des auf das Subjekt Einwirkenden oder in dem Sinne, daß es dasjenige ist, was auf anderes wirkt, mit anderem in einem Wirkungszusammenhang steht; die Wirklichkeit der Dinge besteht darin, daß diese unter sich Kraftwirkungen ausüben.

Die beiden Bedeutungen von Wirklichkeit und Wirklichem, auf das Subjekt Einwirkendes oder auf anderes sich Auswirkendes, setzen die erste Bedeutung, welche die ontologisch primäre ist, voraus, d. h. Wirklichkeit verstanden mit Rücksicht auf Verwirklichung und Gewirktheit. Das Einwirkende auf das Subjekt muß selbst schon wirklich sein im ersten Sinne des Wortes, und Wirkungszusammenhänge sind nur möglich, wenn das Wirkliche vorhanden ist. Es ist ontologisch unzutreffend und unmöglich, von diesen beiden letztgenannten Bedeutungen aus die Wirklichkeit und ihren ontologischen Sinn zu interpretieren. Vielmehr muß Wirklichkeit, wie der traditionelle Begriff actualitas sagt, mit Rücksicht auf Verwirklichung verstanden werden. Es ist aber völlig dunkel, wie von hier aus die Wirklichkeit verstanden werden soll. Wir versuchen, in dieses Dunkel etwas Licht zu bringen und den Ursprung der Begriffe essentia und existentia aufzuklären und zu zeigen, inwiefern beide Begriffe aus einem *Seinsverständnis* geschöpft sind, das das Seiende mit Rücksicht auf ein *Verwirklichen,* oder wie wir allgemein sagen, auf ein *herstellendes Verhalten des Daseins* auffaßt. Die beiden Begriffe essentia und existentia sind einer Interpretation des Seienden mit Rücksicht auf das herstellende Verhalten entwachsen, und zwar auf ein herstellendes Verhalten, das in dieser Interpretation nicht eigens erfaßt und ausdrücklich begriffen ist. Wie ist das genauer zu verstehen? Bevor wir hierauf antworten, müssen wir zeigen, daß wir diesen jetzt aufgewiesenen Verständnishorizont – das her-stellende Dasein – nicht nur aufgrund der Beziehung für das Sein des Seienden auf das Subjekt und auf Gott als Hersteller der Dinge fixierten, sondern daß die ontologischen Grundbestimmungen des Seienden durchgängig diesem Horizont erwachsen. Wir versuchen diesen Nachweis bezüglich der Interpretation der Sachheit, der *realitas,* wodurch der gemeinsame Ursprung von essentia und existentia deutlich wird.

Das herstellende Verhalten des Daseins charakterisieren wir zunächst nicht näher. Wir suchen lediglich zu zeigen, daß die angeführten Bestimmungen für die Sachheit, für die essentia – forma, natura, quod quid erat esse, definitio – im Hinblick auf das Herstellen von etwas gewonnen sind. Das Herstellen steht im leitenden Horizont dieser Interpretation der Washeit. Für diesen Nachweis können wir uns nicht an die mittelalterlichen Termini halten, weil sie nicht original, sondern Übersetzungen antiker Begriffe sind. Wir vermögen nur an diesen die eigentliche Herkunft sichtbar zu machen. Wir müssen dabei alle modernen Interpretationen und Übermalungen dieser antiken Begriffe fernhalten. Den Nachweis des Ursprungs der antiken Hauptbestimmungen für die Sachheit des Seienden aus dem herstellenden Verhalten, aus der herstellenden Seinsauffassung, können wir nur in den Umrissen geben. Gefordert wäre ein Eingehen auf die einzelnen Etappen der Entwicklung der antiken Ontologie bis zu Aristoteles und die Kennzeichnung der Weiterentwicklung der einzelnen Grundbegriffe.

b) Der Rückgang auf das herstellende Verhalten des
Daseins zum Seienden als unausdrücklicher Verständnishorizont
für essentia und existentia

Unter den Begriffen, die für die essentia charakteristisch sind,
nannten wir μορφή, εἶδος (forma), τὸ τί ἦν εἶναι (das, was
ein Seiendes schon war, das Wesen) oder auch das γένος,
ferner φύσις (Natur), ὅρος, ὁρισμός (definitio) und οὐσία
(essentia). Wir beginnen mit der Betrachtung des μορφή-Be-
griffes. Was am Seienden die Sachheit bestimmt, ist seine Gestalt. Etwas gestaltet sich so und so, es wird das und das. Der
Ausdruck ist aus dem Umkreis des sinnlich Anschaulichen
geschöpft. Man denkt dabei zunächt an die Raumgestalt. Der
Terminus μορφή ist aber von dieser Beschränkung abzulösen.
Gemeint ist nicht nur die Raumgestalt, sondern das ganze
Gepräge eines Seienden, an dem wir ablesen, was es ist. Aus
Gestalt und Gepräge eines Dinges entnehmen wir, welche
Bewandtnis es mit ihm hat. Das Prägen und Gestalten ver-
leiht dem Herzustellenden und Hergestellten sein eigenes Aus-
sehen. Aussehen ist der ontologische Sinn des griechischen Aus-
drucks εἶδος oder ἰδέα. Im Aussehen eines Dinges ersehen
wir, was es ist, seine Sachheit, seine Geprägtheit. Nehmen wir
ein Seiendes, wie es in der Wahrnehmung begegnet, dann müssen wir sagen: Das Aussehen von etwas gründet in seinem
Gepräge. Die Gestalt ist es, die dem Ding sein Aussehen gibt.
Mit Rücksicht auf die griechischen Begriffe: das εἶδος, das
Aussehen, ist in der μορφή, im Gepräge fundiert, gegründet.
Für die *griechische Ontologie* aber ist der Fundierungszusammenhang zwischen εἶδος und μορφή, Aussehen und Gepräge, gerade umgekehrt: nicht das Aussehen gründet im Gepräge, sondern das Gepräge, die μορφή, gründet im Aussehen.
Dieses Fundierungsverhältnis ist nur so zu erklären, daß die
beiden Bestimmungen für die Sachheit, das Aussehen und das
Gepräge eines Dinges, in der Antike primär nicht in der Ordnung des Wahrnehmens von etwas verstanden werden. In der

Ordnung des Auffassens dringe ich durch das Aussehen eines Dinges hindurch zu seinem Gepräge. Das letztere ist in der Ordnung des Wahrnehmens das sachlich erste. Wenn aber das Verhältnis von Aussehen und Gepräge in der Antike umgekehrt liegt, kann nicht die Ordnung des Wahrnehmens und das Wahrnehmen der Leitfaden ihrer Interpretation sein, sondern der *Hinblick auf das Herstellen.* Das Geprägte ist, wie wir auch sagen können, ein Gebilde. Der Töpfer bildet aus Ton einen Krug. Alles Bilden von Gebilden vollzieht sich am Leitfaden und am Richtmaß eines Bildes im Sinne des Vorbildes. Im Hinsehen auf das vorweggenommene Aussehen des zu bildenden, prägenden Dinges wird dieses hergestellt. Dieses vorweggenommene und zuvor gesichtete Aussehen des Dinges ist es, was die Griechen mit εἶδος, ἰδέα ontologisch meinen. Das Gebilde, das nach dem Vorbild gebildet ist, ist als solches das Ebenbild des Vorbildes.

Wenn das Gebilde, das Gepräge (μορφή) im εἶδος fundiert ist, so heißt das, daß beide Begriffe mit Rücksicht auf das Bilden, Prägen, Herstellen verstanden sind. Aus dem Vollzug des Bildens und Prägens und dem dazu notwendig gehörenden Vorwegnehmen des Aussehens des zu Bildenden ist die Ordnung und der Zusammenhang dieser beiden Begriffe fixiert. Das vorweggenommene Aussehen, das Vor-bild, zeigt das Ding, was es vor der Herstellung ist und wie es als Hergestelltes aussehen soll. Das vorweggenommene Aussehen ist noch nicht als Geprägtes, Wirkliches entäußert, sondern es ist das Bild der Ein-bildung, der φαντασία, wie die Griechen sagen: was das Bilden zuvor sich frei zu Gesicht bringt, das, was gesichtet wird. Es ist kein Zufall, daß Kant, bei dem noch die Begriffe von Form und Materie, μορφή und ὕλη, erkenntnistheoretisch eine fundamentale Rolle spielen, zugleich der Einbildungskraft eine ausgezeichnete Funktion bei der Aufklärung der Objektivität der Erkenntnis zuweist. Das εἶδος als das in der Einbildung vorweggenommene Aussehen des zu Prägenden gibt das Ding hinsichtlich dessen, was dieses vor aller Verwirklichung schon war und ist. Daher wird das vorweggenommene Aussehen, das εἶδος, auch das τὸ τί ἦν εἶναι genannt, das, was ein Seiendes schon war. Was ein Seiendes vor der Verwirklichung schon war, das Aussehen, dem sich die Herstellung anmißt, ist zugleich dasjenige, von woher das Geprägte eigentlich stammt. Das εἶδος, das, was ein Ding im vorhinein schon war, gibt das Geschlecht des Dinges, seine Abstammung, sein γένος an. Daher ist auch die Sachheit identisch mit γένος, das als Geschlecht und Stamm zu übersetzen ist. Das ist der ontologische Sinn dieses Ausdrucks und nicht etwa der geläufige im Sinne von Gattung. Die logische Bedeutung ist in der ersteren fundiert. Plato spricht meist, wenn er von den höchsten Wasbestimmungen des Seienden handelt, von den γένη τῶν ὄντων, von den Stämmen, den Geschlechtern des Seienden. Auch hier ist die Sachheit im Hinblick auf das interpretiert, woher das Seiende im Geprägtwerden stammt.

In dieselbe Richtung der Interpretation des Was weist auch die Bestimmung φύσις. φύειν besagt wachsen lassen, erzeugen, zunächst sich selbst erzeugen. Was Erzeugnisse oder das erzeugte Zeug möglich (erzeugbar) macht, ist wiederum das Aussehen dessen, wie das zu Erzeugende werden und sein soll. Aus φύσις, der Natur der Sache, entspringt das wirkliche Ding. Alles das, was früher ist als das Verwirklichte, ist noch frei von der notwendig mit aller Verwirklichung gegebenen Unvollkommenheit, Einseitigkeit und Versinnlichung. Das vor aller Verwirklichung liegende Was, das maßgebende Aussehen, ist noch nicht wie das Wirkliche der Veränderlichkeit dem Entstehen und Vergehen unterworfen. Es ist sowohl früher als dieses, und als dieses Frühere *immer*, d. h. dieses, was das Seiende – immer aufgefaßt als Herstellbares und Hergestelltes – im vorhinein schon war, ist das Wahrhafte am Sein eines Seienden. Dieses Wahrhafte am Sein eines Seienden interpretieren die Griechen zugleich als das wahrhaft Seiende selbst, so daß das, was die Wirklichkeit des Wirklichen konstituiert, die Ideen, nach Platon selbst das eigentlich Wirkliche sind.

Das Aussehen, εἶδος, und das Gepräge, μορφή, beschließt je das in sich, was zu einem Ding gehört. Als Einschließendes macht es die Grenze dessen aus, was ein Ding als Fertiges, Vollendetes bestimmt. Das Aussehen als dieses die Zugehörigkeit aller Sachbestimmungen Einschließende wird auch als das, was die Fertigkeit, die Vollendetheit eines Seienden ausmacht, gefaßt. Die Scholastik sagt perfectio, griechisch das τέλειον. Diese Umgrenztheit der Sache, die durch ihre Fertigkeit gekennzeichnet wird, ist zugleich der mögliche Gegenstand ausdrücklich umfassender Umgrenzung des Dinges, d. h. für den ὁρισμός, für die Definition, für den Begriff, der die sachhaltigen Grenzen des Geprägten umgreift.

Wenn wir zusammenfassen, so ergibt sich bezüglich der Bestimmtheiten der realitas: Sie erwachsen alle im Hinblick auf das im Gestalten Gestaltete, im Prägen Geprägte, im Bilden Gebildete, im Erzeugen Erzeugte und Verfertigte. Gestalten, Bilden, Erzeugen sind ihrem Sinne nach ein Herkommenlassen, ein Herstammenlassen-aus. Alle diese Verhaltungen können wir durch eine *Grundverhaltung des Daseins* kennzeichnen, die wir kurz das *Herstellen* nennen. Die genannten Charaktere der Sachheit (realitas), die in der griechischen Ontologie zum ersten Mal fixiert wurden und nachher verblaßten und formalisiert wurden, d. h. in Tradition übergegangen sind und wie abgegriffene Münzen gehandhabt werden, bestimmen das, was zur Herstellbarkeit eines Hergestellten überhaupt gehört. *Her*stellen besagt aber zugleich: in den engeren oder weiteren Umkreis des Zugänglichen bringen, her, hierher, in das Da, so daß das Hergestellte an ihm selbst *für sich steht* und als *für sich Ständiges* vorfindlich bleibt und *vorliegt.* Daher stammt die griechische Bezeichnung ὑποκείμενον, das Vorliegende. Das im nächsten Umkreis der menschlichen Verhaltungen zunächst und ständig Vorliegende und demgemäß ständig Verfügbare ist das Ganze der *Gebrauchs-*

dinge, mit denen wir ständig zu tun haben, das Ganze der
seienden Dinge, die selbst ihrem eigenen Sinne nach aufeinander eingespielt sind, das *gebrauchte Zeug* und die ständig
genützten Erzeugnisse der Natur: Haus und Hof, Wald und
Feld, Sonne, Licht und Wärme. Was so vor-handen ist, gilt
der alltäglichen Erfahrung als das in erster Linie Seiende. Das
verfügbare Hab und Gut, die Habe, ist das Seiende schlechthin, griechisch οὐσία. Dieser Ausdruck οὐσία bezeichnet noch
in der Zeit des Aristoteles, als er schon eine feste philosophisch-
theoretische terminologische Bedeutung hatte, zugleich soviel
wie Habe, Besitzstand, Vermögen. Die vorphilosophische
echte Bedeutung von οὐσία hielt sich noch durch. Demnach
bedeutet *Seiendes* soviel wie *vorhandenes Verfügbares.* Essentia ist nur die wörtliche Übersetzung von οὐσία. Dieser Ausdruck essentia, den man für das Wassein, für die Realität
gebraucht, drückt zugleich die spezifische Seinsart des Seienden aus, seine Verfügbarkeit, oder wie wir auch sagen, seine
Vorhandenheit, die ihm aufgrund seiner Hergestelltheit eignet.

Die Bestimmungen der essentia sind im Hinblick auf das im
Herstellen Hergestellte bzw. auf das, was zu diesem als Herstellen gehört, erwachsen. Der Grundbegriff der οὐσία betont
dagegen mehr die Hergestelltheit des Hergestellten im Sinne
des verfügbaren Vorhandenen. Dabei ist das zunächst Vorhandene gemeint, Haus und Hof, das Anwesen, wie wir auch
sagen, das Vorhandene als das Anwesende. Von der Bedeutung
der οὐσία als Vorhandenes und Anwesendes her muß das
Verbum εἶναι, esse, existere interpretiert werden. Sein, Wirklichsein, Existieren im traditionellen Sinne besagt Vorhandenheit. Aber das Herstellen ist nicht der einzige Horizont für die
Interpretation der existentia. Das Vorhandene wird hinsichtlich seiner Vorhandenheit ontologisch nicht so sehr mit Rücksicht auf die Verfügbarkeit für den Gebrauch gefaßt, nicht im
Rückgang auf das herstellende, überhaupt das praktische Verhalten, sondern im Rückgang auf das *Vorfinden* des Verfügbaren. Aber auch dieses Verhalten, das Vorfinden des Herge-

stellten und Vorhandenen, gehört zum Herstellen selbst. Alles
Herstellen ist, wie wir sagen, vor-sichtig und um-sichtig. Es
hat überhaupt seine *Sicht*, es ist sichtig, und nur weil es das ist,
kann es zuweilen blindlings darauf losgehen. Die Sicht ist
nicht ein Anhängsel zum herstellenden Verhalten, sondern
gehört positiv zu ihm und zu seiner Struktur und führt das
Verhalten. Daher ist es nicht verwunderlich, wenn dieses Sehen
im Sinne des umsichtigen Sehens, das zur ontologischen Verfassung des Herstellens gehört, sich auch schon vordrängt, wo
die Ontologie das herzustellende Was interpretiert. Alles Bilden und Prägen hat im vorhinein eine Aus-sicht auf das Aussehen (εἶδος) des Herzustellenden. Hier ist schon zu sehen,
daß in der Charakteristik der Washeit eines Dinges als εἶδος
sich das Phänomen der Sicht meldet, das mit zum Herstellen
gehört. Herstellend wird schon im vorhinein das, was das
Ding war, gesichtet. Daher stammt der Vorrang aller dieser
Ausdrücke in der griechischen Ontologie: ἰδέα, εἶδος, θεωρεῖν.
Plato und Aristoteles sprechen vom ὄμμα τῆς ψυχῆς, vom
Auge der Seele, das das Sein sieht. Dieses Hinsehen auf das
Hergestellte oder Herzustellende braucht noch nicht das theoretische Betrachten im engeren Sinne zu sein, sondern ist zunächst einfach das Hinsehen im Sinne des umsichtigen Sich-
orientierens.

Dennoch bestimmen die Griechen aus Gründen, die wir hier
nicht näher berühren, die Zugangsart zum Vorhandenen primär als das *anschauende Vorfinden,* als das anschauende Vernehmen, das νοεῖν oder auch das θεωρεῖν. Dieses Verhalten
wird auch als αἴσθησις, als ästhetisches Betrachten im eigentlichen Sinne bezeichnet, so wie Kant noch den Ausdruck Ästhetik gebraucht, das reine betrachtende Vernehmen des Vorhandenen. In diesem rein anschauenden Verhalten, das nur eine
Modifikation des Sehens im Sinne der Umsicht, des herstellenden Verhaltens ist, offenbart sich die Wirklichkeit des Wirklichen. Schon Parmenides, der eigentliche Begründer der antiken Ontologie, sagt: τὸ γὰρ αὐτὸ νοεῖν ἐστίν τε καὶ εἶναι,

es ist dasselbe νοεῖν, Wahrnehmen, schlichtes Vernehmen, Anschauen, und Sein, Wirklichkeit. In diesem Satz des Parmenides ist wörtlich die These Kants vorweggenommen, wenn er sagt: Wirklichkeit ist Wahrnehmung.

Wir sehen jetzt deutlicher, daß die Interpretation der essentia und auch gerade die des Grundbegriffes für die essentia, οὐσία, auf das herstellende Verhalten zum Seienden zurückweist, während als eigentlicher Zugang zum Seienden in seinem Ansichsein das reine Betrachten fixiert ist. Wir bemerken beiläufig, daß diese Interpretation der ontologischen Grundbegriffe der antiken Philosophie längst nicht alles erschöpft, was hier gesagt werden müßte. Vor allem ist hierbei noch der griechische Weltbegriff gänzlich außer Acht gelassen, der nur aus einer Interpretation der griechischen Existenz dargelegt werden könnte.

Für uns ergibt sich die Aufgabe zu zeigen, daß essentia und existentia einen gemeinsamen Ursprung im interpretierenden Rückgang auf das herstellende Verhalten haben. Wir erfahren in der antiken Ontologie selbst über diesen Rückgang ausdrücklich nichts. *Die antike Ontologie vollzieht die Interpretation des Seienden und die Ausarbeitung der genannten Begriffe gleichsam naiv.* Wir erfahren nichts darüber, wie der Zusammenhang und Unterschied beider zu fassen und als für jedes Seiende notwendig geltender zu begründen sei. Aber – möchte man sagen – ist das ein Mangel und nicht eher ein Vorzug? Ist nicht die naive Forschung an Sicherheit und Erheblichkeit ihrer Ergebnisse aller reflektierten und allzu bewußten überlegen? Das kann man bejahen und muß doch zugleich zu verstehen geben, daß auch die naive Ontologie, wenn sie überhaupt Ontologie ist, schon immer, weil notwendig, reflektiert sein muß, reflektiert in dem echten Sinne, daß sie *mit Rücksicht auf das Dasein* (ψυχή, νοῦς, λόγος) *das Seiende hinsichtlich seines Seins zu erfassen sucht.* Die Bezugnahme auf die Verhaltungen des Daseins bei der ontologischen Interpretation kann sich so vollziehen, daß das, worauf Bezug genom-

men wird, das Dasein und seine Verhaltungen, nicht eigens
Problem wird, sondern daß die naive ontologische Interpretation auf die Verhaltungen des Daseins so zurückgeht, wie
sie das alltägliche und natürliche Selbstverständnis des Daseins
kennt. Die Ontologie ist dann nicht insofern naiv, als sie überhaupt nicht auf das Dasein zurückblickt, überhaupt nicht
reflektiert — das ist ausgeschlossen —, sondern insofern, als
dieses notwendige Zurückblicken auf das Dasein über eine
vulgäre Auffassung des Daseins und seiner Verhaltungen nicht
hinauskommt und somit diese — weil sie zur Alltäglichkeit
des Daseins überhaupt gehört — nicht eigens betont. Die Reflexion verbleibt in den Bahnen der vorphilosophischen
Erkenntnis.

Wenn die Rücksicht auf das Dasein und seine Verhaltungen
zum Wesen der ontologischen Fragestellung und Interpretation gehört, dann wird auch die ontologische Problematik der
Antike erst dann zu sich selbst gebracht und in ihrer Möglichkeit begriffen werden können, wenn mit der Notwendigkeit dieses Rückganges auf das Dasein Ernst gemacht wird.
Dieser Rückgang ist im Grunde gar kein Rückgang, sofern das
Dasein überhaupt dem Wesen seiner Existenz entsprechend je
schon bei sich selbst ist, für sich selbst erschlossen ist und als
solches immer schon dergleichen wie Sein eines Seienden versteht. Es bedarf nicht erst eines Rückganges zu ihm selbst.
Diese Rede vom Rückgang rechtfertigt sich nur dadurch, daß
in der naiven antiken Ontologie scheinbar das Dasein vergessen ist. Die *ausdrückliche Herausarbeitung des Bodens der
antiken Ontologie* ist nicht nur für ein mögliches philosophisches Verständnis grundsätzlich möglich, sondern sie ist faktisch gefordert durch die Unvollkommenheit und Unbestimmtheit der antiken Ontologie selbst. Davon abgesehen, daß die
Grundbegriffe selbst nicht eigens und ausdrücklich begründet
sind, sondern einfach da sind, man weiß nicht wie, bleibt es
vor allem dunkel, ob das, was die zweite These sagt, zu Recht
besteht, und warum es zu Recht besteht: daß zu jedem Seienden

essentia und existentia gehören. Es ist keineswegs erwiesen und
ohne weiteres einsichtig, daß diese These von *jedem* Seienden gilt. Entscheidbar wird diese Frage nur, wenn zuvor feststeht, daß alles Seiende Wirkliches ist, – daß der Bereich des
wirklichen Vorhandenen mit dem des Seienden überhaupt und
das Sein mit Wirklichkeit sich deckt und jedes Seiende durch
eine Washeit konstituiert wird. Wenn der versuchte Nachweis
der Rechtmäßigkeit der These mißlingt, d. h. wenn Sein sich
nicht mit existentia im alten Sinne von Wirklichkeit, Vorhandenheit deckt, dann bedarf die These erst recht einer ausdrücklichen Begründung in ihrer *eingeschränkten Geltung für das
Seiende im Sinne des Vorhandenen.* Dann ist erneut zu fragen,
ob das in der These Gemeinte universale Geltung behält, wenn
der Sachgehalt der These im Hinblick auf alle möglichen Weisen des Seins hinreichend erweitert und grundsätzlich gefaßt
ist. Wir wollen nicht nur, sondern müssen die Griechen besser
verstehen, als sie sich selbst verstanden. Nur so besitzen wir
das Erbe wirklich. Nur dann ist unsere eigene phänomenologische Forschung kein Flickwerk und kein zufälliges Ändern
und Verbessern oder Verschlechtern. Es ist immer ein Zeichen
der Größe einer produktiven Leistung, wenn sie von sich aus
die Forderung ergehen lassen kann, besser verstanden zu werden als sie sich selbst verstand. Belanglosigkeiten bedürfen keiner höheren Verständlichkeit. Die antike Ontologie ist aber
grundsätzlich nicht belanglos und nie zu überwinden, weil sie
den ersten notwendigen Schritt darstellt, den jede Philosophie
überhaupt vollziehen muß, so daß dieser Schritt von jeder
wirklichen Philosophie immer wiederholt werden muß. Nur
die selbstgefällige und der Barbarei verfallene Modernität
kann glauben machen wollen, Plato sei, wie man geschmack-
voll sagt, erledigt. Wohl wird die Antike nicht dadurch besser
verstanden, daß man den Standort auf eine weitere Stufe
der Entwicklung der Philosophie verschiebt und ihn etwa bei
Kant oder bei Hegel nimmt, um mit Hilfe eines Neukantianismus oder Neuhegelianismus die Antike zu interpretieren. Alle

diese Erneuerungen sind schon veraltet, bevor sie ans Licht
kommen. Es gilt zu sehen, daß Kant sowohl wie Hegel noch
grundsätzlich auf dem Boden der Antike stehen, – daß auch
bei ihnen nicht das Versäumnis nachgeholt ist, das in der ganzen Entwicklung der abendländischen Philosophie als eine
Notwendigkeit verborgen blieb. Die These, daß zu jedem
Seienden essentia und existentia gehören, bedarf nicht nur der
Aufklärung des Ursprungs dieser Begriffe, sondern einer universalen Begründung überhaupt.

Die konkrete Frage erhebt sich für uns: Welches sind die
Probleme, vor die uns der Versuch, die zweite These wirklich
zu verstehen, führt? Wir verständigen uns darüber auf dem
Wege des Nachweises der unzureichenden Fundierung der traditionellen Problembehandlung.

§ 12. Nachweis der unzureichenden Fundierung der traditionellen Problembehandlung

a) Intentionale Struktur und Seinsverständnis des herstellenden Verhaltens

Das Unzureichende des Bisherigen wird an der notwendigen
positiven Aufgabe sichtbar. Die ontologischen Grundbegriffe
der Sachheit, essentia, und der Wirklichkeit, existentia, entspringen aus dem Hinblick auf das im herstellenden Verhalten Hergestellte bzw. das Herstellbare als solches und die Hergestelltheit des Hergestellten, das als Fertiges in der Anschauung und Wahrnehmung direkt vorfindlich ist. Damit möchte
wohl der Weg für eine *ursprünglichere* Interpretation von
essentia und existentia vorgezeichnet sein. Bei der Diskussion
der Kantischen These ergab sich die Aufgabe, die intentionale
Struktur der Wahrnehmung zu untersuchen, um aus der Vieldeutigkeit der Kantischen Auslegung herauszukommen. So
legt sich jetzt der Weg nahe, die Begriffe essentia und existentia

ontologisch ursprünglich so zu begründen, daß wir auf die *intentionale Struktur des herstellenden Verhaltens* zurückgehen. Wir werden analog der Rede gegenüber Kant sagen: Wirklichkeit (existere, esse) ist offenbar nicht identisch mit dem Herstellen und dem Hergestellten, sowenig wie mit dem Wahrnehmen und mit dem Wahrgenommenen. Wirklichkeit ist aber auch nicht identisch mit Wahrgenommenheit, denn Wahrgenommensein ist nur ein Erfassungscharakter des Seienden, nicht die Bestimmung seines Ansichseins. Aber vielleicht ist mit Hergestelltheit ein Charakter gewonnen, der das Ansichsein des Seienden umgrenzt? Denn das Hergestelltsein eines Dinges ist doch die Voraussetzung für seine Erfaßbarkeit im Wahrnehmen. Wenn wir die Erfaßtheit eines Seienden meinen, so verstehen wir dieses Seiende notwendig in einer Beziehung zum erfassenden Subjekt, zum Dasein, allgemein gesprochen, nicht aber das Sein des Seienden an sich selbst vor allem und ohne alles Erfaßtsein. Besteht aber nicht dieselbe Sachlage, wie bezüglich des wahrnehmenden Erfassens, auch hinsichtlich der Hergestelltheit? Liegt nicht auch im herstellenden Verhalten eine Beziehung des Subjekts zum Hergestellten, so daß der Charakter der Hergestelltheit nicht weniger eine subjektive Bezogenheit ausdrückt wie der Charakter der Wahrgenommenheit? Allein, hier ist Vorsicht und Mißtrauen gegen allen sogenannten Scharfsinn geboten, der nur mit sogenannten strengen Begriffen argumentiert, aber gegenüber dem, was mit den Begriffen eigentlich gemeint sein soll, den Phänomenen, mit Blindheit geschlagen ist.

Es liegt im eigenen Richtungs- und Auffassungssinn des herstellenden Verhaltens zu etwas, das, wozu sich herstellendes Verhalten verhält, als etwas zu nehmen, was in und durch das Herstellen als ein Fertiges *an sich selbst* vorhanden sein soll. Wir kennzeichneten den zum intentionalen Verhalten jeweils gehörigen Richtungssinn als das zur Intentionalität gehörige *Seinsverständnis*. Im herstellenden Verhalten zu etwas wird das Sein dessen, wozu ich mich herstellend verhalte,

im Sinne der herstellenden Intention in bestimmter Weise
verstanden, und zwar so, daß das herstellende Verhalten seinem eigenen Sinne entsprechend das Herzustellende aus dem
Bezug zum Hersteller entläßt. Es entläßt das herzustellende
Seiende und das Hergestellte aus diesem Bezug nicht *gegen*
seine Absicht, sondern *gemäß* derselben. Das zum herstellenden Verhalten gehörige Seinsverständnis des Seienden, wozu
es sich verhält, nimmt im vorhinein dieses Seiende als ein für
sich selbst Freizugebendes und Eigenständiges. Das *Sein,* das
im herstellenden Verhalten verstanden wird, ist gerade das
Ansichsein des Fertigen.

Zwar bleibt das Verhalten des Herstellens seinem ontologischen Wesen nach als Verhaltung des Daseins zu etwas
immer und notwendig ein Verhältnis zum Seienden, aber ein
Verhalten so eigentümlicher Art, daß das Dasein im Herstellen sich haltend sich gerade sagt, ob ausdrücklich oder nicht:
das Wozu meines Verhaltens ist seiner eigenen Seinsart gemäß
nicht an diesen Bezug gebunden, sondern soll gerade durch
dieses Verhalten als Fertiges eigenständig werden. Als Fertiges ist es nicht nur faktisch nicht mehr an den Herstellungs-
bezug gebunden, sondern auch schon als Herzustellendes ist
es im vorhinein als aus diesem Bezug zu Entlassendes verstanden.

Sonach liegt in der spezifisch intentionalen Struktur des
Herstellens, d. h. in seinem Seinsverständnis, ein eigentümlicher *Entlassungs- und Freigabecharakter* gegenüber dem,
wozu dieses Verhalten sich verhält. Entsprechend schließt Hergestelltheit (Wirklichkeit als Gewirktheit) zwar einen Bezug
zum herstellenden Dasein in sich, aber gerade einen solchen,
der seinem eigenen ontologischen Sinne entsprechend das Hergestellte als für es selbst freigelassen und so an sich seiend
versteht. Dergleichen wie diese charakterisierte Intentionalität
des Herstellens und die ihr eigentümliche Art des Seinsverständnisses gilt es einfach zu sehen mit Augen, die durch keine
umlaufende Erkenntnistheorie verblendet und schielend

geworden sind. Mögen die Begriffe noch so streng logisch sein, wenn sie blind sind, taugen sie nichts. Dergleichen wie eine solche intentionale Struktur des Herstellens unvoreingenommen sehen und in der Analyse interpretieren, sich zugänglich machen und festhalten und dem so Festgehaltenen und Gesehenen die Begriffsbildung anmessen – das ist der nüchterne Sinn der viel beschwatzten sogenannten phänomenologischen Wesensschau. Wer sich seine Informationen der Phänomenologie aus der »Vossischen Zeitung« oder aus dem »Uhu« bezieht, der muß sich einreden lassen, Phänomenologie sei so etwas wie Mystik, so etwas wie die ›Logik des indischen Nabelbeschauers‹. Das ist nicht lächerlich, sondern im Umlauf bei Leuten, die wissenschaftlich ernst genommen sein wollen.

Es gilt zu sehen: In der intentionalen Struktur des Herstellens liegt ein Bezug zu etwas, wodurch dieses als nicht an das Subjekt gebunden und von ihm abhängig, sondern umgekehrt als entlassen und eigenständig verstanden wird. Grundsätzlich gesprochen: Wir stoßen hier auf eine ganz eigentümliche Transzendenz des Daseins, die wir später noch eingehend betrachten werden und die, wie sich zeigen wird, nur auf dem Grunde der Zeitlichkeit möglich ist.

Dieser merkwürdige Charakter des Freigebens des Herzustellenden im herstellenden Verhalten ist aber mit dem Bisherigen nicht vollständig interpretiert. Das Herzustellende ist im herstellenden Verhalten nicht als etwas verstanden, was als Hergestelltes überhaupt an sich vorhanden sein soll, sondern es ist gemäß der in ihm liegenden Herstellungsabsicht schon als ein solches aufgefaßt, das als Fertiges jederzeit für den *Gebrauch* verfügbar ist. Es ist im herstellenden Verhalten nicht einfach als ein irgendwie Weggestelltes vermeint, sondern als ein *Her*-gestelltes, *her in den Umkreis des Daseins*, der sich nicht notwendig mit dem Umkreis des Herstellers decken muß. Es kann der Umkreis des Gebrauchenden sein, der selbst in einem inneren Wesenszusammenhang mit dem des Herstellenden steht.

Was wir so bezüglich der intentionalen Struktur des Herstellens durch die phänomenologische Analyse ans Licht zu bringen versuchen, ist nicht ausgedacht und erfunden, sondern liegt schon im alltäglichen, vorphilosophischen herstellenden Verhalten des Daseins. Das Dasein lebt herstellend in einem solchen Seinsverständnis, ohne daß es dieses begriffe oder als solches erfaßte. Im herstellenden Verhalten zu etwas liegt unmittelbar das Verständnis des Ansichseins dessen, wozu das Verhalten sich verhält. Daher ist es kein Zufall, daß die antike Ontologie in ihrer spezifischen Naivität im guten Sinne sich an diesem alltäglichen und naheliegenden Verhalten des Daseins, wenngleich unausdrücklich, orientierte, weil sich im herstellenden Verhalten für das Dasein von selbst ein Verhalten zum Seienden nahelegt, innerhalb dessen das Ansichsein des Seienden unmittelbar verstanden wird. Aber birgt nicht doch die Interpretation des Seins des Seienden als eines Hergestellten eine unerträgliche Einseitigkeit in sich? Kann alles Seiende als Hergestelltes aufgefaßt und können die Seinsbegriffe mit Rücksicht auf das herstellende Verhalten gewonnen und fixiert werden? Es ist doch nicht alles, von dem wir sagen, daß es sei, durch das herstellende Dasein ins Sein gebracht. Gerade dasjenige Seiende, das die Griechen vornehmlich zum Ausgang und zum Thema ihrer ontologischen Untersuchungen machten, das Seiende als Natur und Kosmos, ist doch nicht vom herstellenden Dasein hergestellt. Wie soll die primär am Kosmos orientierte griechische Ontologie dessen Sein aus dem Herstellen verstanden haben, zumal gerade die Antike so etwas wie eine Erschaffung und Herstellung der Welt nicht kennt, vielmehr von der Ewigkeit der Welt überzeugt ist? Für sie ist die Welt das ἀεὶ ὄν, das immer schon Vorhandene, ἀγένητος, ἀνώλεθρος, ungeworden und unvergänglich. Was soll angesichts dieses Seienden, des Kosmos, die Hinblicknahme auf das Herstellen? Scheitert hier nicht unsere Interpretation von οὐσία, εἶναι, existere als Vorhandenheit und Hergestelltheit? Ist sie nicht in jedem Falle ungriechisch,

mag sie auch sonst zu Recht bestehen? Wollten wir uns durch
solche Argumente geschlagen geben und zugestehen, daß das
herstellende Verhalten offensichtlich nicht der leitende Horizont für die antike Ontologie sein könne, dann würden wir
mit diesem Eingeständnis bekunden, daß wir trotz der eben
durchgeführten Analyse der Intentionalität des Herstellens
diese noch nicht hinreichend phänomenologisch gesehen haben.
Im Seinsverständnis des herstellenden Verhaltens gibt dieses
als Sichbeziehen auf etwas dasjenige, worauf es sich bezieht,
gerade frei. Es scheint, als könnte nur Seiendes, das hergestellt
wird, in diesem Sinne verstanden werden. Allein, es scheint
nur so.

Wenn wir das herstellende Verhalten im Umkreis seiner
vollen Struktur uns vergegenwärtigen, zeigt sich, daß es immer
Gebrauch von dem macht, was wir *Stoff*, Material zum Haus-
bau z. B. nennen. Dieses Material ist letztlich seinerseits nicht
wieder hergestellt, sondern es *liegt schon vor*. Es ist vorfindlich als Seiendes, das nicht hergestellt zu werden braucht. Im
Herstellen und seinem Seinsverständnis verhalte ich mich
sonach zu Seiendem, das herstellungsunbedürftig ist. Ich verhalte mich zu solchem nicht zufällig, sondern dem Sinn und
Wesen des Herstellens entsprechend, sofern dieses Herstellen
immer Herstellen von etwas *aus* etwas ist. Herstellungsunbedürftiges kann überhaupt nur innerhalb des Seinsverständnisses des Herstellens verstanden und entdeckt werden.
Mit anderen Worten, allererst in dem zum herstellenden Verhalten gehörenden Seinsverständnis und somit im Verständnis
von Herstellungsunbedürftigem kann das Verständnis von
Seiendem erwachsen, das an sich vorhanden ist *vor* aller und
für alle weitere Herstellung. Das nur im Herstellen mögliche
Verständnis von Herstellungsunbedürftigem ist es, was das
Sein dessen versteht, das allem Herzustellenden schon zu-
grunde- und vorausliegt und somit erst recht schon an sich
vorhanden ist. Das Seinsverständnis des Herstellens ist weit
entfernt, nur Seiendes als Hergestelltes zu verstehen, daß es

vielmehr gerade das Verständnis des Seins dessen eröffnet, was schlechthin schon vorhanden ist. Im Herstellen also stoßen wir gerade auf das Herstellungsunbedürftige. Im herstellend-gebrauchenden Umgang mit dem Seienden springt uns die Wirklichkeit dessen entgegen, was vor allem Herstellen und Hergestellten und Herstellbaren vorausliegt bzw. dem herstellenden, bildenden Umbilden Widerstand entgegensetzt. Die Begriffe Materie und Stoff haben ihren Ursprung aus einem Seinsverständnis, das sich am Herstellen orientiert. Anders bliebe die Idee von Material als dem, *woraus* etwas hergestellt wird, verborgen. Die Begriffe der Materie und des Stoffes, der ὕλη, d. h. die Gegenbegriffe zu μορφή, dem Gepräge, spielen nicht deshalb in der antiken Philosophie eine fundamentale Rolle, weil die Griechen Materialisten waren, sondern weil Materie ein ontologischer Grundbegriff ist, der notwendig erwächst, wenn das Seiende – sei es Hergestelltes oder Herstellungsunbedürftiges – im Horizont des Seinsverständnisses interpretiert wird, das im herstellenden Verhalten als solchem liegt.

Das herstellende Verhalten ist nicht auf das nur Herstellbare und Hergestellte eingeschränkt, sondern birgt in sich eine merkwürdige Weite der Verständnismöglichkeit des Seins des Seienden, die zugleich der Grund ist für die universale Bedeutung, die den antiken ontologischen Grundbegriffen zukommt.

Aber noch ist ungeklärt, *warum* die antike Ontologie gerade von hier aus das Seiende interpretiert. Das ist nicht selbstverständlich und kann kein Zufall sein. Aus der Frage, warum gerade das Herstellen der Horizont für die ontologische Interpretation des Seienden ist, erwächst die Notwendigkeit, diesen Horizont auszuarbeiten und seine ontologische Notwendigkeit ausdrücklich zu begründen. Denn daß sich die antike Ontologie faktisch in diesem Horizont bewegt, ist nicht auch schon die ontologische Begründung seines Rechts und seiner Notwendigkeit. Erst wenn die Begründung gegeben wird, erhalten

die aus dieser ontologischen Fragestellung erwachsenden ontologischen Grundbegriffe, essentia und existentia, die Ausstel-
lung ihres gültigen Geburtsbriefes. Die Begründung der Rechtmäßigkeit des gekennzeichneten Horizontes für die Interpretation des Seienden hinsichtlich seiner essentia und existentia
läßt sich nur so durchführen, daß aus der eigensten *Seinsverfassung des Daseins* verständlich gemacht wird, warum es
zunächst und zumeist das Sein des Seienden im Horizont des
herstellend-anschauenden Verhaltens verstehen muß. Es muß
gefragt werden: Welche Funktion hat das herstellend-gebrau-
chende Verhalten im weitesten Sinne innerhalb des Daseins
selbst? Die Antwort darauf ist nur möglich, wenn zuvor die
Seinsverfassung des Daseins überhaupt in den Grundzügen ans
Licht gestellt, d. h. die Ontologie des Daseins gesichert ist.
Dann läßt sich fragen, ob aus der Seinsart des Daseins, aus
seiner Existenzweise, verständlich gemacht werden kann,
warum sich zunächst die Ontologie naiv an diesem herstellenden bzw. wahrnehmend-anschauenden Verhalten orientiert.
Doch für die eindringlichere Analyse der Seinsart des Daseins
sind wir noch nicht vorbereitet. Vorläufig gilt es nur zu sehen,
daß die antike Ontologie vom Herstellen bzw. vom Wahrnehmen aus das Seiende in seinem Sein interpretiert und daß,
sofern auch Kant die Wirklichkeit mit Rücksicht auf Wahrnehmung interpretiert, hier sich ein einliniger Zusammenhang der
Tradition offenbart.

b) Der innere Zusammenhang zwischen
der antiken (mittelalterlichen) und Kantischen Ontologie

So führt der Versuch, das in der zweiten These fixierte Problem an der Wurzel zu fassen, erneut vor dieselbe Aufgabe wie
die ursprüngliche Interpretation der Kantischen These. Die
Kantische Interpretation der Wirklichkeit im Rückgang auf
die Wahrnehmung und Anschauung überhaupt liegt in derselben Richtung wie die griechische Auffassung des Seins mit

Rücksicht auf das νοεῖν und ϑεωρεῖν. Nur ist bei Kant und
schon lange vor ihm der Bestand der aus der Antike überlieferten ontologischen Kategorien selbstverständlich geworden, d. h. entwurzelt, bodenlos und unverstanden in seiner
Herkunft.

Wenn so ein innerer Zusammenhang zwischen der antiken
Ontologie und der Kantischen besteht, dann müssen wir auch
aufgrund der Interpretation der antiken Ontologie, d. h. des
herstellenden Verhaltens und seines Seinsverständnisses, uns
klar machen können, was im Grunde bei Kant die Auslegung
der Wirklichkeit als absoluter Setzung besagt. Offenbar bedeutet absolute Setzung bei Kant nicht: Das Subjekt setzt von sich
aus aus sich heraus das Wirkliche in dem Sinne, daß es frei,
willkürlich dergleichen ansetzt und subjektiv etwas als Wirkliches annimmt, aus irgendwelchen Gründen dafürhält, daß
etwas wirklich sei, sondern *absolute Setzung* besagt recht verstanden – auch wenn Kant sie nicht ausdrücklich interpretiert –: Setzung als *Stehenlassen von etwas an ihm selbst*,
und zwar absolut, als abgelöst, freigegeben als ›an und vor
sich selbst‹, wie Kant sagt. Auch in der Kantischen Interpretation der Wirklichkeit als Wahrnehmung bzw. absolute
Setzung kann man bei hinreichend weit getriebener phänomenologischer Interpretation sehen, daß auch hier von dem Ent-
lassungs- und Freigabecharakter Gebrauch gemacht wird, der
sich uns besonders in der intentionalen Struktur des Herstellens dargeboten hat. Mit anderen Worten, auch der spezifische
Richtungssinn des Wahrnehmens und des zum Anschauen
gehörigen Seinsverständnisses ist als freigebendes Begegnenlassen von Vorhandenem gekennzeichnet. Es ist kein Zufall,
daß gerade schon in der antiken Ontologie das Wahrnehmen,
das νοεῖν im weitesten Sinne, als die Verhaltung fungiert,
an deren Leitfaden das in ihnen begegnende Seiende ontologisch bestimmt wird. Denn das pure Anschauen und Wahrnehmen hat, wenn sein intentionaler Sinn verstanden ist, noch
viel reiner den Charakter des Freigebens als das Herstellen,

sofern im Anschauen, im puren Betrachten, das Dasein sich so verhält, daß es Abstand nimmt sogar von allem Hantieren *mit* dem Seienden, vom Beschäftigtsein mit ihm. Im bloßen Anschauen wird noch mehr jeder Bezug des Subjekts zurückgestellt und das Seiende nicht nur verstanden als Freizugebendes, Herzustellendes, sondern als an sich schon Vorhandenes, von sich selbst her Begegnendes. Daher kommt es, daß seit der Antike bis Kant und Hegel die Anschauung das Ideal der Erkenntnis, d. h. das Ideal der Erfassung von Seiendem überhaupt ist und der Begriff der Wahrheit in der Erkenntnis an der Anschauung orientiert ist. Was Kant anbetrifft, so ist noch zu beachten, daß er gemäß der traditionellen theologischen Fundamentierung der Ontologie das Erkennen an der Idee des schöpferischen Erkennens mißt, das als Erkennen das Erkannte erst setzt, ins Sein bringt und so allererst sein läßt (intellectus archetypus). Eigentliche Wahrheit ist Anschauungswahrheit, intuitive Erfassung.

Im Hinblick auf den Ursprung der antiken Ontologie aus dem herstellenden und anschauenden Verhalten zum Seienden wird noch ein Weiteres einsichtig, was wir kurz berühren wollen. An sich ist es gar nicht selbstverständlich, daß die antike Philosophie im Mittelalter von der christlichen Theologie aufgenommen wird. Faktisch ist denn auch Aristoteles, der seit dem 13. Jahrhundert fortan die christliche Theologie, und nicht nur die katholische, maßgebend bestimmt, erst nach schweren Kämpfen und Auseinandersetzungen in die autoritative Stellung eingerückt, die er seitdem besitzt. Weshalb das aber geschehen konnte, liegt darin begründet, daß für die christliche Weltauffassung gemäß dem Schöpfungsbericht der Genesis alles Seiende, das nicht Gott selbst ist, Geschaffenes ist. Das ist eine selbstverständliche Voraussetzung. Wenn nun auch die Schöpfung aus dem Nichts nicht mit Herstellen von etwas aus einem vorhandenen vorliegenden Material identisch ist, so hat doch dieses Schaffen der Schöpfung den allgemeinen ontologischen Charakter des Herstellens. Die Schöpfung wird auch in irgendeinem Sinne mit Rücksicht auf das Herstellen interpretiert. Die antike Ontologie war in ihren Fundamenten und Grundbegriffen trotz anderer Ursprünge der christlichen Weltauffassung und Auffassung des Seienden als ens creatum gleichsam auf den Leib zugeschnitten. Gott ist als das ens increatum das herstellungsunbedürftige Seiende schlechthin und für alles andere Seiende die causa prima. Allerdings erfuhr die antike Ontologie durch die Rezeption im Mittelalter eine wesentliche Umbiegung, so daß die spezifisch antike Problematik verlorenging, worauf wir jetzt nicht näher eingehen. Aber in dieser Umbildung durch das Mittelalter ist die antike Ontologie über Suarez in die Neuzeit eingegangen. Auch da, wo die neuzeitliche Philosophie, wie bei Leibniz und Wolff, einen selbständigen Rückgang auf die Antike vollzieht, geschieht es im Verständnis der antiken Grundbegriffe, wie es die Scholastik vorgebildet hat.

So ist deutlich geworden, daß wir uns bei einem vulgären Verständnis der Grundbegriffe essentia und existentia nicht beruhigen dürfen und nicht zu beruhigen brauchen, daß die Möglichkeit besteht, ihren Ursprung aufzuweisen. Erst eine radikale Interpretation von essentia und existentia verschafft den Boden, um das Problem ihres Unterschiedes überhaupt erst zu stellen. Der Unterschied muß selbst aus ihrer einheitlich gemeinsamen Verwurzelung entspringen.

Von hier aus erhebt sich dann auch die Frage, ob die These, daß zu jedem Seienden essentia und existentia gehören, in dieser Form zu Recht besteht, — ob sie in ihrer vermeintlich universalen ontologischen Geltung für alles Seiende überhaupt begründet werden kann. Versucht man eine solche Begründung, dann zeigt sich, daß sie unmöglich ist. Mit anderen Worten, die These läßt sich in dieser gekennzeichneten Bedeutung nicht halten. Zwar läßt sich das vorhandene Seiende im Horizont des Herstellens ontologisch interpretieren. Zwar kann man zeigen, daß zum Vorhandensein jeweils eine Washeit mit den genannten Charakteren gehört. Die Frage bleibt jedoch, ob *alles* Seiende durch das Vorhandene erschöpft ist. Deckt sich der Bereich des Vorhandenen mit dem Bereich des Seienden überhaupt? Oder gibt es Seiendes, das seinem Seinssinne nach gerade nicht als Vorhandenes begriffen werden kann? In der Tat, das Seiende, was am wenigsten als Vorhandenes begriffen werden kann, das Dasein, das wir je selbst sind, ist gerade dasjenige, auf das alles Verstehen von Vorhandenheit, Wirklichkeit zurückgehen muß. Der Sinn dieses Zurückgehens ist zu klären.

c) Notwendigkeit der Einschränkung und Modifikation der zweiten These. Grundartikulation des Seins und ontologische Differenz

Wenn das Dasein eine völlig andere Seinsverfassung zeigt als das Vorhandene und wenn Existieren in unserem terminologischen Gebrauch etwas anderes besagt als existere und existentia (εἶναι), dann wird auch fraglich, ob zur ontologischen Verfassung des Daseins so etwas wie Sachheit, essentia, οὐσία gehören kann. Sachheit, realitas oder quidditas, ist dasjenige, was auf die Frage antwortet: *quid* est res, *was* ist die Sache? Schon die rohe Betrachtung zeigt: Das Seiende, das wir selbst sind, das Dasein, kann als solches mit der Frage, *was* ist das?, überhaupt nicht *befragt* werden. Zu diesem Seienden gewinnen wir nur Zugang, wenn wir fragen: *wer* ist es? Das Dasein ist nicht durch die Washeit, sondern – wenn wir den Ausdruck bilden dürfen – durch die *Werheit* konstituiert. Die Antwort gibt nicht eine Sache, sondern ein Ich, Du, Wir. Aber wir fragen doch andererseits: *Was* ist dieses *Wer* und diese Werheit des Daseins, – was ist das Wer im Unterschied von dem vorgenannten Was im engeren Sinne der Sachheit des Vorhandenen? Zweifellos fragen wir so. Aber darin bekundet sich nur, daß dieses Was, mit dem wir auch nach dem Wesen des Wer fragen, offenbar sich nicht mit dem Was im Sinne der Washeit decken kann. Mit anderen Worten, der Grundbegriff der essentia, der Washeit, wird angesichts des Seienden, das wir Dasein nennen, erst recht problematisch. Die unzureichende Fundierung der These als einer universal-ontologischen wird sichtbar. Soll sie überhaupt eine ontologische Bedeutung haben, dann bedarf sie einer *Einschränkung* und *Modifikation*. Es muß positiv gezeigt werden, in welchem Sinne jegliches Seiende nach seinem Was befragt werden kann, in welchem Sinne aber Seiendes durch die Wer-Frage angefragt werden muß. Erst von hier aus wird das Problem der distinctio zwischen essentia und existentia kompliziert. Es ist nicht nur die Frage des Verhältnisses von *Washeit und Vorhandenheit*, sondern zugleich die Frage des Verhältnisses von *Werheit und Existenz,* Existenz in unserem Sinne verstanden als Seinsart des Seienden, das wir selbst sind. Allgemeiner gefaßt, die These: Zu jedem Seienden gehören essentia und existentia, zeigt lediglich das allgemeine Problem der Artikulation jedes Seienden in ein Seiendes, *das* es ist, und in das *Wie* seines Seins an.

Wir haben früher schon den Zusammenhang zwischen der *Grundartikulation des Seins* und der *ontologischen Differenz* angezeigt. Das Problem der Artikulation des Seins in essentia und existentia, scholastisch formuliert, ist nur eine speziellere Frage, die die ontologische Differenz überhaupt betrifft, d. h. den Unterschied zwischen Seiendem und Sein. Jetzt zeigt sich, daß die ontologische Differenz verwickelter wird, so formal dieser Unterschied sich anhört und ausnimmt. Verwickelter deshalb, weil unter dem Titel ›Sein‹ jetzt *nicht nur essentia und existentia* stehen, sondern *zugleich Werheit* und *Existenz* in unserem Sinne. Die Artikulation des Seins variiert mit der jeweiligen Weise des Seins eines Seienden. Diese kann nicht auf Vorhandensein und Wirklichkeit im Sinne der Tradition eingeschränkt werden. Die Frage nach der möglichen *Mannigfaltigkeit des Seins* und damit zugleich die nach der *Einheit des Begriffes von Sein überhaupt* wird brennend. Zugleich wird die leere Formel für die ontologische Differenz immer reicher an Problemgehalt.

Zunächst aber meldet sich für uns das eine Problem, daß außer dem Vorhandenen (Vorhandenheit) Seiendes ist im Sinne des Daseins, das existiert. Aber war nicht in der Philosophie und sogar schon im vorphilosophischen Erkennen dieses Seiende, das wir selbst sind, immer schon bekannt? Kann man so viel Aufhebens machen von der ausdrücklichen Betonung, daß es außer dem Vorhandenen auch Seiendes gibt, das wir selbst sind? Alles Dasein weiß doch immer schon, sofern es ist, um sich selbst und weiß, daß es sich von anderem Seienden unterscheidet. Wir sagten doch selbst, daß in der antiken Ontologie, die zwar primär am Vorhandenen orientiert ist, doch ψυχή, νοῦς, λόγος, ζωή, βίος, Seele, Vernunft, Leben im weitesten Sinne, bekannt sind. Allerdings; aber es ist zu bedenken, daß die ontische faktische Kenntnis eines Seienden nicht schon die angemessene Interpretation seines Seins verbürgt. Zwar ist dem Dasein bekannt, daß es anderes Seiendes, das es erfährt, nicht ist. Mindestens kann es dem Dasein bekannt sein. Es ist nicht jedem Dasein bekannt, sofern z. B. das mythische und magische Denken die Dinge mit sich selbst identifiziert. Aber selbst wenn dem Dasein bekannt ist, daß es selbst anderes Seiendes nicht ist, so liegt darin noch nicht die explizite Erkenntnis, daß seine Seinsart eine andere ist als die des Seienden, das es selbst nicht ist. Das Dasein kann vielmehr, wie wir am Beispiel der Antike sehen, ontologisch sich selbst und seine Seinsart im Hinblick auf das Vorhandene und dessen Weise zu sein interpretieren. Die spezifische Frage nach der ontologischen Verfassung des Daseins wird durch mannigfache Vorurteile, die in der Existenz des Daseins selbst begründet sind, hintangehalten und verwirrt. Daß dem so ist, soll uns unter anderem die Erörterung der dritten These deutlich machen. Sie zielt vor allem darauf, uns überhaupt das Problem einer Mannigfaltigkeit von Weisen des Seins, über die Einzigkeit des nur Vorhandenseins hinaus, näher zu bringen.

DRITTES KAPITEL
Die These der neuzeitlichen Ontologie:
Die Grundweisen des Seins sind das Sein der Natur
(res extensa) und das Sein des Geistes (res cogitans)

§ 13. Die Kennzeichnung des ontologischen Unterschiedes
zwischen res extensa und res cogitans
an Hand der Kantischen Auffassung des Problems

Die Diskussion der beiden ersten Thesen führte jedesmal dazu, die Fragestellung nach dem Sinn von Wirklichkeit bzw. Sachheit und Wirklichkeit ausdrücklich auf die Verhaltungen des Daseins zurückzulenken, um am Leitfaden der intentionalen Struktur dieser Verhaltungen und des in jeder Verhaltung jeweils einwohnenden Seinsverständnisses nach der Verfassung des Seienden zu fragen, wozu sich jeweils das Verhalten verhält: das Wahrgenommene des Wahrnehmens in seiner Wahrgenommenheit, das Hergestellte (Herstellbare) des Herstellens in seiner Hergestelltheit. Beide Verhaltungen offenbaren zugleich einen Zusammenhang unter sich. Alles Herstellen ist sichtig vernehmend orientiert, wahrnehmend im weitesten Sinne.

Die Notwendigkeit eines solchen Rückganges auf die Verhaltungen des Daseins ist allgemein der Index dafür, daß das Dasein selbst für die Ermöglichung einer zureichend fundierten ontologischen Forschung überhaupt eine ausgezeichnete Funktion hat. Darin liegt, daß die Untersuchung der spezifischen Seinsart und Seinsverfassung des Daseins unumgänglich ist. Wir betonten ferner wiederholt, daß alle, auch die primitivste Ontologie, notwendig auf das Dasein zurückblickt. Wo Philosophie erwacht, steht dieses Seiende auch schon im Gesichtskreis, wenn auch in verschiedener Deutlichkeit und mit wechselnder Einsicht in seine fundamentalontologische Funktion. In der Antike und im Mittelalter wird von dem Rückgang auf das Dasein gleichsam zwangsläufig Gebrauch gemacht. Bei Kant sehen wir einen bewußten Rückgang auf das Ich. Allerdings hat dieser Rückgang auf das Subjekt bei ihm andere Motive. Er entspringt nicht direkt der Einsicht in die fundamentalontologische Funktion des Daseins. Dieser Rückgang in der spezifisch Kantischen Auffassung ist eher ein Resultat der schon bei ihm herrschenden Orientierung der philosophischen Problematik am Subjekt. Diese Orientierung selbst ist die, welche die philosophische Tradition bestimmt und die seit Descartes vom Ich, vom Subjekt ausgeht. Motiv dieser primären Orientierung am Subjekt in der neuzeitlichen Philosophie ist die Meinung, dieses Seiende, das wir selbst sind, sei für den Erkennenden zuerst und als einzig Gewisses gegeben, das Subjekt sei unmittelbar und schlechthin gewiß zugänglich, es sei bekannter als alle Objekte. Die Objekte dagegen seien erst auf dem Wege einer Vermittlung zugänglich. Diese Meinung ist in dieser Form, wie wir später sehen werden, unhaltbar.

a) Die neuzeitliche Orientierung am Subjekt, ihr nichtfundamentalontologisches Motiv und ihre Verhaftetheit der überlieferten Ontologie

Bei der folgenden Diskussion der *dritten These* interessiert uns nicht die vorzügliche Rolle, die die Subjektivität in der neuzeitlichen Philosophie beansprucht, noch weniger interessieren uns die Motive, die zu diesem Vorrang des Subjekts geführt haben, oder die Folgen, die sich daraus für die Entwicklung der neueren Philosophie ergaben. Wir zielen vielmehr auf ein prinzipielles Problem. Es ergab sich: Die antike Philosophie interpretiert und versteht das Sein des Seienden, die Wirklichkeit des Wirklichen, als Vorhandensein. Das ontologisch exemplarische Seiende, d. h. das Seiende, an dem das Sein und sein Sinn abgelesen wird, ist die Natur im weitesten Sinne, Natur-

erzeugnisse und hieraus hergestelltes Zeug, das im weitesten
Sinne Verfügbare, oder in der seit Kant gebräuchlichen Rede,
die Objekte. Die neuere Philosophie vollzog eine totale Umwendung des philosophischen Fragens und ging vom Subjekt,
vom Ich aus. Man wird vermuten und erwarten, daß entsprechend dieser grundsätzlichen Umwendung des Fragens auf das
Ich das jetzt im Zentrum stehende Seiende in seiner spezifischen
Seinsart maßgebend wurde. Man wird erwarten, daß jetzt die
Ontologie als exemplarisches Seiendes das Subjekt nimmt und
den Begriff des Seins im Hinblick auf die Seinsart des Subjekts
interpretiert, – daß nunmehr die *Seinsweise* des Subjekts
ontologisches Problem wird. Aber gerade das ist nicht der Fall.
Die Motive für die primäre Orientierung der neueren Philosophie auf das Subjekt sind nicht die fundamentalontologischen, d. h. nicht die Erkenntnis, *daß* gerade und *wie* aus
dem Dasein selbst Sein und Seinsstrukturen aufgeklärt werden
können.

Descartes, bei dem sich die auf verschiedenen Wegen schon
vorbereitete Umwendung auf das Subjekt vollzog, stellt nicht
nur nicht die Frage nach dem Sein des Subjekts, sondern er
interpretiert sogar das Sein des Subjekts am Leitfaden des
Seinsbegriffes und der ihm zugehörigen Kategorie, den die
antike bzw. mittelalterliche Philosophie ausgebildet hat. Die
ontologischen Grundbegriffe Descartes' sind direkt von Suarez, Duns Scotus und Thomas von Aquino übernommen. Der
Neukantianismus der vergangenen Jahrzehnte hat die Ge-
schichtskonstruktion aufgebracht, mit Descartes beginne eine
völlig neue Epoche der Philosophie, vor ihm zurück bis zu
Plato, den man selbst mit Kantischen Kategorien interpretierte, sei nur Finsternis. Demgegenüber wird heute mit Recht
betont, daß die neuere Philosophie seit Descartes auch noch die
alte Problematik der Metaphysik weiter behandele und somit
bei allem Neuen auch noch in der Tradition verbleibe. Aber
mit dieser Korrektur der neukantianischen Geschichtskonstruk-
tion ist für das philosophische Verständnis der neueren Philo-

sophie das Entscheidende noch nicht getroffen. Es liegt darin, daß nicht nur die alten metaphysischen Probleme auch weiter neben der neuen Problematik behandelt wurden, sondern daß gerade die neugestellten Probleme auf das Fundament der alten gestellt und bearbeitet wurden, – daß mithin die philosophische Umwendung der neueren Philosophie ontologisch grundsätzlich gesehen gar keine war. Im Gegenteil, durch diese Umwendung, durch diesen vermeintlich kritischen Neuanfang der Philosophie mit Descartes, wird die überlieferte Ontologie übernommen. Durch diesen angeblich kritischen Neuanfang wird die antike Metaphysik zum Dogmatismus, was sie früher in diesem Stil nicht war, d. h. zu einer Denkungsart, die versucht, mit Hilfe der traditionellen ontologischen Begriffe eine positiv-ontische Erkenntnis von Gott, Seele und Natur zu gewinnen.

Wenngleich, prinzipiell gesehen, in der neueren Philosophie alles beim alten blieb, so mußte doch die Auszeichnung und Betonung des Subjekts dazu führen, den Unterschied zwischen Subjekt und Objekt auf irgendeine Weise ins Zentrum zu stellen und im Zusammenhang damit auch das eigene Wesen der Subjektivität eindringlicher zu fassen.

Es gilt zunächst überhaupt zu sehen, in welcher Weise die neuere Philosophie diesen Unterschied von Subjekt und Objekt faßt, genauer, wie die Subjektivität charakterisiert ist. Diese Unterscheidung zwischen Subjekt und Objekt greift durch die Problematik der ganzen neueren Philosophie hindurch und reicht selbst bis in die Entwicklung der heutigen Phänomenologie hinein. Husserl sagt in seinen »Ideen zur reinen Phänomenologie und phänomenologischen Philosophie«: »Die Kategorienlehre muß durchaus von dieser radikalsten aller Seinsunterscheidungen — Sein *als Bewußtsein* [d. h. res cogitans] und Sein als sich im Bewußtsein ›*bekundendes*‹, ›transzendentes‹ Sein – [d. h. res extensa] ausgehen.«[1] »Zwischen Be-

---

[1] Husserl, Ideen Bd. I, p. 174.

wußtsein [res cogitans] und Realität [res extensa] gähnt ein
wahrer Abgrund des Sinnes.«[2] Husserl nimmt ständig Bezug
auf diesen Unterschied, und gerade in der Form, wie ihn Descartes ausgesprochen hat: res cogitans – res extensa.

Wie ist dieser Unterschied genauer bestimmt? Wie ist gegenüber Realität, d. h. hier Wirklichkeit, Vorhandenheit, das Sein
des Subjekts, des Ich gefaßt? Damit, daß dieser Unterschied
behauptet wird, ist noch nicht gesagt, daß die verschiedenen
Seinsweisen dieser Seienden auch eigens begriffen werden.
Wenn aber das Sein des Subjekts sich als ein anderes als Vorhandenheit offenbaren sollte, dann ist damit der bisherigen
Gleichsetzung von Sein und Wirklichkeit bzw. Vorhandenheit,
d. h. der antiken Ontologie eine grundsätzliche Grenze gesetzt.
Die Frage der Einheit des Seinsbegriffes gegenüber diesen zunächst gesehenen beiden Mannigfaltigkeiten des Seins wird um
so dringlicher.

Im Hinblick worauf werden Subjekt und Objekt ontologisch unterschieden? Zur Beantwortung dieser Frage könnten
wir uns passend an den Bestimmungen Descartes' orientieren.
Er hat zum ersten Mal diesen Unterschied ausdrücklich ins
Zentrum gerückt. Oder wir könnten Auskunft suchen bei der
entscheidenden Endstation der Entwicklung der neueren Philosophie, bei Hegel, der den Unterschied als den von Natur und
Geist, bzw. von Substanz und Subjekt formuliert. Wir wählen
weder den Anfang noch das Ende der Entwicklung dieses Problems, sondern die entscheidende Zwischenstation zwischen
Descartes und Hegel, die *Kantische Auffassung des Problems*,
die ebensowohl von Descartes her bestimmt ist als auf Fichte,
Schelling und Hegel hin bestimmend wurde.

---

[2] a. a. O., p. 117.

b) Kants Auffassung von Ich und Natur (Subjekt und Objekt)
und seine Bestimmung der Subjektivität des Subjekts

Wie faßt Kant den Unterschied zwischen Ich und Natur, Subjekt und Objekt? Wie charakterisiert er das Ich, d. h. worin liegt das *Wesen der Ichheit?*

α) Die personalitas transcendentalis

Kant hält grundsätzlich an der Bestimmung Descartes' fest. So wesentlich auch Kants Untersuchungen zur ontologischen Interpretation der Subjektivität geworden sind und für immer bleiben, das Ich, das ego, ist für ihn wie für Descartes res cogitans, *res, etwas,* das denkt, d. h. das vorstellt, wahrnimmt, urteilt, zustimmt, ablehnt, aber auch liebt, haßt, strebt u. dgl. Alle diese Verhaltungen bezeichnet Descartes mit cogitationes. Das Ich ist etwas, das diese cogitationes hat. Cogitare aber ist nach Descartes immer cogito *me* cogitare. Jedes Vorstellen ist ein ›*ich* stelle vor‹, jedes Urteilen ist ein ›*ich* urteile‹, jedes Wollen ein ›*ich* will‹. Das ›Ich-denke‹, das ›me-cogitare‹, ist jeweils mitvorgestellt, obzwar nicht eigens und ausdrücklich gemeint.

Kant nimmt diese Bestimmung des ego als res cogitans im Sinne des cogito me cogitare auf, nur faßt er sie ontologisch prinzipieller. Er sagt: Das Ich ist das, dessen Bestimmungen die Vorstellungen im vollen Sinne von repraesentatio sind. Wir wissen, Bestimmung ist bei Kant nicht ein beliebiger Begriff und beliebiges Wort, sondern die Übersetzung des Terminus determinatio bzw. realitas. Das Ich ist eine res, deren Realitäten die Vorstellungen, die cogitationes, sind. Diese Bestimmungen *habend* ist das Ich res cogitans. Bei res muß man nur das verstehen, was der strenge ontologische Begriff meint: Etwas. Diese Bestimmungen aber, determinationes oder realitates, sind in der traditionellen Ontologie – wir erinnern uns an Baumgartens »Metaphysik« § 36 – die notae bzw. die praedicata, die Prädikate der Dinge. Die Vorstellungen sind die Bestimmungen des Ich, die Prädikate. Was die Prädikate hat, nennt man in der Grammatik und allgemeinen Logik das Subjekt. Das Ich ist als res cogitans ein Subjekt im grammatisch-logischen Sinne, das Prädikate hat. Subjectum ist hier als formal-apophantische Kategorie zu nehmen. ›Apophantisch‹ heißt eine solche, die zur Struktur dessen gehört, was die formale Struktur des Aussagegehalts einer Aussage überhaupt ist. In jeder Aussage wird etwas von etwas ausgesagt. Das, wovon ausgesagt wird, oder das Worüber, ist das subjectum, das der Aussage Zugrundeliegende. Das ausgesagte Was ist das Prädikat. Das Ich, das die Bestimmungen hat, ist wie jedes andere Etwas ein subjectum, das Prädikate hat. Aber *wie* ›hat‹ dieses Subjekt als Ich seine Prädikate, die Vorstellungen? Diese res est cogitans, dieses Etwas denkt, und das besagt nach Descartes: cogitat se cogitare. Das Denkendsein des Denkenden ist im Denken mitgedacht. Das *Haben* der Bestimmungen, der Prädikate, ist ein *Wissen* um sie. Das Ich als Subjekt, immer noch im grammatisch formal-apophantischen Sinne genommen, ist ein seine Prädikate wissenderweise habendes. Denkend weiß Ich dieses Denken als mein Denken. Ich weiß als dieses merkwürdige Subjekt um die Prädikate, die ich habe. *Ich weiß mich.* Aufgrund dieses ausgezeichneten Habens seiner Prädikate ist dieses Subjekt ein ausgezeichnetes, d. h. das Ich ist das Subjekt κατ' ἐξοχήν. Das Ich ist Subjekt im Sinne des Selbstbewußtseins. Dieses Subjekt ist nicht nur *unterschieden* von seinen Prädikaten, sondern es *hat* sie als gewußte, das heißt als *Objekte*. Diese res cogitans, das Etwas, das denkt, ist Subjekt von Prädikaten und als dieses Subjekt *für* Objekte.

Der Subjekt-Begriff im Sinne der Subjektivität, der Ichheit, hängt ontologisch auf das innigste zusammen mit der formal-apophantischen Kategorie des subjectum, des ὑποκείμενον, worin zunächst gar nichts von Ichheit liegt. Im Gegenteil, das ὑποκείμενον ist das Vorhandene, das Verfügbare. Weil bei Kant zum ersten Male explizit, wenn auch schon bei Descartes und vor allem bei Leibniz vorgebildet, das Ich das eigentliche subjectum ist, griechisch gesprochen die eigentliche Substanz, ὑποκείμενον, kann Hegel dann sagen: Die eigentliche Substanz ist das Subjekt, oder der eigentliche Sinn der Substanzialität ist die Subjektivität. Dieser Grundsatz der Hegelschen Philosophie liegt in der direkten Linie der Entwicklung der neuzeitlichen Fragestellung.

Worin liegt die allgemeinste Struktur des Ich, oder: Was macht die Ichheit aus? Antwort: das Selbstbewußtsein. Alles Denken ist ›Ich denke‹. Das Ich ist nicht einfach irgendein isolierter Punkt, sondern es ist ›Ich-*denke*‹. Es nimmt sich aber selbst nicht wahr als ein Seiendes, das noch andere Bestimmungen hätte außer denen, daß es eben denkt. Vielmehr weiß sich das Ich als der *Grund* seiner Bestimmungen, d. h. seiner Verhaltungen, als der Grund seiner eigenen Einheit in der Mannigfaltigkeit dieser Verhaltungen, als Grund der Selbigkeit seiner selbst. Alle Bestimmungen und Verhaltungen des Ich sind ich-gegründet. Ich nehme wahr, Ich urteile, Ich handele. Das ›Ich-denke‹, sagt Kant, muß alle meine Vorstellungen, d. h. alles cogitare der cogitata, begleiten können. Dieser Satz ist aber nicht so zu fassen, als sei bei jedem Verhalten, bei jedem Denken im weitesten Sinne jeweils auch die Ich-Vorstellung dabei, sondern Ich bin mir der Verknüpfung aller Verhaltungen mit meinem Ich bewußt, d. h. Ich bin mir ihrer bewußt in ihrer Mannigfaltigkeit als *meiner* Einheit, die in meiner Ichheit (als subjectum) als solcher ihren Grund hat. Erst auf dem Grunde des ›*Ich*-denke‹ kann mir Mannigfaltiges gegeben sein. Kant interpretiert zusammenfassend das Ich als die ›ursprüngliche synthetische Einheit der Apperzeption‹. Was heißt das? Das Ich ist der ursprüngliche *Grund* der *Einheit* der Mannigfaltigkeit seiner Bestimmungen in der Weise, daß ich als Ich sie alle rücksichtlich meiner selbst zusammen habe, im vorhinein zusammen halte, d. h. verbinde, Synthesis. Der ursprüngliche Grund der Einheit *ist*, was er ist, er ist dieser Grund als *einigender*, als synthetischer. Das Verbinden der Mannigfaltigkeit der Vorstellungen und des in ihnen

Vorgestellten muß immer mitgedacht werden. Das Verbinden ist derart, daß Ich denkend *mich* mitdenke, d. h. Ich erfasse nicht einfach das Gedachte und Vorgestellte, Ich perzipiere dasselbe nicht schlechthin, sondern in allem Denken denke Ich mich mit dazu, Ich perzipiere nicht, sondern *apperzipiere das Ich*. Die *ursprüngliche synthetische Einheit der Apperzeption* ist die *ontologische Charakteristik* des ausgezeichneten *Subjekts*.

Aus dem Gesagten wird deutlich: Mit diesem Begriff der Ichheit ist die formale Struktur der Personalität gewonnen, oder wie Kant sagt, die *personalitas transcendentalis*. Was bedeutet dieser Ausdruck ›transzendental‹? Kant sagt: »Ich nenne alle Erkenntnis transzendental, die sich nicht sowohl mit Gegenständen, sondern mit unserer Erkenntnisart von Gegenständen, insofern diese apriori möglich sein soll, überhaupt beschäftigt.«[3] Transzendentale Erkenntnis bezieht sich nicht auf Gegenstände, d. h. nicht auf Seiendes, sondern auf die Begriffe, die das Sein des Seienden bestimmen. »Ein System solcher Begriffe würde Transzendental-Philosophie heißen.«[4] Transzendental-Philosophie besagt nichts anderes als Ontologie. Daß diese Interpretation keine Gewaltsamkeit ist, besagt folgender Satz, den Kant ungefähr ein Jahrzehnt nach der zweiten Auflage der »Kritik der reinen Vernunft« geschrieben hat in der Abhandlung, die unmittelbar nach seinem Tode herausgegeben wurde, »Über die von der Königlichen Akademie der Wissenschaften zu Berlin für das Jahr 1791 ausgesetzte Preisfrage: Welches sind die wirklichen Fortschritte, die die Metaphysik seit Leibnizens und Wolffs Zeiten in Deutschland gemacht hat?«: »Die Ontologie ist diejenige Wissenschaft (als Teil der Metaphysik), welche ein System aller Verstandesbegriffe und Grundsätze, aber nur sofern sie auf Gegenstände gehen, welche den Sinnen gegeben und also durch Erfahrung belegt werden können, ausmacht.«[5] Die Ontologie »wird

---

[3] Kant, Kr. d. r. V. B 25.
[4] Ebd.
[5] Kant, WW (Cassirer) Bd. 8, p. 238.

Transzendental-Philosophie genannt, weil sie die Bedingungen und ersten Elemente aller unserer *Erkenntnis* apriori enthält.«[6] Kant betont hier immer, daß die Ontologie als Transzendental-Philosophie mit der *Erkenntnis* der Gegenstände zu tun hat. Das heißt nicht, wie der Neukantianismus interpretierte, Erkenntnistheorie, sondern weil die Ontologie vom Sein des Seienden handelt, wie wir aber wissen, nach Kants Überzeugung Sein, Wirklichkeit gleich Wahrgenommenheit, Erkanntheit ist, muß für ihn die Ontologie als Wissenschaft vom Sein die Wissenschaft von der Erkanntheit der Gegenstände und ihrer Möglichkeit sein. Deshalb ist die Ontologie Transzendental-Philosophie. Die Interpretation von Kants »Kritik der reinen Vernunft« als Erkenntnistheorie verfehlt vollständig den eigentlichen Sinn.

Wir wissen aus Früherem: Sein ist nach Kant gleich Wahrgenommenheit. Die Grundbedingungen des Seins des Seienden, d. h. der Wahrgenommenheit, sind deshalb die Grundbedingungen der Erkanntheit der Dinge. Grundbedingung aber für das Erkennen als Erkennen ist das Ich als ›Ich-denke‹. Daher schärft Kant immer wieder ein: Das Ich ist keine Vorstellung, d. h. kein vorgestellter Gegenstand, kein Seiendes im Sinne der Objekte, sondern der Grund der Möglichkeit alles Vorstellens, alles Wahrnehmens, d. h. aller Wahrgenommenheit des Seienden, d. h. der Grund alles Seins. Das Ich als ursprüngliche synthetische Einheit der Apperzeption ist die ontologische Grundbedingung für alles Sein. Die Grundbestimmungen des Seins des Seienden sind die Kategorien. Das Ich ist nicht eine unter den Kategorien des Seienden, sondern die Bedingung der Möglichkeit der Kategorien überhaupt. Daher gehört das Ich nicht selbst unter die Stammbegriffe des Verstandes, wie Kant die Kategorien nennt, sondern das Ich ist nach seiner Ausdrucksweise ›das Vehikel aller Verstandesbegriffe‹. Es ermöglicht allererst die apriorischen ontologischen

---

[6] Ebd.

Grundbegriffe. Denn das Ich ist nicht etwas Abgelöstes, irgendein Punkt, sondern ist immer ›Ich-denke‹, d. h. ›Ich-verbinde‹. Die Kategorien aber interpretiert Kant als dasjenige, was in jedem Verbinden des Verstandes im vorhinein schon gesehen und verstanden ist als das, was der jeweils zu vollziehenden Verbindung die entsprechende Einheit der Verbundenen vorgibt. Die Kategorien sind die möglichen Formen der Einheit der möglichen Weisen des denkenden ›Ich verbinde‹. Verbindbarkeit und dementsprechend auch die Form ihrer selbst, d. h. die jeweilige Einheit ihrer gründet im ›Ich verbinde‹. So ist das Ich die ontologische Grundbedingung, d. h. das Transzendentale, was allem besonderen Apriori zugrunde liegt. Wir verstehen jetzt: Das Ich als Ich-denke ist die formale Struktur der Personalität als personalitas transcendentalis.

β) Die personalitas psychologica

Damit ist aber der Begriff der Subjektivität bei Kant nicht erschöpfend bestimmt. Zwar bleibt dieser transzendentale Ich-Begriff das Schema für die weitere Interpretation der Ichheit, der Personalität im formalen Sinne. Die personalitas transcendentalis deckt sich aber nicht mit dem vollen Begriff der Personalität. Kant unterscheidet von der personalitas transcendentalis, d. h. dem ontologischen Begriff der Ichheit überhaupt die *personalitas psychologica*. Darunter versteht er das in der personalitas transcendentalis, d. h. im ›Ich denke‹ gründende faktische Vermögen, sich seiner empirischen Zustände, d. h. seiner Vorstellungen als vorhandener und stets wechselnder Vorkommnisse bewußt zu werden. Kant macht einen Unterschied zwischen reinem Selbstbewußtsein und empirischem Selbstbewußtsein, oder wie er auch sagt, Ich der Apperzeption und *Ich der Apprehension*. Apprehension besagt Wahrnehmung, Erfahrung von Vorhandenem, nämlich Erfahrung der vorhandenen psychischen Vorgänge durch den sogenannten inneren Sinn. Das reine Ich, das Ich des Selbstbewußtseins, der transzendentalen Apperzeption, ist keine Erfahrungstatsache, sondern in allem empirischen Erfahren als ›Ich erfahre‹ ist dieses Ich immer schon als der ontologische Grund der Möglichkeit alles Erfahrens bewußt. Das empirische Ich als Seele kann gleichfalls theoretisch als Idee gedacht werden und fällt dann zusammen mit dem Begriff der Seele, wobei Seele gedacht wird als Grund der Animalität, oder wie Kant sagt, der Tierheit, des Lebens überhaupt. Das Ich als personalitas transcendentalis ist das Ich, das wesenhaft immer nur Subjekt ist, das Ich-Subjekt. Das Ich als personalitas psychologica ist das Ich, das immer nur Objekt, vorgefundenes Vorhandenes ist, Ich-Objekt, oder wie Kant direkt sagt: »dieses Ich-Objekt, das empirische Ich, ist eine Sache.« Alle Psychologie ist daher positive Wissenschaft von Vorhandenem. Kant sagt in der Abhandlung »Über die Fortschritte der Metaphysik«: »Die Psychologie ist für menschliche Einsichten nichts mehr, und kann auch nichts mehr werden, als Anthropologie, d. i. als Kenntnis des Menschen, nur auf die Bedingung eingeschränkt, sofern er sich als Gegenstand des inneren Sinnes kennet. Er ist sich selbst aber auch als Gegenstand seiner äußeren Sinne bewußt, d. h. er hat einen Körper, mit dem der Gegenstand des innern Sinnes verbunden, die Seele des Menschen heißt.«[7] Von diesem psychologischen Ich unterscheidet Kant das Ich der Apperzeption als das logische Ich. Dieser Ausdruck ›logisches Ich‹ bedarf heute einer näheren Interpretation, weil der Neukantianismus neben vielem anderen Wesentlichen auch diesen Begriff bei Kant völlig mißverstanden hat. Kant will mit der Bezeichnung ›logisches Ich‹ nicht sagen, dieses Ich sei, wie Rickert meint, ein logisches Abstraktum, etwas Allgemeines, Namenloses und Unwirkliches. Das Ich ist logisches Ich, heißt für Kant nicht, wie für Rickert, ein logisch gedachtes, sondern es besagt: Das Ich ist Subjekt des Logos, d. h. des Denkens, das Ich ist das Ich als ›Ich verbinde‹, das allem Denken zu-

---

[7] a.a.O., p. 294.

grunde liegt. Kant sagt zu allem Überfluß an derselben Stelle, wo er vom logischen Ich spricht: »es ist gleichsam, wie das Substantiale [d. h. wie das ὑποκείμενον], was übrigbleibt, wenn ich alle Accidenzen, die ihm inhärieren, weggelassen habe.«[8] Diese Ichheit ist bei allen faktischen Subjekten dieselbe. Das kann nicht heißen, dieses logische Ich sei etwas Allgemeines, Namenloses, sondern es ist gerade seinem Wesen nach je meines. Zur Ichheit gehört, daß das Ich je meines ist. Ein namenloses Ich ist ein hölzernes Eisen. Wenn ich sage, ›Ich denke‹ oder ›Ich denke mich‹, so ist das erste Ich nicht etwa ein anderes in dem Sinne, als spräche im ersten Ich ein allgemeines, unwirkliches Ich, sondern es ist gerade dasselbe wie das gedachte, oder wie Kant sagt, das bestimmbare Ich. Das Ich der Apperzeption ist identisch mit dem bestimmbaren Ich, dem Ich der Apprehension, nur daß im Begriff des bestimmenden Ich nicht notwendig mitgedacht zu werden braucht, was ich als bestimmtes, empirisches Ich bin. Fichte hat diese Begriffe des bestimmenden und des bestimmbaren Ich grundsätzlich für seine »Wissenschaftslehre« angewandt. Das bestimmende Ich der Apperzeption *ist*. Kant sagt, über dieses Seiende und sein Sein können wir nichts weiter aussagen, außer *daß es ist*. Nur weil dieses Ich als dieses Ich selbst ist, kann es sich selbst als empirisches vorfinden.

»Ich bin mir meiner selbst bewußt, ist ein Gedanke, der schon ein zweifaches Ich enthält, das Ich als Subjekt, und das Ich als Objekt. Wie es möglich sei, daß ich, der ich denke, mir selber ein Gegenstand (der Anschauung) sein, und so mich von mir selbst unterscheiden könne, ist schlechterdings unmöglich zu erklären, obwohl es ein unbezweifeltes Faktum ist; es zeigt aber ein über alle Sinnenanschauungen so weit erhabenes Vermögen an, daß es, als der Grund der Möglichkeit eines Verstandes, die gänzliche Absonderung von allem Vieh, dem wir das Vermögen, zu sich selbst Ich zu sagen, nicht Ursache haben

---

[8] a.a.O., p. 249.

beizulegen, zur Folge hat, und in eine Unendlichkeit von selbstgemachten Vorstellungen und Begriffen [d. h. die ontologischen] hinaussieht. Es wird dadurch aber nicht eine doppelte Persönlichkeit gemeint, sondern nur Ich, der ich denke und anschaue, ist die Person, das Ich aber des Objektes, das von mir angeschaut wird, ist, gleich andern Gegenständen außer mir, die Sache.«[9] Daß das Ich der transzendentalen Apperzeption logisches ist, d. h. Subjekt des ›Ich verbinde‹, besagt weder, daß es gegenüber dem vorhandenen, wirklichen psychischen Ich ein anderes Ich sei, noch gar, daß es überhaupt nichts Seiendes sei. Es ist nur soviel gesagt, daß das Sein dieses Ich problematisch, nach Kant überhaupt unbestimmbar, jedenfalls grundsätzlich nicht mit den Mitteln der Psychologie zu bestimmen ist. Die personalitas psychologica setzt die personalitas transcendentalis voraus.

γ) Die personalitas moralis

Aber auch durch die Charakteristik des Ich als personalitas transcendentalis und als personalitas psychologica, als das Ich-Subjekt und als Ich-Objekt, ist die eigentliche und zentrale Charakteristik des Ich, der Subjektivität, bei Kant nicht gewonnen. Sie liegt im Begriff der *personalitas moralis*. Daß nach Kant die Personalität des Menschen, d. h. die Verfassung seines Personseins, weder durch die personalitas psychologica, die den Grund der Animalität ausmacht, noch durch die personalitas transcendentalis, die überhaupt die Vernünftigkeit des Menschen charakterisiert, noch durch beide zusammen erschöpft ist, zeigt eine Stelle aus Kants Schrift »Die Religion innerhalb der Grenzen der bloßen Vernunft«. Kant nennt hier[10] im ersten Stück, ersten Abschnitt drei Elemente der Bestimmung des Menschen. Als solche Elemente nennt er erstens die Tierheit, zweitens die Menschheit und drittens die Persönlichkeit.

---

[9] a.a.O., p. 248 ff.
[10] Kant, WW (Cassirer), Bd. 6, p. 164.

Die erste Bestimmung, die Tierheit, charakterisiert den Menschen als etwas Lebendiges überhaupt, die zweite Bestimmung, die Menschheit, als ein Lebendes, zugleich aber Vernünftiges, die dritte Bestimmung, die Persönlichkeit, als ein vernünftiges und zugleich der Zurechnung fähiges Wesen. Wenn er an dritter Stelle im Unterschied von zweitens, Menschheit, Persönlichkeit nennt, ist offenbar, daß Persönlichkeit hier in einem engeren Sinne gemeint ist, abgehoben von der personalitas transcendentalis, die mit Menschheit identisch ist. Zum vollen Begriff der personalitas gehört nicht nur Vernünftigkeit, sondern Zurechnungsfähigkeit. Persönlichkeit besagt daher bei Kant ein Doppeltes: einmal den weiten, formalen Begriff der Ichheit überhaupt im Sinne des Selbstbewußtseins, sei es nun transzendentales, Ich-denke, oder empirisches, Ich-Objekt, sodann den engeren und eigentlichen Begriff, der die beiden anderen Bedeutungen bzw. das, was sie meinen, in gewisser Weise einschließt, aber sein Zentrum in der Bestimmung hat, die es jetzt zu betrachten gilt. Die *eigentliche Persönlichkeit* ist *personalitas moralis*. Wenn die formale Struktur der personalitas überhaupt im Selbstbewußtsein liegt, so muß die personalitas moralis eine bestimmte *Modifikation des Selbstbewußtseins* ausdrücken, also eine eigene Art von Selbstbewußtsein darstellen. Dieses moralische Selbstbewußtsein charakterisiert die Person eigentlich in dem, was sie ist. Wie verdeutlicht Kant das moralische Selbstbewußtsein? Als was weiß sich der Mensch, sofern er sich moralisch, d. h. als handelndes Wesen versteht? Als was versteht er sich dann, und welcher Art ist dieses moralische Wissen um sich selbst? Offenbar kann das moralische Wissen um sich selbst mit den vorhin besprochenen Arten des Selbstbewußtseins, mit dem empirischen bzw. transzendentalen, nicht zusammenfallen. Vor allem kann das moralische Selbstbewußtsein kein empirisches Kennen und Erfahren eines faktischen, gerade vorhandenen Zustandes, kein empirisches, d. h. für Kant immer, kein sinnliches Selbstbewußtsein sein, kein solches, das durch den inneren oder äuße-

ren Sinn vermittelt ist. Das moralische Selbstbewußtsein wird,
wenn anders es die personalitas im eigentlichen Sinne trifft,
die eigentliche Geistigkeit des Menschen und nicht durch sinnliche Erfahrung vermittelt sein. Zur Sinnlichkeit im weiteren
Sinne gehört nach Kant nicht nur das Empfindungsvermögen,
sondern auch das, was er sonst gemeinhin als Gefühl der Lust
und Unlust bezeichnet, d. h. das Vergnügen am Angenehmen
bzw. Unangenehmen. Die Lust im weitesten Sinne ist nicht nur
Lust *nach* etwas und *an* etwas, sondern immer zugleich, wie
wir sagen könnten, *Belustigung*, d. h. eine Weise, in der der
Mensch in der Lust nach etwas *sich selbst als belustigt erfährt*,
d. h. aber lustig ist.

Wir müssen diesen Sachverhalt phänomenologisch verdeutlichen. Zum Wesen des Gefühls überhaupt gehört es, daß es
nicht nur Gefühl *für* etwas ist, sondern daß dieses Gefühl für
etwas zugleich ein Fühlbarmachen des Fühlenden selbst und
seines Zustandes, seines Seins im weitesten Sinne ist. Gefühl
drückt für Kant formal allgemein gefaßt einen eigenen Modus
des Offenbarmachens des Ich aus. Im Gefühlhaben *für* etwas
liegt immer zugleich ein *Sich*fühlen, und im *Sich*fühlen ein
Modus des sich selbst Offenbarwerdens. Die Art und Weise,
wie ich mir selbst im Fühlen offenbar werde, ist mitbestimmt
durch das, wofür ich in diesem Fühlen ein Gefühl habe. So
zeigt sich, das Gefühl ist nicht eine einfache Reflexion auf sich
selbst, sondern im Gefühlhaben *für* etwas *Sich*fühlen. Das ist
eine schon verwickeltere, aber in sich einheitliche Struktur.
In dem, was Kant mit Gefühl bezeichnet, ist nicht das Wesentliche das, was wir gewöhnlich im alltäglichen Verständnis meinen: das Gefühl gegenüber dem begrifflich theoretischen Erfassen und Sichwissen als etwas Unbestimmtes, Verschwommenes,
eine momentane Ahnung und dergleichen. Das phänomenologisch Entscheidende im Phänomen des Gefühls ist, daß es das
Gefühlte direkt entdeckt und zugänglich macht, und zwar nicht
in der Weise der Anschauung, sondern im Sinne eines direkten
Sich-selbst-Habens. Beide Momente der Struktur des Gefühls

sind festzuhalten: Gefühl als Gefühl-für, und in diesem Gefühlhaben-für zugleich das Sichfühlen.

Es ist zu beachten, daß nach Kant nicht jedes Gefühl sinnlich, d. h. durch Lust und Unlust bestimmt, also Sinnlichkeit
ist. Wenn das moralische Selbstbewußtsein nicht einen zufälligen momentanen Zustand des empirischen Subjekts offenbar
machen soll, d. h. nicht sinnlich-empirisch sein kann, so schließt
das nicht aus, daß es im wohldefinierten Kantischen Sinne
gleichsam ein Gefühl ist. Das moralische Selbstbewußtsein
muß ein Gefühl sein, wenn es sich vom theoretischen Wissen
im Sinne des theoretischen ›Ich denke mich‹ unterscheiden
soll. Kant spricht deshalb vom ›moralischen Gefühl‹ oder
vom ›Gefühl meiner Existenz‹. Dieses ist keine zufällige
empirische Erfahrung meiner selbst, aber auch kein theoreti-
sches Wissen und Denken des Ich als Subjekt des Denkens,
sondern ein Offenbarmachen des Ich in seiner nichtsinnlichen
Bestimmtheit, d. h. seiner selbst als des Handelnden.

Welches ist dieses moralische Gefühl? Was macht es offenbar? Wie bestimmt Kant aus dem durch das moralische Gefühl
Geoffenbarten selbst die ontologische Struktur der moralischen
Person? Das moralische Gefühl ist für ihn die *Achtung*. In ihr
muß sich das moralische Selbstbewußtsein, die personalitas
moralis, die eigentliche Personalität des Menschen, offenbaren.
Wir versuchen zunächst, uns die Kantische Analyse dieses Phänomens der Achtung näher zu bringen. Kant nennt sie ein
Gefühl. Es muß sich nach dem früher Gesagten in der Achtung
die Wesensstruktur des Gefühls überhaupt aufweisen lassen,
nämlich erstens daß sie ein Gefühlhaben für etwas, und zweitens als dieses Gefühlhaben-für ein Offenbaren des Sich-selbst-
Fühlenden ist. Die Analyse der Achtung gibt Kant in der
»Kritik der praktischen Vernunft«, im ersten Teil, ersten
Buch, dritten Hauptstück »Von den Triebfedern der reinen
praktischen Vernunft«. Wir können für die jetzt zu charak-
terisierende Analyse Kants im Rahmen unserer Absichten nicht
auf alle Einzelheiten und Feinheiten eingehen, noch weniger

können wir alle zum Verständnis im Grunde notwendigen
Begriffe der Moralität, wie Pflicht, Handlung, Gesetz, Maxime,
Freiheit, darstellen. Kants Interpretation des Phänomens der
Achtung ist wohl die glänzendste phänomenologische Analyse
des Phänomens der Moralität, die wir von Kant besitzen.

Kant sagt: »Das Wesentliche aller Bestimmungen des Willens durchs sittliche Gesetz ist: daß er als freier Wille, mithin
nicht bloß ohne Mitwirkung sinnlicher Antriebe, sondern selbst
mit Abweisung aller derselben und mit Abbruch aller Neigungen, sofern sie jenem Gesetze zuwider sein könnten, bloß
durchs Gesetz bestimmt werde.«[11] Durch diesen Satz ist die
Wirkung des moralischen Gesetzes als Triebfeder der moralischen Handlung nur negativ bestimmt. Das Gesetz erwirkt
einen Abbruch, der den Neigungen, d. h. den sinnlichen Gefühlen geschieht. Aber diese negative Wirkung auf das Gefühl,
d. h. das Abbruchtun gegenüber den sinnlichen Gefühlen, die
Abweisung derselben, »ist selbst Gefühl«.[12] Das erinnert an
den bekannten Satz des Spinoza in seiner »Ethik«, daß ein
Affekt immer nur durch einen Affekt überwunden werden
kann. Wenn eine Abweisung der sinnlichen Gefühle vorliegt,
so muß in dieser ein positives Gefühl sich aufweisen lassen, das
diese Abweisung vollzieht. Daher sagt Kant: »Folglich können wir apriori einsehen [d. h. aus dem Phänomen der Abweisung der sinnlichen Gefühle], daß das moralische Gesetz
als Bestimmungsgrund des Willens dadurch, daß es allen unseren Neigungen [den sinnlichen Gefühlen] Eintrag tut [selbst]
ein Gefühl bewirken müsse.«[13] Aus dem negativen Phänomen
der Abweisung muß apriori positiv das Abweisende und Abweisung Begründende sichtbar werden. Alle sinnlichen Neigungen, denen Abbruch geschieht, sind die Neigungen im
Sinne der Eigenliebe und des Eigendünkels. Das moralische
Gesetz schlägt den Eigendünkel nieder. »Da dieses Gesetz aber

---

[11] Kant, W W (Cassirer) Bd. 5, p. 80.
[12] a.a.O., p. 81.
[13] Ebd.

doch etwas an sich Positives ist, nämlich die Form einer intellektuellen [d. h. nicht sinnlichen] Kausalität, d. i. der Freiheit, so ist es, indem es im Gegensatze mit dem subjektiven Widerspiele, nämlich den Neigungen in uns, den Eigendünkel *schwächt*, zugleich ein Gegenstand der *Achtung*, und indem es ihn sogar *niederschlägt*, d. i. demütigt, ein Gegenstand der größten Achtung, mithin auch der Grund eines positiven Gefühls, das nicht empirischen Ursprungs ist und apriori erkannt wird. Also ist Achtung fürs moralische Gesetz ein Gefühl, welches durch einen intellektuellen Grund gewirkt wird, und dieses Gefühl ist das einzige, welches wir völlig apriori erkennen und dessen Notwendigkeit wir einsehen können.«[14] Dieses Gefühl der Achtung für das Gesetz kann »ein moralisches Gefühl genannt werden«.[15] »Dieses Gefühl (unter dem Namen des moralischen) ist also lediglich durch Vernunft bewirkt [d. h. nicht durch Sinnlichkeit]. Es dient nicht zu Beurteilung der Handlungen oder wohl gar zur Gründung des objektiven Sittengesetzes selbst, sondern bloß zur Triebfeder, um dieses in sich zur Maxime [d. h. zum subjektiven Bestimmungsgrund des Willens] zu machen. Mit welchem Namen aber könnte man dieses sonderbare Gefühl, welches mit keinem pathologischen [d. h. mit keinem durch Leibzustände wesenhaft bedingten] in Vergleichung gezogen werden kann, schicklicher belegen? Es ist so eigentümlicher Art, daß es lediglich der Vernunft, und zwar der praktischen reinen Vernunft zu Gebote zu stehen scheint.«[16]

Wir wollen uns die in diesen Formulierungen etwas schwierige Analyse verdeutlichen. Was entnehmen wir dem Gesagten? Achtung ist Achtung für das Gesetz als Bestimmungsgrund des sittlichen Handelns. Als diese Achtung-*für*, nämlich das Gesetz, ist die Achtung durch etwas Positives, das Gesetz, bestimmt, was selbst nichts Empirisches ist. Dieses Gefühl der

[14] a.a.O., p. 81/82.
[15] a.a.O., p. 83.
[16] a.a.O., p. 84.

Achtung für das Gesetz ist ein von der Vernunft selbst gewirktes, kein durch die Sinnlichkeit pathologisch ausgelöstes Gefühl. Kant sagt, sie dient nicht zur Beurteilung der Handlungen, d. h. das moralische Gefühl stellt sich nicht hinterher ein, nach der sittlichen Tat als die Art und Weise, in der ich Stellung zur vollzogenen Handlung nehme, sondern die Achtung für das Gesetz konstituiert als Triebfeder überhaupt erst die Möglichkeit der Handlung. Sie ist die Art und Weise, in der mir das Gesetz als Gesetz allererst zugänglich wird. Das besagt zugleich: Dieses Gefühl der Achtung für das Gesetz dient auch nicht, wie Kant sich ausdrückt, zur Gründung des Gesetzes, d. h. das Gesetz ist nicht, was es ist, *weil* ich Achtung davor habe, sondern umgekehrt, das achtende Gefühlhaben für das Gesetz und damit diese bestimmte Art des Offenbarmachens des Gesetzes ist die Weise, in der mir das moralische Gesetz als solches überhaupt entgegenkommen kann.

Gefühl ist Gefühlhaben-für, so zwar, daß hierin zugleich das so fühlende Ich sich selbst fühlt. Auf die Achtung angewendet heißt das: In der Achtung vor dem Gesetz muß das achtende Ich zugleich sich selbst in bestimmter Weise offenbar werden, nicht nachträglich, zuweilen, sondern die Achtung vor dem Gesetz – diese bestimmte Art des Offenbarmachens des Gesetzes als des Bestimmungsgrundes des Handelns – ist als solche zugleich ein bestimmtes Offenbarmachen meiner selbst als des Handelnden. Das Wovor der Achtung bzw. das, wofür dieses Gefühl ein Gefühlhaben ist, nennt Kant das moralische Gesetz. Dieses Gesetz gibt die Vernunft als freie sich selbst. Achtung vor dem Gesetz ist Achtung des handelnden Ich vor sich selbst als dem Selbst, das nicht durch Eigendünkel und Eigenliebe verstanden ist. Achtung als Achtung vor dem Gesetz bezieht sich zugleich in ihrem spezifischen Offenbarmachen auf die Person. »Achtung geht jederzeit nur auf Personen, niemals auf Sachen.«[17] In der Achtung vor dem Gesetz stelle ich

---

[17] Ebd.

mich dem Gesetz. Das spezifische Gefühlhaben für das Gesetz, das in der Achtung vorliegt, ist ein Sichunterwerfen. Ich unterwerfe mich in der Achtung vor dem Gesetz mir selbst als dem freien Selbst. In diesem Mich-Unterwerfen bin ich mir offenbar, d. h. bin ich als ich Selbst. Die Frage ist: als was oder genauer als *wer?*

Dem Gesetz mich unterwerfend, unterwerfe ich mich mir selbst als reiner Vernunft, d. h. aber in diesem mich mir selbst Unterwerfen erhebe ich mich zu mir selbst als dem freien, mich selbst bestimmenden Wesen. Dieses unterwerfende Sicherheben meiner selbst zu mir selbst offenbart, erschließt als solches mich mir selbst in meiner *Würde*. Negativ gesprochen, in der Achtung vor dem Gesetz, das ich mir als freies Wesen selbst gebe, kann ich mich nicht selbst verachten. Die Achtung ist die Weise des Bei-sich-selbst-seins des Ich, gemäß der es den Helden in seiner Seele nicht wegwirft. Das moralische Gefühl als Achtung vor dem Gesetz ist nichts anderes als das Verantwortlichsein des Selbst sich selbst gegenüber und für sich selbst. Dieses moralische Gefühl ist eine ausgezeichnete Weise, in der das Ich sich selbst als Ich direkt, rein und frei von aller sinnlichen Bestimmtheit versteht.

Dieses Selbstbewußtsein im Sinne der Achtung konstituiert die personalitas moralis. Es gilt zu sehen: In der Achtung als Gefühl liegt einmal das Gefühlhaben für das Gesetz im Sinne des Sichunterwerfens. Dieses Sichunterwerfen ist zugleich gemäß dem Gehalt dessen, dem ich mich unterwerfe und *wofür* ich in der Achtung Gefühl habe, ein Sicherheben als Sichoffenbarwerden in der eigensten Würde. Kant sieht deutlich diese merkwürdig gegenstrebige Doppelrichtung in der intentionalen Struktur der Achtung als ein sichunterwerfendes Sicherheben. Er sagt in einer Anmerkung zur »Grundlegung der Metaphysik der Sitten« an einer Stelle, wo er sich dagegen verwahrt, als suche er »hinter dem Worte Achtung nur Zuflucht in einem dunkelen Gefühle«: die Achtung habe mit Neigung und Furcht »zugleich etwas Analogisches«.[18] Zum Verständnis dieser Bemerkung ist kurz daran zu erinnern, daß schon die antike Philosophie das praktische Verhalten im weiteren Sinne, die ὄρεξις, durch δίωξις und φυγή charakterisierte. δίωξις besagt das verfolgende Nachgehen, Hinstreben zu etwas, φυγή bedeutet weichendes, fliehendes Zurückgehenvor, Wegstreben-von. Für δίωξις, Hinstreben-zu, sagt Kant Neigung-für, für φυγή, Zurückweichen-vor, nimmt er Furcht als zurückweichendes Sichfürchten-vor. Er sagt: Das Gefühl der Achtung hat mit beiden Phänomenen, Neigung und Furcht, Hinstreben und Wegstreben, etwas Analogisches, etwas Entsprechendes. Er spricht vom Analogischen, weil diese beiden Modifikationen der ὄρεξις, des Gefühls, sinnlich bestimmt sind, während die Achtung ein Hinstreben und zugleich ein Wegstreben rein geistiger Art ist. Inwiefern hat die Achtung mit Neigung und Furcht etwas Analogisches? Das Sichunterwerfen unter das Gesetz ist in gewisser Weise ein Sichfürchten-vor, ein Zurückweichen vor ihm als der Forderung. Andererseits aber ist dieses Sichunterstellen unter das Gesetz als φυγή zugleich eine δίωξις, eine hinstrebende Neigung in dem Sinne, daß in der Achtung vor dem Gesetz, das die Vernunft als freie sich selbst gibt, sie sich zu sich erhebt, zu sich selbst strebt. Diese Analogisierung der Achtung mit Neigung und Furcht macht deutlich, wie klar Kant dieses Phänomen der Achtung gesehen hat. Diese Grundstruktur der Achtung und ihre Bedeutung für die Kantische Interpretation der Moralität ist in der Phänomenologie übersehen worden, was dazu führte, daß Schelers Kritik an der Kantischen Ethik im »Formalismus in der Ethik und die materiale Wertethik« von Grund aus verfehlt ist.

Wir haben uns mit der Analyse der Achtung deutlich gemacht, daß hier ein Phänomen vorliegt, das im Sinne Kants nicht irgendein Gefühl ist, das im Ablauf der Zustände des

---

[18] Kant, W W (Cassirer) Bd. 4, p. 257/58.

empirischen Subjekts unter anderem auch vorkommt, sondern daß dieses Gefühl der Achtung der eigentliche Modus ist, in dem sich die Existenz des Menschen offenbar wird, nicht im Sinne eines puren Feststellens, Zur-Kenntnis-Nehmens, sondern so, daß in der Achtung ich selbst *bin*, d. h. *handele*. Achtung vor dem Gesetz heißt eo ipso Handeln. Die Weise des Selbstbewußtseins im Sinne der Achtung macht schon einen Modus der Seinsart der eigentlichen Person offenbar. Wenn auch Kant nicht direkt in dieser Richtung vordringt, so liegt doch sachlich die Möglichkeit vor. Für das Verständnis ist die formale Grundstruktur des Gefühls überhaupt festzuhalten: Gefühlhaben-für, Sichfühlen, und dieses Sichfühlen als Modus des Sich-selbst-Offenbarwerdens. Die Achtung offenbart die Würde, vor der sich und für die sich das Selbst verantwortlich weiß. In der Verantwortlichkeit enthüllt sich erst das Selbst, und zwar das Selbst nicht in einem allgemeinen Sinne als Erkenntnis eines Ich überhaupt, sondern das Selbst als je meines, das Ich als das jeweils einzelne faktische Ich.

c) Kants ontologische Scheidung von Person und Sache
Die Seinsverfassung der Person als Zweck an sich selbst

Obwohl Kant nicht in der folgenden Weise fragt, wie wir es tun, wollen wir doch die Frage so formulieren: Als was muß das in dieser Weise im moralischen Gefühl der Achtung *ontisch* als seiendes Ich offenbare Selbst *ontologisch* bestimmt werden? Die Achtung ist der ontische Zugang des faktisch seienden eigentlichen Ich zu sich selbst. In diesem Offenbarwerden seiner selbst als faktisch Seiendes muß die Möglichkeit gegeben werden, die Seinsverfassung dieses so offenbaren Seienden selbst zu bestimmen. Mit anderen Worten, welches ist der ontologische Begriff der so in der Achtung offenbaren moralischen Person, der personalitas moralis?

Kant gibt faktisch die Antwort auf diese von ihm so nicht ausdrücklich gestellte Frage in seiner »Metaphysik der Sitten«.

Metaphysik besagt Ontologie. Metaphysik der Sitten bedeutet Ontologie der menschlichen Existenz. Daß Kant die Antwort in der Ontologie der menschlichen Existenz, in der Metaphysik der Sitten gibt, zeigt, daß er ein ungetrübtes Verständnis vom methodischen Sinn der Analyse der Person und damit der metaphysischen Frage, was der Mensch sei, hat.

Machen wir uns noch einmal klar, was im moralischen Gefühl liegt: die Würde des Menschen, die ihn erhebt, sofern er dient. In dieser Würde in der Einheit mit dem Dienst ist der Mensch Herr und Knecht seiner selbst in einem. In der Achtung, d. h. sittlich handelnd verschafft der Mensch sich selbst, wie Kant einmal sagt.[19] Welches ist der *ontologische Sinn der so in der Achtung offenbaren Person?* Kant sagt: »Nun sage ich: der Mensch und überhaupt jedes vernünftige Wesen, existiert als Zweck an sich selbst, nicht bloß als Mittel zum beliebigen Gebrauche für diesen oder jenen Willen, sondern muß in allen seinen, sowohl auf sich selbst, als auch auf andere vernünftige Wesen gerichteten Handlungen jederzeit zugleich als Zweck betrachtet werden.«[20] Der Mensch existiert als Zweck an sich selbst, er ist nie Mittel, er ist auch nicht Mittel etwa für Gott, sondern auch Gott gegenüber ist er Zweck seiner selbst. Von hier aus, d. h. aus der ontologischen Charakteristik von Seiendem, das nicht nur von anderen als Zweck aufgefaßt und als Zweck genommen wird, sondern als Zweck objektiv – wirklich existiert, wird der eigentlich ontologische Sinn der moralischen Person deutlich. Sie existiert als Zweck ihrer selbst, d. h. sie *ist* selbst Zweck.

Erst damit ist der *Boden* gewonnen für die *ontologische* Unterscheidung des *ichlich Seienden* und des *nichtichlich Seienden,* zwischen *Subjekt* und *Objekt, res cogitans* und *res extensa.* »Die Wesen, deren Dasein zwar nicht auf unserm Willen, sondern der Natur beruht [d. h. der Natur im Sinne der

[19] Kant, Kr. d. pr. V., W W (Cassirer) Bd. 5, p. 107.
[20] Kant, W W (Cassirer) Bd. 4, Grundlegung zur Metaphysik der Sitten, p. 286.

physischen Organisation], haben dennoch, wenn sie vernunft-
lose Wesen sind, nur einen relativen Wert als Mittel und
heißen daher *Sachen,* dagegen vernünftige Wesen *Personen*
genannt werden, weil ihre Natur [hier besagt Natur soviel
wie φύσις gleich essentia] sie schon als Zwecke an sich selbst,
d. i. als etwas, das nicht bloß als Mittel gebraucht werden
darf, auszeichnet, mithin sofern alle Willkür einschränkt, (und
ein Gegenstand der Achtung ist).«[21] Was die Natur der Person, ihre essentia, ausmacht und alle Willkür einschränkt und
das heißt als Freiheit bestimmt ist, ist Gegenstand der Achtung.
Umgekehrt, das in der Achtung Gegenständliche, d. h. in ihr
Offenbare, bekundet die Personalität der Person. Ihr ontologischer Begriff sagt kurz: Personen sind »objektive Zwecke, d. i.
Dinge [res im weitesten Sinne], deren Dasein an sich selbst
Zweck ist«.[22]

Mit dieser Interpretation der personalitas moralis ist erst
geklärt, was der Mensch sei, ist seine quidditas umgrenzt, das
Wesen des Menschen, d. h. der strenge Begriff der Menschheit.
Kant gebraucht den Ausdruck *Menschheit* nicht in der Bedeutung, daß er darunter die Summe aller Menschen versteht,
sondern Menschheit ist ein ontologischer Begriff und meint die
ontologische Verfassung des Menschen. Wie Wirklichkeit die
ontologische Verfassung des Wirklichen, so ist Menschheit das
Wesen des Menschen, Gerechtigkeit das Wesen des Gerechten.
Daher vermag Kant das Grundprinzip der Moralität, den
Kategorischen Imperativ, in folgender Weise zu formulieren:
»Handle so, daß du die Menschheit, sowohl in deiner Person,
als in der Person eines jeden andern, jederzeit zugleich als
Zweck, niemals bloß als Mittel brauchest.«[23] Dieses Prinzip
kennzeichnet das eigentliche Seinsollen des Menschen. Es zeich-
net das Seinkönnen des Menschen vor, wie es sich aus dem
Wesen seiner Existenz bestimmt. Der Imperativ ist ein kate-

[21] a.a.O., p. 286/87.
[22] a.a.O., p. 287.
[23] Ebd.

gorischer, d. h. kein hypothetischer. Er unterliegt nicht einem Wenn-So. Das Prinzip des sittlichen Handelns sagt nicht: *Wenn* du das und das, diesen oder jenen bestimmten Zweck erreichen willst, *dann* mußt du dich so und so verhalten. Es gibt hier kein Wenn und keine hypothesis, weil das handelnde Subjekt, auf das hin allein gehandelt wird, seinem Wesen nach selbst Zweck ist, Zweck seiner selbst, nicht bedingt und einem anderen unterstellt. Weil hier keine hypothesis vorliegt, kein Wenn-So, ist dieser Imperativ ein kategorischer, ein wenn-freier. Als sittlich Handelnder, d. h. als existierender Zweck seiner selbst ist der Mensch im Reich der Zwecke. Zweck muß hier immer im objektiven Sinne verstanden werden, als seiender Zweck, Person. Das *Reich der Zwecke* ist das *Miteinander-Sein*, das *Commerzium der Personen* als solches, und deshalb das Reich der Freiheit. Es ist das Reich der existierenden Personen unter sich, und nicht etwa ein System von Werten, auf das sich irgendein handelndes Ich bezieht und in dem als etwas Menschlichem die Zwecke im Zusammenhang als Gefälle von Absichten auf etwas fundiert sind. Reich der Zwecke muß in einem ontischen Sinne genommen werden. Zweck ist existierende Person, das Reich der Zwecke das Miteinander der existierenden Personen selbst.

Wir müssen die Scheidung festhalten, die Kant aufgrund der Analyse des moralischen Ich fixiert hat, die *Scheidung* zwischen *Person* und *Sache*. Beides, Personen und Sachen, sind nach Kant res, Dinge im weitesten Sinne, Dinge, die Dasein haben, die existieren. Kant gebraucht Dasein und Existieren im Sinne von Vorhandensein. Obgleich er für die Seinsart der Person und der Sachen diesen indifferenten Ausdruck ›Dasein‹ im Sinne des Vorhandenseins gebraucht, müssen wir doch beachten, daß er Person und Sache als *zwei Grundarten von Seiendem* ontologisch scharf unterscheidet. Dementsprechend sind beiden Grundarten von Seiendem auch zwei verschiedene Ontologien zugeordnet, d. h. zwei Arten von Metaphysik. Kant sagt in der »Grundlegung zur Metaphysik der

Sitten«: »Auf solche Weise entspringt die Idee einer zwie-
fachen Metaphysik, einer Metaphysik der Natur und einer
Metaphysik der Sitten«,[24] d. h. aber einer Ontologie der res
extensa und einer Ontologie der res cogitans. Die Metaphysik
der Sitten, d. h. die Ontologie der Person im engeren Sinne,
bestimmt Kant so: Sie »soll die Idee und die Prinzipien eines
möglichen reinen Willens untersuchen, und nicht die Handlungen und Bedingungen des menschlichen Willens überhaupt,
welche größtenteils aus der Psychologie geschöpft werden«.[25]

Damit haben wir nur im rohen, aber doch in der Haupt-
sache einen Einblick gewonnen, wie Kant den Unterschied
zwischen res cogitans und res extensa als den zwischen Person
und Natur (Sache) ontologisch prinzipiell faßt und wie er den
unterschiedenen Seinsweisen verschiedene Ontologien zuord-
net. Hier zeigt sich ein ganz anderes Niveau der Fragestellung,
als es noch bei Descartes vorliegt. Aber es scheint, wir haben
sogar mehr gewonnen. Haben wir nicht überhaupt den wahren
Unterschied zwischen Subjekt und Objekt damit fixiert, so
daß es nicht nur überflüssig, sondern sogar unmöglich erscheint,
hier noch weitere oder gar grundsätzlichere ontologische Probleme finden zu wollen? In dieser Absicht diskutieren wir die
dritte These. Aber wir suchen nicht nach Problemen um der
Probleme willen, sondern um durch sie zur Erkenntnis dessen
zu kommen, was uns als zu Erkennendes alltäglich vorgegeben
ist: zur Erkenntnis der ontologischen Verfassung des Seienden, das wir selbst sind. Wir streben nicht nach Kritik um
jeden Preis, damit kritisiert sei, sondern die Kritik und die
Probleme müssen aus der Auseinandersetzung mit den Sachen
selbst entspringen. So eindeutig die Kantische Interpretation
des Unterschieds zwischen res cogitans und res extensa ist,
so birgt sie doch Probleme in sich, die wir uns jetzt deutlicher
machen müssen, indem wir diese Kantische Interpretation
selbst fraglich machen. Wir müssen deutlich zu machen suchen,

[24] a.a.O., p. 244.
[25] a.a.O., p. 247.

was an der Kantischen Interpretation der Personalität problematisch ist.

§ 14. Phänomenologische Kritik der Kantischen Lösung und der Nachweis der Notwendigkeit einer grundsätzlichen Fragestellung

Das schwebende Problem ist, das Sein des Seienden zu bestimmen, das wir, die Menschen, je selbst sind. Im besonderen muß gefragt werden: Hat Kant das Sein des Menschen durch die Interpretation der personalitas transcendentalis, personalitas psychologica und personalitas moralis hinreichend bestimmt?

a) Kritische Betrachtung von Kants Interpretation der personalitas moralis. Die ontologischen Bestimmungen der moralischen Person unter Umgehung der ontologischen Grundfrage nach ihrer Seinsart

Wir beginnen die kritische Betrachtung mit Rücksicht auf Kants Interpretation der *personalitas moralis*. Die Person ist ein Ding, res, etwas, was als Zweck seiner selbst existiert. Zu diesem Seienden gehört Zweckhaftigkeit, genauer Selbstzweckhaftigkeit. Es ist in der Weise, Zweck seiner selbst zu *sein*. Es ist unbestreitbar, daß diese Bestimmung, Zweck seiner selbst zu sein, zur ontologischen Verfassung des menschlichen Daseins gehört. Aber ist damit schon die Weise des Seins des Daseins aufgeklärt? Ist auch nur der Versuch gemacht zu zeigen, wie sich die Seinsart des Daseins mit Rücksicht auf seine Konstituierung durch die Zweckhaftigkeit bestimmt? Wir suchen vergeblich bei Kant nach einer Aufklärung dieser Frage, ja auch nur nach der Fragestellung. Im Gegenteil, die angeführten Zitate zeigen, daß Kant vom Existieren des Menschen, vom Dasein der Dinge als Zwecke spricht, die Termini ›Existieren‹ und ›Dasein‹ für ihn aber Vorhandensein bedeuten.

Er spricht ebenso vom Dasein der Natur, vom Dasein der Sache. Er sagt nirgends, daß mit Bezug auf den Menschen der Begriff der Existenz und des Daseins einen anderen Sinn habe, oder gar welchen. Kant zeigt nur, daß die essentia des Menschen als Zweck anders bestimmt ist als die essentia der Sachen und der Naturdinge. Aber vielleicht spricht er nicht ausdrücklich von der spezifischen Seinsart der moralischen Person, meint aber de facto eine solche?

Seiendes, das als Zweck seiner selbst existiert, hat sich selbst in der Weise der Achtung. Achtung besagt Verantwortlichsein sich selbst gegenüber, und das sagt wiederum Freisein. Freisein ist nicht eine Eigenschaft des Menschen, sondern ist gleichbedeutend mit sittlich Handeln. Handeln aber ist ein Tun. So läge die spezifische Seinsart der moralischen Person im freien Tun. Kant sagt einmal: »Intellektuell ist es, dessen Begriff ein Tun ist.«[1] Diese kurze Bemerkung will sagen: Ein geistiges Seiendes ist ein solches, das in der Weise des Tuns ist. Das Ich ist ein ›Ich tue‹, und als solches ist es intellektuell. Man muß sich diesen eigentümlichen Sprachgebrauch Kants einprägen. Das Ich als ›Ich tue‹ ist intellektuell, d. h. rein geistig. Daher nennt er oft auch das Ich eine Intelligenz. Intelligenz bedeutet wiederum nicht ein Seiendes, das Intelligenz, Verstand und Vernunft *hat*, sondern das als Intelligenz existiert. Die Personen sind existierende Zwecke, sind Intelligenzen. Das Reich der Zwecke, d. h. das Miteinandersein der Personen als freier, ist das intelligible Reich der Freiheit. Kant sagt einmal: Die moralische Person ist die Menschheit. Das Menschsein ist ganz intellektuell, d. h. als Intelligenz bestimmt. Die Intelligenzen, die moralischen Personen, sind Subjekte, deren Sein das Handeln ist. Das Handeln ist ein Existieren im Sinne von Vorhandensein. So ist zwar das Sein der intelligiblen Substanzen im Sinne der moralischen Personen charakterisiert, aber *nicht ontologisch begriffen* und eigens zum Pro-

---

[1] Reflexionen Kants zur Kritik der reinen Vernunft. Hg. Benno Erdmann. Leipzig 1884. Reflexion Nr. 968.

blem gemacht, *was für eine Weise des Existierens*, des *Vorhandenseins, dieses Handeln* darstellt. Das Ich ist keine Sache, sondern eine Person. Von da aus ist der Ansatz der Fichteschen Fragestellung zu verstehen. Fichte hat die Tendenz der neueren Philosophie, die bei Kant sich verstärkt, die Problematik auf das Ich zu konzentrieren, im Anschluß an Kant radikaler zu fassen versucht. Wenn das Ich durch die Seinsart des Handelns bestimmt ist, also keine Sache ist, ist der Anfang der Philosophie, die mit dem Ich anfängt, nicht eine Tat-Sache, sondern eine Tathandlung.

Die Frage bleibt: Wie ist dieses Handeln selbst als Weise des Seins zu interpretieren? Bezüglich Kant lautet die Frage: Fällt er nicht doch wieder dahin zurück, dieses handelnde Ich als seienden Zweck im Sinne eines Vorhandenen unter anderem Vorhandenen zu fassen? *Wir erhalten über die Seinsart des Ich aus der Interpretation des Ich als moralischer Person keinen eigentlichen Aufschluß.* Vielleicht aber gewinnen wir eher Aufschluß über die Seinsart des Subjekts, wenn wir fragen, wie Kant das Ich des ›Ich denke‹ bestimmt, oder wie wir ungenau sagen können, das theoretische Subjekt gegenüber dem praktischen, die personalitas transcendentalis. Denn mit Rücksicht auf die personalitas psychologica werden wir von vornherein keine Antwort erwarten, da Kant das Ich-Objekt, das Ich der Apprehension, des empirischen Selbstbewußtseins, direkt als Sache bezeichnet, also ihm ausdrücklich die Seinsart der Natur, des Vorhandenen zuweist, – wobei fraglich ist, ob es mit Recht geschieht.

b) Kritische Betrachtung von Kants Interpretation der personalitas transcendentalis. Kants negativer Nachweis der Unmöglichkeit einer ontologischen Interpretation des Ich-denke

Hat Kant bei der Interpretation des ›*Ich denke*‹, d. h. des transzendentalen Ich, die Weise des Seins des Ich bestimmt? *Auch in der Kantischen Interpretation der personalitas tran-*

scendentalis suchen wir vergebens nach der Antwort auf diese Frage, nicht nur, weil Kant faktisch nirgends den Versuch macht zu einer Interpretation der Seinsart des Ich als ›Ich denke‹, sondern weil er gerade ausdrücklich zu zeigen versucht, *daß* und *warum* das Dasein, d. h. die Seinsart des Ich, nicht aufgeklärt werden kann. Er führt diesen Nachweis der Unmöglichkeit der Interpretation des Seins des Ich im Sinne des ›Ich denke‹ in der »Kritik der reinen Vernunft«, im zweiten Buch der transzendentalen Dialektik, und dort im ersten Hauptstück »Von den Paralogismen der reinen Vernunft«.[2] Die Bearbeitung der ersten Auflage (A) ist ausführlicher.

Historisch gesehen ist Kants Lehre von den Paralogismen der reinen Vernunft eine Kritik der psychologia rationalis, d. h. der überlieferten Metaphysik der Seele im Sinne der dogmatischen Metaphysik, an deren Stelle er faktisch die Metaphysik der Sitten setzt. Es ist das Charakteristische der psychologia rationalis, daß sie versucht, mit Hilfe rein ontologischer Begriffe, die sie auf das Ich als ›Ich denke‹ anwendet, etwas über dieses Ich als Seiendes, d. h. als Seele zu erkennen. Kant weist in den Paralogismen der reinen Vernunft nach, daß diese Schlüsse der metaphysischen Psychologie aus ontologischen Begriffen und ihre Anwendung auf das ›Ich denke‹ Fehlschlüsse sind. Die ontologischen Grundbegriffe nennt er Kategorien. Diese hat er in vier Klassen eingeteilt[3]: Kategorien der Quantität, Qualität, Relation und Modalität. Die ontologischen Grundbegriffe, die die rationale Psychologie verwendet, um die Seele als solche zu erkennen, ordnet Kant diesen vier Klassen der – wie er meinte – einzig möglichen Kategorien zu.

Unter der Kategorie der Relation betrachtet, d. h. mit Rücksicht auf die Beziehung eines Akzidenz zu Substanz überhaupt, ist die Seele Substanz – so sagt die alte metaphysische Psy-

---

[2] Kant, Kr. d. r. V. B 399 ff.
[3] a.a.O. B 106.

chologie. Der Qualität nach ist die Seele einfach, der Quantität nach ist sie Eine, d. h. numerisch identisch, eine und dieselbe in verschiedenen Zeiten, und der Modalität nach ist sie existierend im Verhältnis zu möglichen Gegenständen im Raum. Aus der Anwendung dieser vier Grundbegriffe aus den vier Klassen der Kategorien, Substanz, Einfachheit, Selbigkeit und Existenz, erwachsen die vier Grundbestimmungen der Seele, wie sie die metaphysische Psychologie in folgenden vier Schlüssen lehrt.

Erstens: Als Substanz, d. h. als ein Vorhandenes, ist die Seele im inneren Sinne gegeben. Sie ist daher das Gegenteil des Gegebenen des äußeren Sinnes, das als Materie und Körper bestimmt ist, d. h. die Seele als im inneren Sinne gegebene Substanz ist immateriell.

Zweitens: Als einfache Substanz ist die Seele etwas Unauflösliches. Sie kann als Einfaches nicht in Teile zerlegt werden. Folglich ist sie unverweslich, inkorruptibel.

Drittens: Als eine und immer dieselbe in den verschiedenen wechselnden Zuständen zu verschiedenen Zeiten ist die Seele Person in diesem Sinne, d. h. das Zugrundeliegende schlechthin, das Beharrliche (Personalität der Seele).

Die drei ersten Bestimmungen: Immaterialität, Inkorruptibilität und Personalität, faßt Kant auch zusammen als die Bestimmungen der Spiritualität, d. h. im Begriff des Geistes im Sinne der metaphysischen Psychologie. Dieser Begriff der Geistigkeit, der Spiritualität, ist grundsätzlich vom Kantischen Begriff des Geistes als Intelligenz im Sinne der moralisch handelnden Person als Zweck zu scheiden.

Aus der vierten Kategorie, der Modalität, bestimmt sich die immaterielle, inkorruptible Person als existierend in Wechselwirkung mit einem Körper. Folglich belebt dieses spirituelle Ding einen Körper. Einen solchen Grund des Lebens in der Materie nennen wir Seele im eigentlichen Sinne. Wenn aber dieser Grund der Animalität, d. h. der Tierheit, wie nach den ersten Kategorien gezeigt wurde, einfach, unverweslich und für sich selbst beständig ist, ist die Seele unsterblich. Aus der Spiritualität folgt die Immortalität der Seele.

Wir haben schon bemerkt, daß Kant zum ersten Male gezeigt hat, daß durch Anwendung der Kategorien auf das Ich als ›Ich denke‹ in keinem Sinne etwas über das Ich als spirituelle Substanz ausgesagt werden kann. Warum schließen diese Schlüsse nicht? Warum sind diese Kategorien als Kategorien der Natur, des Vorhandenen, der Sachen, auf das Ich nicht anwendbar? Warum ist es unmöglich, aus diesen kategorialen Bestimmungen eine ontische Erkenntnis der Seele und des Ich zu gewinnen? Diese Schlüsse schließen deshalb nicht, weil sie auf einem grundsätzlichen Fehler beruhen. Sie wenden auf das Ich als ›Ich denke‹, d. h. auf die personalitas transcendentalis, Kategorien an und leiten aus diesen vom Ich ausgesagten Kategorien für das Ich als Seele ontische Sätze ab. Warum aber soll das nicht möglich sein? Was sind die Kategorien?

Das Ich ist ›Ich denke‹, das in jedem Denken als der bedingende Grund des einigenden Ich-verbinde mitgedacht wird. Die Kategorien sind die Formen der möglichen Verbindung, die das Denken als Verbinden vollziehen kann. Das Ich als der Grund der Möglichkeit des ›Ich denke‹ ist zugleich der Grund und die Bedingung der Möglichkeit der Formen des Verbindens, d. h. der Kategorien. Diese können als bedingt durch das Ich nicht auf dieses selbst zurück zu dessen Erfassung angewendet werden. Das schlechthin Bedingende, das Ich als ursprünglich synthetische Einheit der Apperzeption, kann nicht mit Hilfe des durch es Bedingten bestimmt werden.

Das ist der eine Grund für die Unmöglichkeit der Anwendung der Kategorien auf das Ich. Der andere, damit zusammenhängende Grund liegt darin, daß das Ich keine bloße erfahrungsmäßige Feststellung ist, sondern allem Erfahren als etwas schlechthin Unmannigfaltiges ermöglichend zugrunde liegt. Die im Ich und seiner Einheit gründenden Kategorien als Formen der Einheit für eine Synthesis sind nur anwendbar, wo ein Verbindbares gegeben ist. Jedes Verbinden, d. h. jedes urteilende Bestimmen eines Verbindbaren, bedarf eines Etwas, das der Verbindung, der Synthesis vorgegeben ist. Vorgegeben und gegeben ist uns etwas immer nur durch Affektion, d. h. dadurch, daß wir von etwas anderem, das wir nicht selbst sind, betroffen, angegangen werden. Wir müssen, um ein Verbindbares für das Urteilen zu haben, durch das Vermögen der Rezeptivität bestimmt sein. Das Ich als ›Ich denke‹ aber ist nicht Affektion, Betroffenwerden, sondern reine Spontaneität, oder wie Kant auch sagt, Funktion, Fungieren, Tun, Handeln. Sofern ich über mein Dasein Aussagen machen will, muß mir etwas Bestimmbares von meinem Dasein selbst gegeben sein. Bestimmbares aber ist mir nur durch Rezeptivität gegeben bzw. aufgrund der Formen der Rezeptivität, aufgrund von Raum und Zeit. Raum und Zeit sind Formen der Sinnlichkeit, der sinnlichen Erfahrung. Sofern ich mein Dasein bestimme und am Leitfaden der Kategorien verbinde, nehme ich mein Ich als sinnlich empirisches Denken. Das Ich der Apperzeption dagegen ist für kein Bestimmen zugänglich. Geschieht es, dann denke ich das Ich in den Kategorien des Vorhandenen als Naturding. Es kommt dann zu einer subreptio apperceptionis substantiae, zu einem heimlichen Unterschieben des als Vorhandenes gedachten Ich unter das reine Ich. Das reine Ich selbst ist mir als Bestimmbares für die Bestimmung, d. h. für die Anwendung der Kategorien, nie gegeben. Deshalb ist eine ontische Erkenntnis des Ich und demzufolge eine ontologische Bestimmung desselben unmöglich. Das einzige, was gesagt werden kann: Das Ich ist ein ›Ich-handele‹. Damit zeigt sich ein gewisser Zusammenhang zwischen dem Ich der transzendentalen Apperzeption und der personalitas moralis. Kant faßt seinen Gedanken wie folgt zusammen: »Das ›Ich denke‹ drückt den Aktus aus, mein Dasein [d. h. mein Vorhandensein] zu bestimmen. Das Dasein ist dadurch also schon gegeben, aber die Art, wie ich es bestimmen, d. i. das Mannigfaltige, zu demselben gehörige, in mir setzen solle, ist dadurch noch nicht gegeben. Dazu [zur Gebung selbst] gehört Selbstanschauung, die eine apriori gegebene Form, d. i. die Zeit, zum Grunde liegen hat, welche sinnlich und zur Rezeptivität des Bestimmbaren gehörig ist. Habe ich nun nicht noch eine andere Selbstanschauung, die das *Bestimmende* in mir, dessen Spontaneität ich mir nur bewußt bin, ebenso vor dem Aktus des *Bestimmens* gibt, wie die *Zeit* das Bestimmbare, so kann ich mein Dasein, als eines selbsttätigen Wesens, nicht bestimmen, sondern ich stelle mir nur die Spontaneität meines Denkens, d. i. des Bestimmens, vor, und mein Dasein bleibt immer nur sinnlich, d. i. als das Dasein einer Erscheinung, bestimmbar. Doch macht diese Spontaneität, daß ich mich *Intelligenz* nenne.«[4] Kurz zusammengefaßt besagt das: Wir haben keine Selbst*anschauung* unser selbst, sondern alle Anschauung, alle unmittelbare Gebung von etwas bewegt sich in den Formen von Raum und Zeit. Zeit aber ist nach Kants Überzeugung, die sich an die Tradition anschließt, die Form der Sinnlichkeit. So ist für die Anwendung der Kategorien auf die Erkenntnis des Ich kein möglicher Boden gegeben. Kant ist völlig im Recht, wenn er die Kategorien als Grundbegriffe der Natur für ungeeignet erklärt, das Ich zu bestimmen. Aber damit hat er nur negativ gezeigt, daß die auf anderes Seiendes, auf die Natur zugeschnittenen Kategorien hier versagen. Er hat nicht gezeigt, daß das ›Ich handele‹ selbst nicht so, wie es sich gibt, in dieser sich bekundenden ontologischen Verfassung interpretiert werden kann. Vielleicht ist gerade die Zeit das Apriori des Ich, – Zeit allerdings in einem ursprünglicheren Sinne, als Kant sie zu fassen vermochte. Er rechnete sie zur Sinnlichkeit und hatte deshalb von Anfang an gemäß der Tradition einzig die Naturzeit im Auge.

---

[4] a.a.O. B 158, Anmerkung.

Aus der Unangemessenheit der Kategorien der Natur folgt *nicht* die Unmöglichkeit einer ontologischen Interpretation des Ich überhaupt. Sie folgt nur unter der Voraussetzung, daß man für die Erkenntnis des Ich dieselbe Erkenntnisart als einzig mögliche zugrundelegt, die von der Natur gilt. Aus der Unangemessenheit der Anwendung der Kategorien auf das reine Ich folgt die Notwendigkeit, *zuvor nach der Möglichkeit einer angemessenen, d. h. von der ganzen Tradition freien ontologischen Interpretation des Subjekts zu fragen.* So zu fragen, liegt um so näher, als Kant selbst in seiner Metaphysik der Sitten, d. h. in seiner Ontologie der Person, im Gegensatz zu seiner Theorie in den Paralogismen der reinen Vernunft eine ontologische Interpretation des Ich als eines Zweckes, als einer Intelligenz versucht. Allerdings stellt er gerade nicht die Grundfrage nach der Weise des Seins eines Zweckes, einer Intelligenz. Er vollzieht eine gewisse ontologische Interpretation des praktischen Ich, er hält sogar eine ›praktische dogmatische Metaphysik‹ für möglich, d. h. eine solche, die das Selbst des Menschen und sein Verhältnis zu Unsterblichkeit und Gott aus dem praktischen Selbstbewußtsein ontologisch bestimmen kann.

Damit enthüllt sich ein wesentlicher *Mangel des Ich-Problems bei Kant* überhaupt. Wir stehen vor einem eigentümlichen Zwiespalt innerhalb der Kantischen Lehre vom Ich. Hinsichtlich des theoretischen Ich zeigt sich die Unmöglichkeit seiner Bestimmung. Mit Rücksicht auf das praktische Ich besteht der Versuch einer ontologischen Umgrenzung. Aber es ist nicht nur der Zwiespalt innerhalb der Stellung zum theoretischen und praktischen Ich. Es liegt bei Kant ein eigentümliches Versäumnis vor, sofern es ihm nicht gelingt, die Einheit des theoretischen und praktischen Ich ursprünglich zu bestimmen. Ist diese Einheit und Ganzheit beider etwas Nachträgliches oder etwas Ursprüngliches vor beiden? Gehören beide ursprünglich zusammen, oder werden sie nur nachträglich äußerlich verbunden? Wie ist das Sein des Ich überhaupt zu fassen? Aber nicht nur die Seinsstruktur dieses ganzen Ich der theoretisch-praktischen Person in ihrer Ganzheit ist unbestimmt, sondern noch viel unbestimmter ist das Verhältnis der theoretisch-praktischen Person zum empirischen Ich, zur Seele, und weiterhin das Verhältnis der Seele zum Leib. Zwar sind Geist, Seele, Leib für sich und in je verschiedener Weise ontologisch bestimmt bzw. unbestimmt, aber das Ganze des Seienden, das wir selbst sind, Leib, Seele und Geist, die Seinsart ihrer ursprünglichen Ganzheit, bleibt ontologisch im Dunkeln.

Wir fassen vorläufig die *Kantische Stellung zum Problem der Interpretation der Subjektivität* zusammen.

Erstens: Bezüglich der personalitas moralis gibt Kant faktisch ontologische Bestimmungen (die, wie wir später sehen werden, zu Recht bestehen), ohne die Grundfrage nach der Seinsart der moralischen Person als Zweck zu stellen.

Zweitens: Bezüglich der personalitas transcendentalis, des ›Ich denke‹, zeigt Kant negativ die Nichtanwendbarkeit der Natur-Kategorien für die ontische Erkenntnis des Ich. Er zeigt aber nicht die Unmöglichkeit einer irgendwie anders gearteten ontologischen Interpretation des Ich.

Drittens: Bei dieser zwiespältigen Stellung Kants zur Ontologie des Ich verwundert es nicht, daß weder der ontologische Zusammenhang zwischen personalitas moralis und personalitas transcendentalis, noch der zwischen diesen beiden in ihrer Einheit einerseits und der personalitas psychologica andererseits, noch gar die ursprüngliche Ganzheit dieser drei Personbestimmungen zum ontologischen Problem gemacht wird.

Viertens: Als spezifischer Charakter des Ich wird das freie ›Ich handele‹ des Seienden, das als Zweck existiert, die Spontaneität der Intelligenz, fixiert. Kant gebraucht den Ausdruck Intelligenz so wie Zweck; er sagt: Es existieren Zwecke, und: Es gibt Intelligenzen. Intelligenz ist keine Verhaltungsweise und Eigenschaft des Subjekts, sondern das Subjekt selbst, das als Intelligenz *ist*.

Fünftens: Die Intelligenzen, die Personen, werden als geistige Substanzen unterschieden von den Naturdingen als den körperlichen Substanzen, den Sachen.

So wäre denn die Stellungnahme zu Kants Interpretation des Unterschiedes von res cogitans und res extensa die: Kant sieht klar die Unmöglichkeit, das Ich als etwas Vorhandenes zu fassen. Er gibt sogar bezüglich der personalitas moralis positive ontologische Bestimmungen der Ichheit, ohne zur Grundfrage nach der Seinsart der Person vorzudringen. Wir könnten unsere Stellungnahme zu Kant so formulieren, doch brächten wir uns dabei um das zentrale Problemverständnis, weil sie noch nicht das letzte kritische Wort enthält.

c) Sein im Sinne von Hergestelltsein als Verständnishorizont für die Person als endliche geistige Substanz

Auffallend bleibt das eine: Kant spricht vom *Dasein der Person* als vom *Dasein eines Dinges*. Er sagt, die Person existiert als Zweck an sich selbst. Existieren gebraucht er im Sinne von Vorhandensein. Gerade da, wo er die eigentliche Struktur der personalitas moralis berührt, Selbstzweck zu sein, weist er diesem Seienden die Seinsart der Vorhandenheit zu. Das geschieht nicht von ungefähr. Es liegt im Begriffe des Dinges an sich, mag es in seiner Washeit erkennbar sein oder nicht, schon die traditionelle Ontologie des Vorhandenseins beschlossen. Mehr noch, die zentrale positive Interpretation, die Kant von der Ichheit als spontaner Intelligenz gibt, bewegt sich ganz im Horizont der überlieferten antiken-mittelalterlichen Ontologie. Die Analyse der Achtung und der moralischen Person bleibt dann nur ein, wenn auch immens bedeutungsvoller Anlauf, unbewußt die Last der überlieferten Ontologie abzuschütteln.

Allein, wie können wir behaupten, selbst in der Bestimmung des Ich als Spontaneität und Intelligenz wirke sich noch die überlieferte Ontologie des Vorhandenen wie bei Descartes und um nichts abgeschwächt aus? Wir sahen im Eingang der Betrachtungen der Kantischen Analyse des Ich, daß er das Ich als subjectum bestimmt, wonach es das ὑποκείμενον, das Vorliegende für die Bestimmungen bedeutet. Gemäß der antiken Seinsauffassung ist Seiendes grundsätzlich als Vorhandenes verstanden. Das eigentliche Seiende, die οὐσία, ist das an ihm selbst Verfügbare, das Her-gestellte, das für sich ständig Anwesende, das Vorliegende, ὑποκείμενον, subjectum, Substanz. Die Körperdinge und die geistigen Dinge sind Substanzen (οὐσίαι).

Wir haben zugleich mehrfach betont, daß für die antike und mittelalterliche Metaphysik ein bestimmtes Seiendes als Urbild alles Seins vorschwebt, Gott. Das gilt auch noch für die neuere Philosophie von Descartes bis Hegel. Wenn Kant auch einen theoretischen Beweis des Daseins Gottes für unmöglich hält und ebensosehr eine theoretisch-spekulative Erkenntnis Gottes, so bleibt für ihn Gott als ens realissimum das ontologische Urbild, das prototypon transcendentale, d. h. das ontologische Urbild, in Anmessung woran die Idee des ursprünglichen Seins geschöpft und die Bestimmungen alles abgeleiteten Seienden normiert werden. Gott aber ist das ens infinitum, wie wir bei Suarez bzw. Descartes gesehen haben, das nichtgöttliche Seiende das ens finitum. Gott ist die eigentliche Substanz. Die res cogitans und die res extensa sind endliche Substanzen (substantiae finitae). Diese ontologischen Grundthesen Descartes' setzt Kant ohne weiteres voraus. Das nichtgöttliche Seiende, die Sachen, die körperlichen Dinge und die geistigen Dinge, die Personen, die Intelligenzen, sind nach Kant endliche Wesen. Sie machen das All des Vorhandenen aus. Es gilt jetzt zu zeigen, daß auch die Person von Kant im Grunde als ein Vorhandenes aufgefaßt wird, – daß er auch hier über die Ontologie des Vorhandenen nicht hinauskommt.

Wenn das erwiesen werden soll, dann sind wir daran gehalten zu zeigen, daß auch für die Interpretation der Person, d. h. der endlichen geistigen Substanz, der antike Auslegungshorizont des Seienden, d. h. der Hinblick auf das Herstellen, maßgebend ist. Es ist zu beachten, daß die endlichen Substanzen, Sachen sowohl wie Personen, nicht einfach nur beliebig vorhanden sind, sondern daß sie in Wechselwirkung stehen, in einem commercium. Diese Wechselwirkung gründet in der Kausalität, die Kant als das Vermögen zu wirken faßt. Entsprechend dem ontologischen Grundunterschied zwischen Sachen und Personen unterscheidet er auch eine doppelte Kausalität: Kausalität der Natur und Kausalität der Freiheit. Die Zwecke, die Personen, bilden ein commercium freier Wesen. Die Wechselwirkung der Substanzen ist ein zentrales Problem der neueren Metaphysik seit Descartes. Es genügt, die Titel für die verschiedenen Lösungen dieses Problems der Wechselwirkung der Substanzen und ihres Verhältnisses zu Gott zu benennen: Mechanismus, Occasionalismus, harmonia praestabilita. Alle diese Lösungen lehnt Kant ab. Es ist ein Grundsatz der Kantischen Metaphysik, daß wir »jedes Ding der Welt« nur kennen »als Ursache an der Ursache [d. h. nur am Vermögen zu wirken], oder nur die Kausalität der Wirkung, also nur die Wirkung, und also nicht das Ding selbst und dessen Bestimmungen, wodurch es die Wirkung hervorbringt« und wodurch sie hervorgebracht werden.[5] »Das Substantiale [die Substanz] ist das Ding an sich selbst und unbekannt.«[6] Nur die Akzidenzien, die Wirkungen der Dinge aufeinander, bekunden sich und sind daher vernehmlich. Die Personen sind endliche Substanzen und als Intelligenzen durch die Spontaneität charakterisiert. Die Frage erhebt sich: Worin besteht die Endlichkeit der Person und der Substanz überhaupt? Zunächst darin, daß jede Substanz an der anderen im vorhinein

---

[5] Kant, Reflexion Nr. 1171.
[6] Reflexion Nr. 704.

ihre Grenze hat, sich gleichsam an ihr stößt als an einem Seienden, das der Substanz jeweils vorgegeben ist, und zwar so, daß es sich lediglich in seinen Wirkungen zeigt. Die so von einer Substanz für eine andere kundgegebenen Wirkungen muß diese andere entgegennehmen können, soll es überhaupt vom Seienden, das es nicht selbst ist, etwas erkennen und erkennend sich zu ihm verhalten können, d. h. soll es überhaupt zu irgendeinem commercium zwischen den Substanzen kommen. Für die Intelligenz besagt das: Die Substanz muß, weil sie das andere Seiende nicht ist, ein Vermögen haben, von diesem Seienden gleichsam betroffen zu werden. Die endliche Substanz kann daher nicht nur Spontaneität sein, sondern sie muß gleichursprünglich als Rezeptivität bestimmt werden, d. h. als Vermögen der Empfänglichkeit von Wirkungen und für Wirkungen anderer Substanzen. Ein commercium zwischen den endlichen geistigen Substanzen ist nur so möglich, daß diese Substanzen nicht nur ontologisch durch Spontaneität, durch ein Vermögen, von sich aus zu wirken, bestimmt sind, sondern zugleich durch Rezeptivität. Die Wirkungen anderer Substanzen bezeichnet Kant, sofern sie die Empfänglichkeit einer Substanz treffen, als Affektion. Daher kann er auch sagen: Die Substanz im Sinne der Intelligenz ist nicht nur Funktion, Erkennen, sondern zugleich Affektion. Die endlichen Substanzen vernehmen von einem anderen Seienden nur das, was dieses als Wirkung seiner selbst dem Erfassenden zukehrt. Nur die Außenseite, nicht die Innenseite ist jeweils zugänglich und vernehmbar, wenn wir diese auch von Kant gebrauchte Terminologie einmal gebrauchen dürfen, obwohl sie irreführend ist. Die Endlichkeit der Intelligenzen liegt in ihrer notwendigen Angewiesenheit auf Rezeptivität. Es muß zwischen ihnen ein influxus realis bestehen, ein gegenseitiger Einfluß ihrer Realität, d. h. ihrer Prädikate, ihrer Akzidenzien aufeinander. Ein direktes commercium der Substanzen ist unmöglich.

Welches ontologische Fundament hat diese Interpretation der Endlichkeit der geistigen Substanzen? Warum kann die endliche Substanz nicht das Substantiale, d. h. das eigentliche Sein einer anderen Substanz erfassen? Kant sagt das unmißverständlich in einer Reflexion: »aber endliche Wesen können nicht aus sich selbst andere Dinge erkennen, weil sie nicht ihre Urheber sind«.[7] In der Metaphysik-Vorlesung heißt es: »Kein Wesen als der Schöpfer allein kann die Substanz eines andern Dinges vernehmen.«[7a] Wenn wir beide fundamentalen Sätze zusammennehmen, dann sagen sie: Ein eigentliches Vernehmen eines Seienden in seinem Sein liegt nur für das Urhebersein dieses Seienden vor. Im *Herstellen* von etwas liegt der primäre und direkte Bezug zum Sein eines Seienden. Und darin liegt: *Sein eines Seienden* bedeutet nichts anderes als *Hergestelltheit*. Das Vordringen zum eigentlichen Sein des Seienden ist den endlichen Substanzen verlegt, weil die endlichen Intelligenzen das zu erfassende Seiende nicht selbst herstellen und hergestellt haben. Sein des Seienden muß hier als Hergestelltsein verstanden werden, wenn anders nur der Hersteller, der Urheber, imstande sein soll, die Substanz, d. h. das, was das Sein des Seienden ausmacht, zu erfassen. Nur der Urheber ist zu einer eigentlichen Seinserkenntnis imstande, wir endlichen Wesen erkennen nur das, was wir selbst machen und soweit wir es machen. Wir selbst aber sind als Wesen, die sich nicht selbst schlechthin aus sich herstellen, sondern wir sind selbst Hergestelltes und daher, wie Kant sagt, nur zum Teil Schöpfer.[8] Die Unerkennbarkeit des Seins der Substanzen, d. h. der vorhandenen Dinge in ihrem eigentlichen Sein, gründet darin, daß sie hergestellte sind. Das Sein der endlichen Dinge, seien es Sachen oder Personen, ist im vorhinein als Hergestelltheit im Horizont des Herstellens begriffen, allerdings in einer Auslegungsrichtung, die sich mit der von der antiken Ontologie

---

[7] Reflexion Nr. 929.
[7a] Kant, Vorlesungen über die Metaphysik. Hg. Pölitz. Erfurt 1821. p. 97.
[8] Reflexion Nr. 1117.

herausgestellten nicht ohne weiteres deckt, ihr aber zugehört und aus ihr entstammt.

Wir versuchen, uns darüber klar zu werden, daß letztlich das Fundament auch der Kantischen Interpretation der moralischen Person in der antiken-mittelalterlichen Ontologie liegt. Um das zu verstehen, ist es notwendig, die allgemeine Bestimmung der *Person* als *endlicher Substanz* zu begreifen und zu bestimmen, was Endlichkeit besagt. *Endlichkeit* ist die *notwendige Angewiesenheit auf Rezeptivität*, d. h. die *Unmöglichkeit, selbst der Urheber und Hersteller eines anderen Seienden zu sein.* Nur was Urheber eines Seienden ist, erkennt dieses in seinem eigentlichen Sein. Das Sein der Dinge ist als Hergestelltsein verstanden. Das liegt bei Kant als selbstverständlich zugrunde, kommt aber explizit nicht zum Ausdruck. Auch die Kantische Interpretation der endlichen Substanzen und ihres Zusammenhanges führt auf denselben ontologischen Horizont zurück, den wir schon bei der Interpretation der οὐσία und aller der Bestimmungen antrafen, die vom Wesen des Seienden gegeben werden. Allerdings fungiert hier das Herstellen in einem anderen Sinne, der mit der genannten Funktion zusammenhängt.

Früher sagten wir, im Herstellen von etwas liegt ein eigentümlicher Entlassungs- und Freigabecharakter, aufgrund dessen das Hergestellte als für sich selbst Gestelltes, Eigenständiges und von sich her Vorhandenes im vorhinein aufgefaßt wird. Aufgefaßt wird es so im Herstellen selbst, nicht erst nach der Herstellung, sondern schon im Bewußtsein vom Projekt. In der jetzt besprochenen Funktion des Herstellens für die Interpretation der Möglichkeit des Erkennens des Seins eines Seienden kommt ein anderes Strukturmoment des Herstellens in Frage, das wir auch schon berührten. Alles Herstellen vollzieht sich nach einem Ur- und Vor-bild. Zum Herstellen gehört das vorgängige Sicheinbilden eines Vorbildes. Wir hörten früher, der Begriff des εἶδος sei wiederum dem Herstellungshorizont entwachsen. Im vorgängigen Sich-Einbilden und Entwerfen des Vor-bildes ist schon direkt erfaßt, was das Herzustellende eigentlich ist. Was zunächst als Vorbild und Urbild des herstellenden Nachbildens gedacht ist, ist im Sich-einbilden direkt erfaßt. Im εἶδος ist schon das vorweggenommen, was das Sein des Seienden ausmacht. Im εἶδος ist schon das vorweggenommen und umgrenzt, was sagt, wie das Ding sich ausnehmen wird, oder wie wir auch sagen, wie es sich machen wird, – wenn es nämlich gemacht ist. Das zum Herstellen gehörende Vorwegnehmen des Vor-bildes ist das eigentliche Erkennen dessen, was das Hergestellte ist. Deshalb vernimmt nur der Hersteller von etwas, der Urheber, das Seiende in dem, was es ist. Der Schöpfer und Hersteller ist aufgrund dessen, daß er zuvor das Vorbild sich einbildet, auch der eigentlich Erkennende. Als Sich-selbst-Herstellender (Ungeschaffener) ist er zugleich das eigentlich Seiende.

Aufgrund dieses Zusammenhanges hat auch der Begriff οὐσία schon in der griechischen Ontologie eine doppelte Bedeutung. οὐσία besagt einmal das hergestellte Vorhandene selbst bzw. dessen Vorhandensein. οὐσία besagt aber zugleich auch soviel wie εἶδος im Sinne des nur erst gedachten, eingebildeten Vorbildes, d. h. was das Seiende als hergestelltes eigentlich schon ist, sein Aussehen, das, was es umgrenzt, die Weise, wie es als Hergestelltes sich ausnehmen, wie es sich machen wird.

Gott ist gedacht als der Bildner, und zwar als der Vor- und Urbildner aller Dinge, der keines Vorgegebenen bedarf, also auch nicht durch Rezeptivität bestimmt ist, der vielmehr alles, was ist, und nicht nur das, sondern sogar alles Mögliche aufgrund seiner absoluten Spontaneität, d. h. als actus purus vor--gibt. Die Endlichkeit der Sachen und Personen gründet in der Hergestelltheit der Dinge überhaupt. Das ens finitum ist solches, weil es ens creatum ist. Das besagt aber, esse, ens, Seiendsein meint Hergestelltsein. So führt die ontologische Frage nach dem Grund der Endlichkeit der Personen, d. h. der Sub-

jekte darauf, auch ihr Sein (Existieren, Dasein) als Hergestelltheit zu erkennen und zu sehen, daß *Kant,* wenn es sich um die
ontologische Grundorientierung handelt, sich *in den Bahnen
der antiken-mittelalterlichen Ontologie* bewegt und daß nur
von hier aus die Problemstellung der »Kritik der reinen Vernunft« verständlich wird.[9]

Für unsere grundsätzliche Frage nach der Bestimmung der
ontologischen Verfassung des Subjekts (der Person) bei Kant
ergibt sich aus dem Gesagten etwas Wesentliches. Das Subjekt als Person ist ein ausgezeichnetes subjectum, sofern zu
ihm das *Wissen* um seine Prädikate, d. h. um sich selbst gehört.
Die Subjektivität des Subjektes ist daher gleichbedeutend mit
Selbstbewußtsein. Letzteres macht die Wirklichkeit, das Sein
dieses Seienden aus. Daher kommt es, daß in einer extremen
Fassung des Kantischen bzw. Descartes'schen Gedankens der
deutsche Idealismus (Fichte, Schelling, Hegel) im Selbstbewußtsein die eigentliche Wirklichkeit des Subjekts gesehen
hat. Von da aus wurde dem Descartes'schen Ansatz zufolge
die ganze Problematik der Philosophie entwickelt. Hegel sagt:
»Der wichtigste Punkt für die Natur des Geistes ist das Verhältnis nicht nur dessen, was er *an sich* ist, zu dem was er
wirklich ist, sondern dessen, als was er *sich weiß;* dieses Sich-

---

[9] Heimsoeth hat in einem wertvollen Aufsatz das Material zusammen-
getragen, das diese ontologischen Grundlagen der Kantischen Philosophie
beleuchtet: »Metaphysische Motive in der Ausbildung des Kantischen Idealismus« (Vgl. Kant-Studien Bd. XXIX (1924), p. 121 ff.). Freilich fehlt bei
Heimsoeth völlig eine grundsätzlich ontologische Fragestellung und entsprechende Interpretation des Materials. Aber gegenüber der unsicheren
und im Grunde rein erfundenen Kant-Interpretation des Neukantianismus
des vorigen Jahrhunderts ist es in jedem Falle ein Schritt vorwärts auf
dem Wege zu einer angemessenen Kant-Interpretation. — Die Hegelsche
Schule sah in der Mitte des 19. Jahrh. vor dem Aufkommen des Neukantianismus diese Zusammenhänge noch viel deutlicher (vor allem J. Ed.
Erdmann). In der Gegenwart hat wieder H. Pichler zum ersten Mal auf
die ontologischen Fundamente der Kantischen Philosophie hingewiesen in
seiner Schrift »Über Christian Wolffs Ontologie« (1910), besonders im
letzten Abschnitt: »Ontologie und transzendentale Logik« (p. 73 ff.).

wissen ist darum, weil er wesentlich Bewußtsein [ist], Grundbestimmung seiner *Wirklichkeit.*«[10] Daraus ist zu erklären,
daß der deutsche Idealismus bemüht ist, durch diese eigentümliche Dialektik des Selbstbewußtseins gleichsam hinter die
Seinsart des Subjekts und des Geistes zu kommen. Aber in
dieser Auslegung des Subjekts vom Selbstbewußtsein aus, die
bei Descartes vorgebildet und bei Kant erstmals scharf gedacht
ist, wird die primäre Bestimmung des Subjektes im Sinne des
ὑποκείμενον, des Vorliegenden, unterschlagen, bzw. diese Bestimmung wird dialektisch im Selbstbewußtsein, im Sichbe-
greifen, aufgehoben. Sie war schon bei Kant kein eigenes ontologisches Problem mehr, sondern gehörte zum Selbstverständlichen. Bei Hegel erfährt sie die Aufhebung in die Interpretation des Subjekts als Selbstbewußtsein, d. h. als Sichbegrei-
fen, als Begriff. Für ihn liegt das Wesen der Substanz darin,
Begriff ihrer selbst zu sein. Durch diese Entwicklung der Interpretation der Subjektivität aus dem Selbstbewußtsein wird
noch mehr als zuvor die Möglichkeit einer grundsätzlichen
ontologischen Interpretation des Seienden, das wir selbst sind,
hintangehalten. Mag die Bestimmung unseres Daseins, daß wir
selbst in gewisser Weise auch vorhanden sind, uns nicht selbst
hergestellt haben und herstellen, unzureichend sein, so liegt
doch in diesem Moment des vollgefaßten Subjektbegriffes
als ὑποκείμενον und als Selbstbewußtsein ein Problem von
grundsätzlicher Art. Vielleicht ist die Frage nach dem Subjekt
als ὑποκείμενον in dieser Form falsch gestellt, aber gleichwohl muß anerkannt werden, daß das Sein des Subjekts nicht
nur im Sichwissen besteht – ganz abgesehen davon, daß die
Seinsart dieses Sichwissens unbestimmt bleibt –, sondern daß
das Sein des Daseins zugleich dadurch bestimmt ist, daß es in
irgendeinem Sinne – den Ausdruck vorsichtig gebraucht –
vorhanden ist, und zwar so, daß es nicht sich selbst aus eige-

---

[10] Hegel, Vorrede zur zweiten Ausgabe der »Logik« (Felix Meiner)
Bd. I, p. 16.

ner Macht ins Dasein gebracht hat. Obwohl Kant weiter als andere vor ihm in die ontologische Struktur der Personalität vordringt, kann er doch, wie wir jetzt nach allen verschiedenen Richtungen des Problems gesehen haben, nicht dazu kommen, die Frage nach der Seinsart der Person ausdrücklich zu stellen. Nicht nur, daß die Seinsart des ganzen Seienden, die Einheit von personalitas psychologica, transcendentalis und moralis, als welche der Mensch doch faktisch existiert, ontologisch unbestimmt bleibt, es unterbleibt überhaupt die Frage nach dem Sein des Daseins als solche. Es bleibt bei der indifferenten Charakteristik des Subjekts als eines vorhandenen; die Bestimmung des Subjekts als Selbstbewußtsein aber sagt nichts aus über die Seinsart des Ich. Auch die extremste Dialektik des Selbstbewußtseins, wie sie in verschiedener Form bei Fichte, Schelling und Hegel ausgebildet wird, vermag das Problem der Existenz des Daseins nicht zu lösen, weil es überhaupt nicht gestellt ist. Wenn wir aber bedenken, welche Energie des Denkens und der Interpretation Kant gerade auf die Klärung der Subjektivität verwendet und daß er trotzdem nicht zur spezifischen Seinsverfassung des Daseins vorgedrungen ist, wie wir zunächst lediglich behaupten, dann deutet das darauf hin, daß offenbar die Interpretation dieses Seienden, das wir selbst sind, am wenigsten selbstverständlich und am meisten der Gefahr unterworfen ist, in einen verkehrten Horizont gestellt zu werden. Daher bedarf es der ausdrücklichen Besinnung auf den Weg, auf dem das Dasein selbst ontologisch angemessen zur Bestimmung gebracht werden kann.

Für uns ergibt sich die Frage: Welche positiven Aufgaben erwachsen aus dieser Problemlage, daß das Subjekt primär durch die Subjektivität, das Sichselbstwissen, bestimmt ist, so daß die Frage nach der Seinsverfassung im Grunde doch unterbleibt?

§ 15. *Das grundsätzliche Problem der Mannigfaltigkeit*
der Weisen des Seins
und der Einheit des Seinsbegriffes überhaupt

Seit Descartes wird zwar der Unterschied zwischen res cogitans und res extensa besonders betont und zum Leitfaden der
philosophischen Problematik gemacht. Es gelingt aber nicht,
die verschiedenen Seinsweisen der so bezeichneten Seienden
eigens und in ihrer Verschiedenheit herauszustellen, noch weniger, diese Verschiedenheit des Seins als *Mannigfaltigkeit von*
Weisen des Seins einer *ursprünglichen Idee von Sein über-*
haupt unterzuordnen. Es gelingt nicht, genauer gesprochen,
der Versuch wird gar nicht erst unternommen. Vielmehr werden res cogitans und res extensa einheitlich am Leitfaden eines
durchschnittlichen Begriffs von Sein im Sinne des *Hergestellt-*
seins erfaßt. Wir wissen aber, daß diese Interpretation des
Seins *im Blick auf das Vorhandene* erwachsen ist, d. h. *das*
Seiende, das das Dasein nicht ist. Daher wird die Frage dringlicher: Wie müssen wir das Sein des Seienden, das wir selbst
sind, bestimmen und von allem Sein des nichtdaseinsmäßigen
Seienden abgrenzen, aber gleichwohl aus der Einheit eines
ursprünglichen Seinsbegriffes verstehen? Wir bezeichneten das
Sein des Daseins terminologisch als Existenz. *Was heißt Exi-*
stenz? Welches sind die *wesenhaften Momente* des Existierens?

a) Erster Vorblick auf die Existenzverfassung des Daseins
Ansatz bei der Subjekt-Objekt-Beziehung (res cogitans — res
extensa) als Verfehlung der existenzialen Verfassung des seinsverstehenden Seins beim Seienden

Wenn wir versuchen, die Existenz des Daseins aufzuklären,
so genügen wir einer doppelten Aufgabe: nicht nur der, daß
wir ein Seiendes eigener Art von anderen Seienden ontologisch
unterscheiden, sondern zugleich der Aufgabe, das Sein *des*
Seienden herauszustellen, zu dessen Sein (Existenz) *Seinsver-*

ständnis gehört und *auf dessen Interpretation alle ontologische Problematik überhaupt zurückführt.* Allerdings dürfen wir nicht meinen, das Wesen der Existenz in einem Satz zu treffen und vollständig auseinanderzulegen. Es gilt jetzt nur, die *Richtung der Problemstellung* zu kennzeichnen und einen *ersten Vorblick auf die Existenzverfassung des Daseins* zu geben. Das geschieht in der Absicht, deutlicher zu machen, inwiefern die Möglichkeit der Ontologie überhaupt davon abhängt, wie und inwieweit die Seinsverfassung des Daseins freigelegt ist. Wir sagen damit erneut, daß in der Betonung des Subjekts, wie sie seit Descartes in der Philosophie lebendig ist, sehr wohl ein echter Impetus philosophischen Fragens liegt, der nur verschärft, was die Antike schon suchte, daß aber andererseits ebenso notwendig ist, nicht einfach nur vom Subjekt auszugehen, sondern auch zu fragen, ob und wie das *Sein* des Subjekts als Ausgang der philosophischen Problematik bestimmt werden muß, und zwar so, daß die Orientierung an ihm *nicht einseitig subjektivistisch* ist. Die Philosophie muß vielleicht vom ›Subjekt‹ ausgehen und mit ihren letzten Fragen in das ›Subjekt‹ zurückgehen und darf gleichwohl nicht einseitig subjektivistisch ihre Fragen stellen.

Die Kennzeichnung der Kantischen Analyse der Personalität und die kritische Erörterung derselben sollte gerade deutlich machen, daß es ganz und gar nicht selbstverständlich ist, die Seinsverfassung des Subjekts zu treffen oder auch nur in der rechten Weise nach ihr zu fragen. Wir sind in ontischer Hinsicht dem Seienden, das wir selbst sind und das wir Dasein nennen, am nächsten; denn wir sind dieses Seiende selbst. Gleichwohl ist uns dieses ontisch Nächste gerade ontologisch das Fernste. Descartes überschreibt die zweite seiner Meditationen zur Metaphysik »De natura mentis humanae: quod ipsa sit *notior* quam corpus«, »Über das Wesen des menschlichen Geistes, daß dieser bekannter sei als der Leib und der Körper«. Trotz dieser oder gerade wegen dieser vermeintlich vorzüglichen Bekanntheit des Subjekts wird nicht nur bei Descartes, sondern in der Folgezeit überhaupt *dessen Seinsart verkannt und übersprungen,* so daß keine Dialektik des Geistes dieses Versäumnis wieder rückgängig machen kann. Zwar scheint die scharfe Scheidung zwischen res cogitans und res extensa zu gewährleisten, daß auf diese Weise gerade die Eigenart des Subjekts getroffen wird. Allein, wir wissen aus früheren Überlegungen gelegentlich der Diskussion der ersten These, daß die Verhaltungen des Daseins *intentionalen Charakter* haben, daß das Subjekt aufgrund der Intentionalität schon im Bezug steht zu solchem, was es selbst nicht ist.

Wenn wir das auf die Kantische Fassung des Subjekt-Begriffes anwenden, dann heißt das: Das Ich ist ein subjectum, das um seine Prädikate weiß, die Vorstellungen sind, cogitationes im weitesten Sinne, und die als solche intentional auf etwas gerichtet sind. Darin liegt: Im wissenden Haben seiner Prädikate als intentionaler Verhaltungen verhält sich das Ich auch schon zum Seienden, darauf die Verhaltungen gerichtet sind. Sofern man dieses Seiende, auf das die Verhaltungen gerichtet sind, immer in gewisser Weise als Objekt bezeichnet, kann man formal sagen: Zum Subjekt gehört immer ein Objekt, das eine kann ohne das andere nicht gedacht werden.

Mit dieser Bestimmung *scheint* doch schon die einseitige subjektivistische Fassung des Subjektsbegriffs überwunden zu sein. Natorp sagt: »Es wären demnach im ganzen drei Momente, die in dem Ausdruck Bewußtsein [d. h. res cogitans] eng in Eins gefaßt, aber durch Abstraktion doch auseinanderzuhalten sind: 1. das Etwas, das einem bewußt ist; 2. das, welchem etwas oder das sich dessen bewußt ist; 3. die Beziehung zwischen beiden, daß irgend etwas irgendwem bewußt ist. Ich nenne, lediglich der Kürze der Bezeichnung halber, das Erste [das Bewußte] den *Inhalt,* das Zweite das *Ich,* das Dritte die *Bewußtheit.*«[1] Mit diesem letzteren Titel ›Bewußt-

---

[1] P. Natorp, Allgemeine Psychologie nach kritischer Methode. Tübingen 1912. p. 24.

heit‹ scheint Natorp dasselbe zu meinen, was die Phänomenologie mit Intentionalität bezeichnet. Formal trifft das gewiß
zu. Aber eine nähere Betrachtung könnte zeigen, daß diese
Bewußtheit für Natorp, wie er sagt, ein »unreduzierbar Letz-
tes« sei[2] und daß sie ferner gar keine Modifikationen erfahren kann. Es gibt nach Natorp keine verschiedenen Weisen der
Bewußtheit von etwas, sondern aller Unterschied des Bewußtseins ist Unterschied des Bewußten, des Inhalts. Die res cogitans ist ihrem Begriffe nach ein durch Bewußtheit auf einen
bewußten Inhalt bezogenes Ich. Es gehört zum Ich die Relation zum Objekt, und umgekehrt, dem Objekt eignet die Relation zu einem Subjekt. Die Relation ist eine Korrelation.

Vielleicht noch formaler faßt Rickert die Subjekt-Objekt-
Beziehung. Er sagt: »Die Begriffe des Subjekts und des Objekts fordern einander, wie das auch andere Begriffe tun, z. B.
die der Form und des Inhalts oder der Identität und der
Andersheit.«[3] Man muß aber hier fragen: Warum ›fordern‹
diese Begriffe, Subjekt und Objekt, einander? Doch offenbar
nur, weil das damit Gemeinte sich fordert. Aber fordert ein
Objekt ein Subjekt? Offenbar. Denn etwas Entgegenstehendes
ist immer entgegenstehend *für* ein Erfassendes. Gewiß. Allein,
ist jedes Seiende notwendig Objekt? Müssen die Naturvorgänge Objekte für ein Subjekt sein, um zu sein, was sie sind?
Offenbar nicht. Das Seiende wird im vorhinein als Objekt
genommen. Dann kann hieraus deduziert werden, daß dazu
ein Subjekt gehört. Denn mit der Charakterisierung des Seienden als Objekt habe ich stillschweigend schon das Subjekt
mitgesetzt. Aber mit dieser Charakterisierung von Seiendem
als Objekt und von Seiendem als *Gegen*stand habe ich schon
nicht mehr das Seiende an ihm selbst hinsichtlich seiner eigenen,
ihm zugehörigen Seinsart als Problem, sondern das Seiende
als Entgegenstehendes, als Gegenstand. In dieser vermeintlich

---

[2] a.a.O., p. 27.
[3] H. Rickert, Der Gegenstand der Erkenntnis (3. Auflage), p. 3.

rein Kantischen Interpretation heißt Sein dann soviel wie Gegenständlichkeit.

So wird deutlich: Wenn dem Subjekt ein Objekt gegenübergestellt wird, kommt die Frage noch gar nicht in die Dimension, nach der spezifischen Seinsart des objektgewordenen Seienden in seinem Verhältnis zur Seinsart eines Subjekts zu fragen. Umgekehrt, zu einem Subjekt, genommen als Erfassendes, gehört ein Erfaßtes. Aber *muß* das Subjekt notwendig erfassen? Ist die Seinsmöglichkeit eines Subjekts davon abhängig, daß für sein Erfassen etwas als Objekt gegeben ist? Keineswegs. In jedem Falle ist die Frage nicht ohne weiteres zu entscheiden. Es scheint auf den ersten Blick, als sei in dem Ansatz bei der Subjekt-Objekt-Beziehung ein sachgemäßerer Ausgang der Fragestellung gewonnen und eine vorurteilslosere Fassung des Problems als der einseitige Ausgang vom Subjekt. Näher besehen verlegt aber dieser Ansatz einer Subjekt-Objekt-Beziehung den Zugang zur eigentlich ontologischen Frage sowohl nach der Seinsart des Subjekts als auch nach der Seinsart des Seienden, das möglicherweise Objekt wird, aber nicht notwendig werden muß.

Aber selbst wenn man die Rechtmäßigkeit des Ansatzes nicht bei einem isolierten Subjekt, sondern bei der Subjekt-Objekt-Beziehung einmal zugibt, dann ist zu fragen: Warum ›fordert‹ ein Subjekt ein Objekt, und umgekehrt? Denn ein Vorhandenes wird nicht von sich aus Objekt, um dann ein Subjekt zu fordern, sondern es wird nur Objekt in der Objektivierung *durch* ein Subjekt. Seiendes ist ohne Subjekt, aber Gegenstände gibt es nur für ein Subjekt, das vergegenständlicht. Also hängt die Existenz der Subjekt-Objekt-Beziehung von der Existenzart des Subjekts ab. Aber warum? Ist denn mit der Existenz des Daseins je schon eine solche Beziehung gesetzt? Das Subjekt könnte sich doch die Beziehung zu Objekten versagen. Oder kann es das nicht? Wenn nicht, dann liegt es nicht an dem Objekt, daß eine Subjektbeziehung zu ihm besteht, sondern das *Sichbeziehen gehört zur Seinsverfas-*

sung des Subjekts selbst. Es liegt im Begriff des Subjekts, sich zu beziehen. Das Subjekt ist an ihm selbst ein sich beziehendes. Dann ist es notwendig, die Frage nach dem Sein des Subjekts so zu stellen, daß diese Wesensbestimmung des Sichbeziehens-auf, d. h. die *Intentionalität*, im Begriff des Subjekts mitgedacht wird, d. h. daß die Beziehung zum Objekt nicht etwas ist, was gelegentlich aufgrund eines zufälligen Vorhandenseins eines Objekts an das Subjekt angeknüpft wird. Zur Existenz des Daseins gehört Intentionalität. Mit der Existenz des Daseins ist für dieses je schon irgendwie ein Seiendes und ein Zusammenhang mit Seiendem enthüllt, ohne daß es eigens vergegenständlicht wäre. *Existieren* besagt dann unter anderem: *sich verhaltendes Sein bei Seiendem*. Es gehört zum Wesen des Daseins, so zu existieren, daß es immer schon bei anderem Seienden ist.

b) Das Mitenthülltsein des Selbst im seinsverstehenden Sichrichten auf Seiendes. Der Widerschein aus den besorgten Dingen als faktisch-alltägliches Selbstverständnis

Aber was haben wir damit für die Aufklärung der Existenz des Daseins gewonnen? An dieser Stelle standen wir doch schon früher gelegentlich der Herausstellung der Intentionalität am Phänomen der Wahrnehmung in der Diskussion der ersten These. Wir haben dort die Intentionalität charakterisiert als bestimmt durch intentio und intentum und zugleich dadurch, daß zu jedem intentionalen Verhalten ein Seinsverständnis des Seienden gehört, wozu sich dieses Verhalten verhält. Aber damit ließen wir die Frage offen, *wie* das Seinsverständnis zur intentionalen Verhaltung ›gehört‹. Darüber haben wir nach der ersten Kennzeichnung der Intentionalität nicht weiter nachgefragt, sondern nur gesagt, sie sei rätselhaft.
   Jetzt aber im Zusammenhang der Frage nach der Interpretation des Seins des Subjekts drängt sich die Frage auf: Wie bestimmt sich das *Ich* durch die Intentionalität jeglicher Ver-

haltung? Bei den früheren Bestimmungen der Intentionalität haben wir das Ich beiseite gelassen. Wenn Intentionalität *Sichrichten-auf* besagt, dann ist es offenbar das Ich, was ausgerichtet ist. Aber was ist denn mit diesem Ich? Ist es ein Punkt oder ein Zentrum oder, wie man in der Phänomenologie auch sagt, ein Pol, der Ichakte ausstrahlt? Die entscheidende Frage erhebt sich von neuem: *Welche Seinsart* ›*hat*‹ *dieser Ich-Pol?* Dürfen wir überhaupt nach einem Ich-Pol fragen? Dürfen wir aus dem formalen Begriff von Intentionalität, Sichrichten auf etwas, ein Ich als Träger dieses Aktes erschließen? Oder müssen wir nicht phänomenologisch fragen, in welcher Weise dem Dasein selbst sein Ich, sein Selbst, gegeben ist, d. h. *in welcher Weise das Dasein existierend es selbst,* sich zu eigen, d. h. eigentlich im strengen Wortsinn ist? Das Selbst, das das Dasein ist, ist in allen intentionalen Verhaltungen irgendwie mit da. Zur Intentionalität gehört nicht nur ein Sichrichten - auf und nicht nur Seinsverständnis des Seienden, worauf es sich richtet, sondern auch *das Mitenthülltsein des Selbst,* das sich verhält. Das intentionale Sichrichten-auf ist nicht einfach ein aus einem Ich-Zentrum entfliehender Aktstrahl, der erst nachträglich auf das Ich bezogen werden müßte in der Weise, daß dieses Ich in einem zweiten Akt auf den ersten (das erste Sichrichten-auf) sich zurückrichtete, vielmehr gehört zur Intentionalität die Miterschlossenheit des Selbst. Aber die Frage bleibt: *In welcher Weise ist das Selbst gegeben?* Nicht, wie man in Anlehnung an Kant vielleicht meinen könnte, in der Weise, daß ein ›Ich denke‹ alle Vorstellungen begleitet und mit den auf Vorhandenes gerichteten Akten mitgeht, also ein reflektierender Akt, der auf den ersten Akt gerichtet ist. Formal ist die Rede vom Ich als Bewußtsein *von* etwas, das sich zugleich seiner *selbst* bewußt ist, unantastbar, und die Charakteristik der res cogitans als cogito me cogitare, als Selbstbewußtsein, im Recht. Aber diese formalen Bestimmungen, die das Gerüst für die Bewußtseinsdialektik des Idealismus abgeben, sind doch weit entfernt von einer Interpretation der phänomenalen Tatbestände des Daseins, d. h. von dem, *wie* sich dieses Seiende ihm selbst in seiner faktischen Existenz zeigt, wenn man das Dasein nicht mit vorgefaßten Ich- und Subjekt-begriffen der Erkenntnistheorie vergewaltigt.

Zunächst müssen wir das eine klar sehen: Das Dasein ist existierend ihm selbst da, auch wenn sich das Ich nicht aus-drücklich auf sich selbst in der Weise einer eigenen Um- und Rückwendung zu sich selbst richtet, die man in der Phänomeno-logie als innere Wahrnehmung gegenüber der äußeren bezeichnet. Das Selbst ist dem Dasein ihm selbst da, ohne Reflexion und ohne innere Wahrnehmung, *vor* aller Reflexion. Die Reflexion im Sinne der Rückwendung ist nur ein Modus der Selbst*erfas-sung*, aber nicht die Weise der primären Selbst-Erschließung. Die Art und Weise, in der das Selbst im faktischen Dasein sich selbst enthüllt ist, kann man dennoch zutreffend Reflexion nennen, nur darf man hierunter nicht das verstehen, was man gemeinhin mit diesem Ausdruck versteht: eine auf das Ich zurückgebogene Selbstbegaffung, sondern ein Zusammenhang, wie ihn die optische Bedeutung des Ausdrucks ›Reflexion‹ kundgibt. Reflektieren heißt hier: sich an etwas brechen, von da zurückstrahlen, d. h. von etwas her im Widerschein sich zeigen. Bei Hegel – der in der Philosophie so unerhört viel gesehen hat und sehen konnte, weil er eine ungewöhnliche Macht über die Sprache hatte und die verborgenen Dinge aus ihrem Versteck herausriß – klingt einmal diese optische Be-deutung des Terminus ›Reflexion‹ an, wenn auch in einem anderen Zusammenhang und in einer anderen Absicht. Wir sagen, das Dasein bedarf nicht erst einer Rückwendung zu sich selbst, gleich als stünde es, sich selbst hinter dem eigenen Rücken haltend, zunächst starr den Dingen zugewandt vor diesen, sondern nirgends anders als in den Dingen selbst, und zwar in denen, die das Dasein alltäglich umstehen, findet es sich selbst. Es *findet sich* primär und ständig *in den Dingen*, weil es, sie betreuend, von ihnen bedrängt, immer irgendwie in den Dingen ruht. Jeder ist das, was er betreibt und besorgt.

Alltäglich versteht man sich und seine Existenz aus dem, was man betreibt und besorgt. Man versteht sich selbst von da her, weil das Dasein sich zunächst in den Dingen findet. Es bedarf nicht einer eigenen Beobachtung und einer Spionage gegenüber dem Ich, um das Selbst zu haben, sondern in unmittelbarem leidenschaftlichen Ausgegebensein an die Welt selbst scheint das eigene Selbst des Daseins aus den Dingen wider. Das ist keine Mystik und setzt keine Beseelung der Dinge voraus, sondern ist nur der Hinweis auf einen elementaren phänomenologischen Tatbestand des Daseins, den man vor allem noch so scharfsinnigen Gerede von Subjekt-Objekt-Beziehung sehen muß, – dem gegenüber man die Freiheit haben muß, die Begriffe ihm anzumessen und nicht umgekehrt mit einem Gerüst von Begriffen sich gegen die Phänomene abzuriegeln. Wohl ist es ein merkwürdiger Tatbestand, daß wir uns zunächst und alltäglich zumeist aus den Dingen her begegnen und uns selbst in dieser Weise in unserem Selbst erschlossen sind. Gegen diesen Tatbestand wird der gemeine Verstand rebellieren, er, der ebenso blind wie behend ist, wird sagen: Das ist einfach nicht wahr und kann nicht wahr sein; man kann es eindeutig beweisen. Nehmen wir ein ganz ungekünsteltes Beispiel: der Handwerker in seiner Werkstatt, ausgegeben an Werkzeug, Material, an herzustellende Werke, kurz an das, was er besorgt. Hier ist doch offensichtlich, daß der Schuster nicht der Schuh ist, nicht der Hammer, nicht das Leder und nicht der Zwirn, nicht die Ahle und nicht der Nagel. Wie soll er sich selbst in und unter diesen Dingen finden, wie soll er *sich* aus ihnen her verstehen? Gewiß, der Schuster ist nicht der Schuh, und dennoch versteht er *sich* aus seinen Dingen, *sich*, sein Selbst. Es entsteht die Frage: Wie müssen wir dieses Selbst, das so natürlich und alltäglich verstanden wird, phänomenologisch begreifen?

Wie sieht dieses Selbstverständnis aus, in dem das faktische Dasein sich bewegt? Wenn wir sagen, das faktische Dasein versteht sich, sein Selbst, aus den alltäglich besorgten Dingen, so dürfen wir nicht irgendeinen erdachten Begriff von Seele, Person und Ich zugrunde legen, sondern müssen sehen, in welchem Selbstverstehen sich das faktische Dasein in seiner Alltäglichkeit bewegt. Zunächst ist zu fixieren, in welchem Sinne überhaupt hier das Selbst erfahren und verstanden ist. Zunächst und zumeist nehmen wir uns selbst so, wie es der Tag bringt; wir ergrübeln und zergliedern nicht ein Seelenleben. Wir verstehen uns alltäglich, wie wir terminologisch fixieren können, *nicht eigentlich* im strengen Wortsinne, nicht ständig aus den eigensten und äußersten Möglichkeiten unserer eigenen Existenz, sondern *uneigentlich,* zwar uns selbst, aber so, wie wir uns *nicht zu eigen,* sondern wie wir uns selbst in der Alltäglichkeit des Existierens an die Dinge und Menschen verloren haben. Nicht eigentlich heißt: nicht so, wie wir uns im Grunde zu eigen sein *können.* Das Verlorensein hat aber keine negative abschätzige Bedeutung, sondern meint etwas Positives, zum Dasein selbst Gehöriges. Das durchschnittliche Sichselbstverstehen des Daseins nimmt das Selbst als un-eigentliches. Dieses un-eigentliche Sichverstehen des Daseins besagt ganz und gar nicht ein unechtes Sichverstehen. Im Gegenteil, dieses alltägliche Sichhaben innerhalb des faktischen existierenden leidenschaftlichen Aufgehens in den Dingen kann sehr wohl echt sein, während alles extravagante Wühlen in der Seele im höchsten Grade unecht oder sogar verstiegen-pathologisch sein kann. Das uneigentliche Selbstverständnis des Daseins aus den Dingen ist weder unecht noch ist es ein scheinbares, als würde dabei nicht das Selbst, sondern irgendetwas anderes verstanden und das Selbst nur vermeintlicherweise. Das uneigentliche Selbstverständnis erfährt das eigentliche Dasein als solches gerade in seiner eigentümlichen ›Wirklichkeit‹, wenn wir so sagen dürfen, und in einer echten Weise. Das echte wirkliche, obzwar uneigentliche Verstehen des Selbst vollzieht sich so, daß sich dieses Selbst, als welches wir gemeinhin in den Tag hinein existieren, aus dem her ›reflektiert‹, woran es ausgegeben ist.

c) Radikalere Interpretation der Intentionalität für die Aufklärung des alltäglichen Selbstverständnisses
Das In-der-Welt-sein als Fundament der Intentionalität

Aber die Frage läßt sich nicht abweisen: *Wie sollen wir diesen rätselhaften Widerschein des Selbst aus den Dingen her philosophisch begreiflich machen?* Eines ist gewiß, diese Interpretation kann nur gelingen, wenn wir das Phänomen festhalten und es nicht durch vorzeitige Erklärungen zum Verschwinden bringen in dem Moment, wo es zunächst scheint, als könnten wir mit einem wirklichen Phänomen nicht fertig werden, so daß wir nach einem Ausweg suchen müßten.

Das von den Dingen her widerscheinende Selbst ist nicht ›in‹ den Dingen in dem Sinne, daß es als ein Stück derselben unter ihnen oder an ihnen als Anhängsel oder Belag vorhanden wäre. Soll das Selbst von den Dingen her uns entgegenkommen, muß das Dasein irgendwie bei ihnen sein. Die Seinsart des Daseins, seine Existenz, muß es begreifen lassen, daß und in welcher Weise der behauptete Widerschein des uneigentlichen Selbst aus den Dingen her möglich ist. Das Dasein muß *bei* den Dingen sein. Wir hörten auch schon: Die Verhaltungen des Daseins, in denen es existiert, sind intentional gerichtet-auf. Das Gerichtetsein der Verhaltungen drückt ein Sein *bei* dem, *womit* wir es zu tun haben, ein Sichaufhalten-*bei*, ein Mitgehen-*mit* den Gegebenheiten aus. Gewiß, aber die so gefaßte Intentionalität macht doch nicht begreiflich, inwiefern wir uns in den Dingen wiederfinden. Das Dasein ›transponiert‹ sich doch nicht an die Stelle der Dinge und versetzt sich doch nicht als ein Seiendes *ihrer* Art in ihre Gesellschaft, um sich als dort vorhanden nachträglich zu konstatieren. Allerdings nicht. Aber nur aufgrund einer *vorgängigen* ›Transposition‹ können wir doch von den Dingen her auf uns selbst zurückkommen. Die Frage ist nur, wie diese ›Transposition‹ zu verstehen und wie sie aus der ontologischen Verfassung des Daseins möglich ist.

Das eine ist sicher, die Berufung auf die Intentionalität der Verhaltungen zu den Dingen macht das Phänomen, das uns beschäftigt, nicht begreiflich, oder vorsichtiger gesprochen, *die bisher in der Phänomenologie einzig übliche Charakteristik der Intentionalität erweist sich als unzureichend und äußerlich.* Andererseits aber ›transponiert‹ sich das Dasein nicht zu den Dingen dergestalt, daß es aus einer vermeintlichen subjektiven Sphäre herausspringt in einen Kreis von Objekten. Aber es liegt vielleicht eine ›Transposition‹ eigener Art vor, so zwar, daß wir deren Eigentümlichkeit gerade dann zu Gesicht bringen, wenn wir das in Rede stehende Phänomen des uneigentlichen Sichselbstverstehens nicht aus dem phänomenologischen Blickfeld verschwinden lassen. Wie steht es um diese ›Transposition‹, die wir behaupten?

Es gilt ein Doppeltes: einmal die *Intentionalität selbst radikaler zu fassen*, und sodann aufzuklären, was es mit der genannten ›Transposition‹ des Daseins zu den Dingen auf sich hat. Mit anderen Worten: Was haben wir unter dem zu verstehen, was man in der Philosophie als *Transzendenz* zu bezeichnen pflegt? Gemeinhin lehrt man in der Philosophie, das Transzendente seien die Dinge, die Gegenstände. Was aber ursprünglich transzendent ist, d. h. *transzendiert*, sind nicht die Dinge gegenüber dem Dasein, sondern das Transzendente im strengen Sinne ist das Dasein selbst. Die *Transzendenz* ist eine *Grundbestimmung der ontologischen Struktur des Daseins*. Sie gehört zur Existenzialität der Existenz. Transzendenz ist ein existenzialer Begriff. Es wird sich zeigen, daß die Intentionalität in der Transzendenz des Daseins gründet und einzig auf diesem Grunde möglich ist, – daß man nicht umgekehrt die Transzendenz aus der Intentionalität aufklären kann. Die Aufgabe, die existenziale Verfassung des Daseins ans Licht zu bringen, führt zunächst vor die in sich einheitliche Doppelaufgabe, die *Phänomene der Intentionalität* und *Transzendenz radikaler zu interpretieren*. Bei dieser Aufgabe, mit der ursprünglicheren Fassung der Intentionalität und Transzendenz eine Grundbestimmung der Existenz des Daseins überhaupt in den Blick zu bringen, stoßen wir zugleich auf ein zentrales Problem, das der ganzen bisherigen Philosophie unbekannt blieb und sie in merkwürdige unlösliche Aporien verstrickte. Wir dürfen nicht hoffen, das zentrale Problem in einem Anlauf zu lösen, ja auch nur hinreichend als Problem durchsichtig zu machen.

α) Zeug, Zeugzusammenhang und Welt
In-der-Welt-sein und Innerweltlichkeit

Vorläufig müssen wir uns nur darüber klar werden, daß der ontologische Unterschied zwischen res cogitans und res extensa, zwischen Ich und Nicht-Ich, formal gesprochen, keineswegs direkt und einfach zu fassen ist, etwa in der Form, wie Fichte das Problem ansetzt, wenn er sagt: »Meine Herren, denken Sie die Wand, und dann denken Sie den, der die Wand denkt.« Schon in der Aufforderung »denken Sie die Wand« liegt eine konstruktive Vergewaltigung des Tatbestandes, ein unphäno-menologischer Ansatz. Denn wir denken nie im natürlichen Verhalten zu den Dingen *ein* Ding, und wann immer wir es für sich eigens fassen, fassen wir es aus einem Zusammenhang *heraus,* dem es seinem Sachgehalt nach zugehört: Wand, Zim-mer, Umgebung. Die Aufforderung »denken Sie die Wand« als Ansatz für den Rückgang zu dem, der die Wand denkt, als Ansatz der philosophischen Interpretation des Subjekts verstanden, sagt: Machen Sie sich blind gegenüber dem, was vor allem und für alles ausdrücklich denkende Erfassen schon vorgegeben ist. Was aber ist vorgegeben? Wie zeigt sich das Seiende, wobei wir uns zunächst und zumeist aufhalten? Hier im Hörsaal sitzend, erfassen wir zwar nicht Wände – es sei denn, daß wir uns langweilen. Gleichwohl sind die Wände schon zugegen, vordem wir sie als Objekte denken. Noch vieles andere gibt sich uns vor allem denkenden Bestimmen. Vieles andere, aber wie? Nicht als eine wirre Anhäufung von Din-gen, sondern als eine Umgebung, die in sich einen geschlossenen verständlichen Zusammenhang enthält. Was bedeutet das? Hier ein Ding mit diesen Eigenschaften, dort ein anderes mit jenen, ein Neben-, Über- und Durcheinander von Dingen, so daß wir uns von einem zum anderen gleichsam forttasten, um, die einzelnen Dinge fortschreitend zusammennehmend, schließlich einen Zusammenhang zu stiften? Das wäre eine ausgeklügelte Konstruktion. Vielmehr ist primär gegeben – wenn auch nicht ausdrücklich und eigens bewußt – ein Ding-*zusammenhang.*

Um das zu sehen, müssen wir deutlicher fassen, was *Ding* in diesem Zusammenhang besagt und welchen Seinscharakter die zunächst seienden Dinge haben. Die *nächsten Dinge,* die uns umgeben, nennen wir das *Zeug.* Darin liegt immer schon eine Mannigfaltigkeit: Werkzeug, Fahrzeug, Meßzeug, überhaupt Dinge, mit denen wir zu tun haben. Gegeben ist uns primär die Einheit eines *Zeugganzen,* die in ihrem Umfang ständig variiert, sich erweitert oder verengt und meist nur ausschnittweise eigens für uns im Blick steht. Der *Zeugzusam-menhang* der Dinge, z. B. wie sie hier uns umstehen, steht im Blick, aber nicht für den untersuchenden Betrachter, gleich-sam als säßen wir hier, um die Dinge zu beschreiben, nicht ein-mal im Sinne einer verweilenden Beschaulichkeit. In beiden Weisen und in noch anderen *kann* der Zeugzusammenhang uns begegnen, muß es aber nicht. Der Blick, in dem der Zeug-zusammenhang zunächst und völlig unauffällig und unbe-dacht steht, ist der Blick und die Sicht der praktischen *Umsicht,* des praktischen alltäglichen Sichorientierens. Unbedacht heißt: nicht thematisch erfaßt für ein Bedenken der Dinge, sondern umsichtig orientieren wir uns an ihnen. Die Umsicht entdeckt und versteht primär das Seiende als Zeug. Wenn wir hier durch die Tür hereinkommen, erfassen wir nicht die Bänke als solche, ebensowenig die Türklinke. Gleichwohl sind sie da in dieser eigentümlichen Weise, daß wir umsichtig an ihnen vor-beigehen, umsichtig vermeiden, daß wir uns stoßen und der-gleichen. Treppe, Gänge, Fenster, Stuhl und Bank, Tafel und

anderes mehr sind nicht thematisch gegeben. Wir sagen, ein
Zeugzusammenhang umgibt uns. Jedes einzelne Zeug ist seinem Wesen nach ein *Zeug-zum,* zum Fahren, zum Schreiben,
zum Fliegen. Jedes Zeug hat den immanenten Bezug auf das,
wozu es ist, was es ist. Es ist immer etwas *um-zu,* verwei-
send auf ein *Wozu.* Die spezifische Struktur des Zeugs ist
durch einen *Zusammenhang des Um-zu* konstituiert. Jedes
bestimmte Zeug hat als solches zu einem bestimmten anderen
Zeug einen bestimmten Bezug. Diesen Bezug können wir noch
deutlicher fassen. Mit jedem Seienden, das wir als Zeug entdecken, hat es eine bestimmte *Bewandtnis.* Der Zusammenhang
des Um-zu ist ein Ganzes von Bewandtnisbezügen. Diese Bewandtnis, die es je mit dem einzelnen Seienden innerhalb des
Bewandtnisganzen hat, ist nicht eine dem Ding angeheftete
Eigenschaft, auch nicht eine Beziehung, die es erst aufgrund
des Vorhandenseins eines anderen hat, sondern die Bewandtnis, die es mit Stuhl, Tafel, Fenster hat, ist gerade das, was das
Ding zu dem macht, was es ist. Der *Bewandtniszusammenhang* ist nicht ein Beziehungsganzes im Sinne eines Produktes,
das erst aus dem Zusammenvorkommen mehrerer Dinge hervorgeht, sondern die Bewandtnisganzheit, die engere oder weitere – Zimmer, Wohnung, Siedlung, Dorf, Stadt – ist das
Primäre, innerhalb dessen bestimmtes Seiendes als dieses so
und so Seiende ist, wie es ist, und dementsprechend sich zeigt.
Wenn wir die Wand wirklich denken, ist im vorhinein schon,
wenn auch nicht thematisch erfaßt, Aufenthaltsraum, Saal,
Haus gegeben. Eine bestimmte Bewandtnisganzheit ist *vor-*
verstanden. Dabei ist nicht entscheidbar, sondern immer in
gewissen Grenzen freigestellt und variabel, was wir gerade
innerhalb des jeweiligen nächsten uns umgebenden Zeugzusammenhangs ausdrücklich und zuerst beachten oder gar
erfassen und beobachten. In einer Umgebung existierend halten wir uns bei einer solchen verständlichen Bewandtnisganzheit auf. Wir bewegen uns durch sie hindurch. Faktisch existierend sind wir immer schon in einer *Umwelt.* Das Seiende,

das wir selbst sind, ist nicht *auch* vorhanden, etwa in dem Saal hier wie die Bänke, Tische und Tafel, nur mit dem Unterschied, daß das Seiende, das wir selbst sind, um die Beziehung, die es zu anderen Dingen, etwa zum Fenster und der Bank hat, weiß, – daß die Dinge, Stuhl und Bank, nebeneinander sind, daß dagegen Dasein mit der Wand ein solches Nebeneinander ausmacht, daß es um dieses Nebeneinander noch weiß. Dieser Unterschied des Wissens oder Nichtwissens genügt nicht, um die wesenhaft verschiedene Art, in der vorhandene Dinge zusammen vorhanden sind und in der ein Dasein sich zu vorhandenen Dingen verhält, ontologisch eindeutig zu fixieren. Das Dasein ist nicht unter den Dingen auch vorhanden, nur mit dem Unterschied, daß es sie erfaßt, sondern es existiert in der Weise des *In-der-Welt-seins*, welche *Grundbestimmung seiner Existenz* die *Voraussetzung* ist, *um überhaupt etwas erfassen zu können.* Durch die Schreibweise deuten wir an, daß diese Struktur eine einheitliche ist.

Aber was sind Umwelt und *Welt?* Die Umwelt ist für jeden in gewisser Weise verschieden, und gleichwohl bewegen wir uns in einer gemeinsamen Welt. Aber mit dieser Feststellung ist über den Begriff der Welt wenig gesagt. Die Aufklärung des Welt-Begriffs ist eine der zentralsten Aufgaben der Philosophie. Der Begriff der Welt bzw. das damit bezeichnete Phänomen ist das, was bisher in der Philosophie überhaupt noch nicht erkannt ist. Sie werden denken, das ist eine kühne und anmaßende Behauptung. Sie werden mir entgegenhalten: Wieso soll die Welt bisher in der Philosophie nicht gesehen sein? Sind nicht schon die Anfänge der antiken Philosophie dadurch bestimmt, daß sie nach der Natur fragen? Und was die Gegenwart anbetrifft, sucht man nicht heute mehr denn je gerade dieses Problem wieder zu fixieren? Haben wir nicht in den bisherigen Erörterungen ständig Wert darauf gelegt zu zeigen, daß die überlieferte Ontologie daraus erwachsen ist, daß sie sich primär und einseitig am Vorhandenen, an der

Natur, orientiert? Wie können wir behaupten, bisher sei das Phänomen der Welt übersehen worden?

Jedoch – die Welt ist nicht die Natur und überhaupt nicht das Vorhandene, sowenig wie das Ganze der uns umgebenden Dinge, der Zeugzusammenhang, die Umwelt ist. Die Natur – und nehmen wir sie im Sinne des ganzen Kosmos als das, was wir in der vulgären Rede auch als das Weltall bezeichnen – alles dieses Seiende zusammen, Tiere, Pflanzen und auch Menschen, ist philosophisch gesehen nicht die Welt. Was wir Weltall nennen, ist wie jedes belanglose oder belangvolle Ding nicht die Welt. Das All des Seienden ist vielmehr das *Innerweltliche*, vorsichtiger gesprochen, kann dieses sein. Und die Welt? Ist es die Summe des Innerweltlichen? Keineswegs. Daß wir die Natur oder auch die uns umgebenden nächsten Dinge das Innerweltliche nennen und so verstehen, setzt schon voraus, daß wir Welt verstehen. Welt ist nicht etwas Nachträgliches, das wir als Resultat aus der Summe des Seienden errechnen. Die Welt ist nicht das Nachherige, sondern das Vorherige im strengen Wortsinne. Vorherig: das, was vorher schon, vor allem Erfassen von diesem oder jenem Seienden in jedem existierenden Dasein enthüllt und verstanden ist, vorherig als dasjenige, was als zuvor schon immer Enthülltes her zu uns steht. Die Welt als das vorherig schon Enthüllte ist solches, womit wir zwar nicht eigentlich beschäftigt sind, was wir nicht erfassen, was vielmehr so selbstverständlich ist, daß wir ihrer völlig vergessen. Welt ist dasjenige, was vorgängig schon enthüllt ist und wovon her wir auf das Seiende, mit dem wir es zu tun haben und wobei wir uns aufhalten, zurückkommen. Auf innerweltliches Seiendes können wir einzig deshalb stoßen, weil wir als Existierende je schon in einer Welt sind. Wir verstehen immer schon Welt, wenn wir uns in einem Bewandtniszusammenhang halten. Wir verstehen dergleichen wie das Um-zu, den Um-zu-Zusammenhang, den wir als den Zusammenhang der *Bedeutsamkeit* bezeichnen. Wir müssen, ohne auf das sehr schwierige Phänomen der Welt von den

verschiedenen möglichen Seiten einzugehen, den phänomenologischen Weltbegriff streng vom vulgären vorphilosophischen
Begriff von Welt unterscheiden, wonach Welt das Seiende
selbst, die Natur, die Dinge und das All des Seienden meint.
Was dieser vorphilosophische Begriff der Welt bezeichnet, nennen wir philosophisch das innerweltlich Seiende, das seinerseits Welt im noch zu bestimmenden phänomenologischen
Sinne voraussetzt. Zur Existenz des Daseins gehört In-der-
Welt-sein. Ein Stuhl hat nicht die Seinsart des In-der-Welt-
seins, sondern er kommt innerhalb des innerweltlich Vorhandenen vor. Der Stuhl *hat* keine Welt, aus der er sich verstünde
und in der er als das Seiende, das er ist, existieren könnte, sondern er ist vorhanden. Wiederum erhebt sich die Frage: Was
ist dieses Rätselhafte, die Welt, und vor allem: *Wie ist* sie?
Wenn die Welt nicht identisch ist mit der Natur und dem All
des Seienden, auch nicht ihr Resultat, wie *ist* sie dann? Ist sie
eine bloße Fiktion, eine Hypothese? Wie haben wir die Seinsart der Welt selbst zu bestimmen?

Wir versuchen nun, das Dasein in seiner ontologischen
Struktur so zu bestimmen, daß wir die Momente der Bestimmung selbst aus dem phänomenalen Tatbestand dieses Seienden schöpfen. Dabei gehen wir in gewisser Weise, roh gesprochen, vom Objekt aus, um zum ›Subjekt‹ zu kommen. Wir
sehen aber, daß man sich auf diesen Ausgang besinnen muß
und daß es davon abhängt, ob man all das in ihm einbegreift,
was überhaupt zu ihm gehört. Es zeigte sich für uns, daß das
vorgegebene Seiende nicht nur ein Ding ist, das wir denken
oder denken könnten, – daß wir mit dem Denken irgendeines vorhandenen Dinges überhaupt nicht das haben, was
möglicherweise dem Dasein entgegensteht. Es ist auch nicht nur
ein Dingzusammenhang, sondern wir sagen: Vor der Erfahrung des vorhandenen Seienden ist schon Welt verstanden,
d. h. wir, das Dasein, Seiendes erfassend, sind immer schon in
einer Welt. Das In-der-Welt-sein selbst gehört zur Bestimmung
unseres eigenen Seins. Mit der Frage, wie die im In-der-Welt-

sein angesprochene Welt *ist*, stehen wir an einer Stelle, die – wie auch andere – für die Philosophie von besonderer Gefahr ist, an der man leicht vor dem eigentlichen Problem ausweicht, um sich irgendeine bequeme und eingängige Lösung zu verschaffen. Die Welt ist nicht die Summe des Vorhandenen, sie ist überhaupt nichts Vorhandenes. Sie ist eine Bestimmung des In-der-Welt-seins, ein Moment der Struktur der Seinsart des Daseins. Die Welt ist etwas Daseinsmäßiges. Sie ist nicht vorhanden wie die Dinge, sondern sie *ist da*, wie das Da-sein, das wir selbst sind, ist, d. h. existiert. Die Seinsart des Seienden, das wir selbst sind, des Daseins, nennen wir Existenz. Es ergibt sich rein terminologisch: Die Welt ist nicht vorhanden, sondern sie existiert, d. h. sie hat die Seinsart des Daseins.

An dieser Stelle stellt sich wieder eine für alles Philosophieren charakteristische Klippe in den Weg: Die Untersuchung stößt auf Phänomene, die dem gemeinen Verstand nicht geläufig und daher überhaupt nicht sind, weshalb er sie mit Argumenten beseitigen muß. Wir wollen einer solchen plausiblen Argumentation mit Rücksicht auf das Gesagte nachgehen. Wenn die Welt zum Seienden gehört, das ich je selbst bin, zum Dasein, dann ist sie etwas Subjektives. Wenn sie etwas Subjektives ist und die Natur und das All des Seienden als Innerweltliches etwas Objektives ist, dann ist dieses Seiende, die Natur und der Kosmos, erst recht etwas Subjektives. Wir stehen mit der Behauptung, daß die Welt nicht vorhanden ist, sondern existiert, ein daseinsmäßiges Sein hat, im extremsten subjektiven Idealismus. Die vorangegangene Interpretation der Welt ist unhaltbar.

Zunächst ist gegen diese Argumentation grundsätzlich zu sagen: Selbst wenn die Bestimmung der Welt als eines Subjektiven zum Idealismus führte, wäre damit noch nicht entschieden und erwiesen, daß sie unhaltbar sei. Denn mir ist bis heute keine unfehlbare Entscheidung bekannt, wonach der Idealismus falsch sei, sowenig wie eine solche, daß der Realismus wahr sei. Wir dürfen das, was Mode und Zug der Zeit und eine Losung irgendeiner Partei ist, nicht zum Kriterium der Wahrheit machen, sondern müssen fragen, was denn dieser Idealismus, den man heute fast wie den leibhaften Gott-sei-bei-uns fürchtet, eigentlich sucht. Es ist nicht ausgemacht, ob der Idealismus die philosophischen Probleme am Ende nicht grundsätzlicher, radikaler stellt, als aller Realismus es je vermag. Vielleicht aber ist auch er nicht haltbar in der Form, wie er bis jetzt gewonnen ist, während vom Realismus nicht einmal gesagt werden kann, daß er unhaltbar sei, weil er noch gar nicht in die Dimension der philosophischen Problematik, d. h. in die Ebene der Entscheidbarkeit von Haltbarkeit und Unhaltbarkeit vordringt. Etwas für Idealismus erklären, mag in der heutigen Philosophie eine sehr geschickte parteipolitische Ächtung sein, ist aber kein sachlicher Beweisgrund. Die heute grassierende Angst vor dem Idealismus ist genau besehen die Angst vor der Philosophie, wobei wir nicht ohne weiteres Philosophie mit Idealismus gleichsetzen wollen. Angst vor der Philosophie ist zugleich Verkennung des Problems, das vor allem gestellt und entschieden sein muß, um darüber zu urteilen, ob der Idealismus oder Realismus haltbar sei.

Wir charakterisierten das Argument des gemeinen Verstandes bezüglich des exponierten Weltbegriffes in folgender Weise: Wenn die Welt nichts Vorhandenes ist, sondern zum Sein des Daseins gehört, d. h. in der Weise des Daseins *ist*, ist sie etwas Subjektives. Das scheint sehr logisch und scharfsinnig gedacht zu sein. Aber das leitende Problem, dessen Erörterung uns auf das Phänomen der Welt führte, ist doch gerade, zu bestimmen, was und wie das Subjekt sei, – was zur Subjektivität des Subjekts gehöre. Bevor die Ontologie des Daseins nicht in ihren Grundelementen gesichert ist, bleibt es eine blinde philosophische Demagogie, etwas als subjektivistisch zu verketzern. Am Ende ist es gerade das Phänomen der Welt, das zu einer radikaleren Fassung des Subjekt-Begriffes zwingt. Daß es sich so verhält, wollen wir verstehen lernen. Aber wir

wollen uns auch nicht verhehlen, daß es hierzu weniger des
Scharfsinns als der Vorurteilslosigkeit bedarf.

Die Welt ist etwas ›Subjektives‹, vorausgesetzt, daß wir
mit Rücksicht auf dieses Phänomen der Welt die Subjektivität
entsprechend bestimmen. Die Welt ist subjektiv, sagt, sie gehört zum Dasein, sofern dieses Seiende in der Weise des In-
der-Welt-seins ist. Die Welt ist etwas, was das ›Subjekt‹
gleichsam aus seinem Innen ›hinausprojiziert‹. Aber dürfen
wir hier von einem Innen und Außen sprechen? Was kann
diese Projektion besagen? Offenbar nicht, daß die Welt ein
Stück von mir ist im Sinne irgendeines an mir als einem Ding
vorhandenen anderen Dinges und daß ich die Welt aus diesem Subjekt-Dinge hinauswerfe, um damit die anderen Dinge
einzufangen, sondern das Dasein selbst ist als solches schon
projektiert. Sofern es existiert, ist ihm mit seinem Sein eine
Welt vor-geworfen. Existieren besagt unter anderem: sich
Welt vorher-werfen, so zwar, daß mit der Geworfenheit dieses Vorwurfs, d. h. mit der faktischen Existenz eines Daseins
je auch schon Vorhandenes entdeckt ist. Mit dem Vorwurf,
mit der vorgeworfenen Welt, ist das enthüllt, von wo aus erst
ein innerweltlich Vorhandenes entdeckbar ist. Ein Zweifaches
ist festzustellen: 1. Zum Begriff der Existenz gehört das In-
der-Welt-sein; 2. Faktisch existierendes Dasein, faktisches In-
der-Welt-sein, ist immer schon Sein bei innerweltlichem Seienden. Zum faktischen In-der-Welt-sein gehört immer ein Sein
bei innerweltlichem Seienden. Das Sein beim Vorhandenen im
weiteren Sinne, z. B. das umsichtige Umgehen mit den Dingen
der engeren und weiteren Umgebung, ist im In-der-Welt-sein
fundiert.

Schon für das erste Verständnis dieser Phänomene ist wichtig, sich den wesenhaften Unterschied zwischen zwei Strukturen klar zu machen, den Unterschied zwischen In-der-Welt-
sein als einer Bestimmung des Daseins und Innerweltlichkeit
als einer *möglichen* Bestimmung des Vorhandenen. Wir versuchen, diesen Unterschied zwischen In-der-Welt-sein als einer

Bestimmung der Seinsverfassung des Daseins und der Innerweltlichkeit als einer möglichen, nicht notwendigen Bestimmung des Vorhandenen noch einmal durch gegenseitige Abhebung zu charakterisieren.

Innerweltlich Seiendes ist z. B. die Natur. Dabei ist es gleichgültig, wie weit die Natur wissenschaftlich entdeckt ist oder
nicht, gleichgültig, ob wir dieses Seiende theoretisch physika-
lisch-chemisch denken, oder ob wir die Natur in dem Sinne
meinen, daß wir sagen ›die Natur draußen‹, Berg, Wald,
Wiese, Bach, Ährenfeld und Vogelruf. Dieses Seiende ist innerweltlich. Aber Innerweltlichkeit gehört gleichwohl nicht zu
seinem Sein, sondern im Umgang mit diesem Seienden, Natur
im weitesten Sinne, verstehen wir, daß dieses Seiende *ist* als
Vorhandenes, als Seiendes, auf das wir stoßen, an das wir ausgeliefert sind, das von sich her immer schon ist. Es ist, ohne
daß wir es entdecken, d. h. ohne daß es innerhalb unserer
Welt begegnet. Innerweltlichkeit *fällt* diesem Seienden, der
Natur, dann lediglich *zu*, wenn es als Seiendes *entdeckt* ist.
Die Innerweltlichkeit muß als Bestimmung der Natur ihr nicht
zufallen, sofern kein Grund beigeführt werden kann, der einsichtig macht, daß ein Dasein notwendig existiert. Wenn aber
Seiendes, das wir selbst sind, existiert, d. h. wenn ein In-der-
Welt-sein ist, dann ist eo ipso auch faktisch in mehr oder minder weitem Ausmaß Seiendes als innerweltliches entdeckt. Zum
Sein des Vorhandenen, der Natur, gehört *nicht* Innerweltlichkeit als eine Bestimmung seines Seins, sondern als eine *mögliche* Bestimmung, aber eine notwendige Bestimmung für die
Möglichkeit der Entdeckbarkeit der Natur. Zur *entdeckten* Natur,
d. h. zum Seienden, sofern wir uns zu ihm als enthülltem verhalten, gehört es, daß es je schon in einer Welt ist, aber zum
Sein der Natur gehört nicht Innerweltlichkeit. Dagegen gehört
zum Sein des Daseins nicht Innerweltlichkeit, sondern das In-
der-Welt-sein. Innerweltlichkeit kann ihm nicht einmal zufallen, jedenfalls nicht wie der Natur. Andererseits fällt In-
der-Welt-sein dem Dasein nicht als eine mögliche Bestimmung

zu, wie die Innerweltlichkeit der Natur, sondern sofern das
Dasein *ist,* ist es in einer Welt. Es ›ist‹ nicht irgendwie ohne
und vor seinem In-der-Welt-sein, weil dieses gerade sein Sein
ausmacht. Existieren sagt: in einer Welt sein. In-der-Welt-sein
ist eine wesenhafte Struktur des Seins des Daseins; Innerweltlichkeit ist nicht die Struktur eines Seins, vorsichtiger gesprochen, gehört nicht zum Sein der Natur. Wir sagen ›vorsichtiger‹, weil wir hier mit einer Einschränkung rechnen müssen,
sofern es Seiendes gibt, das nur *ist,* sofern es innerweltlich ist.
Es gibt noch Seiendes, zu dessen Sein in gewisser Weise Innerweltlichkeit gehört. Dieses Seiende ist alles das, was wir das
geschichtliche Seiende nennen, geschichtlich in dem weiteren
Sinne des Weltgeschichtlichen, d. h. all der Dinge, die der
Mensch, der im eigentlichen Sinne geschichtlich ist und existiert,
schafft, bildet, pflegt, die Kultur und die Werke. Dergleichen
Seiendes ist nur, genauer entsteht nur und kommt nur zum
Sein *als* Innerweltliches. Kultur *ist* nicht so wie Natur. Andererseits müssen wir sagen, daß, wenn Werke der Kultur, sogar
das primitivste Zeug, einmal als Innerweltliches ist, es zu
sein vermag, auch wenn kein geschichtliches Dasein mehr existiert. Es besteht hier ein merkwürdiger Zusammenhang, den
wir nur kurz andeuten, daß alles geschichtlich Seiende im
Sinne des Weltgeschichtlichen – die Kulturwerke – hinsichtlich seines Entstehens unter ganz anderen Seinsbedingun-
gen steht als hinsichtlich seines Verfallens und seines möglichen
Vergehens. Das sind Zusammenhänge, die in die Ontologie
der Geschichte gehören, die wir nur andeuten, um die Einschränkung deutlich zu machen, mit der wir sagen, daß die
Innerweltlichkeit nicht zum Sein des Vorhandenen gehört.

Welt ist nur, wenn und solange ein Dasein existiert. Natur
kann auch sein, wenn kein Dasein existiert. Die Struktur des
In-der-Welt-seins bekundet die Wesenseigentümlichkeit des
Daseins, daß es eine Welt sich vorwirft, nicht nachträglich und
gelegentlich, sondern der Vorwurf der Welt gehört zum Sein
des Daseins. Das Dasein ist in diesem Vorwurf immer schon

aus sich heraus getreten, ex-sistere, es *ist in* einer Welt. Daher ist es nie so etwas wie eine subjektive Innensphäre. Der Grund, warum wir den Begriff ›Existenz‹ für die Seinsart des Daseins reservieren, liegt darin, daß zu diesem Sein das In-der-Welt-sein gehört.

β) Das Worumwillen
Die Jemeinigkeit als Grund für uneigentliches und eigentliches Selbstverständnis

Wir geben kurz aus dieser Bestimmung des In-der-Welt-seins, die wir uns noch nicht echt phänomenologisch vergegenwärtigen können, noch zwei Momente der Existenzstruktur des Daseins an, die für das Verständnis des Folgenden wichtig sind. Dasein existiert in der Weise des In-der-Welt-seins, und als solches *ist es umwillen seiner selbst.* Dieses Seiende ist nicht einfach nur, sondern sofern es ist, geht es ihm um sein eigenes Seinkönnen. Daß es umwillen seiner selbst ist, gehört zum Begriff des Existierenden, genauso wie der Begriff des In-der-Welt-seins. Das Dasein existiert, d. h. es ist umwillen seines eigenen In-der-Welt-seinkönnens. Hier zeigt sich das Strukturmoment, das Kant bewog, die Person ontologisch als Zweck zu bestimmen, ohne der spezifischen Struktur der Zweckhaftigkeit und der Frage ihrer ontologischen Möglichkeit nachzugehen.

Und weiterhin, dieses Seiende, das wir selbst sind und das umwillen seiner selbst existiert, ist als dieses Seiende *je-meines.* Das Dasein ist nicht nur wie jedes Seiende überhaupt in einem formal-ontologischen Sinn identisch mit sich selbst – identisch mit sich selbst ist jedes Ding –, auch ist es nicht nur im Unterschied von einem Naturding sich dieser Selbigkeit bewußt, sondern das Dasein hat eine eigentümliche Selbigkeit mit sich selbst im Sinne der Selbstheit. Es ist so, daß es in irgendeiner Weise sich *zu eigen* ist, es *hat sich selbst,* und nur deshalb kann es sich *verlieren.* Weil zur Existenz die Selbstheit gehört, d. h. das ›Sich-zueigen-sein‹ in irgendeiner Weise,

kann das existierende Dasein *eigens sich selbst wählen* und
primär von hier aus seine Existenz bestimmen, d. h. es kann
eigentlich existieren. Es kann sich aber auch in seinem Sein
durch die Anderen bestimmen lassen und primär in der Vergessenheit seiner selbst *uneigentlich* existieren. Gleichursprünglich wird das Dasein zugleich in seinen Möglichkeiten von dem
Seienden bestimmt, zu dem es sich als dem Innerweltlichen
verhält. Aus diesem Seienden versteht es sich zunächst, d. h. es
ist sich zunächst in der uneigentlichen Selbstheit enthüllt. Wir
sagten bereits: Uneigentliche Existenz besagt nicht eine scheinbare, keine unechte Existenz. Mehr noch, die Uneigentlichkeit
gehört zum Wesen des faktischen Daseins. Eigentlichkeit ist
nur eine Modifikation und keine totale Ausstreichung der
Uneigentlichkeit. Wir betonten ferner, daß das alltägliche
Sichverstehen des Daseins sich in der Uneigentlichkeit hält,
und zwar so, daß das Dasein dabei um sich weiß ohne ausdrückliche Reflexion im Sinne einer auf sich zurückgebogenen
inneren Wahrnehmung, sondern in der Weise des Sichfindens
in den Dingen. Wie dergleichen aufgrund der Seinsverfassung
des Daseins möglich sein soll, versuchten wir durch die eben
gegebene Interpretation der Existenz aufzuklären.

Inwiefern ist durch die Analyse *einiger wesentlicher Strukturen der Existenz des Daseins* die Möglichkeit des alltäglichen
Selbstverständnisses aus den Dingen einsichtiger geworden?
Wir sahen: Um das nächste und alles uns begegnende Seiende
und dessen Zeugzusammenhang in seinem Bewandtniszusammenhang zu verstehen, bedarf es eines vorgängigen Verständnisses von Bewandtnisganzheit, Bedeutsamkeitszusammen-
hang, d. h. Welt überhaupt. Von dieser vorherig so verstandenen Welt kommen wir auf innerweltliches Seiendes zurück.
Weil wir als Existierende im vorhinein schon Welt verstehen,
können wir uns ständig in bestimmter Weise aus dem begegnenden Seienden als innerweltlichem verstehen und begegnen.
Der Schuster ist nicht der Schuh, aber das Schuhzeug, zugehörig zum Zeugzusammenhang seiner Umwelt, ist als dieses

Zeug, das es ist, nur aus der jeweiligen Welt, die zur Existenz-verfassung des Daseins als des In-der-Welt-seins gehört, ver-ständlich. Sich verstehend aus den *Dingen*, versteht sich das Dasein als In-der-Welt-sein aus seiner Welt. Der Schuster ist nicht der Schuh, aber existierend ist er seine Welt, die erst ermöglicht, einen Zeugzusammenhang als innerweltlichen zu entdecken und sich bei ihm aufzuhalten. Es sind primär nicht die Dinge als solche, isoliert genommen, sondern als innerwelt-liche, aus denen wir uns begegnen. Deshalb ist dieses Selbst-verständnis des alltäglichen Daseins nicht so sehr abhängig vom Umfang und von der Eindringlichkeit der Kenntnis der Dinge als solcher, sondern von der Unmittelbarkeit und Ur-sprünglichkeit des In-der-Welt-seins. Auch das nur fragmen-tarisch Begegnende, auch das in einem Dasein vielleicht nur primitiv Verstandene, die Welt des Kindes, ist als Innerwelt-liches gleichsam mit Welt geladen. Es liegt nur daran, ob das existierende Dasein gemäß seiner Existenzmöglichkeit ur-sprünglich genug ist, um die mit seiner Existenz immer schon enthüllte Welt noch eigens zu *sehen*, zum Wort zu verhelfen und dadurch für andere ausdrücklich sichtbar zu machen.

Die Dichtung ist nichts anderes als das elementare Zum-Wort-kommen, d. h. Entdecktwerden der Existenz als des In-der-Welt-seins. Mit dem Ausgesprochenen wird für die Ande-ren, die vordem blind sind, die Welt erst sichtbar. Als Beleg dafür hören wir eine Stelle von Rainer Maria Rilke aus den »Aufzeichnungen des Malte Laurids Brigge«. »Wird man es glauben, daß es solche Häuser gibt? Nein, man wird sagen, ich fälsche. Diesmal ist es Wahrheit, nichts weggelassen, natürlich auch nichts hinzugetan. Woher sollte ich es nehmen? Man weiß, daß ich arm bin. Man weiß es. Häuser? Aber, um genau zu sein, es waren Häuser, die nicht mehr da waren. Häuser, die man ab-gebrochen hatte von oben bis unten. Was da war, das waren die anderen Häuser, die danebengestanden hatten, hohe Nachbar-häuser. Offenbar waren sie in Gefahr, umzufallen, seit man nebenan alles weggenommen hatte; denn ein ganzes Gerüst von

langen, geteerten Mastbäumen war schräg zwischen den Grund
des Schuttplatzes und die bloßgelegte Mauer gerammt. Ich weiß
nicht, ob ich schon gesagt habe, daß ich diese Mauer meine. Aber
es war sozusagen nicht die erste Mauer der vorhandenen Häuser
(was man doch hätte annehmen müssen), sondern die letzte der
früheren. Man sah ihre Innenseite. Man sah in den verschiedenen Stockwerken Zimmerwände, an denen noch die Tapeten
klebten, da und dort den Ansatz des Fußbodens oder der Decke.
Neben den Zimmerwänden blieb die ganze Mauer entlang noch
ein schmutzigweißer Raum, und durch diesen kroch in unsäglich
widerlichen, wurmweichen, gleichsam verdauenden Bewegungen
die offene, rostfleckige Rinne der Abortröhre. Von den Wegen, die
das Leuchtgas gegangen war, waren graue, staubige Spuren am
Rande der Decken geblieben, und sie bogen da und dort, ganz
unerwartet, rund um und kamen in die farbige Wand hinein-
gelaufen und in ein Loch hinein, das schwarz und rücksichtslos
ausgerissen war. Am unvergeßlichsten aber waren die Wände
selbst. Das zähe Leben dieser Zimmer hatte sich nicht zertreten
lassen. Es war noch da, es hielt sich an den Nägeln, die geblieben waren, es stand auf dem handbreiten Rest der Fußböden, es
war unter den Ansätzen der Ecken, wo es noch ein klein wenig
Innenraum gab, zusammengekrochen. Man konnte sehen, daß
es in der Farbe war, die es langsam, Jahr um Jahr, verwandelt
hatte: Blau in schimmliges Grün, Grün in Grau und Gelb in
ein altes, abgestandenes Weiß, das fault. Aber es war auch in
den frischeren Stellen, die sich hinter Spiegeln, Bildern und
Schränken erhalten hatten; denn es hatte ihre Umrisse gezogen
und nachgezogen und war mit Spinnen und Staub auch auf diesen versteckten Plätzen gewesen, die jetzt bloßlagen. Es war in
jedem Streifen, der abgeschunden war, es war in den feuchten
Blasen am unteren Rande der Tapeten, es schwankte in den
abgerissenen Fetzen, und aus den garstigen Flecken, die vor
langer Zeit entstanden waren, schwitzte es aus. Und aus diesen
blau, grün und gelb gewesenen Wänden, die eingerahmt waren
von den Bruchbahnen der zerstörten Zwischenmauern, stand die

Luft dieser Leben heraus, die zähe, träge, stockige Luft, die
kein Wind noch zerstreut hatte. Da standen die Mittage und
die Krankheiten, und das Ausgeatmete und der jahrealte Rauch
und der Schweiß, der unter den Schultern ausbricht und die
Kleider schwer macht, und das Fade aus den Munden und der
Fuselgeruch gärender Füße. Da stand das Scharfe vom Urin und
das Brennen vom Ruß und grauer Kartoffeldunst und der
schwere, glatte Gestank von alterndem Schmalze. Der süße,
lange Geruch von vernachlässigten Säuglingen war da und der
Angstgeruch der Kinder, die in die Schule gehen, und das
Schwüle aus den Betten mannbarer Knaben. Und vieles hatte
sich dazugesellt, was von unten gekommen war, aus dem Abgrund der Gasse, die verdunstete, und anderes war von oben
herabgesickert mit dem Regen, der über den Städten nicht rein
ist. Und manches hatten die schwachen, zahm gewordenen
Hauswinde, die immer in derselben Straße bleiben, zugetragen,
und es war noch vieles da, wovon man den Ursprung nicht
wußte. Ich habe doch gesagt, daß man alle Mauern abgebro-
chen hatte bis auf die letzte –? Nun, von dieser Mauer spreche
ich fortwährend. Man wird sagen, ich hätte lange davorgestan-
den; aber ich will einen Eid geben dafür, daß ich zu laufen be-
gann, sobald ich die Mauer erkannt hatte. Denn das ist das
Schreckliche, daß ich sie erkannt habe. Ich erkenne das alles hier,
und darum geht es so ohne weiteres in mich ein: es ist zu Hause
in mir.«[4] Man beachte, wie elementar hier die Welt, d. h. das
In-der-Welt-sein – Rilke nennt es das Leben – aus den Dingen
uns entgegenspringt. Was Rilke hier mit seinen Sätzen aus der
bloßgelegten Mauer herausliest, ist nicht in die Mauer hinein-
gedichtet, sondern umgekehrt, die Schilderung ist nur möglich
als Auslegung und Erleuchtung dessen, was in dieser Mauer
›wirklich‹ ist, was aus ihr im natürlichen Verhältnis zu ihr herausspringt. Der Dichter vermag diese ursprüngliche, obzwar

---

[4] R. M. Rilke, Werke. Auswahl in zwei Bänden. Leipzig 1953. Bd. 2,
p. 39—41.

unbedachte und gar nicht theoretisch erfundene Welt nicht nur zu sehen, sondern Rilke versteht auch das Philosophische des Lebensbegriffes, den Dilthey schon ahnte und den wir mit dem Begriff der Existenz als In-der-Welt-sein faßten.

d) Das Ergebnis der Analyse im Hinblick auf das leitende Problem der Mannigfaltigkeit der Seinsweisen und der Einheit des Seinsbegriffs

Wir versuchen abschließend das, was wir im dritten Kapitel vor allem kritisch erörtert haben, *zusammenzufassen im Hinblick auf das leitende Problem der Frage nach der Mannigfaltigkeit der Seinsweisen* und der *Einheit des Seinsbegriffes.* Wir haben uns vor Augen geführt, welche grundsätzlichen Probleme sich daraus ergeben, daß seit Descartes und vor allem im deutschen Idealismus die Seinsverfassung der Person, des Ich, des Subjekts, vom Selbstbewußtsein her bestimmt wird. Es genügt nicht, den Begriff des Selbstbewußtseins im formalen Sinne der Reflexion auf das Ich zu fassen, vielmehr ist es notwendig, verschiedene Formen des Selbstverständnisses des Daseins herauszustellen. Das führt zu der Einsicht, daß das Selbstverständnis jeweils sich aus der Seinsart des Daseins bestimmt, aus der Eigentlichkeit und Uneigentlichkeit der Existenz. Daraus ergibt sich die Notwendigkeit einer umgekehrten Fragestellung. Man kann nicht mit Hilfe des Selbstbewußtseins die Seinsverfassung des Daseins bestimmen, sondern muß umgekehrt aus der hinreichend geklärten Struktur der Existenz die verschiedenen Möglichkeiten des Selbstverständnisses klären.

Um den Weg einer solchen Betrachtung zu kennzeichnen, betrachteten wir genauer die Reflexion im Sinne des Sich-verstehens aus den Dingen selbst. Diese vorerst rätselhafte Reflexion im Sinne der Widerspiegelung des Selbst aus den Dingen wurde für uns dadurch deutlicher, daß wir fragten:

In welchem Sinne sind die Dinge der Umwelt zu fassen? Welchen Seinscharakter haben sie, und was ist für ihre Auffassung vorausgesetzt? Sie haben den Charakter der Bewandtnis, sie stehen in Bewandtnisganzheit, die nur verständlich wird, wenn so etwas wie Welt für uns enthüllt ist. Das führte uns auf den Begriff der Welt. Wir versuchten, deutlich zu machen, daß Welt nichts ist, was innerhalb des Vorhandenen vorkommt, sondern zum ›Subjekt‹ gehört, etwas ›Subjektives‹ ist im wohlverstandenen Sinne, so daß man vom Phänomen der Welt aus zugleich die Seinsart des Daseins bestimmt. Als Grundbestimmung der Existenz fixierten wir das In-der-Welt-sein. Diese Struktur ist gegen die Innerweltlichkeit abzugrenzen, die eine mögliche Bestimmung der Natur ist. Es ist aber nicht notwendig, daß Natur entdeckt ist, d. h. innerhalb der Welt eines Daseins vorkommt.

Die Verfassung der Existenz des Daseins als In-der-Welt-sein ergab sich als eine eigentümliche Transposition des Subjekts, die das Phänomen ausmacht, das wir noch genauer als die Transzendenz des Daseins bestimmen werden.

Schon Leibniz hat in gewissem Sinne dieses eigentümliche Phänomen der Welt bei seiner monadologischen Interpretation des Seienden im Auge gehabt, ohne es als solches zu fixieren. Er sagt, daß jedes Seiende der Möglichkeit nach das All des Seienden widerspiegelt gemäß verschiedenen Graden der Wachheit seines Vorstellens. Jede Monade, d. h. jedes einzelne für sich Seiende, ist durch die Repräsentation, die Möglichkeit der Widerspiegelung des Ganzen der Welt charakterisiert. Die Monaden bedürfen keiner Fenster, sie haben von sich aus die Möglichkeit, das Ganze der Welt zu erkennen. So groß die Schwierigkeiten seiner Monadologie sind, vor allem, weil er seine echte Intuition in die überlieferte Ontologie einbaute, so muß doch in dieser Idee der Repräsentation der Monaden etwas Positives gesehen werden, was sich bisher in der Philosophie kaum ausgewirkt hat.

Wir haben ein Mehrfaches gewonnen.

Erstens: Das Selbstverständnis darf nicht einmal formal mit einer reflektierten Ich-Erfahrung gleichgesetzt werden, sondern es variiert mit der jeweiligen Seinsart des Daseins, und zwar in den Grundformen der Eigentlichkeit und der Uneigentlichkeit.

Zweitens: Zur Seinsverfassung des Daseins gehört das In-der-Welt-sein, eine Struktur, die von der Innerweltlichkeit des Vorhandenen scharf zu scheiden ist, sofern die Innerweltlichkeit nicht zum Sein des Vorhandenen, im besonderen der Natur, gehört, sondern dieser nur zufällt. Natur kann auch sein, ohne daß eine Welt ist, ohne daß Dasein existiert.

Drittens: Das Sein des nichtdaseinsmäßigen Seienden hat eine reichere und verwickeltere Struktur und geht daher über die übliche Charakteristik des Vorhandenen als eines Dingzusammenhanges hinaus.

Viertens: Aus dem recht begriffenen Selbstverständnis des Daseins ergibt sich, daß die Analyse des Selbstbewußtseins die Aufklärung der Existenzverfassung voraussetzt. Nur mit Hilfe einer radikalen Interpretation des Subjekts kann ein unechter Subjektivismus vermieden werden und ebensosehr ein blinder Realismus, der realistischer sein möchte, als die Dinge selbst sind, sofern er das Phänomen der Welt verkennt.

Fünftens: Die Charakteristik des In-der-Welt-seins als einer Grundstruktur des Daseins macht deutlich, daß alles Sichverhalten zum innerweltlichen Seienden, d. h. das, was wir bisher als das intentionale Verhalten zu Seiendem bezeichnet haben, auf der Grundverfassung des In-der-Welt-seins gegründet ist. Intentionalität setzt die spezifische Transzendenz des Daseins voraus, nicht aber kann umgekehrt aus dem bisher üblicherweise gefaßten Begriff der Intentionalität die Transzendenz aufgeklärt werden.

Sechstens: Zur Intentionalität als Verhalten zu *Seiendem* gehört jeweils ein *Seinsverständnis* des Seienden, worauf die intentio sich bezieht. Nunmehr wird deutlich, daß dieses Seinsverständnis des Seienden mit dem *Weltverstehen* zusammenhängt, das Voraussetzung ist für die Erfahrung eines innerweltlichen Seienden. Sofern nun aber das Weltverstehen — weil das In-der-Welt-sein eine Bestimmung des Daseins ausmacht — zugleich ein *Sich-selbst-verstehen* des Daseins ist, *umgreift* das zur Intentionalität gehörige Seinsverständnis sowohl das Sein des Daseins als das Sein des nichtdaseinsmäßigen innerweltlichen Seienden. Das bedeutet

Siebentens: Dieses Seinsverständnis, das alles Seiende in gewisser Weise umgreift, ist zunächst *indifferent;* wir nennen gemeinhin alles, was irgendwie als Seiendes begegnet, seiend, ohne hinsichtlich bestimmter Weisen des Seins zu differenzieren. Das Seinsverständnis ist indifferent, aber jederzeit *differenzierbar.*

Achtens: Während die scheinbar eindeutige Scheidung des Seienden in res cogitans und res extensa sich am Leitfaden eines übergreifenden Seinsbegriffes vollzieht — Sein gleich Vorhandenheit — ergab die jetzige Analyse, daß zwischen diesen beiden Seienden radikale Unterschiede der Seinsverfassung bestehen. Der ontologische Unterschied zwischen der Seinsverfassung des Daseins und der der Natur erweist sich als so disparat, daß es zunächst scheint, als seien beide Weisen des Seins unvergleichbar und nicht bestimmbar aus einem einheitlichen Begriff des Seins überhaupt. *Existenz* und *Vorhandensein* sind disparater als etwa die Bestimmungen des Seins Gottes und des Seins des Menschen in der traditionellen Ontologie. Denn diese beiden Seienden werden immer noch als Vorhandenes begriffen. So verschärft sich die Frage: Ist bei diesem radikalen Unterschied der Seinsweisen überhaupt noch ein einheitlicher Begriff von Sein zu finden, der berechtigt, diese verschiedenen Seinsweisen als *Seins*weisen zu bezeichnen? Wie ist die Einheit des Seinsbegriffes in Beziehung auf eine mögliche Mannigfaltigkeit von Weisen des Seins zu fassen? Wie verhält sich zur Einheit eines ursprünglichen Seinsbegriffes zugleich die Indifferenz des Seins, so wie es im alltäglichen Verstehen von Seiendem enthüllt ist?

Die Frage nach der Indifferenz des Seins und seiner zunächst universalen Geltung führt uns zum Problem des vierten Kapitels.

VIERTES KAPITEL
Die These der Logik:
Alles Seiende läßt sich unbeschadet der jeweiligen
Seinsweise ansprechen und besprechen durch das ›ist‹
Das Sein der Kopula

Mit der Besprechung der *vierten These* stoßen wir auf ein ganz zentrales, in der Philosophie immer wieder, aber nur in einem verengten Horizont diskutiertes Problem, auf die Frage nach dem Sein im Sinne des ›ist‹, d. h. der Kopula in der Aussage, im Logos. Das ›ist‹ hat diese Bezeichnung ›Kopula‹ im Hinblick auf seine verbindende Zwischenstellung im Satz zwischen Subjekt und Prädikat erhalten: S ist P. Entsprechend der fundamentalen Stelle, an der das ›ist‹ angetroffen wird, im Logos, in der Aussage, und gemäß dem Zuge der Problementwicklung der antiken Ontologie hat man dieses ›ist‹ als Kopula in der Wissenschaft vom Logos, in der Logik, abgehandelt. So kam es, daß ein nicht beliebiges, sondern sehr zentrales Problem des Seins *in die Logik abgedrängt* wurde. Wir sagen abgedrängt, weil sich die Logik selbst zu einer gesonderten Disziplin innerhalb der Philosophie entwickelte und weil sie diejenige Disziplin wurde, die am meisten der Verhärtung und der Ablösung von den zentralen Problemen der Philosophie überhaupt unterlag. Erst Kant gibt der Logik wieder eine zentrale philosophische Funktion, allerdings zum Teil auf Kosten der Ontologie und vor allem ohne den Versuch, die sogenannte Schullogik ihrer Veräußerlichung und Leere zu entreißen. Selbst der weitergehende Versuch Hegels, die Logik wieder als Philosophie zu begreifen, war mehr eine Aufarbeitung der überlieferten Probleme und Wissensbestände als eine radikale Fassung des Problems der Logik als solcher. Das 19. Jahrhundert gar vermag sich nicht einmal auf dem Niveau der Hegelschen Fragestellung zu halten, son-

dern sinkt wieder in die Schullogik zurück, und zwar so, daß
dabei Fragen erkenntnistheoretischer und psychologischer Natur mit den spezifisch logischen Problemen verquickt werden.
Unter den bedeutendsten Bearbeitungen der Logik im 19.
Jahrhundert sind zu nennen: J. St. Mill, Lotze, Sigwart und
Schuppe. Schuppes erkenntnistheoretische Logik wird heute
noch viel zu wenig beachtet. Charakteristisch für den Stand
der Logik innerhalb der Philosophie der zweiten Hälfte des
19. Jahrhunderts ist z. B., daß ein Mann vom Range Diltheys
zeitlebens in seinen Vorlesungen sich damit begnügte, die
ödeste Schullogik, etwas aufgewärmt mit Psychologie, vorzu-
tragen. Erst Husserl brachte in seinen »Logischen Untersuchungen« (1900/01) in die Logik und ihre Probleme wieder Licht.
Aber auch ihm gelang es nicht, die Logik philosophisch zu
begreifen, im Gegenteil, er verschärfte sogar die Tendenz, die
Logik zu einer gesonderten Wissenschaft, abgelöst von der
Philosophie, als formale Disziplin auszubilden. Die Logik
selbst, aus deren Problemkreis die ersten phänomenologischen
Untersuchungen erwachsen sind, vermochte nicht mit der Entwicklung der Phänomenologie selbst Schritt zu halten. Bemer-
kenswert sind aus der neueren Zeit die beiden eigenwilligen
und einen philosophischen Impetus verratenden Werke von
Emil Lask, »Die Logik der Philosophie« (1911), und »Die
Lehre vom Urteil« (1912). Wenn Lask auch zumeist formalistisch und in den Begriffsschematen des Neukantianismus die
Dinge behandelt, so drängt er doch bewußt auf ein philosophisches Verständnis der Logik und kommt dabei zwangsläufig unter dem Druck der Sache selbst auf die ontologischen
Probleme zurück. Dennoch vermochte sich Lask nicht von der
Überzeugung seiner Zeitgenossen freizumachen, daß der Neu-
kantianismus berufen sei, die Philosophie zu erneuern.
  Diese rohe Skizzierung des Schicksals der Logik soll anzeigen, daß das Problem der Kopula, des ›ist‹, *weil* es in der
Logik abgehandelt wird, notwendig von den eigentlichen Problemen der Philosophie als der Wissenschaft vom Sein abge-

schnürt wird. Das Problem kommt solange nicht von der Stelle, als die Logik selbst nicht wieder in die Ontologie zurückgenommen wird, d. h. solange nicht Hegel, der umgekehrt die Ontologie in Logik auflöste, begriffen ist, und das besagt immer, durch die Radikalisierung der Fragestellung überwunden und zugleich angeeignet wird. Diese Überwindung Hegels ist der innerlich notwendige Schritt in der Entwicklung der abendländischen Philosophie, der gemacht werden muß, wenn sie überhaupt noch am Leben bleiben soll. Ob das gelingt, die Logik wieder zur Philosophie zu machen, wissen wir nicht; die Philosophie soll nicht prophezeien, aber sie soll auch nicht schlafen.

Unser *Problem* ist, die *Frage nach dem Zusammenhang des ›ist‹ als Kopula mit den ontologischen Grundproblemen* zu beantworten. Dazu wäre es notwendig, zunächst aus der Tradition hinreichend konkret das Problem der Kopula zu kennzeichnen, – was erforderte, die Hauptstationen der Geschichte der Logik zu durchlaufen. Das aber verbietet die Ökonomie der Vorlesung. Wir wählen einen Ausweg und orientieren uns über einige charakteristische Verhandlungen des Problems der Kopula, wie sie in der Geschichte der Logik aufgetreten sind. Wir verfolgen einmal das Auftauchen des Problems bei *Aristoteles*, den man den Vater der Logik zu nennen pflegt. Sodann charakterisieren wir eine ganz extreme Interpretation der Kopula und der Aussage, die von *Thomas Hobbes*. Im Anschluß an dessen Auffassung kennzeichnen wir die Definition der Kopula bei *J. St. Mill*, dessen Logik von entscheidender Bedeutung für das 19. Jahrhundert wurde. Schließlich fixieren wir die Probleme, die sich um die Kopula gruppieren, wie sie *Lotze* in seiner Logik dargestellt hat. Wir werden auf diese Weise sehen, wie sich dieses scheinbar einfache Problem des ›ist‹ von verschiedenen Seiten her verwickelt, so daß für uns die Frage entsteht, wie die verschiedenen Lösungs-, d. h. Interpretationsversuche des ›ist‹ ursprünglich aus der Einheitlichkeit der ontologischen Fragestellung zu verstehen sind.

§ 16. Die Kennzeichnung des ontologischen Problems der Kopula unter Bezugnahme auf einige charakteristische Erörterungen im Verlaufe der Geschichte der Logik

Das Sein im Sinne der Kopula, das Sein als das ›ist‹, begegnete in unseren Erörterungen schon wiederholt. Einmal nahmen wir darauf Bezug, als es galt, darauf hinzuweisen, daß wir bei aller Unbegriffenheit des Seins gleichwohl immer schon im alltäglichen Dasein so etwas wie Sein verstehen, da wir immer mit einem gewissen Verständnis in der alltäglichen Rede den Ausdruck ›ist‹ und überhaupt verbale Ausdrücke mit verschiedenen Flexionen gebrauchen. Sodann ergab die Betrachtung gelegentlich der Diskussion der ersten These, der Betrachtung der Kantischen Interpretation der Wirklichkeit als absolute Setzung, daß Kant einen noch allgemeineren Begriff von Sein kennt. Er sagt: »Nun kann etwas als bloß beziehungsweise gesetzt oder besser bloß die Beziehung (respectus logicus) von etwas als einem Merkmal zu einem Ding gedacht werden, und dann ist das Sein, d. i. die Position dieser Beziehung, nichts als der Verbindungsbegriff in einem Urteile.«[1] Nach dem früher Erörterten müssen wir sagen: Sein bedeutet hier soviel wie Gesetztheit der Subjekt-Prädikat-Beziehung, Gesetztheit der im formalen ›ich verbinde‹, das zum Urteil gehört, gesetzten Verbindung.

a) Das Sein im Sinne des ›ist‹ der Aussage im verbindenden Denken bei Aristoteles

Auf diese Bedeutung des Seins als Subjekt-Prädikat-Beziehung bzw. Verbindung stieß schon Aristoteles in seiner Abhandlung Περὶ ἑρμηνείας, De interpretatione, »Über die Aussage« oder besser »Über die Auslegung«. Diese Abhandlung hat den Logos zum Thema, genauer den λόγος ἀποφαντικός,

---

[1] Kant, Beweisgrund, p. 77.

diejenige Rede und Redeform, deren Funktion es ist,
das Seiende so, wie es ist, aufzuzeigen. Aristoteles unterscheidet zwischen dem Logos überhaupt, d. h. einer Rede, die
bedeutet und irgendeine Form hat, die eine Bitte, Aufforderung oder Klage sein kann, und dem λόγος ἀποφαντικός, der
Rede, die die spezifische Funktion der *Aufweisung* hat und
die wir im Deutschen Aussage, Satz, oder in einer mißverständlichen Weise Urteil nennen.

Den λόγος ἀποφαντικός bestimmt Aristoteles zunächst als eine
φωνὴ σημαντική, ἧς τῶν μερῶν τι σημαντικόν ἐστι κεχωρισμένον[2],
eine Verlautbarung in Worten, die imstande ist, etwas zu
bedeuten, so allerdings, daß die Teile dieses Wortzusammen-
hanges, d. h. die einzelnen Worte, je für sich schon etwas
bedeuten, der Subjektbegriff und der Prädikatbegriff. Nicht
jeder Logos, nicht jede Rede ist aufzeigende Rede, wenngleich
jede Rede σημαντικός ist, d. h. etwas bedeutet; aber jede Rede
hat nicht die Funktion, das Seiende aufzuweisen, wie es ist.
Aufweisend ist nur diejenige Rede ἐν ᾧ τὸ ἀληθεύειν ἢ ψεύδεσθαι
ὑπάρχει[3], in der das Wahrsein und das Falschsein vorkommt.
Das Wahrsein ist ein bestimmtes Sein. Im Logos als Aussage
liegt einmal, gemäß seiner Form S ist P, das ›ist‹, das Sein als
Kopula. Zum anderen ist jeder Logos als Aussage entweder
wahr oder *falsch*. Sein Wahrsein oder Falschsein steht mit dem
›ist‹ in irgendeinem Zusammenhang, ist mit ihm identisch
oder verschieden. Es erhebt sich die Frage: Wie verhält sich das
Wahrsein zu dem gleichfalls im Logos, in der Aussage vor-
kommenden Sein im Sinne des ›ist‹ als Kopula? Wie muß das
Problem gestellt werden, um diesen *Zusammenhang zwischen
Wahrheit und Kopula* überhaupt zu sehen und *ontologisch* zu
interpretieren?

Zunächst lassen wir uns von Aristoteles sagen, wie er das
Sein der Kopula sieht. Aristoteles sagt: αὐτὰ μὲν οὖν καθ᾽ αὑτὰ
λεγόμενα τὰ ῥήματα ὀνόματά ἐστι καὶ σημαίνει τι, — ἵστησι γὰρ ὁ

---

[2] Arist., de interpr. 4, 16 b 26 f.
[3] a.a.O., 17 a 2 f.

λέγων τὴν διάνοιαν, καὶ ὁ ἀκούσας ἠρέμησεν, – ἀλλ' εἰ ἔστιν ἢ μή
οὔπω σημαίνει· οὐ γὰρ τὸ εἶναι ἢ μὴ εἶναι σημεῖόν ἐστι τοῦ
πράγματος, οὐδ' ἐὰν τὸ ὂν εἴπῃς ψιλόν. αὐτὸ μὲν γὰρ οὐδέν ἐστιν,
προσσημαίνει δὲ σύνθεσίν τινα, ἣν ἄνευ τῶν συγκειμένων οὐκ ἔστι
νοῆσαι.[4] Aristoteles spricht an dieser Stelle von den Verben, die
– wie er sagt – die Zeit mitbedeuten, weshalb wir sie auch als
Zeitworte zu benennen pflegen. Wir geben von der zitierten
Textstelle eine erläuternde Übersetzung: Wenn wir die Zeitworte für sich aussprechen, also z. B. gehen, machen, schlagen,
dann sind sie Hauptworte und bedeuten etwas: das Gehen, das
Machen. Denn wer dergleichen Worte ausspricht ἵστησι τὴν
διάνοιαν, der bringt sein Denken zum Stehen, d. h. er hält sich
bei etwas auf, er meint etwas Bestimmtes damit. Und entsprechend: Wer dergleichen wie diese Worte hört, gehen, stehen,
liegen, der kommt zur Ruhe, d. h. er nimmt den Aufenthalt
bei etwas, bei dem mit diesen Worten Verstandenen. Alle diese
Verben *meinen etwas,* aber sie sagen nicht, ob das Gemeinte
ist oder *nicht ist.* Wenn ich sage: gehen, stehen, so ist damit
nicht gesagt, ob jemand *wirklich* geht oder steht. Sein, Nichtsein bedeutet nämlich überhaupt nicht eine Sache – wir würden
sagen, überhaupt nicht etwas, was selbst ist. Auch selbst dann
nicht, wenn wir das Wort ›seiend‹, τὸ ὄν, ganz nackt für sich
aussprechen, denn die Bestimmung Sein in dem Ausdruck
›seiend‹ *ist nichts,* d. h. das Sein ist kein Seiendes. Wohl aber
bedeutet der Ausdruck etwas *mit,* προσσημαίνει, und zwar eine
gewisse σύνθεσις, eine gewisse Verbindung, die nicht gedacht
werden kann, wenn nicht auch schon Verbundenes bzw. Verbindbares ist oder gedacht wird. Nur im Denken von Verbundenem, von Verbindbarem, kann σύνθεσις, Verbundenheit, gedacht werden. Sofern das Sein diese Verbundenheit meint in
dem Satz S ist P, hat Sein nur eine Bedeutung im Denken von
Verbundenem. Sein hat keine eigenständige Bedeutung, sondern προσσημαίνει, es bedeutet dazu, nämlich zum Bedeuten

---

[4] a.a.O., 16 b 19—25.

und zum bedeutungsvollen Denken von solchem, was aufeinander bezogen ist. Hierbei drückt das Sein die Beziehung selbst aus. Das εἶναι προσσημαίνει σύνθεσίν τινα, drückt eine gewisse Verbindung aus. Auch Kant sagt: Sein ist ein *Verbindungsbegriff*.

Auf diese zitierte Textstelle wie überhaupt auf die ganze Abhandlung De interpretatione können wir hier nicht weiter eingehen. Sie bietet der Exegese ungeheure Schwierigkeiten. Schon die alten Kommentatoren des Aristoteles, Alexander von Aphrodisias und Porphyrius, haben diese Stelle je in einem anderen Sinne kommentiert. Thomas faßt sie wieder anders auf. Das ist ein Zeichen nicht für mangelhafte Überlieferung des Textes, der in diesem Falle im reinen ist, sondern der sachlichen Schwierigkeit des Problems selbst.

Wir haben zunächst nur festzuhalten: Das ›ist‹ bedeutet das Sein eines Seienden und ist nicht wie ein vorhandenes Ding. In der Aussage: die Tafel ist schwarz, meint das Subjekt, Tafel, und das Prädikat, schwarz, je etwas Vorhandenes, das Tafelding, und dieses als geschwärztes, die an ihm vorhandene Schwärze. Das ›ist‹ dagegen meint nicht etwas Vorhandenes, was so wie die Tafel selbst und die Schwärze an ihr vorhanden wäre. Von diesem ›ist‹ sagt Aristoteles: οὐ γάρ ἐστι τὸ ψεῦδος καὶ τὸ ἀληθὲς ἐν τοῖς πράγμασιν, οἷον τὸ μὲν ἀγαθὸν ἀληθὲς τὸ δὲ κακὸν εὐθὺς ψεῦδος, ἀλλ᾽ ἐν διανοίᾳ[5], dasjenige, was dieses ›ist‹ meint, ist nicht ein Seiendes, unter den Dingen vorkommend, ein wie sie Vorhandenes, sondern ist ἐν διανοίᾳ, ist im Denken. Dieses ›ist‹ ist Synthesis, und zwar ist sie, wie Aristoteles sagt, σύνθεσις νοημάτων[6], Verbundenheit des im Denken Gedachten. Aristoteles spricht hier von der Synthesis des S und P. Er sagt aber zugleich an der angeführten Stelle ἐνδέχεται δὲ καὶ διαίρεσιν φάναι πάντα,[7] man kann aber auch all dieses – die Verbindung des S und P in einem Satz, welche Verbindung durch das ›ist‹

---

[5] Arist., Met. E 4, 1027 b 25 ff.
[6] Arist., de anima Γ 6, 430 a 28.
[7] a.a.O., 430 b 3 f.

ausgedrückt ist – als διαίρεσις fassen. S = P ist nicht nur eine Verbindung, sondern zugleich auch ein Auseinandernehmen. Diese Bemerkung des Aristoteles ist wesentlich für das Verständnis der Struktur des Satzes, der wir noch nachgehen werden. An einer entsprechenden Stelle sagt Aristoteles: Dieses ›ist‹ besagt eine Synthesis und ist demnach ἐν συμπλοκῇ διανοίας καὶ πάθος ἐν ταύτῃ[8], sie ist in der Verkoppelung, die der Verstand als verbindender vollzieht, und dieses ›ist‹ meint etwas, was nicht unter den Dingen vorkommt, ein Seiendes, sondern ein Seiendes, das gleichsam ein Zustand des Denkens ist. Es ist kein ἔξω ὄν, kein außerhalb des Denkens Seiendes, und kein χωριστόν, kein eigenständiges Für-sich-Stehendes. Aber was für ein Seiendes dieses ›ist‹ meint, ist dunkel. Dieses ›ist‹ soll das Sein eines Seienden meinen, das nicht unter dem Vorhandenen vorkommt, wohl aber etwas ist, was im Verstande ist, roh gesprochen, im Subjekt, subjektiv. Man wird zwischen diesen Bestimmungen, daß das mit ›ist‹ und ›sein‹ bezeichnete Seiende nicht unter den Dingen ist, wohl aber im Verstande, nur dann in der rechten Weise entscheiden können, wenn man sich klar darüber ist, was hier Verstand, Subjekt besagt und wie die Grundbeziehung des Subjekts zum Vorhandenen bestimmt werden muß, d. h. wenn aufgeklärt ist, was das Wahrsein bedeutet und wie es zum Dasein steht. Wie immer diese zentralen, aber schwierigen Probleme anzufassen sind, wir sehen zunächst die innere Verwandtschaft der Auffassungen bei Aristoteles und bei Kant. Das Sein im Sinne der Kopula ist respectus logicus nach Kant, Synthesis im Logos nach Aristoteles. Weil dieses Seiende, dieses ens, nach Aristoteles nicht ἐν πράγμασιν ist, nicht unter den Dingen vorkommt, sondern ἐν διανοίᾳ, bedeutet es kein ens reale, sondern ein ens rationis, wie die Scholastik sagt. Das aber ist nur die Übersetzung von ὄν ἐν διανοίᾳ.

---

[8] Arist., Met. K 8, 1065 a 22–23.

b) Das Sein der Kopula im Horizont des Wasseins (essentia) bei Th. Hobbes

Unter dem Einfluß der aristotelisch-scholastischen Tradition steht auch die *Auslegung* der *Kopula* und des *Satzes*, die *Hobbes* gibt. Seine Auffassung der Logik pflegt man als Beispiel des extremsten Nominalismus zu nennen. Nominalismus ist diejenige Auffassung der logischen Probleme, die bei der Interpretation des Denkens und Erkennens von dem in der Aussage ausgesprochenen Denken ausgeht, und zwar von der Aussage, so wie sie sich als gesprochener Wortzusammenhang bekundet, von den Worten und von den Namen – daher Nominalismus. Alle Probleme, die sich bezüglich des Satzes erheben, somit auch das Problem des Wahrseins und die Frage nach der Kopula, orientiert die nominalistische Fragestellung am Wortzusammenhang. Wir sahen, daß die Frage nach dem Satz und der Erkenntnis von früh an bei den Griechen am Logos orientiert wurde, weshalb die Besinnung auf das Erkennen Logik wurde. Die Frage bleibt nur, in welcher Richtung man den Logos zum Thema macht, in welcher Hinsicht man ihn anvisiert. Schon in der antiken Logik machte sich zur Zeit Platos und des Aristoteles, in der Sophistik, ein Nominalismus breit, und auch später im Mittelalter erwachten wieder verschiedene Spielarten dieser Denkrichtung, vor allem in der englischen Franziskaner-Schule. Der extremste Vertreter des spätscholastischen Nominalismus ist Occam, dessen nominalistische Fragestellung für seine theologischen Probleme, aber auch für die theologische Fragestellung und die immanenten Schwierigkeiten Luthers von Bedeutung wurde. Es ist kein Zufall, daß Hobbes einen extremen Nominalismus ausgebildet hat. Er gibt seine Erörterung der Kopula im Zusammenhang mit der Erörterung des Satzes, der propositio, in seinen »Logica«, dem ersten Teil seiner Lehre »Vom Körper«.[9] Wir behandeln

---

[9] Th. Hobbes, Elementorum philosophiae sectio I. ›De corpore‹, Pars I sive Logica. cap. III ff. ›De Propositione‹.

den Hobbes'schen Begriff der Kopula, der Aussage, absichtlich etwas eingehender, nicht nur weil er wenig bekannt ist, sondern weil diese extrem nominalistische Formulierung der Probleme hier mit unübertrefflicher Klarheit durchgeführt ist, worin sich immer – ganz abgesehen von der Haltbarkeit – eine philosophische Kraft bekundet.

Das ›ist‹ macht ein einfaches Bestandstück eines Satzes aus: S ist P. Seine nähere Bestimmung erhält demnach dieses ›ist‹ aus dem Begriff des Satzes, der Aussage. Wie definiert Hobbes die propositio? Er geht in offenkundiger Anlehnung an Aristoteles von einer Kennzeichnung möglicher Formen der Rede, des Logos, der oratio aus. Er zählt auf: precationes, Bitten, promissiones, Versprechungen, optiones, Wünsche, iussiones, Befehle, lamentationes, Klagen, und sagt von all diesen Redeformen, daß sie affectuum indicia, Anzeichen von Gemütsbewegungen seien. Hieraus zeigt sich schon die charakteristische Interpretation. Er geht vom *Wortcharakter* dieser Redeformen aus: sie sind *Zeichen* für etwas Seelisches. Aber er interpretiert diese Redeformen in ihrer Struktur nicht genauer, wie dies überhaupt bis heute immer noch eine Grundschwierigkeit der Interpretation bietet. Von der für die Logik allein maßgebenden Redeform der propositio sagt er: Est autem Propositio oratio constans ex duobus nominibus copulatis qua significat is qui loquitur, concipere se nomen posterius ejusdem rei nomen esse, cujus est nomen prius; sive (quod idem est) nomen prius a posteriore contineri, exempli causa, oratio haec homo est animal, in qua duo nomina copulantur per verbum Est, propositio est; propterea quod qui sic dicit, significat putare se nomen posterius animal nomen esse rei ejusdem cujus nomen est homo, sive nomen prius homo contineri in nomine posteriore animal.[10] Es ist aber die Behauptung eine Rede aus zwei Namen verkoppelt, durch die der Redende anzeigt, er verstehe, daß der spätere Name, nämlich

---

[10] Th. Hobbes, Logica. cap. III, 2, in: Opera philosophica, quae latine scripsit, omnia. Bd. 1 (Ausgabe Molesworth, 1839–45).

das Prädikat, dieselbe Sache benennt, die auch der frühere nennt; oder was dasselbe besagt: er verstehe, daß der frühere Name, Subjekt, im späteren enthalten sei. Z. B. diese Rede: der Mensch ist ein Lebewesen, in der zwei Namen durch das Zeitwort ›ist‹ verkoppelt werden. Diese Rede stellt eine Behauptung dar. – Es ist zu beachten, daß Hobbes in dieser Definition von vornherein Subjekt und Prädikat als zwei Namen faßt und den Satz ganz äußerlich sieht: zwei Namen, S ist P. Das P ist der spätere, das S ist der frühere Name, das ›ist‹ aber ist die Verkoppelung des Früheren und Späteren. Bei dieser Charakteristik schwebt ihm die Aussage als eine Wortfolge vor, eine Folge auftauchender Worte, und das Ganze der Wortfolge ist ein Anzeichen dafür (significat), daß derjenige, der diese Worte gebraucht, etwas versteht. Die Kopula, das ›ist‹, ist das Anzeichen dafür, daß der Redende versteht, daß die beiden Namen im Satz sich auf dieselbe Sache beziehen. Lebewesen meint dasselbe wie Mensch. Dementsprechend ist auch das est, das ›ist‹, ein signum, ein Zeichen.

Rein äußerlich genommen liegt bei dieser Interpretation der propositio derselbe Ansatz des Problems vor wie bei Aristoteles. Aristoteles beginnt die Erörterung seiner Abhandlung De interpretatione mit der allgemeinen Charakteristik: Ἔστι μὲν οὖν τὰ ἐν τῇ φωνῇ τῶν ἐν τῇ ψυχῇ παθημάτων σύμβολα, καὶ τὰ γραφόμενα τῶν ἐν τῇ φωνῇ.[11] »Es is nun aber die Verlautbarung im Wort σύμβολον, Symbol, Erkennungszeichen für die seelischen Zustände, und ebenso ist das Geschriebene wiederum Symbol, signum der Verlautbarung.« Auch für Aristoteles besteht ein Zusammenhang zwischen Geschriebenem, Gesprochenem und Gedachtem: Schrift, Wort, Gedanke. Allerdings ist bei ihm dieser Zusammenhang nur am Leitfaden des ganz formalen, weiter nicht geklärten Begriffs des σύμβολον, des Zeichens, gefaßt. Bei Hobbes ist diese Zeichen-Beziehung noch mehr veräußerlicht. Erst in der neueren Zeit ist man diesem

---

[11] Arist., de interpr. 16 a 3 f.

Problem des Zeichens in einer wirklichen Untersuchung nachgegangen. Husserl gibt in der ersten Logischen Untersuchung »Ausdruck und Bedeutung« die wesentlichen Bestimmungen über Zeichen, Anzeichen und Bezeichnung zugleich im Unterschied von Bedeuten. Die Zeichenfunktion des Geschriebenen mit Bezug auf das Gesprochene ist eine ganz andere als die Zeichenfunktion des Gesprochenen zu dem in der Rede Bedeuteten, und umgekehrt des Geschriebenen, der Schrift, zu dem damit Gemeinten. Hier zeigt sich eine Mannigfaltigkeit von Symbolbeziehungen, die in ihrer elementaren Struktur sehr schwer zu fassen sind und weitläufiger Untersuchungen bedürfen. Einiges als Ergänzung der Husserlschen Untersuchung findet sich in »Sein und Zeit« (§ 17 »Verweisung und Zeichen«), hier in einer grundsätzlichen Orientierung. Heute ist das Symbol eine gangbare Formel geworden, aber man dispensiert sich von der Untersuchung dessen, was damit überhaupt gemeint ist, bzw. man hat keine Ahnung davon, welche Schwierigkeiten sich unter diesem Schlagwort verbergen.

Subjectum ist im Satz der frühere Name, praedicatum der spätere, das ›ist‹ die Verkoppelung. Wie ist das ›ist‹ als der Verbindungsbegriff in seiner Zeichenfunktion genauer zu bestimmen? Die Verkoppelung, sagt Hobbes, braucht nicht notwendig ausgedrückt zu werden durch das est, durch das ›ist‹, nam et ille ipse ordo nominum, connexionem suam satis indicare potest[12], denn selbst schon rein nur die Folge der Namen kann die Verflechtung hinreichend anzeigen. Das Zeichen der Verkoppelung selbst, wenn es ausgedrückt wird, die Kopula oder eine Flexionsform des Verbum, hat ihrerseits eine bestimmte Anzeigefunktion. Et nomina [nämlich die nomina copulata] quidem in animo excitant cogitationem unius et ejusdem rei, die Namen, Subjekt und Prädikat, erregen den Gedanken an ein und dieselbe Sache. Copulatio autem cogitationem inducit causae propter quam ea nomina illi rei

---

[12] Th. Hobbes, Logica, cap. III, 2.
[13] a.a.O., cap. III, 3.

imponuntur,[13] die Verkoppelung selbst aber bzw. ihr Zeichen, die Kopula, führt gleichfalls einen Gedanken herbei, in dem der Grund gedacht wird, weswegen beide folgenden Namen einer und derselben Sache zugelegt werden. Die Kopula ist nicht einfach das Zeichen einer Verbindung, ein Verbindungsbegriff, sondern die Anzeige dessen, *worin* die Verbundenheit *gründet*, causa.

Wie erläutert Hobbes diese Auffassung der Kopula, die innerhalb seiner extrem nominalistischen Orientierung überraschen muß? Nehmen wir ein Beispiel: corpus est mobile[14], der Körper ist beweglich. Wir denken mit corpus und mobile rem ipsam, die Sache selbst, utroque nomine designatam,[15] mit beiden Namen bezeichnet. Aber wir denken nicht einfach mit diesen zwei Namen zweimal hintereinander abgesetzt dieselbe Sache, Körper — beweglich, non tamen ibi acquiescit animus, hierbei beruhigt sich der Geist nicht, sondern er fragt weiter: was ist jenes Körpersein oder Bewegtsein, sed quaerit ulterius, quid sit illud esse corpus vel esse mobile?[16] Hobbes leitet die Anzeigefunktion der Kopula auf die Anzeige dessen zurück, was das in den nomina copulata gemeinte Seiende ist, auf die Frage nach dem, was *in der benannten Sache* die Unterschiede ausmacht, aufgrund deren sie gegenüber anderen Sachen gerade so benannt wird und nicht anders. Fragend nach dem esse aliquid, fragen wir nach der quidditas, nach dem Wassein eines Seienden. Jetzt wird erst deutlich, welchen Funktionssinn Hobbes der Kopula zuweist. Sie ist als die Indikation des Denkens des *Grundes* der Verkoppelung der Namen die *Anzeige davon*, daß wir *in der propositio*, in der Aussage, die *quidditas*, das Wassein der Dinge denken. Die propositio ist die Antwort auf die Frage: *Was ist* die Sache? In nominalistischer Orientierung heißt das: Was ist der Grund der Zuteilung zweier verschiedener Namen zur selben Sache?

---

[14] Ebd.
[15] Ebd.
[16] Ebd.

Das ›ist‹ aussprechen im Satze, die Kopula denken, besagt den Grund denken der möglichen und notwendigen identischen Bezogenheit von Subjekt und Prädikat auf dasselbe. Das im ›ist‹ Gedachte, der Grund, ist das Wassein (realitas). Demnach bekundet das ›ist‹ die essentia oder die quidditas der res, über die in der Aussage ausgesagt wird.

Aus der so gefaßten Struktur der propositio wird nach Hobbes eine fundamentale Scheidung der Namen in nomina concreta und abstracta verständlich. Es ist eine alte Überzeugung der Logik, daß sich die Begriffe aus dem Urteil heraus entwickeln und sich durch das Urteil bestimmen. Concretum autem est quod rei alicujus quae existere supponitur nomen est, ideoque quandoque suppositum, quandoque subjectum Graece ὑποκείμενον appellatur,[17] das concretum ist der Name für etwas, was als vorhanden gedacht wird. Daher wird für den Ausdruck concretum auch suppositum, subjectum (ὑποκείμενον) gebraucht. Solche Namen sind Körper (corpus), beweglich (mobile) oder ähnlich (simile). Abstractum est, quod in re supposita existentem nominis concreti causam denotat,[18] der abstrakte Name bezeichnet den in der zugrundeliegenden Sache vorhandenen Grund des konkreten Namens. Abstrakte Namen sind Körperlichkeit (esse corpus), Bewegtheit (esse mobile) oder Ähnlichkeit (esse simile).[19] Nomina autem abstracta causam nominis concreti denotant, non ipsam rem[20], die abstrakten Namen bezeichnen den Grund des konkreten Namens, nicht die Sache selbst. Quoniam igitur rem ita conceptam voluimus appellari corpus, causa ejus nominis est, esse eam rem extensam sive extensio vel corporeitas[21], daß wir jedoch einen vorliegenden konkreten Körper z. B. so nennen, das hat seinen Grund darin, daß das Vorgegebene aus-

[17] Ebd.
[18] Ebd.
[19] Ebd.
[20] Ebd.
[21] Ebd.

gedehnt ist, d. h. durch Körperlichkeit bestimmt. In der Orientierung am Satz gesprochen, sind die konkreten Namen das Frühere und die abstrakten das Spätere. Denn, sagt Hobbes, die abstrakten Namen, die das Wassein, die quidditas ausdrükken, könnten nicht sein, wenn es nicht das ›ist‹ der Kopula gäbe. Sie *entspringen* nach Hobbes *aus der Kopula*.

Wir müssen die Charakteristik der Kopula festhalten: Sie zeigt den Grund der möglichen identischen Bezogenheit von Subjekt und Prädikat auf dieselbe Sache an. Mit dieser Anzeige des Grundes ist das Wassein der Sache gemeint, und demnach drückt die Kopula, das ›ist‹, das Wassein aus. Hobbes leugnet, daß das ›ist‹ in irgendeinem Sinne etwa das ›existiert‹, das ›ist vorhanden‹ oder dergleichen ausdrückt. Wir werden vor die Frage gestellt, wie die Ausdrucksfunktion der Kopula zum Phänomen bzw. zum Ausdruck des Vorhandenseins, des Existierens, im Zusammenhang mit dem Ausdruck des Wasseins steht.

Die Kopula indiziert den *Grund* der Beilegung verschiedener Namen zur selben Sache. Diese Bestimmung muß festgehalten werden. Das ›ist‹ sagt: Es besteht ein Grund für diese identifizierende Bezogenheit des Subjekt-Namens und Prädikat-Namens zu einem Ding. Das hat noch weitere Folgen für die genauere Bestimmung der propositio. Wir deuteten schon an, daß in der Aussage ein Wahr- bzw. Falschsein liegt und daß irgendein Zusammenhang zwischen dem Sein im Sinne des ›ist‹ und dem Wahrsein besteht. Es erhebt sich die Frage: Wie faßt Hobbes die zur propositio gehörige veritas bzw. falsitas, Wahrheit und Falschheit? Dieser Zusammenhang, so wie er ihn auffaßt, kündigt sich in folgendem Satz an: Quoniam omnis propositio vera est..., in qua copulantur duo nomina ejusdem rei, falsa autem in qua nomina copulata diversarum rerum sunt,[22] jede Aussage ist wahr, in der die Verkoppelung der Namen, Subjekt und Prädikat, sich auf dieselbe Sache

---

[22] a.a.O., cap. V, 2.

bezieht; falsch aber ist sie, wenn die verkoppelten Namen verschiedene Sachen meinen. Hobbes sieht die Wahrheit der Aussage im rechtmäßig identifizierenden Bezug der Aussage-Glieder auf dieselbe Sache als den *einheitlichen* Grund der Verbundenheit. Er definiert die Kopula in demselben Sinne wie die Wahrheit. Das ›ist‹ ist als Kopula zugleich der Ausdruck des Wahrseins im Satze. Auf die Verwandtschaft dieser Bestimmung der Wahrheit mit der Aristotelischen, trotz wesentlicher Unterschiede, gehen wir hier nicht ein. Gemäß dieser Definition der Wahrheit kann Hobbes sagen: Voces autem hae verum, veritas, vera propositio, idem valent,[23] diese Worte: wahr, Wahrheit, wahrer Satz bedeuten dasselbe. Hobbes sagt schlechthin: Wahrheit ist immer wahrer Satz. Veritas enim in dicto, non in re consistit,[24] die Wahrheit hat ihren Bestand im Gesagten als solchem, nicht aber in den Dingen. Das erinnert uns an den Aristotelischen Satz: Das ἀληθεύειν, das Wahrsein, ist nicht ἐν πράγμασιν, in den Dingen, sondern ἐν διανοίᾳ, im Denken. Hobbes sagt dagegen gemäß seiner extrem nominalistischen Richtung: im *ausgesprochenen* Denken, im Satz.

Es ist charakteristisch, wie Hobbes diese These zu beweisen sucht. nam etsi verum opponatur aliquando apparenti, vel ficto, id tamen ad veritatem propositionis referendum est[25], wenngleich nämlich zuweilen das Wahre dem Scheinbaren und dem Phantastischen entgegengesetzt wird, so muß doch dieser Begriff von ›wahr‹ auf die eigentliche Wahrheit, d. h. die Wahrheit des Satzes, zurückbezogen werden. Hobbes erinnert daran, was traditionell bekannt ist, daß wir auch z. B. von einem ›wahren‹ Menschen sprechen. Hier meinen wir einen ›wirklichen‹ Menschen gegenüber einem gemalten, abgebildeten, im Spiegel sich zeigenden. Dieses ›wahr‹ im Sinne des ›wirklichen‹, sagt Hobbes, hat keine primäre Bedeutung,

---

[23] a.a.O., cap. III, 7.
[24] Ebd.
[25] Ebd.

sondern geht auf die veritas in der propositio zurück; eine
These, die im Grunde auch Thomas von Aquino vertritt, auch
wenn er zu dieser Wahrheit der Dinge eine andere Stellung
hat als Hobbes. Hobbes betont ganz einseitig: Wahrsein ist
eine Bestimmung des Satzes, wir sprechen nur uneigentlich von
wahren *Dingen*. nam ideo simulachrum hominis in speculo,
vel spectrum, negatur esse verus homo, propterea quod haec
propositio, spectrum est homo, vera non est; nam ut spectrum
non sit verum spectrum, negari non potest. Neque ergo veritas, rei affectio est, sed propositionis[26], denn daß das Bild des
Menschen im Spiegel (spectrum), das Spiegelbild, εἴδωλον, ein
wahrer Mensch sei, wird deshalb verneint, weil diese *Aussage*
›das Spiegelbild ist ein Mensch‹ nicht wahr als Aussage ist.
Denn daß das Bild kein wahrer Mensch sei, kann nicht geleugnet werden. Wahr nennen wir ein *Ding* nur deshalb, weil die
Aussage darüber wahr ist. Das Wahrsein von Dingen gesagt
ist eine sekundäre Redeweise. Wir *nennen* das Seiende wahr,
z. B. *wahrer* Mensch, im Unterschiede zum scheinbaren, weil
die Aussage darüber wahr ist. Mit dieser These will Hobbes
die Bedeutung des Namens ›Wahrheit‹ aufhellen. Aber es
erhebt sich sogleich die Frage: Warum ist die Aussage über
Seiendes wahr? Offenbar, weil das, *worüber* wir aussagen, kein
Schein, sondern ein wirklicher, wahrer Mensch ist. Wenn wir
auch nicht so weit gehen dürfen, daß hier ein sogenannter
Zirkel vorliege – denn einmal handelt es sich um die *Erläuterung* der Bedeutung ›Wahrheit‹ aus der Urteilswahrheit:
Wahrheit ist das und das, nämlich Urteilswahrheit, im ande-
ren Falle geht es um die Frage echter *Begründung* von etwas
Wahrem als Urteil – so zeigt sich hier doch ein rätselhafter
Zusammenhang zwischen *Wirklichkeit* eines Seienden und der
Wahrheit der Aussage über dieses Wirkliche – ein Zusam-
menhang, der sich schon bei der Interpretation der Kantischen
Auffassung des Seins: Sein gleich Wahrgenommenheit, Ge-
setztheit, aufdrängte.

[26] Ebd.

Hobbes fügt dieser Erörterung, in der er die Wahrheit der Dinge auf die Wahrheit von Sätzen über die Dinge reduziert, die charakteristische Bemerkung an: Quod autem a metaphysicis dici solet ens unum et verum idem sunt, nugatorium et puerile est; quis enim nescit, hominem, et unum hominem et vere hominem idem sonare[27], was aber von den Metaphysikern gesagt zu werden pflegt, seiendsein, eines sein, wahr sein sei dasselbe, das ist ein nichtiges und kindliches Geschwätz, denn wer weiß nicht, daß Mensch und Ein Mensch und ein wirklicher Mensch dasselbe betont. Hobbes denkt hier an die auf Aristoteles zurückgehende Lehre der Scholastik von den Transzendentien, von denjenigen Bestimmungen, die jedem Etwas als Etwas überhaupt zukommen, wonach jedes Etwas in irgendeinem Sinne *ist*, ein ens, jedes Etwas *ein* Etwas, unum, und jedes Etwas als überhaupt seiend, d. h. irgendwie von Gott gedacht, ein *wahres*, verum, ist. Die Scholastik sagt jedoch nicht, wie Hobbes ihr unterlegt, ens, unum, verum, die Transzendentien, *idem* sunt, bedeuten dasselbe, sondern sie sagt nur, diese Bestimmungen sind convertibel, d. h. die eine kann für die andere gesetzt werden, weil sie alle zusammen gleichursprünglich jedem Etwas als Etwas zukommen. Die Gründe, weshalb Hobbes notwendig blind sein muß für die fundamentale Bedeutung der Transzendentien, die aber auch die Scholastik nicht in ihrem eigentlichen Sinne verwirklicht hat, können wir hier nicht weiter erörtern. Es gilt nur zu sehen, wie extrem er jede Wahrheit der Dinge leugnet und die Bestimmung der Wahrheit lediglich der Aussage zuweist.

Diese Auffassung des Hobbes, die für das Verständnis der gegenwärtigen Logik von besonderer Bedeutung ist, weil auch sie an dieser These festhält, verdeutlicht sich noch durch folgende Erörterungen, in der sich echt Gesehenes und einseitig Ausgelegtes auf das engste berühren. Intelligitur hinc veritati et falsitati locum non esse, nisi in iis animantibus qui oratione

---

[27] Ebd.

utuntur,[28] von hier aus wird einsichtig, daß der Ort der Wahrheit und Falschheit nur in solchen Lebewesen ist, die von der Rede Gebrauch machen. Weil die Aussage Rede ist, Wortzusammenhang, und der Ort der Wahrheit in der Aussage liegt, gibt es Wahrheit nur da, wo es lebende Wesen gibt, die von der Aussage Gebrauch machen. Etsi enim animalia orationis expertia, hominis simulachrum in speculo aspicientia similiter affecta esse possint, ac si ipsum hominem vidissent, et ob eam causam frustra eum metuerent, vel abblandirentur, rem tamen non apprehendunt tanquam veram aut falsam, sed tantum ut similem, neque in eo falluntur,[29] wenngleich nämlich die der Rede, der Sprache entbehrenden Lebewesen, die Tiere, beim Anblick des Menschenbildes im Spiegel in derselben Weise betroffen werden können, gleich als hätten sie den Menschen selbst erblickt, und ihn deshalb fürchten oder durch Gebärden liebkosen können, so erfassen sie doch nicht das so Gegebene *als* wahr oder falsch, sondern lediglich als ähnlich, und hierin unterliegen sie nicht der Täuschung. Hier meldet sich – beiläufig gesagt – eine große Schwierigkeit, nämlich auszumachen, was den Tieren als Lebewesen gegeben und wie ihnen das Gegebene enthüllt ist. Hobbes sagt, das Gegebene sei ihnen nicht als wahres oder falsches gegeben, weil sie nicht reden und nicht Aussagen machen können über das, was ihnen gegeben ist. Er muß allerdings sagen, das Spiegelbild sei ihnen *als* ähnlich gegeben. Es würde sich hier schon die Frage aufdrängen, inwiefern überhaupt den Tieren etwas *als* etwas gegeben sein könne. Wir kommen noch auf die weitere Frage: Ist den Tieren überhaupt etwas *als Seiendes* gegeben? Es schon ein Problem, ontisch festzustellen, wie den Tieren etwas gegeben sei. Bei näherer Betrachtung sieht man, daß wir, da wir selbst nicht reine Tiere sind, wenn wir vorsichtig sprechen, die ›Welt‹ der Tiere nicht primär verstehen. Da wir aber doch als Existierende zugleich leben – was ein eigenes Pro-

[28] a.a.O., cap. III, 8.
[29] Ebd.

blem ist – besteht für uns die Möglichkeit, im Rückgang von
dem, was uns als Existierenden gegeben ist, reduktiv auszumachen, was einem nur lebenden Tier, das nicht existiert, gegeben sein könnte. Von diesem methodischen Zusammenhang
macht alle Biologie notwendig Gebrauch, nur ist man über diesen Zusammenhang längst noch nicht ins Klare gekommen.
Wohl sind wir heute so weit, daß diese Grundfragen der Biologie hinsichtlich der Grundbestimmungen eines Lebenden und
seiner Welt in Fluß geraten sind. Das deutet darauf hin, daß
die biologischen Wissenschaften wieder die ihnen notwendig
immanente Philosophie entdeckt haben. Hobbes begnügt sich
damit zu sagen: Die Tiere haben keine Sprache, also ist ihnen
das Gegebene nicht als wahr oder falsch gegeben, wenngleich
als ähnlich. Quemadmodum igitur orationi bene intellectae
debent homines, quicquid recte ratiocinantur; ita eidem quoque male intellectae debent errores suos; et ut philosophiae
decus, ita etiam absurdorum dogmatum turpitudo solis com-
petit hominibus,[30] so wie den Menschen [damit verschärft er
die grundsätzliche Kennzeichnung der Sprache] die wohlver-
standene Rede zu dem werden kann, dem sie alles verdanken,
was sie vernünftig erkennen, so verdanken sie derselben Rede
und Sprache als einer schlecht verstandenen ihre Irrtümer. Wie
die Zierde der Philosophie, so eignet auch einzig den Menschen die Häßlichkeit sinnloser Behauptungen. Habet enim
oratio (quod dictum olim est de Solonis legibus) simile aliquid
telae araneanum; nam haerent in verbis et illaqueantur ingenia
tenera et fastidiosa, fortia autem perrumpunt,[31] die Sprache
und Rede hat Ähnlichkeit mit den Spinngeweben, was auch
von den Gesetzen Solons gesagt wurde. Die schwächlichen und
zarten Geister bleiben in den Worten hängen und verstricken
sich in sie, die starken aber durchbrechen sie. Deduci hinc
quoque potest, veritates omnium primas, ortas esse ab arbitrio
eorum qui nomina rebus primi imposuerunt, vel ab aliis posita

[30] Ebd.
[31] Ebd.

acceperunt. Nam exempli causa verum est hominem esse animal, ideo quia eidem rei duo illa nomina imponi placuit[32], von
hier aus kann auch geschlossen werden: die ersten *Wahrheiten*
seien entsprungen aus dem freien Dafürhalten derer, die zuerst den Dingen die Namen aufgelegt haben oder sie von anderen als schon auferlegte empfangen. Denn beispielsweise ist
der Satz: Der Mensch ist ein Lebewesen, deshalb wahr, weil es
gefiel, die beiden Namen *derselben* Sache beizulegen.

So viel über die Auffassung des Hobbes bezüglich der Aussage, der Kopula, der Wahrheit und der Sprache überhaupt.
Mit dem zuletzt Gesagten über die Sprache ist deutlich geworden, daß Hobbes die Aussage als reine Folge von Wörtern
nimmt. Wir sahen aber zugleich aus dem früher Zitierten, daß
der Nominalismus sich nicht durchführen läßt. Denn Hobbes
kann nicht bei der Aussage als einer Wörterfolge stehen bleiben. Er wird notwendig dazu gedrängt, diese Wörterfolge auf
irgendeine res zu beziehen, ohne daß er dabei diesen spezifischen Bezug der Namen auf die Dinge und die Bedingung
der Möglichkeit dieser Beziehbarkeit, den *Bedeutungs*charakter der Namen, näher interpretiert. Trotz aller nominalistischen Ansetzung des Problems besagt auch für Hobbes das
›ist‹ mehr als irgendein Laut- oder Schrift-Phänomen, das
irgendwie zwischen andere eingeschaltet ist. Die Kopula als
Verkoppelung der Worte ist die Anzeige des Denkens des
Grundes der identischen Beziehbarkeit zweier Namen auf
dieselbe Sache. Das ›ist‹ meint das Wassein des Dinges, worüber die Aussage gemacht wird. So ergibt sich über die pure
Wörterfolge hinaus ein Mehrfaches, was zur Aussage überhaupt gehört: identifizierender Bezug der Namen auf eine
Sache, Erfassen des Was-seins der Sache in diesem identifizierenden Bezug, Denken des Grundes der identifizierenden Beziehbarkeit. Hobbes gibt unter dem Zwange der Phänomene
bei der Interpretation der Aussage als einer Wörterfolge

---

[32] Ebd.

immer mehr den eigenen Ansatz auf. Das ist das Charakteristikum jedes Nominalismus.

c) Das Sein der Kopula im Horizont von Wassein (essentia) und Wirklichsein (existentia) bei J. St. Mill

Wir versuchen jetzt, die Aussage- und Kopula-Theorie von *J. St. Mill* kurz zu kennzeichnen. In ihr begegnet uns ein neues Problem bezüglich der Kopula, so daß sich die leitende Frage nach dem Zusammenhang zwischen Sein und Wahrsein noch mehr kompliziert. J. St. Mill (1806–1873) hat seine Aussage- und Kopula-Theorie in seinem Hauptwerk »System der deduktiven und induktiven Logik. Eine Darlegung der Grundsätze der Beweislehre und der Methoden wissenschaftlicher Forschung« (1. Auflage 1843, 8. Auflage 1872, von uns zitiert nach der deutschen Übersetzung von Gomperz, 2. Auflage 1884) entwickelt. Die hauptsächlich in Frage kommenden Abschnitte für unser Problem finden sich im Band 1, Erstes Buch, Viertes Kapitel »Von Sätzen« und Fünftes Kapitel »Über den Gehalt von Sätzen«. J. St. Mill ist philosophisch durch den englischen Empirismus, Locke und Hume, bestimmt, ferner durch Kant, vor allem aber durch das Werk seines Vaters James Mill (1773–1836) »Die Analysis der Phänomene des menschlichen Geistes«. Die Logik von Mill erlangte in der ersten und zweiten Hälfte des 19. Jahrhunderts große Bedeutung. Sie bestimmte wesentlich alle logische Arbeit sowohl in Frankreich wie bei uns.

Die Logik Mills ist in ihrer ganzen Anlage hinsichtlich der Grundüberzeugung, die die nominalistische sein soll, nicht die extreme des Hobbes, keineswegs ausgeglichen. Während wir im ersten Buch, das die Theorie des Nominalismus entwickelt, zwar einen Nominalismus bei Mill erkennen dürfen, kommt doch im vierten Buch in der praktischen Durchführung seiner theoretischen Überzeugungen bei der Interpretation der Methoden der Wissenschaften die seiner Theorie entgegengesetzte, also nichtnominalistische Auffassung der Dinge zur Geltung, so daß er sich schließlich auf das schärfste gegen allen Nominalismus, auch gegen Hobbes wendet. Mill beginnt seine Untersuchung über die Sätze mit einer allgemeinen Kennzeichnung dieser Redeform. »Ein Satz ... ist ein Abschnitt der Rede, in welchem ein Prädikat von einem Subjekt bejahend oder verneinend ausgesagt wird. Ein Prädikat und ein Subjekt sind alles, was nötig ist, um einen Satz zu bilden; allein da wir nicht daraus, daß wir bloß zwei Namen nebeneinander gestellt sehen, schließen können, daß sie ein Prädikat und Subjekt sind, d. h. daß der eine von dem anderen bejaht oder verneint werden soll, so bedarf es einer bestimmten Form, um diese Absicht auszudrücken, eines Zeichens, das eine Prädizierung von jeder anderen Art der Rede unterscheiden soll.«[33] Hier zeigt sich wieder der Ansatz, wonach Subjekt und Prädikat als Namen zusammengestellt werden. Aber es bedarf eines Zeichens, daß diese Wortzusammenstellung eine Prädikation ist. »Dies wird mitunter durch eine geringe Änderung an einem der Worte bewirkt, welche Änderung man eine Beugung (Flexion) nennt; wie wenn wir sagen: Feuer brennt, wobei die Umänderung von *brennen* in *brennt* anzeigt, daß wir das Prädikat brennen von dem Subjekte Feuer aussagen wollen. Allein diese Funktion [die Prädizierung anzuzeigen] wird gewöhnlich von dem Wort ›ist‹ erfüllt, wenn eine Bejahung, von den Worten ›ist nicht‹, wenn eine Verneinung beabsichtigt wird, oder von irgendeinem anderen Teile des Verbums *sein*. Das Wort, welches so dem Zweck, ein Zeichen der Prädizierung zu sein, dient, nennt man, wie wir schon oben bemerkten, die *Kopula*. Es ist wichtig, daß unsere Vorstellung von der Natur und der Bestimmung der Kopula von jeder Undeutlichkeit frei sei; denn verworrene Begriffe in Betreff derselben gehörten mit unter die Ursachen, die den Mystizismus über das Gebiet der Logik ausgebreitet und ihre

---

[33] J. St. Mill, System der deduktiven und induktiven Logik. Übers. v. Th. Gomperz. Leipzig 1884 (zweite Auflage). Bd. 1, p. 85/86.

Erörterungen in Wortkämpfe verwandelt haben. – Man ist zu der Voraussetzung geneigt, daß die Kopula etwas mehr als ein bloßes Zeichen der Prädizierung ist, daß sie auch Existenz [Vorhandensein] bedeutet. In dem Satze: Sokrates ist gerecht, scheint nicht nur das enthalten zu sein, daß die Eigenschaft ›gerecht‹ von Sokrates ausgesagt werden kann, sondern überdies auch, daß Sokrates *ist*, d. h. daß er existiert. Dies zeigt jedoch nur, daß eine Zweideutigkeit in dem Worte ›ist‹ liegt – ein Wort, das nicht nur die Aufgabe der Kopula bei bejahenden Aussagen erfüllt, sondern auch eine eigene Bedeutung hat, vermöge deren es selbst das Prädikat eines Satzes bilden kann. Daß der Gebrauch desselben als Kopula nicht notwendig die Aussage der Existenz in sich schließt, geht aus einem Satze wie diesem hervor; ein Centaur ist eine Fiktion der Dichter, wobei unmöglich vorausgesetzt sein kann, daß ein Centaur existiert, da der Satz ausdrücklich aussagt, daß dieses Ding keine wirkliche Existenz besitzt. – Man könnte viele Bände mit den müßigen Spekulationen über die Natur des Seins (τὸ ὄν, οὐσία, ens, entitas, essentia und dergleichen) anfüllen, die daraus entstanden sind, daß man diesen Doppelsinn des Wortes *sein* übersah und voraussetzte, daß, wenn es ›existieren‹ bedeute und wenn es ein besonders namhaft gemachtes Ding sein, wie: ein Mensch sein, Sokrates sein, Gegenstand des Sehens oder des Sprechens sein, ein Phantom sein oder auch ein Non-ens sein bedeute, es doch im Grunde dieselbe Vorstellung enthalten und daß sich eine Bedeutung finden lassen müsse, die allen diesen Fällen entspricht. Der Nebel, der von diesem kleinen Fleck aus aufstieg, verbreitete sich früh über das ganze Gebiet der Metaphysik. Doch ziemt es uns nicht, auf einen Plato oder Aristoteles herabzublicken, weil wir jetzt imstande sind, uns vor vielen Irrtümern zu bewahren, in welche diese großen Geister vielleicht mit unvermeidlicher Notwendigkeit verfielen.«[34] Auch hier zeigt sich

---

[34] a.a.O., p. 86/87.

deutlich, wie der nüchterne Engländer die Weltgeschichte ver-
rechnet. Wir sehen aus dem Zitat, daß Mill das Problem zunächst in derselben Richtung ansetzt, wie der Nominalismus
überhaupt. Der Satz ist eine Wörterfolge, die eines Zeichens
bedarf, um als Prädizierung kenntlich zu sein. Das weitere
Moment, das die Millsche Auffassung der Kopula schon vor-
deutend charakterisiert, liegt darin, daß er glaubt, in der Kopula, in dem ›ist‹ liege eine Zweideutigkeit, sofern es einmal
die *Verbindungsfunktion* bzw. Zeichenfunktion hat, zugleich
aber soviel wie *Existieren* bedeutet. Mill betont, daß der Versuch, diese beiden Bedeutungen der Kopula, ihre Verbindungsfunktion, ihren Zeichencharakter, und ihre Bedeutung als Ausdruck von Existenz zusammenzubringen, die Philosophie in
den Mystizismus getrieben habe. Wir werden im Verlauf unserer Erörterung sehen, wie es um diese Frage bestellt ist, inwiefern die Kopula zweideutig und vielleicht sogar noch mehrdeutig ist. Aber gerade deshalb wird das Problem notwendig,
nach dem *einheitlichen Grund* dieser *Vieldeutigkeit* zu fragen.
Denn eine Vieldeutigkeit desselben Wortes ist nie zufällig.

Nach dem Ansatz, den Mill macht, sieht es so aus, als versuche er, die Aussage als eine Wörterfolge von den Dingen
selbst abzulösen, über die ausgesagt wird, oder wie es im englischen Empirismus üblich ist, die Aussage nicht so sehr als eine
Zusammenstellung von Wörtern, sondern als eine solche von
Vorstellungen zu nehmen, die rein im Subjekt sich verknüpfen.
Allein, Mill wendet sich in aller Schärfe gegen diese Auffassung des Urteils im Sinne einer Verbindung von Vorstellungen
oder gar bloßen Worten. Er sagt: »Es ist selbstverständlich
richtig, daß in jedem Falle des Urteils, wie z. B. wenn wir
urteilen: daß Gold gelb sei, ein Vorgang in unserem Bewußtsein stattfindet, ... Wir müssen die Vorstellung des Goldes
und die Vorstellung des Gelben besitzen, und diese beiden
Vorstellungen müssen in unserem Geiste zusammengestellt
werden.«[35] Mill gibt diese empiristische Interpretation des Den-

[35] a.a.O., p. 96.

kens in gewissem Sinne zu: irgendein Zusammenstellen von
Vorstellungen in der Seele.»Allein es ist zunächst einleuchtend,
daß dies nur ein Teil des Vorgangs ist, welcher stattfindet [im
Urteil];«[36] »allein mein Glaube [d. h. assensus, wie Descartes
sagt, die Zustimmung, die im Urteil liegt] bezieht sich nicht
auf die Vorstellungen, sondern auf die Dinge. Was ich glaube
[d. h. das, dem ich zustimme, wozu ich ja sage im Urteil], ist
eine Tatsache.«[37] Hieraus muß aber entnommen werden, daß
das ›ist‹ im Satze die Tatsächlichkeit der Sache, ihr Vorhandensein, ausdrückt und nicht nur ein Zeichen der Verbindung
von Namen ist. Auf der einen Seite heißt es: der Satz bezieht
sich auf Tatsachen, auf der anderen Seite wird gesagt: Das
›ist‹ ist Zeichen der Verkoppelung von Namen. Wie ist diese
Zweideutigkeit der Kopula zu beheben?

Mill versucht das auf dem Wege, daß er eine Scheidung aller
möglichen Sätze überhaupt einführt. Er unterscheidet *wesentliche* und *zufällige* Sätze, in der scholastischen Terminologie:
essentielle und akzidentelle Sätze. Wie er das verstanden wissen will, geht aus den weiteren Bezeichnungen hervor, die er
dieser Satzeinteilung gibt. Die wesentlichen Sätze nennt er
auch *wörtliche* Sätze, die zufälligen bezeichnet er als *wirkliche*
Sätze. Er hat noch eine weitere Kennzeichnung, mit der er sich
an die Tradition und, wie er glaubt, an Kant anschließt. Die
wesentlichen, d. h. wörtlichen Sätze sind die *analytischen,* die
wirklichen, zufälligen Sätze die *synthetischen.* Kant hat diesen Unterschied der Urteile zum Leitfaden seines Hauptpro-
blems gemacht, sofern für ihn zur Frage stand, wie synthetische Sätze apriori möglich sind. In dieser Frage verbirgt sich:
Wie ist eine Ontologie als Wissenschaft möglich? Die Millsche
Einteilung stimmt nicht mit der Kantischen überein, was aber
hier gleichgültig ist. Ein wesentliches Urteil ist immer wörtlich, das besagt, das wesentliche Urteil erläutert lediglich die
Wortbedeutung. Es bezieht sich nicht auf Tatsachen, sondern

[36] Ebd.
[37] a.a.O., p. 97.

auf die Bedeutung der Namen. Da nun Bedeutungen von
Namen ganz willkürlich sind, so sind die wörtlichen Sätze,
oder genauer die worterläuternden Sätze, streng genommen
weder wahr noch falsch. Sie haben kein Kriterium in den Dingen, sondern bei ihnen kommt es nur auf Übereinstimmung
mit dem Sprachgebrauch an. Die wörtlichen oder wesentlichen
Sätze sind die *Definitionen*. Der einfachste und wichtigste Begriff einer Definition ist nach Mill der eines Satzes, welcher die
Bedeutung eines Wortes angibt, »nämlich entweder die Bedeutung, die es im gewöhnlichen Gebrauche hat, oder die, welche der Sprechende oder Schreibende für die besonderen
Zwecke seiner Darstellung an dasselbe zu knüpfen wünscht.«[38]
Die Definition ist Nominaldefinition, *Wort*erklärung. Die
Theorie Mills über die Sätze und die Definition stimmt nicht
mit dem überein, was er später im vierten Buch praktisch
durchführt. Das Ausgeführte ist besser als seine Theorie. »Die
Definition eines Namens ist... die Gesamtsumme aller essentiellen Sätze, die man mit jenem Namen als Subjekt aufstellen
kann. Alle Sätze, deren Wahrheit [so dürfte Mill eigentlich
nicht sagen] in dem Namen enthalten ist, alle jene, deren wir
uns, sobald wir nur den Namen vernehmen, bewußt werden,
sind in der Definition, wenn diese vollständig ist, eingeschlossen.«[39] Alle Definitionen sind solche von Namen, aber – nun
wird die Theorie eigentlich schon durchbrochen –: »Bei einigen Definitionen ist es augenscheinlich, daß man nichts anderes beabsichtigt, als eben die Bedeutung des Wortes zu erklären; während man bei anderen *außer* der Erklärung der Wortbedeutung auch das mit andeuten will, daß ein dem Worte
entsprechendes *Ding vorhanden ist*. Ob dies [der Ausdruck
des Vorhandenseins dessen, worüber ausgesagt wird] in
irgendeinem Falle beabsichtigt wird oder nicht, läßt sich aus
der bloßen Form des Ausdrucks nicht entnehmen.«[40] Hier

[38] a.a.O., p. 151.
[39] a.a.O., p. 153.
[40] a.a.O., p. 163.

zeigt sich die Durchbrechung des nominalistischen Ansatzes. Er muß über die Wörterfolge zurückgehen in den Zusammenhang des in der Wörterfolge Gemeinten. »›Ein Centaur ist ein lebendes Wesen, mit dem Oberleibe eines Menschen und dem Unterleibe eines Pferdes‹, und ›Ein Dreieck ist eine geradlinige, dreiseitige Figur‹, dies sind der Form nach völlig ähnliche Sätze, obgleich man bei dem ersteren nicht voraussetzt, daß irgendein dem Worte entsprechendes Ding wirklich existiert [sondern man sagt nur, was man unter dem Wort Centaur versteht], während dies bei dem letzteren nicht der Fall ist«[41]; Mill sagt[42], die Probe auf den Unterschied zwischen beiden Sätzen, die scheinbar denselben Charakter haben, besteht darin, daß man in den ersten Satz für das ›ist‹ den Ausdruck ›bedeutet‹ einsetzen kann. Bei dem ersten Satz kann ich sagen: Ein Kentaur bedeutet ein lebendes Wesen usw., und ich kann so sagen, ohne daß der Sinn des Satzes sich ändert. Im zweiten Falle aber: Das Dreieck ist eine geradlinige dreiseitige Figur, kann ich für das ›ist‹ nicht ›bedeutet‹ einsetzen. Denn dann wäre es unmöglich, aus dieser Definition, die keine bloße Wortdefinition ist, irgendwelche Wahrheiten der Geometrie herzuleiten, was doch geschieht. In diesem zweiten Satze über das Dreieck besagt das ›ist‹ nicht soviel wie ›bedeutet‹, sondern birgt eine *Existenz*aussage in sich. Im Hintergrund verbirgt sich ein sehr schwieriges Problem: Was hier unter mathematischer Existenz zu verstehen und wie diese axiomatisch zu begründen ist. Mill benützt diese Möglichkeit, das ›ist‹ in den verschiedenen Sätzen durch ›bedeutet‹ zu ersetzen, als Kriterium für die Unterscheidung reiner Definitionen als Worterklärungen und Existenz aussagender Sätze. Hieraus sieht man, daß er versucht, in den sogenannten wörtlichen Sätzen oder in den essentiellen Aussagen das ›ist‹ im Sinne eines ›es bedeutet‹ zu fassen. Diese Sätze haben zum Subjekt das Subjekt*wort*. Das

---

[41] a.a.O., p. 163/64.
[42] a.a.O., p. 164 f.

Subjektwort als Wort ist das zu Bestimmende, weshalb er diese Sätze *wörtliche* Sätze nennt. Diejenigen Sätze aber, die das ›ist‹ aussagen im Sinne des ›existiert‹, sind *wirkliche* Sätze, weil sie Wirklichkeit meinen, Wirklichkeit gleich Existenz wie bei Kant.

Durch diese Ausdrucksänderung des ›ist‹ bei den analytischen, d. h. wesentlichen oder wörtlichen Sätzen versucht Mill, der Zweideutigkeit der Kopula zu entgehen und damit die Frage nach den verschiedenen Bedeutungen von Sein im ›ist‹ zu erledigen. Man sieht aber leicht, daß auch mit der ›Ersetzung‹ des ›ist‹ in den essentiellen Sätzen durch ein ›es bedeutet‹ die Kopula gleichwohl noch da ist, und zwar in der Flexionsform des jetzt eingeführten Verbum ›bedeuten‹. Es ist auch leicht zu zeigen, daß in jeder *Bedeutung* eines Namens irgendein *Sachbezug* liegt, so daß die vermeintlich wörtlichen Sätze Mills nicht völlig vom Seienden, das sie meinen, abgelöst werden können. Die Namen, die Worte im weitesten Sinne, haben kein apriori fixiertes Ausmaß ihres Bedeutungsgehaltes. Die Namen, bzw. ihre Bedeutungen wechseln mit der sich umbildenden Sachkenntnis, und die Bedeutungen der Namen und Worte wechseln je nach der Vorherrschaft eines bestimmten Bedeutungsmomentes, d. h. je nach der Vorherrschaft einer bestimmten Blickrichtung auf die mit dem Namen irgendwie genannte Sache. Alle Bedeutungen, auch die scheinbar bloßen Wortbedeutungen, sind sachentsprungen. Jede Terminologie setzt irgendwelche Sachkenntnis voraus.

Mit Bezug auf Mills Scheidung von wörtlichen Sätzen und wirklichen Sätzen ist daher zu sagen: Die wirklichen Aussagen, d. h. die Aussagen über Seiendes, bereichern und modifizieren ständig die wörtlichen Sätze. Der Unterschied, der Mill eigentlich vorschwebt, ist der zwischen der im vulgären Meinen und Verstehen sich bekundenden Auffassung des Seienden, so wie es schon in jeder Sprache niedergelegt ist, und der ausdrücklichen Erfassung und Durchforschung des Seienden, sei es in der Praxis oder in der wissenschaftlichen Untersuchung.

Man kann die Trennung zwischen wörtlichen Sätzen und
wirklichen Sätzen in diesem Sinne nicht durchführen, sondern
alle wörtlichen Sätze sind nur Verkümmerungen *wirklicher*
Sätze. Mill selbst muß gegen seine Unterscheidung sprechen
und gegen seine Theorie schon bei der näheren Erläuterung
der Definition darauf rekurrieren, daß auch alle wörtlichen
Aussagen auf Sacherfahrung angewiesen sind.«Wie man einen
Namen zu definieren habe, diese Frage kann oft der Gegenstand einer nicht nur sehr schwierigen und verwickelten Untersuchung, sondern auch einer solchen sein, welche in die Natur
der Dinge, die der Name bezeichnet, tief eindringen muß.«[43]
»Die einzige angemessene Definition eines Namens ist . . . eine
solche, welche die Tatsachen, und zwar die Gesamtheit der
Tatsachen angibt, die der Name in seiner Bedeutung enthält.«[44] Hier ist unmißverständlich gesagt, daß auch die wörtlichen Sätze auf die Tatsachen zurückbezogen sind. Ferner
aber, daß dieses ›bedeutet‹, welches Mill für das ›ist‹ der
wörtlichen Sätze einsetzt, auch eine Seinsaussage zum Ausdruck
bringt, kann man leicht aus der Benennung ersehen, die Mill
für die wörtlichen Sätze gibt, wenn er sie essentielle Sätze
nennt, die so heißen, weil sie die essentia, das Was*sein* eines
Dinges, aussagen. Hobbes hat sämtliche Sätze, propositiones,
in Sätze über das Wassein aufgelöst.

Damit hat sich die Zweideutigkeit der Kopula verschärft.
Hobbes sagt, alle Sätze sagen das Wassein, d. h. eine Weise
von Sein, aus. Mill sagt: Abgesehen von den wörtlichen Sätzen, die eigentlich keine Aussagen über Seiendes sein sollen,
sagt der Satz als wirklicher über Existierendes aus. Für Hobbes
besagt das ›ist‹ und das est soviel wie *essentia*, für Mill
existentia. Wir sahen in der Erörterung der zweiten These,
daß diese beiden Begriffe des Seins irgendwie zusammengehen
und jedes Seiende bestimmen. Wir sehen damit, wie eine onto-

---

[43] a.a.O., p. 171.
[44] a.a.O., p. 155.

logische Theorie über das Sein sich in die verschiedenen möglichen Theorien der Logik über das ›ist‹ auswirkt.

Auf die wirklichen Sätze und die Art, wie Mill sie interpretiert, brauchen wir hier nicht näher einzugehen, zumal er sie mit dem Begriffe Existenz, der Wirklichkeit, in einem indifferenten Sinne faßt und nicht weiter zum Problem macht. Wir bemerken nur, daß er drei verschiedene Kategorien kennt, drei Gebiete des Wirklichen: erstens die Gefühle oder Zustände des Bewußtseins, zweitens die Substanzen körperlicher und geistiger Art und drittens die Attribute. Auf die Auswirkung der Satz-Theorien Mills auf seine Lehre von der Induktion und dem Schluß können wir hier ebenfalls nicht eingehen.

Wir halten fest: In der Millschen Theorie taucht die besondere Betonung der Bedeutung des ›ist‹ im Sinne von ›existiert‹ auf.

d) Das Sein der Kopula und die Lehre vom Doppelurteil bei H. Lotze

Abschließend wenden wir uns der Auffassung *Lotzes* von der Kopula zu. Lotze hat sich von früh an mit den Problemen der Logik beschäftigt. Wir haben von ihm zwei Bearbeitungen, die kleine »Logik« und die große »Logik«, die er fast gleichzeitig mit einer kleinen und großen Metaphysik ausgearbeitet hat. Die kleine »Logik« (1843) ist aus der Auseinandersetzung mit Hegel erwachsen, aber auch noch weitgehend von Hegel bestimmt. Die große »Logik« (1874, 2. Auflage 1880) ist weit umfangreicher und viel selbständiger angelegt. Sie ist vor allem unter dem starken Einfluß von Mill auf die Theorien der Wissenschaften hin orientiert.

In der kleinen »Logik« spricht Lotze von der »ebenso verbindenden als trennenden Kopula«[45]. Er bringt hier den Gedanken wieder, den schon Aristoteles betonte, daß das Aus-

---

[45] H. Lotze, Logik (1843), p. 87.

sagen sowohl σύνθεσις als διαίρεσις ist. Die Kopula nennt
er ein wesentliches Urteilsbild. Wie stark Lotze das ›ist‹
als Kopula nimmt, d. h. in ihm die Funktion des Verbindens
sieht und sie als Verbindungsbegriff wie Kant versteht, zeigt
sich in einer Bemerkung über das negative Urteil: S ist nicht
P, das seit Platos »Sophistes« eine Grundschwierigkeit der
Logik und Ontologie ist. Hier hat die Kopula den Charakter
des ›ist nicht‹, also gleichsam eine negative Kopula. Lotze
sagt: »Eine negative Kopula ist unmöglich«[46], denn eine Trennung (Negation) ist keine Verbindungsweise. Wenn ich sage:
S ist nicht P und das P dem S abspreche, so kann das nicht heißen, daß ich das P mit dem S verbinde, meint Lotze. Dieser Gedanke bringt ihn zu einer für die spätere große »Logik«
wesentlichen Theorie: Die Negation ist im negativen Urteil
nur ein neues, zweites Urteil über die Wahrheit des ersten,
welches eigentlich immer positiv zu denken ist. Das zweite
Urteil ist ein Urteil über die Wahrheit bzw. Falschheit des
ersten. Das führt dazu, daß Lotze sagt: Jedes Urteil ist gleichsam ein Doppelurteil. S gleich P besagt: S ist P, ja das ist
wahr. S nicht gleich P sagt: nein es ist nicht, nämlich das S
gleich P, das immer als positives Urteil zugrunde liegt.

Zunächst muß, ohne in eine Kritik einzutreten, Lotze gegenüber gefragt werden: Ist denn Negation einfach gleich Trennung zu setzen? Was besagt hier Trennung, wenn Lotze eine
negative Kopula, d. h. ein trennendes Verbinden, für unmöglich erklärt? Weiter ist zu fragen: Ist denn der primäre Sinn
der Kopula das Verbinden? Wohl sagt das der Name. Aber
die Frage bleibt, ob wir das Problem des ›ist‹ und seines
ontologischen Sinnes ohne weiteres an der Bezeichnung des
›ist‹ als Kopula orientieren dürfen, ob nicht damit, daß ich
das ›ist‹ als Kopula, als Verbindung nehme, schon eine Interpretation des ›ist‹ präjudiziert ist, die vielleicht gar nicht
ermöglicht, in das Zentrum des Problems vorzudringen.

---

[46] a.a.O., p. 88.

Lotze hat, wie schon betont, diese Lehre von der Doppelung des Urteils und jeder Aussage noch weiter ausgebaut. Er nennt diese Doppelung auch eine Doppelung in den Hauptgedanken und in den Nebengedanken. Das P-sein des S ist der Hauptgedanke, der den Satzgehalt ausdrückt. Das dazu kommende ›ja es ist so‹, ›ja es ist wahr‹, ist der Nebengedanke. Wir sehen hier wieder, wie in dieser Scheidung von Haupt- und Nebengedanken im Urteil das wiederkehrt, was schon Aristoteles betonte: Das ›ist‹ bedeutet einmal *Verbindung* und besagt zum anderen *Wahrsein*. Lotze sagt in seiner großen »Logik«: »Es ist jetzt bereits deutlich, daß es für uns nur so viel wesentlich verschiedene Urteilsformen wird geben können, als es wesentlich verschiedene Bedeutungen der *Copula*, d. h. verschiedene Nebengedanken gibt, welche wir über die Art der Verknüpfung des Subjekts mit seinem Prädikat uns machen und in der syntaktischen Form des Satzes mehr oder minder vollständig zum Ausdruck bringen.«[47] Bezüglich der in der Logik meist als Exemplar dienenden kategorischen Aussage: S gleich P, bemerkt Lotze: »Zu lehren ist kaum etwas über diese Form, deren Bau ganz durchsichtig und einfach scheint; es ist nur zu zeigen, daß diese scheinbare Klarheit völlig rätselhaft ist, und daß die Dunkelheit, die über dem Sinne der Copula in dem kategorischen Urteile schwebt, auf lange hinaus den weitertreibenden Beweggrund zu den nächsten Umformungen der logischen Arbeit bilden wird.«[48] Lotze hat hier in der Tat mehr gesehen als diejenigen, die ihm folgten. Gerade dieses Problem der Kopula, dessen Geschichte wir hier nur an einigen Stellen andeuteten, hat im Verlauf der Auswirkung der Lotzeschen Arbeit nicht zur Geltung kommen können. Im Gegenteil, eine eigentümliche Verflechtung Lotzescher Ideen mit der erkenntnistheoretischen Erneuerung der Kantischen Philosophie führte seit ungefähr 1870 dazu, das Problem der

---

[47] H. Lotze, Logik (1874) (Ausgabe Felix Meiner Leipzig 1912), p. 59.
[48] a.a.O., p. 72.

Kopula noch mehr aus der ontologischen Problematik abzudrängen.

Wir sahen, Aristoteles bestimmt schon die Aussage, den Logos, als dasjenige, was wahr oder falsch sein kann. Das Urteil ist der Träger der Wahrheit. Erkenntnis aber hat die Auszeichnung, wahr zu sein. Also ist die Grundform der Erkenntnis das Urteil, das, was nicht nur primär, sondern einzig wahr ist. Die These von Hobbes: Erkenntnis ist Urteilen, wurde die Überzeugung der modernen Logik und Erkenntnistheorie. Worauf sich die Erkenntnis richtet, ist das Objekt oder der Gegenstand des Urteilens. Gemäß der von Kant in der Interpretation der Erkenntnis vollzogenen sogenannten kopernikanischen Wendung, wonach sich die Erkenntnis nicht nach den Gegenständen, sondern umgekehrt die Gegenstände sich nach der Erkenntnis richten sollen, wird die Erkenntnis-, d. h. die Urteilswahrheit zum Maßstab des Gegenstandes, des Objektes, oder genauer der Gegenständlichkeit bzw. Objektivität. Wie die Kopula aber zeigt, ist im Urteilen immer ein *Sein* ausgedrückt. Das wahre Urteil ist Erkenntnis des Gegenstandes. Wahres Geurteiltsein bestimmt die *Gegenständlichkeit* des Gegenstandes oder die *Objektivität* der erkannten Objekte. Die Objektivität oder die Gegenständlichkeit ist das, was die Erkenntnis im Sinne des Urteils über etwas vom Seienden erreicht. Das *Sein* des Seienden wird *identisch mit Gegenständlichkeit,* und Gegenständlichkeit besagt nichts anderes als *wahres Geurteiltsein.*

Vor allem hat Husserl in den »Logischen Untersuchungen« gezeigt, daß man am Urteilen zwischen dem Urteilsvollzug und dem geurteilten Sachverhalt zu unterscheiden hat. Dieses Geurteilte, das im Aktvollzug des Urteilens gemeint wird, ist dasjenige, was *gilt,* oder auch der Satzgehalt, der Satzsinn, schlechthin der Sinn. Sinn besagt das in einem wahren Urteil Geurteilte als solches. Dieses ist dasjenige, was *wahr* ist, und was wahr ist, macht nichts anderes als die Gegenständlichkeit aus. Das *Geurteiltsein* einer wahren Aussage ist gleich

Gegenständlichkeit gleich *Sinn*. Diese Auffassung der Erkenntnis, die am Urteil, am Logos orientiert ist und deshalb zur
Logik der Erkenntnis wurde (welchen Titel das Hauptwerk
von Hermann Cohen, dem Begründer der Marburger Schule,
trägt), und diese Orientierung der Wahrheit und des Seins an
der *Logik* des Satzes ist ein Hauptkriterium des Neukantianismus. Die Auffassung, daß Erkenntnis gleich Urteil ist, Wahrheit gleich Geurteiltsein gleich Gegenständlichkeit gleich geltender Sinn, wurde so beherrschend, daß selbst die Phänomenologie von dieser unhaltbaren Auffassung der Erkenntnis
infiziert wurde, wie sich das in der weiteren Untersuchung von
Husserls Arbeiten, vor allem in den »Ideen zu einer reinen
Phänomenologie und phänomenologischen Philosophie« (1913)
zeigt. Man darf jedoch seine Interpretation nicht ohne weiteres
mit der Neukantianischen Interpretation identifizieren, obwohl Natorp in einer ausführlichen Kritik glaubte, Husserls
Position mit der seinigen identifizieren zu dürfen. Von der
logischen Auffassung der Erkenntnis in der Marburger Schule
und von der Analyse des Urteils in Husserls »Logischen Untersuchungen« sind die jüngeren Vertreter des Neukantianismus
bestimmt, vor allem Hönigswald, einer der scharfsinnigsten
Vertreter dieser Gruppe.

e) Die verschiedenen Interpretationen des Seins der Kopula
   und das Fehlen einer radikalen Problemstellung

Wir haben aus dieser Übersicht über die Interpretation des
›ist‹, das man Kopula benennt, gesehen, daß sich mit diesem
Phänomen eine ganze Reihe von Bestimmungen verschlingt:
daß das Sein einmal Wassein (Hobbes), zum anderen Existieren (Mill) besagt, daß ferner das ›ist‹ dasjenige ist, was in
dem Nebengedanken des Urteils geurteilt wird, worin das
Wahrsein des Urteils fixiert wird (Lotze), daß, wie Aristoteles schon sagte, dieses Sein auch Wahrsein bedeutet und daß
weiterhin dieses ›ist‹ die Funktion des Verbindens hat. Die

charakteristischen Bestimmungen für die Kopula sind: das ›ist‹ bzw. dessen Sein gleich Wassein, essentia, das ›ist‹ gleich Existieren, existentia, das ›ist‹ gleich Wahrsein, oder wie man heute auch sagt, gelten, und Sein als Verbindungsfunktion und damit als Anzeige der Prädizierung.

Wir müssen nun fragen: Sind alle diese verschiedenen Interpretationen des ›ist‹ zufällig, oder entspringen sie einer bestimmten Notwendigkeit? Weshalb gelingt es aber nicht, diese verschiedenen Interpretationen nicht etwa nur äußerlich zusammenzubinden und zu vereinheitlichen, sondern aus einer radikalen Problemstellung als notwendige zu begreifen?

Blicken wir noch einmal zusammenfassend auf den Gang unserer historischen Vergegenwärtigung einiger charakteristischer Behandlungen des Kopula-Problems zurück. Wir sahen, daß *Hobbes* eine extrem nominalistische Interpretation des Satzes bzw. der Aussage versucht, während *Mill* den Nominalismus in der Theorie nur auf die Sätze beschränkt, die er essentielle oder wörtliche Sätze nennt, die Definitionen. In diesen Sätzen besagt das ›ist‹ soviel wie: das Subjektwort bedeutet. Das ›ist‹ hat nach ihm eine Seinsbedeutung nur in den Sätzen, die er akzidentelle oder wirkliche Aussagen nennt, die über Seiendes etwas aussagen. Es ergab sich aber für uns, daß auch die wörtlichen Sätze, die Bedeutungen erläutern, notwendig auf eine Sachkenntnis und damit auf ein Verhältnis zu Seiendem bezogen sind. Die von Mill zunächst vorgenommene Trennung läßt sich nicht durchführen, er selbst wird im Verlaufe der Betrachtungen über seinen Nominalismus hinausgeführt. Das ist als ein Faktum nicht nur bezüglich der Theorie Mills, sondern des Nominalismus überhaupt wichtig. Es bekundet sich darin, daß der Nominalismus sich als Theorie nicht halten läßt. Die Kopula-Theorie *Lotzes* ist dadurch charakterisiert, daß er versucht, die Bedeutung, die im ›ist‹ liegt, in die Satzstruktur dadurch einzubeziehen, daß er sagt, jedes Urteil ist eigentlich ein Doppelurteil, das aus Haupt- und Nebengedanken besteht. Der Hauptgedanke ist als Urteilsgehalt fixiert, der Nebengedanke ist das Urteil über das erste, in welchem zweiten Urteil ausgesagt wird, daß das erste wahr bzw. falsch sei. Von dieser Urteilstheorie Lotzes aus entspringt in Verflechtung mit der Neukantianischen Auffassung der Erkenntnis als Urteilen eine bestimmte Auffassung der Objektivität der Objekte und damit die Auffassung des Seins des Seienden als des Geurteiltseins in einem wahren Urteil. Dieses Geurteiltsein wird mit dem identifiziert, worauf sich das Urteil bezieht, mit dem Gegenstand. Geurteiltsein ist gleich Gegenständlichkeit, und Gegenständlichkeit, wahres Urteil und Sinn werden identifiziert.

Zur Prüfung des Verständnisses dieses Zusammenhanges können wir eine Kontrolle dadurch verschaffen, daß wir uns einige Sätze als Beispiele vornehmen und sie im Sinne der verschiedenen Theorien interpretieren. Die Probe soll vor allem mit Rücksicht auf die phänomenologischen Erörterungen geschehen, die wir im folgenden Paragraphen durchführen. Wir wählen dazu ganz triviale Sätze.

›Der Himmel ist blau.‹ *Hobbes* interpretiert diesen Satz gemäß seiner Theorie so, daß die beiden Worte ›Himmel‹ und ›blau‹ auf ein und dieselbe res bezogen sind. Durch die res ist der Grund der Verbindbarkeit dieser Worte ausgedrückt. Der Grund der Verbindbarkeit ist deshalb ausgedrückt, weil in diesem Etwas, worauf Subjekt- und Prädikat-Wort identisch bezogen sind, das *Wassein* zum Ausdruck kommt. ›Der Himmel ist blau‹ muß von Hobbes notwendig dahingehend interpretiert werden, daß in diesem Satze das Wassein eines Gegenstandes ausgesagt wird.

Mill dagegen würde betonen, daß in diesem Satze nicht nur das Wassein ausgesagt wird im Sinne einer Sachbestimmung des Subjekts, sondern zugleich gesagt wird: der Himmel *ist* blau, das *vorhandene* Ding, wenn wir so sagen können, ›Himmel‹ ist so und so vorhanden. Es wird *nicht nur* das *Wassein*, die essentia, ausgesagt, sondern in eins damit das esse im Sinne der *existentia*, des Vorhandenseins.

Das weitere Beispiel: ›Die Sonne ist‹ vermag Hobbes mit seiner Theorie überhaupt nicht zu interpretieren, während Mill diesen Satz als das Grundbeispiel für Sätze ansetzen würde, die Existenz, esse, existentia, aussagen. ›Die Sonne ist‹ heißt: sie ist vorhanden, existiert.

Den Satz ›Der Körper ist ausgedehnt‹ muß Hobbes schon grundsätzlich seiner Theorie nach als einen solchen interpretieren, der das Wassein ausdrückt. Aber auch Mill wird in diesem Satz einen essentiellen Satz sehen müssen, der nichts über die Existenz, über das Vorhandensein eines Körpers, sagt, sondern nur zum Ausdruck bringt: Zum Wesen, zur Idee des Körpers gehört Ausgedehntheit. Wenn Mill diesen essentiellen Satz zugleich als wörtlichen nähme, wonach er nur besagt: das Wort ›Körper‹ bedeutet Ausgedehntheit, wäre sogleich zu fragen: Inwiefern ›bedeutet‹ diese Bedeutung so etwas? Wo liegt der Grund dafür? Ist es eine willkürliche Feststellung, daß ich eine Bedeutung fixiere und sage, sie habe den und den Gehalt? Oder sagt dieser wörtliche Satz nach Mill etwas über einen Sachgehalt, so zwar, daß dabei gleichgültig ist, ob dieser Sachgehalt existiert oder nicht? ›Der Körper ist ausgedehnt‹ ist in gewissem Sinne ein analytisches Urteil, aber kein wörtliches. Es ist ein analytisches Urteil, das über die Realität des Körpers, im Kantischen Sinne über die realitas, eine reale Bestimmung gibt. Hier hat das ›ist‹ die Bedeutung des esse im Sinne des esse essentiae, aber keineswegs nur die Funktion, die Mill mit der Gleichsetzung von ›ist‹ und ›bedeutet‹ meint.

Ein viertes Beispiel, aus Mill genommen, lautet: ›Der Kentaur ist eine Erfindung der Poeten‹. Nach Mill ist dieser Satz ein rein wörtlicher. Er ist für ihn das Beispiel dafür, daß es Sätze gibt, die kein Sein im Sinne des Existierens aussagen, sondern Worterläuterungen sind. Wenn wir diesen Satz näher betrachten, so tritt wohl heraus, daß in ihm etwas ausgesagt ist, was der Kentaur ist. Aber dieses Wassein, das vom Kentaur gesagt wird, drückt gerade eine Weise seines Seins aus. Er will sagen, daß dergleichen Dinge wie Kentaurn nur einbildungsweise vorhanden sind. Dieser Satz ist eine Aussage über Existenz. Es muß in gewisser Weise Vorhandensein im weitesten Sinne mitgedacht werden, damit dieser Satz überhaupt in seiner einschränkenden Form und Bedeutung verstanden wird. Er will sagen: Die Kentaurn existieren nicht wirklich, sondern *sind* nur Erfindungen der Poeten. Dieser Satz ist wiederum kein wörtliches Urteil; das ›ist‹ besagt auch nicht Existieren im Sinne des Vorhandenseins, es drückt aber dennoch einen Modus des Seins aus.

Alle diese genannten Sätze enthalten noch eine weitere Bedeutung in ihrem ›ist‹, sofern in allen Sätzen als ausgesprochenen ihr *Wahrsein* implizit mitgesagt ist. Das ist der Grund dafür, daß *Lotze* auf die Theorie der Nebengedanken stößt. Wie dieses Wahrsein mit dem ›ist‹ selbst zusammenhängt, – wie in der Einheit einer Aussage diese verschiedenen Bedeutungen des ›ist‹ zusammendrängen, muß die positive Analyse des Satzes ergeben, soweit wir sie in diesem Stadium unserer Betrachtungen durchführen können.

Um die Gesamtheit der verschiedenen Interpretationen der Kopula festzuhalten, formulieren wir kurz:

Erstens: Das Sein im Sinne des ›ist‹ hat keine eigenständige Bedeutung. Das ist die alte Aristotelische These: προσση-μαίνει σύνθεσίν τινα, es bedeutet nur etwas in einem verbinden-den Denken.

Zweitens: Dieses Sein besagt nach Hobbes Grundsein der Verbindbarkeit von Subjekt und Prädikat.

Drittens: Das Sein besagt Wassein, esse essentiae.

Viertens: Das Sein ist in den sogenannten wörtlichen Sätzen identisch mit Bedeuten, oder aber es besagt soviel wie Existieren im Sinne des Vorhandenseins, esse existentiae (Mill).

Fünftens: Das Sein besagt das im Nebengedanken jedes Urteils ausgesagte Wahr- bzw. Falschsein.

Sechstens: Das Wahrsein ist – damit gehen wir zu Aristoteles zurück – der Ausdruck eines Seienden, das nur im Denken ist, nicht aber in den Dingen.

Zusammenfassend gesagt: Im ›ist‹ liegt beschlossen: 1. *Etwas-sein* (zufälliges), 2. *Was-sein* (notwendiges), 3. *Wiesein*, 4. *Wahr-sein. Sein von Seiendem* besagt: *Washeit, Wieheit, Wahrheit.* Weil alles Seiende durch das Was und das Wie bestimmt ist und als Seiendes *in seinem Wassein* und *Wiesein enthüllt ist,* ist die Kopula notwendig mehrdeutig. Diese Mehrdeutigkeit aber ist kein ›Mangel‹, sondern nur der Ausdruck der *in sich vielfältigen Struktur vom Sein eines Seienden –* mithin *des Seinsverständnisses überhaupt.*

Die Frage nach dem Sein als Kopula ist nach den gegebenen Darstellungen an der Aussage und Aussage-Wahrheit, genauer am Phänomen der Verbindung von Worten orientiert. Die Charakteristik des ›ist‹ als Kopula ist keine zufällige Namensgebung, sondern der Ausdruck dafür, daß die Interpretation dieses als Kopula bezeichneten ›ist‹ sich an der *ausgesprochenen*, als Wortfolge geäußerten Aussage orientiert.

Es ist zu fragen: Trifft diese Kennzeichnung des ›ist‹ als Kopula den *ontologischen Sinn* des mit dem ›ist‹ ausgedrückten Seins? Kann der Ansatz der traditionellen Fragestellung bezüglich des ›ist‹ festgehalten werden, oder beruht nicht gerade die Verwirrung des Kopula-Problems darin, daß man dieses ›ist‹ im vorhinein als Kopula charakterisiert und darauf hin alle weiteren Problemstellungen einrichtet?

§ 17. *Das Sein als Kopula*
und das phänomenologische Problem der Aussage

a) Unzureichende Sicherung und Umgrenzung
des Phänomens der Aussage

Die Schwierigkeit und Verwickelung des Kopula-Problems liegt nicht daran, daß die Fragestellung überhaupt vom Logos ausgeht, sondern an der unzureichenden Sicherung und Umgrenzung dieses Phänomens des Logos im ganzen. Der Logos wird aufgegriffen, wie er sich zunächst für die vulgäre Erfahrung der Dinge aufdrängt. Eine Aussage gibt sich für den naiven Blick als ein vorhandener Zusammenhang gesprochener vorhandener Worte. Wie Bäume, Häuser, Menschen, so gibt es auch Wörter, die nacheinander aufgereiht sind, in welchem Nacheinander die einen Wörter früher sind als die anderen, wie wir bei Hobbes deutlich sehen. Wenn so ein vorhandener Zusammenhang von Wörtern gegeben ist, entsteht die Frage: Welches ist das die Einheit dieses Zusammenhangs stiftende Band? Es entspringt die Frage nach einer Verbindung, nach einer Kopula. Wir deuteten schon an, daß eine Beschränkung des Problems auf die Aussage als pure Wortfolge faktisch nicht durchführbar ist. Im Grunde ist mit jeder Aussage, auch als pure Wörterfolge aufgefaßt, immer schon solches mitverstanden, was die nominalistische Theorie nicht gelten lassen möchte.

Daß mannigfache Bestimmungen zur Aussage gehören und daß sie nicht nur eine Verlautbarung und Wörterfolge ist, hat sich schon in den Sätzen verraten, die *Aristoteles* seiner Abhandlung über den Logos vorausschickt. Hiernach ist der Logos nicht nur eine φωνή oder ein phonetisches Ganzes, sondern zugleich durch die Worte auf Bedeutungen bezogen, die im Denken gedacht sind, das zugleich *seiende* Dinge denkt. Zum vollen Bestand des Logos gehören von vornherein Wort, Bedeutung, Denken, Gedachtes, Seiendes. Was wir hier als

zum Logos gehörig aufzählen, ist nicht einfach nebeneinander
aufgereiht und nebeneinander vorhanden, so daß sich aus dem
Zusammen-Vorhandensein von Worten, Bedeutungen, Denk-
vorgängen, Gedachtem und seienden Dingen bestimmte Beziehungen zwischen ihnen ergeben. Es reicht nicht aus, daß
man diese Beziehungen zwischen Worten, Bedeutungen, Denken, Gedachtem und Seiendem formal als die Beziehung zwischen Zeichen und Gezeigtem charakterisiert. Schon das Verhältnis des Wortlautes zur Wortbedeutung darf nicht als eine
Zeichenbeziehung gefaßt werden. Der Wortlaut ist nicht ein
Zeichen für eine Bedeutung, wie ein Wegzeichen das Zeichen
für die Richtung des Weges ist. Wie immer diese Beziehung
zwischen Wort und Bedeutung sein mag, so ist die Beziehung
zwischen der Bedeutung und dem in der Bedeutung Gedachten wieder eine andere als die Beziehung zwischen Wort und
Gedachtem, und die Beziehung zwischen dem in der Bedeutung
Gedachten und dem im Gedachten gemeinten Seienden ist
wiederum eine andere als das Verhältnis von Wortlaut bzw.
Bedeutung und Gedachtem. Man kommt mit einer allgemein-
formalen Charakteristik des Zusammenhangs von Wort, Bedeutung, Denken, Gedachtem, Seiendem keineswegs aus. Wir
sahen schon bei Hobbes und vor allem bei Mill, daß die nominalistische Theorie des Satzes, die sich primär an der Wörterfolge orientiert, zu den genannten Phänomenen des *Gedachten* und des *gedachten Seienden* hinausgetrieben wird, so daß
im Grunde die nominalistische Theorie auch das über den
Wortlaut Hinausgehende mit in Betracht zieht.

Allein, die entscheidende Frage bleibt, *wie das, was über die
Wörterfolge hinaus notwendig zum Logos gehört, primär aufgefaßt wird*. Es könnte sein, daß gerade durch den Ausgang
vom Logos als Wörterfolge die übrigen Bestandstücke des Logos einer Mißdeutung verfallen. Das läßt sich in der Tat auch
zeigen. Wenn der Satz eine Wörterfolge ist, die eine Verbindung braucht, dann entspricht den aufeinanderfolgenden Wörtern eine Aufeinanderfolge von Vorstellungen, für welche

Vorstellungen man auch eine Verbindung braucht. Diese der Wörterfolge entsprechende Vorstellungsfolge ist etwas Psychisches, im Denken vorhanden. Diesem im Denken vorhandenen Vorstellungszusammenhang muß, sofern in der Aussage über Seiendes ausgesagt wird, ein Ding bzw. ein Zusammenhang physischer Dinge entsprechen. Wir haben dann dem Wörterzusammenhang entsprechend einen Vorstellungszusammenhang *in der Seele*, der sich auf einen Zusammenhang seiender Dinge *draußen* beziehen soll. Es entsteht das Problem: Wie kann der Vorstellungszusammenhang in der Seele mit den Dingen draußen *übereinstimmen*? Das pflegt man als das Problem der Wahrheit oder der Objektivität zu formulieren. Diese *in sich grundverkehrte Fragestellung* ist aber dadurch motiviert, daß die Aussage zunächst als Wörterfolge genommen wird. Auch die Griechen haben in dieser Weise – wenn auch nicht ausschließlich – den Logos aufgefaßt. Dieser Ansatz ist in die Tradition der logischen Fragestellung übergegangen und in ihr bis heute nicht überwunden.

Aus dem Gesagten wird deutlich, daß es nicht nur überhaupt der Kennzeichnung dessen bedarf, was zum vollen Begriff des Logos gehört, – daß es nicht genügt zu sagen, über den Nominalismus hinaus gehören auch Bedeutung, Gedachtes, Seiendes zum Logos, sondern daß das Wesentliche die Kennzeichnung des spezifischen *Zusammenhangs* dieser zum Ganzen des Logos wesenhaft gehörigen Phänomene ist. Dieser Zusammenhang darf sich nicht erst nachträglich unter dem Zwang der Dinge auf dem Wege einer Zusammensetzung ergeben, sondern dieses Beziehungsganze von Wort, Bedeutung, Denken, Gedachtem, Seiendem muß im vorhinein primär bestimmt werden. Wir müssen fragen: In welcher Weise läßt sich der Bauplan dieses Ganzen festlegen, um in ihn die spezifische Struktur des Logos einzuzeichnen? Wenn wir so fragen, machen wir uns von vornherein frei von der isolierten und isolierenden Orientierung des Aussage-Problems am gesprochenen Wortzusammenhang. Die Verlautbarung *kann* zum Logos gehören, muß es aber nicht. Wenn ein Satz sich verlautbart, dann ist das nur möglich, weil er primär etwas anderes ist als eine irgendwie verkoppelte Wörterfolge.

b) Phänomenologischer Aufweis einiger Wesensstrukturen der Aussage. Die intentionale Verhaltung der Aussage und ihre Fundierung im In-der-Welt-sein

Was ist der *Logos als Aussage* genommen? Wir werden nicht erwarten dürfen, das Ganze dieser Struktur in wenige Sätze zusammenzudrängen. Es kann sich nur darum handeln, die wesentlichen Strukturen in den Blick zu bekommen. Sind wir dafür überhaupt durch die bisher durchgeführten Betrachtungen vorbereitet? In welche Blickrichtung müssen wir sehen, wenn wir den Logos als Ganzes zum Problem machen? Die Aussage hat die charakteristische Doppelbedeutung, daß sie *Aussagen* und *Ausgesagtes* besagt. Das Aussagen ist eine *intentionale Verhaltung des Daseins*. Es ist seinem Wesen nach Aussagen *über* etwas, also in sich selbst auf *Seiendes* bezogen. Auch wenn das, worüber eine Aussage gemacht wird, sich als nichtseiend herausstellen sollte, als nichtiger Schein, so wird dadurch keineswegs die Aussage-Struktur als intentionale angetastet, sondern nur bewiesen. Auch wenn ich *über* Scheinbares urteile, bin ich auf Seiendes bezogen. Das klingt für uns heute fast selbstverständlich. Es bedurfte aber Jahrhunderte der Entwicklung der antiken Philosophie, bis Plato diese Selbstverständlichkeit entdeckte und sah, daß auch das Falsche und das Scheinbare ein Seiendes ist. Wohl ist es ein Seiendes, das nicht so ist, wie es sein soll, dem etwas mangelt, ein μὴ ὄν. Das Scheinbare und Falsche ist nicht nichts, nicht ein οὐκ ὄν, sondern ein μὴ ὄν, ein Seiendes zwar, aber mit einem Mangel behaftet. Plato kommt in seinem Dialog »Sophistes« zur Erkenntnis, daß jeder Logos als solcher λόγος τινός, jede Aussage Aussage *über* etwas ist. Das ist scheinbar trivial und doch rätselhaft.

Wir hörten früher, daß *jede intentionale Beziehung in sich ein spezifisches Seinsverständnis des Seienden* hat, worauf sich die intentionale Verhaltung als solche bezieht. Damit etwas ein mögliches Worüber für eine Aussage soll sein können, muß es für die Aussage *schon* irgendwie *als Enthülltes* und Zugängliches vorgegeben sein. Die Aussage enthüllt nicht primär als solche, sondern sie ist immer schon ihrem Sinne nach auf vorgegebenes Enthülltes bezogen. Damit ist schon gesagt, daß die Aussage als solche nicht Erkenntnis im eigentlichen Sinne ist. Seiendes muß als Enthülltes vorgegeben sein, um als mögliches Worüber einer Aussage zu dienen. Sofern aber Seiendes für ein Dasein als *Entdecktes* vorgegeben ist, hat es, wie wir früher zeigten, den Charakter der *Innerweltlichkeit*. Das *intentionale Verhalten* im Sinne des *Aussagens* über etwas *gründet* seiner *ontologischen Struktur* nach in der Grundverfassung des Daseins, die wir als *In-der-Welt-sein* kennzeichneten. Nur weil Dasein in der Weise des In-der-Welt-seins existiert, ist ihm *mit* seiner Existenz Seiendes enthüllt, so daß dieses Enthüllte möglicher Gegenstand einer Aussage werden kann. Das Dasein hält sich, sofern es existiert, je schon bei irgendwelchem Seienden auf, das in irgendeiner Weise in irgendeinem Ausmaß entdeckt ist. Nicht nur dieses Seiende, wobei es sich aufhält, sondern das Seiende als Dasein selbst ist zugleich enthüllt.

Die Aussage kann sich, muß aber nicht, in einer wörtlichen Verlautbarung aussprechen. Die Sprache gehört zur freien Verfügung des Daseins. Insofern ist Hobbes im Recht, wenn er die grundsätzliche Bedeutung der Sprache für die Wesensbestimmung des Menschen heranzieht. Aber er bleibt bei den Außenwerken stehen, sofern er nicht fragt, wie dieses Seiende sein muß, zu dessen Seinsart Sprache gehört. Sprachen selbst sind nie etwas Vorhandenes wie Dinge. Die Sprache ist nicht identisch mit der Gesamtheit der in einem Wörterbuch aufgezeichneten Worte, sondern die Sprache ist, sofern sie ist, so wie das Dasein ist, d. h. die Sprache existiert, sie ist geschichtlich.

Sprechend über etwas, *spricht* das Dasein *sich aus als existierendes In-der-Welt-sein* und *Sichaufhalten bei* und *Umgehen mit Seiendem.* Nur Seiendes, das existiert, d. h. *ist* in der Weise des In-der-Welt-seins, versteht Seiendes. Sofern Seiendes verstanden wird, sind durch dieses Verständnis so etwas wie Bedeutungszusammenhänge artikuliert. Diese sind in der Möglichkeit, sich in Worten auszudrücken. Es sind nicht zunächst Wörter da, die zu Zeichen für Bedeutungen gestempelt werden, sondern umgekehrt, aus dem sich selbst und die Welt verstehenden Dasein, d. h. aus einem schon enthüllten Bedeutungszusammenhang heraus wächst diesen Bedeutungen je ein Wort zu. Die Wörter können, wenn sie in dem gefaßt werden, was sie ihrem Wesen nach besagen, nie als freischwebende Dinge genommen werden. Es kann bezüglich ihrer nicht nach dem Zusammenhang gefragt werden, den sie als freischwebende Wörterdinge haben. Diese Fragestellung bleibt immer unzureichend, wenn sie darauf abzielt, die Aussage und damit Erkenntnis und Wahrheit zu interpretieren.

Mit diesem Hinweis haben wir nur ganz roh den Plan gekennzeichnet, innerhalb dessen wir die Aussage-Struktur finden werden. Wir haben den leitenden Blick auf das Ganze fixiert, das wir zuvor sehen müssen, um den Beziehungszusammenhang zwischen Wörtern, Bedeutungen, Gedachtem und Seiendem zu übersehen. Dieses Ganze, das im vorhinein im Blick stehen muß, ist nichts anderes als das existierende Dasein selbst.

Der primäre Charakter der Aussage ist die ἀπόφανσις, eine Bestimmung, die schon Aristoteles und im Grunde auch schon Plato sah. Wörtlich übersetzt heißt sie: die Aufzeigung, etwas von ihm selber her, ἀπό, so wie es an sich ist, sehen lassen, φαίνεσθαι. Die Grundstruktur der Aussage ist Aufzeigung dessen, worüber sie aussagt. Das, worüber die Aussage aussagt, das in ihr primär Gemeinte, ist das Seiende selbst. Wenn ich sage ›die Tafel ist schwarz‹, so mache ich keine Aussage über Vorstellungen, sondern über das Gemeinte selbst. Alle

weiteren Strukturmomente der Aussage sind von dieser Grundfunktion, ihrem Aufweisungscharakter her, bestimmt. Alle
Momente der Aussage sind durch die *apophantische Struktur*
bestimmt.

Zumeist nimmt man die Aussage im Sinne der Prädikation,
der Beilegung eines Prädikats zu einem Subjekt, oder ganz
äußerlich genommen, der Beziehung eines späteren Wortes auf
ein früheres, oder aber, wenn man über die Wortorientierung
hinausgeht, der Beziehung einer Vorstellung auf eine andere.
Es muß aber der primäre Charakter der Aussage als Aufweisung festgehalten werden. Nur aus diesem Aufweisungscharakter ist die *prädikative Struktur* der Aussage zu bestimmen. Danach ist das Prädizieren primär ein Auseinanderlegen
des Vorgegebenen, und zwar ein *aufzeigendes Auseinanderlegen*. Dieses Auseinanderlegen hat nicht den Sinn faktischen
Zerstückelns des vorgegebenen Dinges in Dingstücke, sondern
es ist apophantisch, d. h. aufweisend die Zusammengehörigkeit der mannigfaltigen Bestimmungen des vorgegebenen Seienden. In der Auseinanderlegung wird zugleich das vorgegebene Seiende in der Einheit der Zusammengehörigkeit seiner
sich zeigenden Bestimmungen sichtbar gemacht, aufgezeigt.
Die Aufzeigung im Sinne der Aussage ist auseinanderlegend-
aufweisend und als solche *bestimmend*. Auseinanderlegung
und *Bestimmung* gehören gleichursprünglich zusammen zum
Sinn der Prädikation, die ihrerseits apophantisch ist. Was Aristoteles als σύνθεσις und διαίρεσις kennt, darf man nicht so
äußerlich interpretieren, wie das auch schon in der Antike
geschehen und späterhin geblieben ist, als ob Vorstellungen
auseinander genommen und dann wieder verbunden werden,
sondern dieses synthetische und dihairetische Verhalten der
Aussage, des Logos, ist in sich selbst aufweisend.

Dieses auseinanderlegende Bestimmen als aufweisendes
bezieht sich aber immer auf schon enthülltes Seiendes. Was so
in der bestimmenden Aufweisung zugänglich wird, kann in
der Aussage als ausgesprochener *mitgeteilt* werden. Die Aus-

sage ist Aufzeigung von der besonderen Struktur des auseinanderlegenden Bestimmens, und dieses kann *Mitteilung* sein.
Die Aussage als ausgesprochene ist Mitteilung. Auch der Charakter der Mitteilung muß apophantisch begriffen werden.
Die Mitteilung besagt nicht das Weitergeben von Worten oder
gar Vorstellungen aus einem Subjekt zum anderen, als wäre
sie ein Austauschverkehr zwischen psychischen Geschehnissen
verschiedener Subjekte. Ein Dasein teilt sich sich aussprechend
dem anderen mit, heißt: aussagend etwas aufweisend teilt es
mit dem anderen Dasein dasselbe verstehende Verhältnis zu
Seiendem, worüber ausgesagt wird. In der Mitteilung und
durch sie kommt ein Dasein mit dem anderen, dem Adressaten,
in dasselbe Seinsverhältnis zu dem, worüber die Aussage geht,
wovon die Rede ist. Die Mitteilungen sind nicht ein Schatz
aufgehäufter Sätze, sondern sie sind zu fassen als Möglichkeiten, durch die der eine mit dem anderen in dasselbe Grund-
verhältnis zum Seienden kommt, das in derselben Weise enthüllt ist.

Aus all dem wird deutlich, daß die Aussage keine primäre
Erkenntnisfunktion hat, sondern nur eine sekundäre. Seiendes
muß schon enthüllt sein, damit eine Aussage darüber möglich
ist. Wohl ist nicht jedes Gespräch eine Abfolge von Aussagen
und der entsprechenden Mitteilung. Im idealen Sinne wäre das
die wissenschaftliche Auseinandersetzung. Aber schon das philosophische Gespräch hat anderen Charakter, sofern es nicht
nur irgendeine beliebige Grundstellung zum Seienden voraussetzt, sondern noch ursprünglichere Bestimmungen der Existenz fordert, auf die wir hier nicht eingehen. Wir haben hier
mit der Aussage nur ein ganz ausgeprägtes Phänomen im
Thema, von dem aus wir nicht jeden beliebigen Satz der Sprache interpretieren dürfen. Wir müssen beachten, daß die meisten Sätze der Sprache, auch wenn sie sprachlich-wörtlich genommen Aussagecharakter haben, gleichwohl eine andere
Struktur zeigen, die entsprechend modifiziert ist gegenüber
der Struktur der Aussage im engeren Sinne der Aufzeigung.

Wir können die Aussage als die *mitteilend bestimmende Aufzeigung* definieren. Mit der Aufzeigung ist das primäre Moment der Aussage-Struktur fixiert.

c) Aussage als mitteilend-bestimmende Aufzeigung und das ›ist‹ der Kopula
Enthülltheit des Seienden in seinem Sein und Differenziertheit des Seinsverständnisses als ontologische Voraussetzung für das indifferente ›ist‹ der Aussage

Wo bleibt aber die Kopula? Was haben wir mit der Kennzeichnung der Aussage-Struktur für das Verständnis der Kopula gewonnen? Zunächst das eine, daß wir uns durch den Namen ›Kopula‹ nicht irreführen lassen, sofern der Name dieses ›ist‹ schon in eine bestimmte Auffassung drängt. Wir fragen jetzt nach dem ›ist‹ im Satze, noch abgesehen von seinem äußerlich aus der Wortfolge sich anbietenden kopulativen Charakter.

Das ›ist‹ gibt sich als **Ausdruck von Sein.** Auf welches Seiende kann und muß es sich als zugehörig zur Aussage beziehen? Inwiefern bezieht sich die Aussage, der das ›ist‹ zugehört, auf Seiendes? Wird hieraus verständlich, warum dieses ›ist‹, äußerlich aus der Wortfolge des Satzes aufgerafft, sich als vieldeutig, und das heißt in seiner Bedeutung als indifferent herausstellt? Muß diese Indifferenz der Bedeutung des ›ist‹ bzw. seine Vieldeutigkeit als ein Mangel gefaßt werden, oder entspricht diese Vieldeutigkeit bzw. Indifferenz des ›ist‹ seinem spezifischen Ausdruckscharakter mit Bezug auf die Aussage? Wir sahen, die auseinanderlegend bestimmende Aufweisung dessen, worüber in der Aussage die Rede ist, setzt schon die Enthülltheit dieses Seienden voraus. Der Aussagende verhält sich schon vor der Aussage und für sie zum Seienden und versteht dieses in seinem Sein. In der Aussage über etwas muß sich notwendig das *Seinsverständnis aussprechen*, in dem das aussagende, d. h. aufweisende Dasein als solches schon existiert,

sofern es sich als existierendes je schon zu Seiendem, es verstehend, verhält. Weil aber das primäre Enthüllen des Seienden, das möglicher Gegenstand der auseinanderlegenden Aussage werden kann, nicht von der Aussage geleistet wird, sondern in den ursprünglichen Weisen des Enthüllens schon geleistet ist, versteht der Aussagende schon vor der Aussage die
Seinsart des Seienden, worüber er spricht. Das Seinsverständnis dessen, worüber die Rede ist, erwächst nicht erst durch die
Aussage, sondern diese spricht jenes aus. Das ›ist‹ kann in
seiner Bedeutung indifferent sein, weil der differente Seinsmodus im primären Verstehen des Seienden schon fixiert ist.

Weil zum Dasein wesenhaft das In-der-Welt-sein gehört
und das Dasein in eins damit sich selbst enthüllt ist, versteht
jedes faktisch existierende, und das heißt redende und sich aus-
sprechende Dasein notwendig schon eine Mannigfaltigkeit von
verschiedenem Seienden in seinem Sein. Die Indifferenz der
Kopula ist kein Mangel, sondern sie charakterisiert nur den
sekundären Charakter alles Aussagens. Das ›ist‹ im Satz
kann sich diese Unbestimmtheit seiner Bedeutung gleichsam
leisten, weil es als ausgesprochenes dem *sich* aussprechenden
Dasein entspringt, das schon das im ›ist‹ gemeinte Sein so
oder so versteht. Das ›ist‹ hat schon *vor* seinem Ausgespro-
chensein im Satze seine Differenzierung im faktischen Verstehen erhalten. Sofern in der Mitteilung von vornherein das
Seiende fixiert wird, worüber die Rede ist, ist damit auch schon
das Seinsverständnis dieses Seienden vorgegeben und die Bedeutung des ›ist‹ fixiert, so daß sie in der Sprachform, sei
es im ›ist‹ oder in der Flexion, nicht notwendig überdies
herauszutreten braucht. Latent ist im Verstehen des Seienden
vor der Aussage immer schon das *Wassein* des zu enthüllenden
Seienden und dieses Seiende in einem *bestimmten Modus seines Seins,* z. B. Vorhandensein, verstanden. Nimmt man dagegen umgekehrt für die Aufklärung des ›ist‹ den Ansatz
beim ausgesprochenen Satz, dann ist es hoffnungslos, je den
Charakter des ›ist‹, seine spezifische Indifferenz, positiv

aus ihrem Ursprung und in ihrer Notwendigkeit und Möglichkeit zu verstehen. Die in der Aufweisungsfunktion des Logos schon vollzogene Differenzierung der Bedeutung des ›ist‹ kann in der Aussage als Mitteilung unbestimmt bleiben, weil die *Aufweisung* selbst die *Enthülltheit von Seiendem* und damit die *Differenzierung des Seinsverständnisses voraussetzt.* Geht man von der Wortfolge aus, dann bleibt nur die Möglichkeit, das ›ist‹ als Verbindungswort zu charakterisieren.

Aber man wird sagen: Der Charakter des ›ist‹ als Verbindungswort mag äußerlich gefaßt sein, aber so ganz zufällig kann dieser kopulative Charakter des ›ist‹ nicht bleiben. Vielleicht ist in diesem ›ist‹ vor aller Verbundenheit der Worte oder der Vorstellungen eine Verbundenheit im Seienden selbst, worüber die Aussage geht, gemeint. Wir sagten doch selbst, daß zur Aufweisungsstruktur der Aussage σύνθεσις und διαίρεσις, Zusammennehmen und Auseinanderlegen im Sinne des Bestimmens gehören. Wenn σύνθεσις und διαίρεσις die Funktion der *Aufweisung* des Seienden haben, muß offenbar dieses Seiende als Seiendes, d. h. hinsichtlich seines Seins so geartet sein, daß es, roh gesprochen, ein solches Verbinden als die ihm angemessene Aufweisungsfunktion fordert. Die auseinanderlegend-bestimmende Aussage will die gegliederte Mannigfaltigkeit des vorgegebenen Seienden in ihrer Einheit zugänglich machen. So haben die Bestimmungen des Seienden selbst, d. h. dessen, worüber die Aussage gemacht wird, einen Charakter des *Beisammen,* äußerlich genommen des Verbundenen. Dann wird aber, sofern die Aussage über Seiendes aussagt, das ›ist‹ notwendig ein solches Beisammen bedeuten. Das ›ist‹ wird notwendig eine Synthesis ausdrükken, ganz abgesehen davon, ob es seiner Wortform nach im gesprochenen Satz als Kopula fungiert oder nicht. Dann wäre das ›ist‹ nicht ein Verbindungsbegriff, weil es als Kopula im Satz fungiert, sondern umgekehrt, es ist nur Kopula, Verbindungswort im Satz, weil sein Sinn im Ausdrücken von Seiendem Seiendes meint und das Sein des Seienden durch das

Beisammen und die Verbundenheit wesenhaft bestimmt ist. Es liegt, wie wir sehen werden, in der Idee des Seins so etwas wie Verbundenheit, ganz äußerlich genommen, und es ist kein Zufall, daß das ›ist‹ den Charakter der Kopula erhält. Nur ist dann die Charakterisierung des ›ist‹ als Kopula keine phonetische und keine wörtliche, sondern eine rein ontologische, verstanden aus dem, worüber die Aussage Aussage ist.

Je näher wir diesem ›ist‹ rücken, um so rätselhafter wird es. Wir dürfen nicht glauben, mit dem bisher Gesagten das ›ist‹ aufgeklärt zu haben. Nur das eine sollte jetzt deutlich werden: Die Bestimmung des ›ist‹ vom ausgesprochenen Satz her führt nicht in den Umkreis der angemessenen ontologischen Problematik. Das ›ist‹, in der Sprachgestalt indifferent, hat in der lebendigen Rede immer schon eine differente Bedeutung. Die Aussage ist aber nicht primär enthüllend, sondern setzt die Enthülltheit eines Seienden voraus. Die auseinanderlegende aufweisende Aussage meint sonach *nicht nur überhaupt ein Seiendes, sondern das Seiende in seiner Enthülltheit.* So erhebt sich die Frage, ob auch diese Bestimmung dessen, worüber die Rede in der Aussage ist, das Seiende in seiner Enthülltheit, mit in die Bedeutung des ›ist‹ eingeht, wodurch das Sein des Gegenstandes der Aussage aufgezeigt wird. Dann läge im ›ist‹ nicht nur jeweils eine vor der Aussage schon differenzierte Bedeutung von Sein im Sinne des Vorhandenseins, des esse existentiae, oder des esse essentiae oder beider zusammen, oder eine Bedeutung des Seins in irgendeinem anderen Seinsmodus, sondern es gehörte zur Bedeutung des ›ist‹ zugleich das *Enthülltsein* dessen, worüber ausgesagt ist. Im Aussprechen von Aussagen pflegen wir oft das ›ist‹ zu betonen. Wir sagen z. B. ›die Tafel *ist* schwarz‹. Diese Betonung gibt der Art und Weise Ausdruck, wie der Redende seine Aussage selbst versteht und verstanden wissen will. Das betonte ›ist‹ sagt soviel: Die Tafel ist in der Tat schwarz, sie ist in Wahrheit schwarz; das Seiende, worüber ich aussage, ist so, *wie* ich aussage. Das betonte ›ist‹ drückt das

Wahrsein der sich aussprechenden Aussage aus. Genauer gesprochen, an dieser zuweilen auftretenden Betonung sehen wir lediglich, daß im Grunde in jeder gesprochenen Aussage das Wahrsein der Aussage selbst mitgemeint ist. Es ist kein Zufall, daß Lotze von diesem Phänomen aus zu seiner Theorie der Nebengedanken kam. Die Frage ist, ob man zu dieser Theorie sich positiv stellen muß, – ob es notwendig ist, jede Aussage in ein Doppelurteil aufzulösen, oder ob diese weitere Bedeutung des ›ist‹, das Wahrsein, nicht unmittelbar aus der Idee des Seins begriffen werden kann.

Um das als Problem zu verdeutlichen, müssen wir zuvor fragen: Was besagt dieses Wahrsein der Aussage, das zuweilen im betonten ›ist‹ sich auch in der Weise der Verlautbarung ausdrückt? Wie verhält sich dieses Wahrsein der Aussage zum Sein des Seienden, worüber ausgesagt wird, welches Sein das ›ist‹ im Sinne der Kopula primär meint?

§ 18. Aussagewahrheit, die Idee der Wahrheit überhaupt und ihre Beziehung zum Begriff des Seins

a) Wahrsein der Aussage als Enthüllen Entdecken und Erschließen als Weisen des Enthüllens

Über das Wahrsein des Logos, der Aussage, haben wir von Aristoteles eine merkwürdige These vernommen, die seitdem in der Tradition festgehalten wird. Danach ist das Wahrsein der Aussage οὐκ ἐν πράγμασιν, nicht unter den Dingen, sondern ἐν διανοίᾳ, im Verstande, in intellectu, wie die Scholastik sagt. Ob diese These des Aristoteles zu Recht besteht und in welchem Sinne sie haltbar ist, vermögen wir nur zu entscheiden, wenn wir einen zureichenden Begriff der Wahrheit zuvor gewinnen. Dann läßt sich zeigen, wie die Wahrheit nichts Seiendes ist, das unter anderen vorhandenen Dingen vorkommt. Wenn aber die Wahrheit nicht unter dem Vorhandenen als ein Vorhandenes vorkommt, so ist damit noch nicht entschieden, ob sie nicht doch eine Bestimmung des Seins des Vorhandenen, der Vorhandenheit, ausmachen kann. Solange diese Frage nicht geklärt ist, bleibt der Satz des Aristoteles ›die Wahrheit ist nicht ›unter‹ den Dingen‹ zweideutig. Aber ebenso zweideutig bleibt der positive Teil seiner These, wonach die Wahrheit im Verstande sein soll. Auch hier ist zu fragen: Was besagt das ›die Wahrheit *ist* im Verstande‹? Soll das heißen, sie ist etwas, was wie ein psychischer Vorgang vorkommt? In welchem Sinne soll Wahrheit im Verstande sein? Wie *ist* der Verstand selbst? Wir sehen, wir kommen hier wiederum zurück auf die Frage nach der Seinsart des Verstandes, des Verstehens als Verhaltung des Daseins, d. h. auf die Frage nach der Existenzbestimmung des Daseins selbst. Ohne diese werden wir auch nicht auf die Frage antworten können: In welchem Sinne *ist* die Wahrheit, wenn sie im Verstande ist, der zum Sein des Daseins gehört?

Beide Seiten der Aristotelischen These sind doppeldeutig, so daß die Frage entsteht, in welchem Sinne diese haltbar ist. Wir werden sehen, daß sich weder der negative Teil der These noch der positive in der Form der naiven und der üblichen Interpretation halten läßt. Damit ist aber gesagt, daß die Wahrheit in gewisser Weise zu den Dingen gehört, wenngleich sie nicht etwas unter den Dingen selbst, wie sie Vorhandenes, ist. Und umgekehrt, die Wahrheit ist nicht im Verstande, sofern unter Verstand ein Vorgang eines vorhandenen psychischen Subjekts gedacht wird. Daraus ergibt sich: Die Wahrheit ist weder unter den Dingen vorhanden, noch kommt sie in einem Subjekt vor, sondern sie liegt – fast wörtlich genommen – in der Mitte ›zwischen‹ den Dingen und dem Dasein.

Nimmt man die Aristotelische These rein äußerlich, so wie sie gewöhnlich genommen zu werden pflegt, dann führt sie zu unmöglichen Fragestellungen. Denn man sagt: Die Wahrheit ist nicht in den Dingen, also ist sie nicht in den Objekten, sondern im Subjekt. So kommt man dazu zu sagen: Die Wahrheit ist in irgendeinem Sinne eine Bestimmung der Seele, etwas

drinnen, etwas Immanentes im Bewußtsein. Das Problem entsteht: Wie kann sich etwas Immanentes im Bewußtsein auf
ein Transzendentes draußen in den Objekten beziehen? Die
Problemstellung ist damit unrettbar ins Hoffnungslose gedrängt, weil mit dieser Fragestellung nie mehr eine Antwort
gewonnen werden kann, sofern die Frage selbst verkehrt ist.
Die Konsequenzen dieser unmöglichen Fragestellung zeigen
sich darin, daß die Theorie zu allen möglichen Erfindungen gedrängt ist, – daß man sieht, die Wahrheit ist nicht in den
Objekten, aber auch nicht in den Subjekten, und man zum
dritten Reich des Sinnes kommt, zu einer Erfindung, die nicht
weniger fragwürdig ist als die mittelalterliche Spekulation
über die Engel. Will man diese unmögliche Fragestellung vermeiden, so besteht die einzige Möglichkeit darin, sich darauf
zu besinnen, was dieses Subjekt sei, ›innerhalb‹ dessen so etwas
wie das Wahrsein seine eigene Existenz haben soll.

Wir fragen zunächst: Was heißt ›eine Aussage ist wahr‹?
Um die Antwort zu finden, bedarf es eines Rückgangs auf die
gegebene Bestimmung der Aussage, daß sie mitteilend-bestimmende Aufzeigung ist. Der letztgenannte Charakter, Aufzeigung, ist der primäre, der sagt: Eine Aussage läßt das, worüber in ihr die Rede ist, in der Weise der bestimmenden Prädikation sehen; sie macht das, worüber die Rede ist, zugänglich. Dieses prädikative Aufzeigen des Seienden hat den allgemeinen Charakter des enthüllenden Begegnenlassens. Im
Verstehen der mitgeteilten Aussage ist der Hörende nicht auf
Wörter gerichtet, auch nicht auf Bedeutungen oder auf psychische Vorgänge des Mitteilenden, sondern von vornherein
auf das gesagte Seiende als solches, das ihm im Verstehen der
Aussage in seinem spezifischen So-sein entgegenspringen soll,
sofern die Aussage ihrerseits sachangemessen ist. Das Aufzeigen hat den Charakter des *Enthüllens*, und nur weil es enthüllend ist, kann es Bestimmung und Mitteilung sein. Dieses
Enthüllen, das die *Grundfunktion der Aussage* ist, macht den
Charakter aus, den man traditionell als *Wahrsein* bezeichnet.

Gemäß der *Sachhaltigkeit* des Seienden, worüber ausgesagt wird, und gemäß der *Seinsart* des Aussagegegenstandes ist die ihm zugeordnete *Weise des Enthüllens* verschieden. Das Enthüllen von Vorhandenem, z. B. der Natur im weitesten Sinne, nennen wir das *Entdecken*. Das Enthüllen des Seienden, das wir selbst sind, des Daseins, und das die Seinsart der Existenz hat, nennen wir nicht Entdecken, sondern *Erschließen, Aufschließen*. Die Terminologie ist in gewissen Grenzen immer willkürlich. Aber die Definition des Wahrseins als Enthüllen, Offenbarmachen, ist keine willkürliche, private Erfindung von mir, sondern sie gibt nur dem Verständnis des Wahrheitsphänomens Ausdruck, wie es schon die Griechen im vorwissenschaftlichen Verstehen sowohl wie im philosophischen verstanden hatten, wenn auch nicht in jeder Hinsicht ursprünglich explizit. Schon Plato sagt ausdrücklich, daß die Funktion des Logos, d. h. der Aussage, das δηλοῦν, das Offenbarmachen ist, oder wie Aristoteles schärfer mit Rücksicht auf den griechischen Ausdruck der Wahrheit sagt: das ἀληθεύειν. λανθάνειν heißt Verborgensein, α- meint das privativum, so daß ἀ-ληθεύειν soviel besagt wie: etwas aus seiner Verborgenheit herausholen, offenbarmachen. Wahrheit heißt für die Griechen: aus der Verborgenheit herausnehmen, Entdecken, Enthüllen. Wohl ist den Griechen die Interpretation dieses Phänomens nicht in jeder Hinsicht gelungen. Deshalb konnten die wesentlichen Ansätze dieses Verständnisses der Wahrheit sich nicht durchsetzen, sondern verfielen – aus Gründen, die wir hier nicht näher betrachten können – dem Mißverständnis, so daß heute in der Tradition der ursprüngliche Sinn des griechischen Wahrheitsverständnisses völlig verdeckt ist.

Wir versuchen, in das Verständnis des Wahrheitsphänomens näher einzugehen. Wahrsein besagt Enthüllen. Damit umfassen wir sowohl den Modus des Entdeckens wie den des Erschließens, das Enthüllen des Seienden, das nicht daseiend ist, und das des Seienden, das wir selbst sind. Wir fassen das *Wahrsein* in diesem ganz *formalen Sinn* als *Enthüllen*, wobei es noch nicht auf ein bestimmtes Seiendes und seine Seinsart zugeschnitten ist. Das *Wahrsein als Enthüllen* ergibt sich als eine *Seinsweise des Daseins* selbst, seiner *Existenz*. Sofern Dasein existiert, und das heißt für uns nach Früherem, sofern Seiendes in der Weise ist, daß es in einer Welt ist, ist es wahr, d. h. es ist ihm mit der enthüllten Welt immer schon Seiendes enthüllt, aufgeschlossen, entdeckt. Das Entdecken von Vorhandenem gründet darin, daß das Dasein als existierendes je schon zu einer Welt sich verhält, die erschlossen ist. Existierend versteht es so etwas wie seine Welt, und *mit der Erschlossenheit seiner Welt* ist es zugleich *ihm selbst für sich enthüllt*. Wir hörten bereits, daß diese Selbsterschlossenheit des Daseins, das Selbstverständnis, zunächst faktisch gewonnen, auf dem Wege des Sichverstehens aus den in irgendeinem Sinne entdeckten Dingen zugeeignet wird, bei denen sich das Dasein als existierendes aufhält. Weil zum Wesen des Daseins diese Erschlossenheit seiner selbst und in eins damit die Entdecktheit von innerweltlichem Seienden gehört, können wir sagen: Das Dasein existiert *in der Wahrheit,* d. h. *in der Enthülltheit seiner selbst* und *des Seienden,* wozu es sich verhält. Nur weil es existierend *wesenhaft* schon in der Wahrheit ist, kann es als solches irren und gibt es Verdeckung, Verstellung und Verschlossenheit des Seienden.

Wahrsein ist Enthüllen, Enthüllen ist eine Verhaltung des Ich, also, sagt man, ist das Wahrsein etwas Subjektives. Wir entgegnen: Wohl ›subjektiv‹, aber im Sinne des wohlverstandenen Begriffs des ›Subjekts‹ als des existierenden, d. h. in der Welt seienden Daseins. Nunmehr verstehen wir, inwiefern die Aristotelische These, das Wahrsein findet sich nicht unter den Dingen, sondern ἐν διανοίᾳ, im Verstande, zu Recht besteht. Wir sehen aber auch, inwiefern diese These nicht zu Recht besteht. Nimmt man den Verstand und das Denken als ein psychisches Verstehen einer vorhandenen Seele, dann bleibt es unverständlich, was es besagen soll, die Wahrheit komme in der Sphäre des Subjekts vor. Nimmt man dagegen διάνοια,

Verstand, so, wie dieses Phänomen genommen werden muß, in seiner apophantischen Struktur, d. h. als enthüllendes Aufzeigen von etwas, dann sieht man, daß der Verstand als enthüllendes Aufzeigen von etwas in sich selbst seiner Struktur nach durch das Wahrsein als Enthüllen bestimmt ist. Das Denken steht als freie Verhaltung des Menschen in der Möglichkeit, als Enthüllen vorgegebenes Seiendes angemessen zu treffen oder zu verfehlen. Das Wahrsein der Aussage liegt in ihrer Struktur, weil die Aussage in sich selbst eine Verhaltung des Daseins ist, das als existierend durch Wahrsein bestimmt ist.

b) Die intentionale Struktur des Enthüllens
Die existenziale Seinsart der Wahrheit. Enthülltheit
als Bestimmung des Seins von Seiendem

Sofern das Dasein als In-der-Welt-sein existiert, hält es sich je schon bei Seiendem auf. ›Bei Seiendem‹ sagen wir, d. h. dieses Seiende ist in irgendeinem Sinne enthüllt. Zum Dasein als *Enthüllen* gehört wesenhaft ein *Enthülltes* in seiner *Enthülltheit*, d. h. Seiendes, worauf das Enthüllen gemäß seiner intentionalen Struktur bezogen ist. Zum Enthüllen gehört, wie zu jedem intentionalen Verhalten, ein *Seinsverständnis* dessen, worauf sich diese Verhaltung als solche bezieht. Im enthüllenden Aussagen ist das Dasein auf etwas gerichtet, was es im vorhinein in seiner Enthülltheit versteht. Das intentum der intentio des enthüllenden Aussagens hat den Charakter der Enthülltheit. Wenn wir Wahrsein dem Enthüllen, dem ἀλη-θεύειν gleich δηλοῦν gleichsetzen, Enthüllen aber in sich intentional auf ein zu Enthüllendes wesenhaft, nicht zufällig, bezogen ist, dann gehört zum Begriff der Wahrheit das Moment des Enthüllens und die Enthülltheit, auf die sich das Enthüllen seiner Struktur nach bezieht. Die Enthülltheit ist aber nur, *sofern* ein Enthüllen ist, d. h. sofern Dasein existiert. *Wahrheit* und *Wahrsein* als Enthülltheit und Enthüllen haben die *Seinsart des Daseins.* Wahrheit ist ihrem Wesen nach nie vorhanden wie ein Ding, sondern existiert. So kommt die Aristotelische These in ihrem negativen Teil, recht verstanden, wiederum zur Geltung. Das Wahrsein, sagt Aristoteles, ist nicht etwas unter den Dingen, es ist nichts Vorhandenes. Gleichwohl bedarf die Aristotelische These einer Ergänzung und näheren Bestimmung. Denn gerade weil Wahrheit nur ist, sofern sie existiert, d. h. die Seinsart des Daseins hat, und weil zu ihr zugleich Enthülltheit dessen gehört, worauf sie sich bezieht, ist sie zwar nichts Vorhandenes, aber *als Enthülltheit* dessen, worauf sich die Aussage bezieht, *eine mögliche Bestimmung des Seins des Vorhandenen.* Sie ist eine Bestimmung des Seins des Vorhandenen, sofern dieses z. B. in einer enthüllenden Aussage enthüllt ist.

Wenn wir sagen, das Wahrsein meint nichts, was unter den Dingen vorhanden ist, so leidet diese Redeweise noch an einer Doppeldeutigkeit. Denn das Wahrsein als Enthüllen von etwas *meint* gerade jeweils dieses Seiende, worauf es sich bezieht, meint dieses Vorhandene in seiner Enthülltheit. Die Enthülltheit ist wohl keine *vorhandene* Bestimmung am Vorhandenen, keine Eigenschaft desselben, sondern gehört der Existenz als enthüllender zu. Sie ist aber dennoch als eine Bestimmung dessen, worüber ausgesagt wird, eine Bestimmung des Seins des Vorhandenen.

Es ergibt sich mit Bezug auf die Aristotelische These: Die Wahrheit ist *nicht* im Verstande, wenn dieser als vorhandenes Subjekt genommen wird. Die Wahrheit ist in den Dingen, sofern diese genommen werden als entdeckte, als entdeckte *Gegenstände* der Aussage, die über sie ergeht. Das Wahrsein ist weder unter den Dingen noch in einer Seele *vorhanden.* Andererseits aber ist die Wahrheit als Enthüllen sowohl im Dasein als eine Bestimmung seines intentionalen Verhaltens, als sie auch eine Bestimmtheit des Seienden, des Vorhandenen, hinsichtlich seines Seins als eines enthüllten ist. Es ergibt sich daraus, daß das Wahrsein etwas ist, was ›zwischen‹ dem

Subjekt und dem Objekt ›liegt‹, wenn man diese beiden Termini in der üblichen äußerlichen Bedeutung nimmt. Das Phänomen der Wahrheit hängt mit der Grundstruktur des Daseins, seiner *Transzendenz,* zusammen.

c) Enthülltheit von Wassein und Wirklichkeit im ›ist‹ der Aussage. Die existenziale Seinsart der Wahrheit und die Abwehr subjektivistischer Mißdeutungen

Nunmehr sind wir in den Stand gesetzt, das Problem des ›ist‹ im Satze schärfer zu sehen. Mit dem *›ist‹* kann gemeint sein: das *Vorhandensein* eines Seienden, existentia, das *Wassein* eines Vorhandenen, essentia, oder beide zusammen. In dem Satz ›A ist‹ sagt ›ist‹ das Sein, z. B. das Vorhandensein, aus. ›A ist B‹ kann besagen, daß dem A das B als Bestimmung seines So-seins zugesprochen wird, wobei dahingestellt bleibt, ob das A wirklich vorhanden ist oder nicht. ›A ist B‹ kann aber auch bedeuten, daß das A vorhanden und das B eine an ihm vorhandene Bestimmtheit ist, so daß in dem Satz ›A ist B‹ zugleich existentia und essentia des Seienden gemeint sein können. Das ›ist‹ bedeutet überdies das *Wahrsein.* Die Aussage als enthüllende meint das vorhandene Seiende in seinem *enthüllten,* d. h. *wahren* So-sein. Es bedarf nicht des Ausweges zu einem sogenannten Nebengedanken und einem zweiten Urteil innerhalb der Aussage. Sofern das ›ist‹ in der Aussage verstanden und gesprochen ist, bedeutet es in sich selbst schon das *Sein* eines Seienden, worüber ausgesagt wird, *als enthülltes.* Im Aussprechen der Aussage, d. h. im Ausspre- chen der Aufzeigung, spricht sich diese als intentional ent- hüllende Verhaltung über das aus, worauf sie sich bezieht. Dieses ist seinem Wesen nach enthülltes. Sofern sich das ent- hüllende Verhalten *über* das Seiende ausspricht, worauf es sich bezieht, und dieses Seiende in seinem Sein bestimmt, wird eo ipso das Enthülltsein dessen, wovon die Rede ist, mitgemeint. Es liegt im Begriff des in der Aussage gemeinten Seins selbst das Moment der Enthülltheit. Wenn ich sage ›A ist B‹, so meine ich nicht nur das B-sein des A, sondern das B-sein des A als enthülltes. Es ist im ausgesprochenen ›ist‹ mitverstanden, so daß ich nicht im nachhinein noch ein besonderes Urteil des Inhalts, daß das erste Urteil wahr sei, vollziehe. Diese Theorie Lotzes entspringt aus einem verkehrten Wahrheitsbegriff, demgemäß man nicht sieht, daß das Wahrsein im aussagenden Verhalten selbst, d. h. im ersten Urteil, schon seiner Struktur nach liegt. Das vorhandene Seiende selbst ist in gewisser Weise wahr, nicht als an sich vorhandenes, sondern als in der Aussage entdecktes. Die Entdecktheit ist am Vorhandenen selbst nicht vorhanden, sondern das Vorhandene begegnet innerhalb der Welt eines Daseins, welche Welt für das existierende Dasein erschlossen ist. Näher besehen ist die Aussage als mitteilend-bestimmende Aufzeigung ein Modus, in dem das Dasein sich das entdeckte Seiende als entdecktes *aneignet*. Diese Aneignung von Seiendem in der wahren Aussage über es ist kein ontisches Hereinnehmen des Vorhandenen in ein Subjekt, als würden die Dinge in das Ich hineintransportiert. Es ist aber ebensowenig ein nur subjektivistisches Auffassen und Belegen der Dinge mit Bestimmungen, die wir aus dem Subjekt schöpfen und den Dingen zuweisen. Alle diese Interpretationen verkehren die Grundstruktur des Verhaltens der Aussage selbst, ihr apophantisches, aufzeigendes Wesen. Das Aussagen ist aufzeigendes Sehenlassen des Seienden. In der aufzeigenden Aneignung des Seienden, so wie es als entdecktes ist, wird ihrem Sinne gemäß dem entdeckten Seienden seine jeweilige Sachbestimmtheit ausdrücklich zugeeignet. Wir haben hier wiederum das eigentümliche Verhältnis, daß die enthüllende Aneignung des Vorhandenen in seinem So-sein gerade keine Subjektivierung ist, sondern umgekehrt eine Zueignung der entdeckten Bestimmungen zum Seienden, so wie es an sich ist.

Wahrheit gehört als Enthüllen und in eins mit der zum Enthüllten gehörigen Enthülltheit zum Dasein; sie existiert. Weil ihr die Seinsart des Daseins, d. h. des seinem Wesen nach Transzendenten eignet, ist sie auch eine mögliche Bestimmung des Seienden, das innerhalb der Welt begegnet. Dieses Seiende, z. B. die Natur, hängt in seinem Sein, daß und ob es Seiendes ist oder nicht, keineswegs davon ab, ob es wahr, d. h. enthüllt ist und als enthülltes für ein Dasein begegnet oder nicht. Wahrheit, Enthüllen und Enthülltheit, gibt es nur, wenn und solange Dasein existiert. Wenn keine ›Subjekte‹ sind, und zwar im wohlverstandenen Sinne des existierenden Daseins, gibt es weder Wahrheit noch Falschheit. Wird aber so nicht die Wahrheit vom ›Subjekt‹ abhängig? Wird sie so nicht subjektiviert, wo wir doch wissen, daß sie etwas ›Objektives‹, dem Belieben der Subjekte Entzogenes ist? Ist mit dem ›die Wahrheit existiert und sie ist nur, sofern Dasein existiert‹ alle objektive Wahrheit geleugnet? Wenn Wahrheit nur ist, sofern Dasein existiert, verfällt dann nicht alle Wahrheit dem Belieben und der Willkür des Ich? Muß diese Interpretation der Wahrheit als des zur Existenz des Daseins gehörenden Enthüllens, als etwas, was mit der Existenz bzw. Nichtexistenz des Daseins steht und fällt, nicht von vornherein als unhaltbar gekennzeichnet werden, wenn sie in ihren Konsequenzen alle bindende und verpflichtende objektive Entscheidung unmöglich macht und alle objektive Erkenntnis als von Gnaden des Subjekts erklärt? Müssen wir nicht, um diesen verhängnisvollen Konsequenzen zu entgehen, von vornherein für alle Wissenschaft und alle philosophische Erkenntnis voraussetzen, daß es eine an sich bestehende, wie man sagt, zeitlose Wahrheit gibt?

So wird in der Tat meist oder überall argumentiert. Man ruft versteckterweise den gesunden Menschenverstand zu Hilfe, man arbeitet mit Argumenten, die keine sachlichen Gründe sind, man appelliert versteckterweise an die Stimmung des vulgären Verstandes, für den es eine Ungeheuerlichkeit wäre, wenn keine ewigen Wahrheiten bestünden. Zunächst ist aber zu sagen, daß philosophische Erkenntnis und wissenschaftliche Erkenntnis überhaupt sich nicht um die Konsequenzen kümmert, auch wenn sie dem bürgerlichen Verstande noch so unbequem sind. Es geht um die nüchterne, unabgeschwächte Klarheit des Begriffs und die Anerkennung dessen, was sich in der Untersuchung ergibt. Alle anderen Konsequenzen und Stimmungen sind belanglos.

Die Wahrheit gehört zur Seinsverfassung des Daseins selbst. Sofern man sagt, die Wahrheit ist etwas an sich Zeitloses, entsteht das Problem, inwiefern durch unsere Interpretation die Wahrheit nicht subjektiv erklärt und alle Wahrheit relativistisch verflacht wird und die Theorie dem Skeptizismus verfällt. 2 mal 2 ist 4 gilt doch nicht erst seit vorgestern und nur bis übermorgen. Diese Wahrheit hängt doch nicht von irgendeinem Subjekt ab. Wie steht es mit dem Satze: Die Wahrheit ist nur, wenn und solange enthüllendes, wahres, in der Wahrheit existierendes Dasein ist? Die Gesetze Newtons, mit denen man oft bei der Interpretation der Wahrheit argumentiert, sind nicht von Ewigkeit her da und sie waren nicht wahr, bevor sie durch Newton entdeckt wurden. Sie wurden erst wahr in und mit der Entdecktheit, denn diese ist ihre Wahrheit. Daraus folgt weder, daß sie, wenn sie erst mit der Entdeckung wahr wurden, vor der Entdeckung falsch waren, noch, daß sie falsch werden, wenn ihre Entdecktheit und ihre Enthülltheit unmöglich wird, d. h. wenn kein Dasein mehr existiert. Vor ihrer Entdeckung waren die Newtonschen Gesetze weder wahr noch falsch. Das kann nicht heißen, daß das Seiende, das mit den enthüllten Gesetzen entdeckt ist, vordem nicht so gewesen ist, wie es auch nach der Entdeckung sich zeigte und als so sich zeigendes ist. Die Entdecktheit, d. h. die Wahrheit enthüllt gerade das Seiende als das, was es vordem schon war, unangesehen seiner Entdecktheit und Nichtentdecktheit. Als entdecktes Seiendes wird es als das verständlich, was so ist, wie es ist und sein wird, abgesehen von jeder möglichen Entdecktheit seiner selbst. Damit die Natur sei, wie sie ist, bedarf sie nicht der Wahrheit, d. h. der Enthülltheit. Der in dem wahren Satz gemeinte Bestand ›2 mal 2 = 4‹ kann in alle Ewigkeit bestehen, ohne daß es darüber eine Wahrheit gibt. Sofern es eine Wahrheit darüber gibt, versteht diese gerade das, daß das in ihr Gemeinte nicht von ihr in seinem So-sein abhängt. Daß es aber ewige Wahrheiten gäbe, bleibt solange eine willkürliche Annahme und Behauptung, als nicht absolut evident bewiesen ist, daß seit Ewigkeit her und in alle Ewigkeit so etwas wie menschliches Dasein existiert, das seiner Seinsverfassung nach Seiendes enthüllen und als enthülltes sich aneignen kann. Der Satz ›2 mal 2 = 4‹ als wahre Aussage ist nur solange wahr, als Dasein existiert. Wenn grundsätzlich kein Dasein mehr existiert, gilt der Satz nicht mehr, nicht weil der Satz als solcher ungültig ist, nicht weil er falsch geworden wäre und 2 mal 2 = 4 sich geändert hätte in 2 mal 2 = 5, sondern weil Entdecktheit von etwas als Wahrheit nur existieren kann mit dem entdeckenden existierenden Dasein. Es gibt gar keinen Rechtsgrund, ewige Wahrheiten vorauszusetzen. Noch überflüssiger ist es, daß wir sogar voraussetzen, es gäbe dergleichen wie Wahrheit. Eine heute beliebte Erkenntnistheorie meint, wir müßten gegenüber dem Skeptizismus vor aller Wissenschaft und Erkenntnis die Voraussetzung machen, daß es Wahrheit gäbe. Diese Voraussetzung ist überflüssig, denn sofern wir existieren, sind wir in der Wahrheit, wir sind uns selbst und innerweltliches Seiendes, das wir nicht sind, ist uns zugleich in irgendeiner Weise enthüllt. Ausmaß und Grenze der Enthülltheit ist in diesem Falle gleichgültig. Nicht *wir* brauchen vorauszusetzen, daß es irgendwo ›an sich‹ eine Wahrheit gäbe als irgendwo schwebenden transzendenten Wert oder gültigen Sinn, sondern die Wahrheit selbst, d. h. die Grundverfassung des Daseins, setzt *uns* voraus, ist die Voraussetzung für unsere eigene Existenz. Wahrsein, Enthülltheit ist die Grundbedingung dafür, daß wir so sein können, wie wir als Dasein existieren. Die Wahr-

heit ist die Voraussetzung dafür, daß wir überhaupt etwas
voraussetzen können. Denn Voraussetzen ist in jedem Falle
ein enthüllendes Ansetzen von etwas als seiend. Die Voraussetzung überhaupt setzt Wahrheit voraus. Wir müssen nicht
erst die Wahrheit voraussetzen, um zu erkennen. Daß aber
Seiendes vom Charakter des Daseins, also Seiendes, das seinem Wesen nach in der Wahrheit existiert, notwendig oder
gar ewig ist, kann nie bewiesen werden. Man mag das aus
irgendwelchen religiösen oder sonstigen Gründen glauben, –
von einer Erkenntnis, die ihrem Ausweisungssinn nach auch
nur entfernt dazu geeignet wäre, Fundament wissenschaftlicher
Erkenntnis zu sein, ist keine Rede. Hat je ein faktisch existierendes Dasein, hat je einer von uns selbst als solcher frei von
sich aus entschieden und wird je ein existierendes Dasein von
sich aus darüber entscheiden können, ob es ins Dasein kommen
will oder nicht? Keineswegs. Die Ansetzung ewiger Wahrheiten bleibt eine phantastische Behauptung, ebenso wie es ein
naives Mißverständnis bleibt zu meinen, daß Wahrheit, wenn
sie nur ist, sofern und solange Dasein existiert, dem Relativismus und Skeptizismus ausgeliefert werde. Im Gegenteil, die
Theorien des Relativismus und des Skeptizismus entspringen
aus einer z. T. berechtigten Opposition gegen einen verkehrten Absolutismus und Dogmatismus des Wahrheitsbegriffs,
der darin seinen Grund hat, daß man das Phänomen der
Wahrheit äußerlich als Bestimmung des Subjekts oder des Objekts nimmt oder, wenn beides nicht geht, als irgendein drittes Reich des Sinnes. Wenn wir uns nichts vormachen und
nicht versteckterweise irgendwelche hinterweltlichen Überzeugungen in die Untersuchung hineinspielen lassen, dann ergibt
sich die Einsicht: Enthüllen und Enthülltheit, d. h. Wahrheit,
gründen in der *Transzendenz des Daseins*, existieren nur, sofern Dasein selbst existiert.

d) Die existenziale Seinsart der Wahrheit und die ontologische Grundfrage nach dem Sinn von Sein überhaupt

Aber es bedarf noch eines weiteren Schrittes. Wahrheit ist nichts Vorhandenes, wohl aber eine mögliche Bestimmtheit des Seins des Vorhandenen, sofern dieses Vorhandene entdeckt ist. Wie kann das Sein eines Seienden und gar das Sein des Vorhandenen, das seinem Wesen nach von der Existenz eines Daseins unabhängig ist, durch die Entdecktheit bestimmt werden? Soll das Sein eines Vorhandenen durch die Entdecktheit bestimmbar sein, muß auch das Sein eines Seienden oder genauer die Seinsart jedes Seienden den Seinscharakter der Wahrheit haben. Allein, können wir denn sagen: Das Sein hat eine Seinsart? Seiendes ist und hat ein Sein, aber Sein ist doch nicht Seiendes. Aber schon in dem Satze ›Sein ist nicht Seiendes‹ sagen wir das ›ist‹ vom Sein aus. Was besagt hier das ›ist‹, wenn ich sage: Sein *ist* das und das? Welchen Sinn hat die Kopula in allen Aussagen über das Sein, das nicht Seiendes ist?[1] Welche Bedeutung hat die Kopula in allen ontologischen Sätzen? Diese Frage ist das zentrale Geheimnis, dem Kant in seiner »Kritik der reinen Vernunft« nachgeht, wenn es auch nach außen hin nicht ohne weiteres sichtbar ist. Dergleichen wie Sein muß es in irgendeinem Sinne geben, wenn wir mit Recht davon reden und wenn wir uns zu Seiendem verhalten, es als Seiendes, d. h. in seinem Sein verstehen. Wie ›gibt es‹ Sein? Gibt es Sein nur, wenn Wahrheit existiert, d. h. wenn das Dasein existiert? Hängt es von der Existenz des Daseins ab, ob es Sein gibt oder nicht? Wenn ja, dann ist hiermit wiederum nicht behauptet, daß es von der Existenz des Daseins abhängt, ob Seiendes, z. B. die Natur, sei oder nicht. Die Art und Weise, wie es Sein gibt und nur geben kann, präjudiziert nichts darüber, ob und wie Seiendes als Seiendes ist.

[1] Vgl. Arist. Met. Γ 2, 1003 b 10: διὸ καὶ τὸ μὴ ὂν εἶναι μὴ ὂν φαμεν.

Das Problem konzentriert sich in der Frage: Wie verhält sich die Existenz der Wahrheit zum Sein und der Art und Weise, wie es Sein gibt? Sind Sein und Wahrheit wesenhaft aufeinander bezogen? Steht mit der Existenz der Wahrheit auch die des Seins, und fällt sie mit dieser? Ist es so, daß das Seiende, sofern es ist, von der Wahrheit über es unabhängig ist, daß aber die Wahrheit nur ist, wenn das Dasein existiert, und umgekehrt, wenn wir einmal verkürzter Weise sagen dürfen, daß das Sein existiert?

Wir sind durch die kritische Diskussion des ›ist‹ und seiner *Vieldeutigkeit*, vor allem im Hinblick auf seinen *Zusammenhang mit dem Wahrsein*, wieder auf die *ontologische Grundfrage* zurückgedrängt. Wir sehen auch bei der vierten These, was je die Diskussion der drei vorigen schon ergab: Der Begriff des Seins ist ganz und gar nicht einfach und ebensowenig selbstverständlich. Der *Sinn von Sein* ist der verwickeltste, und der Grund des Seins ist dunkel. Es bedarf der Entwirrung der Verwirrungen und der Aufklärung des Dunkels. Haben wir die Inangriffnahme dieser Aufgabe so in der Hand, daß uns das Licht und der Leitfaden für ihre Durchführung zur Verfügung stehen? Die Betrachtungen des nunmehr abgeschlossenen ersten Teiles unserer Vorlesung haben uns nicht nur die Vieldeutigkeit und die Schwierigkeit scheinbar trivialer Fragen näher gebracht, sondern die verschiedenen ontologischen Probleme drängten ihrem eigenen Gehalte nach die Fragestellung immer wieder auf die Frage nach dem Seienden, das wir selbst sind, zurück. Innerhalb der ontologischen Problematik hat demnach dieses Seiende, das wir selbst sind, das Dasein, seine eigene Auszeichnung. Wir sprechen daher vom *ontologischen Vorrang des Daseins*. Wir sahen im Verlauf der Betrachtungen, daß durchgängig in der Philosophie, auch da, wo sie scheinbar primär und einzig Ontologie der Natur ist, der Rückgang auf den νοῦς, den Geist, die ψυχή, die Seele, den λόγος, die Vernunft, die res cogitans, das Bewußtsein, das Ich, den Geist vollzogen wird, – daß sich an

diesem Seienden alle Aufklärung des Seins in irgendeinem
Sinne orientiert.

Im rohen haben wir den Grund dieses ontologischen Vor-
rangs des Daseins kenntlich gemacht. Er liegt darin, daß dieses Seiende in seiner eigensten Verfassung so konstituiert ist,
daß zu seiner Existenz *Seinsverständnis* gehört, aufgrund dessen überhaupt erst alles Verhalten zu Seiendem, zu Vorhandenem sowohl wie zu sich selbst, möglich wird. Wenn wir das
Grundproblem der Philosophie ergreifen, nach dem Sinn und
Grund des Seins fragen, dann müssen wir uns, wollen wir
nicht phantasieren, methodisch an das halten, was uns dergleichen wie Sein zugänglich macht: an das zum Dasein gehörige Seinsverständnis. Sofern das Seinsverständnis zur Existenz des Daseins gehört, wird es und das in ihm verstandene
und gemeinte Sein um so angemessener und ursprünglicher
zugänglich, je ursprünglicher und umfassender die *Seinsverfassung des Daseins* selbst und die *Möglichkeit des Seinsverständnisses* ans Licht gebracht ist. Wenn das Dasein aufgrund
des zu ihm gehörigen Seinsverständnisses einen Vorrang in
aller ontologischen Problematik hat, ist damit gefordert, es
einer *vorbereitenden ontologischen Untersuchung* zu unterwerfen, die das Fundament gibt für alle weitere Problematik, die
die Frage nach dem Sein des Seienden überhaupt und dem
Sein der verschiedenen Seinsbezirke in sich schließt. Wir kennzeichnen daher die vorbereitende ontologische Analytik des
Daseins als *Fundamentalontologie. Vorbereitend* ist sie deshalb, weil sie *zur Aufhellung des Sinnes von Sein* und des
Horizontes des Seinsverständnisses erst *hinleitet.* Sie kann nur
vorbereitend sein, weil sie erst das Fundament für eine radikale Ontologie gewinnen will. Sie muß daher nach der Herausstellung des Sinnes des Seins und des Horizontes der Ontologie auf einer höheren Stufe wiederholt werden. Warum in diesem Weg kein Zirkel liegt, oder besser gesagt, warum der Zirkel und die Zirkelhaftigkeit aller philosophischen Interpretation nicht das Ungeheuer ist, als welches man es meistens

fürchtet, können wir hier nicht genauer erörtern. Durch die Fundamentalontologie, die das Dasein zum ontologischen Thema hat, rückt das Seiende, das wir selbst sind, in das Zentrum der philosophischen Problematik. Man kann das eine anthropozentrische oder subjektivistisch-idealistische Philosophie nennen. Aber diese Aushängeschilder des philosophischen Betriebes besagen gar nichts, sondern sie werden lediglich entweder zu einer unsachlichen Anpreisung irgendeines Standpunktes oder zu einer ebenso unsachlichen demagogischen Verdächtigung. Daß das Dasein fundamentalontologisches Thema wird, ist nicht unsere Laune, sondern entspringt im Gegenteil der Notwendigkeit und dem Sachgehalt der Idee des Seins überhaupt.

Die Aufgabe der fundamentalontologischen Interpretation des Daseins ist somit in den Hauptzügen deutlich. Die Durchführung ist jedoch keineswegs einfach. Vor allem dürfen wir uns nicht der Täuschung hingeben, diese Durchführung sei mit einem Handstreich zu leisten. Je eindeutiger das Problem des Seins gestellt wird, um so undurchdringlicher sind die Schwierigkeiten, zumal in einer Vorlesung, die die volle Beherrschung der Methode und die zureichende Übersicht über das Ganze des Problems nicht schon voraussetzen kann. Hier darf es nur um eine Orientierung über das Grundproblem der Ontologie gehen. Dies allerdings ist unumgänglich, wollen wir überhaupt einen zureichenden Begriff der Philosophie geben, wie sie seit Parmenides in unserer Geschichte lebendig ist.

ZWEITER TEIL
DIE FUNDAMENTALONTOLOGISCHE FRAGE NACH
DEM SINN VON SEIN ÜBERHAUPT
DIE GRUNDSTRUKTUREN UND GRUNDWEISEN DES SEINS

Die Diskussion der vier Thesen im ersten Teil sollte uns jeweils
ein ontologisches Grundproblem zugänglich machen, und zwar
so, daß die dabei herausspringenden vier Problemgruppen in
sich als einheitlich sich zeigten, als die Probleme, die das Ganze
der ontologischen Grundproblematik ausmachen. Als die *vier
ontologischen Grundprobleme* ergaben sich: erstens das Problem der *ontologischen Differenz,* der Unterschied von Sein
und Seiendem; zweitens das Problem der *Grundartikulation
des Seins,* Sachhaltigkeit eines Seienden und Seinsart des Seienden; drittens das Problem der *möglichen Modifikationen
des Seins* und der *Einheit des Seinsbegriffs* in seiner Vieldeutigkeit; viertens das Problem des *Wahrheitscharakters des Seins.*
Die Behandlung dieser vier Grundprobleme weisen wir
entsprechend den *vier Kapiteln* dieses *zweiten Teiles* zu.

ERSTES KAPITEL
Das Problem der ontologischen Differenz

Das Problem des Unterschiedes von Sein überhaupt und Seiendem steht nicht ohne Grund an erster Stelle. Denn die Erörterung dieses Unterschiedes soll erst ermöglichen, eindeutig und methodisch sicher dergleichen wie Sein im Unterschied von Seiendem thematisch zu sehen und zur Untersuchung zu stellen. Mit der Möglichkeit eines hinreichend klaren Vollzuges dieser Unterscheidung von Sein und Seiendem und demnach mit der Möglichkeit des Vollzuges des Überschritts von der ontischen Betrachtung des Seienden zur ontologischen Thematisierung des Seins steht und fällt die Möglichkeit der Ontologie, d. h. der Philosophie als Wissenschaft. Die Erörterungen dieses Kapitels beanspruchen daher unser vorwiegendes Interesse. Sein und der Unterschied desselben von Seiendem kann nur fixiert werden, wenn wir das Verständnis von Sein als solches in den Griff bekommen. Das Seinsverständnis begreifen heißt aber, *das* Seiende zunächst verstehen, zu dessen Seinsverfassung das Seinsverständnis gehört, das Dasein. Die Herausstellung der Grundverfassung des Daseins, d. h. seiner Existenzverfassung, ist die Aufgabe der vorbereitenden ontologischen Analytik der Existenzverfassung des Daseins. Wir nennen sie die existenziale Analytik des Daseins. Diese muß darauf zielen, ans Licht zu bringen, worin die Grundstrukturen des Daseins in ihrer Einheit und Ganzheit gründen. Zwar haben wir im ersten Teil gelegentlich, soweit es jeweils die positiv kritischen Erörterungen erforderten, *einzelne Stücke* solcher existenzialen Analytik gegeben. Aber wir haben sie weder in ihrer Systematik durchlaufen, noch haben wir die Grundverfassung des Daseins eigens herausgestellt. Bevor wir das ontologische Grundproblem erörtern, bedarf es der Durchführung der existenzialen Analytik des Daseins. Das ist jedoch innerhalb dieser Vorlesung unmöglich, wenn wir überhaupt das ontologische Grundproblem stellen wollen. Wir müssen daher einen Ausweg wählen und das wesentliche Resultat der existenzialen Analytik des Daseins als begründetes Ergebnis voraussetzen. Was die existenziale Analytik umfaßt, habe ich nach den wesentlichen Ergebnissen in meiner Abhandlung über »Sein und Zeit« vorgelegt. Das Ergebnis der existenzialen Analytik, d. h. der Herausstellung der Seinsverfassung des Daseins in ihrem Grunde lautet: *Die Seinsverfassung des Daseins gründet in der Zeitlichkeit.* Wenn wir dies Ergebnis voraussetzen, dann besagt das nicht, daß wir uns damit begnügen dürften, das Wort Zeitlichkeit zu hören. Ohne hier ausdrücklich den Nachweis zu führen, daß die Grundverfassung des Daseins in der Zeitlichkeit gründet, müssen wir dennoch versuchen, auf irgendeinem Wege ein Verständnis dessen zu gewinnen, was Zeitlichkeit besagt. Hierzu wählen wir den Weg, daß wir den *vulgären Begriff der Zeit zum Ausgang nehmen* und sehen lernen, wie das, was man gemeinhin als Zeit kennt und bislang in der Philosophie einzig zum Problem machte, *die Zeitlichkeit selbst voraussetzt.* Es gilt zu sehen, daß und wie die vulgär verstandene Zeit zur Zeitlichkeit gehört und aus ihr entspringt. Durch diese Betrachtung arbeiten wir uns vor zu dem Phänomen der Zeitlichkeit selbst und ihrer Grundstruktur. Was gewinnen wir damit? Nichts Geringeres als den *Einblick in die ursprüngliche Seinsverfassung des Daseins. Dann aber muß, wenn anders das Seinsverständnis zur Existenz des Daseins gehört, auch dieses in der Zeitlichkeit gründen. Die ontologische Bedingung der Möglichkeit des Seinsverständnisses ist die Zeitlichkeit selbst. Aus ihr muß daher dasjenige herauszuholen sein, von wo aus wir dergleichen wie Sein verstehen.* Die *Zeitlichkeit* übernimmt die Ermöglichung des Seinsverständnisses und damit die *Ermöglichung der thematischen Auslegung des Seins* und *seiner Artikulation* und *vielfältigen Weisen,* d. h. die Ermöglichung der Ontologie. Daraus erwächst eine eigene, auf die Zeitlichkeit bezogene

Problematik. Wir bezeichnen sie als die der *Temporalität*. Der
Terminus ›Temporalität‹ deckt sich nicht mit dem von Zeitlichkeit, obwohl er nur dessen Übersetzung ist. Er meint die
Zeitlichkeit, sofern sie selbst zum Thema gemacht ist als Bedingung der Möglichkeit des Seinsverständnisses und der Ontologie als solcher. Der Terminus ›Temporalität‹ soll anzeigen,
daß die Zeitlichkeit in der existenzialen Analytik den Horizont darstellt, von woher wir Sein verstehen. Was wir in der
existenzialen Analytik erfragen, die Existenz, ergibt sich als
Zeitlichkeit, die ihrerseits den Horizont für das Seinsverständnis ausmacht, das wesenhaft zum Dasein gehört.

Es gilt, das Sein in seiner temporalen Bestimmtheit zu sehen
und ihre Problematik zu enthüllen. Wenn aber das Sein in
seiner temporalen Bestimmtheit phänomenologisch sichtbar
wird, setzen wir uns dadurch in den Stand, auch schon den
Unterschied zwischen Sein und Seiendem deutlicher zu fassen
und den Grund der ontologischen Differenz zu fixieren. Damit
ist der Aufriß des ersten Kapitels des zweiten Teiles, das vom
Problem der ontologischen Differenz handeln soll, gegeben:
Zeit und Zeitlichkeit (§ 19); Zeitlichkeit und Temporalität
(§ 20); Temporalität und Sein (§ 21); Sein und Seiendes
(§ 22).

§ 19. Zeit und Zeitlichkeit

Es gilt, durch das vulgäre Zeitverständnis hindurch zur Zeitlichkeit vorzudringen, in der die Seinsverfassung des Daseins
wurzelt und zu der die vulgär verstandene Zeit gehört. Das
Nächste ist, daß wir uns des vulgären Zeitverständnisses versichern. Was meinen wir mit Zeit im natürlichen Erfahren und
Verstehen? Wenngleich wir ständig mit der Zeit rechnen bzw.
ihr, ohne sie ausdrücklich mit der Uhr zu messen, Rechnung
tragen und ihr als dem Alltäglichsten überlassen sind, sei es,
daß wir in sie verloren sind oder von ihr bedrängt, — wenngleich uns die Zeit so vertraut ist, wie nur etwas in unserem

Dasein, so wird sie doch fremd und rätselhaft, wenn wir versuchen, sie auch nur in den Grenzen der alltäglichen Verständigkeit zu verdeutlichen. Das Wort Augustins über diesen Tatbestand ist bekannt. Quid est enim ›tempus‹? Quis hoc facile
breviterque explicaverit? Quis hoc ad verbum de illo pro-
ferendum vel cogitatione conprehenderit? Quid autem fami-
liarius et notius in loquendo conmemoramus quam ›tempus‹?
Et intellegimus utique, cum id loquimur, intellegimus etiam,
cum alio loquente id audimus. – Quid est ergo ›tempus‹?
Si nemo ex me quaerat, scio; si quaerenti explicare velim,
nescio: fidenter tamen dico scire me, quod, si nihil praeteriret,
non esset praeteritum tempus, et si nihil adveniret, non esset
futurum tempus, et si nihil esset, non esset praesens tempus.[1]
»Was ist denn die Zeit, wer vermöchte das je leicht und kurz
auseinanderzulegen? Wer hat diese gedanklich begriffen, um
von ihr zu reden? Was aber gibt es Vertrauteres und Bekann-
teres, das wir in unserer Rede erwähnen, als die Zeit? Und
wir verstehen sie jedenfalls, wenn immer wir von ihr reden,
und wir verstehen sie auch, wenn wir einen anderen von ihr
reden hören. Was ist das also – Zeit? Wenn mich niemand
darüber ausfragt, weiß ich es; wenn ich es dem Frager auseinanderlegen soll, weiß ich es nicht; zuversichtlich sage ich jedoch,
daß ich weiß: wenn nichts vorüberginge, gäbe es keine vergangene Zeit, und wenn nichts anrückte, gäbe es keine zukünftige Zeit, und wenn nichts vorhanden wäre, gäbe es keine
gegenwärtige Zeit.« Simplicius, der Neuplatoniker, sagt: τί δὲ
δήποτέ ἐστιν ὁ χρόνος, ἐρωτηθεὶς μόγις ἂν ὁ σοφώτατος ἀποκρί-
ναιτο[2]. »Was denn nun die Zeit sei, auf diese Frage vermöchte
wohl kaum der Weiseste eine Antwort zu finden.« Weitere
Belege für die Schwierigkeit der Zeiterfassung und Zeit-Interpretation sind überflüssig. Jeder Versuch, den wir selbst
machen, das, was wir im natürlichen Verstehen mit Zeit mei-

---

[1] Augustinus, Confessiones, XI, c. 14.
[2] Simplicius, In Aristotelis physicorum libros quattuor priores commen-
taria. Hg. H. Diels. Berlin 1882. p. 695, 17 f.

nen, aufzuklären, unverhüllt und rein herauszustellen, was unter Zeit zu verstehen sei, überzeugt davon. Zunächst sind wir ohne jede Orientierung. Wir wissen nicht, wohin wir blikken sollen, wo wir dergleichen wie die Zeit suchen und finden sollen. Aus dieser Verlegenheit rettet zunächst ein Ausweg. Das vulgäre Zeitverständnis hat sich schon sehr bald in der Philosophie begrifflich ausgesprochen. In den ausdrücklichen Zeitbegriffen haben wir demnach eine Prägung des Zeitphänomens zur Verfügung. Das Phänomen der Zeit entwischt uns nicht mehr völlig, wenn wir uns an eine begriffliche Charakteristik halten. Allein, wenn auch die Zeit im Begreifen der Zeitbegriffe faßlicher wird, so dürfen wir über diesen Gewinn nicht alle methodische Vorsicht und Kritik preisgeben. Denn gerade, wenn das Zeitphänomen so schwer zu fassen ist, bleibt es fraglich, ob die Interpretation der Zeit, die sich im traditionellen Zeitbegriff niedergeschlagen hat, dem Phänomen der Zeit durchgängig angemessen ist. Und selbst wenn sie das wäre, stünde noch die Frage zur Erörterung, ob diese, wenn auch angemessene Interpretation der Zeit das Phänomen in seiner ursprünglichen Verfassung trifft, oder ob der vulgäre und echte Zeitbegriff lediglich eine Ausprägung der Zeit faßt, die ihr zwar eigentümlich ist, aber sie nicht in ihrer Ursprünglichkeit ergreift.

Nur wenn wir uns unter diese Vorbehalte stellen, besteht die Gewähr, aus einer kritischen Erörterung am traditionellen Zeitbegriff Nutzen für das Verständnis des Zeitphänomens zu ziehen. Da für das Verständnis der fundamentalontologischen Betrachtungen alles daran liegt, das Zeitphänomen in seiner ursprünglichen Struktur in den Blick zu bringen, wäre es völlig zwecklos, wenn wir uns irgendeine oder mehrere Definitionen der Zeit nur merkten, um bei Gelegenheit mit einer Definition der Zeit aufzuwarten. Wir bedürfen zunächst einer vielseitigen Orientierung über das Zeitphänomen am Leitfaden der traditionellen Zeitbegriffe. Sodann gilt es aber zu fragen, in welcher Weise die Zeitinterpretationen, denen diese Begriffe entsprungen sind, das Zeitphänomen selbst anvisierten, wie weit dabei das ursprüngliche Zeitphänomen in den Blick genommen und wie sich von diesem zunächst gegebenen Zeitphänomen der Rückgang zur ursprünglichen Zeit vollziehen läßt.

Der Übersicht halber gliedern wir den § 19 in a) Historische Orientierung über den traditionellen Zeitbegriff und Charakteristik des diesem zugrundeliegenden vulgären Zeitverständnisses; b) Das vulgäre Zeitverständnis und der Rückgang zur ursprünglichen Zeit.

a) Historische Orientierung über den traditionellen Zeitbegriff und Charakteristik des diesem zugrundeliegenden vulgären Zeitverständnisses

Wenn wir historisch rückschauend die Versuche, sich begrifflich der Zeit zu bemächtigen, überblicken, dann zeigt sich, daß die Antike schon das Wesentliche herausgestellt hat, was den Gehalt des traditionellen Zeitbegriffes ausmacht. Die beiden fortan maßgebenden antiken Interpretationen der Zeit, die schon genannte des Augustinus und die erste große Abhandlung über die Zeit von Aristoteles, sind auch die weitaus umfangreichsten und wirklich thematischen Untersuchungen des Zeitphänomens selbst. Augustinus kommt auch in einer Reihe von wesentlichen Bestimmungen mit Aristoteles überein.

Die Abhandlung des Aristoteles über die Zeit findet sich in seiner Physik Δ 10, 217 b 29 – 14, 224 a 17. Wesentliche Ergänzungen zu seiner Zeitauffassung gibt er in den ersten Kapiteln von Physik Θ. Einige wichtige Stellen finden sich auch in De Anima, Buch Γ. Unter den antiken Zeitauffassungen hat noch diejenige Plotins eine gewisse Bedeutung Περὶ αἰῶνος καὶ χρόνου (Enneaden III, 7), »Über den Aeon und über die Zeit«. Aeon ist eine eigentümliche Zwischenform zwischen Ewigkeit und Zeit. Die Erörterung des Aeon spielt im Mittelalter eine große Rolle. Plotin gibt aber mehr eine theosophische Spekulation über die Zeit als eine streng am Phänomen selbst bleibende und das Phänomen in den Begriff zwingende Interpretation. Über den antiken Zeitbegriff orientiert zusammenfassend besonders der Anhang, den Simplicius in seinem großen Kommentar zur Aristotelischen Physik gibt. Dieser Kommentar gibt am Schluß der Interpretation des vierten Buches einen selbständigen Anhang, in dem Simplicius über die Zeit handelt.[3] Unter den Scholastikern haben sich vor allem Thomas von Aquino und Suarez am eingehendsten mit dem Zeitbegriff befaßt, und zwar im engen Anschluß an die Aristotelische Auffassung. In der neuzeitlichen Philosophie sind die wichtigsten Untersuchungen über die Zeit bei Leibniz, Kant und Hegel zu finden, wo im Grunde überall die Aristotelische Zeitinterpretation durchbricht.

Aus der jüngsten Zeit sind die Untersuchungen von Bergson über das Zeitphänomen zu nennen. Sie sind weitaus die selbständigsten. Die wesentlichen Ergebnisse seiner Untersuchungen hat er in seinem »Essai sur les données immédiates de la conscience« (1888) vorgelegt. Diese Untersuchungen sind von ihm in seinem Hauptwerk »L'évolution créatrice« (1907) erweitert und in einen größeren Zusammenhang gestellt worden. Bergson macht schon in seiner ersten Abhandlung den Versuch, den Aristotelischen Zeitbegriff zu überwinden und als einseitig darzustellen. Er versucht, über den vulgären Zeitbegriff hinauszukommen, und unterscheidet gegenüber der vulgär verstandenen Zeit, die er temps nennt, durée, Dauer. In einer neueren Schrift »Durée et simultanéité« (2. Aufl. 1923) gibt Bergson eine Auseinandersetzung mit der Relativitätstheorie Einsteins. Gerade Bergsons Lehre von der Dauer ist aus einer direkten Auseinandersetzung mit dem Aristotelischen Zeitbegriff erwachsen. Die Interpretation, die er von der vulgär verstandenen Zeit gibt, beruht auf einem Mißverständnis des Aristotelischen Zeitverständnisses. Dementsprechend ist auch

[3] a.a.O., pp. 773—800.

der Gegenbegriff zur vulgären Zeit, die Dauer, in diesem Sinne nicht haltbar. Es gelingt ihm nicht, mit diesem Begriff zum eigentlichen Zeitphänomen vorzudringen. Dennoch sind die Untersuchungen Bergsons wertvoll, weil sie eine philosophische Anstrengung bekunden, über den traditionellen Zeitbegriff hinauszukommen.

Wir betonten schon, daß in den beiden antiken Zeitinterpretationen von Aristoteles und Augustinus das Wesentliche gesagt ist, was innerhalb des vulgären Zeitverständnisses zunächst über die Zeit gesagt werden kann. Im Vergleich sind die Aristotelischen Untersuchungen begrifflich strenger und stärker, während Augustinus einige Dimensionen des Zeitphänomens ursprünglicher sieht. Kein Versuch, hinter die Rätsel der Zeit zu kommen, wird sich von einer Auseinandersetzung mit Aristoteles dispensieren dürfen. Denn er hat zum ersten Mal und für lange Zeit hinaus das vulgäre Zeitverständnis eindeutig in den Begriff gebracht, so daß seine Zeitauffassung dem natürlichen Zeitbegriff entspricht. Aristoteles war der letzte der großen Philosophen, die Augen hatten zu sehen, und was noch entscheidender ist, die Energie und die Zähigkeit, die Untersuchung immer wieder auf die Phänomene und das Gesehene zurückzuzwingen und alle wilden und windigen Spekulationen, und seien sie noch so sehr nach dem Herzen des gemeinen Verstandes, von Grund aus zu mißachten.

Eine eingehende Interpretation der Aristotelischen Abhandlung und ebenso der Augustinischen müssen wir uns hier versagen. Wir wählen einige charakteristische Sätze aus, um daran den traditionellen Zeitbegriff zu illustrieren. Zur Ergänzung ziehen wir einige wichtige Gedanken aus Leibniz heran, dessen Erörterungen über die Zeit, wie alle seine wesentlichen Ideen, in seinen Gelegenheitsschriften, Abhandlungen und Briefen, verstreut sind.

Der Aufklärung des Aristotelischen Zeitbegriffes schicken wir eine kurze Darstellung des Aufrisses der Aristotelischen Zeitabhandlung voraus.

α) Aufriß der Aristotelischen Zeitabhandlung
Die Abhandlung umfaßt fünf Kapitel (Physik, Δ, c. 10–14).
Das *erste Kapitel* (c. 10) fixiert als erstes die Fragestellung. Sie
bewegt sich in zwei Richtungen. Die erste Frage ist: πότερον
τῶν ὄντων ἐστὶν ἢ τῶν μὴ ὄντων,[4] gehört die Zeit unter das
Seiende oder das Nichtseiende? Ist sie etwas von sich aus
Vorhandenes, oder ist sie nur so vorhanden, daß sie an einem
selbständig Vorhandenen mitvorhanden ist? *Wie* und *wo* ist
die Zeit? Die zweite Frage lautet: τίς ἡ φύσις αὐτοῦ[5], was
ist die Natur, das Wesen der Zeit? Diese beiden Fragen nach
der *Seinsart der Zeit* und nach ihrem *Wesen* erfahren hinsichtlich des Ausmaßes eine ungleichmäßige Behandlung. Die
erste Frage wird weniger ausführlich diskutiert; die positive
Beantwortung wird erst im letzten Kapitel (c. 14, 223 a 16
bis 224 a 17) gegeben. Die übrigen Teile der Abhandlung sind
der Untersuchung und Erörterung der zweiten Frage gewid-
met: Was ist die Zeit? Kapitel 10 fixiert nicht nur diese beiden Probleme, sondern diskutiert zugleich vorläufig die Schwierigkeiten, die in beiden Fragen liegen, und gibt im Zusammenhang damit Hinweise auf die bisherigen Lösungsversuche.
Aristoteles pflegt in dieser Form fast durchgängig seine Untersuchungen einzuleiten: historische Orientierung und Diskussion der Aporien. ἀπορία heißt das Nicht-durchkommen, das
Ohne-Weg-sein. Die Probleme werden zunächst so fixiert,
daß es den Anschein hat, als sei in diesen Fragen nicht weiter
zu kommen. Durch diese historische Orientierung und Diskussion der Aporien wird vorläufig der Sachgehalt des Problems näher gebracht.

Mit Bezug auf die erste Frage, ob die Zeit etwas Vorhandenes sei oder nicht vielmehr ein μὴ ὄν, scheint sich die letztere
Bestimmung als Antwort nahezulegen. Wie soll die Zeit als
Ganzes vorhanden sein, eine οὐσία, wo doch ihre Teile, die
sie ausmachen, nichtseiend sind, und zwar in verschiedener

---

[4] Arist. (Ross), Phys. Δ 10, 217 b 31.
[5] a.a.O., 217 b 32.

Weise. Zur Zeit gehören das Vergangene und das Zukünftige. Jenes ist *nicht mehr*, dieses *noch nicht*. Vergangenheit und Zukunft haben den Charakter einer Nichtigkeit. Die Zeit hat gleichsam, wie das Lotze einmal formuliert hat, zwei Arme, die sie in verschiedene Richtungen des Nichtseins hinausstreckt. Vergangenheit und Zukunft sind ihrem Begriffe nach gerade nicht, es *ist* im Grunde immer nur die Gegenwart, das Jetzt. Aber andererseits ist die Zeit auch nicht zusammengesetzt aus einer Mannigfaltigkeit von vorhandenen Jetzt. Denn in jedem Jetzt ist nur dieses, und die anderen *sind* jetzt noch nicht bzw. nicht mehr. Das Jetzt ist auch nie dasselbe und nie ein einziges, sondern ein anderes, ein Nicht-selbiges und Nicht-eines, ein Mannigfaltiges. Selbigkeit aber und Einheit sind Bestimmungen, die zu einem an sich Vorhandenen notwendig gehören. Wenn selbst diese Bestimmungen dem Moment der Zeit fehlen, von dem man vielleicht einzig noch sagen kann, daß es *ist*, dem Jetzt, dann scheint die Zeit ganz und gar dem Nichtsein und Nichtseienden (μὴ ὄν) zuzugehören. Bei dieser Aporie läßt Aristoteles zunächst die Frage nach der Seinsart der Zeit stehen, um einige überlieferte Anschauungen bezüglich der Seinsart sowohl wie des Wesens der Zeit zu diskutieren.

Die eine Auffassung identifiziert die Zeit mit der Bewegung des Alls. ἡ τοῦ ὅλου κίνησις[6], das Ganze des Seienden, das sich bewegt, ist die Zeit selbst. Diese ist hier noch in gewissem Sinne mythisch gedacht. Aber alle Mythologie hat ihren Grund in bestimmten Erfahrungen und ist alles andere als eine pure Dichtung oder Erfindung. Daß in dieser mythischen Auffassung die Zeit mit der Bewegung des Alls identifiziert wird, kann nicht zufällig und willkürlich sein. – Eine zweite Auffassung geht in dieselbe Richtung, aber sie ist bestimmter. Sie sagt: die Zeit ist ἡ σφαῖρα αὐτή.[7] Die Zeit wird hier der Himmelskugel gleichgesetzt, die im Kreise umschwingend alles umgreift und in sich befaßt. Wir müssen, um das zu ver-

---

[6] a.a.O., 218 a 33.
[7] a.a.O., 218 b 1.

stehen, die antike Weltvorstellung gegenwärtig haben, wonach
die Erde eine im Ozean schwimmende Scheibe ist und um sie
herum das Ganze der Himmelskugel. In dieser sind verschiedene Kugeln übereinandergelagert, in denen die Gestirne
befestigt sind. Die äußerste Himmelskugel ist dasjenige, das
alles umgreift, was eigentlich ist. Sie und ihr Umschwung wird
mit der Zeit identifiziert. Der Grund dieser Deutung ist nach
Aristoteles folgender: ἔν τε τῷ χρόνῳ πάντα ἐστὶν καὶ ἐν τῇ τοῦ
ὅλου σφαίρᾳ[8]; alles Seiende ist in der Zeit. Aber alles, was vorhanden ist, ist auch innerhalb des sich umdrehenden Himmels-
gewölbes, das die äußerste Grenze alles Seienden ist. Zeit und
äußerste Himmelssphäre sind identisch. Auch in dieser Deutung
liegt etwas Erfahrenes: die Zeit im Zusammenhang mit dem
Umschwung des Himmels, und die Zeit zugleich als das, *worin*
alles Seiende ist. Wir sagen ja: das Seiende ist *in* der Zeit.
Wenn man auch, sagt Aristoteles, von diesen einfältigen Aus-
legungen absehen muß, so spricht doch ein berechtigter Augen-
schein dafür, daß die Zeit so etwas wie Bewegung ist, κίνησίς
τις. Wir sprechen vom Fluß der Zeit und sagen: die Zeit vergeht. Für κίνησις sagt Aristoteles auch μεταβολή. Dies ist der
allgemeinste Begriff der Bewegung, wörtlich Umschlag. Die
Bewegung aber ist ihrem Wesen nach ἐν αὐτῷ τῷ κινουμένῳ,
d. h. im Bewegten selbst, oder immer da, wo gerade das Bewegte, das κινούμενον oder μεταβάλλον selbst ist. Die Bewegung
ist immer im Bewegten, sie ist nicht etwas, was gleichsam über
dem Bewegten schwebt, sondern das Bewegte selbst bewegt
sich. Die Bewegung ist daher immer dort, wo das Bewegte ist.
Allein, die Zeit, sagt Aristoteles, ὁ δὲ χρόνος ὁμοίως καὶ πανταχοῦ
καὶ παρὰ πᾶσιν[9], ist dagegen *in gleicher Weise* sowohl *überall*
als auch *neben* allem und bei allem. Damit ist ein Unterschied
der Zeit gegenüber der Bewegung fixiert. Während die Bewegung immer nur im Bewegten ist und nur dort, wo Bewegtes

---

[8] a.a.O., 218 b 6 f.
[9] a.a.O., 218 b 13.

sich aufhält, ist die Zeit überall (παντα χοῦ), nicht an einem
bestimmten Ort, und sie ist nicht im Bewegten selbst, sondern
παρά, daneben, irgendwie dabei. Bewegung und Zeit sind darin
verschieden, wie sie zum Bewegten und zu dem gehören, was
in der Zeit ist und was wir das Innerzeitige nennen. Damit
fällt schon die erste vorläufige Bestimmung, die sich nahelegte,
als sei die Zeit selbst eine Bewegung. Die Zeit selbst ist nicht
Bewegung, ὅτι μὲν τοίνυν οὐκ ἔστιν κίνησις[10]. Andererseits aber
ist die Zeit auch nicht ohne Bewegung. So kann jetzt das Resultat formuliert werden: die Zeit ist οὔτε κίνησις οὔτ᾽ ἄνευ
κινήσεως[11], sie ist zwar nicht selbst die Bewegung des Bewegten, gleichwohl ist sie aber *nicht ohne* die Bewegung. Daraus
ergibt sich, daß die Zeit in irgendeinem Sinne mit der Bewegung zusammenhängt, sie ist nicht κίνησις, sondern κινήσεώς τι,
etwas an der Bewegung, etwas im Zusammenhang mit der Bewegung des Bewegten. Das Problem der Frage nach dem Wesen der Zeit konzentriert sich auf die Frage: τί τῆς κινήσεώς
ἐστιν[12], *was an der Bewegung ist die Zeit?*

Damit ist der Weg der Untersuchung vorgezeichnet. Im *Kapitel 11*, dem *zweiten Kapitel* der Zeitabhandlung, das das
zentrale der ganzen Abhandlung ist, gewinnt Aristoteles das
Resultat, die Antwort auf die Frage, was die Zeit sei. Wir fixieren nur das Resultat, weil wir später die Interpretation des Wesens der Zeit ausführlicher verfolgen. Er sagt: τοῦτο γάρ ἐστιν ὁ
χρόνος, ἀριθμὸς κινήσεως κατὰ τὸ πρότερον καὶ ὕστερον[13], das
nämlich ist die Zeit: ein Gezähltes, das *im* Hinblick und *für*
den Hinblick auf das Vor und Nach an der Bewegung sich
zeigt; oder kurz: ein Gezähltes der im Horizont des Früher
und Später begegnenden Bewegung. Aristoteles zeigt nun genauer, was in der Erfahrung einer Bewegung schon liegt und
inwiefern dabei Zeit mitbegegnet. Er macht klar, inwiefern

---

[10] a.a.O., 218 b 18.
[11] Phys. Δ 11, 219 a 1.
[12] a.a.O., 219 a 3.
[13] a.a.O., 219 b 1 f.

und in welchem Sinne die Zeit ἀριθμός, eine Zahl ist, und wie
sich das Grundphänomen der Zeit τὸ νῦν, das Jetzt ergibt.

Das führt ihn dazu, im *dritten Kapitel* (c. 12) den Zusammenhang zwischen Bewegung und Zeit eingehender zu bestimmen und zu zeigen, daß nicht nur die Bewegung in der Zeit
ist und durch die Zeit gemessen wird, sondern umgekehrt auch
wieder die Zeit durch die Bewegung. So ergibt sich die grundsätzliche Frage: Was heißt es: Etwas ist ›in der Zeit‹? Daß
ein Seiendes in der Zeit ist, das pflegen wir als ›zeitlich‹ auszudrücken. Wir gebrauchen aber terminologisch den Ausdruck
›zeitlich‹ in einem anderen Sinn und nehmen für die Kennzeichnung des ›in der Zeit Seins‹ eines Seienden den Ausdruck *Innerzeitigkeit*. Etwas ist in der Zeit, es ist innerzeitig.
Durch die Klärung des Begriffs der Innerzeitigkeit verdeutlicht sich die Charakteristik der Zeit als Zahl. Sofern Ruhe
selbst ein Grenzfall von Bewegung ist, klärt sich mit der Bestimmung des Verhältnisses von Zeit und Bewegung auch dasjenige von Zeit und Ruhe auf. Ebenso erhellt sich mit Rücksicht auf den Begriff der Innerzeitigkeit das Verhältnis der
Zeit zum Außerzeitigen, was man gewöhnlich als das Zeitlose
bezeichnet.

Das *vierte Kapitel* (c. 13) fragt nach der *Einheit* der *Zeit*
in der *Mannigfaltigkeit der Abfolge* der *Jetzt*. Aristoteles
sucht hier zu zeigen, wie das Jetzt, τὸ νῦν, den eigentlichen
Zusammenhalt der Zeit ausmacht, die συνέχεια, Sichzusam-
menhalten, das lateinische continuum, das deutsche ›Stetigkeit‹. Es ist die Frage, inwiefern das Jetzt die Zeit in sich als
Ganzes zusammenhält. Alle Zeitbestimmungen sind auf das
Jetzt bezogen. Aristoteles gibt im Anschluß an die Aufklärung
der συνέχεια eine Interpretation einiger Zeitbestimmungen, des
ἤδη, des Sogleich, des ἄρτι, des Gerade-eben bzw. Soeben, ferner
des πάλαι, des Ehemals oder Einst, und des ἐξαίφνης, des Plötzlich. Sogleich, Soeben, Einst, Plötzlich, Nachmals, Vormals sind
Bestimmungen, die alle auf das νῦν zurückgehen. Das Soeben ist
von einem Jetzt rückwärts gesehen, das Sogleich von einem Jetzt

gleichsam nach vorne. Diese Bestimmungen faßt Aristoteles nicht in ihrem inneren Zusammenhang, sondern er gibt lediglich Beispiele von Zeitbestimmungen, ohne ihre Systematik zu erkennen.

Das *fünfte Kapitel* (c. 14) greift auf die Bestimmung zurück, die in der Zeitdefinition herangezogen wurde, das πρότερον und ὕστερον, das *Früher* und *Später*. Es erörtert die *Beziehung* des Früher und Später *zum Vor und Nach*. – Nach diesen Erörterungen wird das erste Problem wieder aufgenommen: *Wo* und *wie* ist die *Zeit*? Diese Frage bestimmt Aristoteles näher im VIII. Buch der Physik, in dem er die Zeit mit der Umdrehung des Himmels und mit dem νοῦς in Zusammenhang bringt. Die Zeit ist nicht an eine Bewegung und an einen bestimmten Ort gebunden. Sie ist in gewisser Weise überall. Und doch, da sie der Definition nach das Gezählte ist, kann sie nur sein, wo ein Zählen ist. Zählen aber ist eine Verhaltung der Seele. Die Zeit ist in gewisser Weise überall und doch je nur in der Seele. Wir stoßen hier wiederum auf ein schwieriges Problem: Was heißt es, die Zeit sei in der Seele? Es entspricht der im Zusammenhang der vierten These erörterten Frage, was es bedeutet, die Wahrheit sei im Verstande. Solange wir keinen zureichenden Begriff von der Seele, vom Verstande, d. h. vom Dasein haben, bleibt es schwierig zu sagen, was es heißt: Die Zeit ist in der Seele. Damit, daß man sagt, die Zeit ist etwas Subjektives, ist nichts gewonnen, höchstens die Veranlassung zu ganz verkehrten Problemen.

Die Frage entsteht nun: Wie kann verschiedenes Seiendes und verschiedenes Bewegtes, das in der Zeit ist, als *Verschiedenes* in *derselben* Zeit sein? Wie ist *Gleichzeitigkeit* von Verschiedenem möglich? Wir wissen, daß die Frage nach der Gleichzeitigkeit, genauer die Frage nach der Möglichkeit einer intersubjektiven Feststellung von gleichzeitigen Vorgängen eines der Grundprobleme der Relativitätstheorie ausmacht. Die philosophische Behandlung des Problems der Gleichzeitigkeit hängt ab: erstens von der Bestimmung des Begriffs der

Innerzeitigkeit, d. h. von der Frage, wie *etwas* überhaupt *in der Zeit* ist, und zweitens von der Aufklärung der Frage, *in welcher Weise* und *wo* die *Zeit* ist, genauer gesprochen, ob die Zeit überhaupt ist und als seiend bezeichnet werden kann.

Sofern für Aristoteles die Zeit etwas an der Bewegung ist und durch die Bewegung gemessen wird, wird es darauf ankommen, die reinste Bewegung zu finden, die die Zeit ursprünglich mißt. Das erste und vorzügliche Maß für alle Bewegung ist die Umdrehung (κυκλοφορία) des äußersten Himmels. Diese Bewegung ist eine Kreisbewegung. Die Zeit ist so in gewissem Sinne ein Kreis.

Schon aus diesem kurzen Überblick zeigt sich, daß Aristoteles eine Reihe von zentralen Problemen bezüglich der Zeit aufgerollt hat, und zwar nicht wahllos, sondern in ihrer sachlichen Verklammerung. Dennoch ist zu beachten, daß viele Probleme bei ihm nur angerührt sind, – daß auch die ausführlicher behandelten keineswegs einer weiteren Nachforschung und neuer radikaler Problemstellungen unbedürftig sind. Aufs Ganze gesehen sind jedoch bei Aristoteles alle zentralen Zeitprobleme, die im Verlauf der weiteren Entwicklung der Philosophie diskutiert wurden, schon angeschnitten. Man kann sagen, daß die nachkommende Zeit nicht wesentlich über das Stadium der Aristotelischen Problembehandlung hinausgekommen ist – von einigen Ausnahmen bei Augustinus und Kant abgesehen, die dennoch grundsätzlich den Aristotelischen Zeitbegriff festhalten.

β) Auslegung des Aristotelischen Zeitbegriffs

Wir versuchen, nach dieser Übersicht über die Zeitabhandlung ein genaueres Verständnis der Aristotelischen Zeitabhandlung zu gewinnen. Dabei halten wir uns nicht streng an den Text, sondern versuchen mehr in einer freien Erörterung und zuweilen in einer weitergehenden Interpretation das Phänomen nahezubringen, wie Aristoteles es sieht. Wir gehen dabei aus von der schon angeführten Definition der Zeit: τοῦτο γάρ ἐστιν ὁ χρόνος, ἀριθμὸς κινήσεως κατὰ τὸ πρότερον καὶ ὕστερον[14], das nämlich ist die Zeit: ein Gezähltes an der im Horizont des Früher und Später (an der für den Hinblick auf das Vor und Nach) begegnenden Bewegung. Zunächst möchte man sagen, daß durch diese Bestimmung der Zeit das gesuchte Phänomen eher undurchsichtiger als zugänglicher wird. In der Definition liegt zunächst: Die Zeit ist etwas, was wir an der Bewegung vorfinden, d. h. an einem Sichbewegenden als Bewegtem, οὔτε κίνησις οὔτ' ἄνευ κινήσεως[15]. Nehmen wir ein einfaches Beispiel. Ein senkrechter Stab bewege sich auf der Tafel von links nach rechts. Wir können ihn sich auch in der Weise einer Drehung bewegen lassen, das untere Ende als Drehpunkt genommen. Die Zeit ist etwas an der Bewegung, das sich uns an einem Bewegten zeigt. Wenn wir uns vorstellen, dieser Stab bewege sich oder drehe sich, dann fragen wir: Wo ist hier die Zeit, wenn sie an der Bewegung sein soll? Sie ist doch keine Eigenschaft dieses Stabes, nichts Körperliches, nichts Schweres, nichts Farbiges, nichts Hartes, nichts, was zu seiner Ausdehnung und Stetigkeit (συνεχές) als solcher gehört, nicht etwas, kein Stück aus der Punktmannigfaltigkeit des Stabes, wenn wir ihn als Linie denken. Aber Aristoteles sagt ja auch nicht, die Zeit sei etwas am bewegten *Ding* als solchem, sondern an seiner *Bewegung*. Was aber ist die Bewegung des Stabes? Wir sagen: seine Ortsveränderung, d. h. der Übergang von einer Stelle zur anderen; sei es im Sinne des einfachen Fortrückens oder des Weiterrückens von einem Punkt zum anderen. Die Zeit sei etwas an der Bewegung und nicht am Bewegten. Wenn wir das Weiterrücken des Stabes, sei es im Sinne der Drehung oder der anderen Bewegung, verfolgen, finden wir dann an diesem Weiterrücken selbst die Zeit? Haftet sie an der Bewegung als solcher? Wenn wir die Bewegung anhalten, geht – so sagen wir – die Zeit weiter. Sie geht, während die Bewegung steht. Also ist die Zeit nicht die Bewegung, und

[14] Phys. Δ 11, 219 b 1 f.
[15] a.a.O., 219 a 1.

die Bewegung des Stabes ist nicht selbst die Zeit. Aristoteles sagt auch nicht, daß die Zeit κίνησις ist, sondern κινήσεώς τι, etwas an der Bewegung. Aber wie? Die Bewegung ist hierbei der Übergang des Stabes von einer Stelle zur anderen. Das Bewegte befindet sich als Bewegtes je an einer Stelle. Ist die Zeit *an* diesen Stellen oder gar diese Stellen selbst? Offenbar nicht, denn wenn das Bewegte in seiner Bewegung die Stellen durchlaufen hat, sind diese als solche noch als bestimmte Orte vorhanden. Aber die Zeit, zu der der Stab an jener Stelle war, ist vergangen. Die Stelle bleibt, die Zeit vergeht. Wo und wie ist dann die Zeit *an* der Bewegung? Wir sagen: Während der Bewegung ist das Bewegte je *zu einer Zeit an einer Stelle*. Die Bewegung ist *in* der Zeit, *innerzeitig*. Ist die Zeit dann so etwas wie ein Behälter, in den die Bewegung gesteckt wird? Sofern die Zeit immer an der Bewegung vorfindlich ist, ist dann dieser Behälter etwas, was die Bewegung als solche bei sich trägt, wie die Schnecke ihr Haus? Wenn aber der Stab ruht, so fragen wir wieder: Wo ist die Zeit? Finden wir an dem Ruhenden nichts von Zeit? Oder doch? Wir sagen: Der Stab war eine *Zeit*lang oder *zeit*weise in Ruhe. Wir mögen uns am Bewegten und an der Bewegung selbst als Ortsveränderung umsehen, niemals finden wir die Zeit, wenn wir uns an das halten, was Aristoteles sagt.

Natürlich finden wir sie nicht, müssen wir uns selbst einwenden. Aristoteles sagt nicht nur unbestimmt: die Zeit ist etwas an der Bewegung, sondern er sagt genauer ἀριθμὸς κινήσεως, eine *Zahl* an der Bewegung, oder wie er einmal formuliert: οὐκ ἄρα κίνησις ὁ χρόνος ἀλλ' ᾗ ἀριθμὸν ἔχει ἡ κίνησις[16], die Zeit ist nicht selbst Bewegung, sondern sofern die Bewegung eine Zahl hat. Die Zeit ist eine Zahl. Das ist wiederum verwunderlich, da doch gerade die Zahlen etwas sind, wovon wir sagen, es sei zeitlos, außerzeitig. Wie soll die Zeit eine Zahl sein? Der Ausdruck Zahl (ἀριθμός) muß hier, wie Aristoteles ausdrücklich betont, im Sinne des ἀριθμούμενον verstanden wer-

---

[16] a.a.O., 219 b 3 f.

den. Zeit ist Zahl, nicht im Sinne der zählenden Zahl als solcher, sondern Zahl im Sinne des *Gezählten*. Die Zeit als Zahl der Bewegung ist das Gezählte an der Bewegung. Machen wir eine Probe. Was kann ich an der Bewegung des Stabes zählen? Offenbar kann ich, da die Bewegung Ortsveränderung ist, die einzelnen Orte zählen, die der Stab im Übergang von einem zum anderen einnimmt. Aber zähle ich diese Orte zusammen, so gibt mir doch die Summe dieser Orte in alle Ewigkeit nicht Zeit, sondern das Ganze der durchlaufenen Strecke, ein Raumstück, aber nicht die Zeit. Zählen und zahlenmäßig bestimmen können wir am Übergang des Stabes von einem Ort zum anderen die Geschwindigkeit. Was ist die Geschwindigkeit? Nehmen wir den physikalischen Begriff der Geschwindigkeit: c = s : t, so ist Geschwindigkeit der durchlaufene Weg, dividiert durch die dabei verbrauchte Zeit. Aus dieser Formel wird äußerlich sichtbar, daß in der Geschwindigkeit die Zeit steckt, weil die Bewegung Zeit braucht. Aber damit ist nicht aufgeklärt, was die Zeit selbst sei. Wir sind der Zeit um keinen Schritt näher gekommen. Was heißt denn: der Stab hat eine Geschwindigkeit? Es besagt offenbar u. a. soviel wie: er bewegt sich in der Zeit. Die Bewegung verläuft in der Zeit. Wie rätselhaft ist es, daß alle Bewegungen *Zeit brauchen* und dennoch die Zeit nicht weniger wird. Denken wir uns 1000 bestimmte Bewegungen in der Zeit zwischen 10 und 11 Uhr. Denken wir uns als einen zweiten Fall 100 000 Bewegungen in derselben Zeit. Alle brauchen diese Zeit. Wird sie im zweiten Fall des Mehrgebrauchs weniger oder bleibt sich gleich viel? Wird die Zeit, die von den Bewegungen gebraucht wird, dadurch überhaupt verbraucht? Wenn nicht, dann hängt sie offenbar nicht von den Bewegungen ab. Dennoch soll sie das Gezählte an der Bewegung sein. Daß die Zeit das Gezählte an der Bewegung ist, scheint eine pure Behauptung des Aristoteles zu sein. Selbst wenn wir so weit gehen und die Ortsveränderung des Stabes durch Zahlen markieren, so daß wir jede Stelle mit einer Zahl versehen und so direkt am Übergang des Sichbewegenden je ein Gezähltes finden, entdecken wir damit doch nicht die Zeit. Oder doch? Ich ziehe meine Uhr aus der Tasche und folge der Ortsveränderung des Sekundenzeigers und lese eine, zwei, drei, vier Sekunden bzw. Minuten ab. Dieses eilige Stäbchen zeigt mir die Zeit, weshalb wir es Zeiger nennen. Ich lese an der Bewegung eines Stabes die Zeit ab. Wo ist sie denn? Etwa drinnen im Werk, so daß ich, wenn ich die Uhr wieder einstecke, die Zeit in der Westentasche habe? Natürlich nicht, wird man antworten. Aber wir fragen zurück: Wo ist denn die Zeit, da doch unleugbar feststeht, daß wir sie an der Uhr ablesen? Die Uhr sagt mir, wieviel Zeit es ist, so daß ich die Zeit irgendwie vorfinde.

Wir sehen, Aristoteles hat am Ende so Unrecht nicht, wenn er sagt: Die Zeit ist das Gezählte an der Bewegung. Wir brauchen als Beleg dafür gar nicht so ein raffiniertes Ding wie eine moderne Taschenuhr. Wenn der Mensch im natürlichen-alltäglichen Dasein dem Lauf der Sonne folgt und sagt: es ist Mittag, es ist Abend, stellt er die Zeit fest. Nun ist die Zeit plötzlich an der Sonne bzw. am Himmel und nicht mehr in der Westentasche. Wo ist nun eigentlich dieses Ungeheuer zu Hause? Wie kommt es, daß wir überall dort die Zeit finden sollen, wo wir eine Bewegung verfolgen, – daß wir die Zeit an der Bewegung finden und daß sie doch wiederum nicht dort vorhanden ist, wo das Bewegte sich gerade aufhält? Worauf achten wir, *in welchen Horizont blicken wir* denn, wenn wir – um ein einfaches Beispiel festzuhalten – beim Sonnenuntergang sagen: es wird Abend, und damit eine Tages*zeit* bestimmen? Blicken wir nur in den örtlichen Horizont, nach Westen, oder steht das Begegnen des Bewegten, d. h. hier der Sonne – in ihrer scheinbaren Bewegung – noch in einem anderen Horizont?

Die Definition der Zeit, die Aristoteles gibt, ist so genial, daß sie auch diesen Horizont fixiert, innerhalb dessen wir mit dem an der Bewegung Gezählten nichts anderes finden sollen als die Zeit. Aristoteles sagt: ἀριθμὸς κινήσεως κατὰ τὸ πρότερον καὶ ὕστερον. Wir übersetzen: Die Zeit ist ein Gezähltes an der für den Hinblick auf das Vor und Nach, im Horizont des Früher und Später, begegnenden Bewegung. Die Zeit ist nicht nur das Gezählte an der Bewegung, sondern das Gezählte an der Bewegung, *sofern* sie im Hinblick auf das Vor und Nach steht, wenn wir sie *als Bewegung verfolgen.* Der gesuchte Horizont ist der des Früher und Später. πρότερον und ὕστερον werden als Früher und Später, aber auch als Vor und Nach übersetzt. Die erste Bestimmung, das πρότερον und ὕστερον als Früher und Später genommen, scheint unmöglich zu sein. ›Früher‹ und ›Später‹ sind Zeitbestimmungen. Aristoteles sagt: Die Zeit ist das Gezählte an der im Horizont der Zeit (des Früher und Später) begegnenden Bewegung. Das aber heißt doch: Die Zeit ist etwas, was im Horizont der Zeit begegnet. Zeit ist gezählte Zeit. Wenn ich sage, die Zeit ist dasjenige an der Bewegung, was sich zeigt, wenn ich sie als Bewegung im Horizont ihres Früher und Später verfolge, scheint die Definition der Zeit eine platte Tautologie zu werden: Die Zeit ist das Früher und Später, also *Zeit ist Zeit.* Lohnt sich die Beschäftigung mit einer Definition, die den gröbsten logischen Fehler gleichsam auf der Stirn trägt? Jedoch, wir dürfen uns nicht an die Worte klammern. Gewiß sind Früher und Später Zeitphänomene. Aber es bleibt zu fragen, ob das, was sie meinen, sich mit dem deckt, was im Subjekt des Definitionssatzes gemeint ist: die Zeit ist Zeit. Vielleicht sagt das zweite Wort ›Zeit‹ etwas anderes und Ursprünglicheres als das, was Aristoteles in der Zeitdefinition selbst meint. Vielleicht ist die Aristotelische Zeitdefinition keine Tautologie, sondern verrät nur den inneren Zusammenhang des Aristotelischen Zeitphänomens, d. h. der vulgär verstandenen Zeit, mit der ursprünglichen Zeit, die wir Zeitlichkeit nennen. Die Zeit kann, wie Aristoteles in seiner Interpretation sagt, nur interpretiert werden, wenn sie selbst wieder aus der Zeit, d. h. aus der *ursprünglichen* Zeit verstanden wird. Es ist daher nicht notwendig, das πρότερον und ὕστερον

in der Aristotelischen Zeitdefinition durch das indifferente
Vor und Nach zu übersetzen – obwohl auch das sein bestimmtes sachliches Recht hat –, so daß deren Zeitcharakter weniger
heraustritt, um den Anschein zu vermeiden, als definiere Aristoteles die Zeit im Rückgang auf die Zeit. Wenn man das
Wesen der Zeit einigermaßen versteht, muß man die Aristotelische Zeitinterpretation und -definition gemäß ihrem Ansatz so interpretieren, daß in ihr das, was er als Zeit nimmt,
aus der Zeit ausgelegt wird.

Wer diese Zusammenhänge einmal gesehen hat, muß gerade
fordern, daß *in der Zeitdefinition die Herkunft der vulgär
verstandenen, d. h. der nächstbegegnenden Zeit, aus der Zeitlichkeit an den Tag kommt.* Denn ihre Herkunft gehört zu
ihrem Wesen und verlangt somit in der Wesensumgrenzung
ihren Ausdruck.

Wenn wir in der Zeitdefinition das Früher und Später stehen lassen, so ist damit noch nicht gezeigt, inwiefern die Aristotelische Definition die Zeit trifft, d. h. inwiefern das Gezählte an der Bewegung die Zeit ist. Was besagt das: das Gezählte an der im Horizont des Früher und Später begegnenden Bewegung? Zeit soll das in einem bestimmt gerichteten
Zählen der Bewegung Begegnende sein. Die bestimmte Blickrichtung des Zählens ist durch das κατὰ τὸ πρότερον καὶ
ὕστερον angezeigt. Was damit gemeint ist, enthüllt sich uns,
wenn wir πρότερον und ὕστερον vorerst als Vor und Nach
fassen und durch die Interpretation zeigen, was damit von
Aristoteles gemeint ist, so daß sich die Übersetzung von πρότερον und ὕστερον durch Früher und Später rechtfertigt.

Die Zeit soll etwas Gezähltes an der Bewegung sein, und
zwar ein Gezähltes, das sich uns im Hinblick auf das πρότερον
und ὕστερον zeigt. Was damit gemeint ist und in welcher
Weise wir im Hinblick auf das Vor und Nach so etwas wie
Zeit erfahren, müssen wir nunmehr verdeutlichen. Die Zeit
ist κινήσεώς τι, etwas, was an der Bewegung begegnet. Zu
Bewegung überhaupt, κίνησις oder μεταβολή, gehört κινούμε-

νον κινεῖται: ein Bewegtes wird bewegt, ist in Bewegung. Der allgemeinste Charakter der Bewegung ist μεταβολή, d. h. Umschlag oder besser Übergang von etwas zu etwas[17]. Die einfachste und von Aristoteles meistens in der Bewegungsanalyse beigezogene Form der Bewegung, des Übergangs, ist die φορά, der Übergang von einem Ort (τόπος) zum anderen, der Umschlag, die Ortsveränderung. Das ist die Bewegung, die wir auch als physikalische Bewegung kennen. Bei ihr ist das κινούμενον das φερόμενον, das Fortgetragenwerden von einem Ort zum anderen. Eine andere Bewegungsform ist z. B. die ἀλλοίωσις, das Anderswerden in dem Sinne, daß eine Qualität in eine andere umschlägt, eine bestimmte Farbe in eine andere, wobei auch ein Fortgang ist ἔκ τινος εἴς τι, *von etwas her zu etwas hin.* Aber dieses ›von etwas her zu etwas hin‹ hat nicht den Sinn des Übergangs von einem Ort zum anderen. Der Umschlag der Farbe kann sich am selben Ort vollziehen. Schon hieraus wird deutlich, daß zu Bewegung diese merkwürdige Struktur des ἔκ τινος εἴς τι, ›von etwas her zu etwas hin‹, gehört. Der Vergleich mit der ἀλλοίωσις zeigt, daß dieses ›von etwas her zu etwas hin‹ nicht notwendig räumlich gefaßt werden muß. Wir nennen diese Struktur der Bewegung ihre *Dimension* und fassen den Begriff der Dimension *in einem ganz formalen Sinn,* wobei der Raumcharakter nicht wesentlich ist. Dimension meint die *Dehnung,* wobei die Ausdehnung im Sinne der räumlichen Dimension eine bestimmte Modifikation der Dehnung darstellt. Man muß sich bei der Bestimmung des ἔκ τινος εἴς τι von der räumlichen Vorstellung vollkommen frei machen, was auch Aristoteles getan hat. Im ›von etwas zu etwas‹ ist ein ganz formaler Sinn von Erstreckung gemeint. Das zu sehen ist wichtig, weil mit Bezug auf diese Bestimmung in der neueren Zeit, vor allem bei Bergson, der Aristotelische Zeitbegriff mißverstanden wurde, sofern er diesen Dimensionscharakter der Zeit

---

17 Vgl. Phys. Γ 1–3 u. E.

in bezug auf Bewegung von vornherein als räumliche Ausdehnung gefaßt hat.

Zur Dehnung gehört zugleich die Bestimmung des συνεχές, des *In-sich-zusammengehaltenen,* des continuum, des *Stetigen.* Den Dimensionscharakter bezeichnet Aristoteles als μέγεθος. Auch diese Bestimmung μέγεθος, Ausdehnung oder Größe, hat *nicht den primär räumlichen Charakter,* sondern den der Dehnung. Im Begriff und im Wesen des ›von etwas zu etwas‹ liegt kein Bruch, sondern es ist eine in sich geschlossene Erstreckung. Wenn wir an einem Bewegten die Bewegung erfahren, so ist dabei notwendig συνεχές, Stetigkeit, und in dieser selbst ἔκ τινος εἴς τι, Dimension im ursprünglichen Sinn, Erstreckung (Ausdehnung) miterfahren. Im Falle der Ortsveränderung ist die Ausdehnung die örtlich-räumliche. Aristoteles drückt diesen Sachverhalt in der umgekehrten Richtung aus, wenn er sagt ἀκολουθεῖ τῷ μεγέθει ἡ κίνησις[18], die Bewegung folgt (ist im Gefolge) der Dimension (Ausdehnung). Dieser Satz darf nicht ontisch, sondern muß ontologisch verstanden werden. Er besagt nicht, aus der Dehnung oder Stetigkeit gehe eine Bewegung ontisch hervor, die Dimension habe eine Bewegung zur Folge. Die Bewegung folgt der Stetigkeit bzw. der Dimension heißt: Der Bewegung geht als solcher ihrem Wesen nach Dimensionalität und damit Stetigkeit voraus. Ausdehnung und Stetigkeit liegen schon in der Bewegung. Sie sind früher als diese im Sinne der apriorischen Bedingungen ihrer selbst. Wo Bewegung ist, da ist schon apriori mitgedacht: μέγεθος und συνεχές (συνέχεια). Das besagt aber nicht, Bewegung sei mit Ausdehnung (Raum) und Stetigkeit identisch, was schon daraus hervorgeht, daß nicht jede Bewegung Ortsveränderung, räumliche Bewegung ist, aber gleichwohl durch das ἔκ τινος εἴς τι bestimmt ist. Ausdehnung hat hier einen weiteren Sinn als spezifisch räumliche Dimension. Bewegung folgt der Stetigkeit, diese der Ausgedehntheit. Das ἀκολουθεῖ drückt den *apriorischen Fundierungszusam-*

[18] a.a.O., 219 a 11.

menhang der *Bewegung* in Rücksicht auf *Stetigkeit* und *Aus-gedehntheit* aus. Aristoteles gebraucht auch in anderen Unter-suchungen das ἀκολουθεῖν in dieser ontologischen Bedeutung. Sofern die Zeit κινήσεώς τι ist, etwas an der Bewegung, heißt das: In der Zeit ist je Bewegung bzw. Ruhe mitgedacht. Ari-stotelisch gesprochen ist die Zeit im Gefolge der Bewegung. Aristoteles sagt direkt: ὁ χρόνος ἀκολουθεῖ τῇ κινήσει[19]. Für die Ortsveränderung ergibt sich der Folgezusammenhang: Orts-Mannigfaltigkeit – (Raum)Ausdehnung – Stetigkeit – Bewegung – Zeit. Rückwärts von der Zeit aus gesehen heißt das: Wenn Zeit etwas an der Bewegung ist, so ist in ihr der genuine Zusammenhang mitgedacht, was gerade nicht besagt, Zeit sei mit irgendeinem der mitgedachten Phänomene iden-tisch.

Sofern man den ontologischen Sinn des ἀκολουθεῖν nicht erfaßt hat, bleibt die Aristotelische Zeitdefinition unverständ-lich. Oder aber man kommt zu Fehlinterpretationen, wie z. B. Bergson, der sagte, die Zeit, so wie Aristoteles sie versteht, sei der Raum. Zu dieser unangemessenen Interpretation wurde er dadurch verführt, daß er die Stetigkeit im engeren Sinne der Ausdehnungsgröße des Raumes faßte. Aristoteles führt die Zeit nicht auf den Raum zurück, noch definiert er sie auch nur mit Hilfe des Raumes, als ginge eine Raumbestimmung in die Zeitdefinition ein. Er will nur zeigen, daß und inwiefern die Zeit etwas an der Bewegung ist. Zu diesem Zweck wird es aber notwendig sein zu erkennen, was im Erfahren von Bewegung schon miterfahren ist und wie in diesem Miterfah-renen die Zeit sichtbar wird.

Um genauer zu sehen, in welchem Sinne die Zeit im Gefolge der Bewegung bzw. ihrer Erstreckung steht, müssen wir die Bewegungserfahrung uns noch mehr verdeutlichen. In der Zeiterfahrung ist Bewegung, Stetigkeit, Ausdehnung und bei Ortsveränderung Ort mitgedacht. Wenn wir eine Bewegung verfolgen, begegnet uns dabei die Zeit, ohne daß wir sie eigens

[19] a.a.O., 219 b 23.

erfassen oder ausdrücklich meinen. In der konkreten Erfahrung von Bewegungen halten wir uns primär an das Bewegte, an das φερόμενον; ᾧ τὴν κίνησιν γνωρίζομεν[20], wir sehen an ihm und mit ihm (dem Bewegten) die Bewegung. Die Bewegung rein als solche zu sehen ist nicht leicht: τόδε γάρ τι τὸ φερόμενον, ἡ δὲ κίνησις οὔ[21], das Bewegte ist je ein Dieses-hier. ein Bestimmtes, während die Bewegung selbst nicht den spezifisch vereinzelten, sich eigens ausprägenden Charakter hat. Das Bewegte ist für uns in seiner Vereinzelung und Diesheit gegeben, nicht aber die Bewegung als solche. Wir halten uns bei der Erfahrung der Bewegung an das Bewegte, wir sehen dabei die Bewegung *mit*, aber nicht sie als solche.

Entsprechend wie wir uns die Bewegung am Bewegten näher bringen, so auch die Stetigkeit an den Elementen, die Stetiges, ein Kontinuum ausmachen, Punkte an der Punktmannigfaltigkeit einer Linie. Wir nehmen, wenn wir Bewegung erfahren, den Hinblick auf das Bewegte und seinen jeweiligen Ort, von dem es zu einem anderen übergeht. Wir erfahren im Verfolgen einer Bewegung diese im Horizont einer mitbegegnenden Folge von Orten auf einer stetigen Bahn. Wir erfahren die Bewegung dann, wenn wir das bestimmte Bewegte in seinem Übergang von einem Ort zum anderen sehen: wie es von dort her hierhin übergeht, aus einem Her-von in ein Hin-zu. Das bedarf der genaueren Bestimmung.

Man könnte sagen: Ortsveränderung ist ein Durchlaufen einer stetigen Folge von Orten, also gewinne ich die Bewegung dadurch, daß ich die durchlaufenen Orte zusammennehme, dieses Dort, dieses Dort, alle zusammen. Wenn wir die einzelnen Orte nur nachzählen, die einzelnen Dort und Hier zusammenzählen, erfahren wir keine Bewegung. Bewegung, d. h. Übergang, erfahren wir nur, wenn wir das Bewegte in seinem Umschlag vom Dort zum Hier sehen, d. h. die Orte nicht als ein pures Nebeneinander von Dort und Hier nehmen,

---

[20] a.a.O., 219 b 17.
[21] a.a.O., 219 b 30.

sondern dieses Dort als ›von dort her‹ und dieses Hier als das ›hier hin‹ nehmen, d. h. nicht einfach ein Dort und wieder ein Dort, sondern ›von dort her‹ und ›hier hin‹. Wir müssen den vorgegebenen Ortszusammenhang, die Punktmannigfaltigkeit, im Horizont eines ›von dort her – hier hin‹ sehen. Das will zunächst die Bestimmung des Aristoteles besagen: κατὰ τὸ πρότερον καὶ ὕστερον. Das Dort ist nicht ein beliebiges, sondern das Dort-her ist ein *Voriges*, und das Hier-hin ist ebenfalls kein beliebiges Hier, sondern als Hierher für das nächste ein *Nachheriges*. Wenn wir so die Ortsmannigfaltigkeit im Horizont des ›von dort her – hier hin‹ sehen und in diesem Horizont die einzelnen Orte durchlaufen, indem wir die Bewegung, den Übergang, sehen, *behalten* wir den erst durchlaufenen Ort als das *Von-dort-her* und sind des nächsten Ortes *gewärtig* als des *Dort-hin*. Behaltend das Vorige, gewärtigend das Nachherige sehen wir den Übergang als solchen. Wenn wir so behaltend das Vorige, gewärtigend das Nachherige den Übergang als solchen, die einzelnen Orte innerhalb des Übergangsganzen, das sich beliebig weit erstrekken kann, verfolgen, fixieren wir die einzelnen Orte nicht mehr als einzelne Punkte, auch nicht als einzelne gegeneinander beliebige Dort und Hier. Um das eigentümliche Behalten des Vorigen und Gewärtigen des Kommenden zu fassen, sagen wir: jetzt hier, vormals dort, nachmals dort, d. h. jedes Dort im Zusammenhang des ›von etwas her – zu etwas hin‹ ist *Jetzt*-dort, *Jetzt*-dort, *Jetzt*-dort. Wir sagen, sofern wir die Punktmannigfaltigkeit im Horizont des πρότερον und ὕστερον sehen, im Verfolg des sich bewegenden Gegenstandes jeweils Jetzt-hier, Jetzt-dort. Nur sofern wir dieses stillschweigend mitsagen, können wir, wenn wir auf die Uhr sehen, die Zeit ablesen. Wir sagen ganz natürlich und spontan, wenn wir auf die Uhr sehen, ›jetzt‹. Es ist nicht selbstverständlich, daß wir ›jetzt‹ sagen, aber damit, daß wir es sagen, haben wir der Uhr schon die Zeit vorgegeben. In der Uhr selbst ist sie nicht, aber indem wir ›jetzt‹ sagen, geben wir der Uhr die Zeit vor, und sie gibt uns das Wieviel der Jetzt.[22] Was im zählenden Verfolg eines Übergangs im Horizont des ἔκ τινος εἴς τι gezählt wird, sei es ausgesprochen oder nicht, sind die Jetzt. Wir zählen eine Folge von Jetzt bzw. Dann und Damals. Das Dann ist das Noch-nicht-jetzt oder Jetzt-noch-nicht, das Damals das Jetzt-nicht-mehr oder Nicht-mehr-jetzt. Das Dann und das Damals haben beide Jetzt-Charakter, Jetzt-Beziehung. Aristoteles sagt einmal ganz kurz, ohne die Analyse in diesem ausführlichen Sinne durchzuführen – aber ohne welche die ganze Zeit-Interpretation des Aristoteles unverständlich ist – τῷ φερομένῳ ἀκολουθεῖ τὸ νῦν[23], dem Bewegten, d. h. dem von einem Ort zum anderen Übergehenden, *folgt* das Jetzt, d. h. es ist im Erfahren von Bewegung mitgesehen. Sofern es mit*gesehen* ist, heißt das für Aristoteles im weiteren Sinne: es ist mit*gezählt*. Dieses im Verfolg einer Bewegung Mitgezählte, d. h. dieses Gesagte, die Jetzt, das ist die Zeit. ᾗ δ' ἀριθμητὸν τὸ πρότερον καὶ ὕστερον, τὸ νῦν ἔστιν[24]. Die Jetzt sind als Gezähltes selbst zählend, zählend die Orte, sofern diese durchlaufen werden als Orte der Bewegung. Zeit als ἀριθμὸς φορᾶς ist das Gezählte – Zählende. Die Aristotelische Interpretation der Zeit trifft sehr wohl das Phänomen, wenn er sagt: Zeit ist ein Gezähltes an der Bewegung, sofern ich die Bewegung im Horizont ἔκ τινος εἴς τι, des ›von etwas zu etwas‹ sehe.

Vom πρότερον und ὕστερον sagt Aristoteles einmal τὸ δὴ πρότερον καὶ ὕστερον ἐν τόπῳ πρῶτόν ἐστιν[25], es ist in erster Linie im Ort, in der Änderung und Folge von Orten. Er denkt hier Vor und Nach noch ganz ohne Zeitbestimmtheit. Die Aristotelische Zeitdefinition läßt sich zunächst auch so fassen: Die Zeit ist das Gezählte an der hinsichtlich des Vor und Nach erfahrenen Bewegung. Dieses Gezählte enthüllt sich aber als die Jetzt.

---

[22] Vorgabe ist im Grunde die dreifach ekstatisch horizontale Struktur der Zeitlichkeit. Sie gibt sich die Jetzt vor.
[23] a.a.O., 219 b 22; vgl. auch 220 a 6.
[24] a.a.O., 219 b 25.
[25] a.a.O., 219 a 14 f.

Die Jetzt selbst sind jedoch nur sagbar und verständlich im Horizont des Früher und Später. Das ›hinsichtlich des Vor und Nach‹ und das ›im Horizont des Früher und Später‹ decken sich nicht; das letztere ist die Interpretation des ersteren[26]. Wenn wir das πρότερον und ὕστερον zunächst als Vor und Nach, als Vorher und Nachher nehmen, wird die Genesis der Aristotelischen Zeitdefinition deutlicher. Fassen wir es gleich als Früher und Später, dann erscheint sie zunächst ungereimt, bekundet aber dadurch nur, daß in ihr noch ein zentrales Problem liegt: die Frage nach dem Ursprung des Jetzt selbst. Die erste Übersetzung gibt die wörtliche Auffassung, die zweite schließt schon weitgehend eine Interpretation in sich.

Wir haben mit Absicht die Aristotelische Zeitdefinition übersetzt: ein Gezähltes an der Bewegung, sofern diese im Horizont des Früher und Später gesehen wird. Wir haben das πρότερον – ὕστερον schon in einem engeren Sinne gefaßt, der sich erst herausstellt, wenn man das Vor und Nach weiter interpretiert. In erster Linie besagt πρότερον – ὕστερον für Aristoteles Vor und Nach in der Folge von Orten. Es hat einen unzeitlichen Sinn. Aber die Erfahrung des Vor und Nach setzt in sich selbst in gewisser Weise die Zeiterfahrung voraus, das Früher und Später. Aristoteles hat über das πρότερον und ὕστερον ausführlich im Buch Δ der Metaphysik (11, 1018 b 9 ff.) gehandelt. In der Zeitabhandlung schwankt er in der Bedeutungsauffassung des πρότερον-ὕστερον. Meistens nimmt er es direkt als Früher und Später und nicht so sehr als Vor und Nach. Er sagt von ihnen: sie haben eine ἀπόστασις πρὸς τὸ νῦν,[27] einen Abstand zum Jetzt; im Dann ist jeweils ein Jetzt mitgedacht als Jetzt-noch-nicht, ebenso im Damals als Jetzt-nicht-mehr. Das Jetzt ist die Grenze für das Vorbeigegangene und das Nachkommende.

Die Jetzt, die wir zählen, sind selbst *in* der Zeit, d. h. sie machen die Zeit aus. Das Jetzt hat ein eigentümliches Dop-

---

[26] Vgl. Sein und Zeit, p. 420 ff.
[27] Phys. Δ 14, 223 a 5 f.

pelgesicht, was Aristoteles so zum Ausdruck bringt: καὶ συνεχής
τε δὴ ὁ χρόνος τῷ νῦν, καὶ διῄρηται κατὰ τὸ νῦν[28]. Die Zeit wird
sowohl durch die Jetzt in sich zusammengehalten, d. h. im
Jetzt gründet ihre spezifische Stetigkeit, die Zeit wird aber
zugleich im Hinblick auf das Jetzt auseinandergenommen,
artikuliert in das Nicht-mehr-Jetzt, das Früher, und in das
Noch-nicht-Jetzt, das Später. Nur im Hinblick auf das Jetzt
fassen wir das Dann und Damals, Früher und Später. Das
Jetzt, das wir im Verfolgen einer Bewegung zählen, ist *jeweils
ein anderes*. τὸ δὲ νῦν διὰ τὸ κινεῖσθαι τὸ φερόμενον αἰεὶ ἕτερον[29],
das Jetzt ist aufgrund des Übergehens des Bewegten immer
ein anderes, d. h. ein Fortgang von einem Ort zum anderen.
In jedem Jetzt ist das Jetzt ein anderes, aber jedes andere Jetzt
ist als Jetzt doch immer Jetzt. Die je verschiedenen Jetzt sind
als verschiedene doch gerade immer *dasselbe*, nämlich Jetzt.
Aristoteles faßt das eigentümliche Wesen des Jetzt und damit
der Zeit – wenn er die Zeit rein aus dem Jetzt interpretiert –
so prägnant zusammen, wie es nur in der griechischen Sprache
und im Deutschen kaum möglich ist: τὸ γὰρ νῦν τὸ αὐτὸ ὅ ποτ'
ἦν- τὸ δ᾽ εἶναι αὐτῷ ἕτερον[30], das Jetzt ist dasselbe hinsichtlich
dessen, was es je schon war, – d. h. in jedem Jetzt ist es Jetzt;
seine *essentia*, sein Was, ist immer *dasselbe* (ταὐτό) –, und
gleichwohl ist jedes Jetzt in jedem Jetzt seinem Wesen nach
ein anderes, τὸ δ᾽ εἶναι αὐτῷ ἕτερον, das Jetztsein ist je *Anderssein* (Wiesein – *existentia* – ἕτερον). τὸ δὲ νῦν ἔστι μὲν ὡς τὸ
αὐτό, ἔστι δ᾽ ὡς οὐ τὸ αὐτό[31], das Jetzt ist in gewisser Weise
immer dasselbe, in gewisser Weise nie dasselbe. Das Jetzt artikuliert und begrenzt die Zeit hinsichtlich ihres Früher und
Später. Es ist einmal zwar je dasselbe, es ist aber sodann je
nicht dasselbe. Sofern es je an einem anderen und anderes ist
(denken wir an die Abfolge der Orte), ist es je ein anderes.

---

[28] Phys. Δ 11, 220 a 5.
[29] a.a.O., 220 a 14.
[30] a.a.O., 219 b 10 f.
[31] a.a.O., 219 b 12 f.

Das macht sein je Jetzt-sein aus, seine Andersheit. Was es aber je schon als das, was es ist, war, nämlich Jetzt, das ist dasselbe.

Auf das Problem der Zeitstruktur selbst von der Jetzt-Mannigfaltigkeit aus wollen wir zunächst nicht mehr eingehen, sondern wir fragen: Was liegt darin, daß Aristoteles die Zeit als Gezähltes bzw. als Zahl interpretiert? Was will er mit der Betonung des Zahlcharakters der Zeit im besonderen sichtbar machen? Was ergibt sich aus der Charakteristik der Zeit als Zahl für die Bestimmung des Wesens dessen, was wir die Innerzeitigkeit nennen? Was heißt das *›in der Zeit‹?* Wie läßt sich aus der Charakteristik der Zeit als Zahl das *Sein* der Zeit bestimmen?

Was liegt darin, daß Aristoteles der Zeit einen Zahlcharakter zuweist? Was sieht er an ihr? Die Zeit ist Zahl als das Gezählte im Verfolg der vom Bewegten durchlaufenen Orte, d. h. sofern wir an der Bewegung den Übergang als solchen verfolgen und dabei ›jetzt‹ sagen.

Es genügt aber auch nicht, daß wir die Jetzt als ein Nebeneinander einer Punktmannigfaltigkeit zuordnen, so wie sie stilliegend-ruhend in einer Linie gedacht werden. Man darf diese Rede von der Zeit als Jetztfolge nicht mißverstehen und auf das *Räumliche* übertragen in dem Sinne, daß man sagt: die Zeit ist eine Linie, d. h. eine Folge von Punkten. Das Jetzt ist Gezähltes nicht im Zählen eines und desselben Punktes. Die Zeit ist nicht eine Mannigfaltigkeit aneinandergeschobener Jetzt, weil jedes Jetzt in jedem Jetzt schon nicht mehr ist und weil, wie wir früher sahen, zur Zeit die merkwürdige Erstreckung nach beiden Seiten in das Nichtsein gehört. Das Jetzt ist nicht einem festen Punkt als Punkt zugeordnet und kann ihm so nicht zugehören, weil es seinem Wesen nach Anfang und Ende ist. Im Jetzt als solchem liegt schon die Verweisung auf das Nicht-mehr und Noch-nicht. Es hat in sich selbst die Dimension, die Erstreckung nach einem Noch-nicht und Nicht-mehr. Das Noch-nicht und Nicht-mehr sind nicht dem Jetzt als fremdes angestückt, sondern gehören zu seinem

Gehalt selbst. Das *Jetzt* hat aufgrund dieses *Dimensionsgehaltes* in sich den *Charakter eines Überganges*. Das Jetzt als solches ist schon das Übergehende. Es ist nicht ein Punkt neben einem anderen Punkt, für welche zwei Punkte man erst eine Vermittlung fordern müßte, sondern es ist in sich selbst der Übergang. Weil es in sich die eigentümliche Erstreckung hat, können wir diese mehr oder minder weit fassen. Die Weite der Dimension eines Jetzt ist verschieden: jetzt in dieser Stunde, jetzt in dieser Sekunde. Diese Verschiedenheit der Weite der Dimension ist nur möglich, weil das Jetzt in sich selbst dimensional ist. Die Zeit wird nicht aus den Jetzt zusammengeschoben und summiert, sondern umgekehrt, mit Bezug auf das Jetzt können wir nur die Erstreckung der Zeit jeweils in bestimmten Weisen artikulieren. Die Zuordnung der Mannigfaltigkeit der Jetzt — Jetzt genommen als Übergang — zu einer Punktmannigfaltigkeit (Linie) hat nur ein gewisses Recht, wenn wir die Punkte der Linie selbst als Anfang und Ende bildend nehmen, d. h. den Übergang des Kontinuum ausmachend, und nicht als für sich nebeneinander vorhandene Stücke. Aus der Unmöglichkeit der Zuordnung der Jetzt zu isolierten Punktstücken ergibt sich, daß das *Jetzt* seinerseits ein *Kontinuum des Zeitflusses* — kein Stück — ist. Deshalb können die Jetzt im Verfolgen der Bewegung diese auch nie in ein Zusammen von Unbewegtem zerstückeln, sondern im Jetzt wird Übergehendes in seinem Übergang und Ruhendes in seiner Ruhe zugänglich und gedacht. Daraus folgt umgekehrt, daß es selbst weder bewegt ist noch ruht, d. h. nicht ›in der Zeit ist‹.

Das *Jetzt* — und das heißt die Zeit — ist, sagt Aristoteles, *seinem Wesen nach nie Grenze*, weil es als Übergang und Dimension nach der Seite des Noch-nicht und des Nicht-mehr offen ist. Grenze im Sinne des Abschlusses, des Fertig, des Nicht-weiter, ist das Jetzt *nur beiläufig* mit Bezug auf etwas, das *in* einem Jetzt und *zu* einem bestimmten Zeitpunkt aufhört. Nicht das Jetzt als Jetzt hört auf, sondern das Jetzt als

Jetzt ist seinem Wesen nach schon das Noch-nicht, schon als Dimension auf das Kommende bezogen, während sehr wohl eine durch das gesagte Jetzt bestimmte Bewegung in diesem Jetzt aufhören kann. Ich kann mit Hilfe des Jetzt eine Grenze markieren, es als solches aber hat keinen Grenzcharakter, sofern es innerhalb des Kontinuum der Zeit selbst genommen wird. Das *Jetzt* ist *nicht Grenze, sondern Zahl*, nicht πέρας, sondern ἀριϑμός. Aristoteles hebt die Zeit als ἀριϑμός ausdrücklich gegen πέρας ab. Die Grenzen von etwas, sagt er, sind, was sie sind, nur in eins mit dem Seienden, das sie begrenzen. Die Grenze von etwas gehört zur Seinsart des Begrenzten. Das gilt nicht von der Zahl. Sie ist an das, was sie zählt, nicht gebunden. Die Zahl kann etwas bestimmen, ohne daß sie ihrerseits von der Sachhaltigkeit und der Seinsart des Gezählten abhängig wäre. Ich kann sagen: zehn Pferde. Hier bestimmt die Zehn zwar die Pferde, aber die Zehn hat nichts vom Charakter der Pferde und ihrer Seinsart. Die Zehn ist nicht eine Grenze der Pferde als Pferde; denn ich kann mit ihr ebensosehr Schiffe, Dreiecke oder Bäume zählend bestimmen. Das Charakteristische der Zahl liegt darin, daß sie etwas so bestimmt – im griechischen Sinne auch begrenzt –, daß sie von dem Begrenzten selbst unabhängig ist. Die Zeit als Zahl, als das von uns charakterisierte Gezählte-Zählende, gehört nicht zum Seienden selbst, das sie zählt. Wenn Aristoteles sagt: die Zeit ist das *Gezählte* an der Bewegung, so will er damit betonen, daß wir zwar von dem Jetzt her die Bewegung als Übergang zählen und bestimmen, daß aber deshalb dieses zählende Gezählte, die Zeit, weder an den *Sachgehalt* des Bewegten und an seine *Seinsart*, noch an die Bewegung als solche gebunden ist. Dennoch begegnet die Zeit im zählenden Verfolg einer Bewegung als ein Gezähltes. Damit offenbart sich ein eigentümlicher Charakter der Zeit, der später bei Kant in einem bestimmten Sinne als Form der Anschauung interpretiert wurde.

Zeit ist Zahl und nicht Grenze, aber als Zahl ist sie zugleich imstande, dasjenige, mit Bezug worauf sie Zahl ist, zu messen. Die Zeit ist nicht nur ein Gezähltes, sondern als dieses Gezählte kann es selbst ein Zählendes im Sinne des Maßes sein. Nur weil die Zeit Zahl ist im Sinne des gezählten Jetzt, kann sie *Maß*zahl werden, d. h. selbst zählen im Sinne des Messens. Dieser Unterschied des Jetzt als Zahl überhaupt, als das Gezählte, und als zählendes Gezähltes und die Abgrenzung der Zeit als Zahl gegenüber der Grenze ist der wesentliche Gehalt der schwierigen Stelle in der Aristotelischen Zeitabhandlung, auf die wir nur kurz eingehen. Aristoteles sagt: τὸ δὲ νῦν διὰ τὸ κινεῖσθαι τὸ φερόμενον αἰεὶ ἕτερον[32], das Jetzt ist, weil es das Gezählte des Überganges ist, immer mit dem Übergehenden selbst ein anderes. ὥσθ᾽ ὁ χρόνος ἀριθμὸς οὐχ ὡς τῆς αὐτῆς στιγμῆς[33], daher ist die Zeit nicht Zahl mit Bezug auf denselben Punkt als Punkt, d. h. das Jetzt ist nicht ein Punktelement der stetigen Zeit, sondern als Übergang ist es schon, sofern es einem Punkt, einem Ort in der Bewegung zugeordnet wird, über den Punkt immer hinaus. Als Übergang sieht es zurück und nach vorn. Es kann einem isolierten Punkt als selbigem nicht zugeordnet werden, weil es Anfang und Ende ist: ὅτι ἀρχὴ καὶ τελευτή, ἀλλ᾽ ὡς τὰ ἔσχατα τῆς γραμμῆς μᾶλλον[34]. Die Zeit ist die Zahl gewissermaßen so, daß sie das Äußerste des Punktes nach seinen beiden Seiten der Erstreckung hin als Übergang bestimmt. Sie gehört dem Punkt zu und ist selbst als Jetzt nicht *Teil* der Zeit, so daß diese Zeit sich aus Jetztteilen zusammensetzte, sondern jeder Teil hat Übergangscharakter, d. h. er ist eigentlich nicht Teil. Daher sagt Aristoteles direkt: οὐδὲν μόριον τὸ νῦν τοῦ χρόνου, οὐδ᾽ ἡ διαίρεσις τῆς κινήσεως[35], das Jetzt ist daher kein Teil der Zeit, sondern ist immer die Zeit selbst, und weil es kein Teil ist, wird, sofern

---

[32] a.a.O., 220 a 14.
[33] a.a.O., 220 a 14 f.
[34] a.a.O., 220 a 15 f.
[35] a.a.O., 220 a 19.

durch die Zeit die Bewegung gemessen wird, die Bewegung auch selbst nicht zerstückelt. Weil das Jetzt Übergang ist, vermag es die Bewegung *als Bewegung*, d. h. in ihrem ungebrochenen Übergangscharakter, zugänglich zu machen. Daß die Zeit Grenze ist in dem Sinne, daß ich sage: In einem Jetzt hört die Bewegung auf, steht sie hier still, ist ein συμβεβηκός, kommt dem Jetzt nur zu, aber trifft nicht sein Wesen.

Das Jetzt ist, was es ist, ᾗ δ᾽ ἀριθμεῖ, sofern es zählt, also Zahl. Die Zeit als Jetzt ist nicht Grenze, sondern Übergang, und als Übergang mögliche Zahl, mögliche Maßzahl der Bewegung. Sie mißt eine Bewegung oder eine Ruhe in der Weise, daß eine bestimmte Bewegung, ein bestimmter Umschlag und Fortgang fixiert wird, z. B. der Fortgang *von* einem Sekundenstrich *zum* nächsten, mit welcher Maßzahl dann die ganze Bewegung durchgemessen wird. Weil das Jetzt Übergang ist, mißt es immer ein Von–bis, es mißt ein Wielange, eine Dauer. Die Zeit als Zahl grenzt eine bestimmte Bewegung aus. Die ausgegrenzte Bewegung ist dazu bestimmt, die ganze zu messende Bewegung auszumessen: μετρεῖ δ᾽ οὗτος τὴν κίνησιν τῷ ὁρίσαι τινὰ κίνησιν ἣ καταμετρήσει τὴν ὅλην[36].

Weil die Zeit ἀριθμός ist, ist sie μέτρον. Das Gemessenwerden eines Bewegten hinsichtlich seiner Bewegung, dieses μετρεῖσθαι, ist nichts anderes als τὸ ἐν χρόνῳ εἶναι[37], das ›in der Zeit Sein‹ der Bewegung. ›Die Dinge sind in der Zeit‹ heißt nach Aristoteles nichts anderes als: Sie werden durch die Zeit aufgrund ihres Übergangscharakters gemessen. Die *Innerzeitigkeit* der Dinge und Vorgänge muß unterschieden werden von der Art, wie die Jetzt, das Früher und Später in der Zeit sind. ἐπεὶ δ᾽ ἀριθμὸς ὁ χρόνος, τὸ μὲν νῦν καὶ τὸ πρότερον καὶ ὅσα τοιαῦτα οὕτως ἐν χρόνῳ ὡς ἐν ἀριθμῷ μονὰς καὶ τὸ περιττὸν καὶ ἄρτιον (τὰ μὲν γὰρ τοῦ ἀριθμοῦ τι, τὰ δὲ τοῦ χρόνου τί ἐστιν)· τὰ δὲ πράγματα ὡς ἐν ἀριθμῷ τῷ χρόνῳ ἐστίν. εἰ δὲ τοῦτο, περιέχεται ὑπὸ χρόνου ὥσπερ ‹καὶ τὰ ἐν ἀριθμῷ ὑπ᾽ ἀριθμοῦ› καὶ τὰ ἐν τόπῳ

---

[36] Phys. Δ 12, 221 a 1 f.
[37] a.a.O., 221 a 4.

ὑπὸ τόπου[38]. Wohl sind die Jetzt in gewisser Weise selbst in
der Zeit, sofern sie die Zeit ausmachen. Aber die Bewegung
und das Bewegte ist nicht in dem Sinne in der Zeit, daß es zur
Zeit selbst gehört, sondern so, wie das Gezählte in der Zahl ist.
In den Zahlen selbst ist das Gerade und Ungerade, aber in
den Zahlen als den zählenden ist auch das in gewisser Weise
Gezählte. Wie das Gezählte in der Zahl ist, so ist die Bewegung in der Zeit. Das, was in der Zeit ist, das Bewegte,
περιέχεται ὑπ' ἀριθμοῦ[39], wird von der zählenden Zahl umgriffen. Die Zeit gehört nicht selbst zur Bewegung, sondern sie
umgreift sie. Innerzeitigkeit von Seiendem besagt: *Umgrif-
fenwerden* von der Zeit (Jetzt) als Zahl (Gezähltes). Mit dem
Moment des περιέχεσθαι, des Umgriffenwerdens, ist betont,
daß die Zeit nicht selbst zu Seiendem gehört, das *in* der Zeit
ist. Sofern wir mit der Zeit Seiendes, Bewegtes bzw. Ruhendes,
messen, kommen wir von der das Bewegte umgreifenden und
messenden Zeit auf das zu Messende zurück. Die Zeit ist, wenn
wir im Bilde des Umgreifens bleiben, dasjenige, was gegenüber den Bewegungen und allem Seienden, das sich bewegt
bzw. ruht, *weiter draußen* ist. Sie umgreift oder *umhält* das
Bewegte und Ruhende. Wir nennen es mit einem Ausdruck,
über dessen Schönheit sich streiten läßt: Die Zeit hat den Charakter eines *Um-haltes*, indem sie das Seiende, das Bewegte
und das Ruhende, umhält. Recht verstanden können wir die
Zeit als dieses Um-haltende einen ›Behälter‹ nennen, wenn wir
›Behälter‹ nicht im wörtlichen Sinne nehmen wie ein Glas oder
eine Kiste, sondern nur das formale Element des Umhaltens
festhalten.

Sofern die Zeit das Seiende umhält, ist gefordert, daß sie
vor dem Seienden, *vor* dem Bewegten und Ruhenden, es um-
schließend irgendwie ist. Kant nennt die Zeit das ›Worinnen
einer Ordnung‹. Sie ist ein umgreifender Horizont, inner-

---

[38] a.a.O., 221 a 13—18.
[39] Ebd.

halb dessen Vorgegebenes hinsichtlich seines Nacheinander ge-
ordnet werden kann.

Die Zeit mißt, sagt Aristoteles, aufgrund ihres Übergangscharakters immer nur Bewegtes bzw. Bewegtes in seinem
Grenzfall, Ruhendes. μετρήσει δ' ὁ χρόνος τὸ κινούμενον καὶ τὸ
ἠρεμοῦν, ᾗ τὸ μὲν κινούμενον τὸ δὲ ἠρεμοῦν[40]. Die Zeit mißt Bewegtes und Ruhendes, sofern das eine Bewegtes und sofern das
andere Ruhendes ist. Die Zeit mißt die Bewegung am Bewegten: πόση τις[41], *wie groß* der Übergang ist, d. h. *wieviel Jetzt*
es gibt in einem bestimmten Übergang von etwas her zu etwas
hin. Die Zeit mißt das Bewegte οὐχ ἁπλῶς ἔσται μετρητὸν ὑπὸ
χρόνου, ᾗ ποσόν τί ἐστιν, ἀλλ' ᾗ ἡ κίνησις αὐτοῦ ποσή[42], sie mißt es
nicht schlechthin als das bewegte Seiende, das es ist; wenn ein
Stein sich bewegt, mißt die Zeit nicht den Stein als solchen
hinsichtlich seiner spezifischen Ausdehnung, sondern den Stein,
sofern er sich bewegt. Die Bewegung wird gemessen, und nur
Bewegung ist meßbar durch die Zeit, weil diese gemäß ihrem
Übergangscharakter immer schon Übergehendes, Umschlagen-
des bzw. Ruhendes, meint. Sofern Bewegung bzw. Ruhe durch
die Zeit gemessen werden kann, Gemessenwerden durch die
Zeit aber ›in der Zeit sein‹ besagt, ist das Bewegte bzw. Ruhende, und nur es, in der Zeit. Deshalb sagen wir: Geometrische Verhältnisse und Bestände sind außerzeitig, weil sie sich
nicht bewegen und deshalb auch nicht ruhen. Ein Dreieck ruht
nicht, weil es sich nicht bewegt. Es ist jenseits von Ruhe und
Bewegung und deshalb von der Zeit, so wie Aristoteles sie
faßt, nicht umgriffen und umgreifbar.

Mit der Interpretation der Innerzeitigkeit ist zugleich auch
gesagt, *was* mögliches Innerzeitiges und wie andererseits das
Außerzeitige ist. So wird immer deutlicher, inwiefern die Zeit
ein Gezähltes an der Bewegung ist. ἅμα γὰρ κινήσεως

---

[40] a.a.O., 221 b 16—18.
[41] a.a.O., 221 b 19.
[42] a.a.O., 221 b 19 f.

αἰσθανόμεθα καὶ χρόνου⁴³, zugleich mit der Bewegung nehmen wir im Hinblick auf das Bewegte Zeit wahr. Wo Bewegung erfahren ist, da ist Zeit enthüllt. καὶ γὰρ ἐὰν ᾖ σκότος καὶ μηδὲν διὰ τοῦ σώματος πάσχωμεν, κίνησις δέ τις ἐν τῇ ψυχῇ ἐνῇ, εὐθὺς ἅμα δοκεῖ τις γεγονέναι καὶ χρόνος⁴⁴. Es ist nicht notwendig, daß wir die Bewegung innerhalb des Vorhandenen erfahren. Auch wenn Dunkelheit besteht, d. h. wenn uns durch das Dunkel das Seiende, das Vorhandene, verhüllt ist, wenn wir aber gleichwohl uns selbst erfahren, unsere seelischen Verhaltungen, so ist mit der Erfahrung εὐθὺς ἅμα, zugleich auch schon immer Zeit gegeben. Denn auch die seelischen Verhaltungen unterstehen der Bestimmung der Bewegung – Bewegung weit gefaßt im Aristotelischen Sinne und nicht notwendig als Ortsbewegung. Die Verhaltungen sind in sich nicht räumlich, aber sie gehen ineinander über, eine schlägt in die andere um. Wir können uns verhaltend bei etwas aufhalten. Wir erinnern uns an die Stelle aus De interpretatione: ἵστησι ἡ διάνοια⁴⁵, das Denken steht bei etwas still. Auch die Seele hat den Charakter des Bewegten. Selbst wenn wir kein Bewegtes im Sinne des Vorhandenen erfahren, ist uns dennoch im Erfahren unser selbst im weitesten Sinne Bewegung und damit Zeit enthüllt.

Hieraus entsteht aber ein schwieriges Problem. πότερον δὲ μὴ οὔσης ψυχῆς εἴη ἂν ὁ χρόνος ἢ οὔ⁴⁶: ob, wenn keine Seele, Zeit ist oder nicht. Aristoteles interpretiert das näher: ἀδυνάτου γὰρ ὄντος εἶναι τοῦ ἀριθμήσοντος ἀδύνατον καὶ ἀριθμητόν τι εἶναι, ὥστε δῆλον ὅτι οὐδ' ἀριθμός. ἀριθμὸς γὰρ ἢ τὸ ἠριθμημένον ἢ τὸ ἀριθμητόν. εἰ δὲ μηδὲν ἄλλο πέφυκεν ἀριθμεῖν ἢ ψυχὴ καὶ ψυχῆς νοῦς, ἀδύνατον εἶναι χρόνον ψυχῆς μὴ οὔσης, ἀλλ' ἢ τοῦτο ὅ ποτε ὂν ἔστιν ὁ χρόνος, οἷον εἰ ἐνδέχεται κίνησιν εἶναι ἄνευ ψυχῆς. τὸ δὲ πρότερον καὶ ὕστερον ἐν κινήσει ἐστίν· χρόνος δὲ ταῦτ' ἐστὶν ᾗ ἀριθμητά

---

⁴³ Phys. Δ 11, 219 a 3 f.
⁴⁴ a.a.O., 219 a 4—6.
⁴⁵ Arist., de interpr., 16 b 20.
⁴⁶ Phys. Δ 14, 223 a 21 f.

ἐστιν[47]. Die Zeit ist das Gezählte. Wenn keine Seele ist, dann gibt es kein Zählen, kein Zählendes, und wenn es kein Zählendes gibt, gibt es kein Zählbares und kein Gezähltes. Wenn keine Seele ist, gibt es keine Zeit. Aristoteles stellt das als Frage und betont zugleich die andere Möglichkeit, ob die Zeit vielleicht in dem, was sie ist, an sich ist, so wie auch eine Bewegung ohne Seele sein kann. Er betont aber ebenso: Das Vor und Nach, das eine konstitutive Bestimmung der Zeit ist, ist *in* der Bewegung, und die Zeit ist selbst ταῦτα, das Vor und Nach *als Gezähltes*. Gezählt zu sein gehört offenbar zum Wesen der Zeit, so daß, wenn kein Zählen ist, keine Zeit ist, oder umgekehrt. Aristoteles geht dieser Frage nicht näher nach, er berührt nur dieses Problem, was zur Frage führt, *wie* die Zeit selbst sei.

Durch die Interpretation des ›in der Zeit Seins‹ sehen wir, daß die Zeit als das Umgreifende, als das, worin die Naturvorgänge sind, gleichsam objektiver ist als alle Objekte. Andererseits sehen wir auch, daß sie nur ist, *wenn die Seele ist*. Sie ist objektiver als alle Objekte und zugleich subjektiv, d. h. nur dann, wenn Subjekte sind. *Was* ist nun die Zeit und *wie* ist sie? Ist sie nur subjektiv, oder ist sie nur objektiv, oder ist sie weder das eine noch das andere? Wir wissen schon aus früheren Erörterungen, daß die Begriffe ›Subjekt‹ und ›Objekt‹, so wie man sie heute gebraucht, ontologisch unbestimmt sind und deshalb nicht zureichen, um vor allem das Seiende zu bestimmen, das wir selbst sind, das Seiende, das man mit Seele, mit Subjekt meint. Wir bringen die Frage nach dem Sein der Zeit von vornherein in eine verkehrte Richtung, wenn wir sie auf die Alternative stellen, ob sie zum Subjekt oder zum Objekt gehört. Man kann hier eine endlose Dialektik entwickeln, ohne das geringste zur Sache zu sagen, solange nicht feststeht, *wie* das Sein des Daseins selbst ist, ob es vielleicht so ist, daß das Dasein, sofern es existiert, weiter draußen ist als jedes Objekt und zugleich innerlicher (subjektiver) als jedes

[47] a.a.O., 223 a 22—29.

Subjekt, d. h. Seele (weil die Zeitlichkeit als Transzendenz die Offenheit ist). Wir haben früher schon angedeutet, daß das Phänomen der Welt dergleichen bekundet. Sofern das Dasein existiert, d. h. in einer Welt ist, ist alles Vorhandene, das ihm begegnet, notwendig innerweltlich, von der Welt umhalten. Wir werden sehen, daß in der Tat das *Phänomen der Zeit,* in einem ursprünglicheren Sinne gefaßt, *mit dem Weltbegriff* und damit *mit der Daseinsstruktur selbst zusammenhängt.* Zunächst müssen wir die Schwierigkeit stehen lassen, so wie Aristoteles sie fixiert. Die Zeit ist das Vor und Nach, sofern sie gezählte sind. Als das Gezählte ist sie nicht ein vordem An-sich-vorhandenes. Die Zeit ist nicht ohne Seele. Wenn sie so vom Zählen der Zahlen abhängig wird, folgt nicht, daß sie etwas Psychisches in der Seele sei. Gleichzeitig ist sie ἐν παντί, überall, ἐν γῇ, auf der Erde, ἐν θαλάττῃ, im Meere, ἐν οὐρανῷ, im Himmel.[48] Überall ist die Zeit und doch nirgends und doch nur in der Seele.

Das Wesentliche für das Verständnis der vorangegangenen Interpretation des Aristotelischen Zeitbegriffs liegt darin, den Begriff des ἀκολουθεῖν, der Folge, in rechter Weise zu verstehen. Sie meint einen ontologischen Fundierungszusammenhang, der zwischen Zeit, Bewegung, Stetigkeit und Dimension besteht. Man kann aus diesem Begriff der Fundierung, des Folgens im Sinne des ἀκολουθεῖν, nicht schließen, daß Aristoteles die Zeit mit dem Raum identifiziert. Wohl aber wird deutlich, daß er, sofern er die Zeit in den unmittelbaren Zusammenhang mit der Bewegung im Sinne der Ortsveränderung bringt, die Art der Messung der Zeit so ansetzt, wie es im natürlichen Zeitverständnis und der natürlichen Zeiterfahrung selbst vorgezeichnet ist. Aristoteles gibt davon nur eine explizite Interpretation. Wir sahen aus der Art des Zusammenhangs der Jetzt-Folge mit der Bewegung, daß das Jetzt selbst Übergangscharakter hat, daß es als Jetzt je Jetzt-noch-nicht und Jetzt nicht-mehr ist. Aufgrund dieses Übergangscharak-

---

[48] a.a.O., 223 a 17 f.

ters bekommt es die Eigentümlichkeit, die Bewegung als solche, als μεταβολή, zu messen. Sofern jedes Jetzt nie ein reiner Punkt, sondern in sich selbst Übergang ist, ist das Jetzt
seinem Wesen nach nie Grenze, sondern Zahl. Der Zahlcharakter des Jetzt und der Zeit überhaupt ist insofern wesentlich für das grundsätzliche Verständnis der Zeit, als nur aus
diesem das verständlich wird, was wir die Innerzeitigkeit
nennen. Diese besagt, daß jedes Seiende in der Zeit ist. Das
›in der Zeit Sein‹ interpretiert Aristoteles als Gemessenwerden durch die Zeit. Gemessen werden kann die Zeit selbst
nur, weil sie ihrerseits ein Gezähltes ist und als dieses Gezählte
selbst wieder zählen kann, zählen im Sinne des Messens, d. h.
des Zusammennehmens eines bestimmten Soviel.

Zugleich ergibt sich aus dem Zahlcharakter der Zeit das
Eigentümliche, daß sie das Seiende, das in ihr ist, umgreift oder
umhält, daß sie mit Bezug auf die Objekte in gewisser Weise
objektiver ist als diese selbst. Von hier aus erhob sich die Frage
nach dem Sein der Zeit und ihrem Zusammenhang mit der
Seele. Die Zuweisung der Zeit zur Seele, die sich bei Aristoteles und dann in viel betonterem Sinne bei Augustinus findet,
um immer wieder in der Diskussion des traditionellen Zeitbegriffs sich bemerkbar zu machen, führte zum Problem, inwieweit die Zeit objektiv und inwieweit sie subjektiv ist. Wir
sahen, daß die Frage sich so nicht nur nicht entscheiden, sondern nicht einmal stellen läßt, sofern diese beiden Begriffe
›Objekt‹ und ›Subjekt‹ fragwürdig sind. Wir werden
sehen, inwiefern man weder sagen kann, die Zeit sei etwas
Objektives in dem Sinne, daß sie unter die Objekte gehört,
noch, sie sei etwas Subjektives, d. h. als im Subjekt vorhanden.
Es wird sich zeigen, daß diese Fragestellung unmöglich ist,
daß aber beide Antworten, Zeit ist objektiv und Zeit ist subjektiv, in gewisser Weise aus dem ursprünglichen Begriff der
Zeitlichkeit selbst ihr Recht bekommen. Diese versuchen wir
jetzt im Rückgang von der vulgär verstandenen Zeit genauer
zu bestimmen.

b) Das vulgäre Zeitverständnis
und der Rückgang zur ursprünglichen Zeit

Aus der Interpretation des Aristotelischen Zeitbegriffs ergab sich: Aristoteles charakterisiert die Zeit primär als eine *Folge von Jetzt*, wobei zu beachten ist, daß die Jetzt keine Teile sind, aus denen das Zeitganze zusammengestückelt wird. Schon durch die Art, wie wir die Aristotelische Definition der Zeit übersetzten, und das heißt interpretierten, sollte angezeigt werden, daß Aristoteles die Zeit im Sinne des an der Bewegung Gezählten aus der Zeit bestimmt, wenn er sie mit Bezug auf das Früher und Später definiert. Zugleich betonten wir, daß die Aristotelische Zeitdefinition keine Tautologie in sich schließt, sondern daß Aristoteles aus dem Zwang der Sachen spricht. Die Aristotelische Definition der Zeit ist überhaupt keine Definition im schulmäßigen Sinne. Sie charakterisiert die Zeit dadurch, daß sie umgrenzt, wie dasjenige, was wir Zeit nennen, *zugänglich* wird. Sie ist eine *Zugangsdefinition* bzw. eine *Zugangscharakteristik*. Die Art des zu Definierenden wird durch die Art und Weise des einzig möglichen Zugangs zu ihm bestimmt: Die zählende Wahrnehmung der Bewegung als Bewegung ist zugleich die Wahrnehmung des Gezählten als Zeit.

Was Aristoteles als Zeit herausstellt, *entspricht dem vulgären vorwissenschaftlichen Zeitverständnis*. Die vulgär bekannte Zeit weist *ihrem eigenen phänomenologischen Gehalte nach* auf eine ursprüngliche Zeit, die *Zeitlichkeit*, zurück. Darin liegt aber: Die Aristotelische Zeitdefinition ist nur der *Ansatz* der Interpretation der Zeit. Die charakteristischen Bestimmtheiten der vulgär verstandenen Zeit müssen sich selbst aus der ursprünglichen Zeit verständlich machen lassen. Wenn wir uns diese Aufgabe stellen, dann heißt das: Wir müssen verdeutlichen, inwiefern *das Jetzt als Jetzt Übergangscharakter* hat; inwiefern die Zeit als *Jetzt, Dann und Damals Seiendes umhält* und als solcher Umhalt des Vorhandenen noch objektiver und vorhandener ist als alles andere (Innerzeitigkeit); inwiefern die Zeit *wesenhaft Gezähltes* ist und inwiefern zu ihr gehört, daß sie *immer enthüllt* ist.

Das vulgäre Zeitverständnis bekundet sich ausdrücklich und zunächst im Gebrauch der Uhr, wobei es gleichgültig ist, welche Vollkommenheit die Uhr hat. Wir sahen, wie wir uns im Hinblick auf den Uhrgebrauch davon überzeugen mußten, daß uns im zählenden Verfolgen einer Bewegung die Zeit begegnet. Was das genauer besagt, wie es möglich ist und was sich hieraus für den Begriff der Zeit ergibt, blieb ungefragt. Auch stellte weder Aristoteles noch die nachkommende Zeitinterpretation dieses Problem. Was besagt: die Uhr gebrauchen? Wir haben die Aristotelische Zeitinterpretation im Hinblick auf den Uhrgebrauch deutlich gemacht, ohne daß wir den Uhrgebrauch selbst schon genauer interpretierten. Aristoteles interpretiert seinerseits den Uhrgebrauch nicht, nennt ihn nicht einmal, sondern setzt diese natürliche Zugangsart zur Zeit durch die Uhr voraus. Das vulgäre Zeitverständnis begreift nur die im Zählen sich offenbarende Zeit als Abfolge von Jetzt. Aus diesem Zeitverständnis erwächst der Begriff der Zeit als einer Jetztfolge, die man genauer bestimmt hat als eine einsinnig gerichtete, nicht umkehrbare Folge des Nacheinander. Wir wollen diesen Ansatz, das Verhältnis zur Zeit im Sinne des Uhrgebrauchs, festhalten und durch eine genauere Interpretation dieses Verhaltens zur Zeit und der dabei erfahrenen Zeit zu dem vordringen, was diese Zeit selbst möglich macht.

α) Die Seinsart des Uhrgebrauchs. Jetzt, Dann und Damals als Selbstauslegungen der Verhaltungen des Gegenwärtigens, Gewärtigens und Behaltens

Was besagt Zeitablesung an der Uhr? Was heißt ›auf die Uhr sehen‹? Im Uhrgebrauch, in der Ablesung der Zeit an der Uhr, sehen wir zwar auf die Uhr, aber diese selbst ist nicht Gegenstand der Betrachtung. Wir beschäftigen uns nicht mit der Uhr als solcher als diesem bestimmten Gebrauchszeug, um

es etwa gegenüber einem Geldstück zu unterscheiden. Die Uhr
ist für uns aber auch nicht Gegenstand, so wie sie für den Uhr-
macher Gegenstand ist. Von ihm wird sie gerade nicht als das
Zeug, das sie ist, gebraucht. Im Uhrgebrauch nehmen wir die
Uhr zwar wahr, aber nur so und einzig so, um uns von ihr
auf etwas bringen zu lassen, was die Uhr selbst nicht ist, sondern was sie als Uhr zeigt: die Zeit. Aber auch hier ist Vorsicht
geboten. Es gilt, den *Uhrgebrauch in seiner ursprünglichen
Seinsart* zu fassen. Bei der Zeitablesung im Uhrgebrauch bin
ich auch *nicht auf die Zeit als den eigentlichen Gegenstand* des
Sehens gerichtet. Weder die Uhr noch die Zeit mache ich zum
Thema der Betrachtung. Wenn ich auf die Uhr sehe, frage ich
z. B., wieviel Zeit mir noch bleibt bis zum festgesetzten Schluß
der Vorlesung. Ich suche nicht die Zeit als solche, um mich mit
ihr zu beschäftigen, im Gegenteil, beschäftigt bin ich mit einer
phänomenologischen Darstellung. Es geht mir darum, sie zum
Abschluß zu bringen. Die Zeit feststellend suche ich zu bestimmen, wieviel Uhr es ist, d. h. wieviel Zeit noch bis neun Uhr
bleibt, um dies und das zu erledigen. Die Zeit feststellend,
suche ich nach dem Wieviel der *Zeit bis da und dahin,* so daß
ich sehe: ich habe noch Zeit, so viel Zeit, *um* das und das zu
erledigen. Ich frage bei der Uhr an in der Absicht zu bestimmen, wieviel Zeit ich noch habe, *um* das und das zu tun. Die
Zeit, die ich zu bestimmen suche, ist immer ›Zeit zu‹, Zeit,
um das und das *zu* tun, Zeit, die ich brauche, *um*, Zeit, die ich
mir lassen kann, *um* das und das *zu* bewerkstelligen, Zeit, die
ich mir nehmen muß, *um* das und das durchzuführen. Das
Auf-die-Uhr-sehen gründet *in* und entspringt *aus* einem ›Sich-
Zeit-*nehmen‹.* Damit ich mir Zeit *nehmen* kann, muß ich sie
irgendwoher haben. Wir haben in gewissem Sinne immer Zeit.
Daß wir oft oder meist keine Zeit haben, ist nur ein priva-
tiver Modus des *ursprünglichen Habens von Zeit.* Die Zeitablesung im Uhrgebrauch ist fundiert in einem Sich-Zeit-neh-
men, oder wie wir auch sagen, im ›Rechnen mit der Zeit‹.
Wir müssen hier ›Rechnen‹ nicht im Sinne des Zählens, son-

dern als ›mit der Zeit rechnen‹, ›sich nach ihr richten‹, ›ihr
Rechnung tragen‹ verstehen. Das Zeit messende Rechnen mit
der Zeit entspringt als Modifikation aus dem primären Verhältnis zur Zeit als dem *Sichrichten nach ihr.* Auf dem Boden
dieses ursprünglichen Zeitverhältnisses kommt es zur Zeitmessung, kommt es dazu, daß wir Uhren erfinden, um da-
Rechnen mit der Zeit ökonomischer mit Bezug auf die Zeit zu
gestalten. Wir rechnen schon immer mit der Zeit, bevor wir
Zeit messend auf die Uhr sehen. Wenn wir beachten, daß im
Uhrgebrauch, im Hinsehen auf die Uhr, je schon ein Rechnen
mit der Zeit liegt, so heißt das, daß uns schon vor dem Uhrgebrauch die Zeit gegeben, irgendwie für uns enthüllt ist und
daß wir nur deshalb mit der Uhr ausdrücklich auf sie zurückkommen können. Durch die Uhrzeigerstellung wird nur das
Wieviel bestimmt. Aber das Wieviel und Soviel an Zeit versteht die Zeit ursprünglich als das, womit ich rechne, als Zeit,
um zu … Die Zeit, die uns immer schon *gegeben* ist, sofern
wir uns Zeit *nehmen* und der Zeit Rechnung tragen, hat den
Charakter der ›*Zeit, um zu . . .*‹.

Wenn wir nicht reflektierend im alltäglichen Verhalten auf
die Uhr sehen, sagen wir immer, ob ausdrücklich oder nicht,
›jetzt‹. Aber dieses Jetzt ist kein nacktes, pures Jetzt, sondern es hat den Charakter des ›*jetzt ist es Zeit zu . . .*‹,
›jetzt ist es noch Zeit bis . . .‹, ›jetzt hat es noch Zeit
bis. . .‹. Wenn wir auf die Uhr sehen und ›jetzt‹ sagen,
sind wir nicht auf das Jetzt als solches gerichtet, sondern auf
das, *wofür* und *wozu* noch jetzt Zeit ist; gerichtet sind wir auf
das, was uns beschäftigt, wovon wir bedrängt sind, was seine
Zeit haben will, wofür wir Zeit haben wollen. Wenn wir
›jetzt‹ sagen, sind wir niemals auf das Jetzt als auf etwas
Vorhandenes gerichtet. Das Dasein sagt ›jetzt‹ auch dann,
wenn es nicht eigens im Uhrgebrauch die Zeit mißt. Wenn wir
nur spüren, hier ist es kühl, so liegt darin ›jetzt ist es kühl‹.
Erneut ist einzuschärfen: Wenn wir ›jetzt‹ meinen und aussprechen, dann sprechen wir damit nicht irgendein Vorhan-

denes an. Das Jetzt-sagen hat einen anderen Charakter, als
wenn ich sage: dieses Fenster. Damit meine ich thematisch dieses Fenster dort, den Gegenstand selbst. Wenn wir, das Jetzt
aussprechend, nicht irgendein Vorhandenes ansprechen, sprechen wir dann Seiendes an, das wir selbst sind? Aber ich bin
doch nicht das Jetzt? Vielleicht aber doch in gewisser Weise.
Das Jetzt-sagen ist kein vergegenständlichendes Ansprechen
von etwas, wohl aber ist es ein Aussprechen von etwas. Das
Dasein, das je so existiert, daß es sich Zeit nimmt, *spricht sich
aus.* Sich Zeit nehmend spricht es sich so aus, daß es *immer
Zeit sagt.* Wenn ich ›jetzt‹ sage, meine ich nicht das Jetzt als
solches, sondern im Jetzt-sagen bin ich flüchtig. Ich *bewege*
mich *im* Jetzt-Verständnis und bin eigentlich bei dem, *wozu*
die Zeit ist und *wofür* ich die Zeit bestimme. Wir sagen aber
nicht nur ›jetzt‹, sondern ebenso ›dann‹ und ›zuvor‹. Die Zeit
ist ständig in der Weise da, daß wir bei allem Planen und
Vorsorgen, bei allen Verhaltungen und allem Sicheinrichten
uns in der stillschweigenden Rede bewegen: jetzt, erst dann,
zuvor, schließlich, damals, vordem usf.

Nun ist genauer zu bestimmen, *woher* wir eigentlich das
nehmen, was wir mit dem Jetzt meinen, ohne daß wir es zum
Gegenstande machen. Wenn ich sage: ›dann‹, so heißt das,
ich *bin* in dieser Rede *gewärtig* einer bestimmten Sache, die
von sich aus kommen wird, die geschehen wird, oder ich bin
gewärtig dessen, was ich mir zu tun vorgenommen habe.
›Dann‹ kann ich nur sagen, wenn ich irgendeiner Sache gewärtig bin, d. h. nur sofern das Dasein als existierendes gewärtig ist. Mit dem Dann spricht sich ein solches Gewärtigsein
bzw. *Gewärtigen* aus. Es spricht sich so aus, daß es sich selbst
nicht eigens meint, aber gleichwohl in diesem Ausdruck des
Dann sich selber auslegt. Wenn ich sage ›damals‹, so kann
ich dergleichen mit Verständnis nur sagen, wenn ich ein Vor-
maliges *behalte.* Es ist nicht notwendig, daß ich mich ausdrücklich daran erinnere, sondern nur, daß ich es irgendwie als Vor-
maliges behalte. Das Damals ist das Sichaussprechen des *Be-*

haltens eines Vor- und Ehemaligen. Ein bestimmter Modus des Behaltens ist das *Vergessen.* Dieses ist nicht nichts, sondern in ihm zeigt sich eine ganz bestimmte Art des Sichverhaltens zum Vormaligen; ein Modus, in dem ich mich gegen das Vormalige verschließe, worin es mir verhüllt ist. Und schließlich: Sooft ich ›jetzt‹ sage, verhalte ich mich zu einem Vorhandenen, genauer zu einem Anwesenden, das in meiner Gegenwart ist. Dieses Verhalten zu Anwesendem im Sinne des Dahabens eines Anwesenden, das sich im Jetzt ausspricht, nennen wir das *Gegenwärtigen* von etwas.

Diese drei Bestimmungen, die Aristoteles kennt, das *Jetzt* und die Modifikationen des *Damals* als Jetzt-nicht-mehr und des *Dann* als Jetzt-noch-nicht sind die *Selbstauslegung von Verhaltungen,* die wir als Gewärtigen, Behalten und Gegenwärtigen charakterisieren. Sofern jedes Dann ein Jetzt-nochnicht, jedes Damals ein Jetzt-nicht-mehr ist, liegt in jedem Gewärtigen und Behalten ein Gegenwärtigen. Wessen ich gewärtig bin, das sehe ich immer in eine Gegenwart herein. Ebenso, was ich behalte, behalte ich für eine Gegenwart, so daß alles Gewärtigen und Behalten gegenwärtigend ist. Damit zeigt sich der *innere Zusammenhang* nicht nur der ausgesprochenen Zeit, sondern dieser *Verhaltungen,* als welche sich die Zeit ausspricht. Wenn sich mit diesen Bestimmungen, Jetzt, Damals, Dann, die Zeit ausspricht, diese Bestimmungen aber ein Gewärtigen, Behalten und Gegenwärtigen aussprechen, so ist offenbar das, was hier herausgestellt ist, *Zeit in einem ursprünglicheren Sinne.* Wir werden zu fragen haben, wie das, was in der Einheit des Gewärtigens, Behaltens und Gegenwärtigens vorliegt, mit Recht als ursprüngliche Zeit in Anspruch genommen werden kann. Das wird vor allem dann der Fall sein, wenn alle wesentlichen Momente, die dem Jetzt zukommen – der Charakter des Umhaltes, das Moment der Ermöglichung der Innerzeitigkeit, der Charakter des Übergangs und der des Gezähltwerdens bzw. des Enthülltseins der Zeit – in ihrer Möglichkeit und Notwendigkeit aus den ursprünglicheren Phänomenen verständlich gemacht werden können, deren Einheit wir als Zeitlichkeit kennenlernen werden. Die Zeitlichkeit gibt ihrerseits den Horizont her für das Verständnis von Sein überhaupt.

Die Zeit, wie sie Aristoteles herausstellt und wie sie dem gemeinen Bewußtsein bekannt ist, ist eine Abfolge der Jetzt aus dem Jetzt-noch-nicht in das Jetzt-nicht-mehr, eine Abfolge der Jetzt, die keine beliebige ist, sondern in sich die Richtung aus der Zukunft in die Vergangenheit hat. Wir sagen auch, die Zeit vergeht. Die Jetztfolge ist gemäß dieser Abfolge aus der Zukunft in die Vergangenheit einsinnig gerichtet, nicht umkehrbar. Man bezeichnet diese Jetztfolge als eine unendliche. Es gilt als allgemeiner Satz, daß die Zeit unendlich sei.

Das vulgäre Zeitverständnis bekundet sich zunächst ausdrücklich im Gebrauch der Uhr, in der Zeitmessung. Wir messen aber die Zeit deshalb, weil wir die Zeit brauchen, d. h. weil wir uns Zeit nehmen bzw. Zeit lassen, und die Art, wie wir die Zeit brauchen, durch bestimmte Zeitmessung ausdrücklich regeln und sichern. Wenn wir auf die Uhr sehen, so geben wir der Uhr die Zeit vor, sofern die Zeit selbst nicht in der Uhr liegt. Sehen wir auf die Uhr, so sagen wir ›jetzt‹. Damit haben wir die Zeit ausgesprochen, die wir von der Uhr her nur zahlenmäßig bestimmen. Dieses Jetzt-sagen und das Aussprechen eines Dann oder Damals müssen einen bestimmten Ursprung haben. Woher schöpfen wir das Jetzt, wenn wir ›jetzt‹ sagen? Offenbar meinen wir keinen Gegenstand, kein Vorhandenes, sondern es spricht sich im Jetzt das aus, was wir das Gegenwärtigen von etwas, die Gegenwart nennen. Im Damals spricht sich ein Behalten und im Dann ein Gewärtigen aus. Sofern jedes Damals ein ›Nicht-mehr-jetzt‹ und jedes Dann ein ›Noch-nicht-jetzt‹ ist, liegt auch im Aussprechen eines Dann, das einem Gewärtigen entspringt, je schon ein Gegenwärtigen, ein Mitverstehen des Jetzt. Jede dieser Zeitbestimmungen, Jetzt, Dann, Damals, ist aus der *Einheit* eines Gegenwärtigens – Gewärtigens – Behaltens bzw. Vergessens gesprochen. Wessen ich als eines Nächsten gewärtig bin, wird im ›*Sogleich*‹ angesprochen. Was ich als Nächstes eben noch behalte bzw. gerade schon vergesse, wird im ›*Soeben*‹ angesprochen. Das Soeben steht mit seiner Modifikation im *Horizont des ›Früher*‹, das zum Behalten und Vergessen gehört. Das Sogleich und das Dann stehen im *Horizont des ›Späterhin*‹, der zum Gewärtigen gehört. Alle Jetzt stehen im *Horizont des ›Heute*‹, das der Horizont des Gegenwärtigens ist. Die mit dem Jetzt, Dann und Damals gemeinte Zeit ist die Zeit, mit der das sich Zeit nehmende Dasein rechnet. Woher nimmt es aber die Zeit, mit der es rechnet und die es im Jetzt, Dann und Damals ausspricht? Die Antwort auf diese Frage stellen wir noch zurück. Es wird aber schon deutlich, daß diese Antwort nichts anderes ist als die **Aufklärung des Ursprungs** des Jetzt, Dann (Jetzt-noch-nicht) und Damals (Jetzt-nicht-mehr), d. h. der Zeit als Jetztfolge (Nacheinander) aus der ursprünglichen Zeit.

β) Die Strukturmomente der ausgesprochenen Zeit:
Bedeutsamkeit, Datierbarkeit, Gespanntheit, Öffentlichkeit
Die Frage ist: Wie müssen wir dieses Gegenwärtigen, Gewärtigen und Behalten, die sich im Jetzt, Dann und Damals aussprechen, selbst genauer bestimmen? Das können wir nur, wenn wir dessen sicher sind, daß wir das, was die Aristotelische Zeitinterpretation als Jetztfolge kennt, in seiner vollen Struktur schon sehen. Das ist jedoch in der Art, wie Aristoteles und die gesamte nachkommende Tradition die Zeit charakterisiert, nicht der Fall. Es gilt vorerst, die Struktur der ausgesprochenen Zeit, das Jetzt, Dann und Damals, genauer zu kennzeichnen.

Ein wesentliches Moment der an der Uhr abgelesenen Zeit und damit überhaupt der Zeit, die wir uns nehmen oder lassen, haben wir schon berührt, ohne es als Struktur dem Jetzt zuzuweisen. Jede Zeit, die wir an der Uhr ablesen, ist Zeit zu . . ., ›Zeit, um das und das zu tun‹, d. h. *geeignete* Zeit bzw. *ungeeignete* Zeit. Die Zeit, die wir auf der Uhr ablesen, ist immer die Zeit, die zum Gegensatz die Unzeit hat, wie wir sagen: jemand kommt zur Unzeit bzw. zur Zeit. Diesen eigentümlichen Charakter der Zeit haben wir in einem anderen Zusammenhang schon gesehen, als wir den Begriff der Welt charakterisierten und sahen, daß in ihm ein Ganzes von Bezügen gemeint ist, die den Charakter des Um-zu haben. Wir bezeichneten diese Ganzheit von Bezügen des Um-zu, Umwillen, Hierzu und Dazu als Bedeutsamkeit. Die Zeit als rechte Zeit und Unzeit hat den *Charakter der Bedeutsamkeit,* d. h. den Charakter, der die Welt als Welt überhaupt charakterisiert. Deshalb bezeichnen wir die Zeit, mit der wir rechnen, die wir uns lassen, als *Weltzeit.* Damit ist nicht gesagt, daß die Zeit, die wir an der Uhr ablesen, etwas Vorhandenes ist, wie die innerweltlichen Dinge. Wir wissen ja, die Welt ist nichts Vorhandenes, nicht Natur, sondern das, was Entdecktheit von Natur erst möglich macht. Es ist deshalb auch nicht angebracht, diese Zeit, wie es oft geschieht, als Naturzeit oder als naturhafte Zeit zu bezeichnen. Es gibt keine Naturzeit, sofern alle Zeit wesentlich zum Dasein gehört. Wohl aber gibt es eine Weltzeit. Wir nennen die Zeit deshalb Weltzeit, weil sie den Charakter der *Bedeutsamkeit* hat, der in der Aristotelischen Zeitdefinition und überhaupt in der traditionellen Zeitbestimmung übersehen ist.

Ein weiteres Moment neben der Bedeutsamkeit der Zeit ist ihre *Datierbarkeit.* Jedes Jetzt ist in einem Gegenwärtigen von etwas in der Einheit mit einem Gewärtigen und Behalten ausgesprochen. Wenn ich ›jetzt‹ sage, sage ich immer unausgesprochen mit ›*jetzt, da das und das‹.* Wenn ich ›dann‹ sage, meine ich immer ›*dann, wann‹.* Wenn ich ›damals‹ sage, meine ich ›*damals, als‹.* Zu jedem Jetzt gehört ein ›da‹: jetzt, da das und das. Wir bezeichnen diese Bezugsstruktur des Jetzt als Jetzt-da, des Damals als Damals-als und des Dann als Dann-wann als die Datierbarkeit. Jedes Jetzt datiert sich als ›jetzt, da das und das passiert, geschieht oder besteht‹.

Auch wenn ich das Wann eines Damals-als nicht mehr genau und eindeutig bestimmen kann, hat das Damals diesen Bezug. Nur weil der Bezug der Datierung wesenhaft zum Damals, Jetzt und Dann gehört, kann das Datum unbestimmt, verschwommen und unsicher sein. Das Datum selbst braucht nicht ein kalendarisches im engeren Sinne zu sein. Das kalendarische Datum ist nur ein besonderer Modus der alltäglichen Datierungen. Die Unbestimmtheit des Datums besagt nicht ein Fehlen der Datierbarkeit als Wesensstruktur des Jetzt, Damals und Dann. Diese muß ihm zugehören, um als Datum unbestimmt sein zu können. Wir sagen etwa: Damals, als die Franzosen in Deutschland waren, und sprechen von der ›Franzosenzeit‹. Die Datierung kann kalendarisch unbestimmt sein, sie ist gleichwohl durch ein bestimmtes geschichtliches Geschehen oder ein anderes Ereignis bestimmt. Wie weit, wie sicher und eindeutig auch immer ein ›jetzt, da . . .‹, ein ›damals, als . . .‹ und ein ›dann, wann . . .‹ datiert sein mögen, zur Wesensverfassung des Jetzt, des Damals und des Dann gehört das Strukturmoment der Datierbarkeit. Das ›jetzt, da . . .‹, ›damals, als . . .‹ und ›dann, wann . . .‹ sind ihrem Wesen nach auf Seiendes bezogen, das dem Datierbaren das Datum gibt. Die Zeit, die man vulgär als Jetztfolge begreift, muß als dieser Datierungsbezug gefaßt werden. Dieser darf nicht übersehen und unterschlagen werden. Die vulgäre Auffassung der Zeit als Jetztfolge kennt jedoch das Moment der vorkalendarischen Datierbarkeit ebensowenig wie das der Bedeutsamkeit. Die Jetzt sind für sie als freischwebend, bezuglos, in sich selbst aneinandergeklammert und in sich selbst abfolgend gedacht. Demgegenüber ist zu sehen, daß jedes Jetzt, jedes Damals und jedes Dann seiner Struktur nach datierbar, d. h. immer schon auf etwas bezogen und im Aussprechen von etwas her mehr oder minder bestimmt datiert ist. Darin, daß man in den traditionellen Zeittheorien den wesenhaften Datierungsbezug des Jetzt, Jetzt-nicht-mehr und Jetzt-noch-nicht übersah, zeigt sich ein weiteres Dokument dafür, wie fern dem Begriff gerade das Selbstverständliche liegt. Denn was ist selbstverständlicher, als daß wir mit dem Jetzt ein ›jetzt, da das und das ist oder geschieht‹ meinen? Warum dem traditionellen Zeitbegriff so elementare Zeitstrukturen, wie die der Bedeutsamkeit und der Datierbarkeit, verborgen bleiben konnten – warum er sie übersieht und übersehen muß, werden wir aus der Struktur der Zeitlichkeit selbst verstehen lernen.

Gewärtigend sagt das Dasein ›dann‹, gegenwärtigend sagt es ›jetzt‹, behaltend sagt es ›damals‹. Jedes Dann ist als ein Noch-nicht im Verstehen eines Jetzt, d. h. in einem Gegenwärtigen gesprochen. Im gewärtigenden Aussprechen des Dann wird je von einem Jetzt aus ein *›bis dahin‹* verstanden. In jedem Dann ist ein Jetzt-bis-dahin unausdrücklich mitverstanden. Durch das Dann selbst wird die Erstreckung vom Jetzt bis zum Dann artikuliert. Die Beziehung ›von jetzt bis dann‹ wird nicht erst nachträglich zwischen einem Jetzt und Dann hergestellt, sondern sie liegt schon im gewärtigenden Gegenwärtigen, das sich im Dann ausspricht. Sie liegt sowohl im Jetzt als im Noch-nicht und Dann, das auf ein Jetzt bezogen ist. Wenn ich ›dann‹ aus einem ›jetzt‹ heraus sage, meine ich schon immer ein bestimmtes *Inzwischen* bis dahin. In diesem Inzwischen liegt dasjenige, was wir die *Dauer*, das *Während*, das *Währen* der Zeit nennen. Als einem Zeitcharakter eignet dieser Bestimmung wieder die herausgestellte Struktur der Datierbarkeit: inzwischen, d. h. ›währenddessen das und das geschieht‹. Dieses Inzwischen kann selbst wieder genauer bestimmt und eingeteilt werden durch bestimmte ›von dann bis dann‹, die das Inzwischen artikulieren. Im artikulierten Inzwischen oder Während wird das Währen eigens zugänglich. Es wird zugänglich, daß das mit dem ›von jetzt bis dann‹ Gemeinte, die Zeit, sich erstreckt. Was so in diesen Charakteren des Inzwischen, des Während und des Bis-dahin artikuliert wird, bezeichnen wir als die *Gespanntheit* der Zeit. Mit dem Inzwischen und dem Während meinen wir eine Spanne Zeit. Es ist dasjenige Moment, das Aristoteles schon dem Jetzt mit Recht zuweist, wenn er sagt, es habe einen gewissen Übergangscharakter. Die Zeit ist in sich selbst gespannt und erstreckt. Jedes Jetzt, Dann und Damals hat nicht nur je ein Datum, sondern ist in sich gespannt und erstreckt: ›jetzt, während der Vorlesung‹, ›jetzt, während der Pause‹. Kein Jetzt und kein Zeitmoment kann punktualisiert sein. Jedes Zeitmoment ist in sich gespannt, wobei die Spannweite variabel ist. Sie variiert u. a. mit dem, was je das Jetzt datiert.

Aber Bedeutsamkeit, Datierbarkeit und Gespanntheit (Erstrecktheit) umfassen nicht die volle Struktur des Jetzt, Damals und Dann. Als letzten Charakter der Zeit im Sinne der gerechneten und ausgesprochenen Zeit nennen wir die *Öffentlichkeit* der Zeit. Das Jetzt ist, ob in der Verlautbarung oder nicht, ausgesprochen. Wenn wir ›jetzt‹ sagen, meinen wir: ›jetzt, da das und das geschieht‹. Das datierte Jetzt hat eine gewisse Erstrecktheit. Im Aussprechen des datierten und gespannten Jetzt *im Miteinandersein* versteht jeder den anderen. Wenn jeder von uns ›jetzt‹ sagt, so verstehen wir alle dieses Jetzt, obwohl vielleicht jeder von uns dieses Jetzt von einem anderen Ding oder Geschehnis her datiert: ›jetzt, da der Professor spricht‹, ›jetzt, da die Herren schreiben‹ oder ›jetzt am Morgen‹, ›jetzt gegen Ende des Semesters‹. Wir brauchen in der Datierung des ausgesprochenen Jetzt in keiner Weise übereinzustimmen, um es als Jetzt zu verstehen. Das ausgesprochene Jetzt ist im Miteinandersein für jedermann verständlich. Obzwar jeder je sein Jetzt sagt, ist es doch das Jetzt für jedermann. Die Zugänglichkeit des Jetzt für jedermann, unbeschadet der verschiedenen Datierung, charakterisiert die Zeit als öffentliche. Das Jetzt ist jedermann zugänglich und damit keinem gehörig. Aufgrund dieses Charakters der Zeit wird ihr eine eigentümliche Objektivität zugewiesen. Das Jetzt gehört weder mir, noch irgendeinem anderen, sondern es ist irgendwie da. Es gibt die Zeit, sie ist vorhanden, ohne daß wir sagen können, wie und wo sie ist.

Ebenso unmittelbar, wie wir uns ständig Zeit nehmen, verlieren wir sie auch. Wir lassen uns Zeit mit etwas, so zwar, daß dabei die Zeit nicht da ist. Wie wir Zeit verlieren, geben wir sie doch weg. Aber das Zeit-verlieren ist ein spezifisch unbekümmertes Sich-Zeit-lassen, d. h. ein Modus, wie wir im vergessenen Dahinleben die Zeit haben.

Wir haben eine Reihe von Charakteren *der* Zeit aufgewiesen, die Aristoteles im Auge hat, wenn er sie als das Gezählte bestimmt. Die Zeit, die wir uns nehmen und die wir im Jetzt, Dann und Damals aussprechen, hat die Strukturmomente der Bedeutsamkeit, der Datierbarkeit, der Erstrecktheit und der Öffentlichkeit. Die Zeit, mit der wir rechnen im weiteren Sinne des Rechnens, ist datierbar, gespannt, öffentlich und hat den Charakter der Bedeutsamkeit, d. h. sie gehört zur Welt selbst. Inwiefern aber gehören diese Strukturmomente wesenhaft zur Zeit? Inwiefern sind diese Strukturen selbst möglich?

γ) Die ausgesprochene Zeit und ihr Ursprung aus der existenzialen Zeitlichkeit. Der ekstatische und horizontale Charakter der Zeitlichkeit

Erst wenn wir die volle Struktur der Jetztfolge nach diesen Momenten im Blick behalten, können wir konkret fragen: Woher entspringt die Zeit, die wir *zunächst* kennen und die wir *einzig* kennen? Lassen sich diese Strukturmomente der Zeit und damit die Zeit selbst so, wie sie sich ausspricht, aus dem verstehen, *was* sich mit dem Jetzt, Dann und Damals ausspricht, d. h. aus dem Gegenwärtigen, dem Gewärtigen und dem Behalten? Wenn wir irgendeines Geschehnisses gewärtig sind, verhalten wir uns in unserem Dasein immer in irgendeiner Weise zu unserem eigensten Seinkönnen. Mag auch dasjenige, dessen wir gewärtig sind, irgendein Ereignis, ein Vorgang sein, so ist in der Gewärtigung des Vorganges selbst immer unser eigenes Dasein mitgewärtigt. Das Dasein versteht sich selbst aus dem eigensten Seinkönnen, dessen es gewärtig ist. Sofern es sich so zu seinem eigensten Seinkönnen verhält, *ist es sich selbst vorweg*. Einer Möglichkeit gewärtig, komme ich aus dieser Möglichkeit auf das zu, was ich selbst bin. Das Dasein *kommt*, sein Seinkönnen gewärtigend, *auf sich zu*. In diesem eine Möglichkeit gewärtigenden Auf-sich-zukommen ist das Dasein in einem ursprünglichen Sinne *zukünftig*. Dieses in der Existenz des Daseins liegende Auf-sich-selbst-zukommen aus der eigensten Möglichkeit her, davon alles Gewärtigen ein bestimmter Modus ist, ist der *primäre Begriff der Zukunft*. Dieser existenziale Zukunftsbegriff ist die Voraussetzung für den vulgären Begriff der Zukunft im Sinne des Noch-nicht-jetzt.

Irgendetwas behaltend oder vergessend, verhält sich das Dasein immer irgendwie zu dem, was es selbst schon gewesen ist. Es ist nur, wie es je faktisch ist, in der Weise, daß es das Seiende, das es ist, *je schon gewesen ist*. Sofern wir uns zu einem Seienden als Vergangenem verhalten, behalten wir es in gewisser Weise oder vergessen es. Im Behalten und Vergessen ist das Dasein selbst mitbehalten. Es behält sich selbst mit in dem, *was es schon gewesen ist*. Dasjenige, was das Dasein je schon gewesen ist, seine *Gewesenheit*, gehört mit zu seiner Zukunft. Diese Gewesenheit besagt primär gerade nicht, daß das Dasein faktisch nicht mehr ist; umgekehrt, es *ist* gerade faktisch, was es *war*. Das, was wir gewesen *sind*, ist nicht vergangen in dem Sinne, daß wir unsere Vergangenheit, wie wir sonst zu sagen pflegen, wie ein Kleid ablegen könnten. Das Dasein kann sich seiner Vergangenheit sowenig entschlagen, wie es seinem Tode entgeht. In jedem Sinne und in jedem Falle ist alles das, was wir gewesen sind, eine wesentliche Bestimmung unserer Existenz. Mag ich auch meine Vergangenheit auf irgendeinem Wege mit irgendwelchen Manipulationen mir vom Leibe halten, so sind das Vergessen, Verdrängen, Zurückhalten Modi, in denen ich meine Gewesenheit selbst bin. Das Dasein ist, sofern es ist, notwendig immer gewesen. Es kann nur solange gewesen *sein*, als es existiert. Gerade dann, wenn das Dasein nicht mehr ist, ist es auch nicht mehr gewesen.

Es *ist* nur gewesen, solange es ist. Darin liegt: Gewesenheit gehört zur Existenz des Daseins. Von dem früher charakterisierten Moment der Zukunft her gesprochen: Sofern das Dasein je sich zu einem bestimmten Seinkönnen seiner selbst mehr oder minder ausdrücklich verhält, d. h. aus einer Möglichkeit seiner selbst auf sich zukommt, *kommt* es damit auch immer auf das *zurück*, was es gewesen ist. Zur Zukunft im ursprünglichen (existenzialen) Sinne gehört gleichursprünglich die Gewesenheit im existenzialen Sinne. Gewesenheit macht in eins mit der Zukunft und der Gegenwart Existenz erst möglich.

Gegenwart im existenzialen Sinne ist nicht gleich Anwesenheit bzw. Vorhandenheit. Sofern Dasein existiert, hält es sich je bei vorhandenem Seienden auf. Es hat dieses in seiner Gegenwart. Nur als Gegenwärtigendes ist es im besonderen Sinne zukünftig und gewesen. Das Dasein ist, gewärtigend eine Möglichkeit, immer so, daß es gegenwärtigend sich zu einem Vorhandenen verhält und dieses als Anwesendes in seiner Gegenwart hält. Dazu gehört, daß wir meist in diese Gegenwart verloren sind und es so aussieht, als wäre die Zukunft und die Vergangenheit, genauer gesprochen die Gewesenheit, abgeblendet, als spränge Dasein in jedem Moment jeweils in die Gegenwart. Das ist ein Schein, der wiederum seine Gründe hat und aufgeklärt werden muß, was wir aber in diesem Zusammenhang unterlassen. Es gilt hier nur, ungefähr zu sehen, daß wir von Zukunft, Gewesenheit und Gegenwart in einem ursprünglicheren (existenzialen) Sinne sprechen und diese drei Bestimmungen in einer Bedeutung gebrauchen, die *der vulgären Zeit vorausliegt*. Die ursprüngliche Einheit der charakterisierten Zukunft, Gewesenheit und Gegenwart ist das Phänomen der ursprünglichen Zeit, das wir die *Zeitlichkeit* nennen. Die Zeitlichkeit *zeitigt sich* in der jeweiligen Einheit von Zukunft, Gewesenheit und Gegenwart. Was wir so benennen, ist vom Dann, Damals und Jetzt zu unterscheiden. Die letztgenannten Zeitbestimmungen sind nur, was sie sind, sofern sie der Zeitlichkeit entspringen, indem diese sich ausspricht. Mit dem Jetzt, Dann und Damals spricht sich das Gewärtigen, die Zukunft, das Behalten, die Gewesenheit, und das Gegenwärtigen, die Gegenwart, aus. Im Sichaussprechen zeitigt die Zeitlichkeit die Zeit, die das vulgäre Zeitverständnis allein kennt.

Das Wesenhafte der Zukunft liegt in dem *Auf-sich-zukommen*, das Wesenhafte der Gewesenheit im *Zurück-zu* und das Wesenhafte der Gegenwart im *Sichaufhalten bei*, d. h. im Sein-bei. Diese Charaktere des *Auf-zu*, des *Zurück-zu* und des *Bei* offenbaren die Grundverfassung der Zeitlichkeit. Sofern die Zeitlichkeit durch dieses Auf-zu, das Zurück-zu und das Bei bestimmt ist, ist sie *außer sich*. Die Zeit ist in sich selbst als Zukunft, Gewesenheit und Gegenwart entrückt. Als zukünftiges *ist* das Dasein *zu* seinem gewesenen Seinkönnen, als gewesenes *zu* seiner Gewesenheit, als gegenwärtigendes zu anderem Seienden *entrückt*. Die Zeitlichkeit als Einheit von Zukunft, Gewesenheit und Gegenwart entrückt nicht das Dasein zuweilen und gelegentlich, sondern sie selbst als *Zeitlichkeit* ist *das ursprüngliche Außer-sich*, das ἐκστατικόν. Wir bezeichnen diesen Charakter der Entrückung terminologisch als den *ekstatischen Charakter* der Zeit. Die Zeit ist nicht nachträglich und zufällig einmal entrückt, sondern Zukunft ist in sich selbst als Auf-zu entrückt, d. h. ekstatisch. Das gleiche gilt für die Gewesenheit und die Gegenwart. Wir nennen daher Zukunft, Gewesenheit und Gegenwart die drei *Ekstasen* der Zeitlichkeit, die in sich gleichursprünglich zusammengehören.

Diesen ekstatischen Charakter der Zeit gilt es genauer zu sehen. Man kann sich diesen Zusammenhang nur in der konkreten Vergegenwärtigung beliebiger Phänomene zu Gesicht bringen, wenn man einmal den Leitfaden dafür hat. Die Bezeichnung ›ekstatisch‹ hat mit ekstatischen Zuständen und dergleichen nichts zu tun. Der vulgäre griechische Ausdruck ἐκστατικόν bedeutet das Aus-sich-heraustreten. Er hängt mit dem Terminus ›Existenz‹ zusammen. Mit dem ekstatischen

Charakter interpretieren wir die Existenz, die ontologisch gesehen die ursprüngliche Einheit des auf-sich-zukommenden, auf-sich-zurückkommenden, gegenwärtigenden Außer-sich-seins ist. Die ekstatisch bestimmte Zeitlichkeit ist die Bedingung der Seinsverfassung des Daseins.

Die ursprüngliche Zeit ist in sich selbst – das ist das Wesen ihrer Zeitigung – außer sich. Sie ist dieses Außer-sich selbst, d. h. sie ist nicht etwas, was zunächst vorhanden wäre als ein Ding und dann außer sich, so daß sie sich hinter sich läßt, sondern sie ist in sich selbst nichts anderes als das Außer-sich schlechthin. Sofern dieser ekstatische Charakter die Zeitlichkeit kennzeichnet, liegt im Wesen jeder Ekstase, die sich nur in der Zeitigungseinheit mit den anderen zeitigt, eine *Entrückung nach . . ., auf etwas hin* in einem formalen Sinne. Jede Entrückung ist in sich selbst *offen*. Zur Ekstase gehört eine eigentümliche *Offenheit*, die mit dem Außer-sich gegeben ist. Das, wohinein jede Ekstase in einer bestimmten Weise in sich selbst offen ist, bezeichnen wir als *Horizont der Ekstase*. Der Horizont ist die *offene Weite*, wohinein die Entrückung als solche außer sich ist. *Die Entrückung öffnet und hält diesen Horizont offen.* Als ekstatische Einheit von Zukunft, Gewesenheit und Gegenwart hat die Zeitlichkeit einen durch die Ekstase bestimmten Horizont. Die Zeitlichkeit ist als die ursprüngliche Einheit von Zukunft, Gewesenheit und Gegenwart in sich selbst *ekstatisch-horizontal.* ›Horizontal‹ besagt: durch einen mit der Ekstase selbst gegebenen Horizont charakterisiert. Die ekstatisch-horizontale Zeitlichkeit macht nicht nur die Seinsverfassung des Daseins ontologisch möglich, sondern sie ermöglicht auch die Zeitigung der Zeit, die das vulgäre Zeitverständnis einzig kennt und die wir allgemein als die nichtumkehrbare Jetztfolge bezeichnen.

Wir gehen jetzt nicht näher auf den Zusammenhang zwischen dem Phänomen der *Intentionalität* und der ekstatisch-horizontalen Zeitlichkeit ein. Die Intentionalität – das Gerichtetsein auf etwas und die darin liegende Zusammengehö-

rigkeit der intentio und des intentum –, die in der Phänomenologie als das letzte Urphänomen gemeinhin bezeichnet
wird, hat die Bedingung ihrer Möglichkeit in der Zeitlichkeit
und ihrem ekstatisch-horizontalen Charakter. Das Dasein ist
nur deshalb intentional, weil es in seinem Wesen durch die
Zeitlichkeit bestimmt ist. Ebenso hängt mit dem ekstatisch-
horizontalen Charakter die Wesensbestimmung des Daseins
zusammen, daß es in sich selbst *transzendiert*. Inwiefern diese
beiden Charaktere, Intentionalität und Transzendenz, mit der
Zeitlichkeit zusammenhängen, wird sich uns zeigen. Zugleich
werden wir verstehen, inwiefern die Ontologie, sofern sie das
Sein zum Thema macht, eine transzendentale Wissenschaft ist.
Zunächst müssen wir, da wir die Zeitlichkeit nicht eigens aus
dem Dasein interpretierten, das Phänomen uns vertrauter
machen.

δ) Der Ursprung der Strukturmomente der Jetzt-Zeit aus der ekstatisch-horizontalen Zeitlichkeit
Die Seinsart des Verfallens als Grund für die Verdeckung der ursprünglichen Zeit

Die Auffassung der Zeit als einer Jetztfolge kennt nicht den
Ursprung dieser Zeit aus der ursprünglichen Zeit und übersieht alle wesentlichen Momente, die der Jetztfolge als solcher
zukommen. Die Zeit ist im vulgären Verständnis in sich eine
freischwebende Folge der Jetzt. Sie ist einfach da; man muß
ihr Gegebensein anerkennen. Nachdem wir nun die Zeitlichkeit in roher Weise charakterisiert haben, entsteht die Frage,
ob wir die Jetztfolge explizit hinsichtlich der wesentlichen
Strukturen – Bedeutsamkeit, Datierbarkeit, Gespanntheit
und Öffentlichkeit – aus der ursprünglichen Zeitlichkeit her
entspringen lassen können. Wenn die Zeit als Jetztfolge aus
der ursprünglichen Zeitlichkeit sich zeitigt, dann müssen sich
*diese Strukturen aus der ekstatisch-horizontalen Verfassung
der Zeitlichkeit ontologisch verständlich machen lassen*. Noch
mehr, wenn die Zeitlichkeit, in der sich die Zeit als Jetztfolge

zeitigt, die Seinsverfassung des Daseins ausmacht, das faktische Dasein zunächst aber nur die vulgär verstandene Zeit erfährt und kennt, dann muß sich aus der Zeitlichkeit des Daseins
auch aufklären lassen, *warum* das faktische Dasein zunächst
nur die Zeit als Jetztfolge kennt, und ferner, *warum* das
vulgäre Zeitverständnis an der Zeit die wesentlichen Strukturmomente der Bedeutsamkeit, Datierbarkeit, Gespanntheit und
Öffentlichkeit übersieht bzw. nicht angemessen versteht. Wenn
es möglich ist – wenn es sogar notwendig ist zu zeigen, daß
das, was man gemeinhin als Zeit kennt, aus dem entspringt,
was wir als Zeitlichkeit charakterisierten, dann rechtfertigt
sich dadurch die Bezeichnung dessen, woher die vulgäre Zeit
entspringt, als ursprüngliche Zeit. Denn man könnte die Frage
stellen: Warum bezeichnen wir die Einheit von Zukunft,
Gewesenheit und Gegenwart in diesem ursprünglichen Sinne
noch als Zeit? Ist das nicht irgendetwas anderes? Diese Frage
ist zu verneinen, sobald man sieht, daß das Jetzt, das Dann
und Damals nichts anderes sind als die Zeitlichkeit, die sich
ausspricht. Nur deshalb ist das Jetzt ein *Zeit*charakter, nur
deshalb sind das Dann und das Damals *zeit*haft.

Die Frage lautet jetzt: Inwiefern gründet die vulgär verstandene Zeit in der Zeitlichkeit selbst – inwiefern entspringt
die Zeit im vulgären Sinne aus der Zeitlichkeit, oder genauer
gefragt, inwiefern zeitigt die Zeitlichkeit selbst die Zeit, die
der gemeine Verstand allein kennt? Jedes Jetzt ist seinem
Wesen nach ein Jetzt-da. Aufgrund dieses Bezugs der Datierbarkeit ist es auf irgendein Seiendes bezogen, aus dem her es
sich datiert. Dieser Charakter, ein Jetzt-da-das-und-das zu
sein, d. h. der Bezug der Datierbarkeit ist nur möglich, weil
das Jetzt als Zeitbestimmung ekstatisch-offen ist, d. h. aus der
Zeitlichkeit entspringt. Es gehört einer bestimmten Ekstase zu,
dem Gegenwärtigen im Sinne des Gegenwärtigens *von* etwas.
Im Gegenwärtigen von Seiendem ist das Gegenwärtigen in
sich selbst ekstatisch auf etwas bezogen. Sofern es sich als
ekstatisch bezogenes ausspricht, im Sichaussprechen ›jetzt‹

sagt und mit dem Jetzt Gegenwart meint, ist dieses ekstatisch-
horizontale, also in sich selbst ekstatische Jetzt *bezogen auf . . .,*
d. h. jedes Jetzt ist als Jetzt ›jetzt, da das und das‹. Das
Gegenwärtigen von Seiendem läßt solches begegnen, so daß,
wenn es sich aussprechend ›jetzt‹ sagt, dieses Jetzt aufgrund
des ekstatischen Charakters der Gegenwärtigung den Gegen-
wartscharakter haben muß: ›jetzt, da das und das‹. Entsprechend ist jedes Damals ein Damals-als und jedes Dann ein
Dann-wann. Sofern ich ›jetzt‹ sage und es in einem Gegenwärtigen und als dieses Gegenwärtigen ausspreche, begegnet
aufgrund des Gegenwärtigens von etwas Seiendes als dasjenige,
von woher das ausgesprochene Jetzt sich datiert. Weil wir
das Jetzt jeweils in und aus einem Gegenwärtigen von Seiendem heraus sagen, ist das so gesagte Jetzt strukturall selbst
gegenwärtigend. Es hat den Bezug der Datierbarkeit, wobei
die faktische Datierung je inhaltlich verschieden ist. Das Jetzt
und jede andere Zeitbestimmung hat ihren Datierungsbezug
aus dem ekstatischen Charakter der Zeitlichkeit selbst. Daß
das Jetzt je ein ›jetzt, da das und das‹, jedes Damals ein
›damals, als‹ und jedes Dann ein ›dann, wann‹ ist, verrät
nur, daß die Zeit als Zeitlichkeit, als Gegenwärtigen, Behalten
und Gewärtigen, Seiendes als entdecktes schon begegnen läßt.
Mit anderen Worten, die vulgär verstandene Zeit, das Jetzt,
gesehen von diesem Datierungsbezug her, ist nur der Index
für die ursprüngliche Zeitlichkeit.

Jedes Jetzt und jede Zeitbestimmung ist in sich *gespannt,*
hat eine Spannweite, die variiert und die nicht erst durch eine
Summierung der einzelnen Jetzt als dimensionsloser Punkte
erwächst. Das Jetzt bekommt nicht eine Weite und einen
Umfang dadurch, daß ich mehrere Jetzt zusammennehme,
sondern umgekehrt, jedes Jetzt hat in sich primär schon diese
Gespanntheit. Selbst wenn ich das Jetzt auf eine millionstel
Sekunde reduziere, hat es noch die Spanne, weil es sie seinem
Wesen nach schon hat und weder durch eine Summierung
gewinnt, noch durch eine Verminderung verliert. Das Jetzt

und jede Zeitbestimmung hat in sich selbst eine Gespanntheit. Auch diese hat darin ihren Grund, daß das Jetzt nichts anderes ist als der ›Ausspruch‹ der ursprünglichen Zeitlichkeit selbst in ihrem ekstatischen Charakter. In jedem gesagten Jetzt ist die Gespanntheit mitgesagt, weil mit dem Jetzt und den übrigen Zeitbestimmungen sich ein Gegenwärtigen ausspricht, das sich in der ekstatischen Einheit mit dem Gewärtigen und Behalten zeitigt. Im ekstatischen Charakter der Zeitlichkeit liegt ursprünglich schon eine Erstrecktheit, die in die ausgesprochene Zeit miteingeht. Sofern jedes Gewärtigen den Charakter des Auf-sich-zu hat und jedes Behalten den Charakter des Zurück-zu, sei es auch im Modus des Vergessens, und alles Auf-sich-zu in sich selbst ein Zurück-zu ist, ist die Zeitlichkeit als ekstatische *in sich selbst erstreckt*. Die Zeitlichkeit ist als das primäre Außer-sich die Erstreckung selbst. Diese ergibt sich nicht erst dadurch, daß ich Zeitmomente aneinander schiebe, sondern umgekehrt, der Charakter der Stetigkeit und Gespanntheit der vulgär verstandenen Zeit hat seinen Ursprung in der ursprünglichen Erstreckung der Zeitlichkeit selbst als einer ekstatischen.

Das Jetzt und jede ausgesprochene Zeitbestimmung ist *öffentlich zugänglich* im Miteinandersein für das Verständnis eines jeden. Auch dieses Moment der Öffentlichkeit der Zeit gründet im ekstatisch-horizontalen Charakter der Zeitlichkeit. Weil diese in sich selbst das Außer-sich ist, ist sie als solche in sich selbst schon erschlossen und für sich selbst nach den Richtungen ihrer drei Ekstasen offen. Daher ist jedes gesagte, jedes ausgesprochene Jetzt unmittelbar als solches für jedermann bekannt. Das Jetzt ist nicht irgendein Ding, das nur der eine oder der andere irgendwie auffinden könnte, nicht etwas, worum der eine vielleicht weiß und der andere nicht, sondern im Miteinandersein des Daseins selbst, d. h. im gemeinsamen In-der-Welt-sein, liegt schon die Einheit der Zeitlichkeit selbst als einer für sich selbst offenen.

Die Zeit des alltäglichen Zeitverständnisses nannten wir aufgrund ihres Bedeutsamkeitscharakters *Weltzeit*. Wir deuteten
früher schon an: Die Grundverfassung des Daseins ist das In-
der-Welt-sein, und zwar so, daß es dem existierenden Dasein
in seiner Existenz um dieses Sein, und das heißt zugleich um
sein In-der-Welt-seinkönnen geht. Dem Dasein geht es um
sein eigenstes Seinkönnen, oder wie wir auch sagen: Das Dasein verwendet sich primär je für sich selbst. Wenn es sich als
Gegenwärtigen in dem Jetzt, als Gewärtigen in dem Dann
und als Behalten in dem Damals ausspricht, – wenn in diesen
Zeitbestimmungen die Zeitlichkeit *sich* ausspricht, so ist darin
die ausgesprochene Zeit zugleich das, *für* das sich das Dasein
verwendet, *umwillen* dessen es selbst ist. Im Sichaussprechen
der Zeitlichkeit ist die ausgesprochene Zeit im Charakter des
Umwillen und des Um-zu verstanden. Die ausgesprochene Zeit
hat *in sich selbst Weltcharakter,* – was auch noch aus anderen, schwierigeren Zusammenhängen begründet werden kann,
auf die wir jetzt nicht eingehen. Sofern das Dasein sich für
sich selbst verwendet, im Jetzt aber die Zeitlichkeit des Daseins sich ausspricht, ist die ausgesprochene Zeit immer etwas,
worum es dem Dasein selbst geht, d. h. die Zeit ist immer Zeit
als rechte Zeit oder als Unzeit.

Aus der Erläuterung der Strukturmomente der Bedeutsamkeit, Datierbarkeit, Gespanntheit und Öffentlichkeit ersehen
wir, daß und wie die Grundbestimmungen der vulgär verstandenen Zeit aus der ekstatisch-horizontalen Einheit des Gewärtigens, Behaltens und Gegenwärtigens entspringen. Weil das,
was wir gemeinhin als Zeit kennen, hinsichtlich seines Zeit-
charakters aus der ekstatisch-horizontalen Zeitlichkeit entspringt, muß das, woraus die abkünftige Zeit stammt, in
einem primären Sinne Zeit genannt werden: die Zeit, die sich
und als diese die Weltzeit zeitigt. Sofern die ursprüngliche
Zeit als Zeitlichkeit die Seinsverfassung des Daseins ermöglicht und dieses Seiende so *ist,* daß es sich zeitigt, muß dieses

Seiende von der Seinsart des existierenden Daseins ursprünglich und angemessen das *zeitliche Seiende schlechthin* genannt
werden. Jetzt wird deutlich, warum wir ein Seiendes wie einen
Stein, der sich in der Zeit bewegt oder in ihr ruht, nicht zeitlich nennen. Sein Sein ist nicht durch die Zeitlichkeit bestimmt.
Das Dasein aber ist nicht nur und nie primär innerzeitig, in
einer Welt vorkommend und vorhanden, sondern es ist von
Hause aus in sich selbst zeitlich. In gewisser Weise ist es
jedoch auch *in* der Zeit, sofern wir es in gewisser Hinsicht
als Vorhandenes betrachten können.

Nachdem wir die Charaktere der vulgären Zeit aus der
ursprünglichen Zeitlichkeit abgeleitet und damit nachgewiesen
haben, warum wir den Ursprung mit höherem Recht als Zeit
bezeichnen als das aus ihm Entspringende, ist nunmehr zu
fragen: Wie kommt es, daß das vulgäre Zeitverständnis die
Zeit nur als nicht umkehrbare Jetztfolge kennt, daß ihm die
wesentlichen Charaktere an der Jetztfolge, die Bedeutsamkeit
und Datierbarkeit, verborgen und daß für es die Strukturmomente der Gespanntheit und Öffentlichkeit letztlich unverstanden bleiben, so daß es die Zeit als eine Mannigfaltigkeit
von nackten Jetzt auffaßt, die keine weitere Struktur haben,
sondern immer nur Jetzt sind, wobei eines dem anderen aus
der Zukunft her in die Vergangenheit hinein in unendlicher
Abfolge folgt? Die Verdeckung der spezifischen Strukturmomente der Weltzeit, die Verdeckung ihres Ursprungs aus
der Zeitlichkeit und die Verdeckung dieser selbst hat ihren
Grund in der Seinsart des Daseins, die wir das *Verfallen* nennen. Ohne auf dieses Phänomen näher einzugehen, kennzeichnen wir es aus dem, was wir schon mehrfach berührten. Wir
sahen, daß das Dasein zunächst immer am Seienden im Sinne
des Vorhandenen orientiert ist, so daß es auch sein eigenes
Sein aus der Seinsart des Vorhandenen bestimmt. Es nennt
auch das Ich, das Subjekt, eine res, eine substantia, ein subjectum. Was sich hier in einem theoretischen Gebiete der aus-

gebildeten Ontologie zeigt, ist eine allgemeine Bestimmung des Daseins selbst, daß es die Tendenz hat, aus den Dingen primär sich zu verstehen und den Begriff des Seins aus dem Vorhandenen zu schöpfen. Für die vulgäre Erfahrung ergibt sich folgendes: Seiendes begegnet in der Zeit. Aristoteles sagt: Die Zeit ist κινήσεώς τι, etwas *an* der Bewegung. Das bedeutet aber: die Zeit *ist* in gewisser Weise. Wenn das vulgäre Zeitverständnis nur das Sein im Sinne des Vorhandenseins kennt, ist die Zeit, sofern sie *mit* der Bewegung als öffentlich zugängliche da ist, notwendig etwas Vorhandenes. Sofern dem Dasein Zeit begegnet, wird auch sie als ein irgendwie Vorhandenes interpretiert, zumal sie in einem gewissen Zusammenhang sich gerade mit der vorhandenen Natur offenbart. Sie ist irgendwie *mitvorhanden,* sei es in den Objekten oder im Subjekt oder überall. Die Zeit, die man als das Jetzt und als eine Mannigfaltigkeit und Abfolge von Jetzt kennt, ist eine *vorhandene Folge.* Die Jetzt geben sich als innerzeitig. Sie kommen an und verschwinden wie Seiendes, sie vergehen wie Vorhandenes zum Nicht-mehr-vorhandenen. Das vulgäre Erfahren von Seiendem verfügt über keinen anderen Horizont des Seinsverständnisses als den der Vorhandenheit. Dergleichen wie Bedeutsamkeit und Datierbarkeit ist diesem Seinsverständnis verschlossen. Die Zeit wird zu einem an sich freischwebenden Ablauf einer Jetztfolge. Dieser Ablauf ist für die vulgäre Zeitauffassung nun einmal vorhanden wie der Raum. Von hier aus kommt sie zu der Meinung, die Zeit sei unendlich, endlos, während die Zeitlichkeit ihrem Wesen nach endlich ist. Sofern die Zeitbetrachtung im vulgären Sinne lediglich auf das Vorhandene und Nichtvorhandene im Sinne des Noch-nicht- und Nicht-mehr-vorhandenen gerichtet ist, bleiben die Jetzt in ihrer Abfolge das einzige, das für sie relevant ist. Es liegt in der Seinsart des Daseins selbst, daß es die Jetztfolge nur in dieser nackten Gestalt der aneinandergesetzten Jetzt kennt. Nur unter dieser Voraussetzung ist auch die

Aristotelische Fragestellung möglich, wenn er fragt: Ist die Zeit etwas Seiendes, oder ist sie ein Nichtseiendes, und diese Frage mit Bezug auf Vergangenheit und Zukunft im vulgären Sinne des Nicht-mehr-seins und des Noch-nicht-seins diskutiert. In dieser Frage nach dem Sein der Zeit versteht Aristoteles Sein im Sinne des Vorhandenseins. Nimmt man Sein in diesem Sinne, dann muß man sagen: Das nicht mehr vorhandene Jetzt im Sinne des vergangenen und das noch nicht vorhandene Jetzt im Sinne des kommenden sind nicht, d. h. sind nicht vorhanden. So gesehen *ist* an der Zeit immer nur das Jetzt, das in jedem Jetzt vorhanden ist. Die Aporie des Aristoteles bezüglich des Seins der Zeit, die auch heute noch leitend ist, entspringt aus dem Begriff des Seins gleich Vorhandensein.

Aus derselben Betrachtungsrichtung des vulgären Zeitverständnisses entspringt auch die These, die allgemein bekannt ist, daß die Zeit unendlich sei. Jedes Jetzt hat Übergangscharakter, jedes Jetzt ist seinem Wesen nach Noch-nicht und Nicht-mehr. Bei jedem Jetzt, wo immer ich auch halten will, stehe ich in einem Noch-nicht bzw. Nicht-mehr. Jedes Jetzt, bei dem ich rein gedanklich ein Ende setzen wollte, wäre als Jetzt mißverstanden, wenn ich es nach der Vergangenheit bzw. nach der Zukunft beschneiden wollte, weil es über sich hinausweist. Aus dem so verstandenen Wesen der Zeit ergibt sich, daß sie als endlose Folge der Jetzt gedacht werden muß. Diese Endlosigkeit ist aus dem isolierten Begriff des Jetzt rein deduktiv erschlossen. Auch der Schluß auf die Endlosigkeit der Zeit, der in gewissen Grenzen einen berechtigten Sinn hat, ist nur möglich, wenn das Jetzt im Sinne der beschnittenen Jetztfolge genommen wird. Man kann – was in »Sein und Zeit« gezeigt ist – deutlich machen, daß die Endlosigkeit der vulgären Zeit nur deshalb dem Dasein in den Sinn kommen kann, weil die Zeitlichkeit selbst in sich ihre eigene wesenhafte Endlichkeit vergißt. Nur weil die Zeitlichkeit im eigentlichen Sinne endlich ist, ist die uneigentliche Zeit im Sinne der vulgären Zeit unendlich. Die Unendlichkeit der Zeit ist nicht etwa ein Vorzug der Zeit, sondern ein Privativum, das einen negativen Charakter der Zeitlichkeit charakterisiert. Hier auf die Endlichkeit der Zeit näher einzugehen ist nicht möglich, weil sie mit dem schwierigen Problem des Todes zusammen-hängt, das in diesem Zusammenhang zu analysieren nicht der Ort ist.

Wir betonten, daß das vulgäre Zeitverständnis die Charak-tere des Jetzt, Bedeutsamkeit, Datierbarkeit, Gespanntheit und Öffentlichkeit, nicht eigens kennt. Wir müssen aber diesen Satz doch insofern restringieren, als schon die Aristotelische Zeitinterpretation zeigt, daß auch dann, wenn die Zeit nur als die Zeit, mit der wir rechnen, genommen wird, gewisse Cha-raktere der Zeit in den Blick kommen. Aber sie können nicht eigens zum Problem gemacht werden, solange die vulgäre Zeitauffassung den einzigen Leitfaden der Zeitinterpretation darstellt. Aristoteles weist dem Jetzt Übergangscharakter zu; er bestimmt die Zeit, in der das Seiende begegnet, als Zahl, die das Seiende umgreift (umhält); als Gezähltes ist die Zeit auf ein Rechnen mit ihr bezogen, worin sie enthüllt ist. Die Be-stimmungen des Übergangs, des Umhalts und der Enthüllt-heit sind die nächsten Charaktere, in denen sich die Zeit als Jetztfolge bekundet. Sie weisen genauer besehen auf die Mo-mente zurück, die wir in einem anderen Zusammenhang ken-nenlernten.

Der Übergangscharakter eignet jedem Jetzt, weil die Zeit-lichkeit als ekstatische Einheit in sich selbst erstreckt ist. Der ekstatische Zusammenhang des Auf-sich-zukommens (Gewär-tigen), worin das Dasein zugleich auf sich zurückkommt (sich behält), gibt in der Einheit mit einem Gegenwärtigen allererst die Bedingung der Möglichkeit vor, daß die ausgesprochene Zeit, das Jetzt, dimensional zukünftig und vergangen ist, d. h. daß jedes Jetzt sich als solches in sich hinsichtlich des Noch-nicht und Nicht-mehr erstreckt. Der Übergangscharakter jedes

Jetzt ist nichts anderes als das, was wir als die Gespanntheit der Zeit kennzeichneten.

Daß die Zeit Seiendes dergestalt umhält, daß wir das Umhaltene als Innerzeitiges kennen, ist möglich und notwendig aufgrund des Charakters der Zeit als Weltzeit. Aufgrund des ekstatischen Charakters ist die Zeitlichkeit gleichsam weiter draußen als jedes mögliche Objekt, das dem Dasein als zeitlichem begegnen kann. Damit ist im vorhinein schon das Seiende, das dem Dasein begegnet, durch die Zeit umgriffen.

Insgleichen gründet die wesenhafte Gezähltheit der Zeit in der ekstatisch-horizontalen Verfassung der Zeitlichkeit. Der Umhalt und der Weltcharakter der Zeit sowie ihre wesenhafte Enthülltheit werden im folgenden noch deutlicher heraustreten.

Genug, daß wir ungefähr die Zeit als Jetztfolge hinsichtlich ihres Ursprungs aus der Zeitlichkeit sehen und dabei erkennen, daß die Wesensstruktur der Zeitlichkeit die in sich geschlossene ekstatisch-horizontale Einheit von Zukunft, Gewesenheit und Gegenwart in dem erläuterten Sinne ist. Die *Zeitlichkeit* ist die *Bedingung der Möglichkeit der Seinsverfassung des Daseins. Zu dieser gehört aber Seinsverständnis,* wenn anders das Dasein als existierendes zu Seiendem, das es nicht selbst und das es selbst ist, sich verhält. Sonach muß die *Zeitlichkeit auch die Bedingung der Möglichkeit des zum Dasein gehörigen Seinsverständnisses sein.* Inwiefern ermöglicht sie das Seinsverständnis überhaupt? Inwiefern ist die Zeit als Zeitlichkeit der Horizont für das explizite Verstehen des Seins als solchen, sofern es Thema der Wissenschaft der Ontologie, d. h. der wissenschaftlichen Philosophie werden soll? Wir nennen die Zeitlichkeit, sofern sie als Bedingung der Möglichkeit des vorontologischen wie des ontologischen Seinsverständnisses fungiert, die *Temporalität.*

§ 20. Zeitlichkeit und Temporalität

Gezeigt werden soll: Die Zeitlichkeit ist die Bedingung der Möglichkeit von Seinsverständnis überhaupt; *Sein wird aus der Zeit verstanden und begriffen.* Wenn die Zeitlichkeit als solche Bedingung fungiert, nennen wir sie Temporalität. Verständnis von Sein und damit Ausbildung dieses Verständnisses in der Ontologie und damit wissenschaftliche Philosophie soll in ihrer temporalen Möglichkeit aufgezeigt werden. Aber was heißt überhaupt *Seinsverständnis,* nach dessen temporaler Möglichkeit wir fragen? Durch die Diskussion der vier Thesen haben wir auf verschiedenen Wegen gezeigt, daß und wie zum existierenden Dasein so etwas wie Seinsverständnis gehört. Wir stehen vor oder besser in dem Faktum, daß wir Sein verstehen, aber gleichwohl nicht begreifen.

a) Verstehen als Grundbestimmung des In-der-Welt-seins

Was ist der Unterschied zwischen Verstehen und Begreifen? Was besagt überhaupt Verstehen und Verständnis? Man möchte sagen, Verständnis ist eine Art von Erkenntnis, und entsprechend ist das Verstehen eine bestimmte Art des erkennenden Verhaltens. Man pflegt heute nach dem Vorgang von Dilthey das Verstehen als eine bestimmte Art des Erkennens abzugrenzen gegen eine andere Art des Erkennens, das Erklären. Wir wollen in diese Diskussion über das Verhältnis von Erklären und Verstehen hier nicht eingreifen, vor allem deshalb nicht, weil diese Diskussionen an einem grundsätzlichen Mangel leiden, der sie unfruchtbar macht. Der Mangel besteht darin, daß es an der hinreichenden Interpretation dessen fehlt, was wir überhaupt unter Erkennen verstehen, davon Erklären und Verstehen ›Arten‹ sein sollen. Man kann eine ganze Typologie von Arten des Erkennens aufzählen und dem gemeinen Verstande damit imponieren, aber philosophisch besagt das nichts, solange nicht geklärt ist, welche Art des Erkennens dieses Verstehen im Unterschied von der Erkenntnisart des Erklärens sein soll. Wie immer wir das Erkennen fassen, es ist als das, was Erkennen und Verstehen in der gewöhnlichen Auffassung umgreift, ein *Verhalten zu Seiendem* – wenn wir einmal die philosophische Erkenntnis als Verhältnis zum Sein beiseite lassen. Ein Verhalten zu Seiendem ist aber auch jeder praktisch-technische Umgang mit dem Seienden. Auch im praktisch-technischen Verhalten zu Seiendem liegt, sofern wir überhaupt mit Seiendem als Seiendem umgehen, Seinsverständnis. In allem Verhalten zu Seiendem, sei es spezifisch Erkennen, was man meist als theoretisch bezeichnet, sei es praktisch-technisch, liegt schon ein Verständnis von Sein. Denn nur im Lichte des Seinsverständnisses kann uns Seiendes *als* Seiendes begegnen. Wenn aber Verstehen von Sein allem Verhalten des Daseins zum Seienden, sei es Natur oder Geschichte, sei es theoretisch oder praktisch, je schon zugrunde liegt, dann kann offenbar der Begriff des Verstehens nicht hinreichend bestimmt werden, wenn ich dabei einzig an bestimmten Arten des erkennenden Verhaltens zum Seienden mich orientiere. Damit ist gefordert, einen hinreichend ursprünglichen Begriff des Verstehens zu finden, aus dem heraus erst alle Weisen des Erkennens nicht nur, sondern jedes Verhalten, das sich sichtig-umsichtig zu Seiendem verhält, grundsätzlich begriffen werden kann.

Wenn ein *Verstehen* im Seins*verständnis* liegt und das Seinsverständnis konstitutiv ist für die Seinsverfassung des Daseins, dann ergibt sich: *Verstehen* ist eine ursprüngliche *Bestimmtheit* der *Existenz des Daseins,* abgesehen davon, ob das Dasein erklärende oder verstehende Wissenschaft treibt. Noch mehr, am Ende ist das Verstehen überhaupt nicht primär ein Erkennen, sondern, wenn anders das Existieren mehr ist als bloßes Erkennen im üblichen Sinne des Betrachtens und dieses jenes voraussetzt, eine Grundbestimmung der Existenz selbst. So müssen wir in der Tat den Begriff des Verstehens fassen.

Wir versuchen, diesen Begriff zu kennzeichnen noch ohne ausdrückliche Bezugnahme auf das Verstehen, das im Seinsverständnis liegt. Wir fragen: Inwiefern gehört das Verstehen zur Existenz des Daseins als solchen, abgesehen davon, ob es verstehende Psychologie oder verstehende Historie treibt oder nicht? Existieren ist wesenhaft, wenn auch nicht nur, Verstehen. Über die Wesensstruktur der Existenz haben wir früher schon einiges bemerkt. Zur Existenz des Daseins gehört das In-der-Welt-sein, und zwar so, daß es diesem In-der-Welt-sein *um* dieses Sein selbst geht. Es *geht um* dieses Sein, d. h. dieses Seiende, das Dasein, hat in gewisser Weise sein eigenes Sein in der Hand, sofern es sich so oder so zu seinem Seinkönnen verhält, sich dafür oder dawider, so oder so entschieden hat. ›Es geht dem Dasein um das eigene Sein‹ heißt genauer: um das eigene *Seinkönnen.* Das Dasein ist als existierendes frei für bestimmte Möglichkeiten seiner selbst. Es ist sein eigenstes Seinkönnen. Diese Möglichkeiten seiner selbst sind nicht leere logische Möglichkeiten, die außerhalb seiner liegen, mit denen es sich einlassen kann oder gegen die es sich verschließen könnte, sondern sie sind als solche Bestimmungen der Existenz. Wenn das Dasein für bestimmte Möglichkeiten seiner selbst, für sein Seinkönnen, frei ist, so *ist* es in diesem *Freisein-für;* es *ist* diese Möglichkeiten selbst. Sie *sind* nur als Möglichkeiten des Existierenden, mag er sich zu ihnen wie immer verhalten. Die Möglichkeit ist jeweils die des eigensten Seins. Sie ist als die Möglichkeit, die sie ist, nur, sofern das Dasein in ihr existent wird. Das eigenste Seinkönnen selbst sein, es übernehmen und sich in der Möglichkeit halten, sich selbst in der faktischen Freiheit seiner selbst verstehen, d. h. *das sich selbst Verstehen im Sein des eigensten Seinkönnens, ist der ursprüngliche existenziale Begriff des Verstehens.* Seine terminologische Bedeutung geht auf den gemeinen Sprachge-

brauch zurück, wenn wir sagen: jemand kann einer Sache vor-
stehen, d. h. er versteht sich darauf. Sofern das Verstehen eine
Grundbestimmung der Existenz ist, ist es als solches die Bedingung der Möglichkeit für alle besonderen möglichen Ver-
haltensweisen des Daseins. Es ist die Bedingung der Möglichkeit für alle Arten nicht nur des praktischen Verhaltens, sondern auch des Erkennens. Die erklärenden und verstehenden
Wissenschaften — wenn man diese Gliederung überhaupt als
berechtigt zugibt — sind nur möglich, weil das Dasein in sich
selbst als existierendes verstehendes ist.

Wir versuchen, die Struktur des die Existenz konstituierenden Verstehens zu verdeutlichen. Verstehen besagt genauer:
sich entwerfen auf eine Möglichkeit, im *Entwurf* sich je in
einer Möglichkeit halten. Nur im Entwurf, im Sichentwerfen
auf ein Seinkönnen, ist dieses Seinkönnen, die Möglichkeit *als*
Möglichkeit, da. Wenn ich dagegen über eine leere Möglichkeit, in die ich kommen könnte, nur reflektiere und sie gleichsam beschwatze, so ist diese Möglichkeit gerade nicht als Möglichkeit da, sondern sie ist für mich, wie wir sagen können,
wirklich. Der Möglichkeitscharakter *wird* nur im Entwurf
offenbar und *ist* nur offenbar, solange die Möglichkeit im
Entwurf festgehalten ist. Im Phänomen des Entwurfs liegt
ein Doppeltes. Erstens: Das, *woraufhin* sich das Dasein entwirft, ist ein Seinkönnen seiner selbst. Das Seinkönnen wird
im und durch den Entwurf primär enthüllt, aber so, daß die
Möglichkeit, auf die sich das Dasein entwirft, selbst nicht
gegenständlich erfaßt wird. Zweitens: Dieser Entwurf *auf*
etwas ist immer ein Entwerfen *von* ... Sofern sich das Dasein
auf eine Möglichkeit entwirft, entwirft es sich in dem Sinne,
daß es sich als dieses Seinkönnen, d. h. in diesem bestimmten
Sein enthüllt. Sofern sich das Dasein auf eine Möglichkeit entwirft und in ihr sich versteht, ist dieses Verstehen, Sich-offen-
barwerden, keine Selbstbetrachtung in dem Sinne, daß das Ich
Gegenstand irgendeiner Erkenntnis würde, sondern der Entwurf ist die Art, in der ich die Möglichkeit *bin,* d. h. die Art,

in der ich frei existiere. Das Wesentliche des Verstehens als Entwurf liegt darin, daß in ihm das Dasein sich selbst existenziell versteht. Sofern der Entwurf enthüllt, ohne das Enthüllte als solches zum Gegenstand der Betrachtung zu machen, liegt in allem Verstehen eine *Einsicht* des Daseins in sich selbst. Diese Einsicht ist aber kein freischwebendes Wissen um sich selbst. Das Wissen der Einsicht hat nur so weit echten Wahrheitscharakter, d. h. es enthüllt die von ihm zu enthüllende Existenz des Daseins nur dann angemessen, wenn es den primären Charakter des Sichverstehens hat. Das Verstehen als Sichentwerfen ist die Grundart des *Geschehens* des Daseins. Es ist, wie wir auch sagen können, der eigentliche Sinn des Handelns. Durch das Verstehen ist das Geschehen des Daseins charakterisiert: seine *Geschichtlichkeit*. Das Verstehen ist keine Art des Erkennens, sondern die Grundbestimmung des Existierens. Wir bezeichnen es auch als das existenzielle Verstehen, sofern sich in ihm die Existenz als Geschehen des Daseins in seiner Geschichte zeitigt. In und durch dieses Verstehen wird das Dasein, was es ist, und es ist jeweilig nur das, als was es sich gewählt hat, d. h. als was es sich selbst im Entwurf seines eigensten Seinkönnens versteht.

Das muß genügen, um den Begriff des Verstehens nach seinem konstitutiven Charakter für die Existenz des Daseins zu kennzeichnen. Es entsteht nun die Aufgabe, dieses *Verstehen*, sofern es das Existieren konstituiert, *in seiner Möglichkeit aus der Zeitlichkeit aufzuhellen* und es zugleich gegen das Verstehen abzugrenzen, das wir im engeren Sinne als Seinsverständnis überhaupt kennzeichnen. Das zur Existenz gehörige Verstehen entwirft das Dasein auf seine Möglichkeiten. Weil das Dasein wesenhaft In-der-Welt-sein ist, enthüllt der Entwurf jeweils eine Möglichkeit des In-der-Welt-seins. Das Verstehen ist in seiner Enthüllungsfunktion nicht auf einen isolierten Ichpunkt bezogen, sondern auf das faktisch existierende In-der-Welt-seinkönnen. Darin liegt: Mit dem Verstehen ist immer schon ein *bestimmtes mögliches Sein mit den*

Anderen und ein *bestimmtes mögliches Sein zum innerwelt-lichen Seienden* entworfen. Weil zur Grundverfassung des Daseins das In-der-Welt-sein gehört, ist das existierende Da-sein wesenhaft *Mitsein* mit Anderen *als Sein bei* innerwelt-lichem Seienden. Als In-der-Welt-sein ist es nie zunächst nur Sein bei innerweltlich vorhandenen Dingen, um nachträglich unter diesen auch andere Menschen zu entdecken, sondern als In-der-Welt-sein ist es Mitsein mit Anderen, abgesehen davon, ob und wie Andere faktisch mit da sind. Andererseits aber ist das Dasein auch nicht zunächst nur Mitsein mit Anderen, um erst im Miteinander nachträglich auf innerweltliche Dinge zu stoßen, sondern Mitsein mit Anderen besagt Mitsein mit ande-rem In-der-Welt-sein, d. h. Mit-in-der-Welt-sein. So verkehrt es ist, den Objekten ein isoliertes Ich-Subjekt entgegenzuset-zen, ohne die Grundverfassung des In-der-Welt-seins am Da-sein zu sehen, so verkehrt ist auch die Meinung, das Problem sei prinzipiell gesehen und von der Stelle geschafft, wenn man den Solipsismus des isolierten Ich durch einen Solipsismus zu Zweien im Ich-Du-Verhältnis ersetzt. Dieses hat als Verhält-nis von Dasein und Dasein seine Möglichkeit nur auf dem Grunde des In-der-Welt-seins. Anders gewendet, das In-der-Welt-sein ist gleichursprünglich Mitsein und Sein-bei. Ein ganz anderes Problem ist, wie jeweils für die einzelnen, faktisch ontisch-existenziellen Möglichkeiten des einzelnen Daseins das Mitdasein des Du relevant ist. Das sind aber Fragen der kon-kreten Anthropologie.[1]

Im Sichverstehen ist das In-der-Welt-sein verstanden, wo-mit bestimmte Möglichkeiten des Mitseins mit Anderen und des Umgangs mit innerweltlichem Seienden vorgezeichnet sind. Im Sichverstehen als In-der-Welt-seinkönnen ist gleich-ursprünglich *Welt* verstanden. Weil das Verstehen seinem Begriffe nach das freie Sichverstehen aus einer ergriffenen Möglichkeit des eigenen faktischen In-der-Welt-seins ist, hat

---

[1] Was das Apriori dieser Voraussetzung ist, vgl. »Sein und Zeit«, 1. Ab-schnitt, 4. Kapitel.

es in sich selbst die Möglichkeit, sich in verschiedene Richtungen zu verlegen. Das will sagen: Das faktische Dasein kann sich primär aus dem begegnenden innerweltlichen Seienden her verstehen, es kann seine Existenz primär nicht aus sich selbst, sondern aus den Dingen und den Umständen und von den Anderen bestimmen lassen. Es ist das Verstehen, das wir das *uneigentliche Verstehen* nennen, das wir früher schon charakterisierten und das sich jetzt aus dem prinzipiellen Begriff des Verstehens verdeutlicht. ›Uneigentlich‹ heißt hier nicht, es sei kein wirkliches Verstehen, sondern es meint ein solches Verstehen, worin das existierende Dasein primär sich nicht aus der eigensten selbstergriffenen Möglichkeit versteht. Oder aber der Entwurf kann sich primär aus der Freiheit des eigensten Daseins und in diese zurück als eigentliches Verstehen vollziehen. Diese freien Möglichkeiten, die im Verstehen selbst liegen, sollen hier nicht weiter verfolgt werden.

b) Existenzielles Verstehen, Verstehen von Sein, Entwurf des Seins

Wir halten fest: Das Verstehen als das charakterisierte Entwerfen ist eine Grundbestimmung des Existierens des Daseins. Es bezieht sich auf das Dasein selbst, d. h. auf ein Seiendes, und ist daher ein ontisches Verstehen. Insofern es auf Existenz bezogen ist, nennen wir es das existenzielle Verstehen. Sofern aber in diesem existenziellen Verstehen das Dasein als Seiendes auf sein Seinkönnen entworfen ist, ist darin Sein im Sinne von Existenz verstanden. In jedem existenziellen Verstehen ist ein Seinsverständnis von Existenz überhaupt beschlossen. Sofern aber das Dasein In-der-Welt-sein ist, d. h. gleichursprünglich mit seiner Faktizität eine *Welt erschlossen und anderes Dasein miterschlossen ist und innerweltliches Seiendes begegnet,* ist *mit dem Existenzverständnis gleichursprünglich Existenz von anderem Dasein* und *Sein des innerweltlichen Seienden verstanden.* Zunächst aber ist das Verständnis des Seins von Daseiendem und von Vorhandenem nicht geschieden und artikuliert in bestimmte Seinsweisen und nicht als solche begriffen. *Existieren, Vorhandensein, Zuhandensein, Mitdasein Anderer* ist je in seinem Seinssinne nicht begriffen, wohl aber *indifferent in einem Seinsverständnis* verstanden, das sowohl die Erfahrung der Natur als die Selbsterfassung der Geschichte des Miteinanderseins ermöglicht und leitet. Im existenziellen Verstehen, worin sich das faktische In-der-Welt-sein einsichtig und durchsichtig wird, liegt je schon ein Seinsverständnis, das nicht nur das Dasein selbst betrifft, sondern alles Seiende, das grundsätzlich mit dem In-der-Welt-sein enthüllt ist. *In ihm liegt ein Verstehen,* das *als Entwurf* nicht nur das Seiende aus dem Sein her versteht, sondern, sofern Sein selbst verstanden wird, auch *das Sein als solches irgendwie entworfen hat.*

Wir stoßen in der Analyse der Struktur des ontischen Verstehens auf eine in ihm selbst liegende und es ermöglichende Schichtung von Entwürfen, die gleichsam einander vorgeschaltet sind. ›Schichtung‹ ist freilich ein verfängliches Bild. Wir werden sehen, daß von einer einlinigen Ineinanderschichtung von Entwürfen, von denen der eine den anderen bedingt, keine Rede sein kann. Zunächst ist im *existenziellen Verstehen* das eigene Dasein als Seiendes erfahren und dabei das Sein verstanden. Wenn wir sagen: Im existenziellen Verstehen des Daseins ist Sein verstanden, und wenn wir beachten, daß das Verstehen ein Entwerfen ist, so liegt in dem *Verständnis von Sein* wiederum ein Entwurf: Das Sein ist nur verstanden, insofern es seinerseits *auf etwas hin entworfen ist.* Woraufhin, das bleibt vorerst noch dunkel. Es läßt sich dann sagen, daß dieser Entwurf, das Verstehen des Seins im Erfahren des Seienden, als Verstehen seinerseits auf etwas hin entworfen ist, was zunächst noch fraglich ist. Wir verstehen Seiendes nur, sofern wir es auf Sein entwerfen; das Sein selbst muß dabei in gewisser Weise verstanden werden, d. h. Sein seinerseits muß auf etwas hin entworfen sein. Die Frage, ob dieser Rückgang von einem Entwurf zum anderen nicht einen progressus in infinitum eröffnet, soll jetzt nicht berührt werden. Wir suchen jetzt nur den *Zusammenhang zwischen* dem *Erfahren von Seiendem,* dem *Verstehen von Sein* und dem *im Verstehen von Sein wiederum liegenden Entwerfen auf* ... Genug, daß wir den Unterschied sehen zwischen dem existenziellen Verstehen von Dasein als einem Seienden und dem Verstehen von Sein, das als Verstehen von Sein das Sein selbst gemäß seinem Entwurfscharakter auf etwas entwerfen muß. Wir können vorerst nur indirekt verstehen, woraufhin das Sein, wenn es verstanden ist, erschlossen sein muß. Aber wir dürfen nicht davor zurückweichen, solange wir mit der Faktizität unserer eigenen Existenz und mit dem Mitsein mit anderem Dasein Ernst machen und sehen, daß und wie wir Welt, Innerweltliches, Existenz und Mitdasein in seinem Sein verstehen. Wenn Dasein in sich selbst Seinsverständnis birgt, die Zeitlichkeit aber das Dasein in seiner Seinsverfassung möglich macht, so muß auch die *Zeitlichkeit* die *Bedingung der Möglichkeit* des *Seinsverständnisses* und damit *des Entwurfs des Seins auf die Zeit sein.* Die Frage ist, ob die Zeit in der Tat dasjenige ist, woraufhin das Sein selbst entworfen ist, — ob die Zeit dasjenige ist, woraus wir dergleichen wie Sein verstehen.

Um ein verhängnisvolles Mißverständnis abzuwehren, bedarf es einer kurzen Zwischenbemerkung. Unsere Absicht ist, grundsätzlich die Möglichkeit von Seinsverständnis überhaupt zu verdeutlichen. Mit der Interpretation des Verstehens von Sein überhaupt ist mit Rücksicht auf das Verhalten zu Seiendem nur eine notwendige, aber nicht hinreichende Bedingung herausgestellt. Denn zu Seiendem kann ich mich nur verhalten, wenn das Seiende selbst in der Helle des Seinsverständnisses begegnen kann. Das ist die notwendige Bedingung. Fundamentalontologisch kann das auch so ausgedrückt werden: Alles Verstehen ist wesenhaft bezogen auf ein Sichbefinden, das zum Verstehen selbst gehört.[2] Befindlichkeit ist die for-

---

[2] Vgl. »Sein und Zeit«, § 29 ff.

male Struktur dessen, was wir mit Stimmung, Leidenschaft,
Affekt und dergleichen bezeichnen, die konstitutiv für alles
Verhalten zu Seiendem sind, aber ihrerseits es allein nicht
ermöglichen, sondern immer nur in eins mit dem Verstehen,
das jeder Stimmung, jeder Leidenschaft, jedem Affekt seine
Helle gibt. Sein selbst muß, wenn anders wir es verstehen,
irgendwie auf etwas hin entworfen sein. Damit ist nicht gesagt,
daß im Entwurf das Sein gegenständlich erfaßt oder als gegenständlich Erfaßtes ausgelegt und bestimmt, d. h. begriffen
sein müßte. Sein ist auf etwas hin entworfen, von woher es
verständlich wird, aber *ungegenständlich*. Es ist noch vorbegrifflich verstanden, ohne einen Logos; wir bezeichnen es daher als das *vorontologische Seinsverständnis*. Vorontologisches
Seinsverständnis ist eine Art des Verstehens von Sein; es deckt
sich so wenig mit dem ontischen Erfahren von Seiendem, daß
ontisches Erfahren notwendig ein vorontologisches Seinsverständnis als wesenhafte Bedingung voraussetzt. Zum Erfahren
von Seiendem gehört keine explizite Ontologie, wohl aber ist
andererseits das Verständnis von Sein überhaupt im vorbe-
grifflichen Sinne die Bedingung dafür, daß es überhaupt vergegenständlicht, d. h. thematisiert werden kann. In der Vergegenständlichung des Seins als solchen vollzieht sich der
Grundakt, in dem sich die Ontologie als Wissenschaft konstituiert. Das Wesentliche jeder Wissenschaft, auch der Philosophie, ist es, daß sie sich in der Vergegenständlichung eines
irgendwie schon Enthüllten, und das heißt Vorgegebenen konstituiert. Das Vorgegebene kann vorliegendes Seiendes sein,
vorgegeben kann aber auch das Sein selbst sein im vorontologischen Seinsverständnis. Die Art der Vorgabe von Sein ist
grundverschieden von der Art der Vorgabe von Seiendem,
wohl aber können beide Gegenstand werden. Sie können es
nur werden, sofern sie *vor* der Vergegenständlichung *für* diese
in irgendeiner Weise enthüllt sind. Andererseits, wenn etwas
Gegenstand wird, und zwar so, wie es sich an ihm selbst gibt,
dann bedeutet diese Vergegenständlichung keine subjektive

Auffassung und Umdeutung dessen, was als Gegenstand er-
griffen ist. Der Grundakt der Vergegenständlichung, sei es
Vergegenständlichung von Seiendem oder von Sein, hat –
unbeschadet der grundsätzlichen Verschiedenheit in beiden
Fällen – die Funktion, das Vorgegebene *ausdrücklich* auf das
zu entwerfen, woraufhin es im vorwissenschaftlichen Erfahren bzw. Verstehen *schon* entworfen ist. Wenn das Sein vergegenständlicht werden soll, – wenn Verstehen von Sein als
Wissenschaft im Sinne der Ontologie möglich sein soll, –
wenn es überhaupt Philosophie geben soll, dann muß dasjenige im ausdrücklichen Entwurf enthüllt werden, woraufhin
das Seinsverständnis als Verstehen das Sein vorbegrifflich
schon entworfen hat.

Wir stehen vor der Aufgabe, nicht nur vom Seienden aus
zu dessen Sein fort- und zurückzugehen, sondern, wenn wir
nach der Bedingung der Möglichkeit des Seinsverständnisses
als solchen fragen, *noch über das Sein hinaus nach dem zu
fragen, woraufhin es selbst als Sein entworfen ist.* Das scheint
ein merkwürdiges Unterfangen zu sein, über das Sein hinaus
zu fragen; es ist vielleicht der fatalen Verlegenheit entsprungen, daß der Philosophie die Probleme ausgegangen sind; es
ist scheinbar nur der verzweifelte Versuch einer Selbstbe-
hauptung der Philosophie gegenüber den sogenannten Tatsachen.

Zu Anfang dieser Vorlesung haben wir betont, je elementarer die einfachsten Probleme der Philosophie gestellt werden, ohne alle Eitelkeiten des vermeintlich weitergekommenen
Modernen und ohne alle Nörgelsucht an beliebig aufgerafften
Nebenfragen, um so unmittelbarer stehen wir von selbst in
der direkten Kommunikation mit dem wirklichen Philosophieren. Wir haben von verschiedenen Seiten her gesehen, daß die
Frage nach dem Sein überhaupt ausdrücklich zwar nicht mehr
gestellt ist, daß sie aber überall gestellt zu werden verlangt.
Wenn wir sie wieder stellen, dann verstehen wir zugleich, daß
die Philosophie in ihrer Kardinalfrage nicht weiter gekom-

400 Ontologische Differenz

men ist, als sie bei Plato schon war, und daß es am Ende nicht so sehr ihre innerste Sehnsucht ist, weiter zu kommen, d. h. von sich weg, als vielmehr *zu sich selbst zu kommen*. Mit Hegel ist die Philosophie, d. h. die antike, in gewissem Sinne zu Ende gedacht. Er hatte vollkommen Recht, wenn er dieses Bewußtsein selbst aussprach. Es besteht aber ebensosehr die rechtmäßige Forderung, wieder anzufangen, d. h. die Endlichkeit des Hegelschen Systems zu verstehen und zu sehen, daß Hegel selbst mit der Philosophie zu Ende gekommen ist, weil er sich im Kreise der philosophischen Probleme bewegt. Dieses Kreisen im Kreis verbietet ihm, in das Zentrum des Kreises sich zurückzubegeben und dieses von Grund aus zu revidieren. Es ist nicht notwendig, über den Kreis hinaus nach einem anderen zu suchen. Hegel hat alles gesehen, was möglich ist. Aber die Frage ist, ob er es aus dem radikalen Zentrum der Philosophie gesehen, ob er alle Möglichkeiten des Anfangs ausgeschöpft hat, um zu sagen, er sei am Ende. Es bedarf keines weitläufigen Beweises, um deutlich zu machen, wie unmittelbar wir uns im Versuch, über das Sein hinauszugehen zu dem Licht, aus dem her und in das es selbst in die Helle eines Verstehens kommt, in einem Grundproblem Platos bewegen. Die Platonische Fragestellung eingehender zu kennzeichnen, ist hier keine Gelegenheit. Aber ein roher Hinweis darauf ist notwendig, damit sich fortschreitend die Meinung verliert, als sei unser fundamentalontologisches Problem, die Frage nach der Möglichkeit des Seinsverständnisses überhaupt, eine zufällige, eigenbrötlerische und belanglose Grübelei.

Zu Ende des VI. Buches des »Staates« gibt Plato in einem Zusammenhang, der uns jetzt nicht näher interessieren kann, eine Gliederung der verschiedenen Gebiete des Seienden, und zwar mit Rücksicht auf die möglichen Zugangsarten zu ihnen. Er unterscheidet die beiden Gebiete des ὁρατόν und des νοητόν, des mit den Augen Sichtbaren und des Denkbaren. Das Sichtbare ist dasjenige, das durch die Sinnlichkeit enthüllt ist, das Denkbare dasjenige, das der Verstand oder die Vernunft vernimmt. Zum Sehen mit den Augen gehören nicht nur Augen und gehört nicht nur Seiendes, das gesehen wird, sondern ein Drittes, φῶς, das Licht, genauer die Sonne, ἥλιος. Das Auge kann nur in der Helle enthüllen. Alles Enthüllen bedarf einer vorgängigen Erhellung. Das Auge muß ἡλιοειδής sein. Goethe übersetzte ›sonnenhaft‹. Das Auge sieht nur im Lichte von etwas. Entsprechend kann alles unsinnliche Erkennen, d. h. alle Wissenschaften und insbesondere alle philosophische Erkenntnis, nur das Sein enthüllen, wenn es seine *spezifische Erhellung* hat, – wenn auch das νοεῖσθαι sein bestimmtes φῶς, sein Licht gewinnt. Was das Sonnenlicht für das sinnliche Sehen ist, das ist die ἰδέα τοῦ ἀγαθοῦ, die Idee des Guten, für das wissenschaftliche Denken, insbesondere für die philosophische Erkenntnis. Das klingt zunächst dunkel und unverständlich; inwiefern soll die Idee des Guten für das Erkennen die entsprechende Funktion haben, wie das Licht der Sonne für die sinnliche Wahrnehmung? Wie das sinnliche Erkennen ἡλιοειδές ist, so ist entsprechend alles γιγνώσκειν, alles Erkennen, ἀγαθοειδές, d. h. durch die Idee des ἀγαθόν bestimmt. Wir haben keinen entsprechenden Ausdruck zu ›sonnenhaft‹ für ›durch das Gute bestimmt‹. Die Entsprechung aber geht noch weiter: Τὸν ἥλιον τοῖς ὁρωμένοις οὐ μόνον οἶμαι τὴν τοῦ ὁρᾶσθαι δύναμιν παρέχειν φήσεις, ἀλλὰ καὶ τὴν γένεσιν καὶ αὔξην καὶ τροφήν, οὐ γένεσιν αὐτὸν ὄντα.[3] »Du wirst, glaube ich, auch sagen, die Sonne verleihe dem Gesehenen nicht nur die Möglichkeit des Gesehenwerdens, sondern gibt dem Gesehenen als Seiendem auch das Werden, Wachstum und Nahrung, ohne selbst [die Sonne] ein Werden zu sein.« Diese erweiterte Bestimmung wird entsprechend auf die Erkenntnis angewandt. Plato sagt: Καὶ τοῖς γιγνωσκομένοις τοίνυν μὴ μόνον τὸ γιγνώσκεσθαι φάναι ὑπὸ τοῦ ἀγαθοῦ παρεῖναι, ἀλλὰ καὶ τὸ εἶναί τε καὶ τὴν οὐσίαν ὑπ' ἐκείνου αὐτοῖς προσεῖναι, οὐκ οὐσίας ὄντος τοῦ ἀγαθοῦ, ἀλλ' ἔτι ἐπέκεινα τῆς οὐσίας πρεσβείᾳ καὶ δυνάμει ὑπερέχοντος.[4]

---

[3] Plato (Burnet), Staat, VI 509 b 2 – b 4.
[4] a.a.O., 509 b 6 – b 10.

»So mußt du auch sagen, daß dem Erkannten nicht nur das Erkanntwerden von einem Guten her zuteil wird, sondern auch, *daß* es ist und *was* es ist, von daher habe, so zwar, daß das Gute nicht selbst das Wie- und das Wassein ist, sondern an Würde und Vermögen das Sein noch überragt.« Was Erkenntnis von Seiendem (positive Wissenschaft) und Erkenntnis von Sein (philosophische Erkenntnis) als Enthüllen erhellt, liegt noch über das Sein hinaus. Nur wenn wir in diesem Lichte stehen, erkennen wir Seiendes, verstehen wir Sein. Das Verstehen von Sein gründet im Entwurf eines ἐπέκεινα τῆς οὐσίας. Damit stößt Plato auf etwas, was er ›über das Sein hinausragend‹ nennt. Dieses hat die Funktion des Lichtes, der Erhellung für alles Enthüllen von Seiendem bzw. hier der Erhellung für das Verstehen von Sein selbst.

Die Grundbedingung für die Erkenntnis von Seiendem sowohl wie für das Verstehen von Sein ist: das Stehen in einem erhellenden Licht, ohne Bild gesprochen: irgendetwas, woraufhin wir im Verstehen das zu Verstehende entworfen haben. Das Verstehen muß selbst das, *woraufhin es entwirft, als Enthülltes irgendwie sehen.* Die Grundfakten der vorgängigen Erhellung für alles Enthüllen sind so fundamental, daß je nur mit der Möglichkeit, ins Licht sehen zu können, im Licht zu sehen, die entsprechende Möglichkeit gesichert ist, etwas als wirklich zu erkennen. Wir müssen nicht nur Wirklichkeit verstehen, um Wirkliches erfahren zu können, sondern das Verstehen von Wirklichkeit muß seinerseits zuvor seine Erhellung haben. Das Verstehen von Sein bewegt sich schon in einem überhaupt *Helle gebenden, erhellten Horizont.* Es ist kein Zufall, daß Plato bzw. Sokrates im Gespräch dem Glaukon gegenüber den Zusammenhang durch ein Gleichnis erläutert. Daß Plato dort zu einem Gleichnis greift, wo er an die äußerste Grenze des philosophischen Fragens, d. h. den Anfang und Ausgang der Philosophie stößt, ist kein Zufall. Erst recht ist der Inhalt des Gleichnisses nicht zufällig. Es ist das Höhlengleichnis, das Plato am Anfang des VII. Buches des »Staates« interpretiert. Das Dasein des Menschen, auf der Erde als einer Scheibe lebend, überdeckt vom Himmel, gleicht einem Leben in der Höhle. Alles Sehen braucht ein Licht, ohne daß dieses zunächst gesehen wird. Das Ins-Licht-kommen des Daseins heißt: Verständnis von Wahrheit überhaupt gewinnen. Das Wahrheitsverständnis ist die Bedingung der Möglichkeit für das Ausmaß und den Zugang zum Wirklichen. Wir müssen hier darauf verzichten, das Gleichnis, das unerschöpflich ist, nach allen Dimensionen hin auszudeuten.

Plato schildert eine Höhle, in der Menschen an Händen, Füßen und Kopf gefesselt sind, und zwar mit dem Blick gegen die Wand der Höhle. Hinter ihnen befindet sich ein schmaler Ausgang der Höhle, durch den von draußen her im Rücken der Höhlenbewohner Licht in die Höhle hereinfällt, so daß ihr eigener Schatten notwendig auf die gegenüber liegende Wand fällt. Gefesselt und festgebannt geradeaus sehen sie nur ihre eigenen Schatten an der Wand. Hinter den Gefesselten, zwischen ihnen und dem Licht, ist ein Gang mit einer Schranke, wie die Schranken bei den Gauklern. Auf diesem Gang wird von anderen Menschen hinter den Gefesselten allerlei Gebrauchszeug, was man im alltäglichen Leben gebraucht, vorbei getragen. Das Vorbeigetragene wirft selbst seinen Schatten und ist an der gegenüber liegenden Wand als Bewegtes sichtbar. Die Gefesselten unterhalten sich über das, was sie an der Wand sehen. Das, was sie dort sehen, ist für sie die Welt, das Wirkliche. Angenommen, einer von den Gefesselten wird gelöst, so daß er sich umwenden kann, um in das Licht zu sehen, und sogar aus der Höhle sich hinausbewegen kann, um ans Licht selbst zu treten, dann wird er zunächst geblendet sein und nur langsam sich an das Licht gewöhnen und diejenigen Dinge sehen, die außerhalb der Höhle im Lichte stehen. Nehmen wir nun an, daß er mit der Sonne im Auge in die Höhle zurückkommt und sich erneut mit den in der Höhle Sitzenden unterhält. Die Höhlenbewohner werden ihn für einen Wahnsinnigen halten, sie möchten ihn töten,

weil er ihnen einreden will, das, was sie sehen und worüber
sie ihr Leben lang als Wirkliches sich unterhalten haben, seien
nur Schatten. – Damit will Plato zeigen, daß die Bedingung der
Möglichkeit dafür, etwas als schattenhaft im Unterschied vom
Wirklichen zu erkennen, nicht darin liegt, daß ich eine Un-
summe von gegebenen Dingen sehe. Wenn die Höhlenbewohner in alle Ewigkeit nur dieses, was sie an der Wand sehen,
deutlicher sähen, kämen sie nicht dazu einzusehen, daß es nur
Schatten sind. Die Grundbedingung für die Möglichkeit, Wirkliches *als* Wirkliches zu verstehen, ist, in die Sonne zu sehen,
daß das Auge des Erkennens sonnenhaft werde. Der gesunde
Menschenverstand in der Höhle seiner Alles- und Besser-
Wisserei ist borniert; er muß aus dieser Höhle herausgerissen
werden. Für ihn ist das, wohin er gerissen wird, die verkehrte
Welt, wie Hegel sagt. Auch wir wollen mit der scheinbar so
abstrakten Frage nach den Bedingungen der Möglichkeit des
Seinsverständnisses nichts anderes, als uns aus der Höhle ans
Licht zu bringen, aber in aller Nüchternheit und in der völligen
Entzauberung eines rein sachlichen Fragens.

Was wir suchen, ist das ἐπέκεινα τῆς οὐσίας. Für Plato ist dieses
ἐπέκεινα die Bedingung der Möglichkeit für alle Erkenntnis.
Plato sagt erstens, das ἀγαθόν oder die ἰδέα ἀγαθοῦ ist ἐν τῷ
γνωστῷ τελευταία ἡ τοῦ ἀγαθοῦ ἰδέα καὶ μόγις ὁρᾶσθαι[5], sie ist im
Erkennen oder im Erkennbaren und Verstehbaren, überhaupt
im ganzen Bezirk dessen, was uns irgendwie zugänglich ist,
dasjenige, was am Ende liegt, worauf alles Erkennen zurück-
läuft, bzw. umgekehrt, von woher es beginnt. Das ἀγαθόν ist
μόγις ὁρᾶσθαι, kaum zu sehen. Zweitens sagt Plato vom
ἀγαθόν: ἔν τε νοητῷ αὐτὴ κυρία ἀλήθειαν καὶ νοῦν παρασχομένη[6].
Sie ist dasjenige, was im Erkennbaren herrscht, und dasjenige,
was Erkenntnis und Wahrheit ermöglicht. So wird deutlich,
wie das ἐπέκεινα τῆς οὐσίας dasjenige ist, wonach gefragt werden muß, wenn anders das Sein zum Gegenstand für die

[5] a.a.O., VII 517 b 8 f.
[6] a.a.O., 517 c 3 f.

Erkenntnis werden soll. Wie das ἐπέκεινα bestimmt werden muß, was das ›darüber hinaus‹ besagt, was bei Plato die Idee des Guten bedeutet und in welcher Weise die Idee des Guten dasjenige ist, was Erkenntnis und Wahrheit ermöglichen soll, ist in vieler Hinsicht dunkel. Auf die Schwierigkeiten der Platonischen Interpretation gehen wir hier nicht ein, auch nicht auf den Nachweis des Zusammenhanges der Idee des Guten mit dem, was wir früher über das antike Seinsverständnis, seinen Ursprung aus dem Herstellen, erörterten. Es sieht so aus, als würde unsere These, die antike Philosophie interpretiere das Sein im Horizont des Herstellens im weitesten Sinne, in gar keinem Zusammenhang mit dem stehen, was Plato als die Bedingung der Möglichkeit des Seinsverständnisses fixiert. Unsere Interpretation der antiken Ontologie und ihres Leitfadens scheint willkürlich zu sein. Was soll die Idee des Guten mit dem Herstellen zu tun haben? Ohne darauf näher einzugehen, geben wir nur den Hinweis, daß die ἰδέα ἀγαθοῦ nichts anderes ist als der δημιουργός, der Hersteller schlechthin. Das läßt bereits sehen, wie die ἰδέα ἀγαθοῦ mit dem ποιεῖν, πρᾶξις, τέχνη im weitesten Sinne zusammenhängt.

c) Die zeitliche Interpretation des existenziellen eigentlichen und uneigentlichen Verstehens

Die Frage nach der Möglichkeit des Seinsverständnisses stößt auf etwas, was über das Sein hinaus liegt, auf ein ›*darüber hinaus*‹. Was das Seinsverständnis ermöglicht, werden wir ohne jedes Bild nur dann finden, wenn wir zunächst fragen: *Was macht das Verstehen als solches möglich?* Ein wesentliches Moment des Verstehens ist der Entwurf; das Verstehen selbst gehört zur Grundverfassung des Daseins. Wir fragen diesem Phänomen und seiner Möglichkeit weiter nach und erinnern uns hierfür zugleich an Früheres: Verstehen gehört zur Grundverfassung des Daseins; das Dasein aber gründet in der Zeitlichkeit. Inwiefern ist diese die Bedingung der Möglichkeit für das Verstehen überhaupt? Inwiefern *gründet der Entwurf in der Zeitlichkeit?* Wie ist die Zeitlichkeit die Bedingung der Möglichkeit für das Verstehen von Sein? Verstehen wir in der Tat das Sein des Seienden aus der Zeit? Wir versuchen vorerst eine zeitliche Interpretation des Verstehens, wobei wir das Verstehen als ontisches, existenzielles Verstehen nehmen und noch nicht als Seinsverständnis. Wir fragen dann weiter, wie das existierende Verhalten zu Seiendem, zum Vorhandenen im weiteren Sinne, als Verstehen in der Zeitlichkeit gründet, und wie weiter zurück das zu diesem existierenden Verhalten zu Seiendem gehörige Seinsverständnis seinerseits durch die Zeit bedingt ist. Gründet die Möglichkeit und Struktur des Unterschieds von Sein und Seiendem in der Zeitlichkeit? Muß die ontologische Differenz temporal interpretiert werden?

Inwiefern ist das existenzielle Verstehen durch die Zeitlichkeit bestimmt? Wir hörten früher, die Zeitlichkeit sei die gleichursprüngliche ekstatisch-horizontale Einheit von Zukunft, Gewesenheit und Gegenwart. Verstehen ist eine Grundbestimmung des Existierens. Eigentliche Existenz, d. h. solches Existieren des Daseins, als welches das Dasein es selbst ist in und aus seiner eigensten, von ihm selbst ergriffenen Möglichkeit, nennen wir die *Entschlossenheit.* Diese hat ihre eigene Zeitlichkeit. Wir versuchen sie jetzt nur in einer bestimmten, allerdings sehr wesentlichen Hinsicht kurz zu demonstrieren. Wenn das eigentliche Existieren, die Entschlossenheit, in einem bestimmten Modus der Zeitlichkeit gründet, dann gehört zur Entschlossenheit eine bestimmte Gegenwart. Gegenwart besagt als ekstatisch-horizontales Phänomen Gegenwärtigen von ... In der Entschlossenheit versteht sich das Dasein aus seinem eigensten Seinkönnen. Das Verstehen ist primär zukünftig, sofern es auf sich selbst aus der ergriffenen Möglichkeit seiner selbst zukommt. Im Auf-sich-zukommen hat das Dasein auch schon sich selbst als das Seiende, das es je schon gewesen ist, übernommen. In der Entschlossenheit, d. h. im Sichverstehen aus dem eigensten Seinkönnen, – in diesem Zukommen auf sich selbst aus der eigensten Möglichkeit kommt das Dasein auf das, was es ist, zurück und übernimmt sich als das Seiende, das es ist. Im Zurückkommen auf sich selbst *holt* es sich mit all dem, was es ist, *wieder* in sein eigenes ergriffenes Seinkönnen hinein. Der zeitliche Modus, in dem es, wie und was es *gewesen*, ist, nennen wir die *Wiederholung*. Die Wiederholung ist ein eigener Modus, in dem das Dasein *gewesen ist*. Die Entschlossenheit zeitigt sich als das wiederholende Auf-sich-zurückkommen aus einer ergriffenen Möglichkeit, in die das Dasein auf-sich-zukommend *vorgelaufen ist*. In der ekstatischen Einheit des *wiederholenden Vorlaufens*, d. h. in dieser Gewesenheit und Zukunft liegt eine spezifische Gegenwart. Während das Gegenwärtigen von etwas zumeist und zunächst sich bei den Dingen aufhält, sich in sich selbst verstrickt, sich von den Dingen mitziehen läßt, um in dem, was es gegenwärtigt, aufzugehen, – während das Gegenwärtigen zumeist sich selbst entläuft, sich in sich selbst verliert, so daß die Gewesenheit zu einem Vergessen und die Zukunft zu einem Gewärtigen des gerade Ankommenden wird, ist die Gegenwart, die zur Entschlossenheit gehört, in der spezifischen Zukunft (Vorlaufen) und Gewesenheit (Wiederholung) der Entschlossenheit *gehalten*. Die in der Entschlossenheit gehaltene und aus ihr entspringende Gegenwart nennen wir den *Augenblick*. Sofern wir mit diesem Titel einen Modus der Gegenwart meinen – das damit angezeigte Phänomen hat ekstatisch-horizontalen Charakter – heißt das: Der Augenblick ist *ein Gegenwärtigen* von Anwesendem, das zum Entschluß gehörig die Situation erschließt, in die hinein die Entschlossenheit sich entschlossen hat. Im Augenblick als einer Ekstase ist das existierende Dasein als entschlossenes entrückt in die jeweilig faktisch bestimmten Möglichkeiten, Umstände, Zufälle der Situation seines Handelns. Der Augenblick ist dasjenige, was als der Entschlossenheit entspringend allererst und einzig den Blick für das hat, was die Situation des Handelns ausmacht. Er ist der

Modus des entschlossenen Existierens, in dem das Dasein als In-der-Welt-sein seine Welt im Blick hält und behält. Weil nun aber das Dasein als In-der-Welt-sein zugleich Mitsein mit anderem Dasein ist, muß sich auch das eigentliche existierende Miteinandersein primär aus der Entschlossenheit des Einzelnen bestimmen. Erst aus der entschlossenen Vereinzelung her und in ihr ist das Dasein eigentlich frei und offen für das Du. Das Miteinander ist kein klebriges Anbiedern des Ich an das Du, entsprungen aus der gemeinsamen versteckten Hilflosigkeit, sondern das existente Zusammen und Miteinander gründet in der echten, durch das Gegenwärtigen im Sinne des Augenblicks bestimmten Vereinzelung des Einzelnen. Vereinzelung besagt nicht, sich auf seine Privatwünsche versteifen, sondern frei sein für die faktischen Möglichkeiten der jeweiligen Existenz.

Aus dem Gesagten soll das eine deutlich werden, daß der Augenblick zur ursprünglichen und eigentlichen Zeitlichkeit des Daseins gehört und den primären und eigentlichen Modus der Gegenwart als Gegenwärtigen darstellt. Früher hörten wir, daß sich das Gegenwärtigen im Jetzt ausspricht, d. h. daß das Jetzt als Zeit, worin Seiendes begegnet, der ursprünglichen Zeitlichkeit entspringt. Sofern das Jetzt immer aus der Gegenwart entspringt, heißt das: Das Jetzt ist aus dem Augenblick abkünftig. Daher kann das Phänomen des Augenblicks nicht aus dem Jetzt verstanden werden, wie das Kierkegaard versucht. Zwar versteht er den Augenblick in seinem Sachhaltigen sehr wohl, aber es gelingt ihm nicht, die spezifische Zeitlichkeit des Augenblicks zu exponieren, sondern er identifiziert den Augenblick mit dem Jetzt der vulgär verstandenen Zeit. Von hier aus konstruiert er die paradoxen Verhältnisse des Jetzt zur Ewigkeit. Das Phänomen des Augenblicks läßt sich auch dann nicht aus dem Jetzt verstehen, wenn wir das Jetzt in der vollen Struktur nehmen. Nur das läßt sich zeigen, daß das Jetzt, wenn das Dasein als entschlossenes Gegenwärtigen sich mit dem Jetzt ausspricht, gerade hier am ehesten seine volle Struktur bekundet. Der Augenblick ist ein Urphänomen der ursprünglichen Zeitlichkeit, während das Jetzt nur ein Phänomen der abkünftigen Zeit ist. Schon Aristoteles hat das Phänomen des Augenblicks, den καιρός, gesehen und im VI. Buch seiner »Nikomachischen Ethik« umgrenzt, aber wiederum so, daß es ihm nicht gelang, den spezifischen Zeitcharakter des καιρός mit dem in Zusammenhang zu bringen, was er sonst als Zeit (νῦν) kennt.

Die zur Zeitlichkeit des Daseins gehörige Gegenwart hat nicht ständig den Charakter des Augenblicks, d. h. das Dasein existiert nicht ständig als ein entschlossenes, vielmehr ist es zunächst und zumeist unentschlossen, in seinem eigensten Seinkönnen ihm selbst verschlossen, in der Art des Entwurfs seiner Möglichkeiten nicht primär aus dem eigensten Seinkönnen bestimmt. Die Zeitlichkeit des Daseins zeitigt sich nicht ständig aus ihrer eigentlichen Zukunft. Diese Unständigkeit der Existenz, daß sie zunächst und zumeist unentschlossen ist, besagt jedoch nicht, das unentschlossene Dasein ermangele in seiner Existenz zuweilen der Zukunft, sondern es sagt nur soviel: Die Zeitlichkeit selbst ist hinsichtlich ihrer verschiedenen Ekstasen, im besonderen der Zukunft, abwandelbar. Das unentschlossene Existieren ist sowenig ein Nichtexistieren, daß gerade diese Unentschlossenheit die alltägliche Wirklichkeit des Daseins charakterisiert.

Weil wir versuchen, das existierende Verhalten im alltäglichen Sinne zum zunächst gegebenen Seienden herauszustellen, müssen wir den Blick auf das alltägliche, uneigentliche, unentschlossene Existieren wenden und fragen, welchen Charakter die *Zeitlichkeit des uneigentlichen Sichverstehens*, des unentschlossenen Sichentwerfens auf Möglichkeiten hat. Wir wissen: Dasein ist In-der-Welt-sein; sofern es als dieses faktisch existiert, ist es Sein bei innerweltlichem Seienden und Mitsein mit anderem Dasein. Das Dasein versteht sich zunächst und zumeist aus den Dingen. Die Anderen, die Mitmenschen, sind auch dann mit da, wenn sie sich nicht in unmittelbar handgreiflicher Nähe befinden. Sie werden in der Art, wie sie mit da sind, aus den Dingen her mitverstanden. Erinnern wir uns an die Darstellung Rilkes, in der gezeigt wird, wie mit der Mauer des abgerissenen Hauses die Mitmenschen, seine Bewohner, begegnen. Auch ohne ausdrücklichen existenziellen Bezug eines Daseins zu Anderen sind die Mitmenschen da, mit denen wir alltäglich zu tun haben. Wir halten das fest, richten aber jetzt den untersuchenden Blick einzig auf das *verstehende Verhalten zu den zuhandenen und vorhandenen Dingen.*

Aus den Dingen her verstehen wir uns selbst im Sinne des Selbstverständnisses des alltäglichen Daseins. Sich aus den Dingen, mit denen wir umgehen, verstehen, besagt, das eigene Seinkönnen entwerfen auf das Tunliche, Dringliche, Unumgängliche, Ratsame der Geschäfte der alltäglichen Beschäftigung. Das Dasein versteht sich aus dem Seinkönnen, das durch das Gelingen und Mißlingen, durch die Tunlichkeit und Untunlichkeit seines Umgangs mit den Dingen bestimmt ist. Das Dasein kommt so aus den Dingen her auf sich zu. Es ist seines eigenen Seinkönnens gewärtig als des Seinkönnens eines Seienden, das sich auf das verläßt, was die Dinge ergeben bzw. was sie versagen. Das Seinkönnen entwerfen gleichsam die Dinge, d. h. der Umgang mit ihnen, also primär nicht das Dasein selbst aus seinem eigensten Selbst, das dennoch so, wie es ist, immer als Umgang mit den Dingen existiert. Das uneigentliche Sichverstehen aus den Dingen hat zwar auch den Charakter des Auf-sich-zukommens, der Zukunft, aber diese ist *uneigentliche Zukunft;* wir kennzeichnen sie als *Gewärtigen.* Nur weil das Dasein seines Seinkönnens in dem charakterisierten Sinne gewärtig ist aus den betreuten und besorgten Dingen, – nur aufgrund dieses Gewärtigens kann es etwas von den Dingen *erwarten* oder auf die Art, wie sie ablaufen, warten. Das Gewärtigen muß *zuvor schon einen Umkreis enthüllt haben,* aus dem her etwas erwartet werden kann. Das Gewärtigen ist also nicht eine Abart des Erwartens, sondern umgekehrt, das Erwarten gründet in einem Gewärtigen. Wenn wir im Umgang mit den Dingen an sie und in ihnen uns verlieren, sind wir unseres Seinkönnens gewärtig, so wie es sich aus der Tunlichkeit und Untunlichkeit der besorgten Dinge bestimmt. Wir kommen nicht eigens auf uns selbst zurück in einem eigentlichen Entwurf auf unser eigenstes Seinkönnen. Darin liegt zugleich: Wir wiederholen nicht das Seiende, das wir gewesen sind, wir übernehmen nicht uns selbst in unserer Faktizität. Das, was wir sind, und darin liegt immer, was wir gewesen sind, liegt in irgendeiner Weise hinter uns, *vergessen*. Unser eigenes Seinkönnen aus den Dingen her gewärtigend haben wir das faktische Dasein in seinem Gewesen vergessen. Das Vergessen ist nicht das Fehlen und Ausbleiben einer Erinnerung, so daß statt einer Erinnerung nichts da wäre, sondern es ist ein eigener positiv ekstatischer Modus der Zeitlichkeit. Die Ekstase des Vergessens von etwas hat den Charakter des Ausrückens vor dem eigensten Gewesensein, und zwar so, daß dieses Ausrücken-vor das, wovor sie ausrückt, verschließt. Indem das Vergessen die Gewesenheit verschließt – das ist das Eigentümliche jener Ekstase – verschließt es sich für sich selbst. Das Vergessen hat das Charakteristische, daß es sich selbst vergißt. Es liegt im ekstatischen Wesen des Vergessens, daß es nicht nur das Vergessene, sondern das Vergessen selbst vergißt. Daher entsteht für den vulgären vorphänomenologischen Verstand der Aspekt, als sei das Vergessen überhaupt nichts. Die Vergessenheit ist ein elementarer Modus der Zeitlichkeit, in dem wir zunächst und zumeist unser eigenes Gewesen *sind*. Darin zeigt sich aber, daß die Gewesenheit nicht aus dem vulgären Begriff der Vergangenheit bestimmt werden darf. Das Vergangene ist das, von dem wir sagen, daß es nicht mehr ist. Die Gewesenheit aber ist ein Modus des Seins, die Bestimmung der Art und Weise, wie das Dasein als existierendes ist. Ein Ding, das nicht zeitlich ist, dessen Sein nicht durch die Zeitlichkeit bestimmt wird, sondern das nur innerhalb der Zeit vorkommt, kann nie gewesen sein, weil es nicht existiert.

Gewesen sein kann nur, was in sich selbst zukünftig ist; Dinge
sind allenfalls vergangen. Zum Sichverstehen aus dem Tunlichen und Nächstbegegnenden gehört ein *Sich*vergessen. Nur
auf dem Grunde der ursprünglichen Vergessenheit, die zum
faktischen Dasein gehört, besteht die Möglichkeit, etwas zu
behalten, dessen es je gerade gewärtig gewesen ist. Diesem auf
die Dinge bezogenen *Behalten* entspricht wiederum ein Nicht-
behalten, d. h. ein *Vergessen im abgeleiteten Sinne*. Daraus
wird deutlich, daß die *Erinnerung* erst möglich ist auf dem
Grunde und aus dem Grunde der ursprünglichen, zum Dasein
gehörenden Vergessenheit, und nicht umgekehrt. Weil das Dasein aus dem Tunlichen seiner gewärtig ist, ist das, womit es je
umgeht, in seiner Gegenwart. Das Sichverstehen ist gleichursprünglich mit Zukunft und Gewesenheit ein *Gegenwärtigen*. Das Gegenwärtigen des im Dasein vorherrschenden uneigentlichen Verstehens wird uns im folgenden noch besonders
beschäftigen. Negativ ist zu sagen: Die Gegenwart des uneigentlichen Verstehens hat nicht den Charakter des Augenblicks, weil die Zeitigung dieses Modus der Gegenwart sich
aus der uneigentlichen Zukunft bestimmt. Das uneigentliche
Verstehen hat demnach den Charakter des *vergessend-gegen-
wärtigenden Gewärtigens*.

d) Die Zeitlichkeit des Verstehens von Bewandtnis
und Bewandtnisganzheit (Welt)

Mit dieser zeitlichen Charakteristik des uneigentlichen Verstehens wurde nur eine Möglichkeit des existenziellen (ontischen) Verstehens des Daseins als des existierenden Seienden
verdeutlicht. Wir verlangen aber eine Verdeutlichung des Verstehens von Sein, das je schon im existenziellen Verstehen von
Seiendem liegt. Das Seinsverständnis aber wollen wir nicht
erläutern im Hinblick auf das existenzielle Verstehen, sei es
eigentlich oder uneigentlich, sondern im Blick auf das existierende Verhalten zu den nächstbegegnenden Dingen. Wir ver-

suchen, das *Verständnis von Sein*, das sich auf *nichtdaseins-mäßiges Seiendes* bezieht, *zu klären*. Es ist das Verständnis des Seins des nächstbegegnenden Seienden, womit wir unent-schlossen uns beschäftigen, des Seienden, das auch da ist, wenn wir uns mit ihm nicht beschäftigen. Wir nehmen diese Rich-tung der Interpretation nicht, weil sie leichter ist, sondern weil wir damit ein ursprüngliches Verständnis der Probleme gewin-nen, die wir früher diskutierten und die ontologisch alle am Seienden als Vorhandenem orientiert sind.

Wir fixieren noch einmal das Ganze des Problemzusam-menhanges und die Richtung unserer Frage. Gesucht ist die *Bedingung der Möglichkeit des Seinsverständnisses, das Seien-des versteht im Sinne des Zuhandenen und Vorhandenen.* Dieses Seiende begegnet uns im alltäglich besorgenden Um-gang mit ihm. Dieser Umgang mit dem zunächst begegnenden Seienden ist als existierendes Verhalten des Daseins zu Seien-dem fundiert in der Grundverfassung der Existenz, dem In-der-Welt-sein. Das Seiende, mit dem wir umgehen, begegnet demnach als innerweltliches Seiendes. Der *Umgang mit inner-weltlichem Seienden gründet*, wenn anders das Dasein In-der-Welt-sein ist und die Grundverfassung des Daseins in der Zeitlichkeit liegt, *in einer bestimmten Zeitlichkeit des In-der-Welt-seins.* Die Struktur des In-der-Welt-seins ist eine einheit-liche und gleichwohl gegliederte. Es gilt, die gegliederte Ganz-heit der Struktur aus der Zeitlichkeit zu verstehen, was aber zugleich heißt, das Phänomen des In-seins als solchen und das Phänomen der Welt in ihrer zeitlichen Verfassung zu inter-pretieren. Damit stoßen wir auf den Zusammenhang von Zeit-lichkeit und Transzendenz, sofern das In-der-Welt-sein das Phänomen ist, in dem sich ursprünglich bekundet, inwiefern das Dasein seinem Wesen nach ›über sich hinaus‹ ist. Von dieser Transzendenz aus begreifen wir die Möglichkeit des im Umgang mit dem innerweltlichen Seienden liegenden und ihn erhellenden Seinsverständnisses. Das führt auf die Frage des Verhältnisses von Seinsverständnis, Transzendenz und Zeitlichkeit. Von da aus versuchen wir eine Kennzeichnung der Zeitlichkeit als Horizont des Seinsverständnisses, d. h. die Bestimmung des Begriffes der Temporalität.

Wenn wir nach der Bedingung der Möglichkeit des Seinsverständnisses, das zum Umgang mit dem begegnenden Seienden gehört, zurückfragen, fragen wir zunächst nach der *Bedingung der Möglichkeit des In-der-Welt-seins überhaupt,* die in der *Zeitlichkeit* beruht. Erst aus der Zeitlichkeit des In-der-Welt-seins werden wir verstehen, wie das In-der-Welt-sein als solches schon Seinsverständnis ist. Das nächstbegegnende Seiende, das, womit wir es zu tun haben, hat die Seinsverfassung des *Zeugs.* Dieses Seiende ist nicht lediglich vorhanden, sondern gemäß seinem Zeugcharakter gehört es in einen Zeug*zusammenhang,* innerhalb dessen es seine spezifische Zeugfunktion hat, die primär sein Sein ausmacht. Zeug, in diesem ontologischen Sinne genommen, ist nicht nur Schreib- und Nähzeug, sondern alles das, wovon wir in der Häuslichkeit sowohl wie in der Öffentlichkeit Gebrauch machen. Zeug in diesem weiten ontologischen Sinne sind auch Brücken, Straßen, Beleuchtungsanlagen. Das Ganze dieses Seienden nennen wir das *Zuhandene.* Dabei ist es nicht wesentlich, ob das Zuhandene in der nächsten Nähe ist oder nicht, ob es näher ist als das lediglich Vorhandene, sondern nur, daß es im und für den täglichen Gebrauch zu-handen ist, daß, umgekehrt gesehen, das Dasein in seinem faktischen In-der-Welt-sein in bestimmter Weise auf dieses Seiende eingespielt ist, dergestalt, daß es dieses Seiende als sein eigenes Gemächte versteht. Im Zeuggebrauch aber ist das Dasein je schon auf das Mitdasein Anderer eingespielt. Das Dasein ist auch im Gebrauch eines Zeugs je schon Mitsein mit Anderen, wobei völlig gleichgültig ist, ob ein Anderer faktisch anwesend ist oder nicht.

Das Zeug begegnet immer innerhalb eines Zeugzusammenhangs. Jedes bestimmte Zeug trägt jenen Zusammenhang bei sich, und nur mit Rücksicht auf ihn ist es *dieses.* Die spezifische *Diesheit* eines Zeugs, seine *Individuation,* wenn wir das

Wort in einem ganz formalen Sinne nehmen, wird nicht primär durch Raum und Zeit bestimmt in dem Sinne, daß es an
einer bestimmten Raum- und Zeitstelle vorkommt, sondern
der Zeugcharakter und der Zeugzusammenhang ist dasjenige,
was ein Zeug als je dieses bestimmt. Wir fragen nun: Was
macht den spezifischen Zeugcharakter eines Zeugs aus? Der
Zeugcharakter wird konstituiert durch das, was wir die *Bewandtnis* nennen. Mit etwas, was wir z. B. als Hammer oder
als Tür gebrauchen, hat es ein bestimmtes Bewenden. Dieses
Seiende ist ›um zu hämmern‹, ›um Aus- und Eingang und
Abschluß zu ermöglichen‹. Das Zeug ist ›um zu‹. Dieser Satz
hat eine ontologische und nicht nur ontische Bedeutung, d. h.
das Seiende ist nicht, was und wie es ist, Hammer z. B., und
überdies dann noch etwas ›um damit zu hämmern‹, sondern
das, was und wie es als dieses Seiende ist, sein *Was- und Wiesein,* wird durch dieses Um-zu als solches, d. h. die Bewandtnis, konstituiert. Dergleichen Seiendes wie Zeug begegnet uns
als das Seiende, das es *an sich ist,* wenn wir Bewandtnis,
Bewandtnisbezüge und Bewandtnisganzheit im vorhinein verstehen. Wir können Zeug nur im Umgang mit ihm gebrauchen,
wenn wir dieses Seiende zuvor schon *auf Bewandtnisbezug
entworfen* haben. Dieses vorgängige Verstehen von Bewandtnis, dieses Entwerfen des Zeugs auf seinen Bewandtnischarak-
ter, nennen wir das *Bewendenlassen.* Auch dieser Ausdruck
hat gemäß dem Zusammenhang der Rede ontologischen Sinn.
Wir lassen es *beim* Hämmern *mit* etwas *bewenden. Wobei*
wir es bewenden lassen, ist das, *wozu* das Zeug als solches
bestimmt ist, welches Wozu dieses bestimmte Zeug als das,
was es ist und wie es ist, charakterisiert. *Des Wozu* sind wir
im Gebrauch des Zeugs *gewärtig.* ›Bei etwas bewenden
lassen‹ heißt Gewärtigen eines Wozu. Das Bewendenlassen
ist als Bewendenlassen-*bei* immer zugleich ein ›*mit* etwas bewenden lassen‹. Aus dem Wozu bestimmt sich das, womit es
jeweils die Bewandtnis hat. Des Wozu *gewärtig, behalten*
wir das *Womit* im Auge; es ins Auge fassend, verstehen wir

erst das Zeug als Zeug in seinem spezifischen Bewandtnisbezug. Das Bewendenlassen, d. h. das Verständnis von Bewandtnis, das einen Zeuggebrauch überhaupt ermöglicht, ist
ein behaltendes Gewärtigen, in welchem das Zeug als dieses
bestimmte *gegenwärtigt* wird. Im gewärtigend-behaltenden
Gegenwärtigen begegnet das Zeug, wird anwesend, kommt in
eine Gegen-wart herein. Das Gewärtigen des Wozu ist kein
Betrachten eines Zwecks, noch gar das Erwarten eines Erfolgs.
Das Gewärtigen hat überhaupt nicht den Charakter eines
ontischen Erfassens, noch ist das Behalten des Womit ein
betrachtendes Sichaufhalten bei etwas. Das wird deutlich,
wenn wir uns einen unmittelbaren Zeuggebrauch unkonstruk-
tiv vergegenwärtigen. Wenn ich ganz hingegeben mit etwas
beschäftigt bin und dabei irgendein Zeug gebrauche, so bin ich
gerade nicht auf das Zeug als solches gerichtet, etwa auf das
Handwerkszeug. Ebensowenig bin ich auf das Werk selbst
gerichtet, sondern in der Beschäftigung bewege ich mich *in*
den Bewandtnisbezügen als solchen. Im Verstehen derselben
halte ich mich beim zuhandenen Zeugzusammenhang auf. Ich
stehe weder beim einen noch beim anderen, sondern ich bewege
mich im Um-zu. Daher haben wir *Umg*ang mit den Dingen,
nicht einen bloßen Zugang auf etwas Vorliegendes, sondern
einen Umgang mit den Dingen, sofern sie als Zeug in einem
Zeugzusammenhang sich zeigen. Das Bewendenlassen als Verstehen von Bewandtnis ist derjenige Entwurf, der dem Dasein
allererst das Licht gibt, in dessen Helle dergleichen wie Zeug
begegnet.

Das Bewendenlassen als *Verstehen von Bewandtnis* hat eine
zeitliche Verfassung. Es selbst *weist* aber *in eine noch ursprünglichere Zeitlichkeit zurück*. Erst wenn wir die ursprünglichere Zeitigung erfaßt haben, vermögen wir zu überblicken,
in welcher Weise das *Verstehen von Sein* des Seienden, hier
des Zeugcharakters und der *Zuhandenheit* des zuhandenen
Zeugs bzw. der Dinglichkeit der vorhandenen Dinge und der

Vorhandenheit des Vorhandenen *durch die Zeit ermöglicht* und transparent wird.

Wir verfolgen zunächst diese Zeitlichkeit noch nicht, sondern fragen genauer, welches die Grundbedingung dafür ist, daß wir einen Zeugzusammenhang als *Zeugzusammenhang* erfassen. Vorerst haben wir nur überhaupt gesehen, was Voraussetzung für einen Zeuggebrauch ist: Verstehen von Bewandtnis. Jedes Zeug ist aber als Zeug innerhalb eines Zeugzusammenhangs. Dieser ist nicht ein nachträgliches Produkt von vorhandenem Zeug, sondern einzelnes Zeug als dieses ist nur zuhanden und vorhanden innerhalb eines Zeugzusammenhangs. Das Verständnis des Zeugzusammenhangs als des Zusammenhangs ist das, was jedem einzelnen Zeuggebrauch vorausgeht. Mit der Analyse des Verständnisses eines Zeugzusammenhanges in seiner Bewandtnis*ganzheit* stoßen wir auf die Analyse des Phänomens, das wir früher andeuteten, auf den Begriff und das Phänomen der *Welt*. Sofern die Welt ein Strukturmoment des In-der-Welt-seins ist und das In-der-Welt-sein die Seinsverfassung des Daseins konstituiert, kommen wir mit der Analyse der Welt zugleich auf das Verständnis des In-der-Welt-seins selbst und seiner Möglichkeit aus der Zeit. Die Interpretation der Möglichkeit des In-der-Welt-seins auf dem Grunde der Zeitlichkeit ist in sich schon die Interpretation der Möglichkeit von Seinsverständnis, in dem gleichursprünglich verstanden wird das Sein des Daseins, das Sein des Mitdaseins, der Anderen, und das Sein des je in einer erschlossenen Welt begegnenden vorhandenen und zuhandenen Seienden. Das Seinsverständnis dieser Art ist jedoch zunächst indifferent, unartikuliert. Es ist meistens – aus Gründen, die im Dasein selbst liegen – auf das Seiende orientiert, in das es sich zunächst und zumeist verloren hat, das Vorhandene, weshalb auch die ontologische Interpretation des Seins im Anfang der Philosophie, in der Antike, sich in der Orientierung am Vorhandenen vollzieht. Diese Interpretation des Seins wird philosophisch unzureichend, sobald sie sich univer-

sal erweitert und versucht, am Leitfaden dieses Seinsbegriffs
auch die Existenz zu verstehen, während der Weg ein umge-
kehrter sein muß.

e) In-der-Welt-sein, Transzendenz und Zeitlichkeit
Die horizontalen Schemata der ekstatischen Zeitlichkeit

Wir müssen nun das, was wir mit Bezug auf das existenzielle
Verstehen, das eigentliche sowohl wie das uneigentliche, dar-
gestellt haben, grundsätzlicher fassen. Wir müssen uns den
Begriff der *Transzendenz des Daseins* näher bringen, um den
Zusammenhang der Transzendenz des Daseins mit dem Seinsverständnis zu sehen, von wo aus wir erst nach der Zeitlichkeit des Seinsverständnisses als solchen zurückfragen können.
    Im Umgang mit dem zunächst begegnenden Seienden, dem
Zeug, ist Bewandtnis verstanden. Alles, wozu und wobei es
sein Bewenden mit etwas hat, ist, was es ist, innerhalb eines
Um-zu. Die Bezüge des Um-zu, aber auch die des Zweckfreien
und Zwecklosen, gründen letztlich bzw. erstlich im *Worumwillen.* Sie sind nur verstanden, wenn das Dasein so etwas wie
das Umwillen seiner selbst versteht. Es versteht als existierendes dergleichen wie ein ›umwillen seiner selbst‹, weil sein
eigenes Sein dadurch bestimmt ist, daß es dem Dasein als
existierendem in seinem Sein um sein Seinkönnen geht. Nur
sofern das Umwillen eines Seinkönnens verstanden ist, wird
dergleichen wie ein Um-zu (Bewandtnisbezug) enthüllbar. Daß
alle Bewandtnisbezüge ontologisch in einem Umwillen gründen, entscheidet keineswegs darüber, ob alles Seiende ontisch
als Seiendes umwillen des menschlichen Daseins ist. Die ontologische Verwurzelung der Seinsstrukturen des Seienden und
ihrer möglichen Verstehbarkeit im Worumwillen steht noch
außerhalb der ontischen Behauptung, die Natur sei zum
Zwecke des menschlichen Daseins geschaffen oder vorhanden.
Die ontische Behauptung über die Zweckmäßigkeit der wirklichen Welt ist sowenig in der genannten ontologischen Ver-

wurzelung gesetzt, daß die letztere primär gerade deshalb
herausgestellt wird, um einsichtig zu machen, wie nur aufgrund der ontologischen Verwurzelung der Bewandtnisbezüge
im Worumwillen das Verständnis des Seins eines Seienden
möglich ist, das an sich ist und sein kann, ohne daß das Dasein
existiert. Erst auf dem Boden der geklärten ontologischen
Zusammenhänge der möglichen Weisen des Seinsverständnisses und damit auch der Bewandtnisbezüge mit dem Umwillen
ist überhaupt entscheidbar, ob die Frage einer ontischen Tele-
ologie der Allheit des Seienden einen rechtmäßigen philosophischen Sinn hat, oder ob sie nicht lediglich einen Einbruch
des gesunden Menschenverstandes in die philosophische Problematik darstellt. Daß die ontologische Struktur der Um-zu-
Bezüge in einem Worumwillen gründet, sagt nichts darüber,
ob die ontischen Beziehungen zwischen dem Seienden, der
Natur und dem Dasein, einen Zweckzusammenhang darstellen.

Sofern Dasein existiert als Seiendes, dem es in seinem Sein
um sein Seinkönnen geht, hat es schon dergleichen wie das
›Umwillen seiner selbst‹ verstanden. Nur auf dem Grunde
dieses Verstehens ist die Existenz möglich. Das Dasein muß
sich sein eigenes Seinkönnen zu verstehen geben. Es gibt sich
selbst zu bedeuten, wie es mit seinem Seinkönnen steht. Das
Ganze dieser Bezüge, d. h. all dessen, was zur Struktur der
Gesamtheit gehört, damit sich Dasein überhaupt etwas zu verstehen geben, d. h. sein Seinkönnen sich zu bedeuten geben
kann, nennen wir die *Bedeutsamkeit*. Diese ist die Struktur
dessen, was wir als *Welt im streng ontologischen Sinne* bezeichnen.

Wir haben früher gesehen: Das Dasein versteht sich zunächst
und zumeist aus den Dingen her; in eins damit ist das Mitdasein Anderer verstanden. In den Bewandtnisbezügen liegt
schon das Verständnis des Seinkönnens des Daseins als Mitsein
mit Anderen. Es ist als Dasein wesenhaft offen für das Mitdasein Anderer. Das faktische Dasein ist, ausdrücklich oder

nicht, um-willen des Miteinander-seinkönnens. Das ist aber
nur möglich, weil das Dasein als solches von Hause aus durch
das Mitsein mit Anderen bestimmt ist. Wenn wir sagen, das
Dasein existiert um-willen seiner selbst, so ist das eine ontologische Bestimmung der Existenz. Dieser existenziale Satz präjudiziert noch nichts über die existenziellen Möglichkeiten. Es
ist mit dem Satz ›das Dasein existiert wesenhaft um-willen
seiner selbst‹ nicht ontisch behauptet: Der faktische Zweck
des faktischen Daseins ist, ausschließlich und primär sich um
sich selbst zu bekümmern und die Anderen als Werkzeug
hierzu zu benützen. Eine solche faktisch-ontische Interpretation ist nur möglich aufgrund der ontologischen Verfassung
des Daseins, daß es überhaupt um-willen seiner selbst ist.
Weil es das ist, nur deshalb kann es mit anderem Dasein mitsein, und nur deshalb kann ein anderes Dasein, dem es seinerseits um sein Sein geht, in einen wesenhaften existenziellen
Bezug zu einem Anderen treten.

Die Grundverfassung des Daseins ist das In-der-Welt-sein.
Das heißt jetzt genauer: Dem Dasein geht es in seiner Existenz
um das In-der-Welt-seinkönnen. Darauf hat es sich je schon
entworfen. Es liegt somit in der Existenz des Daseins so etwas
wie ein *vorgängiges Verständnis von Welt, Bedeutsamkeit.*
Wir haben früher eine vorläufige Umgrenzung des Weltbe-
griffs gegeben und dabei gezeigt, daß die Welt nicht die Summe
des vorhandenen Seienden ist, nicht die Allheit der Naturdinge, – daß die Welt überhaupt nichts Vorhandenes oder
Zuhandenes ist. Der Begriff der Welt ist nicht eine Bestimmung des innerweltlichen Seienden als des Seienden, das an
sich vorhanden ist, sondern Welt ist eine Bestimmung des
Seins des Daseins. Das kommt von vornherein zum Ausdruck, wenn wir sagen: Dasein existiert als In-der-*Welt*-sein.
Sie gehört zur Existenzverfassung des Daseins. Welt ist nicht
vorhanden, sondern Welt existiert. Nur solange Dasein ist,
d. h. existent ist, gibt es Welt. *Weltverständnis* ist, sofern
darin die Bezüge des Um-zu, der Bewandtnis und des Um-wil-

len verstanden sind, wesenhaft *Selbstverständnis*, und Selbstverständnis ist Daseinsverständnis. Darin liegt wiederum Verständnis des Mitseins mit Anderen und Verständnis des Seinkönnens und Sichaufhaltens bei Vorhandenem. Das Dasein
ist nicht zuerst nur ein Mitsein mit Anderen, um dann aus
diesem Miteinandersein hinauszukommen zu einer objektiven
Welt, zu den Dingen. Dieser Ansatz wäre genauso verfehlt
wie der subjektive Idealismus, der zuerst ein Subjekt ansetzt,
das dann auf irgendeine Weise sich ein Objekt verschafft. Mit
dem Ansatz eines Ich-Du-Verhältnisses als Verhältnis zweier
Subjekte wäre gesagt, daß zunächst zwei Subjekte zu zweien
da sind, die sich dann einen Bezug zu anderem verschaffen.
Vielmehr, so ursprünglich das Dasein Sein mit Anderen ist, so
ursprünglich ist es Sein mit Zuhandenem und Vorhandenem.
Ebensowenig ist das Dasein zunächst nur ein Sichaufhalten bei den Dingen, um dann gelegentlich unter diesen Dingen
Seiendes seiner eigenen Seinsart zu entdecken, sondern Dasein
ist als Seiendes, dem es um sich selbst geht, gleichursprünglich
Mitsein mit Anderen *und* Sein bei innerweltlichem Seienden.
Die Welt, innerhalb deren dieses Seiende begegnet, ist, weil
jedes Dasein von sich her als existierendes Mitsein mit Anderen ist, je schon Welt, die der eine mit dem anderen teilt. Nur
weil Dasein vorgängig als In-der-Welt-sein konstituiert ist,
kann ein Dasein existenziell einem Anderen faktisch etwas
mitteilen, nicht aber konstituiert erst diese faktische existenzielle Mitteilung die Möglichkeit, daß ein Dasein mit einem
anderen eine Welt hat. Die verschiedenen Weisen des faktischen Miteinanderseins konstituieren je nur die faktischen
Möglichkeiten der Weite und Echtheit der Erschließung der
Welt und die verschiedenen faktischen Möglichkeiten der intersubjektiven Bewährung des Entdeckten und der intersubjektiven Begründung der Einstimmigkeit des Weltverständnisses
und die faktischen Möglichkeiten der Vorgabe und Führung
existenzieller Möglichkeiten des Einzelnen. Wiederum ist es
aber kein Zufall, daß wir das, was Welt im ontologischen

Sinne besagt, uns zunächst aus dem innerweltlich Seienden
her verdeutlichen, wozu nicht nur das Zuhandene und Vorhandene gehört, sondern für ein naives Verständnis auch das
Dasein Anderer. Die Mitmenschen sind eben auch vorhanden,
sie machen die Welt mit aus. Es genügt, für diesen vulgären
Weltbegriff auf den Begriff des Kosmos z. B. bei Paulus hinzuweisen. Hier besagt Kosmos nicht nur das Ganze der Pflanzen,
Tiere und der Erde, sondern primär das Dasein des Menschen
im Sinne des gottverlassenen in seinem Zusammenhang mit
Erde, Gestirnen, Tieren und Pflanzen.

Welt existiert, d. h. sie ist nur, sofern Dasein da ist. Nur
wenn Welt da ist, wenn Dasein als In-der-Welt-sein existiert,
ist Seinsverständnis da, und nur wenn dieses existiert, ist
innerweltliches Seiendes als Vorhandenes und Zuhandenes
enthüllt. Weltverständnis als Daseinsverständnis ist Selbstverständnis. Selbst und Welt gehören in dem einen Seienden, dem
Dasein, zusammen. Selbst und Welt sind nicht zwei Seiende,
wie Subjekt und Objekt, auch nicht wie Ich und Du, sondern
Selbst und Welt sind in der Einheit der Struktur des In der-
Welt-seins die Grundbestimmung des Daseins selbst. Nur sofern das ›Subjekt‹ durch das In-der-Welt-sein bestimmt ist,
kann es als dieses Selbst ein Du werden für ein anderes. Nur
weil ich ein existierendes Selbst bin, bin ich ein mögliches Du
für einen Anderen als Selbst. Die Grundbedingung für die
Möglichkeit des Selbst, im Mitsein mit Anderen ein mögliches
Du zu sein, gründet darin, daß das Dasein als das Selbst, das
es ist, so ist, daß es als In-der-Welt-sein existiert. Denn Du
heißt: Du, der mit mir in einer Welt ist. Wenn das Ich-Du-
Verhältnis ein ausgezeichnetes Existenz-Verhältnis darstellt,
kann dieses solange nicht existenzial, d. h. philosophisch erkannt werden, als ungefragt bleibt, was Existenz überhaupt
besagt. Zur Existenz aber gehört In-der-Welt-sein. Daß es
dem so Seienden in diesem Sein um sein Seinkönnen selbst
geht, – diese Selbstheit ist die ontologische Voraussetzung für
die Selbstlosigkeit, worin jedes Dasein im existierenden Ich-

Du-Verhältnis sich zum Anderen verhält. Selbst und Welt gehören in der Einheit der Grundverfassung des Daseins, des In-der-Welt-seins, zusammen. Dieses ist die Bedingung der Möglichkeit für das Verstehen des anderen Daseins und des innerweltlichen Seienden zumal. Die Möglichkeit des Verstehens von Sein des innerweltlichen Seienden, aber auch die Möglichkeit des Verstehens von Dasein selbst ist nur möglich auf dem Grunde des In-der-Welt-seins.

Wir fragen nun: Wie ist *das Ganze dieser Struktur,* des In-der-Welt-seins, *in der Zeitlichkeit fundiert?* Zur Grundverfassung des Seienden, das je meines ist, das je ich *selbst* bin, gehört das In-der-*Welt*-sein. Selbst und Welt gehören zusammen, sie gehören zur Einheit der Verfassung des Daseins und bestimmen gleichursprünglich das ›Subjekt‹. Mit anderen Worten, das Seiende, das wir je selbst sind, das Dasein ist das *Transzendente.*

Durch die Exposition des Begriffs der *Transzendenz* wird das bisher Gesagte deutlicher werden. Transcendere bedeutet dem Wortbegriff nach: hinüberschreiten, passieren, hindurchgehen, bisweilen auch übertreffen. Wir bestimmen den philosophischen Begriff der Transzendenz in Anmessung an die ursprüngliche Wortbedeutung und nicht so sehr mit Rücksicht auf den philosophisch traditionellen Sprachgebrauch, der überdies recht vieldeutig und unbestimmt ist. Aus dem recht verstandenen ontologischen Transzendenz-Begriff ergibt sich allererst das Verständnis dessen, was Kant im Grunde suchte, wenn für ihn die Transzendenz ins Zentrum der philosophischen Problematik rückte, so sehr, daß er seine Philosophie als Transzendental-Philosophie bezeichnete. Für die Umgrenzung des Transzendenz-Begriffs müssen wir die bisher aufgezeigten Grundstrukturen der Seinsverfassung des Daseins im Blick behalten. Wir haben absichtlich, um die ersten grundsätzlichen Überlegungen nicht allzusehr zu belasten, von der vollen Herauswickelung der Grundstruktur der Sorge abgesehen. Daher ist die folgende Exposition des Transzendenz-

Begriffes nicht zureichend, für das aber, was wir zunächst benötigen, ausreichend.

Das Transzendente ist nach der populären philosophischen Bedeutung des Wortes das jenseitige Seiende. Oft bezeichnet man mit dem Transzendenten Gott. Innerhalb der Erkenntnistheorie versteht man unter dem Transzendenten dasjenige, was jenseits der Subjekt-Sphäre liegt, die Dinge an sich, die Objekte. Das Transzendente in diesem Sinne ist das außerhalb des Subjekts Liegende. Das ist dann das, was über die Grenzen des Subjekts hinausschreitet bzw. schon hinausgeschritten ist – als ob es je drin gewesen wäre – als ob das Dasein erst dann, wenn es sich gerade zu einem Ding verhält, über sich hinausschritte. Das Ding transzendiert nie und ist nie das Transzendente im Sinne dessen, was überschritten hat. Noch weniger ist es das Transzendente im echten Sinne des Wortes. Das Überschreitende als solches bzw. das, dessen Seinsart gerade durch dieses recht zu verstehende Überschreiten bestimmt werden muß, ist das Dasein. Wir haben mehrfach gesehen, daß das Dasein im Erfahren von Seiendem, im besonderen im Umgang mit zuhandenem Zeug, je schon Bewandtnis versteht, – daß es aus dem vorgängigen Verstehen von Bewandtniszusammenhang, Bedeutsamkeit, Welt auf dergleichen Seiendes erst zurückkommt. Seiendes muß im Licht von verstandener Bewandtnis stehen, damit zuhandenes Zeug begegnen kann. Zeug und Zuhandenes begegnen im Horizont einer verstandenen Welt; es begegnet immer als innerweltliches Seiendes. Welt ist zuvor verstanden, wenn uns Objekte begegnen. Daher sagten wir: Die Welt ist im gewissen Sinne weiter draußen als alle Objekte, sie ist objektiver als alle Objekte und hat gleichwohl nicht die Seinsart der Objekte. Die Seinsart der Welt ist nicht das Vorhandensein der Objekte, sondern die Welt existiert. Die Welt ist – noch in der Orientierung des vulgären Transzendenz-Begriffes – das eigentlich Transzendente, das, was noch jenseitiger ist als die Objekte, und zugleich ist dieses Jenseitige als Existierendes eine Grund-

bestimmung des In-der-Welt-seins, des Daseins. Wenn die
Welt das Transzendente ist, ist das *eigentlich Transzendente*
das *Dasein.* Damit gelangen wir erst zum *echten ontologischen
Sinn von Transzendenz,* der sich auch der vulgären Grund-
bedeutung des Wortes anschließt. Transcendere besagt überschreiten, das transcendens, das Transzendente ist das *Überschreitende als solches* und nicht das, wohin ich überschreite.
Die Welt ist das Transzendente, weil sie zur Struktur des
In-der-Welt-seins gehörig das Hinüberschreiten zu... als solches ausmacht. Das Dasein selbst ist in seinem Sein überschreitend und somit gerade *nicht das Immanente.* Das Transzen-
dierende sind nicht die Objekte – Dinge können nie transzendieren und transzendent sein – sondern transzendierend,
d. h. sich selbst durch- und überschreitend sind die ›Subjekte‹
im ontologisch recht verstandenen Sinne des Daseins. Nur
Seiendes von der Seinsart des Daseins transzendiert, so zwar,
daß gerade die Transzendenz das Sein wesenhaft charakterisiert. Gerade das, was man in der Erkenntnistheorie in einer
völligen Verkehrung der phänomenalen Tatbestände als Im-
manenz bezeichnet, die Sphäre des Subjekts, ist in sich selbst
primär und einzig das Transzendente. Weil durch das In-der-
Welt-sein konstituiert, ist das Dasein ein Seiendes, das in seinem Sein *über* sich selbst hinaus ist. Zu seiner eigensten Seinsstruktur gehört das ἐπέκεινα. Dieses Transzendieren besagt
nicht nur und nicht primär ein Sichbeziehen eines Subjekts auf
ein Objekt, sondern Transzendenz besagt: *sich aus einer Welt
verstehen.* Das Dasein ist als solches über sich selbst hinaus.
Nur Seiendes, zu dessen Seinsverfassung die Transzendenz
gehört, hat die Möglichkeit, dergleichen wie ein Selbst zu sein.
Die Transzendenz ist sogar die Voraussetzung dafür, daß das
Dasein den Charakter eines Selbst hat. Die *Selbstheit* des
Daseins *gründet in* seiner *Transzendenz,* und nicht ist das
Dasein zunächst ein Ich-Selbst, das dann irgendetwas überschreitet. Im Begriff der Selbstheit liegt das ›Auf-sich-zu‹ und
das ›Von-sich-aus‹. Was als ein Selbst existiert, kann das nur

als Transzendentes. Diese in der Transzendenz gründende Selbstheit, das mögliche Auf-sich-zu und Von-sich-aus, ist die Voraussetzung dafür, wie das Dasein faktisch verschiedene Möglichkeiten hat, sich zu eigen zu sein und sich zu verlieren. Sie ist aber auch die Voraussetzung dafür, daß das Dasein Mitsein mit Anderen ist im Sinne des Ich-Selbst mit Dir-Selbst. Das Dasein existiert nicht zunächst in irgendeiner rätselhaften Weise, um dann den Überschritt über sich selbst hinaus zu Anderen oder zu Vorhandenem zu vollziehen, sondern Existieren besagt immer schon: Überschreiten, oder besser: Überschrittenhaben.

Das Dasein ist das Transzendente. Gegenstände und Dinge sind nie transzendent. *In der Grundverfassung des In-der-Welt-seins bekundet sich das ursprüngliche Wesen der Transzendenz.* Die Transzendenz, das Über-hinaus des Daseins, ermöglicht es, daß es sich zu Seiendem, sei es zu Vorhandenem, zu Anderen und zu sich selbst, als Seiendem verhält. Die Transzendenz ist dem Dasein selber, wenngleich nicht als solche, enthüllt. Sie ermöglicht das Zurückkommen auf Seiendes, so daß in ihr das vorgängige Verstehen von Sein gründet. Das Seiende, das wir Dasein nennen, ist als solches offen für... Die Offenheit gehört zu seinem Sein. Es ist sein Da, in welchem es für sich da ist, in welchem Andere mit-da sind und auf welches Da zu das Zuhandene und Vorhandene begegnet.

Leibniz hat die geistig-seelischen Substanzen Monaden genannt, genauer gesprochen, alle Substanzen überhaupt als Monaden (Einheiten) interpretiert. Er hat bezüglich der Monaden den bekannten Satz ausgesprochen: Die Monaden haben keine Fenster, d. h. sie blicken nicht aus sich, aus dem Inneren eines Gehäuses hinaus. Die Monaden haben keine Fenster, weil sie keine brauchen; sie brauchen keine, sie haben es nicht nötig, aus dem Inneren des Gehäuses hinauszublicken, weil ihnen das, was sie als Selbstbesitz in sich haben, genügt. Jede Monade ist als solche in verschiedenen Graden der Wachheit vorstellend. Der Möglichkeit nach repräsentiert sich in jeder Monade

die Allheit der anderen, d. h. die Ganzheit des Seienden. Jede
Monade stellt in ihrem Inneren schon das Ganze der Welt vor.
Die einzelnen Monaden unterscheiden sich je nach der Stufe
ihrer Wachheit hinsichtlich der Deutlichkeit, in der ihnen das
Ganze der Welt, d. h. die Allheit der übrigen Monaden, rein
von sich aus zugänglich ist. Jede Monade, jede Substanz, ist in
sich Vorstellen, Repräsentieren in dem Sinne, daß sie sich die
Allheit alles Seienden repräsentiert.

Aus der von uns entwickelten Grundverfassung des Daseins,
dem In-der-Welt-sein bzw. der Transzendenz, kann erst
eigentlich deutlich gemacht werden, was der Leibnizsche Satz
von der Fensterlosigkeit der Monaden im Grunde meint. Das
Dasein als Monade braucht keine Fenster, um allererst zu
etwas außer ihm hinauszusehen, nicht deshalb, wie Leibniz
meint, weil alles Seiende schon innerhalb des Gehäuses zugänglich ist und daher sehr wohl in sich verschlossen und ver-
kapselt sein kann, sondern weil die Monade, das Dasein, seinem eigenen Sein nach (der Transzendenz nach) schon draußen
ist, d. h. bei anderem Seienden, und das heißt immer bei ihm
selbst. Das Dasein *ist* gar nicht in einem Gehäuse. Aufgrund
der ursprünglichen Transzendenz erübrigt sich ein Fenster für
das Dasein. Leibniz hat in seiner monadologischen Interpretation der Substanz mit der Fensterlosigkeit der Monaden
zweifellos ein echtes Phänomen im Blick gehabt. Nur verhin-
derte ihn die Orientierung am traditionellen Substanzbegriff,
den ursprünglichen Grund der Fensterlosigkeit zu begreifen
und damit das von ihm gesehene Phänomen wirklich zu interpretieren. Er vermochte nicht zu sehen, daß die Monade, weil
sie wesenhaft vorstellend, d. h. eine Welt spiegelnd ist, Transzendenz ist und nicht ein substanzartiges Vorhandenes, ein
fensterloses Gehäuse. Die Transzendenz wird nicht erst dadurch gestiftet, daß ein Objekt mit einem Subjekt oder ein Du
mit einem Ich zusammenkommt, sondern das Dasein selbst als
›Subjekt-sein‹ transzendiert. Dasein als solches ist Zu-sich-
sein, Mitsein mit Anderen und Sein bei Zuhandenem und Vor-

handenem. In den Strukturmomenten des *Zu-sich*, des *Mit-Anderen* und des *Bei-Vorhandenem* liegt durchgängig der *Charakter des Überschritts*, der Transzendenz. Wir bezeichnen die Einheit dieser Bezüge als das In-sein des Daseins im Sinne eines ursprünglichen, zum Dasein gehörigen Vertrautseins zu sich selbst, mit Anderen und mit Zuhandenem und Vorhandenem. Diese Vertrautheit ist als solche *Vertrautheit in einer Welt*.

Das In-sein ist wesenhaft In-der-Welt-sein. Das wird aus dem früher Gesagten deutlich. Das Dasein ist als Selbstheit *umwillen seiner*. Das ist der ursprüngliche Modus, in dem es zu-sich ist. Es selbst, das Dasein, aber ist es nur als Sein bei Zuhandenem, d. h. solchem, was es aus einem Um-zu-Zusammenhang her versteht. Die Um-zu-Bezüge sind verwurzelt in dem Umwillen. Die Einheit dieses zum In-sein des Daseins gehörigen Bezugsganzen ist die Welt. In-sein ist In-der-Welt-sein.

Wie ist dieses selbst als Ganzes möglich? Genauer, warum gründet die primäre Struktur des In-der-Welt-seins als solche die Transzendenz? Worin gründet die Transzendenz des Daseins selbst? Die Antwort geben wir mit Rücksicht auf die beiden eben gesondert betrachteten, aber in sich zusammengehörigen Strukturmomente ›In-sein‹ und ›Welt‹. Das *In-sein* als *Zu-sich*, als Umwillen seiner, ist nur möglich auf dem Grunde der *Zukunft*, d. h. weil dieses Strukturmoment der Zeit in sich ekstatisch ist. Der *ekstatische Charakter der Zeit ermöglicht den spezifischen Überschrittscharakter des Daseins, die Transzendenz* und damit auch die Welt. Dann – und damit kommen wir zur zentralsten Bestimmung der Welt und der Zeitlichkeit – sind die Ekstasen der Zeitlichkeit (Zukunft, Gewesenheit, Gegenwart) nicht einfach Entrückungen zu ..., nicht Entrückungen gleichsam in das Nichts, sondern sie haben als Entrückungen zu ... aufgrund ihres jeweiligen ekstatischen Charakters einen aus dem Modus der Entrückung, d. h. aus dem Modus der Zukunft, der Gewesenheit und der Gegenwart vorgezeichneten und *zur Ekstase selbst gehörigen Horizont*.

Jede Ekstase als Entrückung zu . . . hat in sich zugleich und ihr zugehörig eine Vorzeichnung der formalen Struktur des *Wozu der Entrückung.* Wir bezeichnen dieses *Wohin der Ekstase* als den Horizont oder genauer das *horizontale Schema der Ekstase.* Jede Ekstase hat in sich ein ganz bestimmtes Schema, das sich mit der Art, wie sich die Zeitlichkeit zeigt, d. h. wie sich die Ekstasen modifizieren, selbst modifiziert. So wie die Ekstasen in sich die Einheit von Zeitlichkeit ausmachen, so entspricht der ekstatischen Einheit der Zeitlichkeit je eine solche ihrer horizontalen Schemata. Die *Transzendenz* des *In-der-Welt-seins gründet* in ihrer spezifischen Ganzheit *in der ursprünglichen ekstatisch-horizontalen Einheit der Zeitlichkeit.* Wenn Transzendenz das Seinsverständnis ermöglicht, Transzendenz aber in der ekstatisch-horizontalen Verfassung der Zeitlichkeit gründet, dann ist diese die Bedingung der Möglichkeit des Seinsverständnisses.

§ 21. Temporalität und Sein

Es gilt zu begreifen, wie aufgrund der *die Transzendenz des Daseins begründenden Zeitlichkeit* die *Temporalität* des Daseins *Seinsverständnis ermöglicht.* Temporalität ist die ursprünglichste Zeitigung der Zeitlichkeit als solcher. Wir haben die Betrachtungen dabei immer schon auf die Frage nach der Möglichkeit eines bestimmten Seinsverständnisses orientiert, des *Verständnisses von Sein im Sinne des Vorhandenseins in der weitesten Bedeutung.* Gezeigt haben wir ferner, wie der Umgang mit dem Seienden als Umgang in der Zeitlichkeit gründet. Daraus haben wir aber nur teilweise entnommen, daß der Umgang auch als Sein verstehender und gerade als solcher aus der Zeitlichkeit möglich ist. Ausdrücklich muß gezeigt werden, *wie* das *Verstehen von Zuhandenheit* des zuhandenen Zeugs als solches ein *Weltverstehen ist,* und *wie* dieses *Weltverstehen als Transzendenz des Daseins in der ekstatisch-horizontalen Ver-*

fassung seiner Zeitlichkeit verwurzelt ist. Verstehen von Zuhandenheit des Zuhandenen hat *dieses Sein schon auf die Zeit
entworfen.* Roh gesprochen, es wird im Seinsverständnis von der
Zeit Gebrauch gemacht, ohne daß das vorphilosophische und
nichtphilosophische Dasein darum ausdrücklich weiß. Dieser
Zusammenhang von Sein und Zeit ist jedoch dem Dasein nicht
total verborgen, sondern in einer, allerdings sehr mißverstande-
nen und mißverständlichen Auslegung bekannt. In gewisser
Weise hat das Dasein ein Verständnis davon, daß die Interpretation des Seins in irgendeiner Form mit der Zeit zusammenhängt.
Sowohl das vorphilosophische als auch das philosophische Wissen
pflegt Seiendes hinsichtlich seiner Seinsart mit Rücksicht auf
die Zeit zu unterscheiden. Schon die antike Philosophie bestimmt als das Seiende, das in erster Linie und eigentlich ist,
das ἀεὶ ὄν, das *Immer*seiende, und unterscheidet es vom Ver-
änderlichen, das nur zuweilen ist, zuweilen nicht ist. In der
vulgären Rede bezeichnet man dieses Seiende als das Zeitliche.
Zeitlich meint hier ›in der Zeit verlaufend‹. Von dieser Kennzeichnung des Immerseienden und des zeitlichen Seienden geht
dann die Charakteristik über zu einer Bestimmung des zeit-
losen Seienden und des überzeitlichen Seienden. Zeitlos nennt
man die Seinsart der Zahlen, der reinen Raumbestimmungen,
überzeitlich das Ewige im Sinne der aeternitas, unterschieden
von der sempiternitas. In diesen Unterscheidungen der verschiedenen Seinsarten mit Rücksicht auf die Zeit ist diese im
vulgären Sinne als Innerzeitigkeit genommen. Es kann kein
Zufall sein, daß sich schon das vorphilosophische und das philosophische Verständnis bei der Charakteristik des Seins an
der Zeit orientiert. Andererseits sahen wir, daß Kant, wenn
er versucht, das Sein als solches zu begreifen, und es als Position
bestimmt, von der Zeit im vulgären Sinne offenbar keinen
Gebrauch macht. Aber daraus folgt nicht, daß er von der Zeitlichkeit im ursprünglichen Sinne der Temporalität keinen Gebrauch gemacht hat, ohne das Seinsverstehen, d. h. ohne sich

über die Bedingung der Möglichkeit seiner ontologischen Sätze
im klaren zu sein.

Wir versuchen eine *temporale Interpretation des Seins des
zunächst Vorhandenen,* der *Zuhandenheit,* und zeigen exem-
plarisch mit Rücksicht auf die Transzendenz, wie das Seinsverständnis temporal möglich ist. Dadurch demonstriert sich
die Funktion der Zeit als Ermöglichung des Verstehens von
Sein. Im Anschluß daran kehren wir zur ersten *These Kants*
zurück und suchen von dem Gewonnenen aus zu begründen,
inwiefern unsere Kritik Kants berechtigt war und in welcher
Weise sie in ihrem positiven Teil grundsätzlich ergänzt werden
muß.

a) Temporale Interpretation des Seins als des Zuhandenseins
Praesenz als horizontales Schema der Ekstase
des Gegenwärtigens

Erinnern wir uns an die charakterisierte Zeitlichkeit des Umgangs mit dem Zeug. Der Umgang als solcher macht einen
Zeugzusammenhang primär und angemessen zugänglich. Ein
triviales Beispiel: Wenn wir die Werkstatt eines Schusters
betrachten, können wir zwar allerlei vorhandene Dinge fest-
stellen. Was da aber und wie es, dieses Seiende, seiner Sachheit
entsprechend zuhanden ist, enthüllt sich uns allererst im angemessenen Umgang mit dem Handwerkszeug, dem Leder- und
Schuhzeug. Nur der Verstehende vermag diese Umwelt des
Schusters selbst von sich aus zu entdecken. Wir können uns
wohl über den Gebrauch des Zeugs und das Vorgehen innerhalb seiner unterrichten lassen; aufgrund des so gewonnenen
Verständnisses sind wir instandgesetzt, wie wir sagen, in Gedanken den faktischen Umgang mit diesen Dingen nachzuvoll-
ziehen. Aber nur in den allerwenigsten Bezirken des Seienden,
das uns bekannt ist, sind wir so vertraut, daß wir über den
spezifischen Umgang mit dem Zeug, der dieses als solches ent-

deckt, verfügen können. Der jeweilig ganze Umkreis des uns
zugänglichen innerweltlichen Seienden ist uns nicht gleichmäßig ursprünglich und angemessen zugänglich. Vieles kennen
wir lediglich, aber wir kennen uns in den Sachen nicht aus. Sie
begegnen uns zwar als Seiendes, aber unvertraut. Vieles Seiende, und gar das schon Entdeckte, hat den Charakter der
Unvertrautheit. Dieser Charakter ist positiv auszeichnend für
das Seiende, wie es uns zunächst begegnet. Hierauf ist nicht
näher einzugehen, zumal dieser privative Modus der Entdecktheit des Vorhandenen nur aus der Struktur der primären
Vertrautheit ontologisch begriffen werden kann. Es ist daher
grundsätzlich festzuhalten, daß der übliche Ansatz der Erkenntnistheorie, wonach uns gleichmäßig eine Mannigfaltigkeit beliebig vorkommender Dinge bzw. Objekte gegeben sei,
den primären Tatbeständen nicht gerecht wird und deshalb
die erkenntnistheoretische Fragestellung von vornherein zu
einer gekünstelten macht. Die ursprüngliche Vertrautheit mit
dem Seienden liegt in dem ihm angemessenen *Umgang.* Er
konstituiert sich hinsichtlich seiner Zeitlichkeit in einem *behal-
tend-gewärtigenden Gegenwärtigen des Zeugzusammenhanges*
als solchen. Das Bewendenlassen als das vorgängige Verstehen
von Bewandtnis läßt das Seiende allererst als das Seiende, das
es ist, d. h. im Blick auf sein Sein verstehen. Zum Sein dieses
Seienden gehört sein Sachgehalt, die spezifische Washeit, und
eine Weise des Seins. Die *Washeit* des Seienden, das uns alltäglich begegnet, ist durch den Zeugcharakter umgrenzt. Die
Weise, wie Seiendes von dieser Sachheit, Zeug, ist, nennen wir
das *Zuhandensein* oder die Zuhandenheit, die wir vom Vorhandensein unterscheiden. Wenn ein bestimmtes Zeug nicht in
der nächsten Umwelt, in greifbarer Nähe, zuhanden ist, dann
besagt dieses ›nichtzuhanden‹ keineswegs soviel wie überhaupt Nichtsein. Das betreffende Zeug ist vielleicht ver-
schleppt, es ist, wie wir sagen, *ab-handen* gekommen. Das
Abhandene ist nur ein Modus des Zuhandenen. Wir meinen
ja auch, wenn wir von etwas sagen, es sei abhanden gekom-

men, nicht ohne weiteres, es sei schlechthin vernichtet. Wohl
kann etwas in der Weise abhanden sein, daß es überhaupt
nicht mehr ist, — daß es vernichtet ist. Es entsteht aber die
Frage, was dieses Vernichtetsein besagt, ob es mit dem Nichtsein und Nichts gleichgesetzt werden darf. Wir sehen jedenfalls wieder, daß sich schon bei einer rohen Analyse eine Mannigfaltigkeit von in sich fundierten Stufen des Seins allein
innerhalb des Seins der Dinge und des Zeugs offenbart. Inwiefern das Zeugverständnis auf das Verstehen von Bewandtnis,
Bedeutsamkeit und Welt und damit auf die ekstatisch-horizontale Verfassung des Daseins zurückgeht, ist im rohen gezeigt. Jetzt interessiert uns lediglich die Seinsart des Zeugs,
die *Zuhandenheit* desselben, *mit Rücksicht auf seine temporale
Möglichkeit,* d. h. mit Rücksicht darauf, wie wir Zuhandenheit als solche zeitlich verstehen.

Schon aus dem Hinweis auf die mögliche Modifikation des
Seins des Zuhandenen zum Abhandenen können wir entnehmen, daß *Zuhandenheit* und *Abhandenheit* bestimmte *Abwandlungen eines Grundphänomens* sind, das wir formal mit
Anwesenheit und *Abwesenheit* und allgemein als *Praesenz*
kennzeichnen. Wenn die Zuhandenheit oder das Sein dieses
Seienden einen *praesentialen Sinn* hat, dann ist damit gesagt:
Diese Seinsart ist temporal verstanden, d. h. aus der Zeitigung
der Zeitlichkeit im Sinne der charakterisierten ekstatisch-horizontalen Einheit. Wir gebrauchen jetzt in der Dimension der
Interpretation des Seins aus der Zeit für alle Zeitbestimmungen absichtlich lateinische Ausdrücke, um sie von den Zeitbestimmungen der Zeitlichkeit in dem bisher charakterisierten
Sinne schon terminologisch zu unterscheiden. *Was besagt Praesenz mit Rücksicht auf die Zeit und auf die Zeitlichkeit überhaupt?* Wollten wir antworten: Sie ist das Moment der Gegenwart, so wäre damit wenig gesagt. Es bleibt die Frage,
warum wir statt Praesenz nicht Gegenwart sagen. Wenn wir
gleichwohl diesen Terminus gebrauchen, muß dieser neue Gebrauch einer neuen Bedeutung entsprechen. Beide Phänomene,

Gegenwart und Praesenz, besagen, wenn die verschiedene Benennung berechtigt sein soll, nicht dasselbe. Aber ist vielleicht Praesenz identisch mit dem Gegenwartsphänomen, das wir mit dem Jetzt, dem νῦν, kennenlernten, an dem sich die vulgäre Zeitinterpretation orientiert, wenn sie sagt: Die Zeit ist eine nichtumkehrbare Jetztfolge? Aber auch Praesenz und Jetzt sind nicht identisch. Denn das Jetzt ist ein Charakter der Innerzeitigkeit, des Zuhandenen und Vorhandenen, Praesenz soll aber die Bedingung der Möglichkeit des Verstehens von Zuhandenheit als solcher ausmachen. Alles Zuhandene ist zwar ›in der Zeit‹, innerzeitig; wir können von ihm sagen: Das Zuhandene ›ist jetzt‹, ›war damals‹ oder ›wird dann‹ verfügbar sein. Wenn wir Zuhandenes als innerzeitig bestimmen, setzen wir schon voraus, daß wir Zuhandenes *als* Zuhandenes, d. h. dieses Seiende in der Seinsart von Zuhandenheit verstehen. Dieses vorgängige Verstehen der Zuhandenheit des Zuhandenen soll gerade durch die Praesenz möglich werden. Das Jetzt als eine Bestimmung der Zeit als Innerzeitigkeit kann daher nicht die temporale Interpretation des Seins des Seienden, hier der Zuhandenheit, übernehmen. In aller Jetzt-Bestimmung, in aller vulgären Zeitbestimmung des Zuhandenen ist, wenn anders dieses schon verstanden ist, von der Zeit in einem ursprünglicheren Sinne Gebrauch gemacht. Damit ist gesagt, daß die vulgäre Charakteristik des Seins des Seienden am Leitfaden der Zeit – Zeitliches, Zeitloses, Überzeitliches – für uns hinfällig ist. Das ist keine ontologische, sondern eine ontische Interpretation, wobei die Zeit selbst als ein Seiendes genommen wird.

Praesenz ist ein **ursprünglicheres Phänomen** als das Jetzt. Ursprünglicher als das Jetzt ist der Augenblick, und zwar deshalb, weil er ein Modus der Gegen-wart ist, des Gegenwärtigens von etwas, das sich mit dem Jetzt-sagen aussprechen kann. So kommen wir wieder auf die Gegenwart zurück, und die Frage entsteht von neuem: Ist Praesenz doch identisch mit Gegenwart? Keineswegs. Die *Gegenwart,* das *Gegenwärtigen* *von* . . . kennzeichneten wir als eine der *Ekstasen der Zeitlich-keit*. Schon der Name ›*Praesenz*‹ zeigt an, daß wir *kein ekstatisches Phänomen* wie mit Gegenwart und Zukunft mei-nen, jedenfalls nicht das ekstatische Phänomen der Zeitlich-keit hinsichtlich seiner ekstatischen Struktur. Dennoch besteht ein *Zusammenhang zwischen Gegenwart und Praesenz,* der nicht zufällig ist. Wir haben darauf hingewiesen, daß die Ekstasen der Zeitlichkeit nicht einfach Entrückungen zu . . . sind, so daß die Entrückungsrichtung gleichsam ins Nichts geht oder noch unbestimmt ist. Vielmehr gehört zu jeder Ekstase als solcher ein durch sie bestimmter und ihre eigene Struktur allererst vollendender Horizont. Das *Gegenwärti-gen,* sei es eigentliches im Sinne des Augenblicks oder un-eigentliches, *entwirft das, was es gegenwärtigt,* dasjenige, was möglicherweise in und für eine Gegenwart begegnen kann, *auf* so etwas wie *Praesenz.* Die Ekstase der Gegenwart ist als solche die Bedingung der Möglichkeit eines bestimmten ›über sich hinaus‹, der Transzendenz, der Entwurf auf Praesenz. Als die Bedingung der Möglichkeit des ›über sich hinaus‹ hat sie in sich selbst eine *schematische Vorzeichnung* dessen, *wo hinaus* dieses ›über sich hinaus‹ ist. Was über die Ekstase als solche aufgrund ihres Entrückungscharakters und von ihm bestimmt über sie hinaus liegt, genauer, was das *Wohin des* ›*über sich hinaus*‹ als solches überhaupt bestimmt, ist die *Praesenz als Horizont.* Gegenwart entwirft sich in sich selbst ekstatisch auf Praesenz. Praesenz ist nicht identisch mit Ge-genwart, sondern als *Grundbestimmung des horizontalen Schemas dieser Ekstase* macht sie die volle Zeitstruktur der Gegenwart mit aus. Das Entsprechende gilt von den beiden anderen Ekstasen, Zukunft und Gewesenheit (Wiederholung, Vergessen, Behalten).

Um den Blick auf die ohnehin schwer zu fassenden Phäno-mene der Zeitlichkeit nicht zu sehr zu verwirren, beschränken wir uns auf die Explikation der Gegenwart und ihres ekstati-schen Horizontes, der Praesenz. Gegenwärtigung ist die Ekstase in der Zeitigung der Zeitlichkeit, die sich als solche auf Praesenz versteht. Als Entrückung zu . . . ist die Gegenwart ein Offensein für *Begegnendes*, das somit *im vorhinein auf Praesenz hin verstanden ist*. Alles, was im Gegenwärtigen begegnet, ist aufgrund des in der Ekstase schon entrückten Horizontes, Praesenz, als Anwesendes, d. h. auf Anwesenheit hin verstanden. Sofern Zuhandenheit und Abhandenheit so etwas wie Anwesenheit und Abwesenheit, d. h. so und so modifizierte und modifikable Praesenz bedeuten, ist das Sein des innerweltlich begegnenden Seienden praesential, und das heißt grundsätzlich temporal entworfen. *Sein verstehen wir demnach aus dem ursprünglichen horizontalen Schema der Ekstasen der Zeitlichkeit*. Die Schemata der Ekstasen sind von diesen struktural nicht abzulösen, wohl aber kann die verstehende Orientierung dem Schema als solchem primär zugewendet sein. Die so primär auf die horizontalen Schemata der Zeitlichkeit als Bedingungen der Möglichkeit des Seinsverständnisses hin genommene Zeitlichkeit macht den Gehalt des allgemeinen Begriffs der Temporalität aus. *Temporalität* ist *Zeitlichkeit mit Rücksicht auf die Einheit der ihr zugehörigen horizontalen Schemata*, in unserem Falle Gegenwart mit Rücksicht auf Praesenz. Je nach der Zeitigungsart der Zeitlichkeit, die sich immer in der Einheit ihrer Ekstasen zeitigt, so daß der Vorrang einer Ekstase jeweils die anderen mitmodifiziert, variieren auch die inneren temporalen Zusammenhänge der horizontalen Schemata der Zeit.

Die Zeitlichkeit ist in ihrer ekstatisch-horizontalen Einheit die Grundbedingung der Möglichkeit des ἐπέκεινα, d. h. der das Dasein selbst konstituierenden Transzendenz. Die Zeitlichkeit ist selbst die Grundbedingung der Möglichkeit alles in der Transzendenz gründenden Verstehens, dessen Wesensstruktur im Entwerfen liegt. Rückwärts gewendet können wir sagen: Die Zeitlichkeit ist in sich der ursprüngliche Selbstentwurf schlechthin, so daß, wo immer und wann immer Verstehen – wir sehen von den anderen Momenten des Daseins ab — ist, dieses Verstehen nur möglich ist im Selbstentwurf der Zeitlichkeit. Diese ist als enthüllte da, weil sie das ›Da‹ und seine Enthülltheit überhaupt ermöglicht.

Wenn die Zeitlichkeit der Selbstentwurf schlechthin ist als die Bedingung der Möglichkeit alles Entwerfens, so liegt darin, daß die Zeitlichkeit in irgendeinem Sinne in jedem faktischen Entwerfen schon mitenthüllt ist, — daß irgendwo und irgendwie die Zeit, sei es auch nur im vulgären Verständnis oder Mißverständnis, durchbricht. Wo überhaupt ein Da in sich selbst enthüllt ist, offenbart sich Zeitlichkeit. So verborgen die Zeitlichkeit, vor allem hinsichtlich ihrer Temporalität ist, und sowenig das Dasein um sie explizit weiß, so fern sie allem thematischen Erfassen bisher lag, ihre Zeitigung durchherrscht das Dasein noch elementarer als die Tageshelle als Grundbedingung des alltäglichen umsichtigen Sehens mit den Augen, an die wir uns beim alltäglichen Umgang mit den Dingen nicht kehren. Weil die ekstatisch-horizontale Einheit der Zeitlichkeit in sich der Selbstentwurf schlechthin ist, als ekstatische das Entwerfen auf ... überhaupt ermöglicht und mit dem zur Ekstase gehörigen Horizont die Bedingung der Möglichkeit eines Woraufhin, Wozu-hinaus überhaupt darstellt, kann gar nicht mehr gefragt werden, woraufhin die Schemata ihrerseits entworfen seien, und so in infinitum. Die früher erwähnte Folge der einander gleichsam vorgeschalteten Entwürfe: Verstehen von Sciendem, Entwurf auf Sein, Verstehen von Sein, Entwurf auf die Zeit, hat ihr Ende am Horizont der ekstatischen Einheit der Zeitlichkeit. Ursprünglicher können wir dies hier nicht begründen, wir müßten dabei auf das Problem der Endlichkeit der Zeit eingehen. An diesem Horizont hat jede Ekstase der Zeit, d. h. die Zeitlichkeit selbst ihr Ende. Aber dieses Ende ist nichts anderes als der Anfang und Ausgang für die Möglichkeit alles Entwerfens. Wenn man sagen wollte: Aber die Kennzeichnung dessen, wohin die Ekstase als solche entrückt ist, die Kennzeichnung dieses als Horizont, sei doch schon wieder eine Interpretation des Wohin überhaupt, in das eine Ekstase weist, so wäre zu antworten: Der Begriff ›Horizont‹ im vulgären Sinne setzt gerade das voraus, was wir mit dem ekstatischen Horizont benennen. Es gäbe für uns nicht so etwas wie einen Horizont, gäbe es nicht ekstatisches Offensein für ... und eine schematische Bestimmung desselben, etwa im Sinne der Praesenz. Dasselbe gilt für den Begriff des Schemas.

Grundsätzlich muß beachtet werden: Wenn wir die Zeitlichkeit als die ursprüngliche Verfassung des Daseins und somit als den Ursprung der Möglichkeit von Seinsverständnis bestimmen, dann ist die Temporalität als Ursprung notwendig reicher und trächtiger als alles, was ihm entspringen mag. Hierin bekundet sich ein eigentümliches Verhältnis, das in der ganzen Dimension der Philosophie relevant ist, daß innerhalb des Ontologischen höher als alles Wirkliche das Mögliche ist. Alles Entspringen und alle Genesis im Felde des Ontologischen ist nicht Wachstum und Entfaltung, sondern Degeneration, sofern alles Entspringende *ent*springt, d. h. gewissermaßen entläuft, sich von der Übermacht der Quelle entfernt. Seiendes kann als Seiendes von der Seinsart des Zuhandenen nur entdeckt werden, es kann im Umgang als das Seiende, *das* es ist und *wie* es an sich ist, nur begegnen, wenn dieses Entdecken und der Umgang mit ihm durch eine irgendwie verstandene Praesenz erhellt sind. Sie ist das horizontale Schema der Ekstase, die primär die Zeitigung der Zeitlichkeit des Umgangs mit dem Zuhandenen bestimmt. Wir zeigten ja, die Zeitlichkeit des Umgangs mit dem Zeug ist ein behaltend-gegenwärtigendes Gegenwärtigen. Die Ekstase der Gegenwart ist führend in der Zeitlichkeit des Umgangs mit dem Zuhandenen. Deshalb wird das Sein des Zuhandenen, Zuhandenheit, primär aus der Praesenz verstanden.

Das Ergebnis der bisherigen Betrachtungen, die der Herausstellung der Temporalität des Seins dienen sollten, läßt sich in einem Satz zusammenfassen. *Zuhandenheit des Zuhandenen, das Sein dieses Seienden, wird als Praesenz verstanden, wel-*

che Praesenz als unbegrifflich verständliche schon enthüllt ist
im Selbstentwurf der Zeitlichkeit, durch deren Zeitigung so
etwas möglich wird wie der existierende Umgang mit Zuhan-
denem und Vorhandenem.

Zuhandenheit besagt formal Praesenz, Anwesenheit, aber
eine Praesenz eigener Art. Das der Zuhandenheit als einem
bestimmten Seinsmodus zugehörige primär praesentiale Schema bedarf hinsichtlich seines praesentialen Gehaltes einer
näheren Bestimmung. Da ohne die volle Beherrschung der
phänomenologischen Methode, vor allem ohne die Sicherheit
des Gehens in dieser Problemdimension das Verständnis der
temporalen Interpretation fortwährend auf Schwierigkeiten
stößt, versuchen wir, auf einem Umweg zumindest eine Vorstellung davon zu verschaffen, wie im Gehalt der zur Zuhandenheit gehörigen Praesenz ein Reichtum verwickelter Strukturen liegt.

Alles Positive wird vom Privativen her besonders deutlich.
Den Gründen, warum das so ist, können wir jetzt nicht nachgehen. Sie liegen – beiläufig gesagt – gleichfalls im Wesen
der Zeitlichkeit und der in ihr verwurzelten Negation. Wenn
sich das Positive vom Privativen her besonders verdeutlicht,
dann heißt das für unser Problem: Die temporale Interpretation von Zuhandenheit muß sich in ihrem Seinssinn in der
Orientierung an der Unzuhandenheit deutlicher vollziehen
lassen. Um diese Charakteristik der Zuhandenheit von der
Unzuhandenheit her zu verstehen, müssen wir beachten: Das
Seiende, das im alltäglichen Umgang begegnet, hat in vor-
züglicher Weise den Charakter der *Unauffälligkeit.* Wir nehmen die Dinge um uns innerhalb einer vertrauten Umwelt
nicht jeweils und ständig ausdrücklich wahr, gar in der Weise,
daß wir sie als zuhandene eigens konstatieren. Gerade dadurch, daß eine ausdrückliche Feststellung und Versicherung
des Vorhandenseins unterbleibt, haben wir sie in einer eigentümlichen Weise um uns so, wie sie an sich sind. In der gleich-
gültigen Gleichmütigkeit des gewohnten Umgangs mit ihnen

werden sie gerade hinsichtlich ihrer unauffälligen Anwesenheit zugänglich. Die Voraussetzung für die mögliche Gleichmütigkeit des Umgangs mit den Dingen ist u. a. die *Ungestörtheit* des Umgangs. Er darf in seinem Zuge nicht aufgehalten werden. Dieser ungestörten Gleichmütigkeit des Umgangs liegt eine eigentümliche Zeitlichkeit zugrunde, die es ermöglicht, einen zuhandenen Zeugzusammenhang so zu nehmen, daß wir uns in ihn verlieren. Die Zeitlichkeit des Umgangs mit dem Zeug ist primär ein Gegenwärtigen. Dazu gehört aber nach dem vorher Gesagten eine bestimmte praesentiale Verfassung des Horizontes der Gegenwart, aufgrund dessen die spezifische Anwesenheit des Zuhandenen, etwa im Unterschied von Vorhandenem, im vorhinein verständlich wird. Die Ungestörtheit des gleichmütigen Umgangs mit dem Zuhandenen wird als solche sichtbar, wenn wir sie abheben gegen die Gestörtheit des Umgangs, und zwar eine solche Gestörtheit, die vom Seienden selbst, mit dem wir es zu tun haben, ausgeht.

Der Zeugzusammenhang hat das Charakteristische, daß das einzelne Zeug unter sich auf sich eingespielt ist, nicht nur überhaupt bezüglich seines jeweiligen Sachcharakters, sondern so, daß auch jedes Zeug seinen ihm zugehörigen Platz hat. Der *Platz eines Zeugs* innerhalb eines Zeugzusammenhanges bestimmt sich immer mit Rücksicht auf die durch die Bewandtnisganzheit vorgezeichnete und von ihr aus geforderte Handlichkeit des Zuhandenen. Wenn eine gewohnte Beschäftigung von dem her, womit sie umgeht, unterbrochen wird, dann nimmt der Umgang einen Aufenthalt, und zwar derart, daß die Beschäftigung nicht etwa abbricht, sondern nur als aufgehalten ausdrücklich bei dem, womit sie zu tun hat, sich aufhält. Der massivste Fall, in dem eine gewohnte Beschäftigung irgendwelcher Art unterbrochen, d. h. zum Aufenthalt gebracht werden kann, ist das Fehlen eines in den Zeugzusammenhang gehörigen Zeugs. Fehlen heißt Abhandensein eines sonst Zuhandenen. Die Frage ist: Wie kann Fehlendes auffallen, wie soll etwas Abhandenes festgestellt werden können, wie ist das Entdecken von Fehlendem möglich? Gibt es überhaupt eine Zugangsart zum Abhandenen, Unzuhandenen? Gibt es einen Modus der Aufweisung dessen, was nicht zuhanden ist? Offenbar; denn wir sagen ja auch: Ich sehe einige, die nicht da sind. Welches ist die Zugangsart zum Abhandenen? Die eigentümliche Weise des Entdeckens des Abhandenen in einem spezifischen Modus ist das *Vermissen*. Wie ist eine solche Verhaltung ontologisch möglich? Welches ist die Zeitlichkeit des Vermissens? Das Vermissen ist formal genommen die Gegenverhaltung zum *Vorfinden*. Vorfinden von etwas aber ist eine Art des Gegenwärtigens von etwas, Nichtvorfinden ist demnach ein Nichtgegenwärtigen. Ist dann das Vermissen ein Nichtgegenwärtigen, ein Nichtbegegnenlassen, ein Ausbleiben und Unterbleiben einer Gegenwärtigung? Aber verhält es sich wirklich so? Kann das Vermissen ein *Nicht*begegnenlassen sein, wo wir doch sagten, es sei der *Zugang zum* Abhandenen als solchem? Vermissen ist sowenig ein Nichtgegenwärtigen, daß sein Wesen gerade in einem bestimmten Modus von Gegenwärtigung liegt. Vermissen ist nicht ein Nichtvorfinden von etwas. Wenn wir etwas nicht antreffen, so braucht dieses Nichtantreffen noch keineswegs ein Vermissen zu sein. Das drückt sich darin aus, daß wir in solchen Fällen nachträglich sagen können: Ich kann das – nicht Angetroffene – auch vermissen. Vermissen ist das Nichtvorfinden von etwas, dessen wir als eines Benötigten gewärtig sind; auf den Umgang mit dem Zeug hin gesprochen: was wir im Gebrauch des Zeugs selbst brauchen. Nur in einem umsichtigen Bewendenlassen, wo wir das Begegnende aus seiner Bewandtnis, aus seinen Um-zu-Bezügen her, verstehen, – wo wir eines Wozu gewärtig und das dazu Dienliche gegenwärtigen, nur da können wir finden, daß etwas fehlt. Das Vermissen ist ein Nichtgegenwärtigen nicht im Sinne eines Ausbleibens der Gegenwart, sondern ein *Ungegenwärtigen* als ein bestimmter Modus der Gegenwart in der Einheit mit einem Gewärtigen und

Behalten des Verfügbaren. Daher entspricht dem Vermissen als einem bestimmten Gegenwärtigen nicht überhaupt kein Horizont, sondern ein *bestimmt modifizierter Horizont der Gegenwart, der Praesenz.* Zur Ekstase des Ungegenwärtigens, das das Vermissen ermöglicht, gehört das horizontale Schema der *Absenz.* Diese Modifikation der Praesenz zur Absenz, worin sich die Praesenz als modifizierte erhält, ist nicht genauer zu interpretieren, ohne auf die Charakteristik dieser Modifikation überhaupt, d. h. auf die Modifikation der Praesenz als Nicht, als Negativum einzugehen und in ihrem Zusammenhang mit der Zeit zu klären. Wäre das umsichtige Bewendenlassen nicht von Hause aus ein Gewärtigen und zeitigte sich dieses Gewärtigen als Ekstase nicht in der ekstatischen Einheit mit einem Gegenwärtigen, d. h. wäre nicht in dieser ekstatischen Einheit ein zugehöriges horizontales Schema zuvor enthüllt, wäre das Dasein nicht ein zeitliches im ursprünglichen Sinne von Zeit, dann könnte das Dasein nie finden, daß etwas fehlt. Mit anderen Worten, es unterbliebe die Möglichkeit eines wesentlichen Momentes des Umgangs und der Orientierung innerhalb des innerweltlichen Seienden.

Umgekehrt gründet die Möglichkeit des Überraschtwerdens durch ein neu auftauchendes Ding, das zuvor nicht im gewohnten Zusammenhang sich zeigt, darin, daß das gewärtigende Gegenwärtigen des Zuhandenen ungewärtig ist eines anderen, das in einem möglichen Bewandtniszusammenhang mit dem steht, was zunächst zuhanden ist. Das Vermissen aber ist auch nicht lediglich das Entdecken des Unzuhandenen, sondern ein ausdrückliches Gegenwärtigen des gerade schon und zumindest noch Zuhandenen. Die absentiale Modifikation der zum Gegenwärtigen des Umgangs gehörigen Praesenz, die mit dem Vermissen gegeben ist, läßt gerade das Zuhandene auffallen. Damit meldet sich ein grundsätzliches, aber schwieriges Problem, inwiefern in der Struktur dieses Seins, d. h. zunächst der Zuhandenheit, nicht gerade ein negatives Moment sich konstituiert, wenn wir formal das Ab-sentiale eine Negation des Praesentialen nennen. Grundsätzlich gefragt: Inwiefern liegt in der Temporalität überhaupt und zugleich in der Zeitlichkeit ein Negatives, ein Nicht? Oder gar: Inwiefern ist die Zeit selbst die Bedingung der Möglichkeit von Nichtigkeit überhaupt? Weil die zur Zeitlichkeit (sowohl zur Ekstase der Gegenwart als zu den anderen Ekstasen) gehörende Modifikation der Praesenz zur Absenz, der Anwesenheit zur Abwesenheit, einen Charakter der Negativität hat, des Nicht, nichtanwesend, erhebt sich die Frage, wo die Wurzel dieses Nicht überhaupt liegt. Eine nähere Betrachtung zeigt, daß auch das Nicht bzw. das Wesen des Nicht, die Nichtigkeit, ebenfalls nur aus dem Wesen der Zeit interpretiert werden kann und daß von hier aus erst die Möglichkeit der Modifikation, z. B. der Anwesenheit zur Abwesenheit, aufzuklären ist. Am Ende ist Hegel einer fundamentalen Wahrheit auf der Spur, wenn er sagt: Sein und Nichts sind identisch, d. h. gehören zusammen. Die radikalere Frage ist freilich: Was macht eine solche ursprünglichste Zusammengehörigkeit überhaupt möglich?

Wir sind nicht vorbereitet genug, um in dieses Dunkel vorzudringen. Es genügt, wenn deutlich wird, wie nur im Rückgang auf die Zeitlichkeit als Temporalität bzw. auf den Horizont der Ekstasen die Interpretation des Seins – zunächst die bestimmte Art des Seins, das Zuhandensein und das Vorhandensein – Licht bekommt.

Wir fassen zusammen, indem wir die bisherige Exposition der Temporalität nach rückwärts aufrollen. Die Zuhandenheit des Zuhandenen bestimmt sich aus einer Praesenz. Die Praesenz gehört als horizontales Schema zu einer Gegenwart, die sich als Ekstase in der Einheit einer Zeitlichkeit zeitigt, die im vorliegenden Falle den Umgang mit dem Zuhandenen ermöglicht. Zu diesem Verhalten zum Seienden gehört ein Seinsverständnis, weil die Zeitigung der Ekstasen – hier die der Gegenwart – in sich selbst sich auf ihren Horizont (Praesenz) entworfen hat. Die Möglichkeit des Seinsverständnisses liegt darin, daß die Gegenwart als die Ermöglichung des

Umgangs mit Seiendem *als* Gegenwart, *als* Ekstase, den Horizont der Praesenz hat. Die Zeitlichkeit überhaupt ist der ekstatisch horizontale Selbstentwurf schlechthin, aufgrund dessen die Transzendenz des Daseins möglich ist, in der die Grundverfassung des Daseins, das In-der-Welt-sein bzw. die Sorge wurzelt, die ihrerseits die Intentionalität ermöglicht.

Das Dasein aber – so sagten wir immer wieder – ist das Seiende, zu dessen Existenz Seinsverständnis gehört. Eine hinreichend ursprüngliche Interpretation seiner Grundverfassung überhaupt, d. h. die Herausstellung der Zeitlichkeit als solcher, muß den Boden abgeben, um aus der Zeitlichkeit, genauer aus dem horizontalen Schema der Zeitlichkeit, der Temporalität, die Möglichkeit des Seinsverständnisses aufzuklären. Wenn sonach seit dem Anfang der antiken Philosophie – denken wir z. B. an Parmenides: τὸ γὰρ αὐτὸ νοεῖν ἐστίν τε καὶ εἶναι, dasselbe ist Sein und Denken, oder an Heraklit: das Sein ist der λόγος – die philosophische Problematik sich an Vernunft, Seele, Geist, Bewußtsein, Selbstbewußtsein, Subjektivität orientierte, dann ist das kein Zufall und hat mit Weltanschauung sowenig zu tun, daß vielmehr der freilich noch verborgene Grundgehalt der ontologischen Problematik als solcher das wissenschaftliche Fragen drängte und lenkte. Der nicht immer gleichmäßig eindeutige und klare Zug auf das ›Subjekt‹ ist darin begründet, daß das philosophische Fragen irgendwie verstand, daß aus der zureichenden Aufhellung des ›Subjekts‹ der Boden für jedes sachlich-philosophische Problem geschaffen werden konnte und mußte. Wir haben unsererseits positiv gesehen, daß die zureichende Aufhellung des Daseins im Rückgang auf die Zeitlichkeit erst den Boden bereitet, um die Frage nach dem möglichen Verständnis des Seins überhaupt mit Sinn zu stellen. Wir haben daher im ersten Teil unserer kritischen Betrachtungen über die ontologischen Grundprobleme immer schon positiv darauf hingewiesen, wie der Zug der Problematik auf das ›Subjekt‹ zielt,

d. h. unbewußt eine vorbereitende ontologische Interpretation des Daseins fordert.

b) Die Kantische Interpretation des Seins und die temporale Problematik

Wir kehren jetzt nach der Exposition des Seins des Vorhandenen überhaupt im weitesten Sinne mit Rücksicht auf die Praesenz kurz zur *Kantischen These* und unserer Kritik derselben zurück, um diese Kritik nunmehr ursprünglicher aus dem inzwischen Gewonnenen zu begründen. Damit ergibt sich eine ausdrückliche Gegenüberstellung der *Kantischen Interpretation des Seins* und der entwickelten *temporalen Problematik*. Kants These sagt etwas Negatives und etwas Positives. Negativ: Sein ist kein reales Prädikat; positiv: Sein gleich Setzung, Dasein (Vorhandenheit) gleich absolute Setzung. Unsere Kritik betraf den positiven Gehalt der These. Wir kritisierten nicht in der Weise, daß wir ihm einen sogenannten anderen Standpunkt gegenüberstellten und von da aus Einwände gegen ihn ausspielten, sondern es kam uns umgekehrt darauf an, mit seiner These und mit seinem Versuch der Interpretation des Seins mitzugehen und in der mitgehenden Prüfung zu fragen, was die These selbst ihrem Gehalte nach an weiterer Aufklärung fordert, soll sie als eine aus dem Phänomen selbst begründete haltbar bleiben. Sein ist Setzung; Vorhandensein oder, wie Kant sagt, Dasein ist absolute Setzung oder Wahrnehmung. Wir stießen zunächst auf eine charakteristische Vieldeutigkeit im Ausdruck ›Wahrnehmung‹, wonach er besagt: Wahrnehmen, Wahrgenommenes und Wahrgenommenheit. Diese Vieldeutigkeit ist nicht zufällig, sondern gibt einem phänomenalen Tatbestand Ausdruck. Das, was wir mit Wahrnehmung bezeichnen, hat in sich selbst eine so vielfältig-einheitliche Struktur, daß es diese vieldeutige Bezeichnung in verschiedenen Hinsichten ermöglicht. Das mit Wahrnehmung Bezeichnete ist ein Phänomen, dessen Struktur

durch die Intentionalität bestimmt wird. Die Intentionalität,
das Sichbeziehen auf etwas, schien auf den ersten Blick etwas
Triviales zu sein. Das Phänomen erwies sich aber als rätselhaft, sobald wir deutlich erkannten, daß das rechte Verständnis dieser Struktur sich vor zwei landläufigen, auch in der
Phänomenologie noch nicht überwundenen Verkehrungen
(verkehrte Objektivierung und verkehrte Subjektivierung) zu
hüten hat. Intentionalität ist keine vorhandene Beziehung
zwischen einem vorhandenen Subjekt und einem vorhandenen
Objekt, sondern eine Verfassung, die den Verhältnischarakter
des Verhaltens des Subjekts als solchen ausmacht. Sie ist als
Struktur der Subjekt-Verhaltung nicht etwas dem Subjekt
Immanentes, das nachträglich einer Transzendenz bedürfte,
sondern die Transzendenz und damit die Intentionalität gehört zum Wesen des Seienden, das sich intentional verhält.
Intentionalität ist weder etwas Objektives, noch etwas Subjektives im traditionellen Sinne.

Ferner gewannen wir eine weitere wesentliche Einsicht über
ein zur Intentionalität wesenhaft gehöriges Moment. Zu ihr
gehören nicht nur intentio und intentum, sondern jede intentio hat einen Richtungssinn, der mit Bezug auf Wahrnehmung
wie folgt interpretiert werden muß: Vorhandenheit muß vorgängig verstanden sein, wenn Vorhandenes als solches entdeckbar sein soll; in der Wahrgenommenheit des Wahrgenommenen liegt schon ein Verständnis von Vorhandenheit
des Vorhandenen.

Auch bezüglich der Wahrgenommenheit ergab sich das Rätselhafte, was in der vierten These wiederkehrte: Wahrgenommenheit ist ein Modus der Entdecktheit und Enthülltheit,
d. h. der Wahrheit. Die Wahrgenommenheit des Wahrgenommenen ist eine Bestimmung des wahrgenommenen Vorhandenen und hat doch nicht die Seinsart desselben, sondern die
des wahrnehmenden Daseins. Sie ist in gewisser Weise objektiv, in gewisser Weise subjektiv und doch keines von beiden.
Wir betonten in der ersten Betrachtung der Intentionalität:

Die Frage, wie der Richtungssinn, das Seinsverständnis, zur
intentio gehört und wie sie selbst als diese notwendige Beziehung
hung möglich ist, ist in der Phänomenologie nicht nur ungeklärt, sondern ungefragt. Diese Frage soll uns später beschäftigen.

Damit haben wir die Antworten für die positive Ergänzung
der früheren Kritik gefunden. Wenn Kant sagt: Sein gleich
Wahrnehmung, dann kann das entsprechend der Mehrdeutigkeit von Wahrnehmung nicht heißen: Sein gleich Wahrnehmen, aber auch nicht: Sein gleich Wahrgenommenes, Seiendes
selbst. Es kann aber auch nicht besagen: Sein gleich Wahrgenommenheit, gleich Gesetztheit. Denn Wahrgenommenheit
setzt schon Verständnis von *Sein* des wahrgenommenen Seienden voraus.

Jetzt können wir sagen: *Enthülltheit von Seiendem setzt
eine Erhellung, d. h. Verständnis des Seins des Seienden voraus.* Das Enthülltsein von etwas ist in sich selbst auf das Enthüllte bezogen, d. h. in der Wahrgenommenheit des wahrgenommenen Seienden ist schon das Sein des Seienden mitverstanden. Das Sein des Seienden kann nicht mit der Wahrgenommenheit des Wahrgenommenen identifiziert werden.
Wir sahen bezüglich der Wahrgenommenheit des Wahrgenommenen, daß sie einerseits eine Bestimmung des Wahrgenommenen, andererseits aber zum Wahrnehmen gehört, – daß sie
in gewisser Weise objektiv und in gewisser Weise subjektiv
ist. Aber die Scheidung von Subjekt und Objekt reicht nicht
aus, ermöglicht keinen Zugang zur Einheit des Phänomens.

Wir wissen aber, daß dieses Sichrichten auf etwas, die *Intentionalität,* nur möglich ist, wenn das Dasein als solches in sich
selbst *transzendent* ist. Transzendent kann es nur sein, wenn
die Seinsverfassung des Daseins ursprünglich in der *ekstatisch-
horizontalen Zeitlichkeit* gründet. Die Wahrnehmung im Ganzen ihrer intentionalen Struktur des Wahrnehmens, des Wahrgenommenen und der Wahrgenommenheit – und jede andere
Intentionalität – gründet in der ekstatisch-horizontalen Ver-

fassung der Zeitlichkeit. Im Wahrnehmen läßt das Dasein seinem eigenen Verhaltungssinn nach das, worauf es gerichtet ist, das Seiende, so begegnen, daß es dieses in seinem leibhaftigen Ansich-Charakter versteht. Dieses Verständnis liegt auch dann vor, wenn die Wahrnehmung eine Trugwahrnehmung ist. Auch in der Halluzination ist das Halluzinierte gemäß dem Richtungssinn der Halluzination als einer Trug*wahrnehmung* als ein leibhaftig Vorhandenes verstanden. Die Wahrnehmung als die intentionale Verhaltung mit ihrem genannten Richtungssinn ist ein ausgezeichneter Modus der Gegenwärtigung von etwas. Die *Ekstase der Gegenwart* ist das *Fundament für* die spezifisch *intentionale Transzendenz der Wahrnehmung von Vorhandenem.* Zur Ekstase als solcher, zur Entrückung, gehört ein horizontales Schema, zur Gegenwart die Praesenz. In der intentionalen Wahrnehmung kann schon ein Seinsverständnis liegen, weil die Zeitigung der Ekstase als solcher, die Gegenwärtigung als solche, das, was sie gegenwärtigt, in ihrem Horizont, d. h. aus der Praesenz her, als Anwesendes versteht. Anders gewendet: In der Intentionalität der Wahrnehmung kann nur ein Richtungssinn liegen, sofern das Ausgerichtetsein des Wahrnehmens sich aus dem Horizont des zeitlichen Modus her versteht, der das Wahrnehmen als solches ermöglicht: aus dem Horizont der Praesenz. Wenn Kant daher sagt: Dasein, d. h. für uns Vorhandensein, ist Wahrnehmung, so ist diese These äußerst roh und mißverständlich, und gleichwohl weist sie in die rechte Richtung des Problems. Sein ist Wahrnehmung, das besagt jetzt interpretiert: Sein ist intentionale Verhaltung eigener Art, d. h. Gegenwärtigung, d. h. Ekstase in der Einheit der Zeitlichkeit mit einem eigenen Schema, der Praesenz. Sein gleich Wahrnehmung heißt phänomenologisch ursprünglich interpretiert: Sein gleich Anwesenheit, Praesenz. Damit ergibt sich zugleich, daß Kant überhaupt das Sein und das Vorhandensein genau so interpretiert wie die antike Philosophie, für die das Seiende das ὑποκείμενον ist, das den Charakter der οὐσία hat. οὐσία bedeutet noch zu Zeiten des Aristoteles in der alltäglich-vorphilosophischen Bedeutung soviel wie das Anwesen, als philosophischer Terminus aber Anwesenheit. Allerdings hatten die Griechen ebensowenig wie Kant das geringste Wissen davon, daß sie das Sein im Sinne des Vorhandenen in seiner Vorhandenheit aus der Zeit interpretierten und aus welchem ursprünglichen Zusammenhang heraus sie diese Interpretation des Seins vollzogen. Sie folgten vielmehr dem unmittelbaren Zuge des existierenden Daseins, das gemäß seiner alltäglichen Seinsart das Seiende zunächst im Sinne des Vorhandenen und das Sein des Seienden unausdrücklich temporal versteht. Der Hinweis darauf, daß die Griechen das Sein aus der Gegenwart, d. h. aus der Praesenz verstanden, ist eine nicht zu überschätzende Bewährung für unsere Interpretation der Möglichkeit des Seinsverständnisses aus der Zeit, nicht jedoch eine Begründung. Zugleich aber ist er ein Dokument dafür, daß wir in unserer eigenen Interpretation des Seins nichts anderes versuchen, als die Probleme der antiken Philosophie zu wiederholen, um sie in der Wiederholung durch sich selbst zu radikalisieren.

Wir können uns den *temporalen Gehalt der Kantischen These*, Sein gleich Wahrnehmung, noch verdeutlichen durch eine kurze Erläuterung des negativen Gehaltes seiner These: Sein ist kein reales Prädikat, d. h. es gehört nicht zur res, zum Sachgehalt des Seienden. Sein, Vorhandenheit, ist nach Kant vielmehr ein *logisches* Prädikat. Er sagt einmal im Handschriftlichen Nachlaß zur Metaphysik: »Demnach sind alle Begriffe Prädikate; sie bedeuten aber entweder Sachen oder ihre Position: das erstere ist ein reales Prädikat, das zweite nur ein logisches.«[1] Temporal ausgedrückt sagt dieses: Seiendes ist zwar als Vorhandenes in einem Gegenwärtigen vorfindlich, aber dieses Gegenwärtigen selbst läßt das *Sein* des Vorhandenen nicht als solches begegnen. Und doch wird

---

[1] Akad. Ausg. Bd. XVII (Bd. IV), Nr. 4017.

gerade nur in eins mit dem Gegenwärtigen eines Vorhandenen
und ist es schon im vorhinein verständlich, was das Sein dessen besagt, was ein Gegenwärtigen begegnen läßt. Was Kant
›logisches Prädikat‹ nennt, ist nur in einem Gegenwärtigen
zu verstehen, sofern zu dessen ekstatischem Entwurf die Praesenz gehört, und ist für eine Prädizierung nur hieraus zu
schöpfen. Kant sagt: »Wer das Dasein [das Vorhandensein
eines Seienden] verneint, removiert die Sache mit allen ihren
Prädikaten. Das Dasein [Vorhandensein] kann zwar ein logisches, aber niemals ein reales Prädikat eines Dinges sein.«[2]
Das Dasein, das Vorhandensein, eines Seienden verneinen,
d. h. Nichtvorhandensein aussagen, das heißt sagen: A ist nicht
vorhanden. Dieses Verneinen eines Vorhandenseins nennt
Kant: removieren des Seienden mit allen seinen Prädikaten.
Umgekehrt ist dann − könnte man ergänzend sagen − die
Aussage: A ist vorhanden, kein removieren, kein removere,
sondern ein admovere. Admovere aber besagt ›heranziehen‹,
›nähern‹, ›sich nahe bringen‹, ›begegnen lassen‹, ein Gegenwärtigen des Seienden als solchen. Der Zusatz ›als solchen‹
besagt: das Seiende an ihm selbst, nicht hinsichtlich irgendeiner Relation zu anderem und nicht hinsichtlich von Rela-
tionen, die innerhalb seines Sachgehaltes bestehen, sondern
das Seiende an sich, nicht relativ, d. h. absolut an ihm selbst
genommen. Daher bestimmt Kant Vorhandensein als absolute Setzung. Setzung, Position, ist hier wiederum wie Wahrnehmung zu interpretieren: nicht Setzen und nicht Gesetztes,
auch nicht Gesetztheit, sondern Sein ist das, was im Setzen als
Stehenlassen von etwas auf sich selbst, was im Setzen als einer
bestimmten intentionalen Verhaltung gemäß ihrem Richtungssinn schon verstanden ist: das Auf-sich-selbst-gestelltsein
des Dinges mit allen seinen Prädikaten, d. h. von sich aus
bestimmte Anwesenheit eines Dinges. Nur aus der temporalen
Interpretation erhält der zunächst frappante Satz Kants: Sein

<hr />

[2] Ebd.

gleich Setzung, einen vollziehbaren Sinn, den die Neukantianer gründlich mißverstanden haben. Kant hat offenbar seinen Satz: Sein gleich Setzung, nicht in dem Sinne verstanden, als würde das Subjekt aus sich heraus das Ding erst erschaffen und ins Sein bringen, sondern er hat Sein gleich Setzung wohl so verstanden, wie wir ihn interpretierten, ohne die Möglichkeit zu haben, dieses Verständnis explizit auf den Begriff zu bringen, weil ihm die Mittel zu einer ursprünglichen Interpretation fehlten. Sein als das sogenannte logische Prädikat liegt allem Realen latent schon zugrunde. Gerade dadurch, daß Kant das Seinsproblem echt griechisch (λόγος) auf den Satz gründet, muß er notwendig die wesentlichen Unterschiede, und das heißt Zusammenhänge, verkennen. Die reale und logische Prädikation sind nicht nur verschieden durch den Gehalt der Prädikate, sondern primär durch das Verstehen, dem die entsprechende Aussage als Auslegung des Verstandenen Ausdruck gibt. Dunkel bleibt bei Kant das phänomenologisch Entscheidende, daß im Aussagen von Dasein, Vorhandensein, zwar immer Seiendes gemeint ist, daß aber der verstehende Blick doch nicht auf das Seiende als solches geht, um daraus das Sein als ein seiendes Prädikat zu entnehmen. Der verstehende Blick im Aussagen von Sein geht auf etwas anderes, was aber gerade im Umgang mit dem Seienden und im Zugang zu ihm schon verstanden ist. Temporal gesprochen: Das Gegenwärtigen von etwas hat als solches Bezug auf Seiendes, d. h. aber als Ekstase läßt sie das, wofür sie offen ist, im Lichte *ihres* Horizontes begegnen, das somit im Gegenwärtigen von etwas selbst aussagbar ist. Sofern wir uns im Aussagen des Seins eines Vorhandenen halten: A ist, Vorhandenheit aber keine reale Bestimmung des Vorhandenen ist, bleibt uns die Möglichkeit, vom realen Bezug auf das Subjekt zurückzukehren. Das ist aber nicht der Fall, und zwar dadurch nicht, weil Sein Praesenz besagt und diese gerade den ekstatischen Horizont ausmacht, den das Dasein als zeitliches schon versteht, und zwar in der Ekstase, Entrückung, keineswegs also in der

Reflexion auf das Subjekt. Bezüglich der Kantischen Interpretation des Seins als logisches Prädikat wird es daher fraglich,
ob hier die Bezeichnung ›logisch‹ zu Recht besteht. Warum
aber Kant das Sein ein logisches Prädikat nennt, das hängt
mit seiner ontologischen, d. h. transzendentalen Fragestellung
zusammen und führt uns auf eine grundsätzliche Auseinandersetzung mit dieser, die wir im Zusammenhang der Interpretation der »Kritik der reinen Vernunft« im nächsten Semester
erörtern werden. Mit Bezug auf die temporale Interpretation
des Seins des Vorhandenen aus der Praesenz im Vergleich mit
der Kantischen Interpretation des Seins als Setzung dürfte
deutlich geworden sein, wie die phänomenologische Interpretation erst die Möglichkeit gibt, das Verständnis für die Kantischen Probleme und seine Lösungen in einem positiven Sinne
zu eröffnen, d. h. aber das Kantische Problem auf den phänomenalen Boden zu stellen.

Inwiefern die Verfahrensweise der bisherigen Untersuchungen *phänomenologisch* ist, und was hier ›phänomenologisch‹
heißt, haben wir bisher noch nicht besprochen. Das soll im
Zusammenhang mit den Darlegungen des folgenden Paragraphen geschehen.

§ 22. Sein und Seiendes
Die ontologische Differenz

a) Zeitlichkeit, Temporalität und ontologische Differenz

Die Zeitlichkeit ist als ekstatisch-horizontale Einheit der Zeitigung die Bedingung der Möglichkeit der Transzendenz und
somit auch die Bedingung der Möglichkeit der in der Transzendenz fundierten Intentionalität. Die Zeitlichkeit ermöglicht
aufgrund ihres ekstatischen Charakters das Sein eines Seienden, das als ein Selbst mit Anderen existierend und als so
existierendes mit Seiendem als Zuhandenem bzw. Vorhande-

nem umgeht. Sie ermöglicht das Verhalten des Daseins als Verhalten zu Seiendem, sei es zu sich selbst, zu Anderen und zum Zuhandenen bzw. Vorhandenen. Die Zeitlichkeit ermöglicht aufgrund der zu ihrer ekstatischen Einheit gehörigen Einheit der horizontalen Schemata das Verständnis von Sein, so daß es sich erst im Lichte dieses Verständnisses von Sein zu sich selbst, zu Anderen als Seienden und zu Vorhandenem als Seiendem verhalten kann. Weil die Zeitlichkeit die Grundverfassung des Seienden ausmacht, das wir Dasein nennen, zu welchem Seienden als Bestimmung seiner Existenz das Seinsverständnis gehört, und weil die Zeit den ursprünglichen Selbstentwurf schlechthin ausmacht, ist in jedem faktischen Dasein, wenn anders es existiert, je schon Sein enthüllt, und das heißt: Seiendes erschlossen bzw. entdeckt. Mit und in der Zeitigung der Ekstasen sind die zugehörigen horizontalen Schemata entworfen – das liegt im Wesen der Entrückung zu... in sich selbst beschlossen – so zwar, daß die ekstatisch, d. h. intentional strukturierten Verhaltungen zu etwas dieses je *als* Seiendes, d. h. in seinem Sein verstehen. Aber es ist nicht notwendig, daß das Verhalten zu Seiendem, obzwar es das Sein des Seienden versteht, dieses so verstandene Sein des Seienden ausdrücklich vom Seienden unterscheidet, zu dem es sich verhält, und noch weniger ist notwendig, daß dieser Unterschied von Sein und Seiendem gar begriffen wird. Im Gegenteil, zunächst wird sogar das Sein selbst wie ein Seiendes genommen und mit Hilfe von Bestimmungen des Seienden erklärt, so zu Beginn der antiken Philosophie. Wenn Thales auf die Frage, was das Seiende sei, antwortet: Wasser, so erklärt er hier das Seiende aus einem Seienden, obzwar er im Grunde sucht, was das Seiende *als* Seiendes sei. In der Frage versteht er so etwas wie Sein, in der Antwort interpretiert er aber Sein als Seiendes. Diese Art der Interpretation des Seins ist dann noch auf lange hinaus in der antiken Philosophie üblich, auch nach den wesentlichen Fortschritten der Problemstellung bei Plato und

Aristoteles, und im Grunde ist diese Interpretation bis heute in der Philosophie die übliche.

Sein wird wie Seiendes genommen in der Frage, was das Seiende *als* Seiendes ist. Es wird, obzwar unangemessen interpretiert, doch zum Problem gemacht. Das Dasein weiß irgendwie um dergleichen wie Sein. Es versteht, wenn anders es existiert, Sein und verhält sich zu Seiendem. Der Unterschied von Sein und Seiendem *ist*, wenngleich nicht ausdrücklich gewußt, latent im Dasein und seiner Existenz *da*. Der Unterschied *ist da*, d. h. er hat die Seinsart des Daseins, er gehört zur Existenz. Existenz heißt gleichsam ›im Vollzug dieses Unterschiedes sein‹. Nur eine Seele, die diesen Unterschied machen kann, hat die Eignung, über die Seele eines Tieres hinaus die Seele eines Menschen zu werden. Der *Unterschied von Sein und Seiendem ist in der Zeitigung der Zeitlichkeit gezeitigt.* Nur weil er sich aufgrund der Zeitlichkeit mit dieser immer schon zeitigt, irgendwie entworfen, d. h. enthüllt ist, kann er eigens und ausdrücklich gewußt und als gewußter befragt und als befragter untersucht und als untersuchter begriffen werden. Der Unterschied von Sein und Seiendem ist *vorontologisch*, d. h. ohne expliziten Seinsbegriff, *latent in der Existenz des Daseins da*. Als solcher kann er zur *ausdrücklich verstandenen Differenz* werden. Zur Existenz des Daseins gehört aufgrund der Zeitlichkeit die unmittelbare Einheit von Seinsverständnis und Verhalten zu Seiendem. Nur weil dieser Unterschied zur Existenz gehört, kann er in verschiedener Weise explizit werden. Weil in der Ausdrücklichkeit dieser Unterscheidung von Sein und Seiendem beide Unterschiedenen sich gegeneinander abheben, wird das Sein dabei mögliches Thema eines Begreifens (Logos). Daher nennen wir den ausdrücklich vollzogenen Unterschied von Sein und Seiendem die *ontologische Differenz*. Der ausdrückliche Vollzug und die Ausbildung der ontologischen Differenz ist daher auch, sofern sie in der Existenz des Daseins gründet, nichts Beliebiges und Beiläufiges, sondern ein Grundverhalten des Daseins, in dem sich die Ontologie, d. h.

Philosophie als Wissenschaft konstituiert. Um die Möglichkeit und die Art dieser Konstitution der Philosophie als Wissenschaft in der Existenz des Daseins zu begreifen, bedarf es einiger Vorbemerkungen über den Begriff der Wissenschaft überhaupt. Wir versuchen im Zusammenhang damit zu zeigen, daß die Philosophie als Wissenschaft keine beliebige Laune des Daseins ist, sondern daß ihre freie Möglichkeit, d. h. ihre existenzielle Notwendigkeit im Wesen des Daseins begründet ist.

b) Zeitlichkeit und Vergegenständlichung von Seiendem (positive Wissenschaft) und Sein (Philosophie)

Der *Begriff der Philosophie* ebenso wie der der *nichtphilosophischen Wissenschaften* kann nur aus dem rechtverstandenen Begriff des Daseins exponiert werden. Durch diese Exposition wird erst einsichtig begründet, was wir zu Beginn der Vorlesung dogmatisch behaupteten mit der Abgrenzung der Philosophie als Wissenschaft gegenüber der Weltanschauungs-Bildung einerseits und gegen die positiven Wissenschaften andererseits. Wissenschaft ist eine Art von Erkennen. Erkennen hat den Grundcharakter des Enthüllens. Enthülltheit von etwas kennzeichneten wir als Wahrheit. Wissenschaft ist eine Art von Erkennen umwillen der Enthülltheit als solcher. Die Wahrheit ist eine Be-stimmung (Gewähr) des Daseins, d. h. eine freie und frei ergreifbare Möglichkeit seiner Existenz. Wissenschaft als ein bestimmt geartetes Erkennen umwillen der Enthülltheit ist eine Möglichkeit des Existierens im Sinne einer frei ergreifbaren und frei ausbildbaren Aufgabe. Wissenschaft ist Erkennen umwillen der Enthülltheit als solcher, d. h. das zu Enthüllende soll lediglich in Ansehung seiner selbst in seiner jeweiligen puren Sachheit und seiner spezifischen Seinsart offenbar werden. Das zu Enthüllende ist die einzige Instanz seiner Bestimmbarkeit, d. h. der sich ihm in der Auslegung anmessenden Begriffe. Wissenschaft konstituiert sich als die charakterisierte bestimmte Art von Erkennen wesenhaft auf dem Grunde des je schon irgendwie Vorgegebenen. Das vorwissenschaftlich schon Enthüllte kann zum *Gegenstand* wissenschaftlicher Forschung werden. Eine *wissenschaftliche Forschung konstituiert sich* in der *Vergegenständlichung des zuvor schon irgendwie Enthüllten.*

Was heißt das? Die Vergegenständlichung wird verschieden sein, je nach dem, *was* und *wie* etwas vorgegeben ist. Nun sehen wir, mit der faktischen Existenz des Daseins ist je schon enthüllt bzw. vorgegeben *Seiendes* und im dazugehörigen Seinsverständnis *Sein.* Seiendes und Sein sind, wenngleich noch indifferent, gleichursprünglich enthüllt. Mithin sind mit der faktischen Existenz des Daseins zwei wesenhafte Grundmöglichkeiten der Vergegenständlichung gesetzt, die offenbar, wenn anders das Sein immer Sein eines Seienden ist und Seiendes *als* Seiendes je ist, beide in sich selbst aufeinander bezogen sind, unbeschadet ihrer grundsätzlichen Verschiedenheit. Weil sich in der Zeitlichkeit des Daseins der Unterschied von Sein und Seiendem je schon immer vollzieht, ist die *Zeitlichkeit die Wurzel* und der *Grund* zugleich *für die Möglichkeit* und rechtverstanden für die *faktische Notwendigkeit der Vergegenständlichung des vorgegebenen Seienden und des vorgegebenen Seins.* Das vorgegebene Seiende ist im faktischen Dasein direkt in der Zugrichtung seines existenziellen Verhaltens vorfindlich. Seiendes ist vorgegeben in dem ausgezeichneten Sinne, daß es gerade primär für das Dasein und seine Existenz im Blick liegt. Es ist das Vorliegende schlechthin, das Positum, und zwar vorliegend nicht nur als Natur im weitesten Sinne, sondern auch als Dasein selbst. In der Vergegenständlichung des Seienden, die sich in der Zugrichtung des alltäglichen direkten Auffassens hält, konstituieren sich die positiven Wissenschaften.

Das Sein ist zwar im Seinsverständnis auch schon enthüllt, gleichwohl verhält sich das Dasein als existierendes nicht zum Sein als solchem direkt, auch nicht zu seinem eigenen Sein als solchem in dem Sinne, daß es dieses etwa ontologisch verstünde, sondern sofern es dem Dasein um sein eigenes Seinkönnen geht, ist dieses Seinkönnen primär verstanden als das Seinkönnen des Seienden, das ich je selbst bin. Das Sein ist zwar auch bekannt und sonach irgendwie vorgegeben, aber nicht vorfindlich in der Zugrichtung des alltäglich-faktischen Existierens als des Verhaltens zu Seiendem. Die Vergegenständlichung des Seienden, in der sich die positiven Wissenschaften in je verschiedener Weise gemäß der Sachhaltigkeit und Seinsart des Seinsgebietes konstituieren, hat ihr Zentrum im jeweiligen Entwurf der Seinsverfassung des Seienden, das Gegenstand werden soll. Dieser Entwurf der Seinsverfassung eines Gebietes von Seiendem, worin das Wesen der für die positiven Wissenschaften grundlegenden Vergegenständlichung beruht, ist aber keine ontologische Untersuchung des Seins des betreffenden Seienden, sondern hat noch den Charakter der vorontologischen Besinnung, in die freilich ein schon verfügbares Wissen um ontologische Bestimmungen des betreffenden Seienden eingehen kann und faktisch immer eingeht. So konstituierte sich die neuzeitliche Naturwissenschaft in der Vergegenständlichung der Natur auf dem Wege eines mathematischen Entwurfs der Natur, in dem die Grundbestimmungen herausgestellt wurden, die zu einer Natur überhaupt gehören, ohne daß diese Grundbestimmungen als ontologische gewußt wären. Galilei, der diesen primären Schritt vollzog, vollzog diesen Entwurf aus und in einem Wissen um ontologische Grundbegriffe der Natur wie Bewegung, Raum, Zeit, Materie, die er aus der antiken Philosophie bzw. der Scholastik übernahm, ohne sie *nur* in dieser spezifischen Form einfach zu übernehmen. Auf die Probleme der für die positiven Wissenschaften konstitutiven Vergegenständlichung im Sinne des Entwurfs der Seinsverfassung ist hier nicht weiter einzugehen. Wir müssen nur festhalten, daß auch die *positiven Wissenschaften vom Seienden* gerade in dem, was ihnen allererst Bestand gibt, notwendig, wenngleich *vorontologisch sich zum Sein des Sei-*

enden verhalten. Das besagt aber nicht, daß sie schon in das Gebiet der Ontologie explizit übergreifen.

Unsere Frage geht nach der Vergegenständlichung des Seins als solchen, d. h. nach der zweiten wesenhaften Möglichkeit der Vergegenständlichung, in der sich die Philosophie als Wissenschaft konstituieren soll.

In der faktischen Existenz des Daseins, sei es in der wissenschaftlichen oder vorwissenschaftlichen, ist Sein bekannt, aber das faktische Dasein ist bezüglich des Seins desorientiert. Seiendes ist nicht nur bekannt, sondern vorliegend. Das Dasein verhält sich direkt nur zu Seiendem, wofür das Seinsverständnis leitend ist. Grundsätzlich ist die Vergegenständlichung des Seins immer möglich, sofern Sein irgendwie enthüllt ist. Aber fraglich, unbestimmt und unsicher ist die Richtung des möglichen Entwurfs des Seins als solchen, um es aus diesem Entwurf her eigens als Gegenstand in den Griff zu bekommen. Es bedarf nach Früherem keines weiteren Hinweises mehr, um deutlich zu machen, daß zunächst und auf lange hin die ursprüngliche Zeitlichkeit und gar die Temporalität verborgen bleibt, also dasjenige, auf das wir das Sein entworfen haben, um es zum Gegenstand der temporalen Interpretation zu machen. Aber nicht erst die Zeitlichkeit ist verborgen, obzwar sich immer so etwas wie Zeit meldet, sondern schon die bekannteren Phänomene wie das der Transzendenz, die Phänomene von Welt und In-der-Welt-sein sind verdeckt. Sie sind jedoch nicht völlig verdeckt, sofern das Dasein um so etwas wie Ich und anderes weiß. Die Verdeckung der Transzendenz ist keine totale Unkenntnis, sondern, was viel verhängnisvoller ist, ein Mißverständnis, eine Fehlinterpretation. Die Fehlinterpretationen, die Mißverständnisse, verlegen viel hartnäckiger den Weg zur eigentlichen Erkenntnis als eine totale Unkenntnis. Diese Fehlinterpretationen der Transzendenz, des Grundverhältnisses des Daseins zum Seienden und zu sich selbst, sind aber keine bloßen Fehler des Denkens und des Scharfsinns. Sie haben ihren Grund und ihre Notwendigkeit in der geschichtlichen Existenz des Daseins selbst. Am Ende *müssen* diese Fehlinterpretationen vollzogen werden, damit das Dasein durch ihre Korrektur hindurch den Weg zu den eigentlichen Phänomenen gewinnt. Ohne daß wir es wissen, wo die Fehlinterpretation liegt, können wir ruhig überzeugt sein, daß sich auch in der temporalen Interpretation des Seins als solchen eine Fehlinterpretation verbirgt, und wiederum keine beliebige. Es wäre wider den Sinn des Philosophierens und jeder Wissenschaft, wollten wir nicht verstehen, daß mit dem wirklich Gesehenen und dem echt Ausgelegten eine grundsätzliche Unwahrheit zusammenwohnt. Die Geschichte der Philosophie belegt es, wie alle ontologische Interpretation mit Rücksicht auf den für sie wesenhaft notwendigen Horizont und dessen Sicherung eher einem Herumtappen gleicht als einem eindeutig methodischen Fragen. Schon der Grundakt der Konstitution der Ontologie, d. h. der Philosophie, die Vergegenständlichung des Seins, d. h. *der Entwurf des Seins auf den Horizont seiner Verstehbarkeit,* und gerade dieser Grundakt, ist der Unsicherheit überantwortet und steht ständig in der Gefahr einer Verkehrung, weil diese Vergegenständlichung des Seins sich notwendig in einer Entwurfsrichtung bewegen muß, die dem alltäglichen Verhalten zu Seiendem zuwiderläuft. Daher wird der Entwurf des Seins notwendig selbst zu einem ontischen, oder aber er nimmt die Richtung auf Denken, Begreifen, Seele, Geist, Subjekt, ohne die Notwendigkeit einer ursprünglich vorbereitenden ontologischen Zurüstung gerade dieser Bezirke zu verstehen, d. h. mit der Arbeit Ernst zu machen. Denn daß das Subjekt und Bewußtsein, wie man sagt, nicht verdinglicht werden darf, nicht so etwas wie ein vorhandenes Ding sei, hört man seit langem auf allen Gassen der Philosophie, aber auch nicht mehr.

Die Durchführung der ontologischen Interpretation des Zuhandenen in seiner Zuhandenheit zeigte, daß wir das Sein auf die Praesenz, d. h. die Temporalität entwerfen. Weil der temporale Entwurf eine Vergegenständlichung des Seins ermöglicht und eine Begreifbarkeit sichert, d. h. die Ontologie überhaupt als Wissenschaft konstituiert, nennen wir diese Wissenschaft im Unterschied von den positiven Wissenschaften die *temporale Wissenschaft*. Alle ihre Interpretationen vollziehen sich am Leitfaden der zureichend herausgestellten Zeitlichkeit im Sinne der Temporalität. Alle Sätze der Ontologie sind *temporale Sätze*. Ihre Wahrheiten enthüllen Strukturen und Möglichkeiten des Seins im Lichte der Temporalität. Alle ontologischen Sätze haben den Charakter der *veritas temporalis*.

Wir zeigten durch die Analyse des In-der-Welt-seins, daß zur Seinsverfassung des Daseins die Transzendenz gehört. Das Dasein ist selbst das Transzendente. Es überschreitet sich, d. h. es übertrifft sich selbst in der Transzendenz. Die Transzendenz ermöglicht allererst das Existieren im Sinne des Sichverhaltens zu sich selbst als Seiendem, zu Anderen als Seienden und zu Seiendem im Sinne des Zuhandenen bzw. Vorhandenen. So ist die Transzendenz als solche in dem interpretierten Sinne die nächste Bedingung der Möglichkeit von Seinsverständnis, das Nächste, worauf eine Ontologie das Sein zu entwerfen hat. Die Vergegenständlichung des Seins kann sich zunächst im Hinblick auf die Transzendenz vollziehen. Die so konstituierte Wissenschaft vom Sein nennen wir die im Lichte der rechtverstandenen Transzendenz fragende und auslegende, die *transzendentale Wissenschaft*. Zwar deckt sich dieser Begriff der transzendentalen Wissenschaft nicht ohne weiteres mit dem Kantischen, wohl aber sind wir imstande, die Kantische Idee des Transzendentalen und der Philosophie als Transzendental-Philosophie aus dem *ursprünglicheren Begriff der Transzendenz* in ihren Grundtendenzen aufzuklären.

Wir zeigten aber, daß die Transzendenz ihrerseits in der Zeitlichkeit und somit in der Temporalität verwurzelt ist, d. h. die *Zeit ist der primäre Horizont der transzendentalen Wissenschaft*, der *Ontologie*, oder kurz der *transzendentale Horizont*. Daher lautet der Titel des ersten Teiles der Untersuchung

über »Sein und Zeit«: ›Die Interpretation des Daseins auf
die Zeitlichkeit und die Explikation der Zeit als des transzendentalen Horizontes der Frage nach dem Sein‹. Weil die
Ontologie in ihrem Grunde temporale Wissenschaft ist, deshalb ist die Philosophie im rechtverstandenen, nicht ohne weiteres Kantischen Sinne, Transzendental-Philosophie, aber nicht
umgekehrt.

c) Temporalität und Apriori des Seins
Die phänomenologische Methode der Ontologie

Alle ontologischen Sätze sind, weil Aussagen über das Sein im
Lichte der rechtverstandenen Zeit, temporale Sätze. Nur weil
die ontologischen Sätze temporale Sätze sind, können sie und
müssen sie *apriorische Sätze* sein. Nur deshalb kommt in der
Ontologie so etwas wie das Apriori vor, weil sie die temporale
Wissenschaft ist. Apriori heißt ›von Früherem her‹ oder
›das Frühere‹. ›Früher‹ ist offensichtlich eine *Zeitbestimmung*. Wenn wir acht hatten, so mußte uns auffallen, daß wir
in unseren Explikationen kein Wort häufiger brauchten als
den Ausdruck ›schon‹. Es liegt ›vorgängig schon‹ zugrunde,
›es muß immer schon im vorhinein verstanden sein‹, wo
Seiendes begegnet, ist ›zuvor schon‹ Sein entworfen. Mit
allen diesen zeitlichen, d. h. temporalen Termini meinen wir
etwas, was man in der Tradition seit Plato, wenn auch nicht
dem Terminus nach, das Apriori nennt. Kant sagt in der Vorrede zu seiner Schrift »Metaphysische Anfangsgründe der
Naturwissenschaft«: »Nun heißt etwas apriori erkennen,
es aus seiner bloßen Möglichkeit erkennen.«[1] Apriori heißt
mithin das, was Seiendes als Seiendes in dem, *was* und *wie* es
ist, möglich macht. Aber warum ist diese Möglichkeit, genauer
dieses Ermöglichende durch den Terminus des ›Früher‹
gekennzeichnet? Offenbar nicht deshalb, weil wir es früher
erkennen als das Seiende. Denn zunächst und vorher erfahren

---

[1] Kant, WW (Cassirer), Bd. IV, S. 372.

wir Seiendes; das Sein erkennen wir erst später oder vielleicht überhaupt nicht. Diese Zeitbestimmung ›früher‹ kann nicht die Zeitordnung meinen, die durch den vulgären Zeitbegriff im Sinne der Innerzeitigkeit gegeben ist. Andererseits wird man nicht leugnen können, daß im Begriff des Apriori, des Früher, eine Zeitbestimmung vorliegt. Weil man nun aber nicht sieht, inwiefern die Interpretation des Seins sich notwendig im Horizont der Zeit vollzieht, muß man versuchen, aus dem Apriori die Zeitbestimmung wegzuerklären. Man geht so weit zu sagen, das Apriori, die Wesenheiten, d. h. die Bestimmung des Seienden in seinem Sein, sei das Außerzeitliche, das Überzeitliche, das Zeitlose. Das Ermöglichende, die Möglichkeiten werden durch eine Zeitbestimmung charakterisiert, das Früher, weil in diesem Apriori nichts von Zeit liegen soll, also lucus a non lucendo? Das mag glauben, wer will.

Aber es ist wiederum charakteristisch für den Stand der philosophischen Fragestellung heute und seit langem, daß man sich zwar weitläufig über die Erkennbarkeit und Nichterkennbarkeit des Apriori streitet, daß man sich aber nicht einfallen läßt, erst einmal zu fragen, was denn damit eigentlich gemeint sein könnte, warum hier eine Zeitbestimmung auftaucht und warum sie gar auftauchen muß. Solange man sich freilich am vulgären Zeitbegriff orientiert, bleibt man ohne Rat, und es ist negativ nur konsequent, dogmatisch zu leugnen, daß das Apriori etwas mit der Zeit zu tun habe. Allein, die vulgär verstandene Zeit, von der hier die Rede ist, ist ja nur ein, wenn auch rechtmäßiger Abkömmling der ursprünglichen Zeit, in welcher die Seinsverfassung des Daseins gründet. Erst *aus der Temporalität des Seinsverständnisses läßt sich aufklären, warum die ontologischen Bestimmungen des Seins den Charakter der Apriorität haben.* Wir versuchen das kurz anzudeuten. soweit sich das in rohen Zügen durchführen läßt.

Wir sahen: Alles Verhalten zu Seiendem versteht schon Sein, nicht beiläufig, sondern dergleichen muß notwendig vorgängig (vor-läufig) verstanden sein. Die Möglichkeit des Verhaltens zu Seiendem verlangt ein vorgängiges Seinsverständnis, und die Möglichkeit hinwiederum des Seinsverständnisses verlangt einen vorgängigen Entwurf auf die Zeit. Aber wo ist die Instanz dieses Verlangens je vorgängiger Bedingungen? Es ist die Zeitlichkeit selbst als die Grundverfassung des Daseins. Weil sie Seinsverständnis und Verhalten zu Seiendem aufgrund ihres horizontal-ekstatischen Wesens *zugleich* ermöglicht, ist das Ermöglichende und sind die Ermöglichungen, d. h. die Möglichkeiten im Kantischen Sinne, in ihrem spezifischen Zusammenhang ›zeitlich‹, d. h. temporal. Weil das ursprünglich Ermöglichende, der Ursprung von Möglichkeit selbst, die Zeit ist, zeitigt sich die Zeit selbst als das Früheste schlechthin. *Früher als jedes mögliche Früher* irgendwelcher Art ist die *Zeit,* weil sie die Grundbedingung für ein Früher überhaupt ist. Und weil die Zeit als Quelle aller Ermöglichungen (Möglichkeiten) das Früheste ist, sind alle Möglichkeiten als solche in ihrer Ermöglichungsfunktion vom Charakter des Früher, d. h. apriori. Aber daraus, daß die Zeit das Früheste ist im Sinne der Möglichkeit jedes Früher und jeder apriorischen Fundierungsordnung, folgt nicht, daß die Zeit ontisch das erste Seiende ist, noch folgt daraus, daß die Zeit immer und ewig ist, ganz abgesehen davon, daß die Zeit überhaupt nicht ein Seiendes genannt werden darf.

Wir hörten: Das Dasein hält sich alltäglich und zunächst und zumeist einzig beim Seienden auf, obzwar es hierbei und hierzu Sein schon verstanden haben muß. Allein, zufolge des Aufgehens, des Sichverlierens im Seienden, sowohl in sich selbst, im Dasein, als im Seienden, das das Dasein nicht ist, weiß das Dasein nichts davon, daß es Sein schon verstanden hat. Dieses Frühere hat das faktisch existierende Dasein vergessen. Soll demnach das Sein, das ›früher‹ immer schon verstanden ist, eigens zum *Gegenstand* werden, dann muß die Vergegenständlichung dieses Früheren, dieses Vergessenen, den Charakter eines Zurückkommens auf das vormals schon und im vorhinein schon Verstandene haben. Plato, der Entdecker des Apriori, hat auch diesen Charakter der Vergegenständlichung des Seins gesehen, wenn er ihn als ἀνάμνησις, als Wiedererinnerung charakterisiert. Dafür geben wir nur einen kurzen Beleg aus einem der Hauptdialoge für diese Zusammenhänge, dem Phaedrus.

οὐ γὰρ ἥ γε μήποτε ἰδοῦσα τὴν ἀλήθειαν εἰς τόδε ἥξει τὸ σχῆμα. δεῖ γὰρ ἄνθρωπον συνιέναι κατ' εἶδος λεγόμενον, ἐκ πολλῶν ἰὸν αἰσθήσεων εἰς ἓν λογισμῷ συναιρούμενον· τοῦτο δ' ἐστὶν ἀνάμνησις ἐκείνων ἅ ποτ' εἶδεν ἡμῶν ἡ ψυχὴ συμπορευθεῖσα θεῷ καὶ ὑπεριδοῦσα ἃ νῦν εἶναί φαμεν, καὶ ἀνακύψασα εἰς τὸ ὂν ὄντως. διὸ δὴ δικαίως μόνη πτεροῦται ἡ τοῦ φιλοσόφου διάνοια · πρὸς γὰρ ἐκείνοις ἀεί ἐστιν μνήμῃ κατὰ δύναμιν, πρὸς οἷσπερ θεὸς ὢν θεῖός ἐστιν.[2]

Denn eine Seele, die niemals die Wahrheit gesehen, d. h. die Wahrheit überhaupt als solche nicht versteht, kann niemals die Gestalt des Menschen annehmen, denn der Mensch muß seiner Seinsart entsprechend so verstehen, daß er das Seiende im Hinblick auf sein Wesen, d. h. sein Sein anspricht in der Weise, daß er vom Vielfältigen des Wahrgenommenen [Seienden] ausgehend es zu einem Begriff zurückreißt. Dieses begriffliche Erkennen des Seienden in seinem Sein ist Wiedererinnerung an jenes, was unsere Seele vormals, d. h. vorgängig erblickte, was sie erblickte, Gott nachwandelnd und dabei hinwegsehend über das, was wir jetzt, nämlich in der alltäglichen Existenz, das Seiende nennen, und in diesem Hinwegsehen über das Seiende emportauchend zum eigentlichen Seienden, d. h. zum Sein selbst. Daher wird mit Recht auch nur das Denken des Philosophen mit Flügeln versehen, denn immer ist dieses Denken nach Möglichkeit bei jenem, wobei Gott sich aufhaltend eben deshalb göttlich ist. – Die entsprechende Interpretation des Lernens und Erkennens überhaupt und die Fundierung des Lernens in der Wiedererinnerung zeigt Plato vor allem im Phaedo: ὅτι ἡμῖν ἡ μάθησις οὐκ ἄλλο τι ἢ ἀνάμνησις τυγχάνει οὖσα[3], das Lernen ist selbst nichts anderes als

---

[2] Plato (Burnet), Phaedrus 249 b 5–c 6.
[3] Plato (Burnet), Phaedo 72 e 5 f.

Wiedererinnerung. – Das Auftauchen aus den Niederungen des Seienden durch das begriffliche Denken des Wesens zum Sein hat den Charakter der Erinnerung an vormalig schon Gesehenes. Ohne den Mythos von der Seele gesprochen: Das Sein hat den Charakter des Früheren, dessen der Mensch, der zunächst und zumeist nur das Seiende kennt, vergessen hat. Die Befreiung der gefesselten Höhlenbewohner aus der Höhle und die Umwendung zum Licht ist nichts anderes als das Sichzurückholen aus der Vergessenheit in die Erinnerung an das Frühere, darin die Ermöglichung des Verständnisses des Seins selbst beschlossen liegt.

Durch diesen Hinweis haben wir nur in den Grundzügen den *Zusammenhang der Apriorität mit der Temporalität* kenntlich gemacht. Alle apriorische temporale, d. h. alle philosophische Begriffsbildung ist derjenigen der positiven Wissenschaften grundsätzlich entgegengesetzt. Um das hinreichend zu erkennen, bedarf es eines weiteren Eindringens in die Rätsel der Apriorität und die Methode der Erkenntnis des Apriori. Das Zentrum der Ausbildung der ontologischen Problematik überhaupt liegt in der Herausstellung der Zeitlichkeit des Daseins, und zwar hinsichtlich ihrer temporalen Funktion. Dabei müssen wir uns in aller Nüchternheit darüber klar sein: Die Zeitlichkeit ist nie etwas, was in einer überschwenglichen, einer geheimnisvollen Intuition zu schauen wäre, sondern sie erschließt sich nur in einer bestimmt gearteten begrifflichen Arbeit. Sie wird aber auch nicht nur hypothetisch angesetzt, ohne daß wir sie selbst in den Blick bekämen. Wir können ihr sehr wohl in den Grundzügen ihrer Verfassung nachgehen, die Möglichkeiten ihrer Zeitigung und Abwandlungen enthüllen, aber nur im Rückgang aus dem faktisch konkreten Wesen der Existenz des Daseins, und das heißt in und aus der Orientierung an dem Seienden, das mit dem Dasein selbst enthüllt ist und für es begegnet.

Auf das Ganze blickend halten wir fest: In der Existenz des Daseins liegt eine wesenhaft doppelte Möglichkeit der

Vergegenständlichung des Vorgegebenen. Mit der Existenz des Daseins ist faktisch die Möglichkeit zweier Grundarten von Wissenschaft angesetzt: Vergegenständlichung von Seiendem als positive Wissenschaft, Vergegenständlichung von Sein als temporale bzw. transzendentale Wissenschaft, Ontologie, Philosophie. Kein Verhalten zu Seiendem existiert, das nicht Sein verstünde. Kein Seinsverständnis ist möglich, das nicht in einem Verhalten zu Seiendem wurzelte. Seinsverständnis und Verhalten zu Seiendem geraten nicht erst und zufällig zusammen, sondern sie entfalten sich als latent je schon in der Existenz des Daseins liegend als aus der ekstatisch-horizontalen Verfassung der Zeitlichkeit gefordert und durch sie in ihrer Zusammengehörigkeit ermöglicht. Solange diese ursprüngliche Zusammengehörigkeit von Verhalten zu Seiendem und Verstehen von Sein nicht aus der Zeitlichkeit begriffen ist, solange bleibt die philosophische Fragestellung einer doppelten Gefahr ausgeliefert, der sie in ihrer bisherigen Geschichte immer wieder anheimfiel. Entweder wird alles Ontische in das Ontologische aufgelöst (Hegel) ohne Einblick in den Grund der Möglichkeit der Ontologie selbst; oder aber das Ontologische wird überhaupt verkannt und ontisch wegerklärt, ohne Verständnis der ontologischen Voraussetzungen, die jede ontische Erklärung als solche schon in sich birgt. Diese, die ganze bisherige philosophische Tradition durchziehende doppelte Unsicherheit, nach der Seite des Ontologischen sowohl wie nach der Seite des Ontischen, d. h. das Fehlen eines radikal fundierten Problemverständnisses hat auch die Sicherung und Ausarbeitung der Methode der Ontologie, d. h. der wissenschaftlichen Philosophie, immer wieder hintangehalten oder aber die gewonnenen echten Anläufe vorzeitig verunstaltet.

Die *Methode der Ontologie* ist aber als Methode nichts anderes als die Schrittfolge im Zugang zum Sein als solchem und die Ausarbeitung seiner Strukturen. Wir nennen diese Methode der Ontologie die *Phänomenologie*. Genauer gesprochen, die phänomenologische Forschung ist die ausdrückliche

Bemühung um die Methode der Ontologie. Diese Bemühungen, ihr Gelingen oder Mißlingen, hängen aber nach dem Erörterten primär von dem ab, wie weit die Phänomenologie sich selbst des Gegenstandes der Philosophie versichert hat, – wie weit sie ihrem eigenen Prinzip entsprechend unbefangen genug ist gegenüber dem, was die Sachen selbst fordern. Auf die wesentlichen Grundstücke dieser Methode ist jetzt nicht mehr einzugehen. Faktisch haben wir sie ständig zur Anwendung gebracht. Es käme nur darauf an, die durchlaufenen Wege nochmals zu gehen, nun aber mit der ausdrücklichen Besinnung auf sie. Das Wesentliche aber ist fürs erste, den Weg überhaupt einmal gegangen zu sein, einmal, um das wissenschaftliche Staunen vor den Rätseln der Dinge zu lernen, zum anderen, um alle Illusionen zu verabschieden, die sich gerade in der Philosophie besonders hartnäckig einnisten.

Die Phänomenologie gibt es nicht, und wenn es sie geben könnte, dann würde sie nie zu so etwas wie einer philosophischen Technik werden. Denn im Wesen aller echten Methode als Weg zur Erschließung der Gegenstände liegt es, sich nach dem selbst immer einzurichten, was durch sie selbst erschlossen wird. Gerade wenn eine Methode echt ist, den Zugang zu den Gegenständen verschafft, wird der auf ihrem Grund vollzogene Fortgang und die wachsende Ursprünglichkeit der Erschließung die Methode, die dazu verhalf, notwendig veralten lassen. Das einzig wahrhaft Neue in der Wissenschaft und in der Philosophie ist nur das echte Fragen und der dienende Kampf mit den Dingen.

In diesem Kampf aber wird auch schon ohne nutzlose Polemik die Auseinandersetzung mit dem vollzogen, was heute die Philosophie aus allen Bezirken des geistigen Lebens her mehr denn je bedroht: Weltanschauungs-Bildung, Magie und die ihrer eigenen Grenzen vergessenden positiven Wissenschaften. Zu Zeiten Kants nannte man die erstgenannten Mächte – Weltanschauungs-Bildung, Magie, Mythos – Gefühlsphilosophie. Was Kant, der erste und letzte wissenschaftliche Philosoph größten Stils seit Plato und Aristoteles, gegen die Gefühlsphilosophie zu sagen hatte, möge diese Vorlesung schließen. Wenn die Vorlesung es nicht erreichte, so möge Kants Vorbild uns zur Nüchternheit und wirklichen Arbeit aufrufen. Wir zitieren aus der kleinen Schrift »Von einem neuerdings erhobenen vornehmen Ton in der Philosophie« (1796). Kant kommt hier auf Plato zu sprechen und unterscheidet dabei Plato, den Akademiker, und Plato, wie er sagt, den Briefsteller. »Plato der Akademiker ward also, obzwar ohne seine Schuld (denn er gebrauchte seine intellektuellen Anschauungen nur rückwärts zum *Erklären* der Möglichkeit eines synthetischen Erkenntnisses apriori, nicht vorwärts, um es durch jene im göttlichen Verstande lesbare Ideen zu *erweitern*), der Vater aller Schwärmerei mit der Philosophie. – Ich möchte aber nicht gern den (neuerlich ins Deutsche übersetzten) Plato den Briefsteller mit dem ersteren vermengen.«[4] Kant zitiert eine Stelle aus dem siebenten Brief Platos, die er als Beleg für Plato selbst als den Schwärmer heranzieht. »Wer sieht hier nicht den Mystagogen, der nicht bloß für sich schwärmt, sondern zugleich Klubbist ist und, indem er zu seinen Adepten im Gegensatz von dem Volke (worunter alle Uneingeweihte verstanden werden) spricht, mit seiner vorgeblichen Philosophie *vornehm* tut! – Es sei mir erlaubt, einige neuere Beispiele davon anzuführen. – In der neueren mystisch-platonischen Sprache heißt es: ›Alle Philosophie der Menschen kann nur die Morgenröte zeichnen; die Sonne muß geahnt werden.‹ Aber niemand kann doch eine Sonne ahnen, wenn er nicht sonst schon eine gesehen hat; denn es könnte wohl sein, daß auf unserem Glob regelmäßig auf die Nacht Tag folgte (wie in der Mosaischen Schöpfungsgeschichte), ohne daß man wegen des beständig bezogenen Himmels jemals eine Sonne zu sehen bekäme, und alle Geschäfte gleichwohl nach diesem Wechsel (des Tages und der Jahreszeit) ihren gehörigen

---

[4] Kant, Akad. Ausg. Bd. VIII, S. 398.

Gang nähmen. Indes würde in einem solchen Zustande der Dinge ein wahrer Philosoph eine Sonne zwar nicht *ahnen* (denn das ist nicht seine Sache), aber doch vielleicht darauf *raten* können, um durch Annehmung einer Hypothese von einem solchen Himmelskörper jenes Phänomen zu erklären, und es auch so glücklich treffen können. – Zwar in die Sonne (das Übersinnliche) hineinsehen, ohne zu erblinden, ist nicht möglich, aber sie in der Reflexe (der die Seele moralisch erleuchtenden Vernunft) und selbst in praktischer Absicht hinreichend zu sehen, wie der ältere Plato tat, ist ganz tunlich: wogegen die Neuplatoniker ›uns sicher nur eine Theatersonne geben‹, weil sie uns durch Gefühl (Ahnungen), d. i. bloß das Subjektive, was gar keinen Begriff von dem Gegenstande gibt, täuschen wollen, um uns mit dem Wahn einer Kenntnis des Objektiven hinzuhalten, was aufs Überschwengliche angelegt ist. – In solchen bildlichen Ausdrücken, die jenes Ahnen verständlich machen sollen, ist nun der platonisierende Gefühlsphilosoph unerschöpflich: z. B. ›der Göttin Weisheit so nahe zu kommen, daß man das Rauschen ihres Gewandes vernehmen kann‹; aber auch in Preisung der Kunst des Afterplato, ›da er den Schleier der Isis nicht aufheben kann, ihn doch so dünne zu machen, daß man unter ihm die Göttin ahnen kann.‹ Wie dünne, wird hierbei nicht gesagt; vermutlich doch noch so dicht, daß man aus dem Gespenst machen kann, was man will: denn sonst wäre es ein Sehen, welches ja vermieden werden sollte.«[5] Kant schließt die Abhandlung: »Übrigens, ›wenn‹, ohne diesen Vorschlag zum Vergleich anzunehmen, wie Fontenelle bei einer andern Gelegenheit sagte, ›Hr. N. doch durchaus an die Orakel glauben will, so kann es ihm Niemand wehren‹.«[6]

---

[5] a.a.O., S. 398/99.
[6] a.a.O., S. 406.

NACHWORT DES HERAUSGEBERS

Die Schrift gibt den Text der Vorlesung wieder, die unter demselben Titel im Sommer-Semester 1927 an der Universität Marburg/Lahn vierstündig gehalten wurde.

Die Abschrift der handschriftlichen Vorlage hatte Herr Fritz Heidegger besorgt. Maschinenschriftliche Abschrift und Handschrift wurden vom Herausgeber kollationiert. Die von Herrn Fritz Heidegger noch nicht entzifferten Passagen — vor allem auf den Manuskriptblättern rechtsseitig stehende Einschübe und Marginalien — mußten ergänzend übertragen werden. Die vervollständigte Abschrift wurde anschließend mit einer von Simon Moser (Karlsruhe), dem damaligen Schüler Heideggers, stammenden Vorlesungs-Nachschrift verglichen. Hierbei zeigte sich, daß es sich um ein seiner Genauigkeit wegen sehr gutes Stenogramm handelt, das der Verfasser selbst maschinenschriftlich übertragen hatte. Heidegger hat diese Nachschrift nach ihrer Fertigstellung mehrmals durchgesehen und hier und da mit Marginalien versehen.

Der hier abgedruckte Text ist auf Anweisung Heideggers aus der Handschrift und der Nachschrift nach den von ihm gegebenen Richtlinien zusammengesetzt. Das handschriftliche Manuskript enthält den ausgearbeiteten, gelegentlich auch aus stichwortartigen Hinweisen bestehenden, in Teile, Kapitel und Paragraphen gegliederten Vorlesungstext. Heidegger hat sich jedoch während des mündlichen Vortrags vom Manuskript insoweit gelöst, als er vielfach dem Gedanken eine überarbeitete Formulierung gegeben oder aber den verkürzt fixierten Gedanken breiter und differenzierter dargestellt hat. Desgleichen hat er die auf den Manuskriptseiten während und nach der Niederschrift rechtsseitig verzeichneten Einschübe und Marginalien im mündlichen Vortrag ausformuliert. Die im Zuge der gesprochenen Vorlesung entstandenen Überformungen, Abweichungen und Erweiterungen sind in der stenographischen Nachschrift festgehalten und konnten in das Druckmanuskript eingearbeitet werden.

Zu den Übernahmen aus der Nachschrift gehören auch die Rekapitulationen zu Beginn einer jeden Vorlesungs-Doppelstunde. Sofern es sich nicht um bloße Wiederholungen, sondern um Zusammenfassungen in abgewandelter Formulierung und um Ergänzungen handelt, wurden sie in den Gedankengang der Vorlesung eingefügt.

Alle nachschriftlichen Übernahmen wurden unter Prüfung des Stiles auf ihre Authentizität hin befragt. Gelegentliche Hörfehler ließen sich durch Vergleich mit der handschriftlichen Vorlage korrigieren.

Doch wäre das Verhältnis der Nachschrift zur Handschrift unzureichend charakterisiert, würde nicht erwähnt, daß zahlreiche im Manuskript enthaltene Ausführungen während des mündlichen Vortrags ausgelassen wurden, so daß in dieser Hinsicht die Nachschrift gegenüber der Handschrift zurückstehen muß.

Es war bei der Herstellung des Druckmanuskriptes das Bestreben des Herausgebers, Handschrift und Nachschrift so ineinanderzufügen, daß kein handschriftlich fixierter oder während der Vorlesung konzipierter Gedanke verlorenging.

Der Text der Vorlesung wurde für den Druck durchgesehen. Die dem Sprechstil eigentümlichen Füllwörter und Wiederholungen wurden gestrichen. Der Vorlesungsstil sollte jedoch beibehalten werden. Eine reichere Gliederung der oft recht langen Paragraphen erschien zweckmäßig, um einen differenzierteren inhaltlichen Überblick zu ermöglichen.

Erläuterungen Heideggers innerhalb von Zitaten und deren Übersetzungen sind in eckige Klammern gesetzt.

Die Vorlesung bringt die zentrale Thematik des 3. Abschnitts des I. Teiles von »Sein und Zeit« zur Ausführung: die Beantwortung der die Daseinsanalytik leitenden fundamentalontologischen Frage nach dem Sinn von Sein überhaupt durch den Aufweis der ›Zeit‹ als des Horizontes alles Seinsverständnisses. Wie der Aufbau der Vorlesung zeigt, vollzieht sich die Freilegung der ›Temporalität des Seins‹ nicht in unmittelbarer Anknüpfung an den Schluß des zweiten Abschnittes von »Sein und Zeit«, sondern in einem neuen, geschichtlich orientierten Anlauf (erster Teil der Vorlesung). Dieser läßt sehen, *daß* und *wie* die Ausarbeitung der Seinsfrage und der ihr zugehörigen Daseinsanalytik einer ursprünglicheren Aneignung der abendländischen Überlieferung, ihrer metaphysisch-ontologischen Fragestellung, und nicht etwa existenzphilosophischen oder bewußtseins-phänomenologischen Motiven entspringt. Obwohl von den im »Aufriß der Vorlesung« konzipierten drei Teilen aufgrund der beschränkten Anzahl der Vorlesungsstunden nur der erste Teil und das erste Kapitel des zweiten Teiles ausgearbeitet sind, verschaffen die vielen Vorgriffe auf die späteren Kapitel einen Einblick in das nicht zur Ausarbeitung Gelangte. Für die Erörterung der Thematik von »Zeit und Sein« ist ohnehin das erste Kapitel des zweiten Teiles das entscheidende. Der hier veröffentlichte Text vermittelt auch in seiner nicht abgeschlossenen Gestalt ein Verständnis des systematischen Grundrisses der Seinsfrage, wie er sich für Heidegger aus dem damaligen Standort seines Denkweges gezeigt hat. Zugleich enthält die Vorlesung die erste öffentliche Mitteilung der ›ontologischen Differenz‹.

Herzlich danke ich Herrn Lic. theol. Wilhelm v. Herrmann für die Hilfe bei der mühevollen Arbeit des Kollationierens sowie für das hilfreiche Diktat des Druckmanuskriptes und für die Hilfe beim Lesen der Korrekturen. Mein Dank gilt ferner den Herren cand. phil. Murray Miles und cand. phil. Hartmut Tietjen für ihre achtsame und sorgfältige Korrekturhilfe.

Friedrich-Wilhelm v. Herrmann

Martin Heidegger Gesamtausgabe

II. Abteilung: Vorlesungen 1923–1944

Marburger Vorlesungen 1923–1928

Freiburger Vorlesungen 1928–1944